쉽고, 빠르고, 직관적인 3D 설계 솔루션 　　SolidWorks

SolidWorks
2016 Start!!

정민규 지음

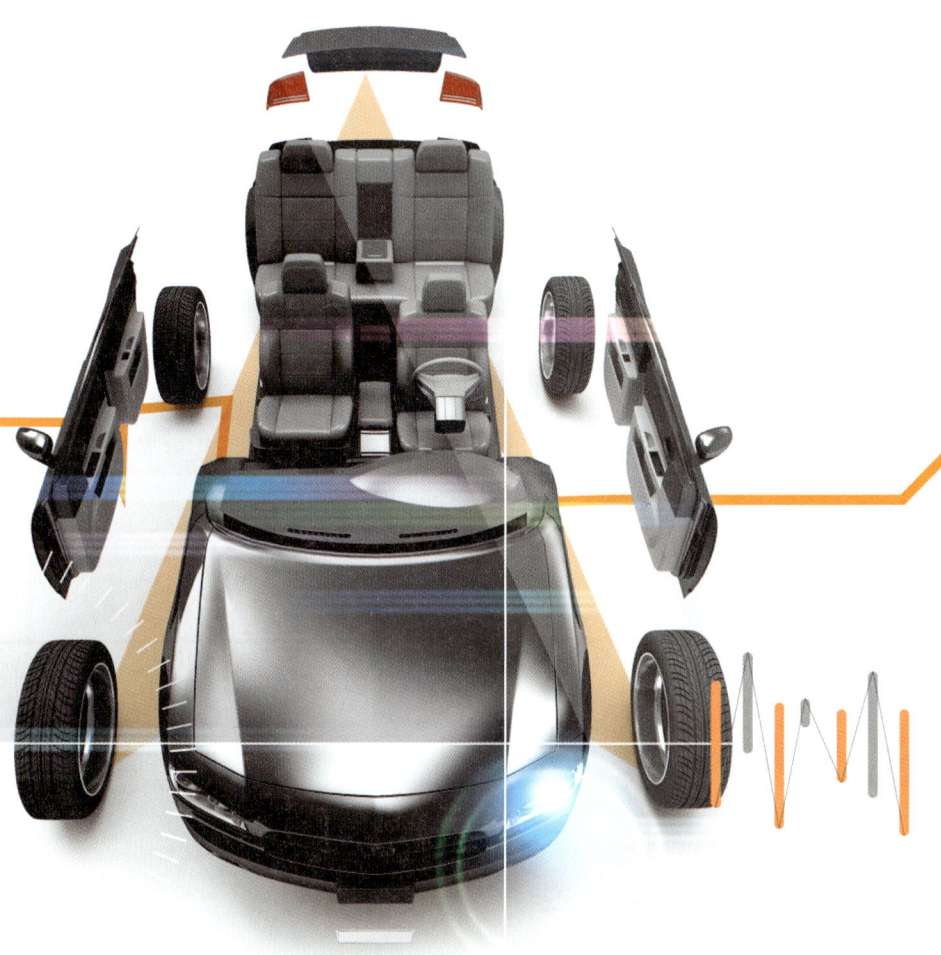

도서출판 엔플북스

국립중앙도서관 출판시도서목록(CIP)

Solidworks : 2016 start!! : 쉽고, 빠르고, 직관적인 3d 설계 솔루션 / 정민규 지음. -- [구리] : 엔플북스, 2017
   p. ;   cm

ISBN 978-89-6813-193-6 13560 : ₩27000

기계 설계[機械設計]
기계 제도[機械製圖]

551.151-KDC6
670.285 DDC23   CIP2017010053

Prologue

Solidworks는 산업 현장의 빠른 변화에 맞춰 CAD/CAM/CAE/PDM 등 다양한 형태의 솔루션(Solution)을 제공하는 설계도구이며 제조 및 다양한 산업의 각 분야에 성장과 함께 많은 변화를 이루어 실무에 효율적으로 적용할 수 있도록 업그레이드 되어 활용되고 있으며 빠르게 변화하는 산업 분야에 맞추어 Solidworks 또한 많은 변화와 새로운 기능들로 무장하여 보다 효과적이고, 보다 편리한 설계 도구로 자리를 잡아가고 있습니다.

기계설계로부터 다양하게 적용되는 무수히 많은 응용 분야에 이르기까지 3차원 설계는 이제 보편적으로 사용되고 있고 설계 검증과 데이터 활용 및 설계에서부터 가공, 양산에 이르기까지 각 단계에서의 원가 절감과 설계 오류 해결 문제로 쓰인 불필요한 많은 비용과 노력들을 개선하고 있습니다.

이렇게 급속도로 변화하는 환경과 더불어 급변하는 설계 도구들을 습득하고 빠르게 업그레이드되는 설계 도구들의 효과적인 사용을 위해 본 교재를 출간하게 되었습니다.

기본 교육을 몇 번씩 듣는 교육생들의 이야기를 들어보면 교육 후 실무를 하다 보면 몇몇 기능의 사용법이 떠오르지 않아 다시 재교육을 받거나 또는 모르는 기능만 배우면 된다는 식으로 수강하기도 합니다. 현업 사용자들도 자기가 많이 사용하는 기능은 쉽게 사용하지만, 평소 사용하지 않던 기능은 그 사용법을 알기 위해 많은 노력을 해야 하는 경험을 했다고 이야기를 하고 있습니다.

따라서 이 교재는 학습자가 스스로 명령을 이용하여 모델링을 수행할 수 있도록 구성되었고 각 명령에 따라하기와 실습 예제 도면을 첨부하여 Solidworks 설계 도구를 사용하는데 빠르게 적응을 할 수 있도록 제시하고 있으며 각 명령을 활용하는데 기본적인 사용 방법 등을 설명하고 있어 처음 Solidworks를 접하는 사용자들 및 학생들에게 효과적인 체계를 제시하고 있습니다.

끝으로 이 책이 나오기까지 도와주신 도서출판 엔플북스 가족 여러분에도 진심으로 감사를 드리며 또한 이 교재를 기초삼아 공부하는 학생들과 사용자 분들께 조금이나마 도움이 되었으면 합니다.

2017년 4월

저자 정민규 드림

Contents

STEP 1. Solidworks 시작하기/1
1. Solidworks 알아보기   2
2. Solidworks 시작하기   5
   - 파트 모델링 화면구성   6
   - 단축키 작성방법과 마우스 활용 방법   14
   - 도구 막대 설정   23
   - 마우스 활용 방법   24
   - 마우스 제스처   25
   - 키보드 사용 방법   28
   - Solidworks에서의 개체 선택 방법   28

STEP 2. Sketch(스케치) 작성하기/33
   - 스키치 작성과 구속 조건   34
   - 프로파일   34
   - 스케치 세팅   38
   - 스케치 도구   40
   - 선   43
   - 원 / 원주 원   47
   - 코너 사각형   49
   - 3점 호   54
   - 직선 홈   57
   - 다각형   61
   - 스케치 필렛 / 스케치 모따기   63
   - 요소 잘라내기   67
   - 요소 늘리기   71
   - 요소 변환   72
   - 요소 오프셋   75
   - 요소 대칭 복사   79
   - 선형 스케치 패턴   81
   - 원형 스케치 패턴   85
   - 요소 이동   88
   - 요소 복사   91
   - 요소 회전   94
   - 크기 조절   97
   - 늘일 요소   100
   - 스케치 요소의 구속 조건   103
   - 구속 조건의 종류 요약표   104
   - 구속 조건 표시 / 삭제   109
   - 스케치 완전 정의   111
   - 스케치 지능형 치수   114
   - 스케치 따라하기   116
   - 스케치 실습 예제   137

STEP 3. Feature(피쳐) 작성하기/143
   - 피쳐 작성하기   144
   - 피쳐 도구   145
   - 돌출 보스/베이스   146
   - 돌출 컷   150
   - 회전 보스/베이스   153
   - 회전 컷   156
   - 스윕 보스/베이스   159
   - 스윕 컷   162
   - 로프트 보스/베이스   165
   - 로프트 컷   168
   - 바운더리 보스/베이스   171
   - 바운더리 컷   174

Contents

- 필렛 　　　　　　　　　　　　　176
- 모따기 　　　　　　　　　　　　179
- 구멍 가공 마법사 　　　　　　　182
- 선형 패턴 　　　　　　　　　　188
- 원형 패턴 　　　　　　　　　　191
- 대칭 복사 　　　　　　　　　　194
- 보강대 　　　　　　　　　　　　197
- 구배 주기 　　　　　　　　　　200
- 쉘 　　　　　　　　　　　　　　202
- 솔리드 모델링 따라하기 　　　　205

STEP 4. Surface(서페이스) 작성하기/227
- 곡면 작성하기 　　　　　　　　227
- 곡면 피처 도구 　　　　　　　　228
- 돌출 곡면 　　　　　　　　　　230
- 회전 곡면 　　　　　　　　　　233
- 스윕 곡면 　　　　　　　　　　236
- 로프트 곡면 　　　　　　　　　239
- 바운더리 보스/베이스 　　　　　242
- 곡면 채우기 　　　　　　　　　245
- 평면 곡면 　　　　　　　　　　247
- 오프셋 곡면 　　　　　　　　　249
- 룰드 곡면 　　　　　　　　　　251
- 면 삭제 　　　　　　　　　　　254
- 면 대치 　　　　　　　　　　　256
- 곡면 늘리기 　　　　　　　　　258
- 곡면 잘라내기 　　　　　　　　260
- 곡면 보존 　　　　　　　　　　263
- 곡면 전개 　　　　　　　　　　265
- 곡면 붙이기 　　　　　　　　　267

STEP 5. 참조 형상 작성하기/271
- 참조 형상 작성하기 　　　　　　272
- 기준면 　　　　　　　　　　　　273
- 기준축 　　　　　　　　　　　　280

STEP 6. 2D를 3D 부품으로 작성하기/287
- 2D를 3D 부품으로 작성하기 　　288

STEP 7. Assembly(어셈블리) 작성하기/301
- 어셈블리 작성하기 　　　　　　302
- 어셈블리 도구 　　　　　　　　304
- 부품 삽입 　　　　　　　　　　305
- 가상 부품 활용하기 　　　　　　311
- 외부 부품 가상 부품으로 변경하기 　312
- 부품 이동 　　　　　　　　　　313
- 부품 회전 　　　　　　　　　　314
- 충돌 검사 　　　　　　　　　　315
- 메이트 　　　　　　　　　　　　315
- 메이트 구속 작업 방법 　　　　316
- 부품 선형 패턴 　　　　　　　　325
- 부품 원형 패턴 　　　　　　　　326
- 피처를 이용한 부품 패턴 　　　328
- 부품 대칭 복사 　　　　　　　　329
- 어셈블리 따라하기 　　　　　　333

Contents

- 어셈블리 분해도   353
- 어셈블리 분해도 따라하기   356
- 분해 지시선 스케치   366
- 간섭 탐지   370

STEP 8. Drafting(도면) 작성하기/375
- 도면 작성하기   376
- 도면 용지 규격   376
- 새 도면 작성하기   381
- 시트 속성 설정하기   382
- 도면 옵션 설정하기   383
- 제도 표준 관리하기   412
- 도면 템플릿 만들기 따라하기   414
- 노트 명령의 속성 링크 알아보기   428
- 모델 파일 속성과 도면 속성 정의하기   431
- 도면 도구 모음   441
- 모델뷰   442
- 투상도   447
- 보조 투상도   448
- 단면도   450
- 상세도   457
- 부분 단면도   461
- 수직 파단   464
- 부분도   467
- 보조 위치도   469
- 표준 3도   472
- 도면뷰 이동   473
- 뷰 이동에 제약 사항   473
- 뷰 위치 고정 및 해제   474
- 도면뷰 정렬 및 분리   474
- 모서리선 숨기기 및 보이기   474
- 부품 숨기기 및 보이기   474
- 도면 주석   475
- 치수 기입에 사용되는 보조 기호   477
- 지능형 치수   477
- 치수 공차 기입   483
- 치수 보조선 부착점 변경   484
- 치수 보조선 기울기   485
- 치수에 텍스트 추가 기입   485
- 중심선 / 중심 표시   486
- 구멍 속성 표시기   489
- 표면 거칠기 표시   491
- 용접 기호   493
- 데이텀 피처   495
- 기하공차   498
- 노트   500
- 부품 번호   502
- 부품 리스트   504
- 부품도 따라하기   507
- 어셈블리 조립도, 분해도 따라하기   513

STEP 9. 실습예제/521
- 실습 도면   522

Step 01 Solidworks 시작하기

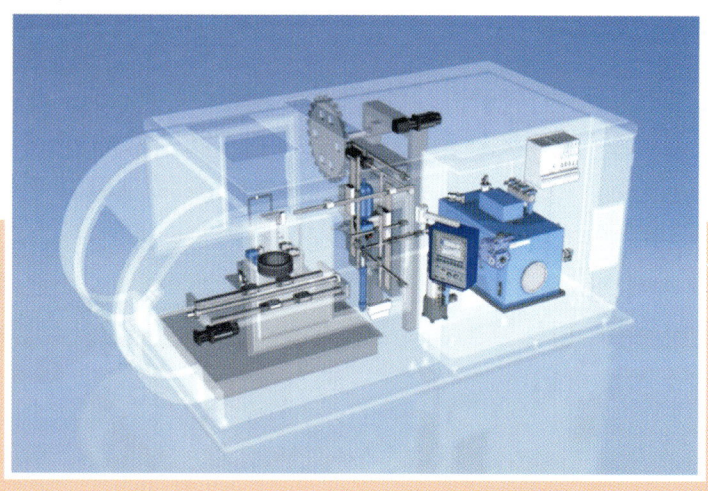

STEP 01 Solidworks 알아보기

1 >>> Solidworks 설치 및 사용 시 시스템 요구사항 알아보기

Dassault Systemes사의 SolidWorks 제품은 기계설계/디자인/자동화/장비설계 등 다양한 산업군에서 두각을 나타내고 있는 설계 및 해석용 소프트웨어로서 MicroSoft Windows를 사용하고 있는 많은 사용자들에게 친숙한 Windows 그래픽 사용자 인터페이스를 사용하고 있다. 우선 쉽고 편리하며 다양한 모델링 기법 중에서 스케치와 피처 및 치수를 활용함으로써 설계자가 생각한 설계 개념들을 즉각적으로 설계 실무에 빠르게 반영하고 구현하여 부품 모델링/어셈블리 모델링/라이브러리 구축/해석/도면화 등 제조의 전반적인 프로세스를 다양하게 반영하는 설계 및 해석 도구이다.

Solidworks Products Line-Up(제품군)

SolidWorks 제품군은 SolidWorks Standard, Professional, Premium으로 구성되어 있으며 해석 제품군은 Solidworks Simulation Professional, Premium, FlowSimulation으로 구성되어 3D 모델링, 어셈블리, 도면화, 데이터 관리, 구조 해석, 열해석, 피로/낙하 충격 해석, 플로우 해석 등 3D DATA를 활용하는 광범위한 영역의 설계 툴이며, 사용자의 생각을 즉각 반영하여 쉽고 빠르게 설계에 적용할 수 있는 설계 도구이다.

STEP 01. Solidworks 알아보기

	SolidWorks	SolidWorks Professional	SolidWorks Premium
Easy Heads-Up Interface	○	○	○
Part and Assembly Modeling	○	○	○
Production-Quality 2D Drawings	○	○	○
Realistic Real-Time Rendering	○	○	○
Advanced Surfacing	○	○	○
Data Translation(Import/Export)	○	○	○
Sheet Metal Design	○	○	○
Welded Structures Design	○	○	○
Plastic Part and Mold Design	○	○	○
Large Assembly Management and Performance	○	○	○
Assembly Motion Visualization and Video Performance	○	○	○
Part and Assembly Checks(Interface, Draft)	○	○	○
Automatic Bil of Materials(BOM)	○	○	○
Design Automation	○	○	○
Intelligent Modeling Capabilities	○	○	○
Design Reuse	○	○	○
Design Collaboration		○	○
Automatic Feature Recognition		○	○
Standard Hardware Libraries		○	○
Photorealistic Rendering		○	○
Advanced Productivity Tools		○	○
Import and Create Geometry Using Scanned Data			○
Routed Systems(Cable and Harness, Pipe, Tube, Hose)			○
ECAD-to-MCAD Intergration			○
Secure Access		○	○
Revision Control		○	○
Find Filles		○	○
Tolerance StackUp Validation			○
Structural Simulation of Parts and Assemblies			○
Mechanism and Motion Simulation			○

4 Solidworks 2016 start!

	Solidworks Sim(Pro)	Solidworks Sim(Pre)	Solidworks Flow Sim
Assembly and Mechanism Simulation	○	○	
Predict Product Failure	○	○	
Event-Based Motion	○	○	
Compare and Optimize Design	○	○	
Simulate Natural Frequencies	○	○	
Predict Bucking or Collapse	○	○	
Simulate Drop Test	○	○	
Simulate Fatigue	○	○	
Simulate Plastic and Rubber Components		○	
Simulate Composites		○	
Simulate Forced Vibrations		○	
Nonlinear Dynamics		○	
Fluid Flow Simulation			○

[Solidworks 설치와 구동에 필요한 운영 체제]

	SolidWorks 2013~2014	SolidWorks 2015	SolidWorks 2016 이상
Vista(32bit)	○	X	X
Vista(64bit)	○	X	X
Window7(32Bit)	○	X	X
Window7(64Bit)	○	○	○
Window 8.1 이상(64bit)	○	○	○

■ Microsoft Window7 64Bit 운영체제와 Window 8.1 64Bit 이상에서 지원된다.
■ Microsoft Internet Explorer 9 이상 웹 다운로드 및 활성화 인증 등에 필요한 인터넷 접속
■ Microsoft Office Excel 2003~2010 이상

Solidworks 설치와 구동에 필요한 일반적인 하드웨어

- CPU : Intel Pentium4, AMD Athlon64, AMD Opteron 이상
- RAM : 최소 16G 이상 권장
- VGA : Direct3D 10, Direct3D 9 또는 OpenGL 지원 그래픽 카드, 128MB 이상 1,280×1,024 화면 해상도 이상
- HDD : 설치용 하드디스크 여유 공간 15G 이상
- ODD : DVD-ROM 드라이브
- Mouse : Microsoft 마우스 호환 포인팅 장치

2 >>> Solidworks 시작하기

SolidWorks를 실행하여 기본 환경과 명칭 그리고 도구 막대의 위치 등을 하나하나 알아가 보자.

Solidworks의 작업 환경은 파트, 어셈블리, 도면으로 나누어져 있으며 부품 모델링 환경에서 각각의 부품을 모델링하고 어셈블리 환경에서는 이미 작성된 파트를 삽입하여 조립 조건으로 어셈블리 작업을 수행하며, 도면 환경은 파트의 도면과 어셈블리 도면 환경을 이용하여 부품도와 조립, 분해도를 작성할 수 있다.

다음 그림과 같이 각 환경에 들어가기 위해서 템플릿을 선택하고 확인 아이콘을 선택하여 원하는 환경으로 들어가 보자.

파트 모델링 화면 구성

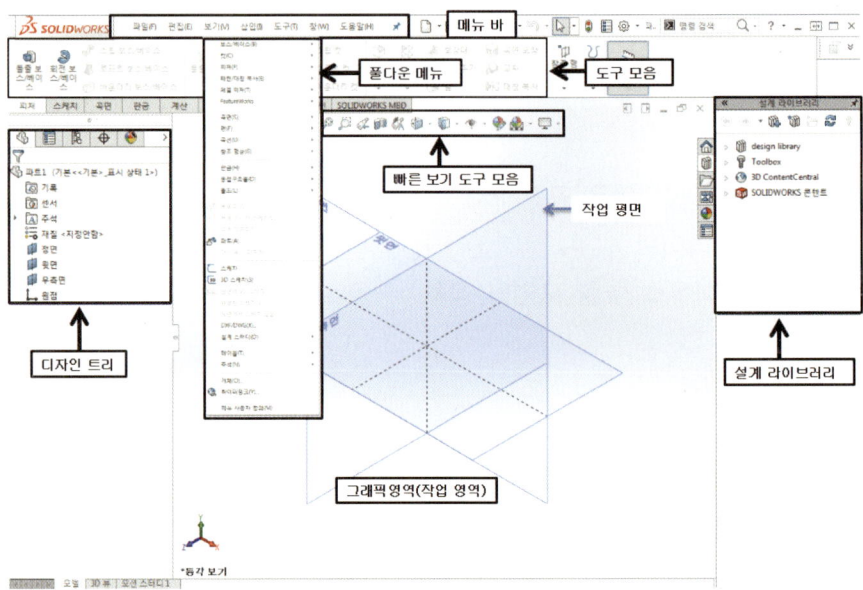

Solidwork 초기 파트 화면에서는 작업 평면이 보이지 않게 지정되어 있으나 아래 따라하기와 같이 정면, 윗면, 우측면을 보이게 설정할 수 있다.

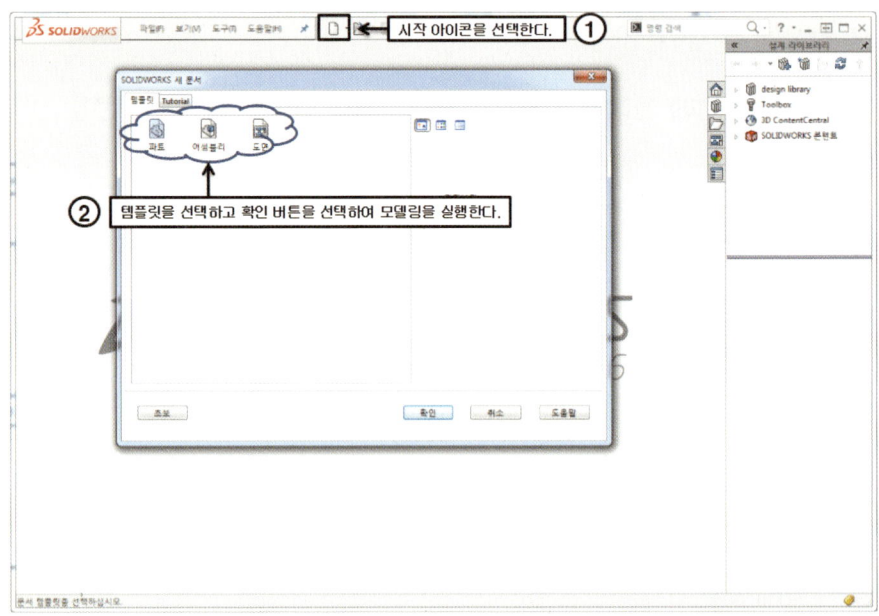

STEP 01. Solidworks 알아보기

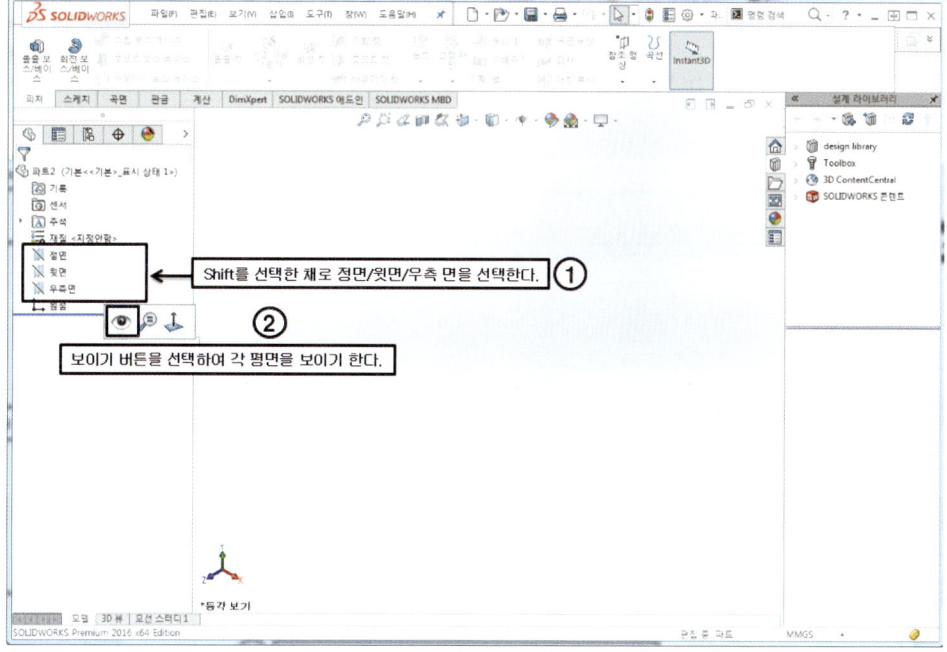

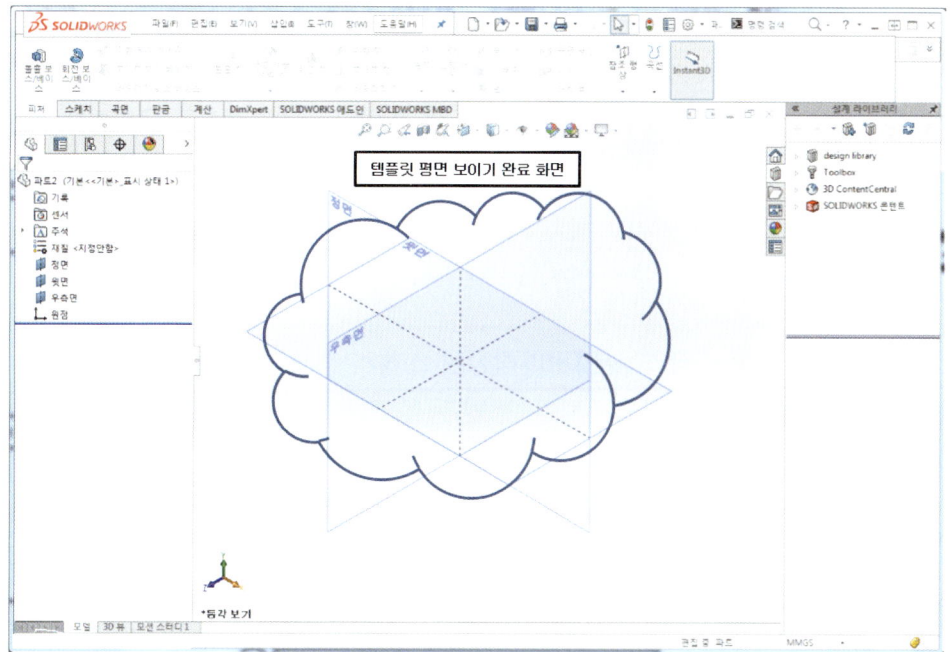

표준 메뉴 도구 모음/풀다운 메뉴

윈도우 표준 메뉴 형식으로 모든 Solidworks 명령 도구, 기능 및 설정 등을 사용자가 지정하여 사용할 수 있다.

CommandManager(도구 모음)

CommandManager는 사용자가 액세스하려는 도구 모음을 작업 상황별로 정리하여 모아 두었다. 사용자는 스케치, 솔리드 모델링, 곡면 모델링, 판금 모델링, 용접 구조물 모델링 등 각 작업 특성에 맞는 명령들을 사용할 수 있게 되어 있다.

관리자 탭

그래픽 영역 좌측 상단에 위치해 있는 관리자 탭은 다양한 설정 및 정보 등을 표시한다.

FeatureManager(디자인 트리)

FeatureManager Design Tree에서는 활성 부품, 어셈블리, 도면의 모든 구성 요소의 작성 상태 및 사용한 명령의 구조 등을 쉽게 이해하고 사용자로 하여금 수정, 편집을 용이하게 할 수 있도록 해 준다.

PropertyManager

PropertyManager는 그래픽 영역에서 이미 작성된 스케치 객체 또는 돌출과 같이 명령으로 수행되는 상황별 작업을 사용자가 쉽게 치수, 방법 등을 지정하여 사용할 수 있도록 해준다.

DimXpertManager

DimXpertManager에서는 부품을 정의할 때 작성되는 공차 피처가 나열된다.

STEP 01. Solidworks 알아보기

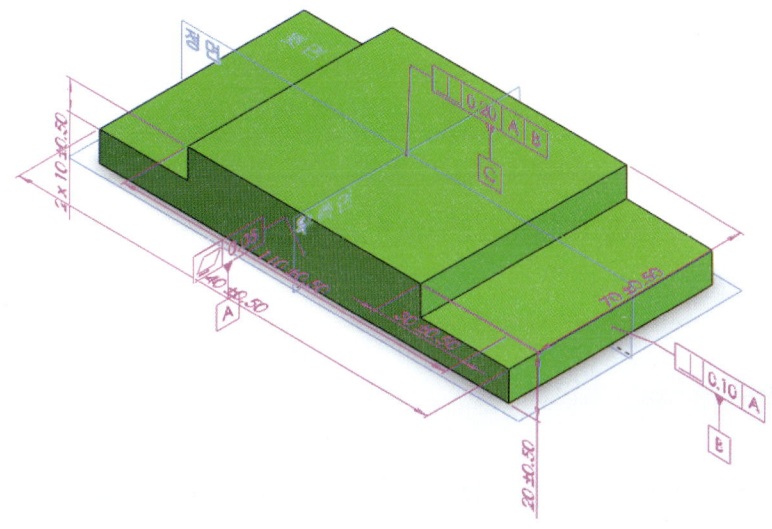

DisplayManager

DisplayManager에서는 이미 작성된 부품 또는 어셈블리의 객체를 색감, 텍스처, 재질 등을 정의하고 렌더링 상태 등을 확인할 수 있다.

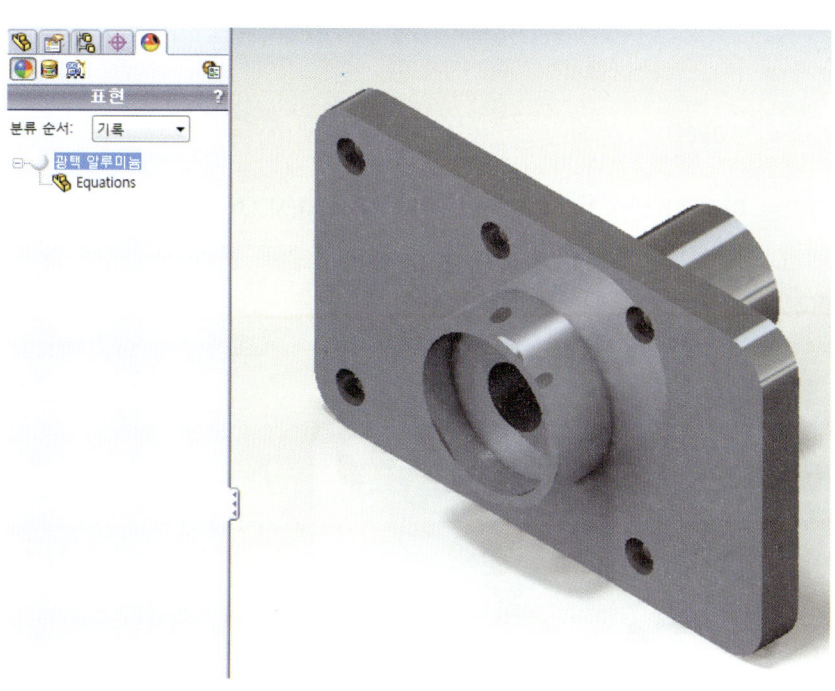

빠른 도구 모음

빠른 도구 모음은 부품 또는 어셈블리, 도면 등의 작업을 수행하면서 확대/축소/뷰 정의/렌더링 등 다양한 명령으로 작업을 효율성 있게 할 수 있도록 되어 있다.

 **작업창**

작업창은 Solidworks 실행 후 파트, 어셈블리, 도면 템플릿 등 모든 환경에서 활용이 가능한 작업 도구이다. Solidworks 작업 화면 우측에 표시되며 6개의 탭들이 있다.

 Solidworks 리소스

Solidworks 리소스는 Solidworks를 처음 배우는 사용자 또는 모델링 작업을 하는 데 도움이 되는 유용한 최신 정보를 제공한다.

 설계 라이브러리

설계 라이브러리는 파트, 어셈블리, 스케치와 같은 설계 시 재사용 가능한 객체를 기준으로 특정 형상, 피처, 부품, 규격품(Toolbox), 스케치, 웹을 통한 컨텐츠 등을 활용하여 설계 시 유용하게 사용할 수 있다.

STEP 01. Solidworks 알아보기

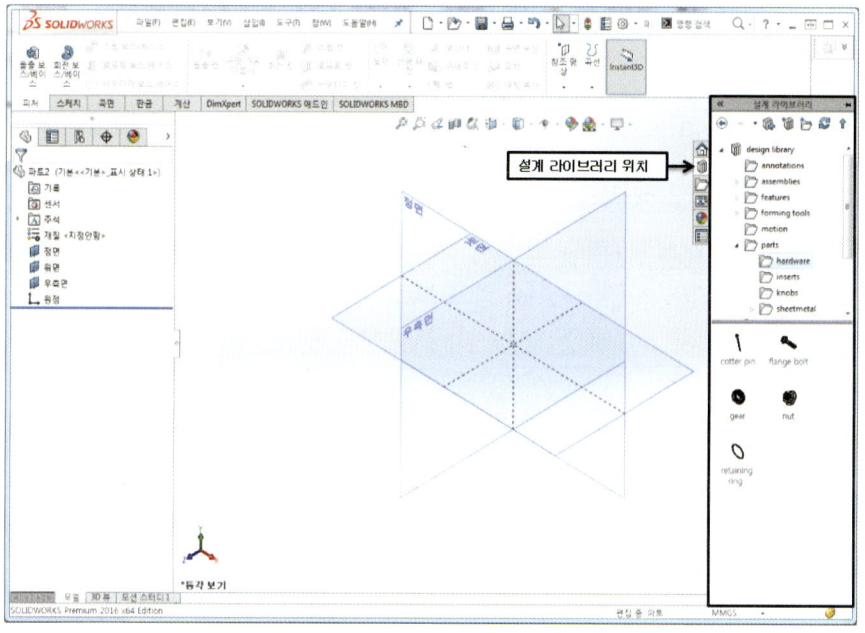

📂 파일 탐색기

파일 탐색기는 Windows 탐색기와 연결되며 원하는 Solidwokrs 파일을 보다 쉽고 빠르게 탐색할 수 있고 필요한 파일을 Solidworks 환경으로 삽입할 수도 있다.

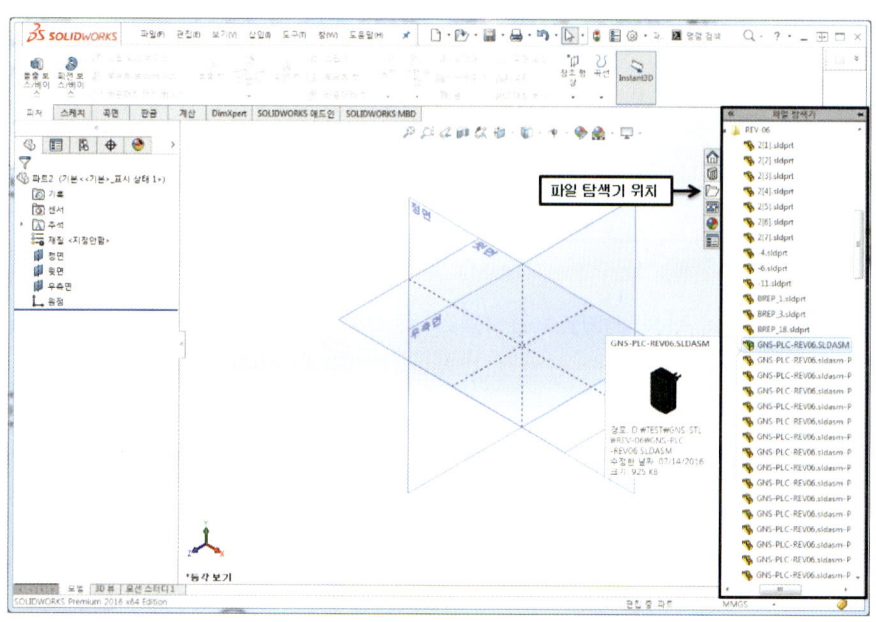

뷰 파레트

뷰 파레트 도구에서는 이미 작성된 파트, 어셈블리, 판금 부품의 전개도 등 다양한 종류의 뷰를 도면에 배치할 수 있다.

선택한 모델의 표준 보기, 주석 보기, 단면도, 판금 파트의 전개 패턴 등을 할 수 있고 관련 뷰를 도면 시트에 끌어놓기 하여 도면 작업을 쉽고 빠르게 할 수 있다.

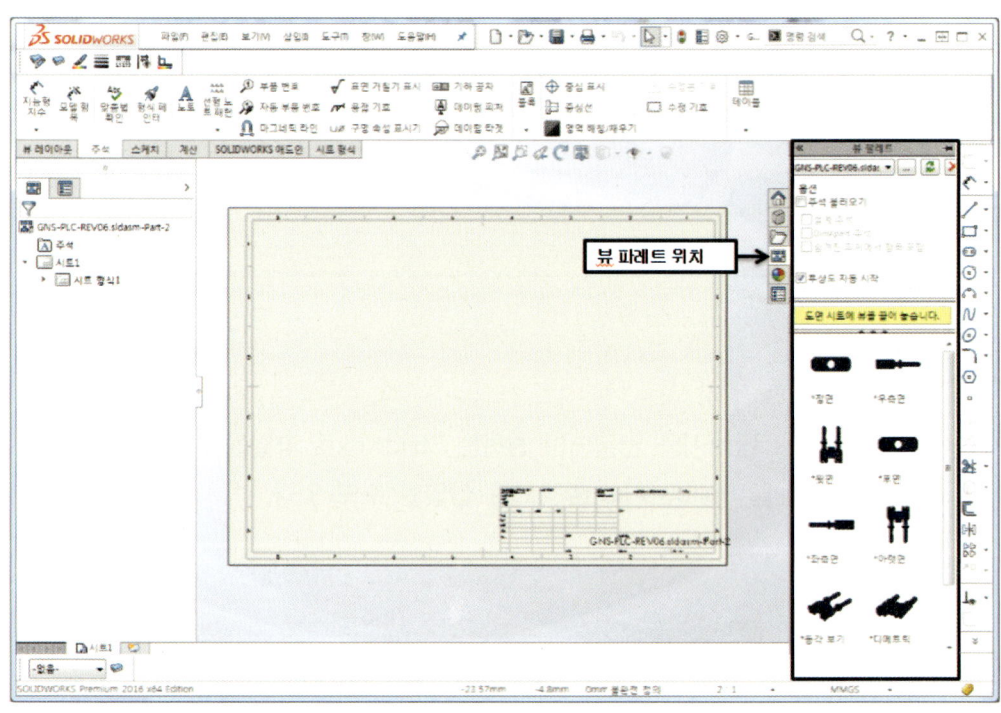

표현 화면 및 데칼

표현 화면 및 데칼에서는 작성된 파트, 어셈블리 등 여러 종류의 모델링된 객체 등의 색상과 표현 재질 적용, 광택, 데칼 등 표현적으로 필요한 부분과 렌더링 또는 제품 텍스처 등을 작업할 수 있다.

STEP 01. Solidworks 알아보기 13

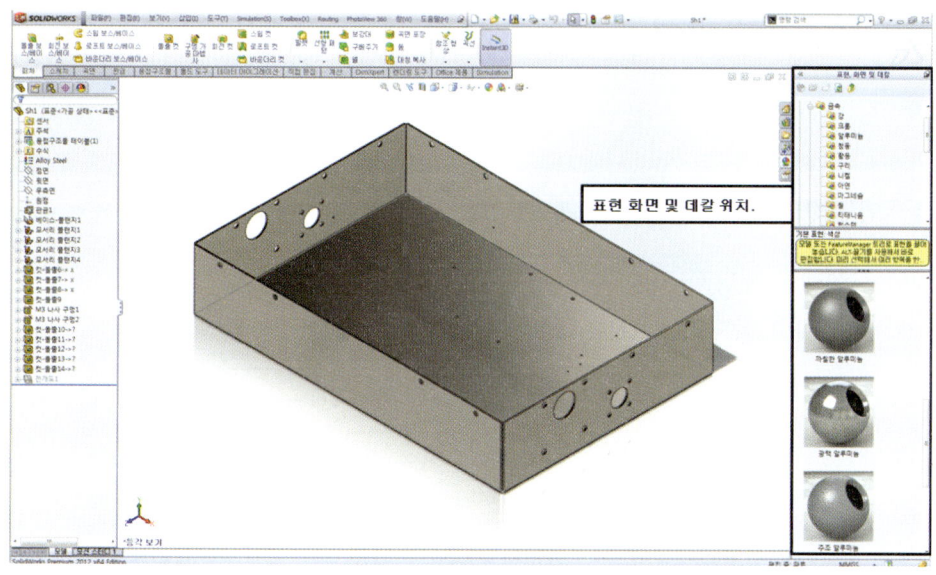

표현 화면 및 데칼 위치.

사용자 정의 속성

사용자 정의 속성은 사용자 정의에 의해서 작성된 템플릿 속성 정의값을 정의한다. 설계자가 부품 설계를 할 때마다 반복적으로 장비명, 재질, 설계일자, 설계자, Revision 등 설계 부품에 대한 속성을 부품 또는 도면에 기입하는 일이 발생되어 시간을 빼앗기는 경우가 종종 있는데 속성 정의를 템플릿화함으로써 작업 시간을 단축할 수 있다.

사용자 정의 속성 위치.

◆ 단축키 작성 방법과 마우스 활용 방법

단축키 정의

SolidWorks에서 정의된 단축키는 사용자들이 쉽고 빠르게 설계 작업을 할 수 있도록 한다. 사용하는 단축키의 확인과 입력 방법은 아래와 같다.

번호 순서대로 선택을 해보자. 이미 작성된 단축키 보기-메뉴 바에서 도구 ⇨ 사용자 정의를 선택하면 나타나는 대화 상자의 키보드 탭에서 확인할 수 있다.

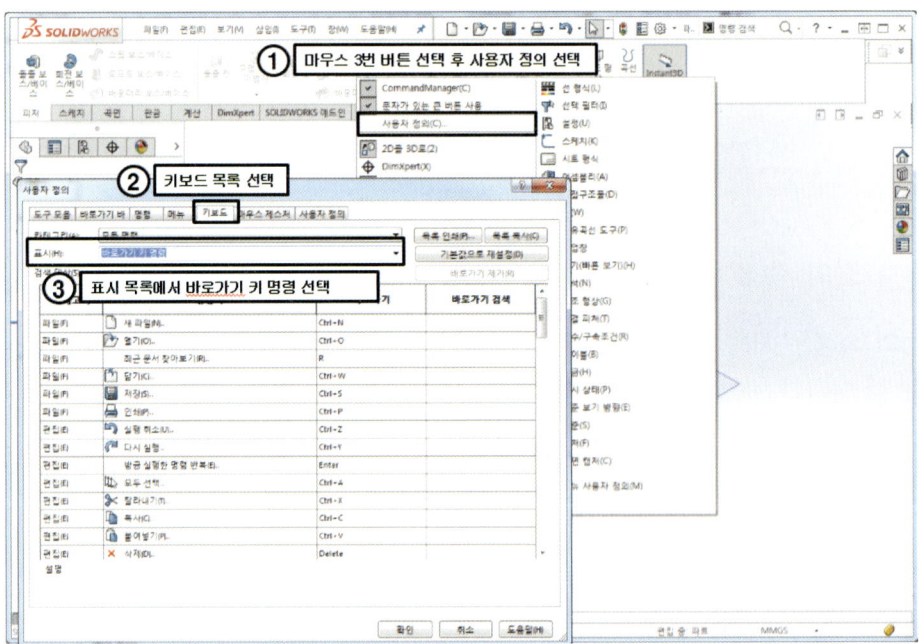

새로운 단축키를 정의하는 방법은 다음 그림에서와 같이 기존에 작성되어 있는 단축키를 새로운 단축키로 정의하여 본다.

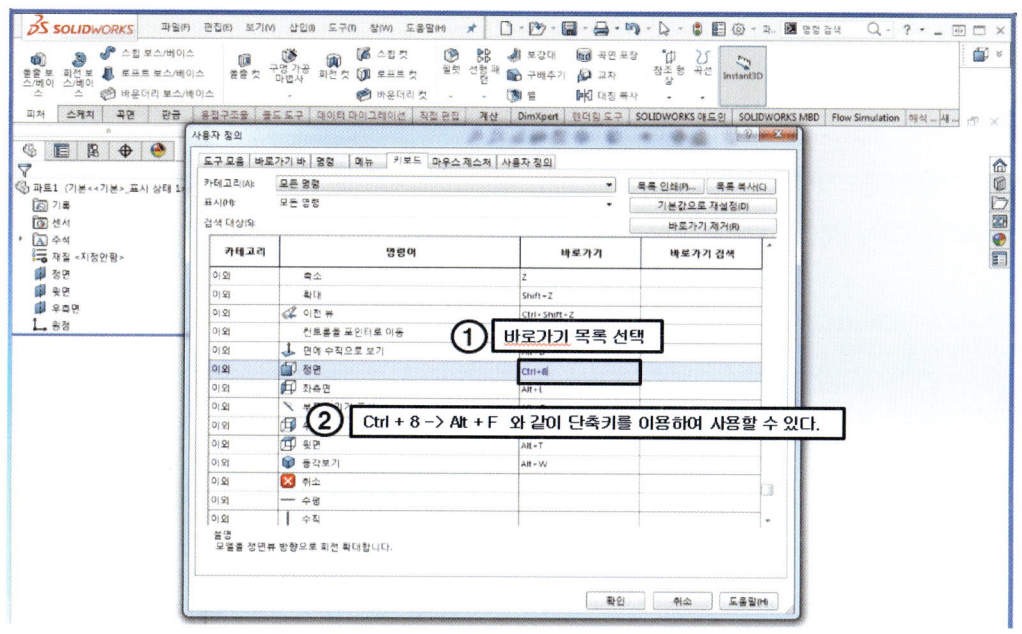

사용자 정의 대화 상자에서 바로가기 키보드의 설정값을 변경할 수도 있고 바로가기를 제거할 수도 있다.

√ **주의** : 기존의 설정값을 지정하거나 변경할 경우에 입력한 값이 다른 명령어에 설정되어 있다면 다음 그림과 같이 경고 메시지가 나타나는데 사용자가 혹시나 잘못하여 명령 단축키가 겹치는 경우가 발생하므로 잘 확인해야 할 것이다.

만약 단축키를 재정의한 후 기본값으로 전환하고자 한다면 기본값으로 재설정 버튼을 선택하고 확인을 선택하면 원래 있던 기본값으로 정의된다.

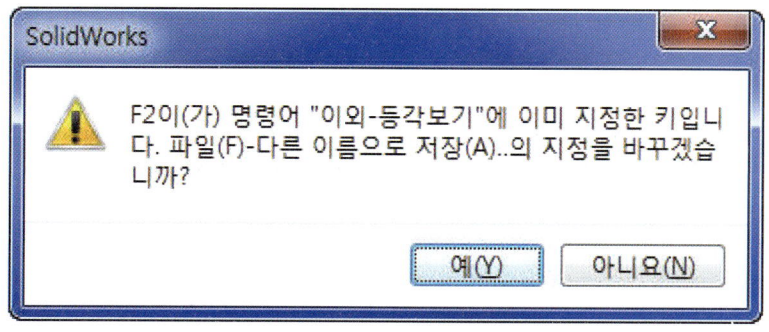

16 Solidworks 2016 start!

아래 이미지는 Solidworks에서 기본적으로 설정된 단축키 목록이다.

카테고리	명령어	바로가기	바로가기 검색
파일(F)	새 파일(N)..	Ctrl+N	
파일(F)	열기(O)..	Ctrl+O	
파일(F)	닫기(C)..	Ctrl+W	
파일(F)	저장(S)..	Ctrl+S	
파일(F)	인쇄(P)..	Ctrl+P	
파일(F)	최근 문서 찾아보기(R)..	R	
편집(E)	실행 취소(U)..	Ctrl+Z	
편집(E)	다시 실행..	Ctrl+Y	
편집(E)	방금 실행한 명령 반복(E)..	Enter	
편집(E)	모두 선택..	Ctrl+A	
편집(E)	잘라내기(T)..	Ctrl+X	
편집(E)	복사(C)..	Ctrl+C	
편집(E)	붙여넣기(P)..	Ctrl+V	
편집(E)	삭제(D)..	Delete	
편집(E)	재생성(R)..	Ctrl+B	r
보기(V)	다시 그리기(R)..	Ctrl+R	
보기(V)	도면 방향(O)..	SpaceBar	
보기(V)	전체 보기(F)..	F	zf
보기(V)	빠른 스냅(Q)..	F3	
보기(V)	전체 화면..	F11	
보기(V)	FeatureManager 트리 영역..	F9	
보기(V)	도구모음..	F10	
보기(V)	작업 창(N)..	Ctrl+F1	
도구(T)	선(L)..	L	l
도움말(H)	SolidWorks 도움말(H)..	H	
도움말(H)	기술 자료(K)..	K	
도움말(H)	커뮤니티 포럼(O)..	O	
도움말(H)	명령(M)..	W	
도움말(H)	파일 및 모델(I)..	I	
이외	후면	Ctrl+2	
이외	아랫면	Ctrl+6	
이외	명령옵션 전환	A	
이외	트리 확장/축소	C	
이외	모든 항목 수축	Shift+C	
이외	모서리선 필터	E	
이외	찾기/바꾸기	Ctrl+F	
이외	다음 모서리선	N	
이외	재생성 강제 실행	Ctrl+Q	

이외	돋보기	G	
이외	바로가기 바	S	
이외	꼭지점 필터	V	
이외	표시 창 숨기기/보이기	F8	
이외	선택필터 도구모음 전환	F5	
이외	선택 필터 전환	F6	
이외	맞춤법 확인	F7	
이외	FeatureManager 트리 상단까지 스크롤	Home	
이외	FeatureManager 트리 하단까지 스크롤	End	
이외	면 필터	X	
이외	모서리선 선택	Y	
이외	축소	Z	
이외	확대	Shift+Z	
이외	이전 뷰	Ctrl+Shift+Z	
이외	면에 수직으로 보기	Alt+D	
이외	정면	Alt+F	
이외	우측면	Alt+L	
이외	좌측면	Alt+R	
이외	윗면	Alt+T	
이외	등각보기	Alt+W	
검색	SolidWorks 도움말 검색	H	
검색	기술 자료 검색	K	
검색	커뮤니티 포럼 검색	O	
검색	명령 검색	W	
검색	파일 및 모델 검색	I	

CommandManager 도구 모음 활용하기

CommandManager 메뉴 바에서 명령과 텍스트가 함께 보이는 경우에 그래픽 작업 영역을 좀 더 넓게 사용하고자 하는 경우에는 마우스 우측 버튼-문자가 있는 큰 버튼 사용을 체크 해제하면 아이콘으로 표시된다.

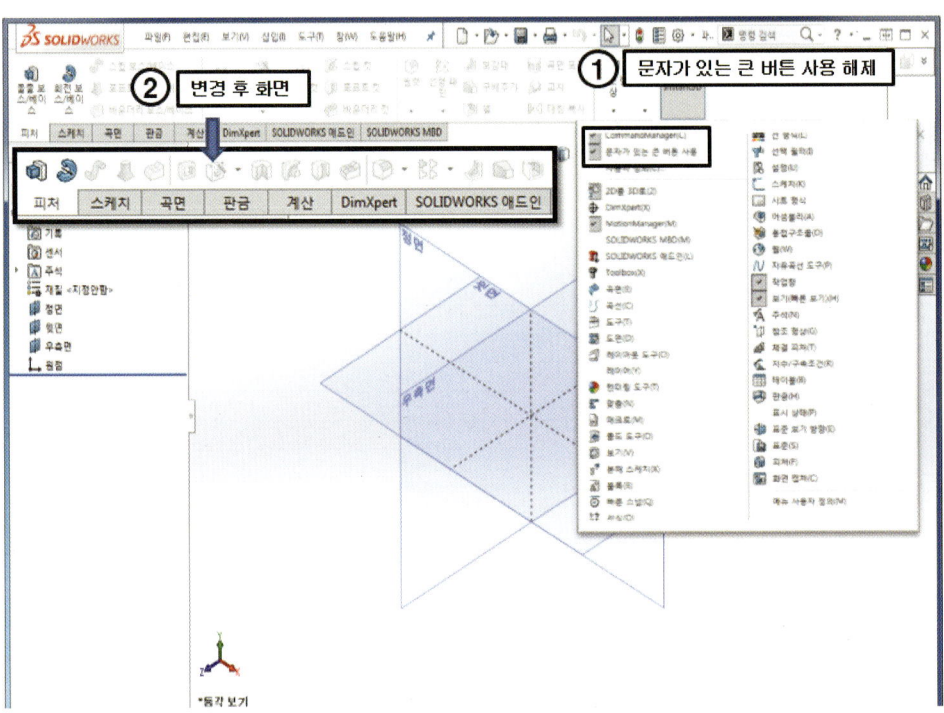

상황별 도구 모음

Solidworks로 작업을 하다 보면 부품을 선택하거나 FeatureManager에서 피처를 선택할 경우 다음 이미지와 같이 선택한 피처와 관련된 명령의 상황에 맞게 도구들을 보여주게 되는데 이 도구 모음은 상황별 또는 자주 사용되는 명령으로 사용자가 빠른 작업을 수행할 수 있도록 도와주므로 잘 이해해야 한다.

STEP 01. Solidworks 알아보기

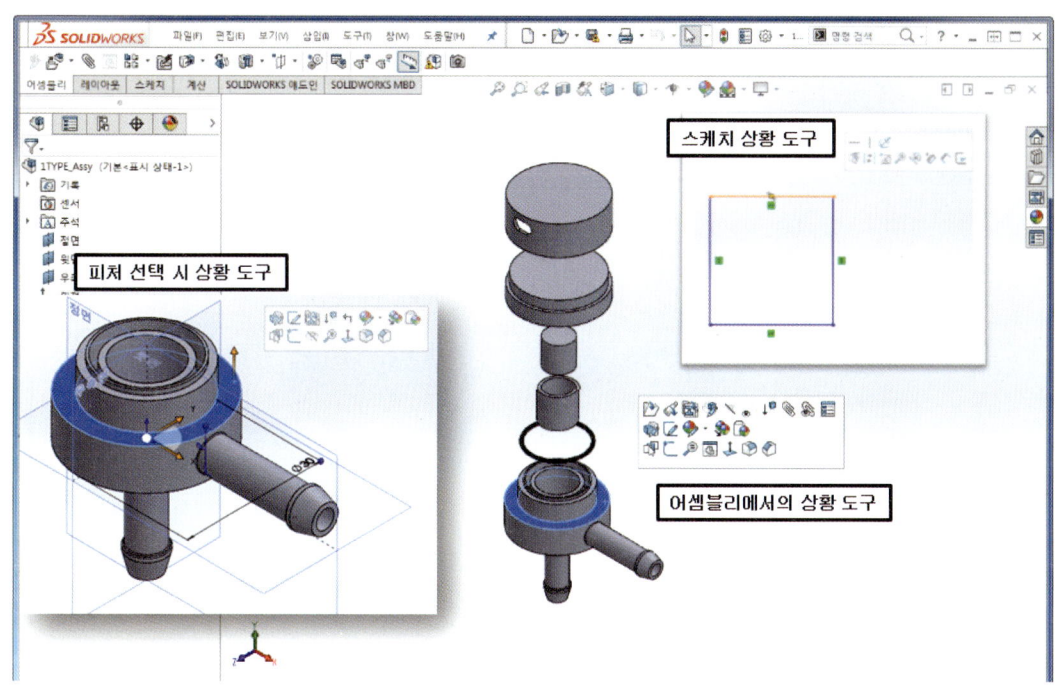

빠른 보기 도구 모음 활용하기

빠른 보기 도구 모음이란 그래픽창의 위쪽 중앙에 있는 도구 모음으로, 각 시점의 투명 도구 모음이며 뷰 조정에 필요한 모든 공통 도구가 제공된다.

단면도는 다음 이미지와 같이 솔리드 객체의 단면을 확인하여 솔리드의 전단면을 확인할 수 있다.

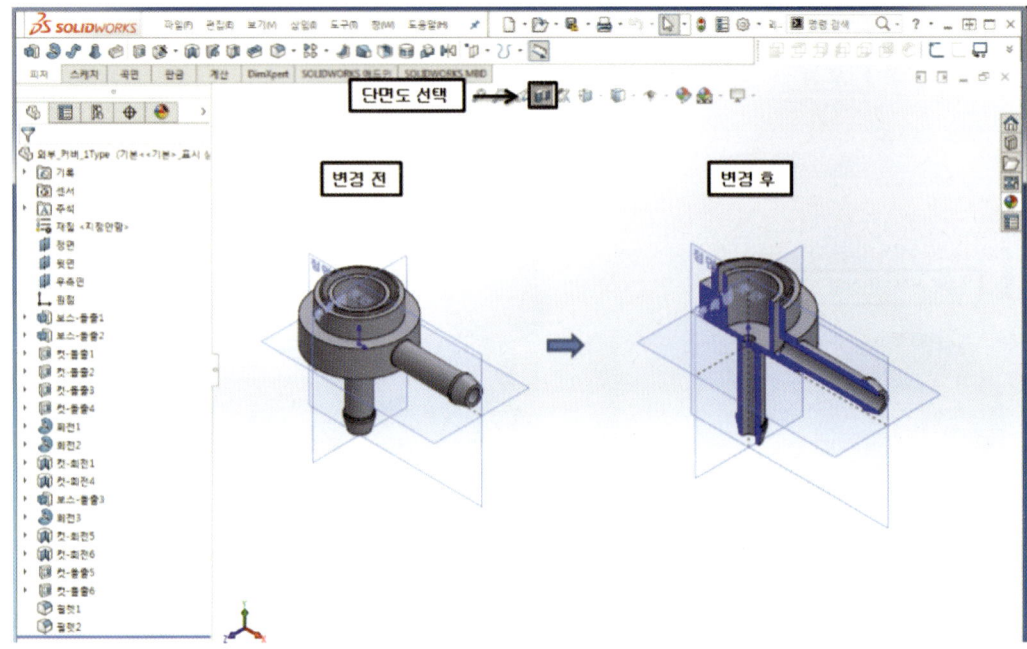

뷰 방향에서는 사용자가 원하는 뷰 방향을 지정하여 보고자 하는 뷰를 볼 수 있다.

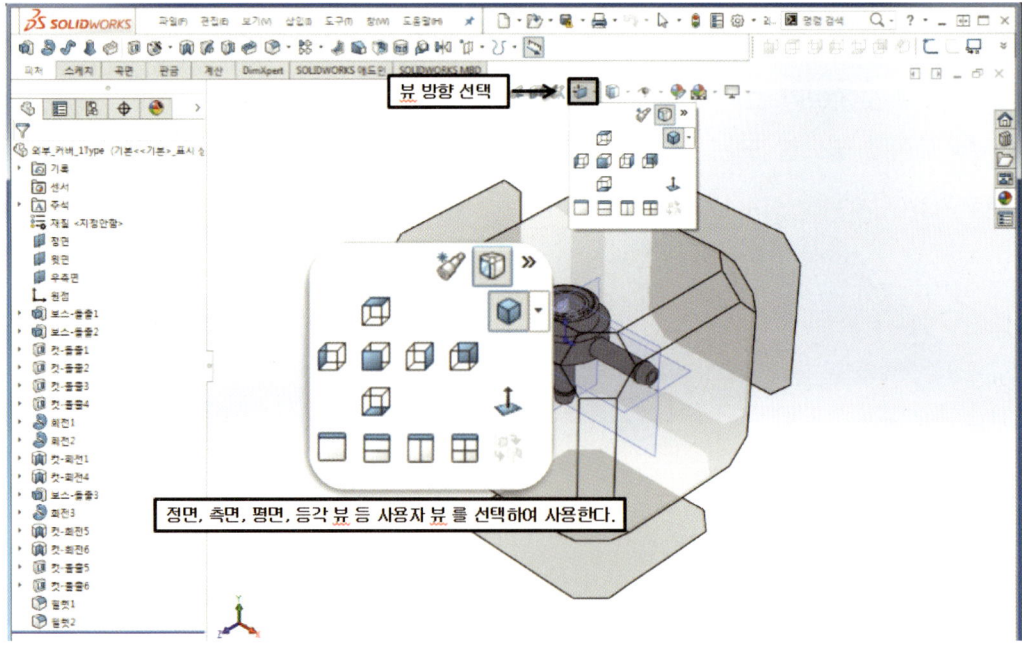

우리가 공부할 SolidWorks에서는 기본적으로 3차원상에서 부품의 형상을 보면서 작업해야 하는 부분이 많이 있기 때문에 View 명령어는 중요한 도구가 된다.

뷰 도구 모음과 관련된 명령은 아래 표와 같다.

명령	아이콘	기능 설명
전체 보기		현재 화면 상태를 작업창에 꼭 맞게 할 경우 사용된다.
이전 뷰		이전 화면을 보고자 할 경우 사용된다.
뷰 다시 그리기		화면을 새로 고침 할 경우 사용된다.
영역 확대		지정영역을 확대할 경우 사용된다.
확대/축소		화면을 확대/축소할 경우 사용된다.
뷰 회전		모델을 회전할 경우 사용된다.
화면 이동		화면을 이동할 경우 사용된다.
뷰 방향		미리 설정되어 있는 뷰를 볼 경우 사용된다.
표시 유형		모델의 표현 방법을 바꾸어 볼 경우 사용된다.
음영		모델의 음영 처리한 화면을 보여준다.
음영 처리 시 그림자		모델의 그림자를 보여준다.
원근 표시		모델의 원근 투시도를 볼 경우 사용된다.
단면도		작성된 모델의 단면을 확인할 경우 사용된다.
Real View Graphics		모델을 렌더링 이미지로 보여준다.
화면 적용		화면을 고광택 표면에 반사되는 이미지로 보여준다.
표현 편집		표현을 제거하고 색이나 표현의 매핑 속성을 적용하거나 편집하여 사용한다.
카메라 뷰		모델에 카메라를 추가하고 위치를 지정하여 카메라 뷰로 정의한다.
카메라 회전		카메라를 회전시켜 화면을 보여준다.

뷰 방향 도구 알아보기 Solidworks에서는 기본적인 3차원 객체의 정면, 후면, 측면, 윗면, 배면, 등각, 수직 등의 뷰를 활용하고 각 뷰에 해당하는 스케치를 작성하여 3차원 솔리드 또는 곡면 등의 객체를 작성하게 된다. 여기에서 중요한 것은 설계자의 의도에 맞게 보기 명령을 이용하여

쉽게 작성할 수 있다는 것이다.

명령어	아이콘	단축키	설명
정면		Ctrl+1	모델의 정면을 보여준다.
후면		Ctrl+2	모델의 후면을 보여준다.
좌측면		Ctrl+3	모델의 좌측면을 보여준다.
우측면		Ctrl+4	모델의 우측면을 보여준다.
윗면		Ctrl+5	모델의 윗면을 보여준다.
아랫면		Ctrl+6	모델의 아랫면을 보여준다.
등각보기		Ctrl+7	모델을 등각보기로 보여준다.
면에 수직보기		Ctrl+8	모델의 선택면에 수직으로 보여준다.

스페이스 바를 이용한 뷰 방향 설정하기

스페이스 바를 이용한 뷰 방향 설정은 다음 그림과 같이 스페이스 바를 선택한 후 방향 대화 상자에서 사용자가 원하는 뷰 방향을 선택하여 뷰를 정의할 수 있다.

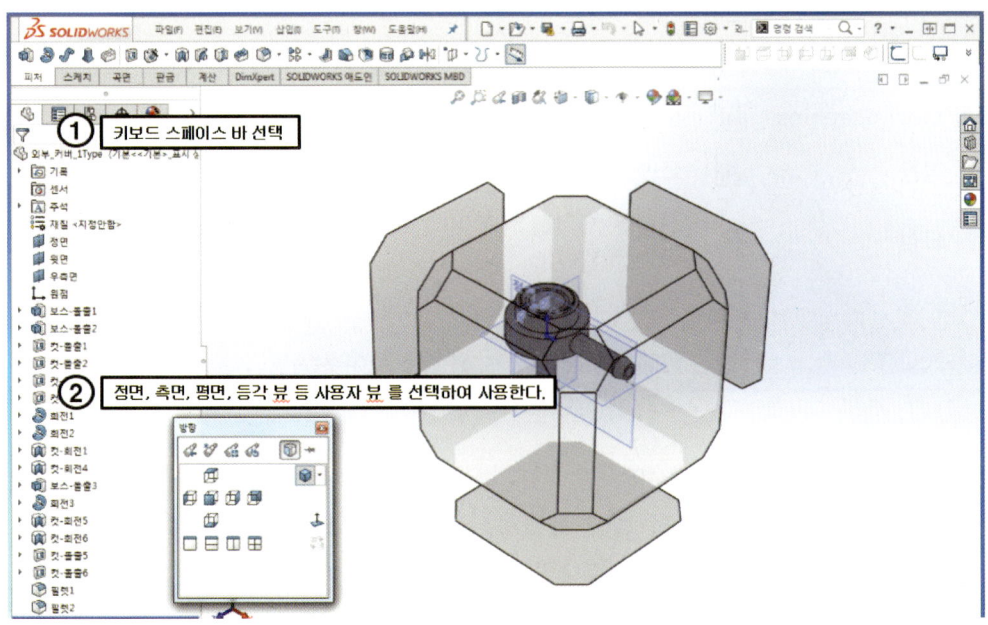

도구 막대 설정

Solidworks에서는 도구 막대에 있는 명령 아이콘을 추가 및 삭제하여 사용자가 보다 쉽고 빠르게 원하는 명령을 이용할 수 있게 한다.

풀다운 메뉴에서 도구 ⇨ 사용자 정의를 선택하고 사용자 정의 대화 상자에서 명령을 선택하여 원하는 도구를 정의할 수 있다.

대화 상자의 명령 탭 카테고리를 선택하면 오른쪽에 명령 아이콘이 보이는데 명령 아이콘 중에서 추가하고자 하는 아이콘을 드래그하여 도구 막대에 추가하여 사용한다.

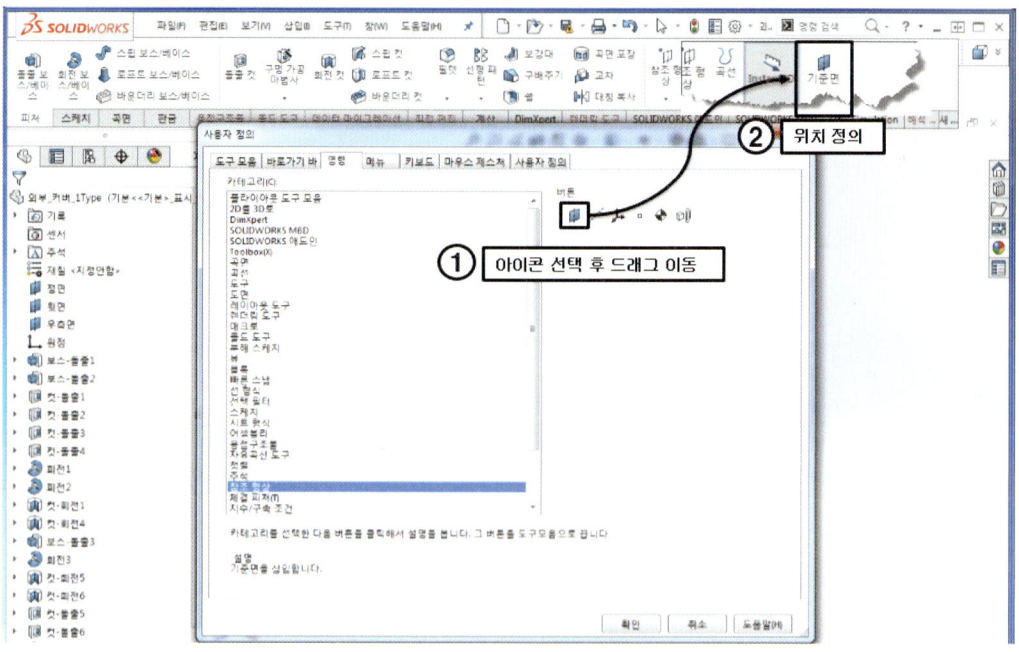

Solidworks에서의 마우스 활용 방법

```
1 MB : 객체 선택/상황 별 도구모음
2 MB : 회전 / 줌(In/Out)
3 MB : Pop-Up 메뉴 / 마우스 제스처

* Ctrl+2 : Pan(화면 이동)
* Shift+2 : 줌(In/Out)
* Alt+2 : 감기
```

위 그림에서와 같은 마우스 버튼(**1MB, 2MB, 3MB**)과 휠(**2MB**) 활용 방법을 알아보자.

마우스 좌측(1MB) 버튼

마우스 좌측(1MB) 버튼은 도구 모음의 아이콘을 클릭하여 명령을 실행하는 기능을 하고 스케치 또는 형상 객체 요소를 선택하는 기능을 한다. 선택된 요소를 다시 Shift를 누른 상태에서 클릭하게 되면 선택이 해제된다.

마우스 휠(2MB) 버튼

마우스 휠(2MB) 버튼은 줌(Zoom) 스크롤 기능이 있어 마우스 커서가 있는 위치를 기준으로 화면을 확대 및 축소시킨다.(휠을 밀고 당기는 방식)

휠 버튼을 누른(클릭) 상태에서 마우스를 움직이게 되면 마우스 커서가 있는 위치를 기준으로 화면이 회전된다.

마우스 우측(3MB) 버튼

마우스 우측(3MB) 버튼은 팝업 메뉴(Pop-Up)를 표시하여 사용자가 명령을 수행할 수 있게

한다.

마우스 제스처

마우스 제스처는 자주 사용하는 명령을 마우스 우측(3MB) 버튼을 누른 상태에서 마우스를 조금 회전시키면 아래 이미지와 같이 바로가기 키를 사용하는 것과 같이 명령을 선택할 수 있는 제스처 가이드가 실행된다.

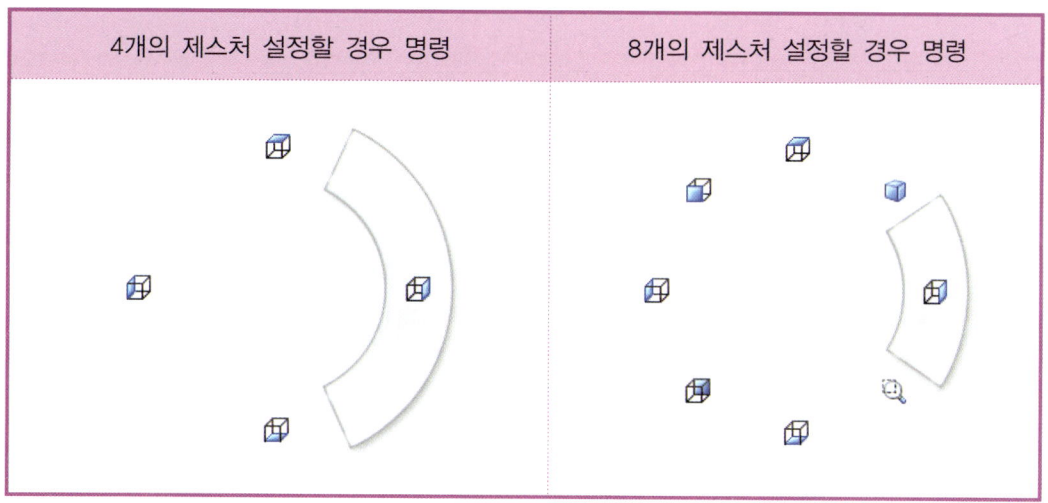

마우스 제스처를 사용하려면 그래픽 영역에서 가이드는 선택하려는 명령을 하이라이트하며 스케치, 파트, 어셈블리, 도면 환경에 대해 4개 또는 8개의 마우스 제스처를 사용자 정의에 의해 설정할 수 있다.

현재의 마우스 제스처 설정 상태를 확인하거나 추가로 설정을 편집할 경우에는 풀다운 메뉴 도구 ⇨ 사용자 정의를 선택하고 사용자 정의 대화 상자에서 마우스 제스처 탭을 선택한 후 마우스 제스처 설정을 변경할 수 있다.

기본 마우스 제스처 설정값 확인은 사용자 정의 풀다운 메뉴 도구 ⇨ 사용자 정의를 선택하여 확인할 수 있으며 기본 마우스 제스처 설정은 4개의 마우스 제스처로 설정되어 있다.

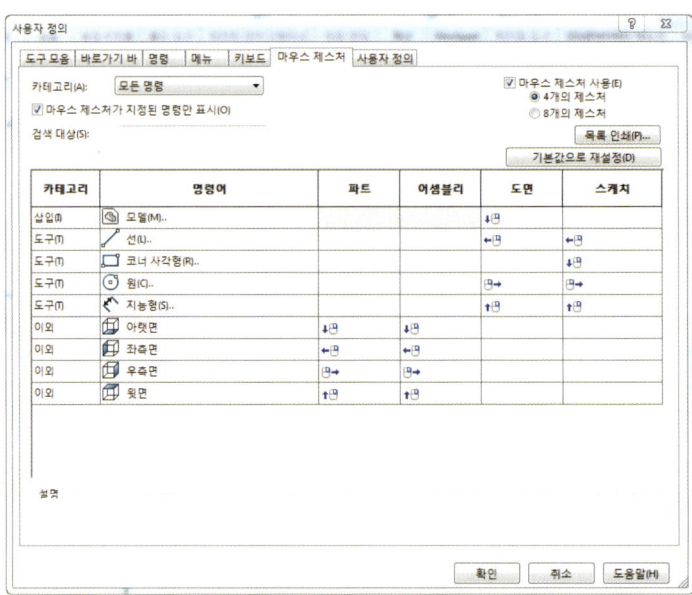

[4개의 마우스 제스처 설정]

[8개의 마우스 제스처 설정]

마우스 제스처 명령 재 지정

풀다운 메뉴 도구 ⇨ 사용자 정의를 선택하고 사용자 정의 대화 상자에서 마우스 제스처 탭을 선택한다.

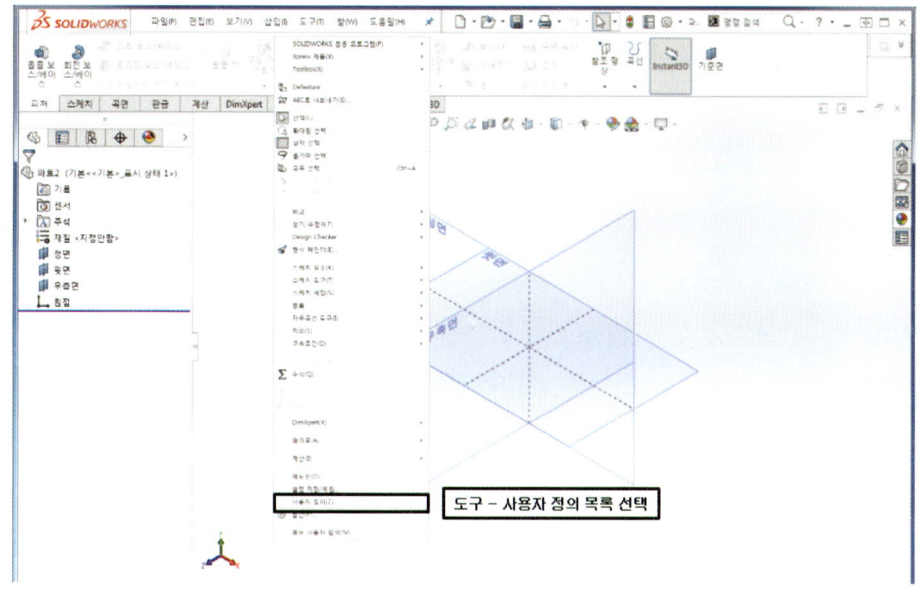

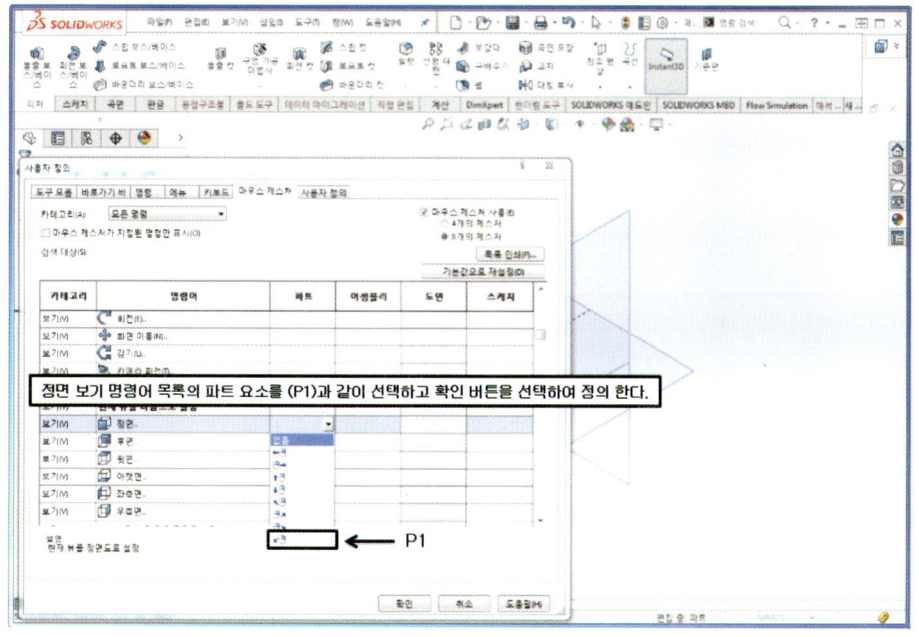

키보드 사용 방법

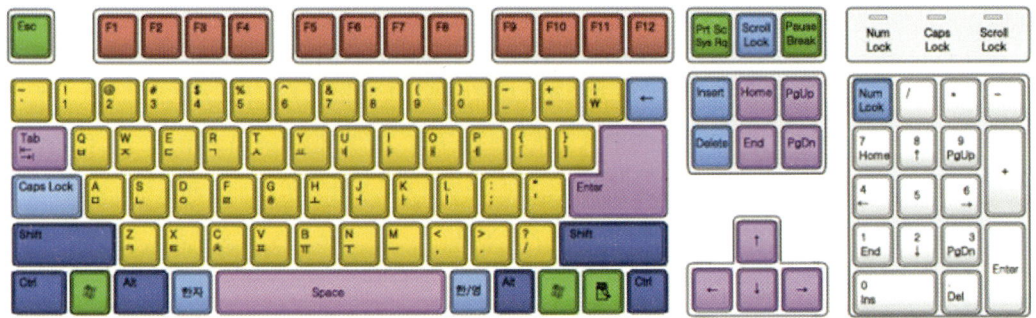

- Ctrl+방향키 : 선택한 방향키 방향으로 화면을 이동시킨다.
- Alt+방향키 : 화면 중심을 기준으로 선택한 방향키 방향으로 회전시킨다.
- Shift+방향키 : 화면 중심을 기준으로 선택한 방향키 방향으로 90°씩 회전시킨다.

Solidworks에서의 개체 선택 방법

Solidworks에서의 개체 선택 방법은 다른 CAD Software 또는 Graphic Software에서의 개체 선택 방법과 거의 흡사하거나 같다고 볼 수 있다.

Solidworks에서는 명령을 사용하지 않을 때 표시되는 기본 선택과 명령 사용 중에 개체를 선택해야 하는 자동 선택 모드로 정의될 수 있고 선택 모드가 활성화되면 그래픽 영역이나 FeatureManager의 디자인 트리에서 선택하고자 하는 요소 개체를 선택할 수 있다.

개체 선택 시 하이라이트

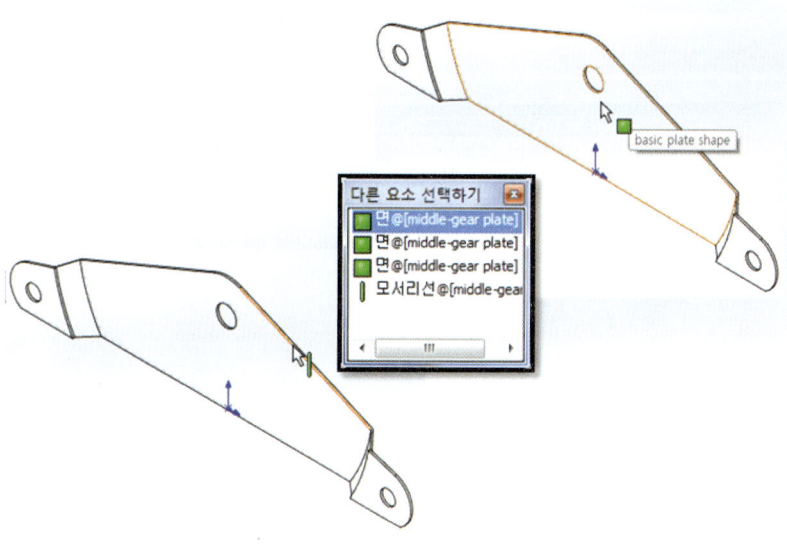

[모델 개체 선택 시 하이라이트]

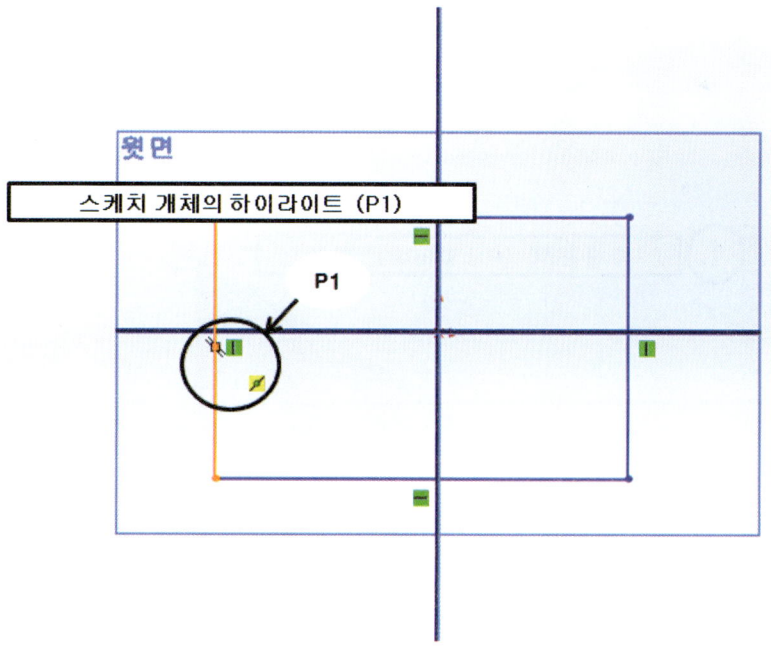

[스케치 환경에서의 개체 선택 P1 하이라이트]

프로파일 선택

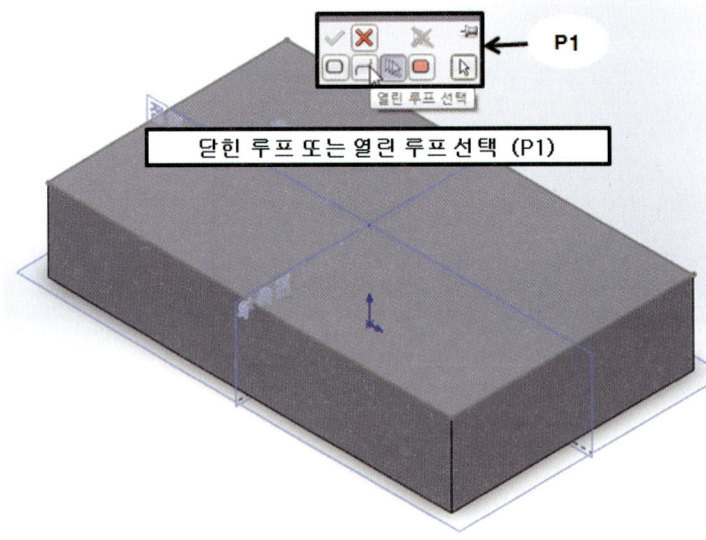

[명령 수행 중 프로파일 루프 개체 선택 P1 하이라이트]

다른 요소 선택하기

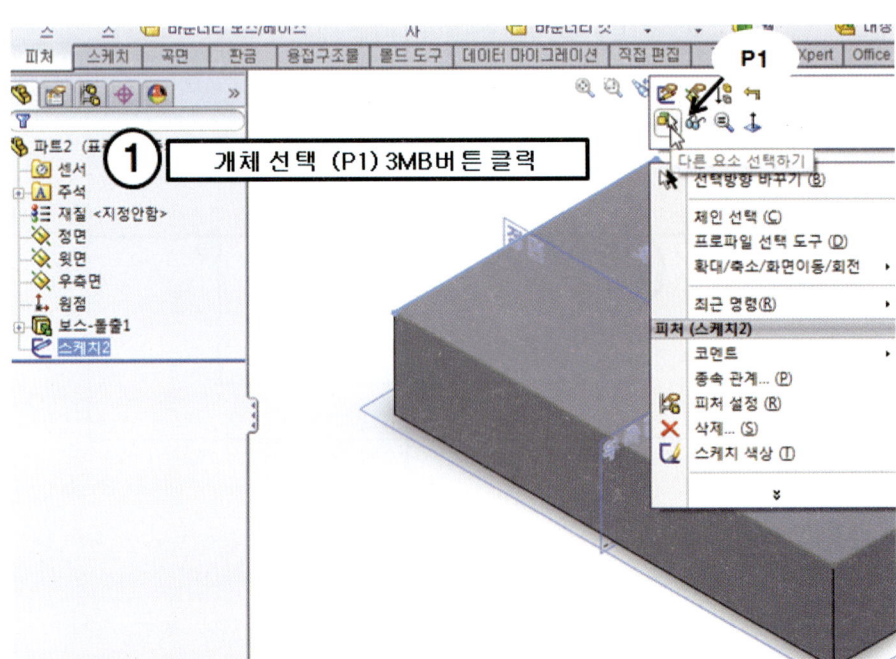

STEP 01. Solidworks 알아보기

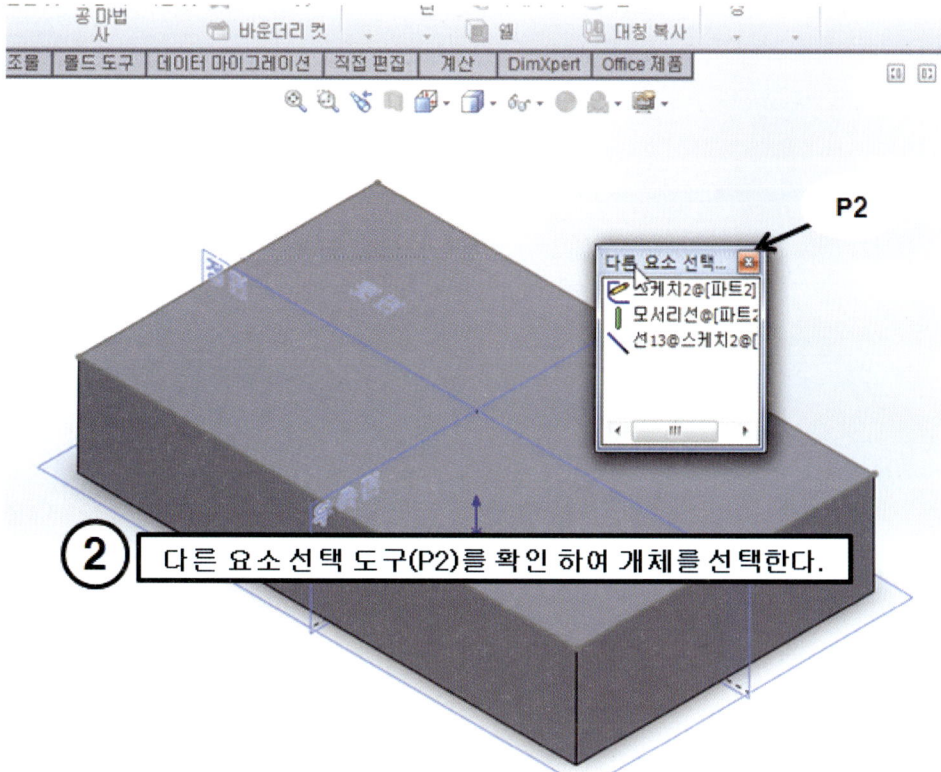

② 다른 요소 선택 도구(P2)를 확인 하여 개체를 선택한다.

Step 02 Sketch(스케치) 작성하기

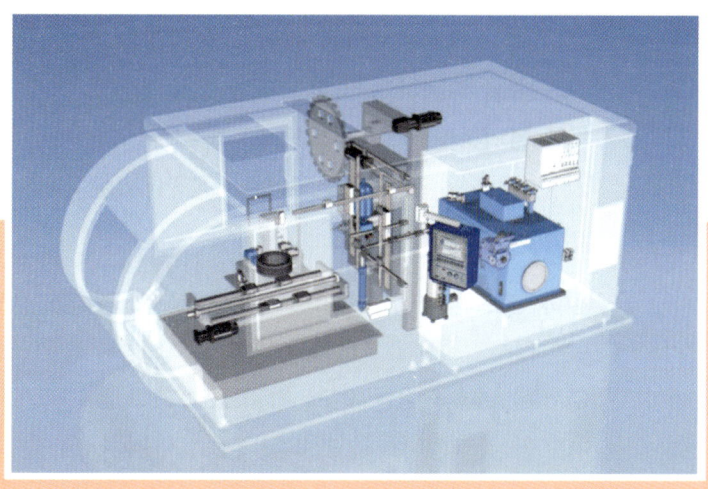

STEP 02 스케치 작성하기

1 >>> 스케치 작성과 구속 조건

Solidworks에서의 스케치는 3차원 형상을 정의하기 위한 기초 단면을 의미한다. 그리고 작성된 기초 단면(폐곡선)을 이용하여 돌출, 회전, 스윕 등 3차원 형상을 정의하는 가장 기초적인 부분이다. 스케치를 정의하려면 스케치가 작성될 스케치의 평면을 정의하여야 하는데 이때 참조해서 평면을 정의하는 기준이 윗면(Top Plane), 정면(Front Plan), 우측면(Right Plane)과 같은 참조평면(Reference Plane)이다.

3차원 공간상에 참조 평면을 정의하고 그 평면에 스케치를 정의하는 기법도 있으나 이미 작성된 솔리드면 또는 기하학적으로 작성되는 평면을 스케치 평면으로 활용할 수도 있다. 스케치는 선(Line), 원(Circle), 호(Arc) 등 여러 가지 요소 개체로 정의되며 기하학적 구속 조건과 치수 조건을 이용하여 형상을 정형화하고 피처 명령을 이용하여 솔리드 또는 곡면 부품으로 생성한다.

프로파일(Profile)

스케치 평면에 작도된 다양한 개체의 폐곡선 형상이 있으면 각각의 폐곡선 영역을 프로파일이라고 하고 이렇게 작성된 프로파일을 피처 도구를 이용하여 솔리드 또는 곡면 피처로 생성한다. 기본적으로 스케치는 하나의 프로파일로 구성되고 피처는 하나의 스케치 프로파일 정의에 의해 솔리드 또는 곡면 형상으로 생성된다.

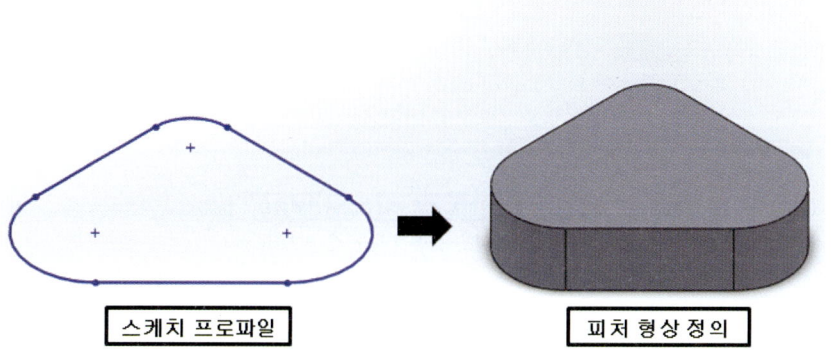

[단일 폐곡선 스케치 정의]

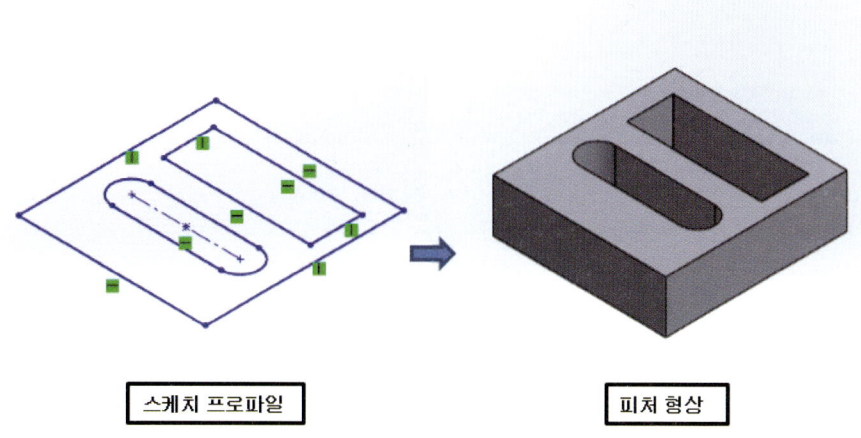

[다중 폐곡선 스케치 정의]

스케치 작성 과정

1. 스케치 작업을 위한 스케치 면 지정

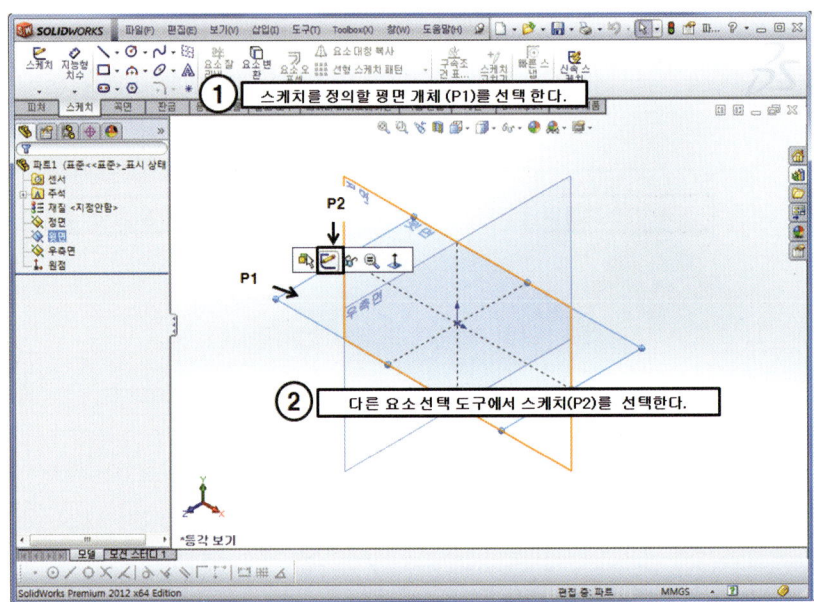

2. 대략적인 스케치 작성

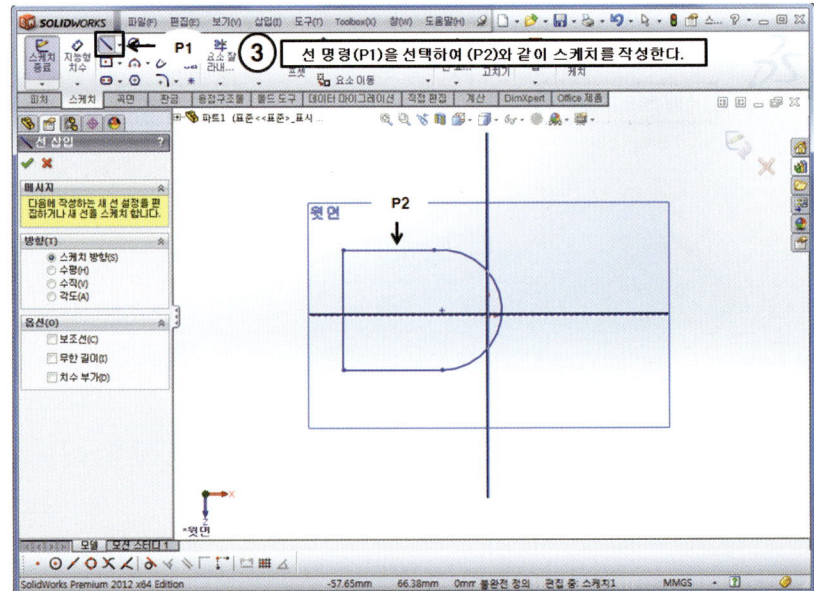

3. 작성한 스케치 요소의 기하학적 구속 조건 정의

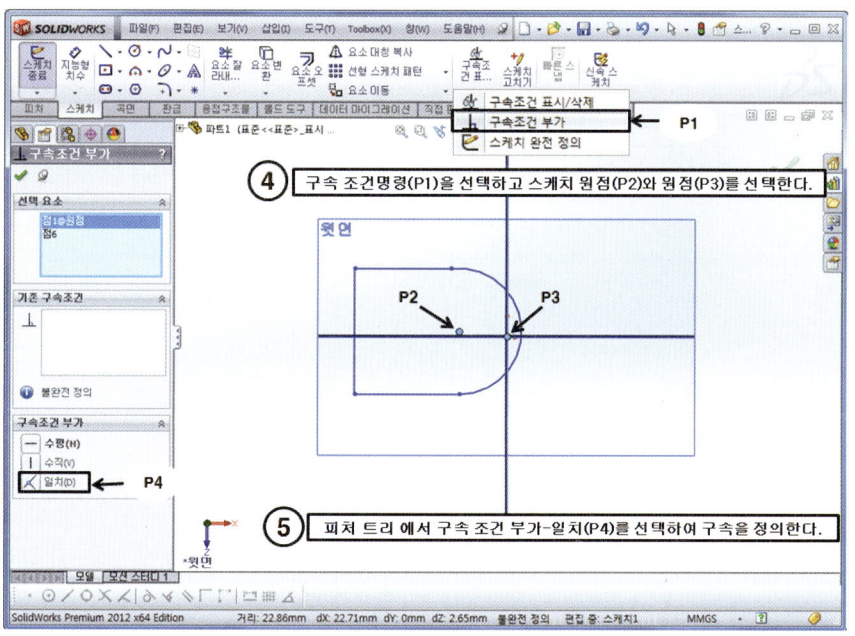

4. 기하학적 구속을 정확한 치수로 정형화하여 스케치를 완료한다.

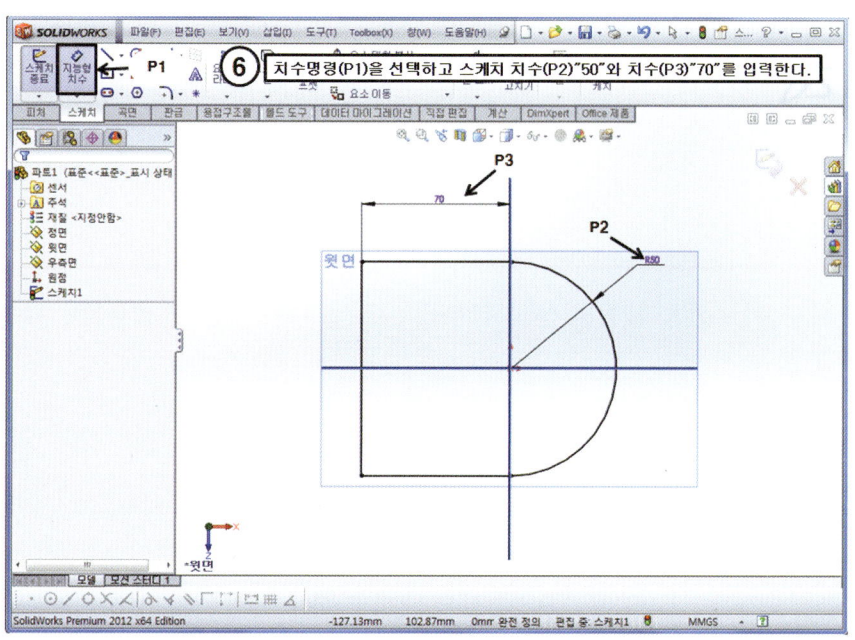

5. 스케치 종료

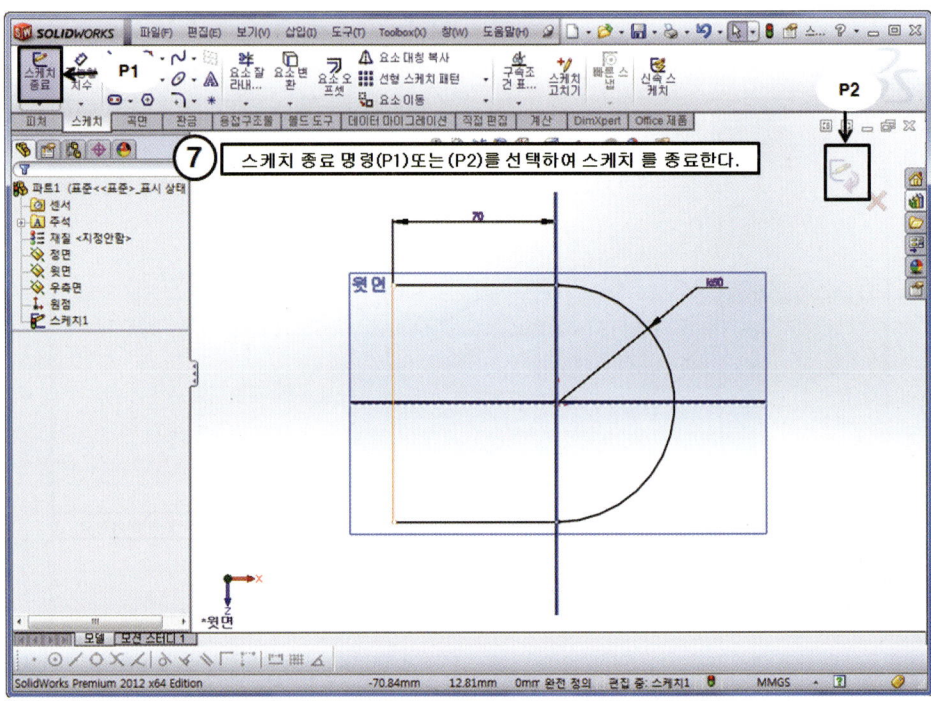

위 그림에서 언급한 것과 같이 스케치를 작성할 때는 대략적인 스케치 개체를 먼저 작성하고 작성된 스케치 개체에 기하학적 형상 구속을 정의와 치수를 기입하여 형상을 정형화하는 작업을 먼저 수행하는 규칙을 각 작업에서 반복 작업하게 된다.

스케치 세팅

풀다운 메뉴 도구 ⇨ 스케치 세팅을 선택하여 구속 조건, 자동 해결, 스냅 사용, 치수 끌기 이동 해서 바꾸기 등을 설정한다.

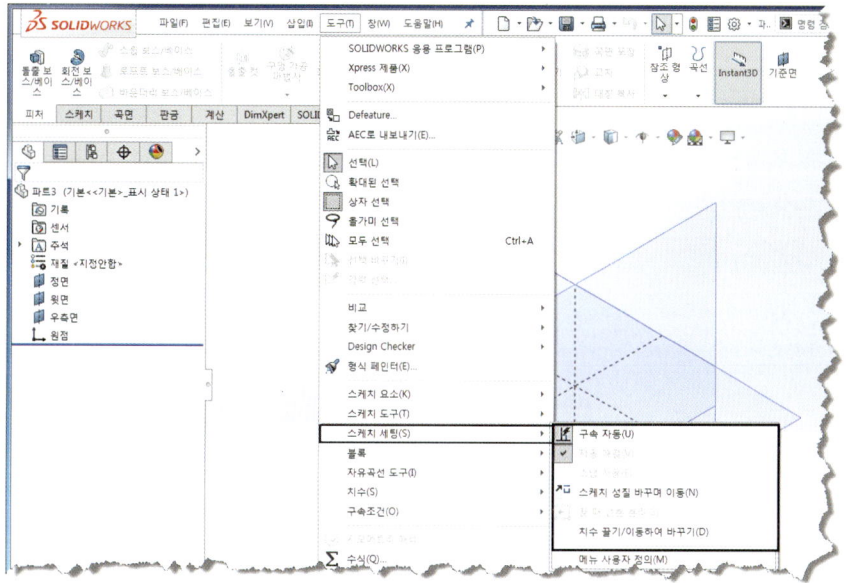

🏛 구속 자동-스케치 개체를 생성 또는 추가할 경우 구속 조건들을 자동으로 부여할지 여부를 정의한다.

풀다운 메뉴 도구 ⇨ 옵션에서 세부 사항을 다음 그림과 같이 설정할 수 있다.

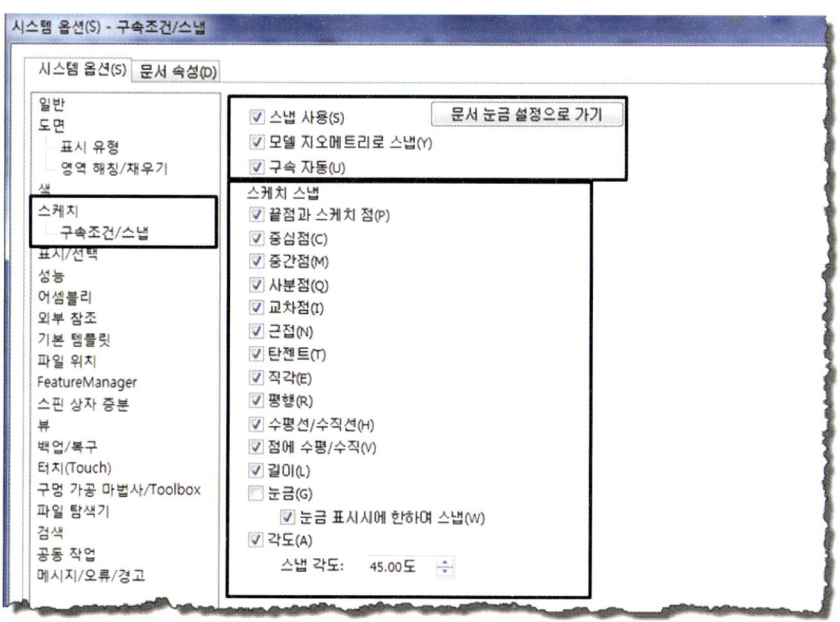

다음 그림과 같이 스케치 작업을 하다 보면 선분 개체들의 조건이 정의된다.

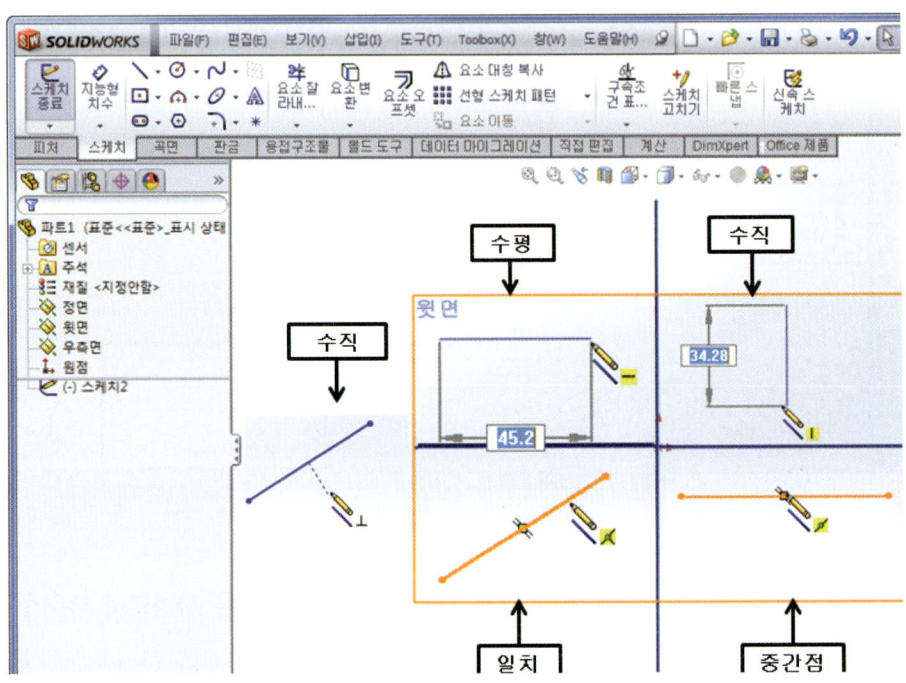

[구속 조건들의 예]

스케치 도구

위 그림과 같이 스케치를 작성할 명령들을 알아본다.

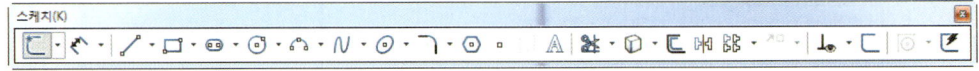

명령 및 기능 설명

스케치 요소 아이콘	기능 설명
(선)	선분과 원호 개체를 작성할 수 있다.
(중심선)	실선이 아닌 중심선을 작성한다.
(코너사각형)	사각형을 작성한다.
(중심사각형)	사각형을 작성한다.
(세 점 코너사각형)	사각형을 작성한다.
(세 점 중심사각형)	사각형을 작성한다.
(평행사변형)	평행사변형을 작성한다.
(직선 홈)	직선 슬롯 형상을 작성한다.
(중심점 직선 홈)	중심점을 이용한 직선 슬롯 형상을 작성한다.
(3점 호 홈)	원호 슬롯 형상을 작성한다.
(중심점 호 홈)	중심점을 이용한 원호 슬롯 형상을 작성한다.
(중심점 호)	중심점을 이용한 원호(ARC)를 작성한다.
(접원 호)	접선을 이용한 원호(ARC)를 작성한다.
(3점 호)	3점을 이용한 원호(ARC)를 작성한다.
(다각형)	다각형을 작성한다.
(자유 곡선)	자유 곡선을 작성한다.
(곡면 위에 자유 곡선)	곡면 위에 자유 곡선을 작성한다.
(수식 유도 곡선)	수식을 정의하여 곡선을 작성한다.
(맞춤 자유 곡선)	이미 작성된 자유 곡선 개체들을 구속 작성한다.
(타원)	타원을 작성한다.
(부분 타원)	부분적인 타원을 작성한다.
(포물선)	포물선을 작성한다.
(평면)	평면을 3D 스케치에 작성한다.
(문자)	스케치 환경에서 문자를 작성한다.

스케치 요소 아이콘	기능 설명
✶ (점)	스케치 환경에서 점을 작성한다.
스케치 도구 아이콘	기능 설명
(요소 잘라내기)	필요 없는 요소를 잘라내기한다.
(요소 늘리기)	요소 선과 원호 등의 개체를 연장 또는 늘린다.
(요소 변환)	외부 스케치 또는 솔리드의 모서리 요소 개체를 스케치 요소로 변환한다.
(교선)	평면상으로 교차하는 선분을 작성한다.
(요소 오프셋)	요소 개체를 오프셋한다.
(요소 대칭 복사)	요소 개체를 대칭 복사한다.
(선형 스케치 패턴)	요소 개체를 선형 패턴 복사한다.
(원형 스케치 패턴)	요소 개체를 원형 패턴 복사한다.
(요소 이동)	요소 개체를 이동한다.
(요소 복사)	요소 개체를 복사한다.
(요소 회전)	요소 개체를 회전한다.
(크기 조절)	요소 개체의 스케일로 크기를 조절한다.
(늘일 요소)	요소 개체의 선택 부위를 늘인다.
(구속 조건 표시/삭제)	정의된 구속 조건을 표시하거나 삭제한다.
(구속 조건 부가)	작성된 요소 개체에 구속 조건을 부가한다.
(스케치 완전 정의)	정의된 요소 개체를 완전 구속한다.
(스케치 고치기)	잘못 정의된 요소 개체를 표시한다.
(빠른 스냅)	요소에 선택될 수 있는 스냅을 빠르게 선택할 수 있다.
(신속 스케치)	2D 스케치를 동적으로 변경시킨다.

╲ 선

선 명령은 스케치 형상을 작성하는 데 가장 많이 사용하는 중요한 명령 중의 하나이며 선을 그릴뿐만 아니라 호(Arc)를 병행하여 사용할 수 있으며 또한 보조선이라는 옵션을 선택하여 중심선 형태로도 사용할 수 있다.

풀다운 메뉴 도구 ⇨ 스케치 요소 ⇨ 선을 선택하여 사용할 수 있다.

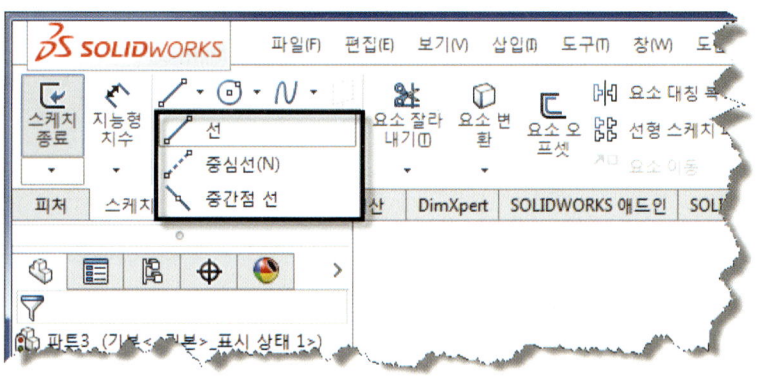

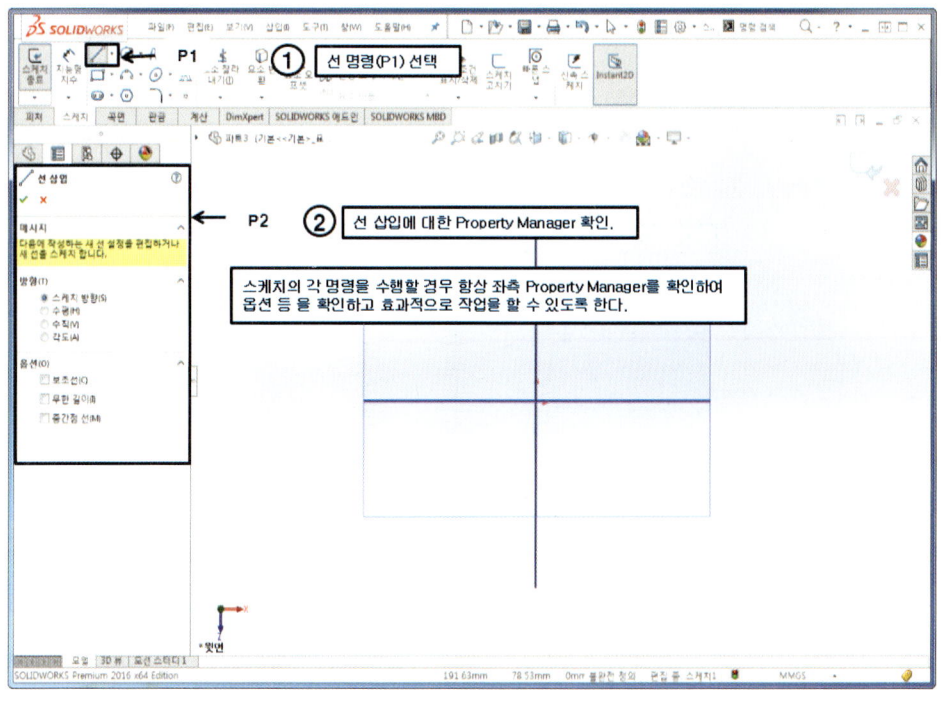

- **방향(T)**

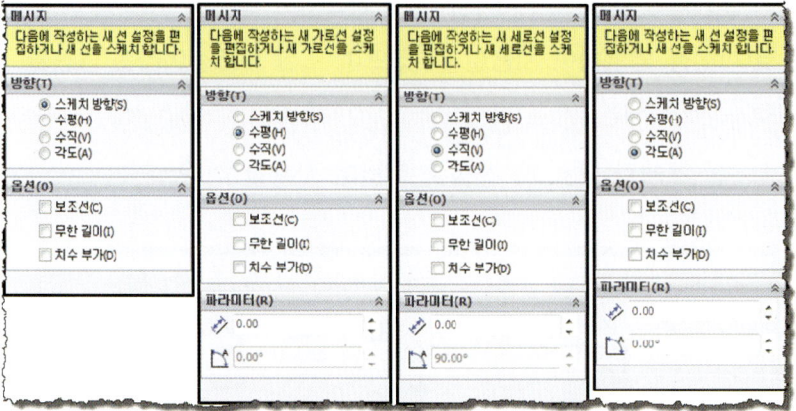

- 스케치 방향 : 선분 개체를 자유롭게 클릭하여 임의의 선분을 작도할 수 있다.
- 수평 : 각도 변수는 0도로 고정되고 선의 길이값을 입력할 변수만 활성화된 상태로 수평선을 작도할 수 있다.
- 수직 : 각도 변수는 90도로 고정되고 선의 길이값을 입력할 변수만 활성화된 상태로 수직선을 작도할 수 있다.
- 각도 : 각도 변수와 선의 길이값을 입력하여 정의된 선분을 작도할 수 있다.

- **옵션(O)** : 선 명령을 작성할 경우 볼 수 있는 옵션

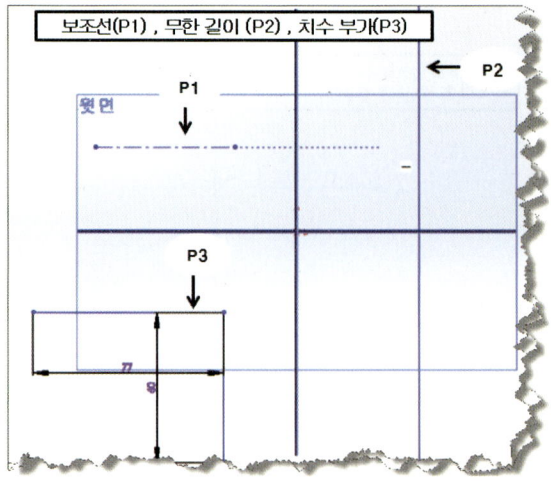

STEP 02. 스케치 작성하기   45

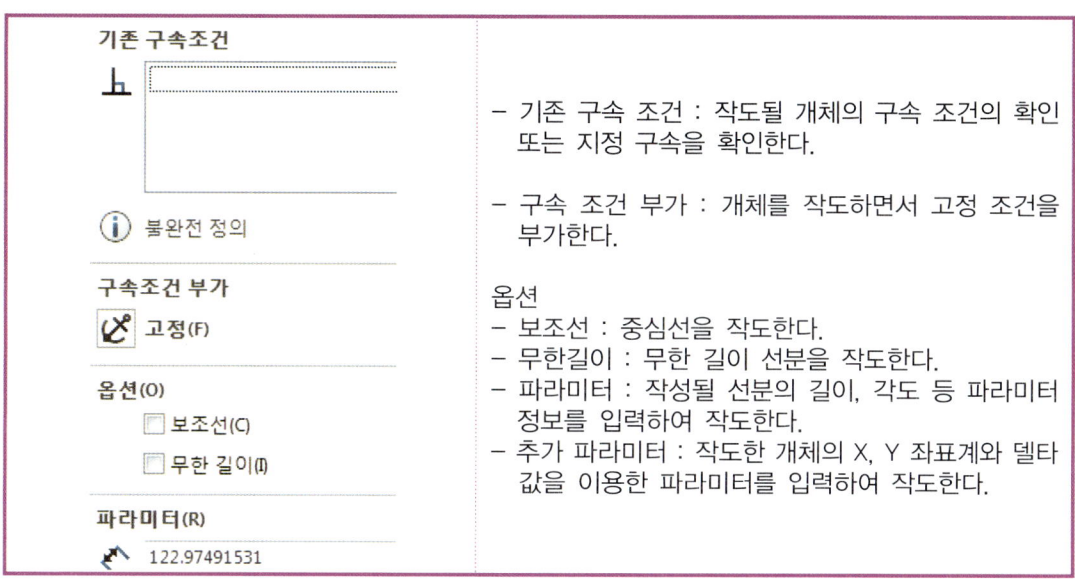

- 기존 구속 조건 : 작도될 개체의 구속 조건의 확인 또는 지정 구속을 확인한다.
- 구속 조건 부가 : 개체를 작도하면서 고정 조건을 부가한다.

옵션
- 보조선 : 중심선을 작도한다.
- 무한길이 : 무한 길이 선분을 작도한다.
- 파라미터 : 작성될 선분의 길이, 각도 등 파라미터 정보를 입력하여 작도한다.
- 추가 파라미터 : 작도한 개체의 X, Y 좌표계와 델타 값을 이용한 파라미터를 입력하여 작도한다.

선 작성 방법

선 작성은 다음 그림과 같이 스케치 평면을 먼저 정의하여 스케치 환경으로 이동 후 스케치 명령을 이용하여 작도를 하는 것을 반복하게 된다.

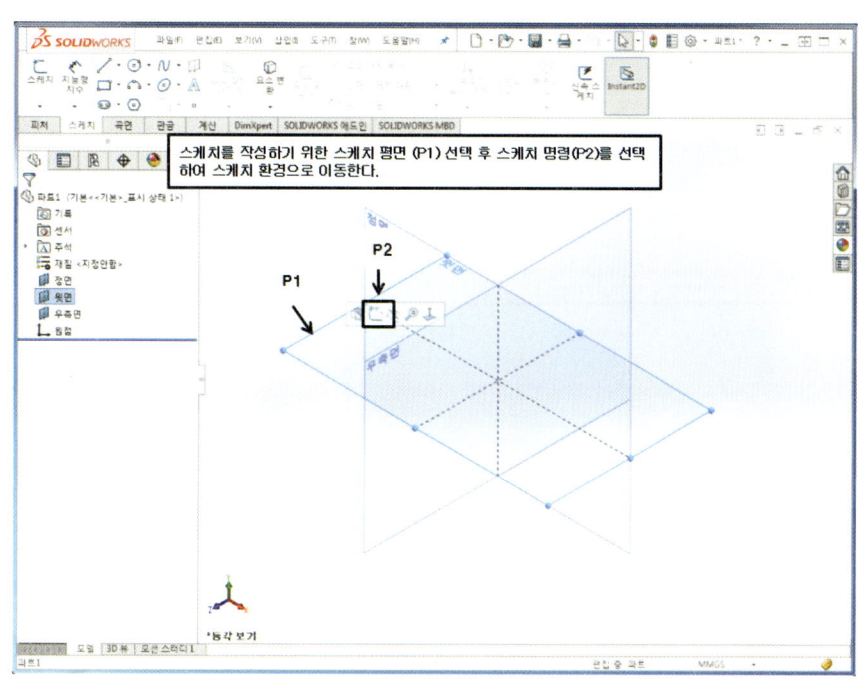

46 Solidworks 2016 start!

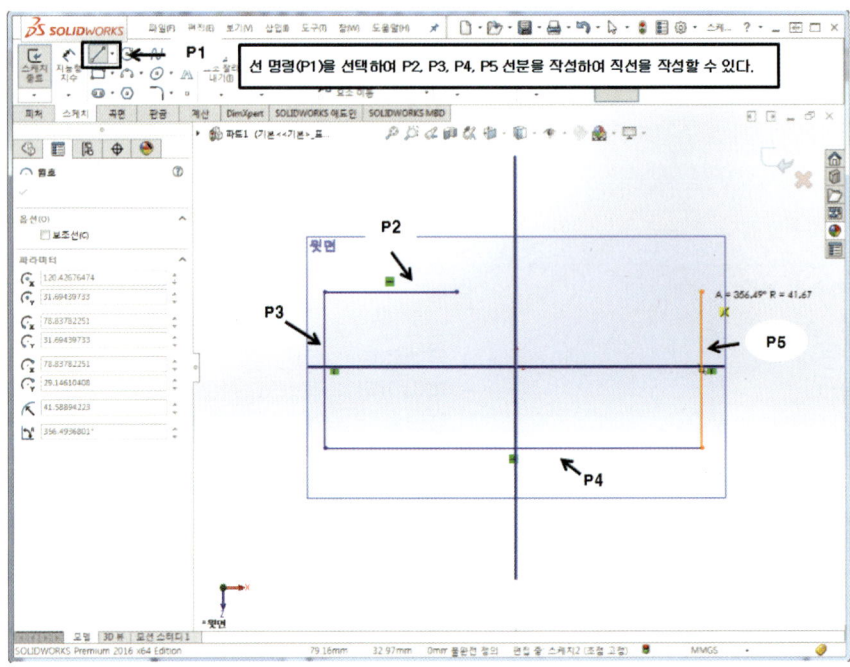

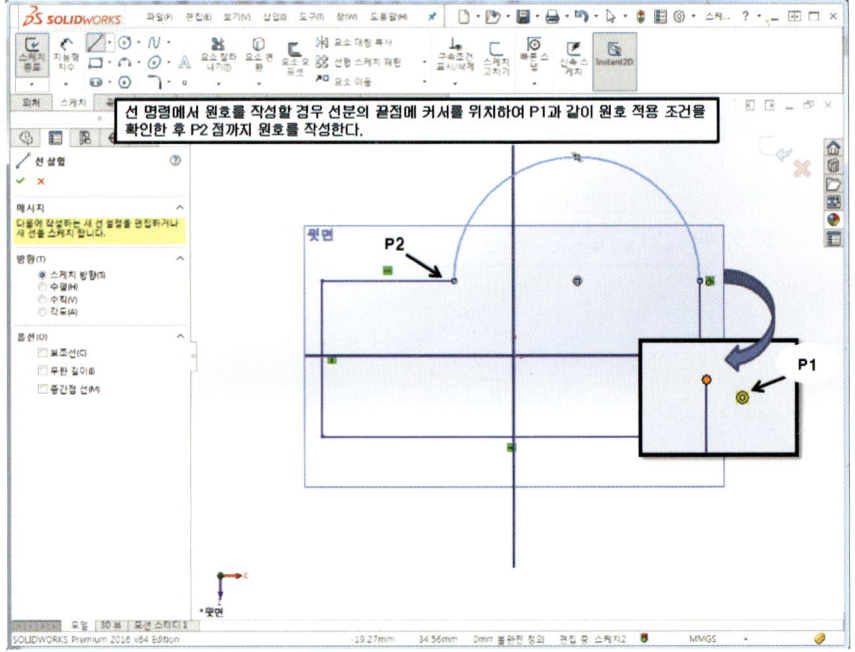

원/원주 원

원 명령은 중심점을 기준으로 원을 작도하는 원과 원주의 점을 지정하여 작도하는 원으로 작도할 수 있다.

풀다운 메뉴 도구 ⇨ 스케치 요소 ⇨ 원/원주 원을 선택하여 사용할 수 있다.

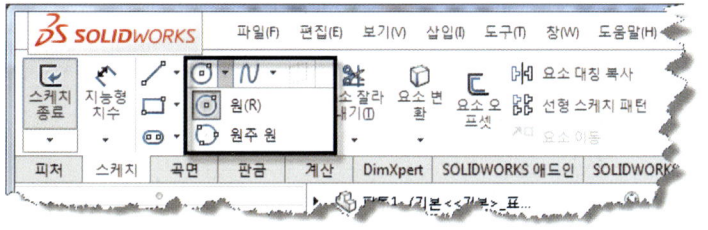

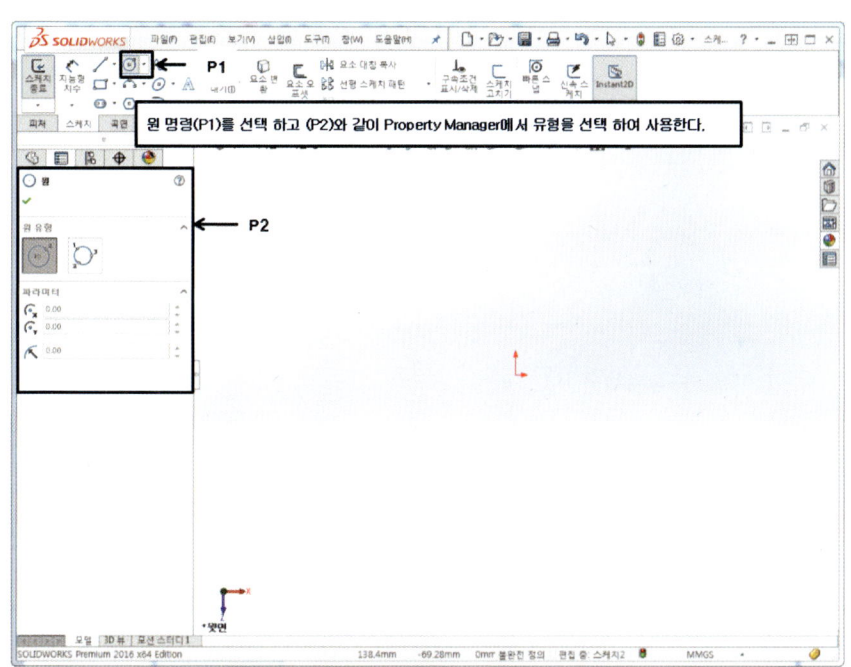

- **원 명령의 유형** : 원 또는 원주 원에 대한 유형을 선택한다.

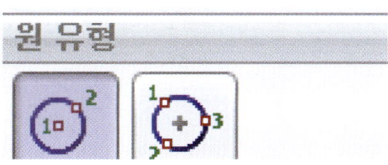

48 Solidworks 2016 start!

■ 옵션(O)

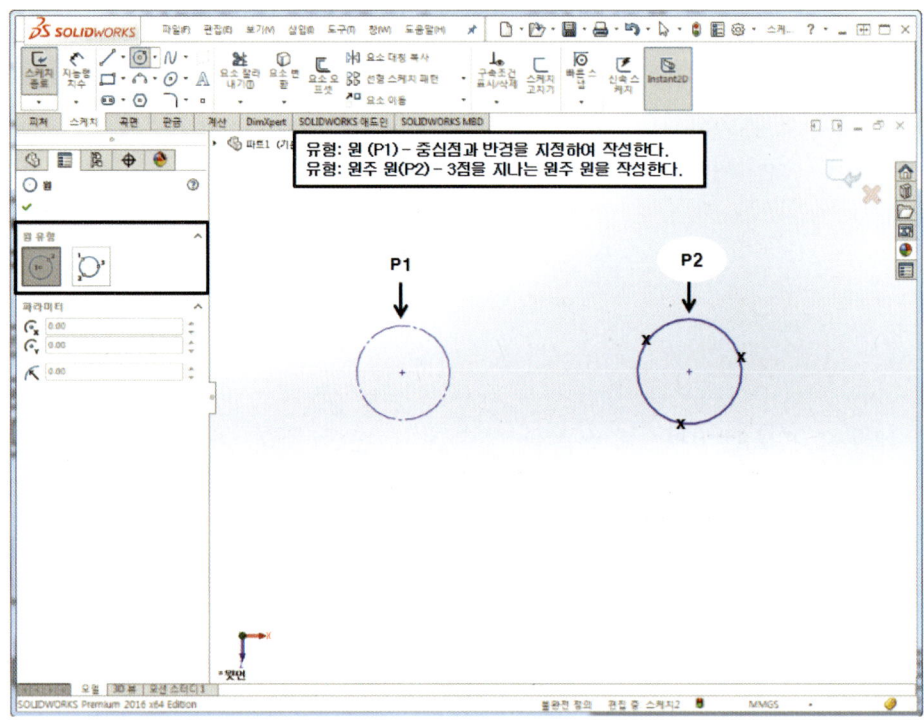

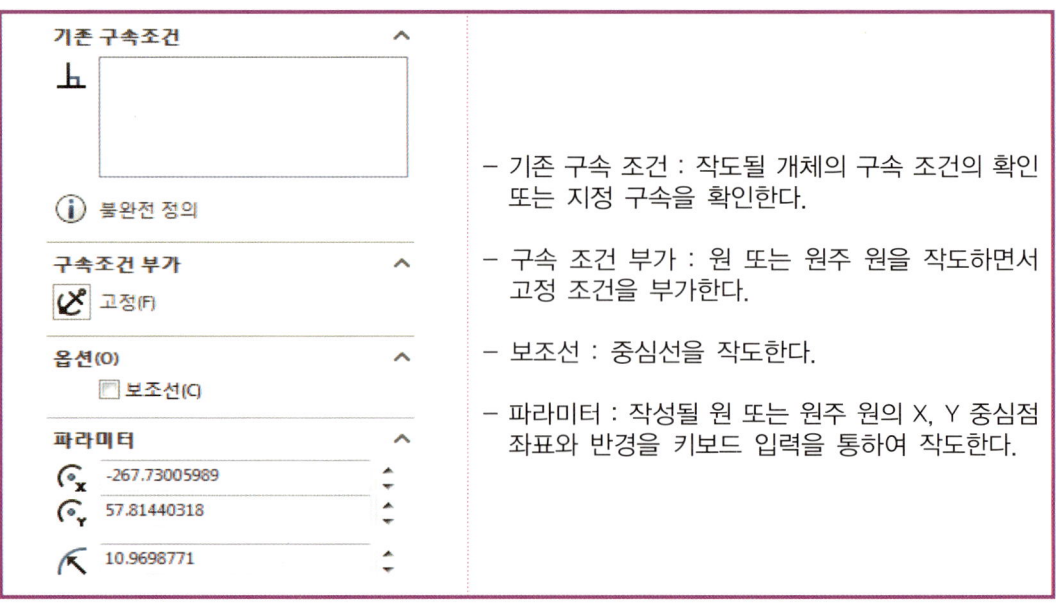

- 기존 구속 조건 : 작도될 개체의 구속 조건의 확인 또는 지정 구속을 확인한다.

- 구속 조건 부가 : 원 또는 원주 원을 작도하면서 고정 조건을 부가한다.

- 보조선 : 중심선을 작도한다.

- 파라미터 : 작성될 원 또는 원주 원의 X, Y 중심점 좌표와 반경을 키보드 입력을 통하여 작도한다.

⬜ 코너 사각형/중심 사각형/세 점 코너 사각형/세 점 중심 사각형/평행사변형

사각형 명령은 일반적 직사각형 형태의 스케치를 작성하는데 다양한 방법으로 스케치를 작성할 수 있다.

풀다운 메뉴 도구 ⇨ 스케치 요소 ⇨ 코너 사각형...을 선택하여 사용할 수 있다.

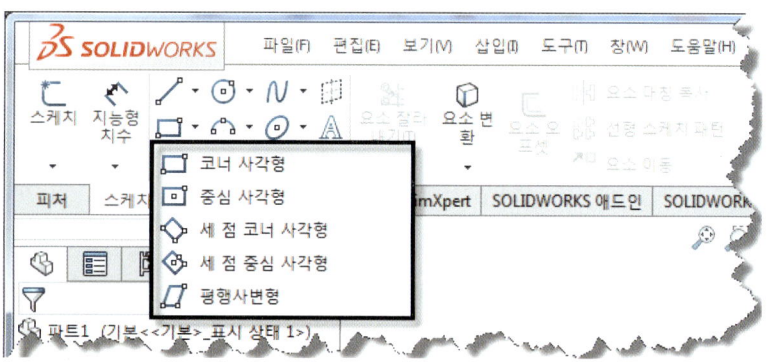

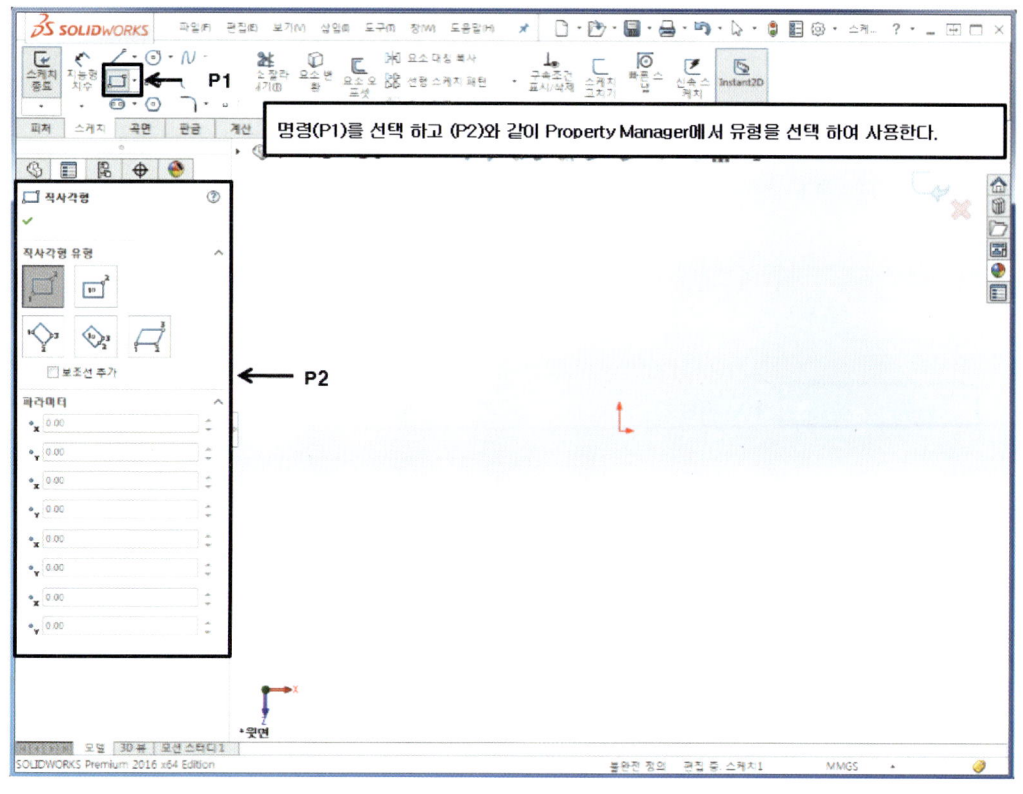

- **직사각형 유형** : 코너 사각형/중심 사각형/세 점 코너 사각형/세 점 중심 사각형/평행사변형에 대한 유형을 선택한다.

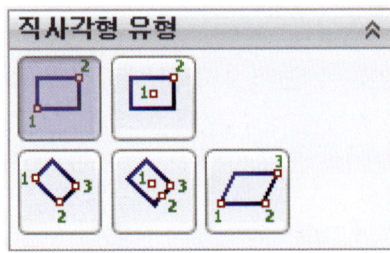

- **옵션(O)**

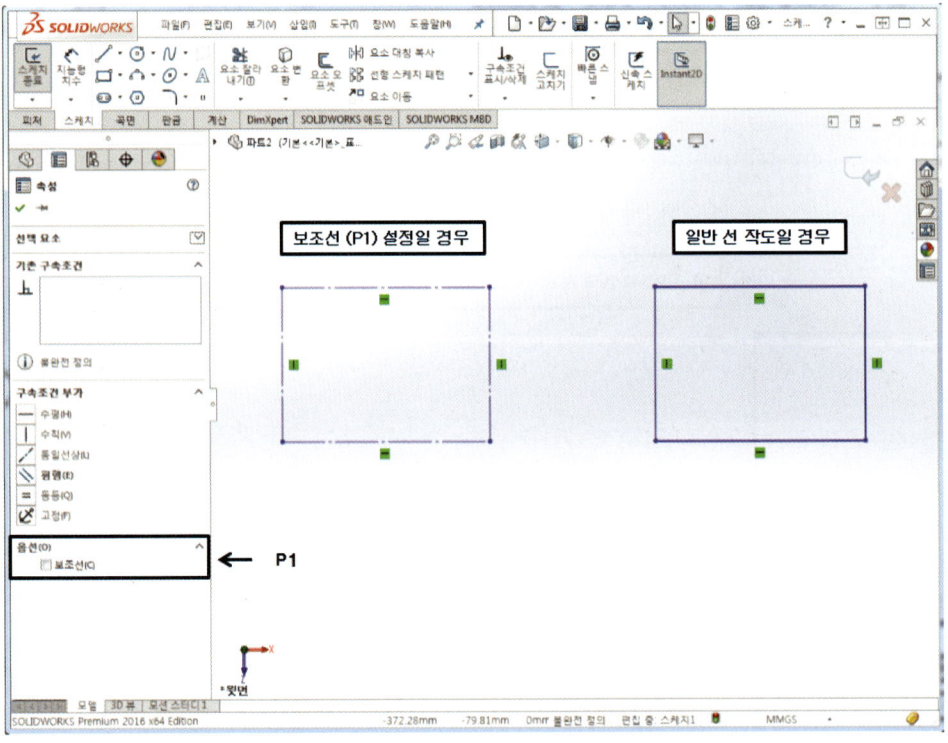

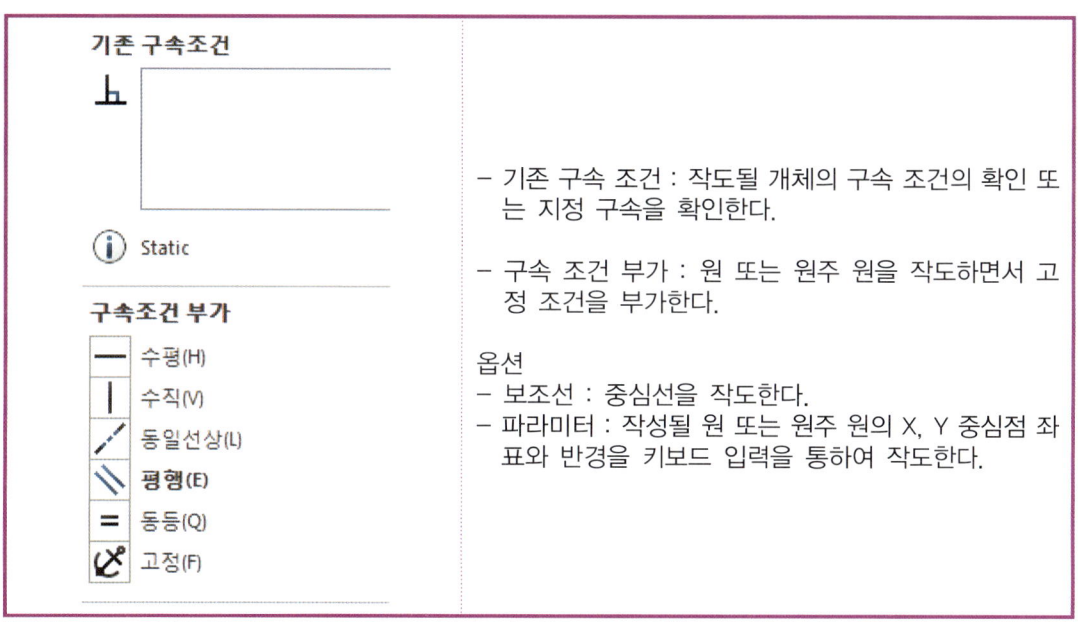

코너 사각형 작성 방법

일반적인 사각형 명령이며 시작점과 대각선 끝점을 지정하여 사각형을 작도한다.

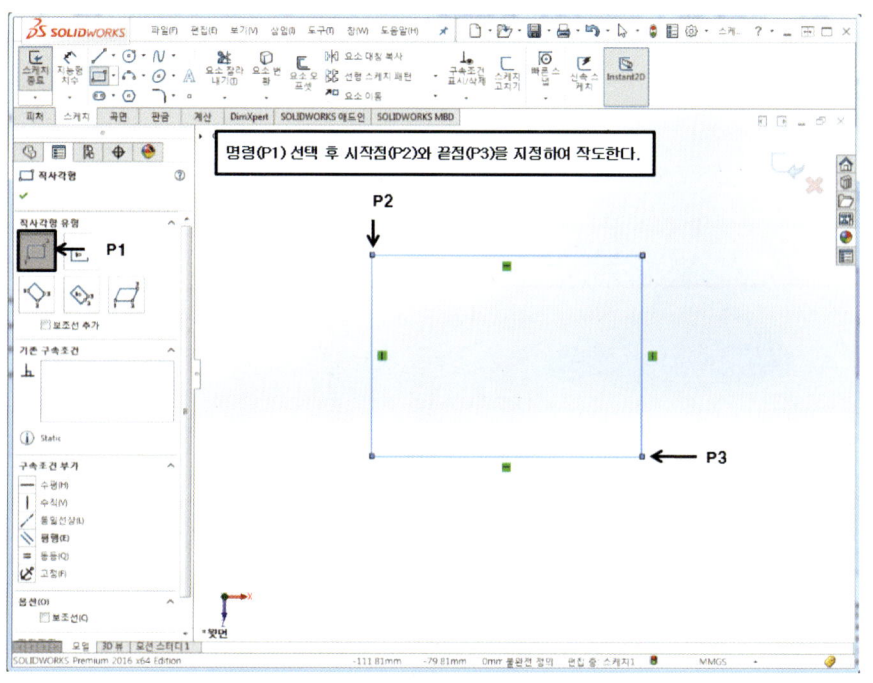

중심 사각형 작성 방법

사각형의 중심점을 시작점으로 정의하고 끝점을 사각형의 영역으로 작도한다.

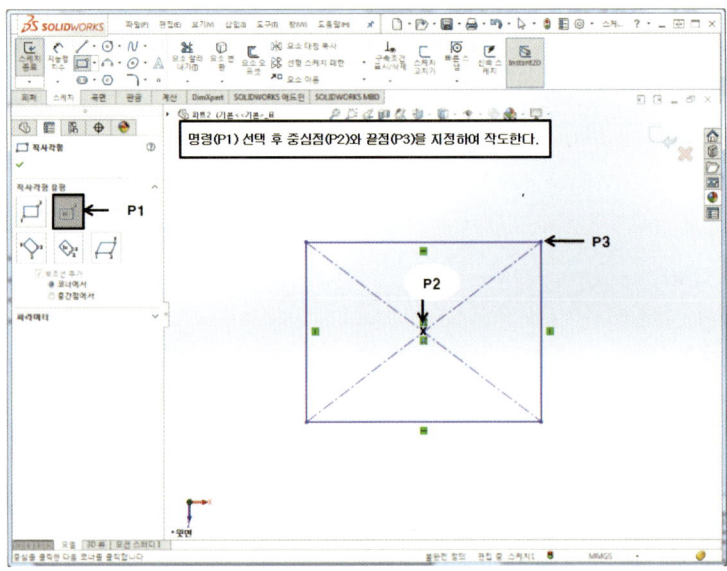

세 점 코너 사각형 작성 방법

세 점을 지정하여 기울기를 갖는 사각형을 작도한다.

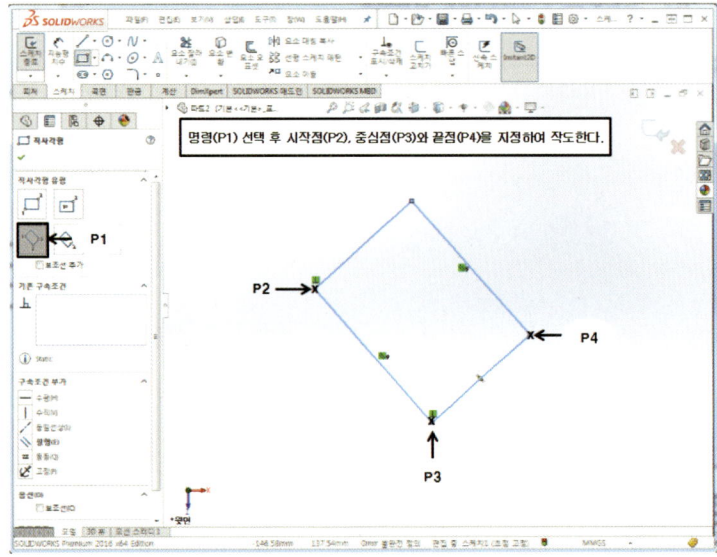

세 점 중심 사각형 작성 방법

중심점을 시작으로 양 방향의 선분을 작성하여 사각형을 작도한다.

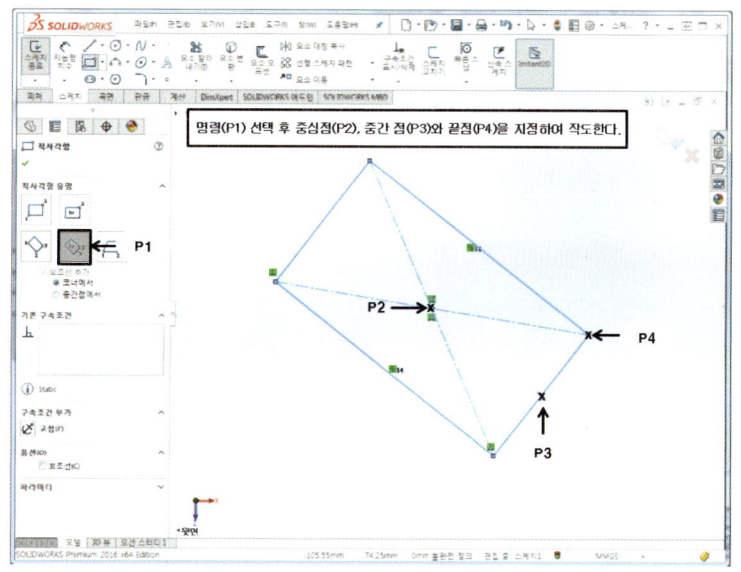

평행사변형 작성 방법

시작점과 끝점 그리고 대각선점을 이용하여 사각형을 작도한다.

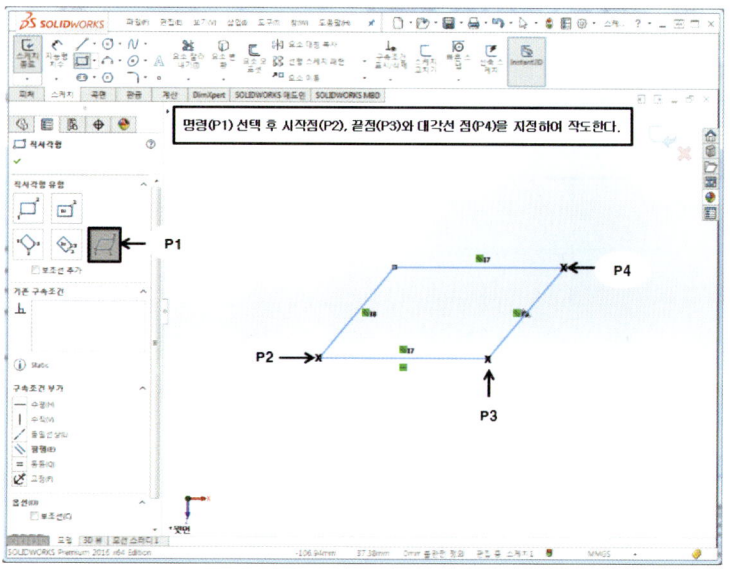

중심점 호/접원 호/3점 호

호(ARC) 명령은 중심점 호/접원 호/3점 호 등의 유형을 지정하여 사용할 수 있다. 풀다운 메뉴 도구 ⇨ 스케치 요소 ⇨ 중심점 호...를 선택하여 사용할 수 있다.

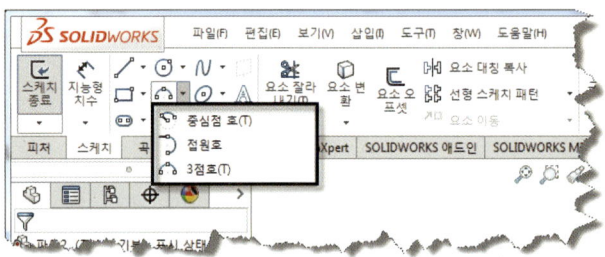

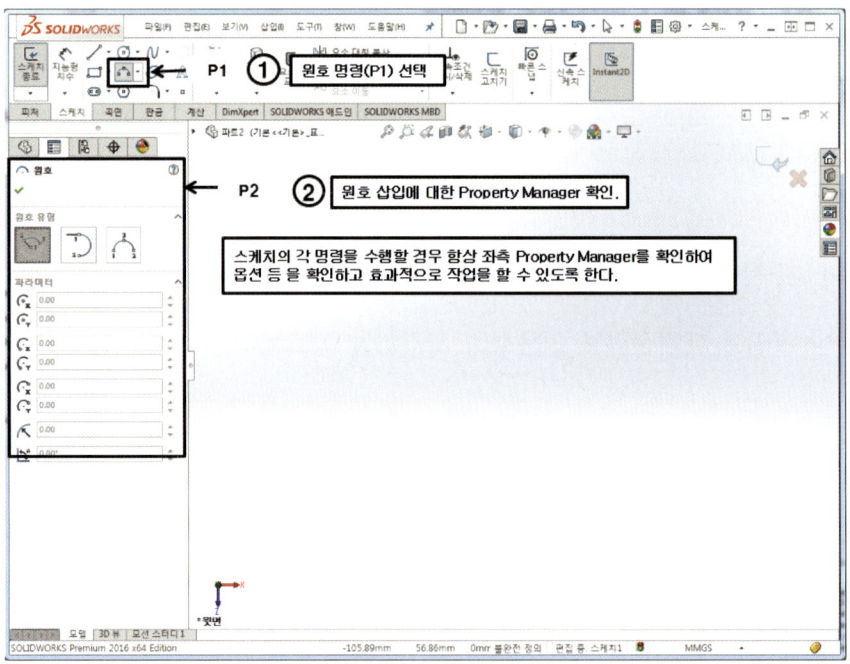

- **원호 유형** : 중심점 호/접원 호/3점 호에 대한 유형을 선택한다.

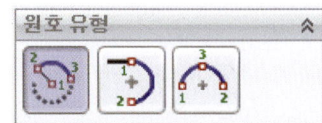

STEP 02. 스케치 작성하기   55

- 옵션(O)

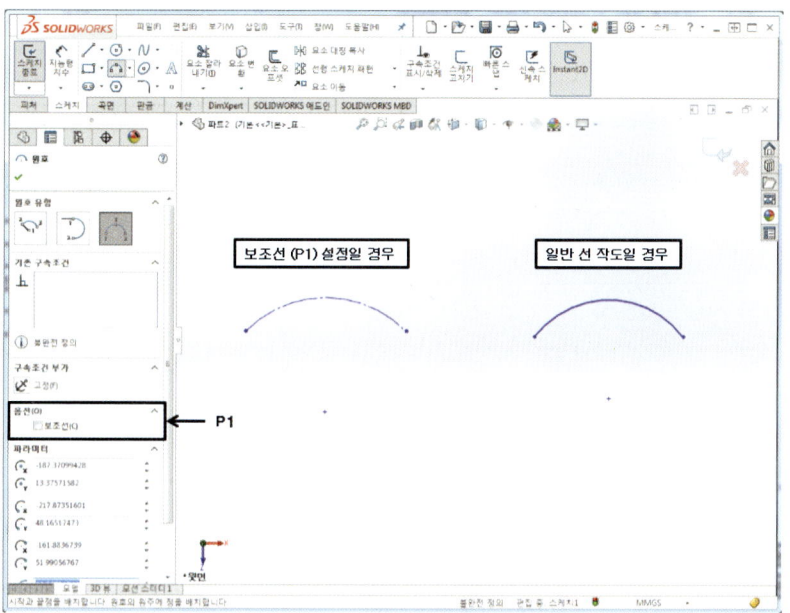

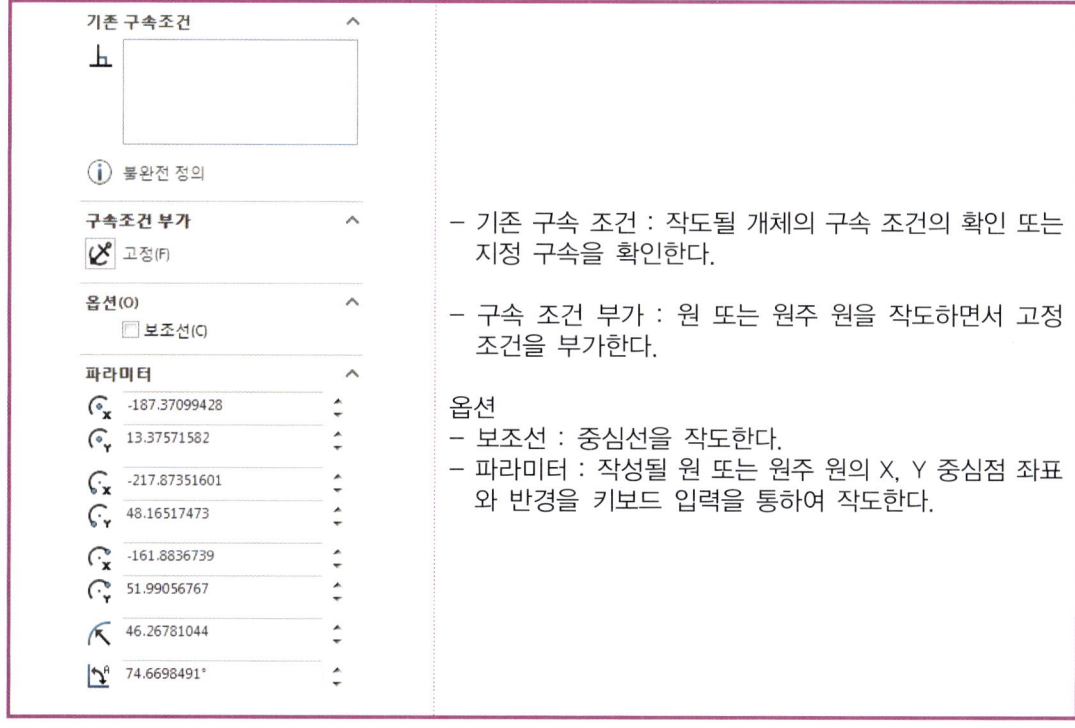

- 기존 구속 조건 : 작도될 개체의 구속 조건의 확인 또는 지정 구속을 확인한다.

- 구속 조건 부가 : 원 또는 원주 원을 작도하면서 고정 조건을 부가한다.

옵션
- 보조선 : 중심선을 작도한다.
- 파라미터 : 작성될 원 또는 원주 원의 X, Y 중심점 좌표와 반경을 키보드 입력을 통하여 작도한다.

중심점 호 작성 방법

원호의 중심점을 먼저 지정하고 원호의 시작점과 끝점을 지정하여 작도한다.

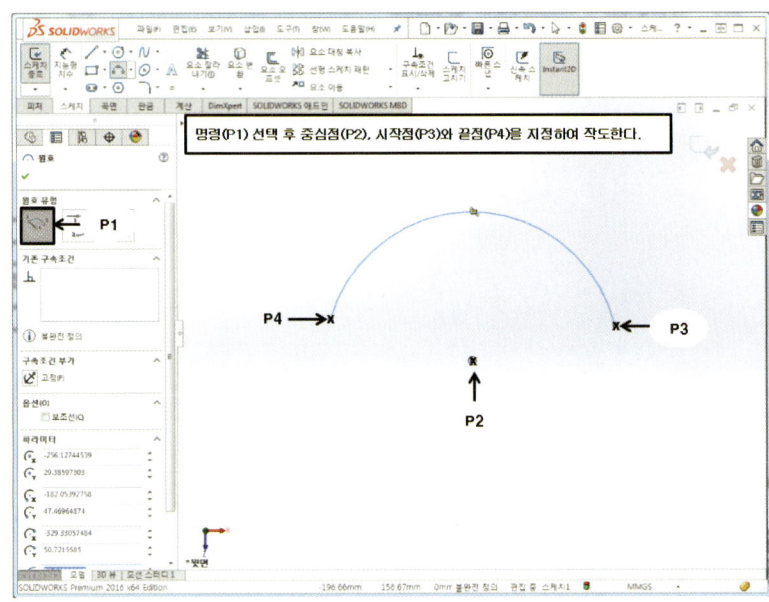

접원 호 작성 방법

접원 호는 기존의 직선 개체가 있는 경우 직선과 접하는 원호를 작도한다.

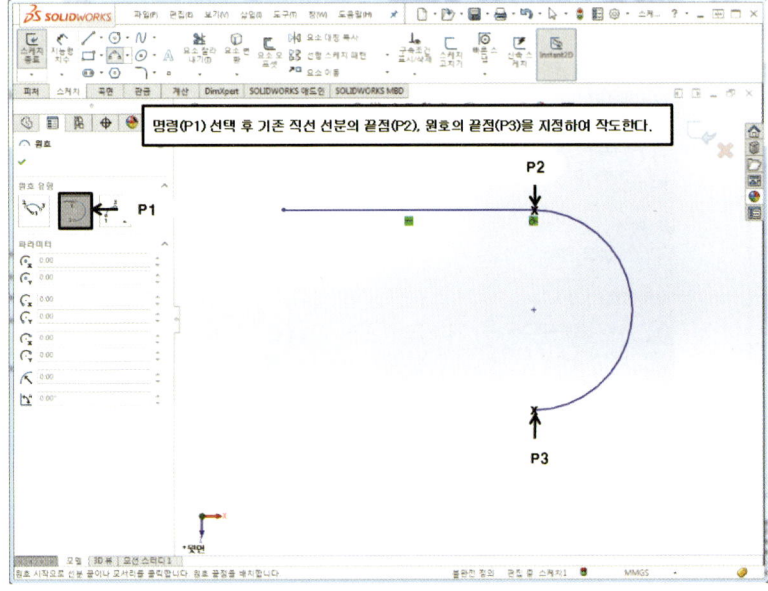

3점 호 작성 방법

원호의 시작점과 끝점 그리고 원호의 반경이 위치할 점을 지정하여 작도한다.

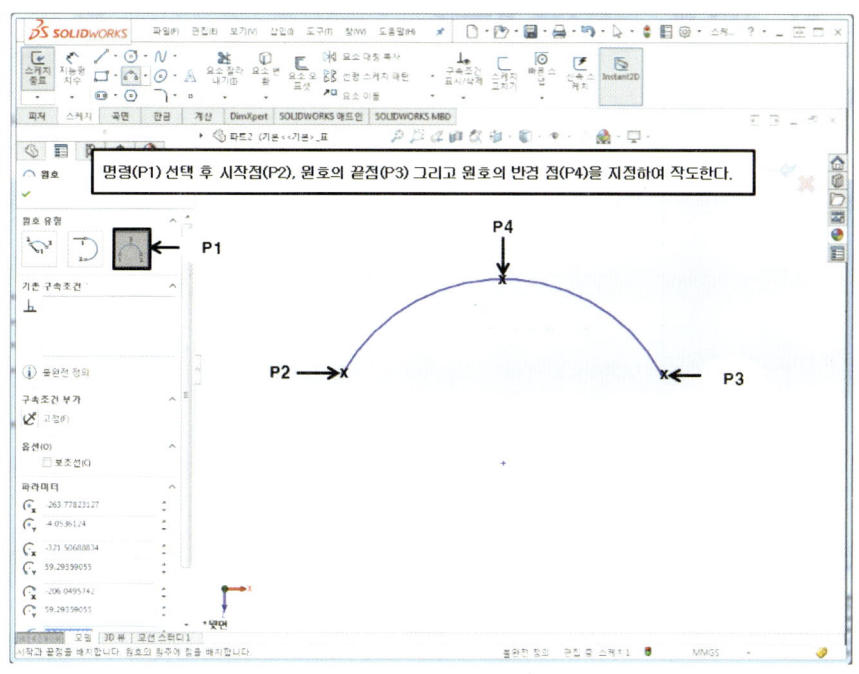

직선 홈/중심점 직선 홈/3점 호 홈/중심점 호 홈

직선 홈 명령은 슬롯(Slot) 형상 스케치를 작도하는 명령이며 호(ARC)형의 홈 또한 쉽고 빠르게 작도할 수 있다.

풀다운 메뉴 도구 ⇨ 스케치 요소 ⇨ 직선 홈...을 선택하여 사용할 수 있다.

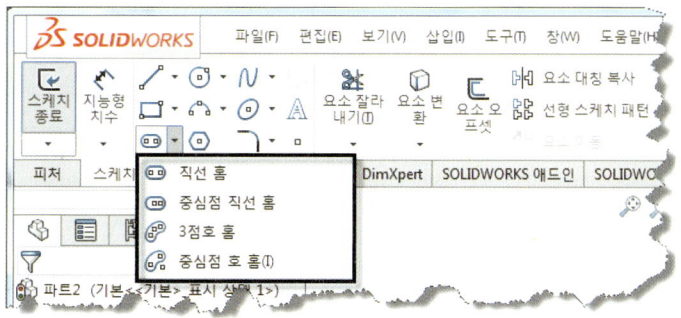

58 Solidworks 2016 start!

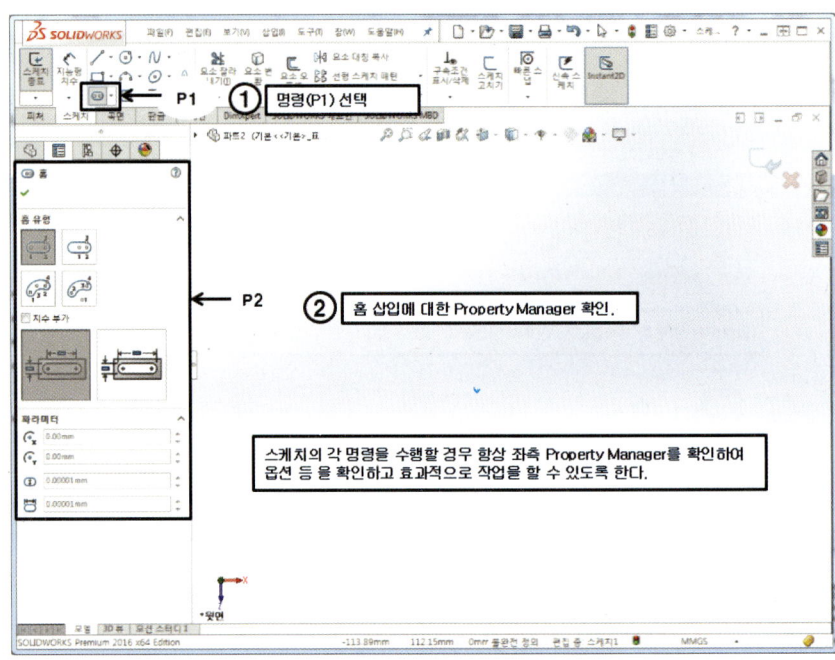

- **홈 유형** : 직선 홈/중심점 직선 홈/3점 호 홈/중심점 호 홈에 대한 유형을 선택한다.

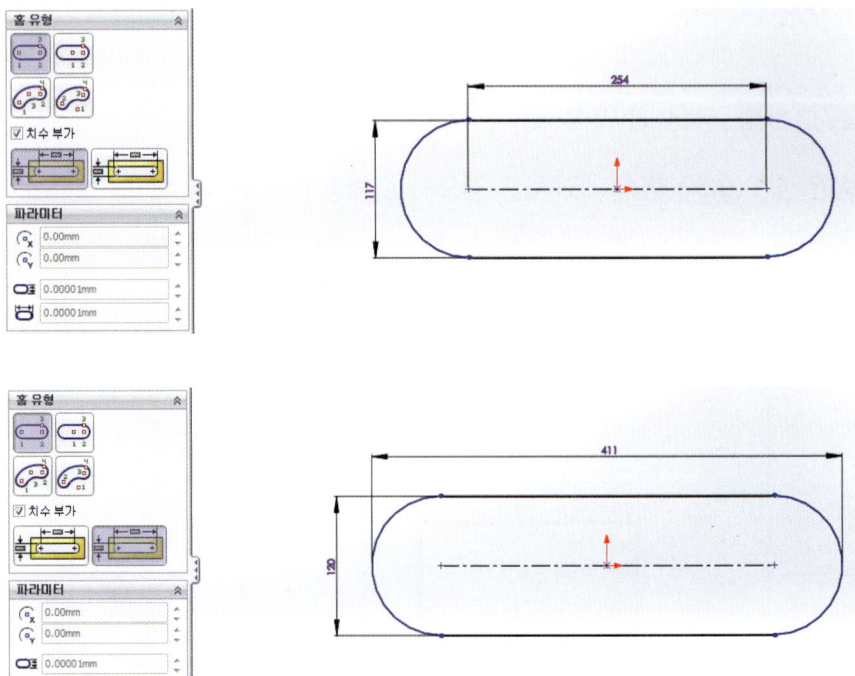

- 치수 부가 : 위 그림에서와 같이 홈의 치수를 자동으로 삽입하는 유형을 지정할 수 있다.
- 파라미터 : 작성될 원 또는 원주 원의 X, Y 중심점 좌표와 반경을 키보드 입력을 통하여 작도한다.

직선 홈 작성 방법

직선 홈 명령은 중심선의 시작과 끝점 그리고 작성될 홈 반경의 점을 지정하여 작도한다.

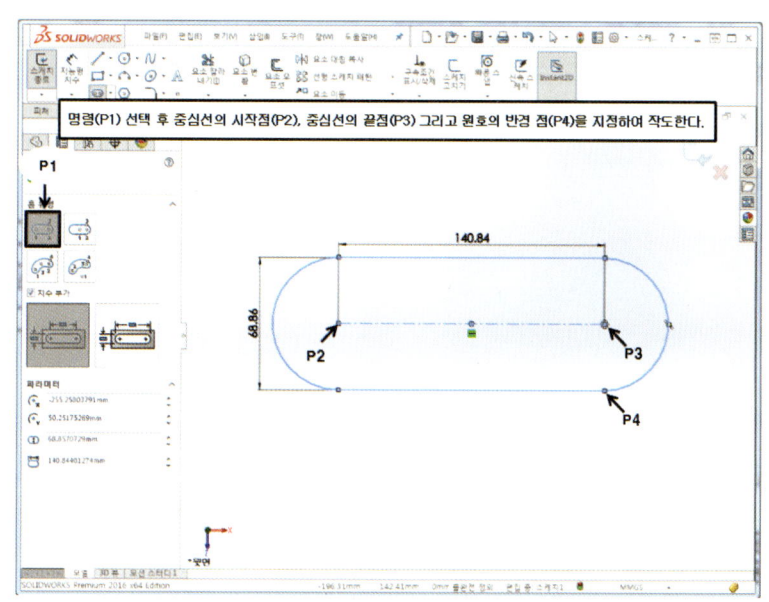

중심점 직선 홈 작성 방법

중심점 직선 홈 명령은 중심선의 중심을 시작점으로, 중심선의 끝점 그리고 작성될 홈 반경의 점을 지정하여 작도한다.

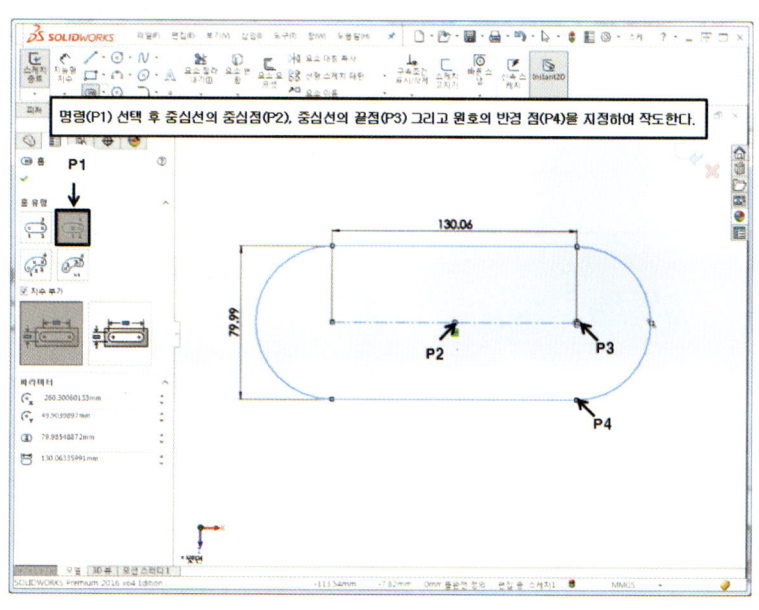

3점 호 홈 작성 방법

3점 호 홈 명령은 중심선의 시작점과 끝점, 중간점을 지정하고 작성될 홈 반경의 점을 지정하여 작도한다.

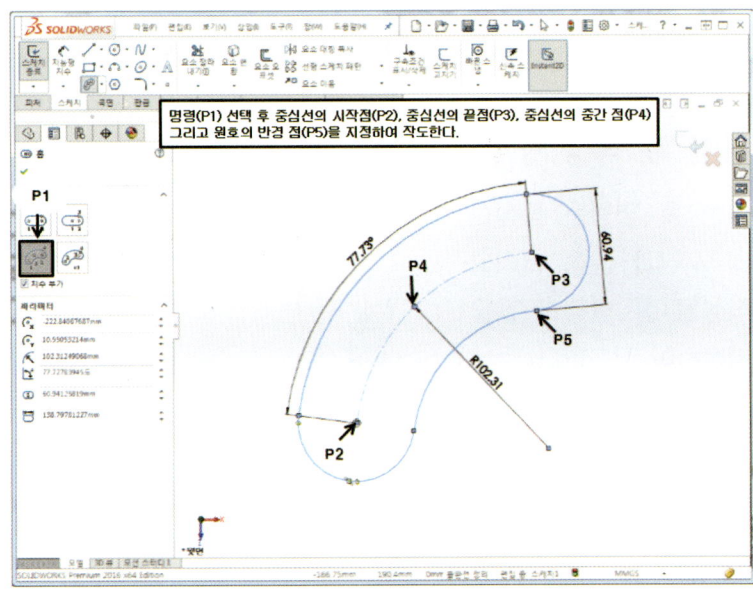

중심점 호 홈 작성 방법

중심점 호 홈 명령은 중심선의 중심점, 중심선의 시작점과 끝점 그리고 작성될 홈 반경의 점을 지정하여 작도한다.

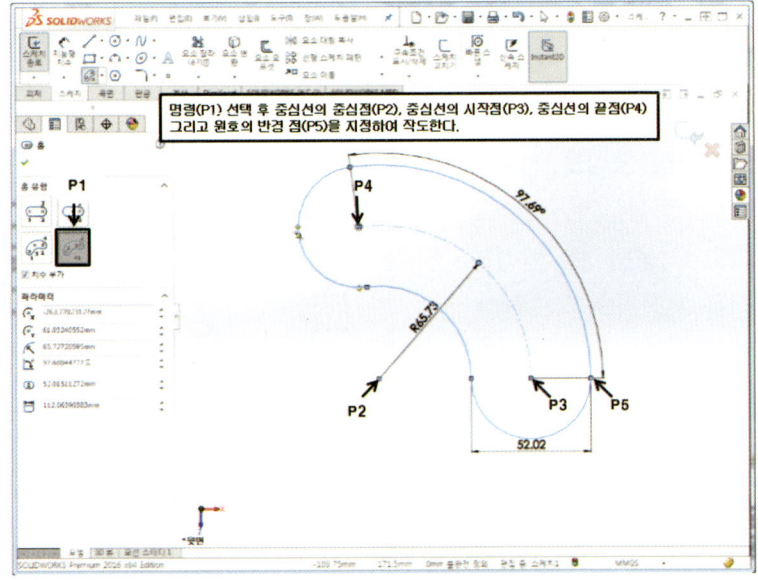

STEP 02. 스케치 작성하기

다각형

다각형 명령은 4개 이상의 모서리를 작도하여 다각형 스케치를 정의할 수 있다.
풀다운 메뉴 도구 ⇨ 스케치 요소 ⇨ 다각형을 선택하여 사용할 수 있다.

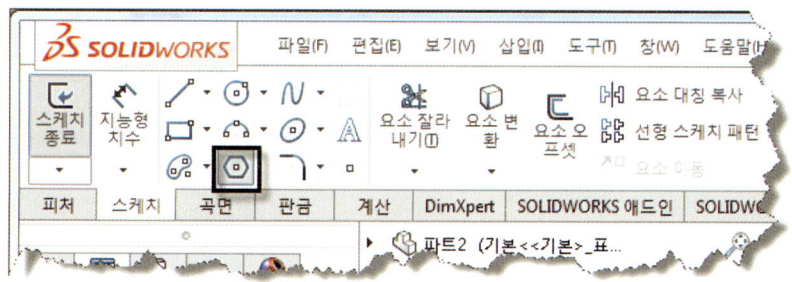

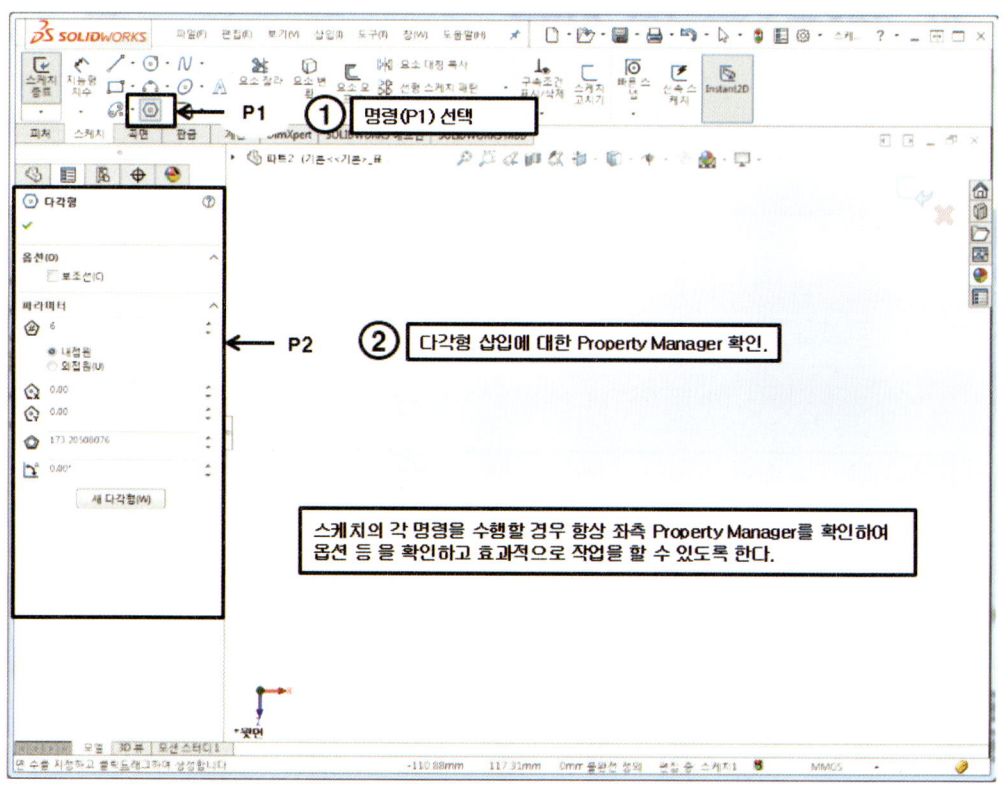

■ 옵션(O)

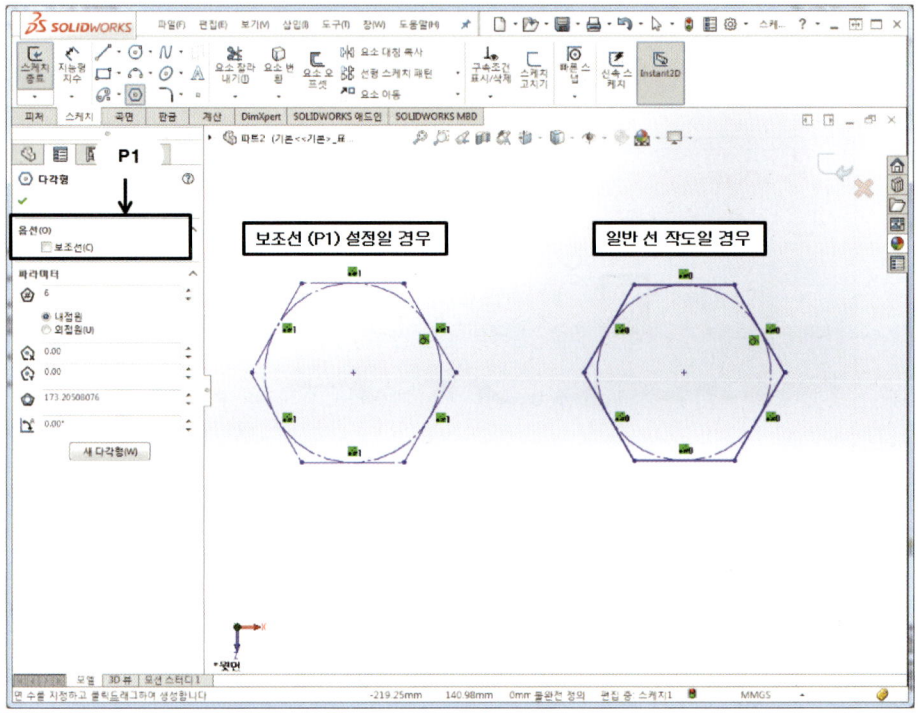

- 보조선 : 중심선을 작도한다.
- 파라미터 : 작성될 원 또는 원주 원의 X, Y 중심점 좌표와 반경을 키보드 입력을 통하여 작도한다.

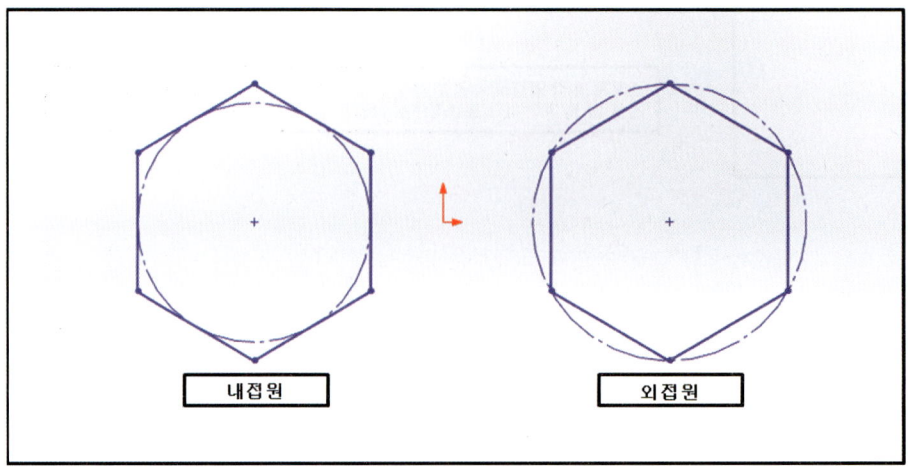

- 내접원 : 원에 내접하는 다각형을 정의한다.
- 외접원 : 원에 외접하는 다각형을 정의한다.

다각형 작성 방법

다각형 명령은 다각형의 개수를 입력하고 생성될 다각형의 중심점과 다각형이 생성될 끝점을 지정하여 작도한다.

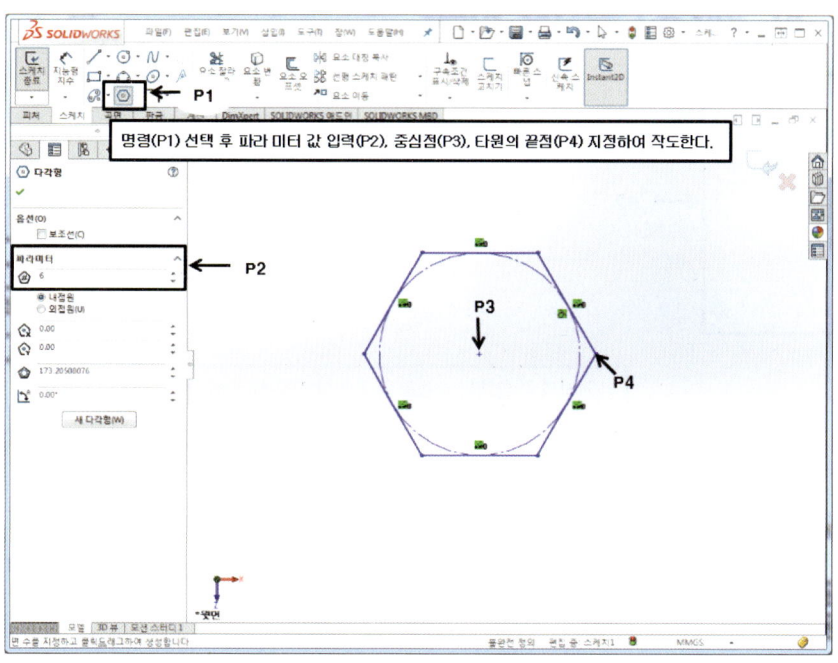

스케치 필렛/ 스케치 모따기

스케치 필렛/모따기 명령은 작도에 사용되는 다듬기 명령이며 스케치상에서의 필렛과 모따기 명령이 있고 피처에서 활용되는 필렛과 모따기 명령이 있다.

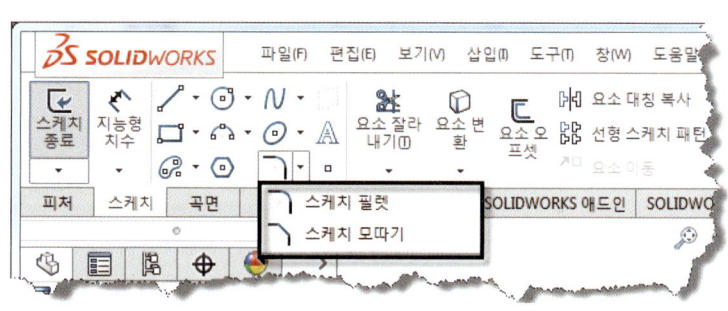

풀다운 메뉴 도구 ⇨ 스케치 도구 ⇨ 필렛/모따기를 선택하여 사용할 수 있다.

스케치 필렛

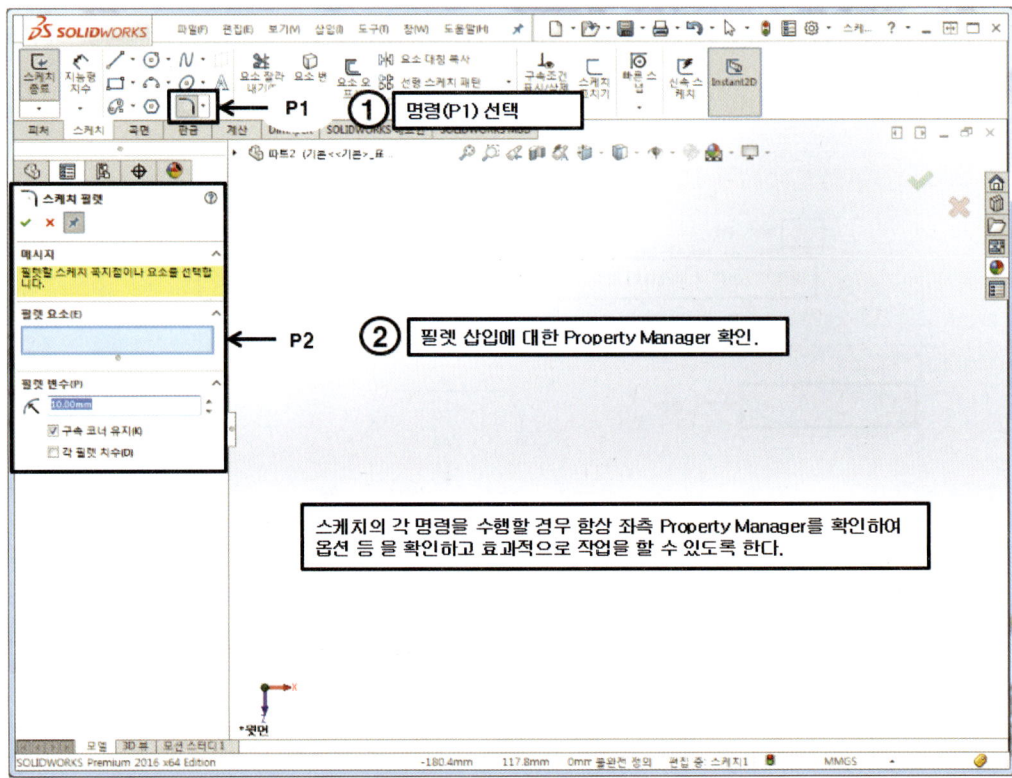

- **필렛 요소(E)** : 필렛으로 정의될 개체를 각각 선택한다.
- **필렛 변수(P)** : 필렛으로 정의될 개체의 반지름값을 입력한다.
  - 구속 코너 유지(K) : 필렛으로 정의된 개체를 자동적으로 구속한다.
  - 각 필렛 치수(D) : 각각의 필렛 정의된 모서리에 치수를 삽입한다.

스케치 필렛 작성 방법

스케치 필렛 명령은 두 개의 선분을 선택하여 필렛값을 입력하여 작도한다.

STEP 02. 스케치 작성하기

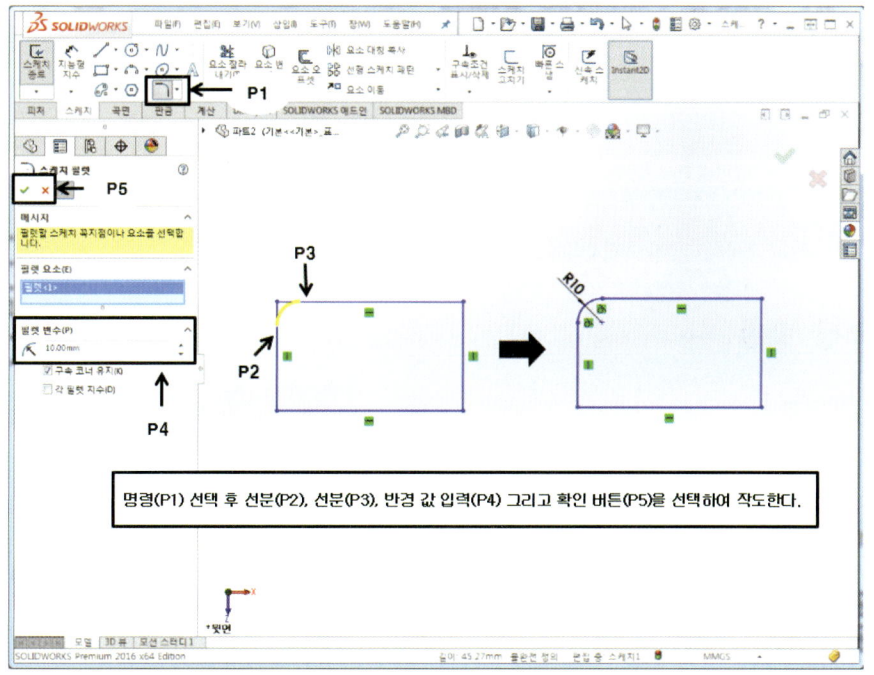

스케치 모따기

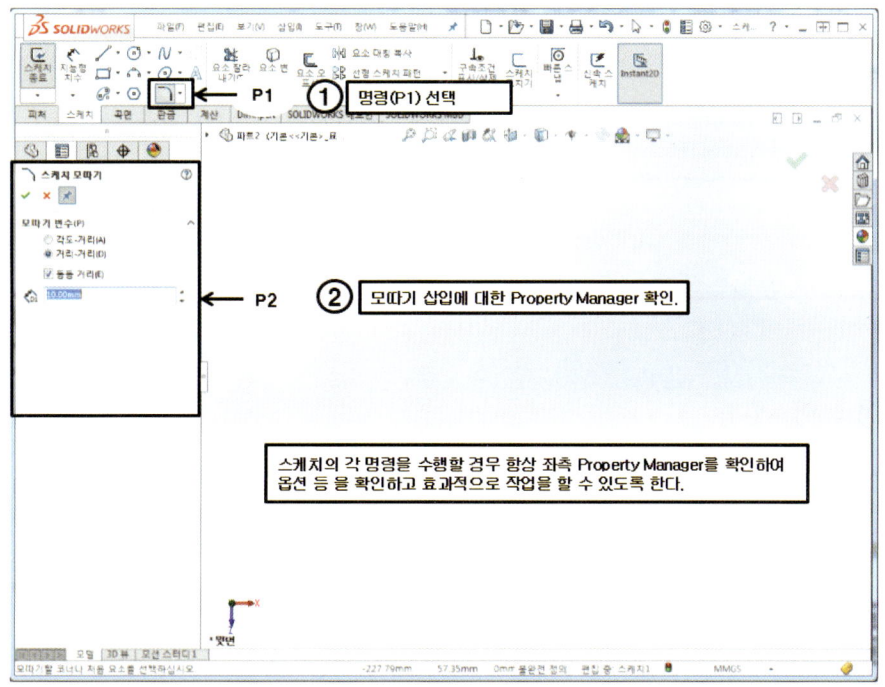

- **모따기 변수(P)** : 모따기가 정의될 방법을 지정한다.
  - 각도-거리(A) : 각도와 거리를 입력하여 모따기를 정의한다.
  - 거리-거리(D) : 거리와 거리를 입력하여 모따기를 정의한다.
  - 동등 거리(E) : 선택한 개체의 모서리를 사용자가 입력한 거리값으로 동등하게 모따기를 한다.

모따기 작성 방법

모따기 명령은 두 모서리 선분을 선택하고 변수값을 입력하여 모따기를 작도한다.

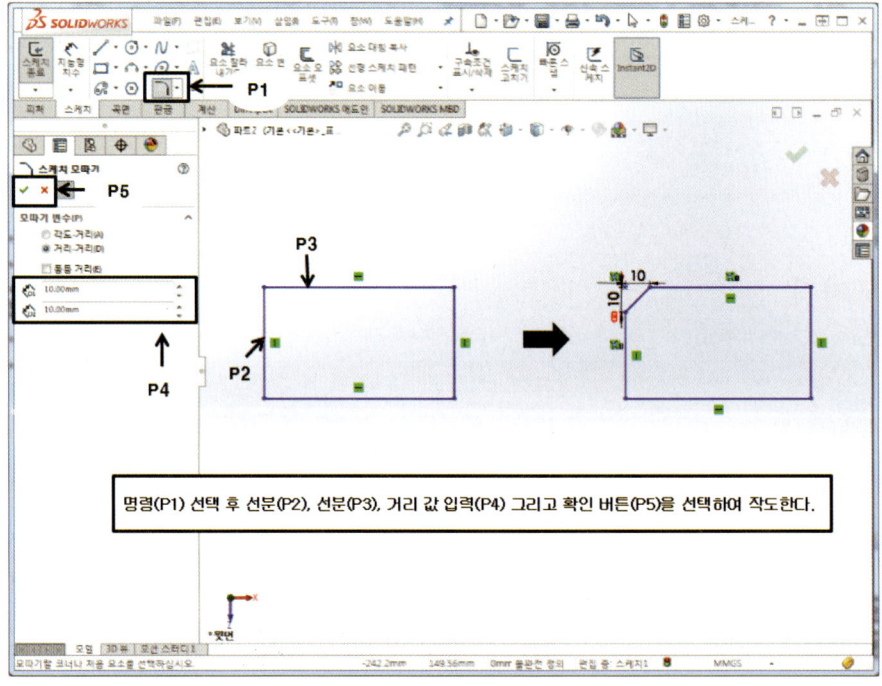

모따기 변수의 종류

- 각도-거리 : 각도와 거리 변수값을 입력하여 모따기를 작도한다.
- 거리-거리 : 거리와 거리 변수값을 입력하거나 서로 다른 거리 변수값을 이용하여 모따기를 작도한다.
- 동등 거리 : 서로 같은 변수값을 이용하여 모따기를 작도한다.

STEP 02. 스케치 작성하기

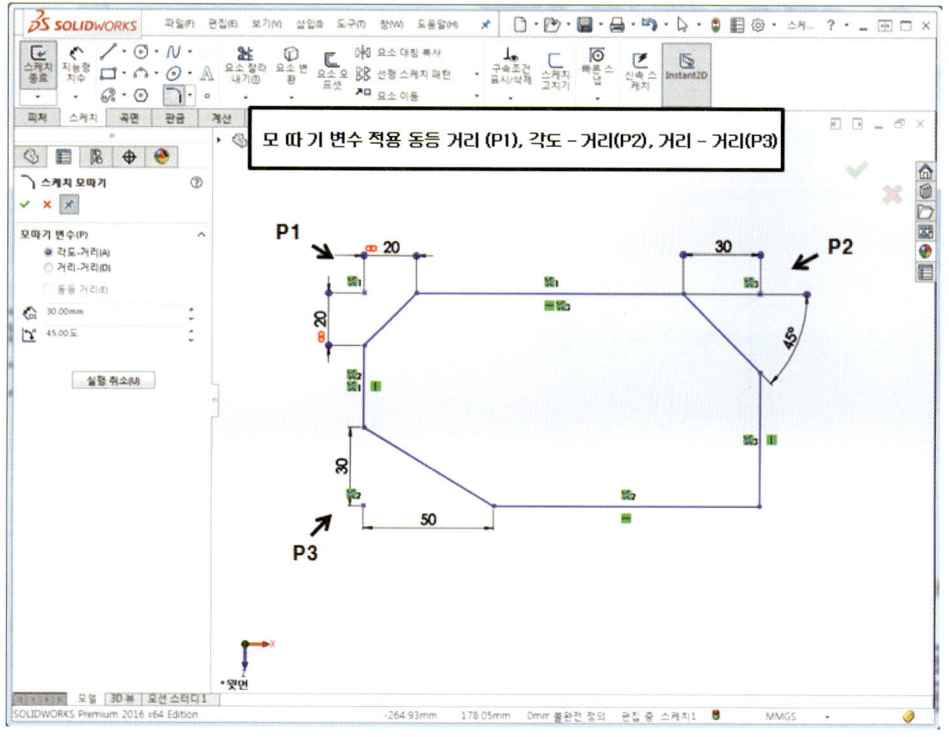

요소 잘라내기

요소 잘라내기 명령은 작도를 하는 과정에서 불필요한 개체를 잘라내는 명령이다. 풀다운 메뉴 도구 ⇨ 스케치 도구 ⇨ 요소 잘라내기를 선택하여 사용할 수 있다.

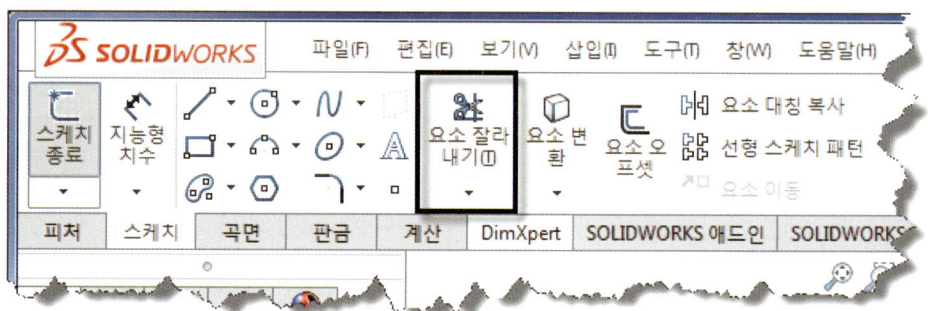

Solidworks 2016 start!

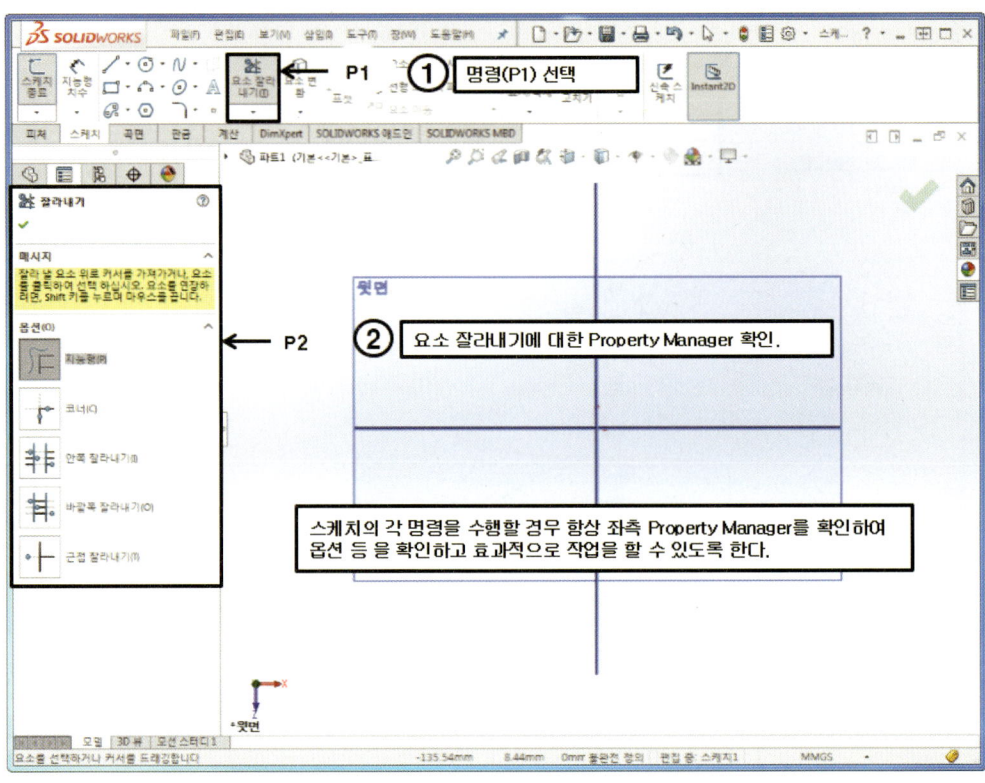

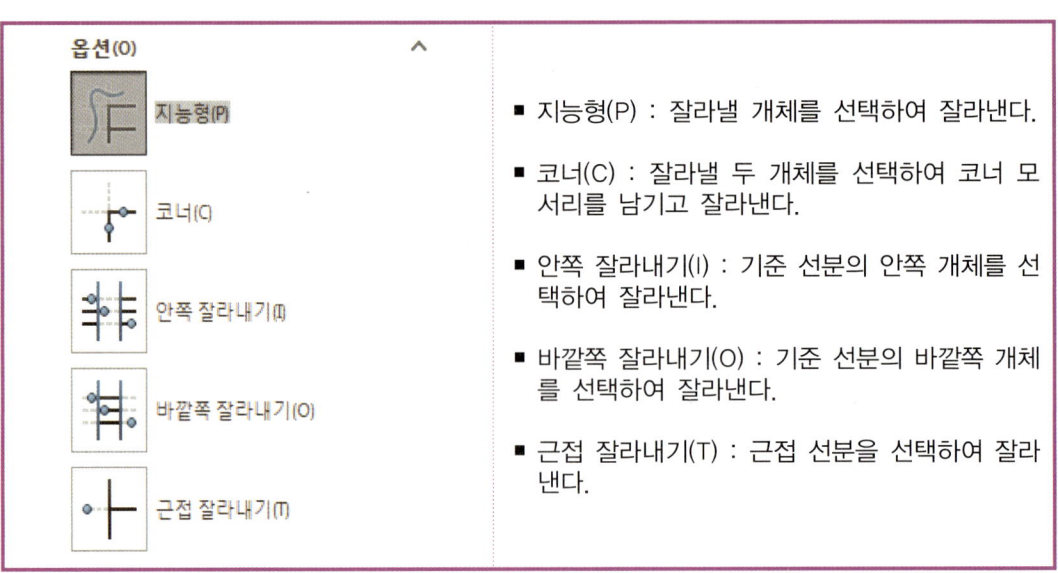

- 지능형(P) : 잘라낼 개체를 선택하여 잘라낸다.
- 코너(C) : 잘라낼 두 개체를 선택하여 코너 모서리를 남기고 잘라낸다.
- 안쪽 잘라내기(I) : 기준 선분의 안쪽 개체를 선택하여 잘라낸다.
- 바깥쪽 잘라내기(O) : 기준 선분의 바깥쪽 개체를 선택하여 잘라낸다.
- 근접 잘라내기(T) : 근접 선분을 선택하여 잘라낸다.

요소 잘라내기 작성 방법(지능형)

일반적인 자르기를 의미하며 작성된 개체를 자르기할 때 드래그 형태로 자르기가 가능하여 사용이 편리하다.

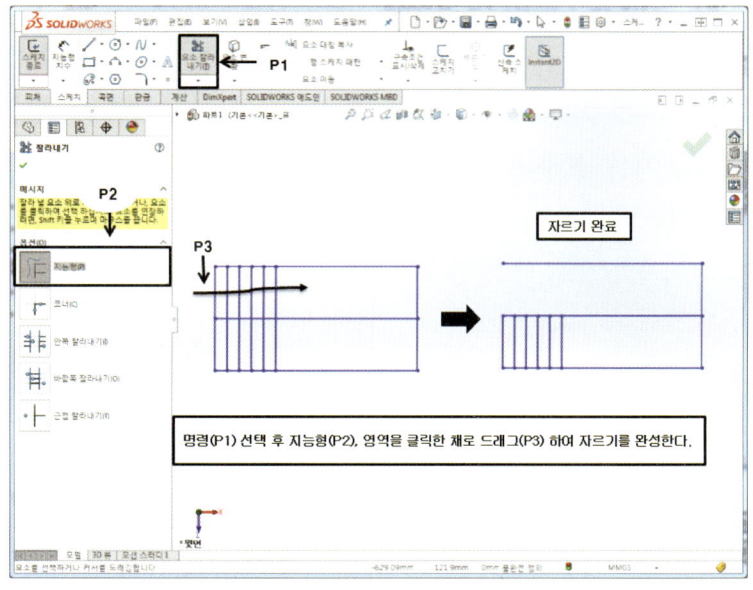

요소 잘라내기 작성 방법(코너)

코너 명령은 다음 그림과 같이 모서리로 작성된 요소를 선택하여 잘라내기를 한다.

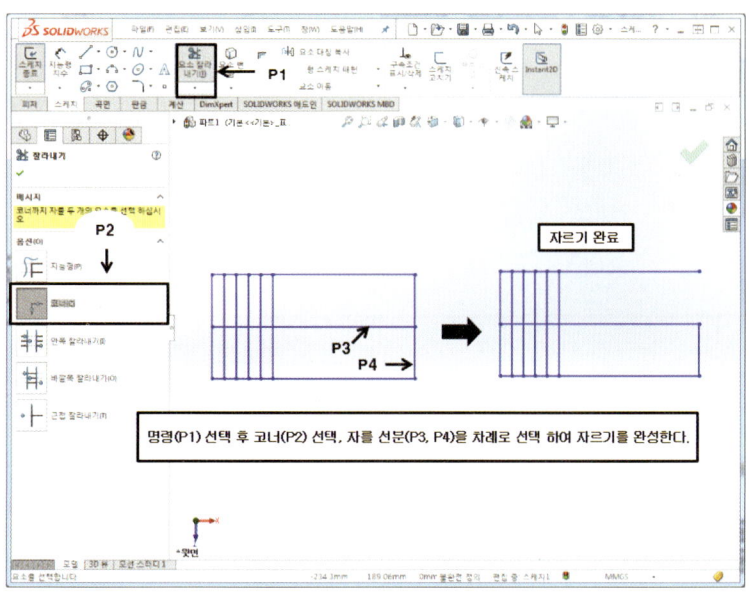

요소 잘라내기 작성 방법(안쪽 잘라내기)

안쪽 잘라내기 명령은 다음 그림과 같이 기준 선분을 선택하고 기준 선분 안쪽의 개체를 선택하여 잘라내기를 한다.

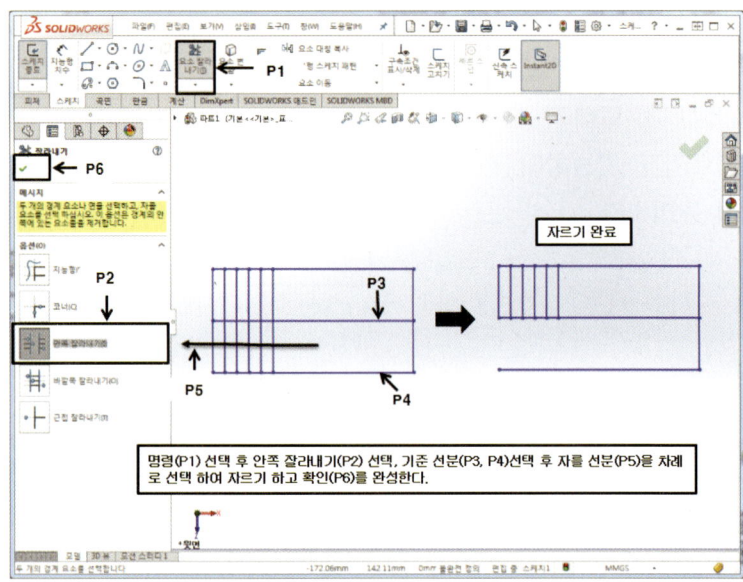

요소 잘라내기 작성 방법(바깥쪽 잘라내기)

바깥쪽 잘라내기 명령은 다음 그림과 같이 기준 선분을 선택하고 기준 선분 안쪽의 개체를 선택하여 바깥쪽 개체를 잘라내기 한다.

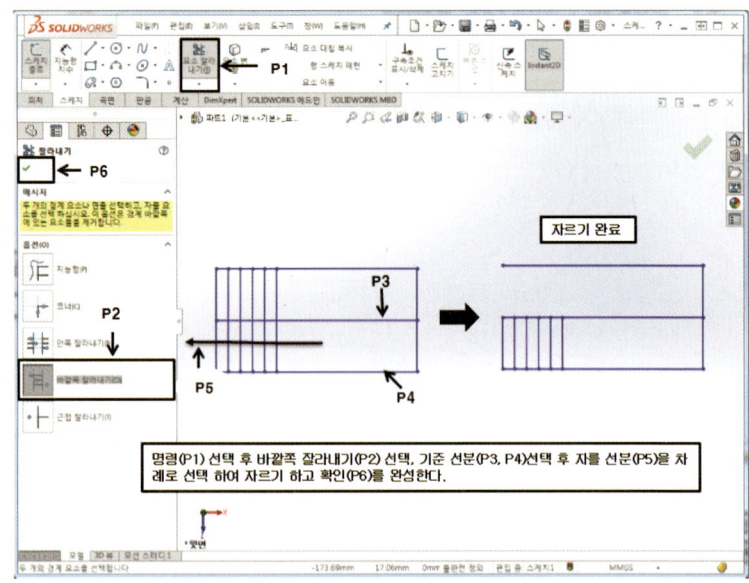

요소 잘라내기 작성 방법(근접 잘라내기)

근접 잘라내기 명령은 자르고자 하는 개체를 각각 선택하여 자르기를 한다.

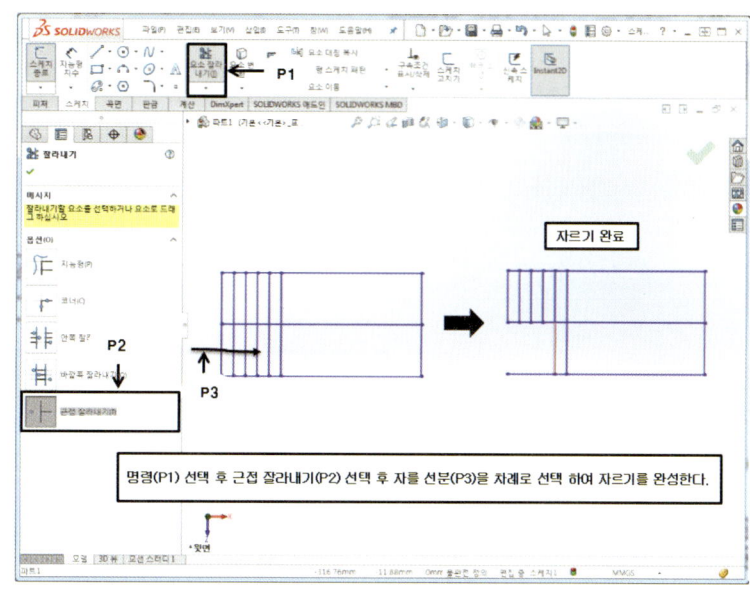

요소 늘리기

요소 늘리기 명령은 실수로 잘라내었거나 연장시켜야 할 스케치 개체를 선분을 기준으로 늘리기(연장)하여 사용할 수 있다.

풀다운 메뉴 도구 ⇨ 스케치 도구 ⇨ 요소 늘리기를 선택하여 사용할 수 있다.

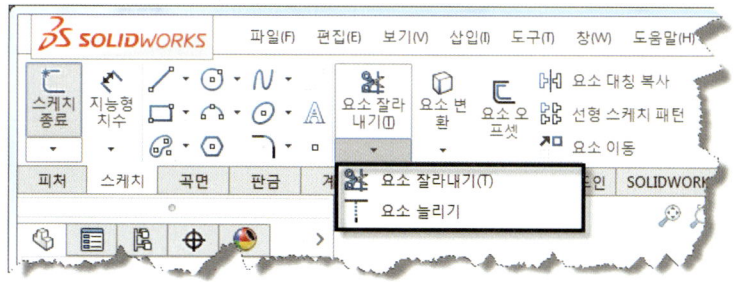

요소 늘리기 작성 방법

요소 늘리기 명령은 다음 그림과 같이 연장할 개체를 선택하여 연장할 위치의 개체까지 늘리는 명령이며 자주 사용하는 명령이다.

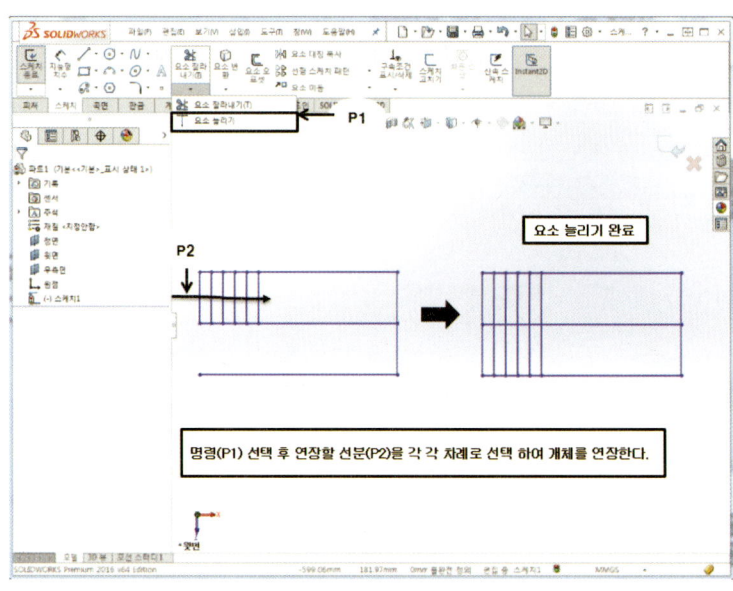

요소 변환

요선 변환 명령은 모서리 선, 루프, 면, 곡선, 외부 스케치 윤곽선, 모서리선 세트, 스케치 곡선 세트 등을 스케치 평면에 투영하여 하나 이상의 스케치 곡선을 작성한다.

다운 메뉴 도구 ⇨ 스케치 도구 ⇨ 요소 변환을 선택하여 사용할 수 있다.

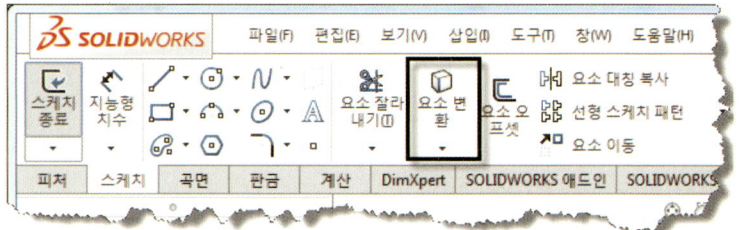

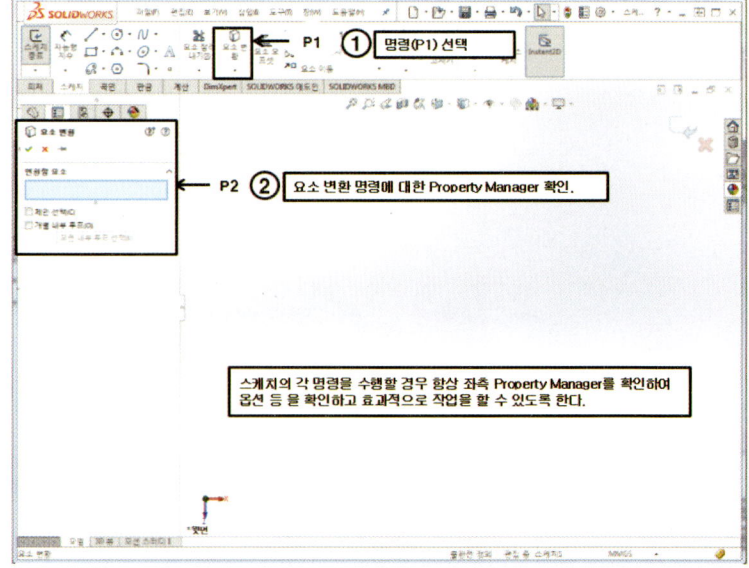

STEP 02. 스케치 작성하기   73

- 변환할 요소 : 모서리선, 루프, 면, 곡선, 외부 스케치 윤곽선, 모서리선 세트, 스케치 곡선 세트를 선택한다.
- 체인 선택 : 모서리선, 루프 등 한 면에 연결된 개체 전체를 자동으로 선택한다.

요소 변환 작성 방법

요소 변환 명령은 기존의 솔리드 개체나 스케치 개체를 현재의 스케치 면으로 투영하여 기존의 개체와 연관성을 가지는 개체로 작성한다.

✓ **특징** : 기존 개체가 변경될 경우 요소 변환한 개체 또한 변경된다.

예제파일의 압축을 풀고 SW_DATA 폴더/스케치 명령/요소 변환.sldprt 파일을 열기한다.

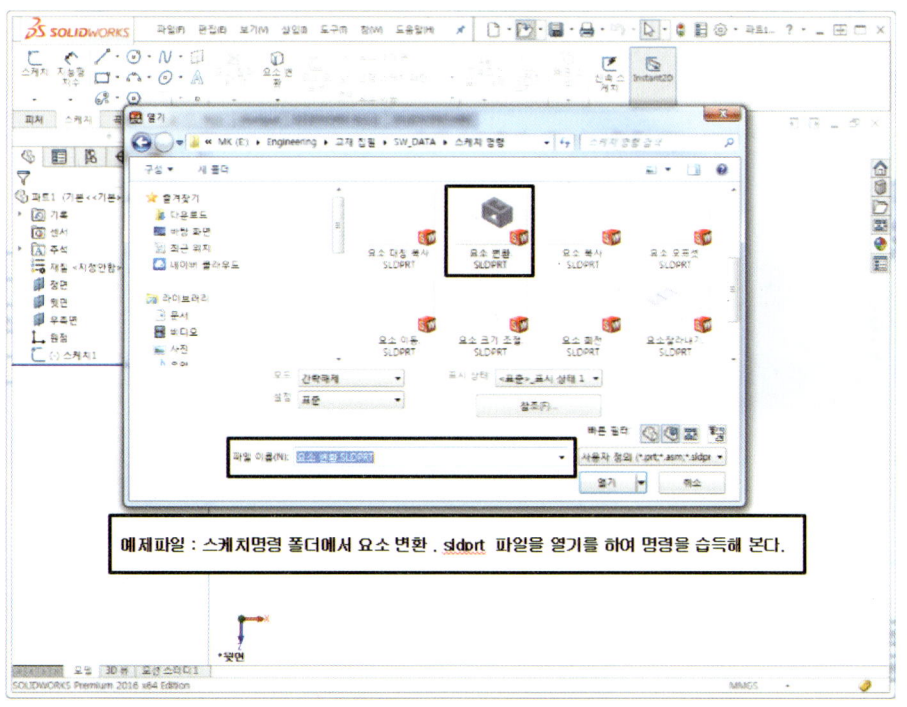

예제파일 : 스케치명령 폴더에서 요소 변환 . sldprt 파일을 열기를 하여 명령을 습득해 본다.

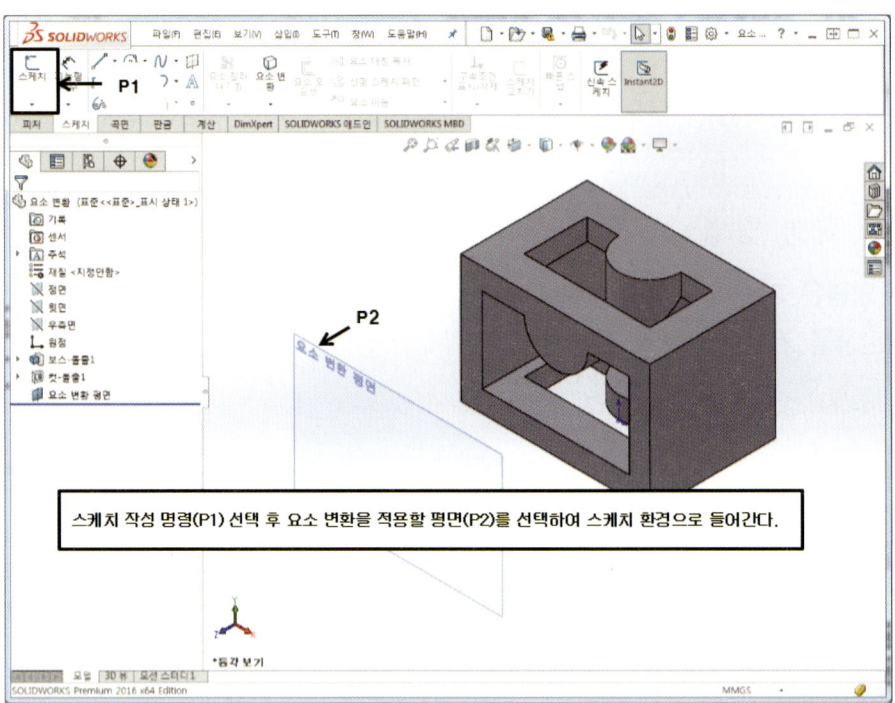

스케치 작성 명령(P1) 선택 후 요소 변환을 적용할 평면(P2)를 선택하여 스케치 환경으로 들어간다.

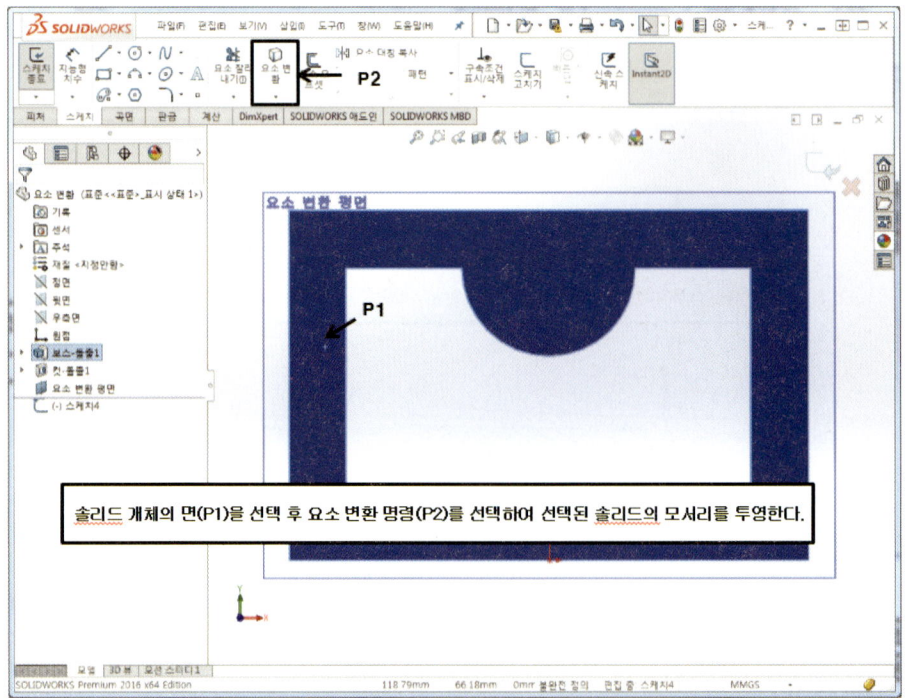

솔리드 개체의 면(P1)을 선택 후 요소 변환 명령(P2)를 선택하여 선택된 솔리드의 모서리를 투영한다.

STEP 02. 스케치 작성하기

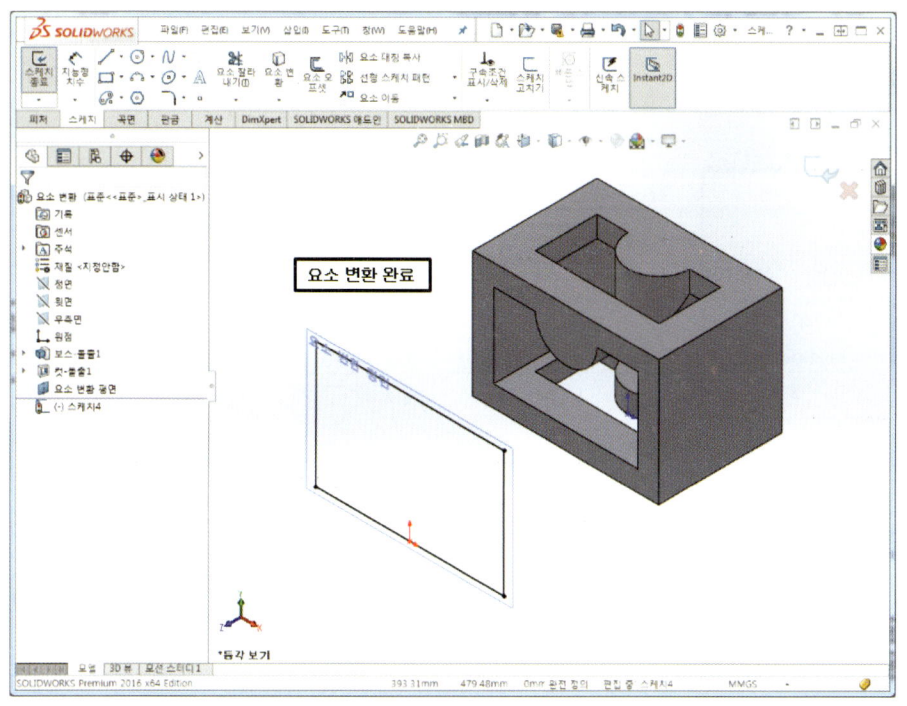

가 요소 오프셋

요소 오프셋 명령은 선택한 스케치 개체를 지정한 거리만큼 간격 띄우기하여 개체를 복사한다. 풀다운 메뉴 도구 ⇨ 스케치 도구 ⇨ 요소 오프셋을 선택하여 사용할 수 있다.

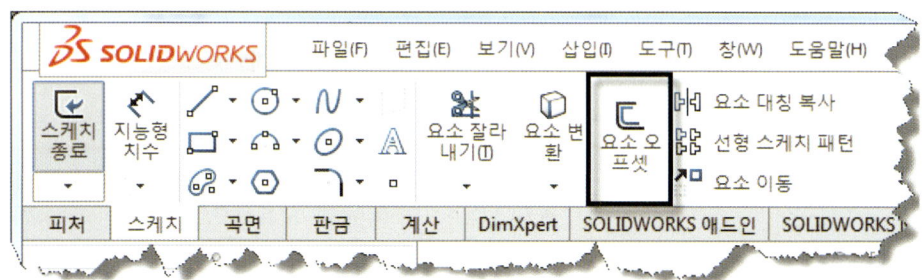

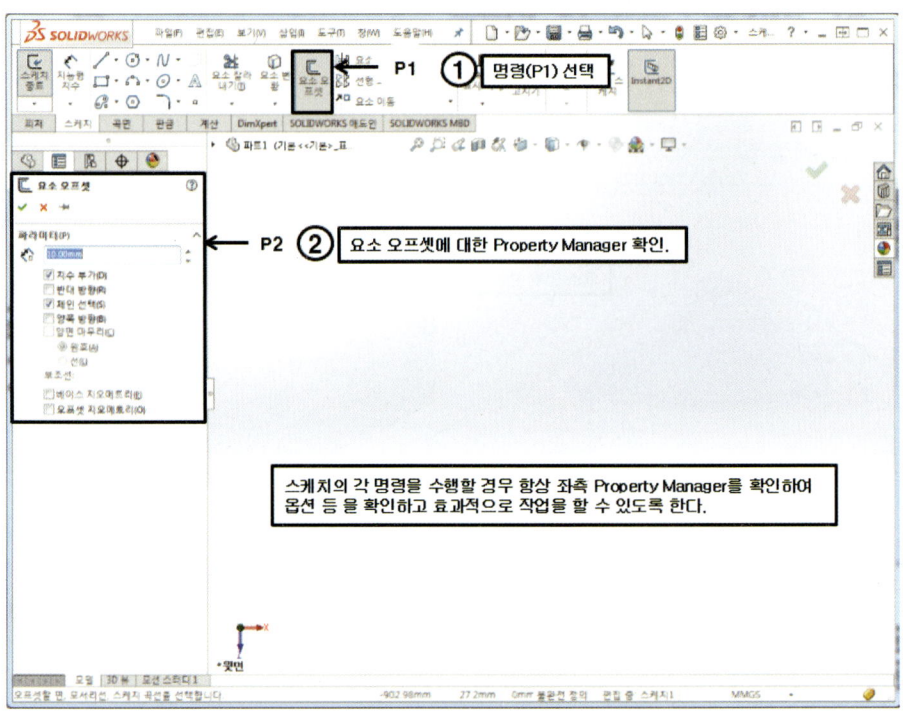

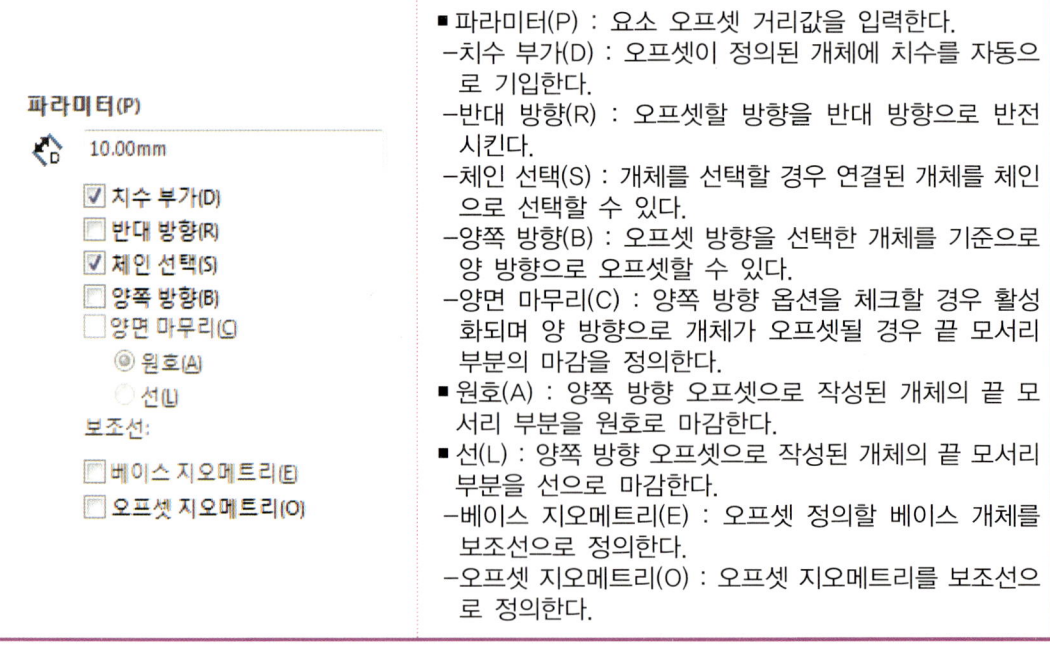

- 파라미터(P) : 요소 오프셋 거리값을 입력한다.
  - 치수 부가(D) : 오프셋이 정의된 개체에 치수를 자동으로 기입한다.
  - 반대 방향(R) : 오프셋할 방향을 반대 방향으로 반전시킨다.
  - 체인 선택(S) : 개체를 선택할 경우 연결된 개체를 체인으로 선택할 수 있다.
  - 양쪽 방향(B) : 오프셋 방향을 선택한 개체를 기준으로 양 방향으로 오프셋할 수 있다.
  - 양면 마무리(C) : 양쪽 방향 옵션을 체크할 경우 활성화되며 양 방향으로 개체가 오프셋될 경우 끝 모서리 부분의 마감을 정의한다.
- 원호(A) : 양쪽 방향 오프셋으로 작성된 개체의 끝 모서리 부분을 원호로 마감한다.
- 선(L) : 양쪽 방향 오프셋으로 작성된 개체의 끝 모서리 부분을 선으로 마감한다.
  - 베이스 지오메트리(E) : 오프셋 정의할 베이스 개체를 보조선으로 정의한다.
  - 오프셋 지오메트리(O) : 오프셋 지오메트리를 보조선으로 정의한다.

원호와 선의 마감

- 원호(A) : 양쪽 방향 오프셋으로 작성된 개체의 끝 모서리 부분을 원호로 마감한다.
- 선(L) : 양쪽 방향 오프셋으로 작성된 개체의 끝 모서리 부분을 선으로 마감한다.

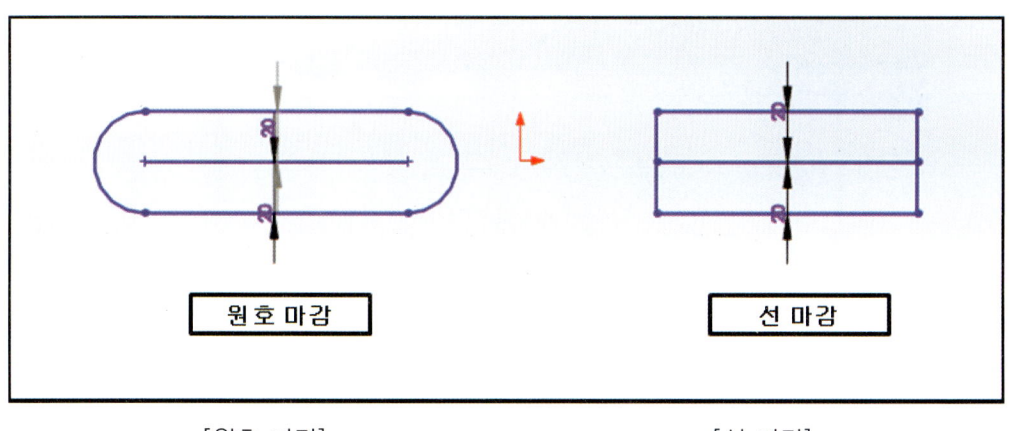

[원호 마감]   [선 마감]

보조선

- 베이스 지오메트리(E) : 베이스 지오메트리 개체를 보조선 처리한다.
- 오프셋 지오메트리(O) : 오프셋 지오메트리 개체를 보조선 처리한다.

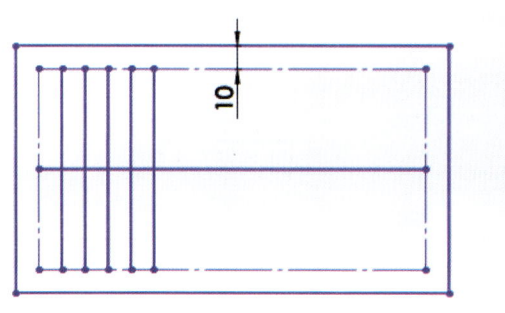 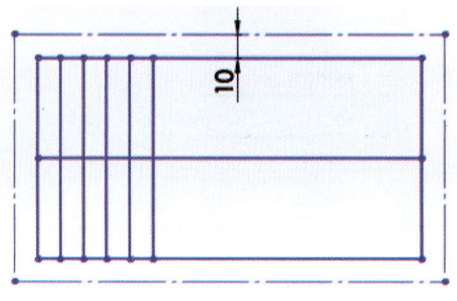

[베이스 지오메트리]   [오프셋 지오메트리]

요소 오프셋 작성 방법

예제파일의 압축을 풀고 SW_DATA 폴더/스케치 명령/요소 오프셋.sldprt 파일을 열기한다.

78 Solidworks 2016 start!

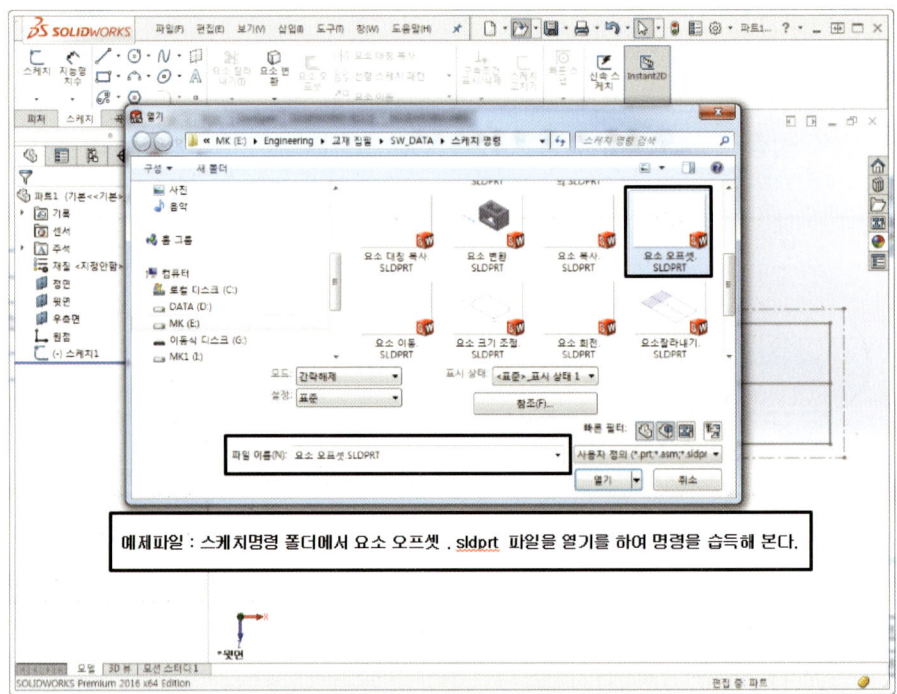

예제파일 : 스케치명령 폴더에서 요소 오프셋 . sldprt 파일을 열기를 하여 명령을 습득해 본다.

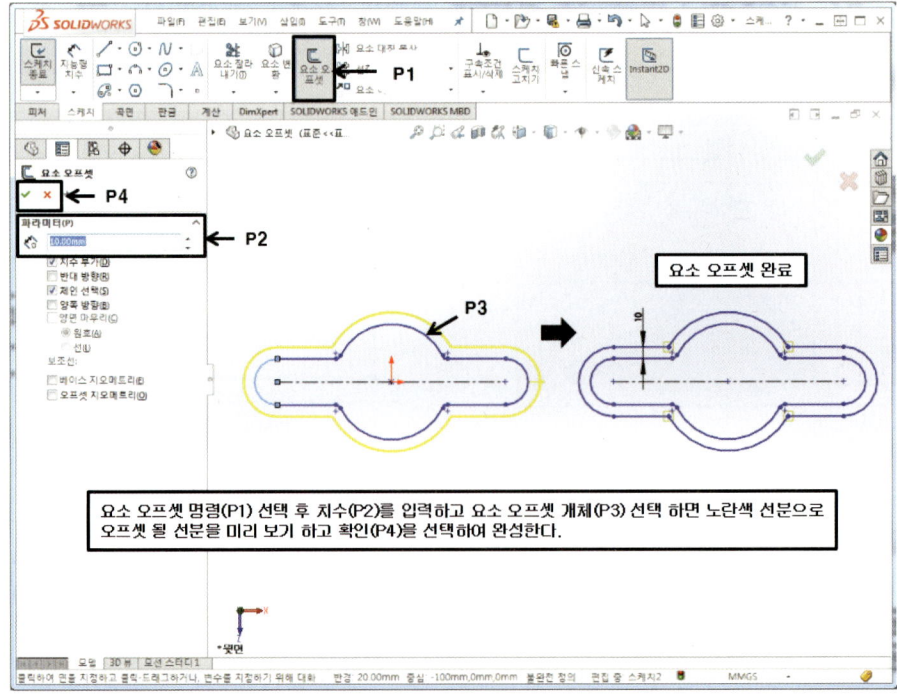

요소 오프셋 명령(P1) 선택 후 치수(P2)를 입력하고 요소 오프셋 개체(P3) 선택 하면 노란색 선분으로 오프셋 될 선분을 미리 보기 하고 확인(P4)을 선택하여 완성한다.

⚠ 요소 대칭 복사

요소 대칭 복사 명령은 선택한 스케치 개체를 기준선을 기준으로 대칭 이동 또는 대칭 복사하여 스케치 개체를 작성한다.

풀다운 메뉴 도구 ➡ 스케치 도구 ➡ 요소 대칭 복사를 선택하여 사용할 수 있다.

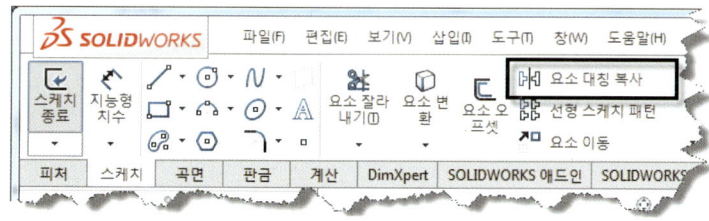

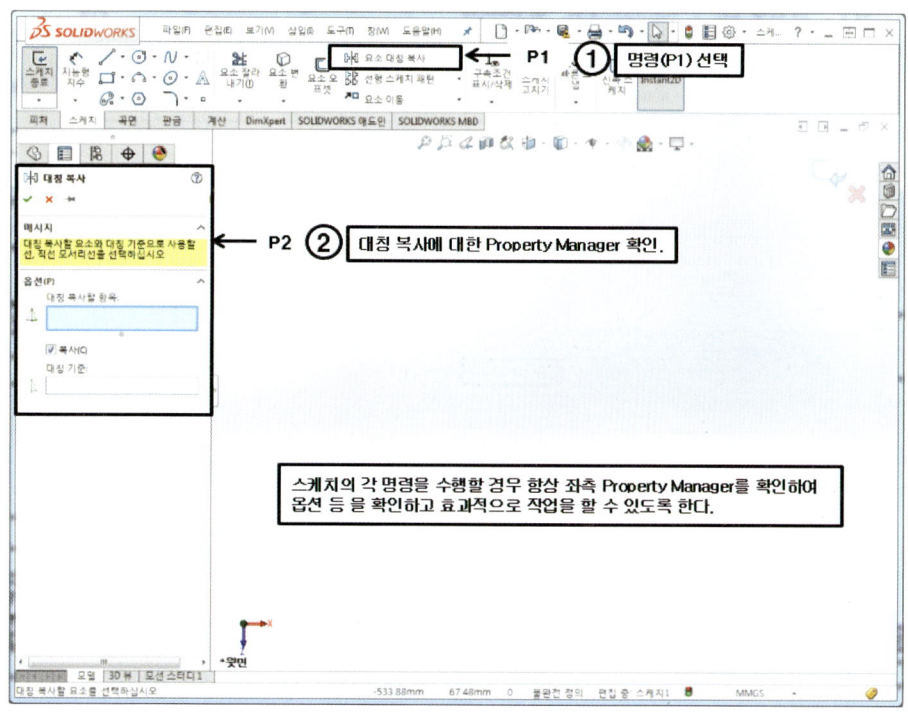

■ 옵션(P)
- 대칭 복사할 항목 : 대칭 복사할 선분 개체를 선택한다.
- 복사 : 이 옵션을 체크하게 되면 선택한 개체를 복사하고, 체크 해제하면 개체 이동을 한다.
- 대칭 기준 : 대칭을 정의할 기준 중심선을 선택한다.

대칭 복사 작성 방법

예제파일의 압축을 풀고 SW_DATA 폴더/스케치 명령/요소 오프셋.sldprt 파일을 열기한다.

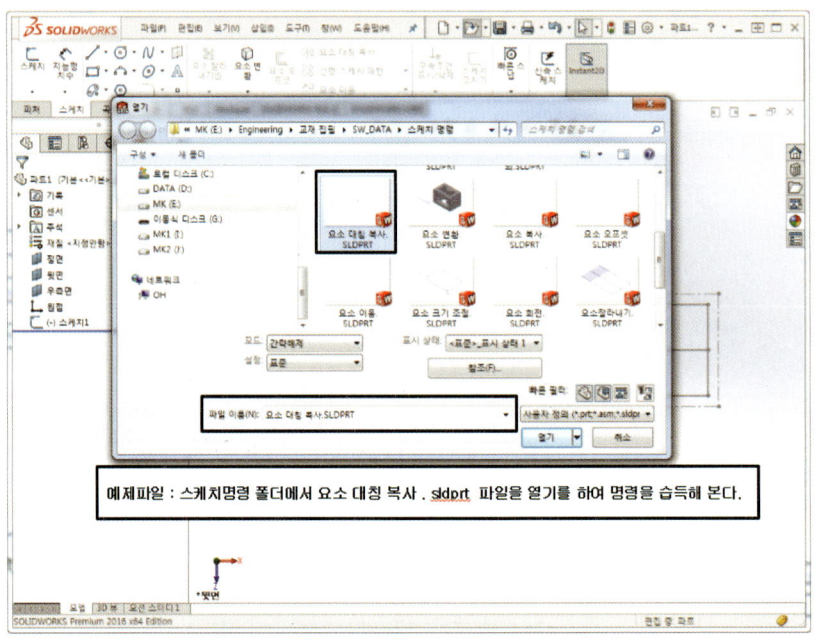

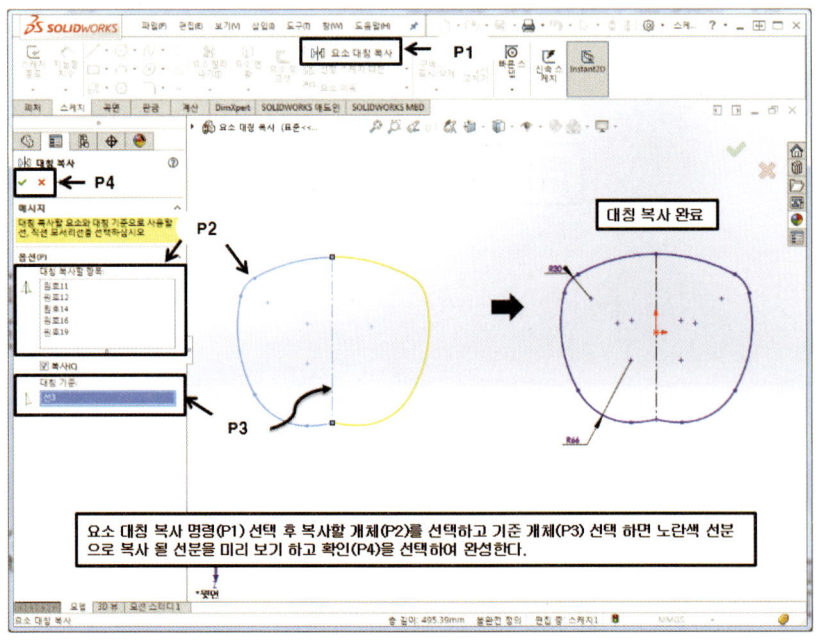

선형 스케치 패턴

선형 스케치 패턴 명령은 작성된 스케치 개체를 가로와 세로 방향으로 입력한 개수와 거리값으로 배열 복사하여 작성한다.

풀다운 메뉴 도구 ⇨ 스케치 도구 ⇨ 선형 스케치 패턴을 선택하여 사용할 수 있다.

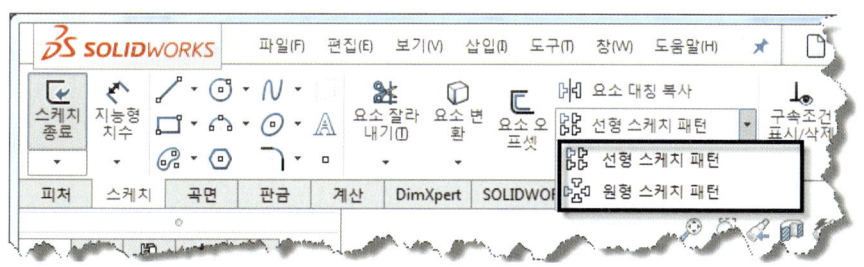

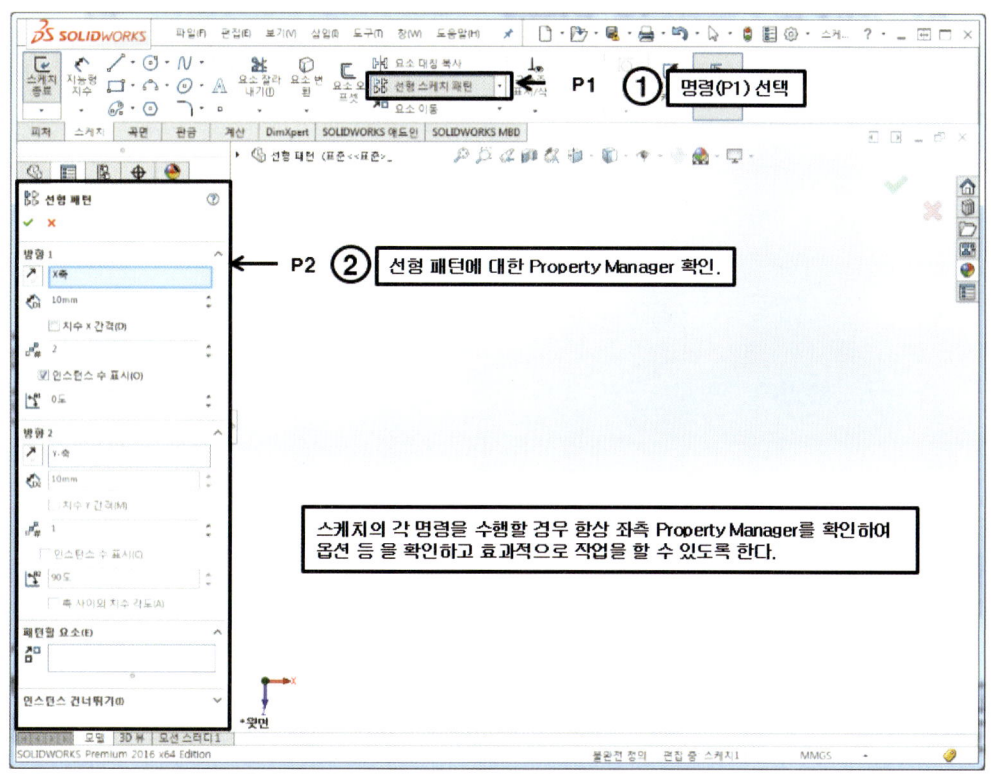

■ 방향1, 방향2

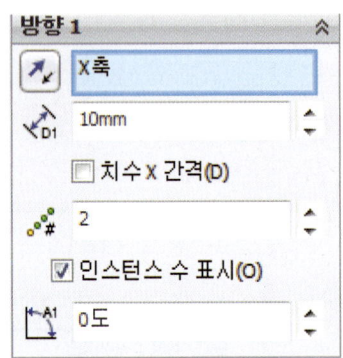 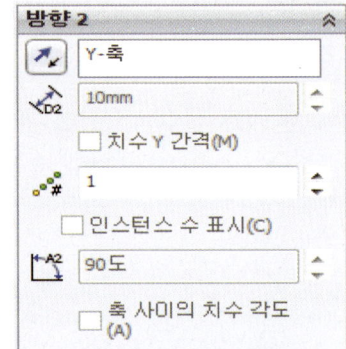

- ↗, ↗ 반대 방향 : 스케치 개체의 패턴될 방향을 반전시킨다.
- ↙D1, ↙D2 간격 : 스케치 개체의 패턴 사이 간격을 입력한다.
- #, # 인스턴트 수 : 패턴 복사될 스케치 인스턴스의 개수를 입력한다.
- A1, A2 각도 : 패턴 복사될 스케치 개체의 각도를 입력한다.

■ 패턴할 요소(E) : 패턴을 정의할 스케치 요소 개체를 선택한다.

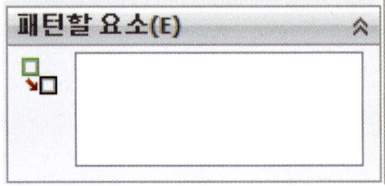

■ 인스턴스 건너뛰기(I) : 패턴 정의에서 제외될 스케치 요소 개체를 선택한다.

STEP 02. 스케치 작성하기 83

선형 스케치 패턴 작성 방법

예제파일의 압축을 풀고 SW_DATA 폴더/스케치 명령/선형 패턴.sldprt 파일을 열기한다.

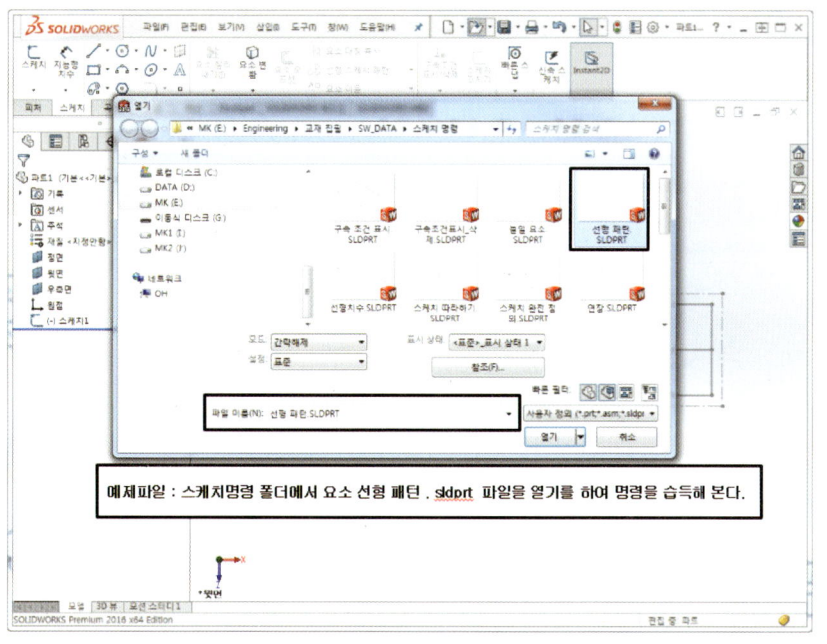

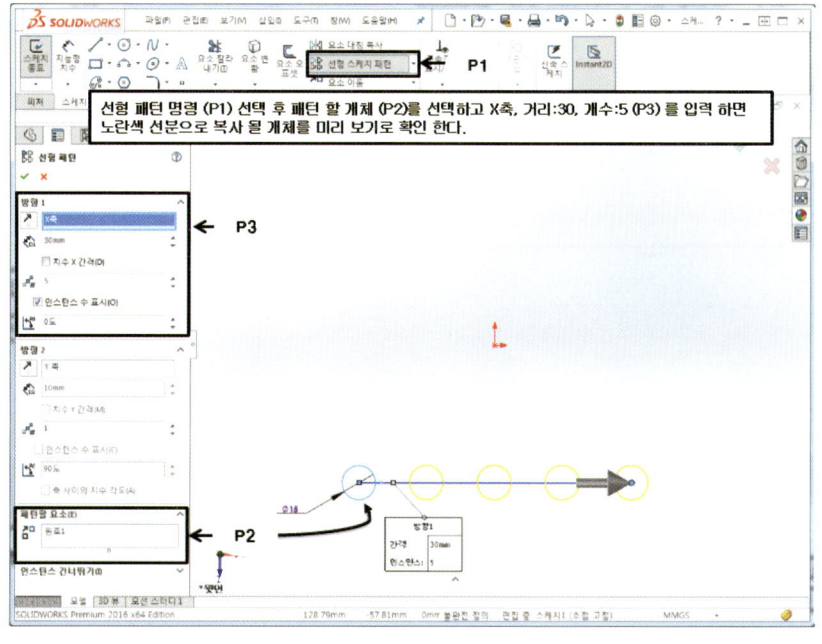

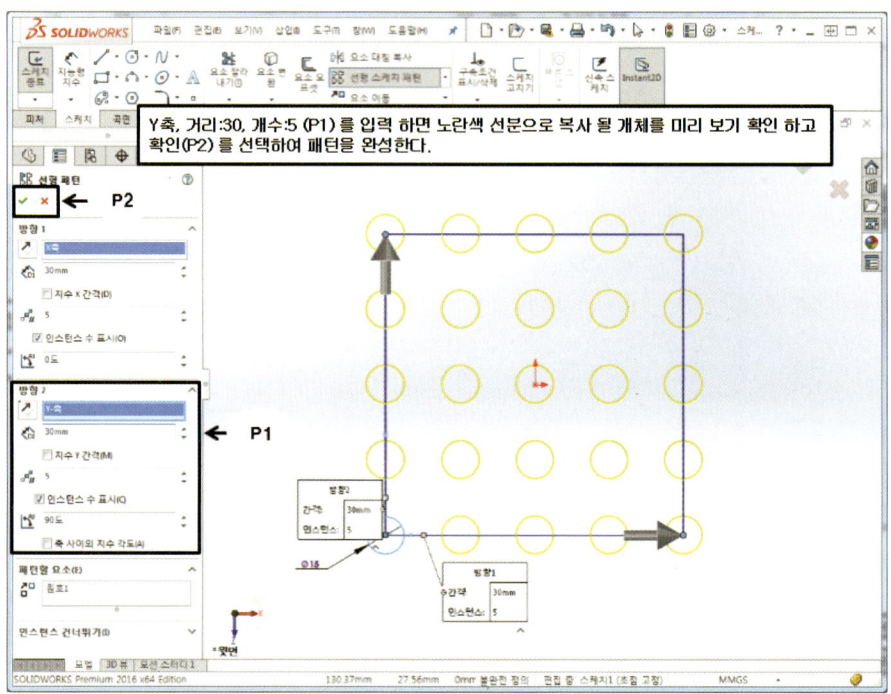

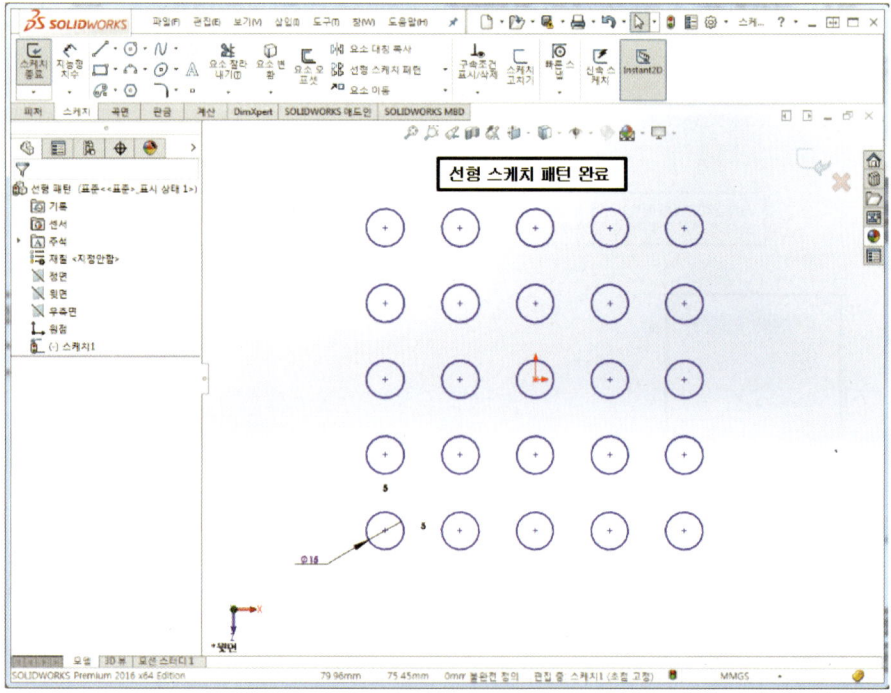

원형 스케치 패턴

원형 스케치 패턴 명령은 작성된 스케치 개체를 지정한 중심점을 기준으로 복사될 개수와 각도를 입력하여 원형 배열을 작성한다.

풀다운 메뉴 도구 ➪ 스케치 도구 ➪ 원형 스케치 패턴을 선택하여 사용할 수 있다.

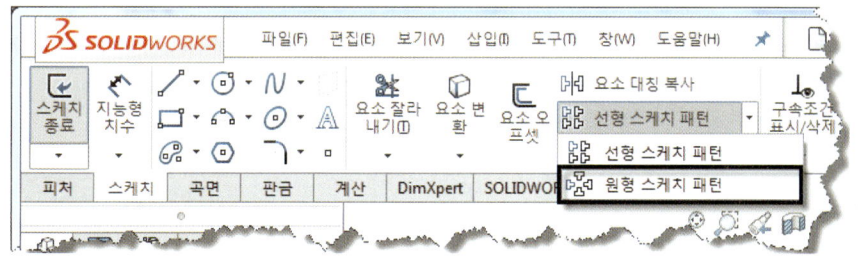

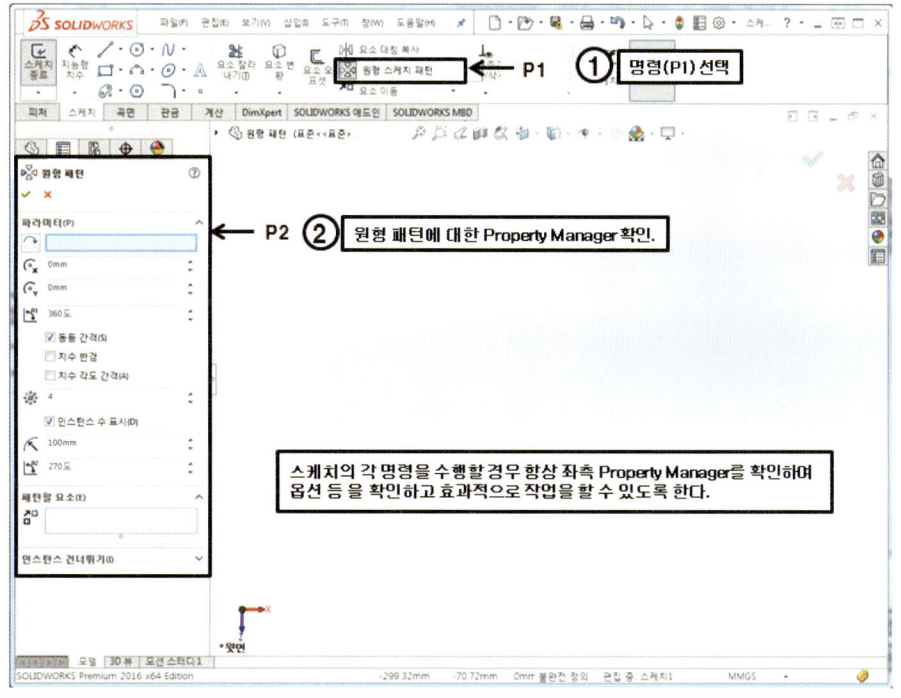

- 파라미터(P)
    - ↻ 반대 방향 : 스케치 개체의 패턴될 방향을 반전시킨다.
    - ⊙x, ⊙y 중심 X, Y : 원형 패턴의 회전 원점을 좌표로 입력한다.
    - 간격 : 원형 패턴으로 복사될 개체의 간격을 입력한다.
    - 인스턴스 수 : 원형 패턴으로 복사될 스케치 요소의 개수를 입력한다.
    - 반경 : 원형 패턴의 기준 중심원의 반경을 입력한다.
    - 각도 : 원형 패턴으로 복사될 스케치 요소의 각도를 입력한다.

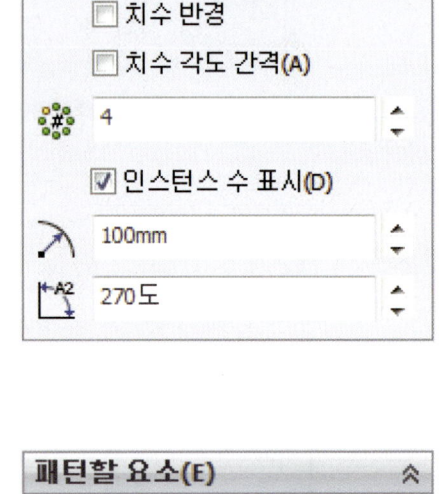

- 패턴할 요소(E) : 원형 패턴할 개체 요소를 선택한다.

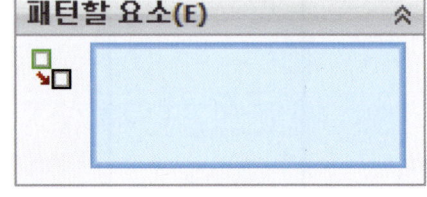

- 인스턴스 건너뛰기(I) : 패턴 정의에서 제외될 스케치 요소 개체를 선택한다.

STEP 02. 스케치 작성하기

원형 스케치 패턴 작성 방법

예제파일의 압축을 풀고 SW_DATA 폴더/스케치 명령/원형 패턴.sldprt 파일을 열기한다.

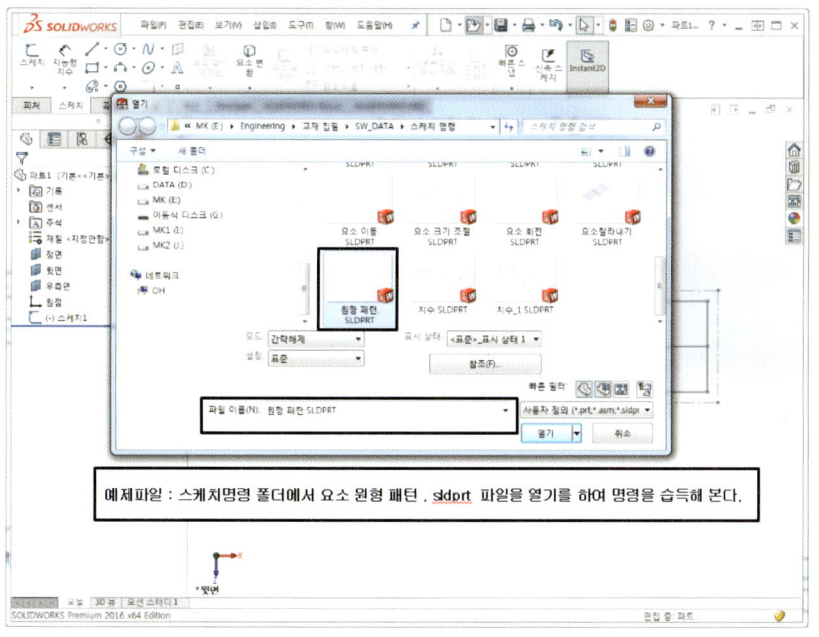

예제파일 : 스케치명령 폴더에서 요소 원형 패턴 . sldprt 파일을 열기를 하여 명령을 습득해 본다.

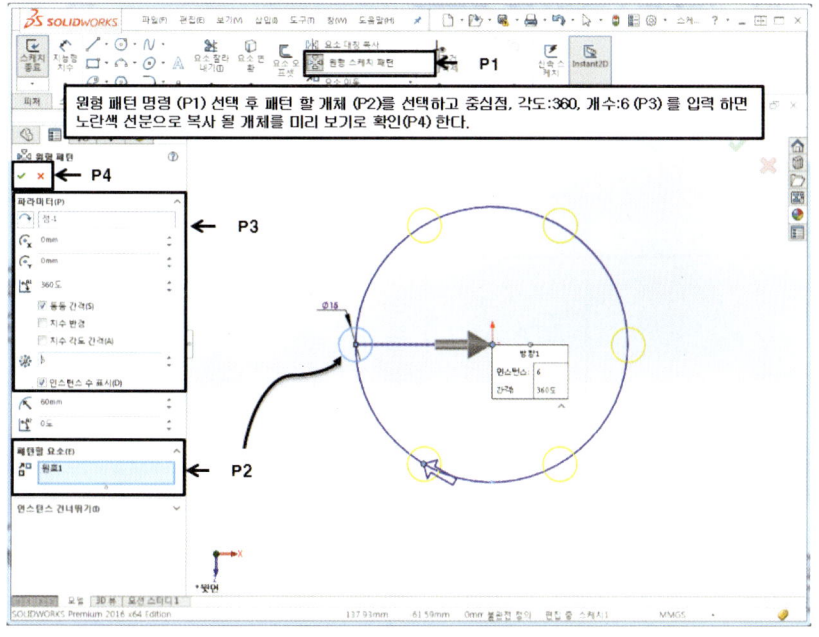

원형 패턴 명령 (P1) 선택 후 패턴 할 개체 (P2)를 선택하고 중심점, 각도:360, 개수:6 (P3) 를 입력 하면 노란색 선분으로 복사 될 개체를 미리 보기로 확인(P4) 한다.

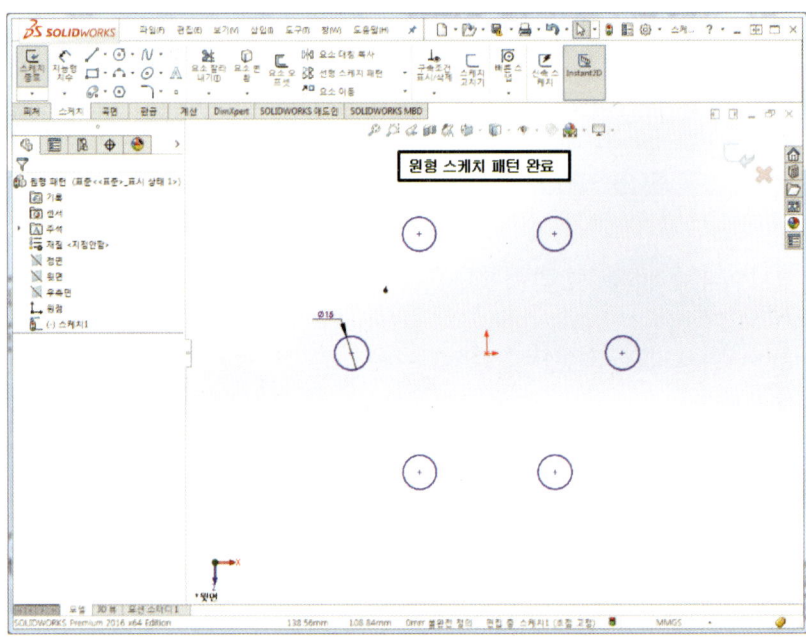

요소 이동

요소 이동 명령은 작성된 스케치 요소를 이동 또는 복사하여 사용할 수 있다.

풀다운 메뉴 도구 ⇨ 스케치 도구 ⇨ 요소 이동을 선택하여 사용할 수 있다.

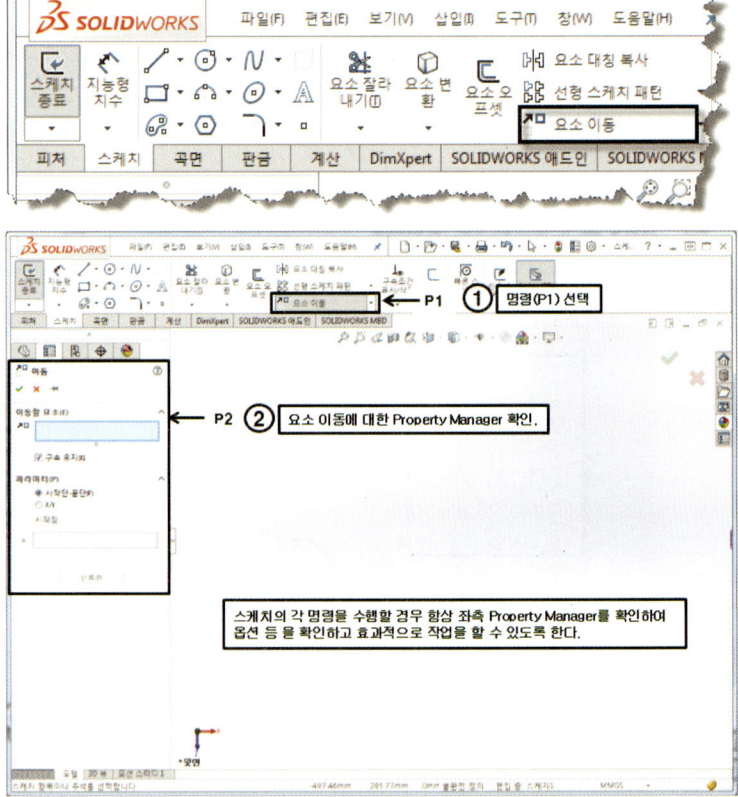

- **이동할 요소(E)** : 이동할 스케치 요소를 선택한다.
  - 구속 유지(K) : 스케치 요소의 구속을 유지한다.

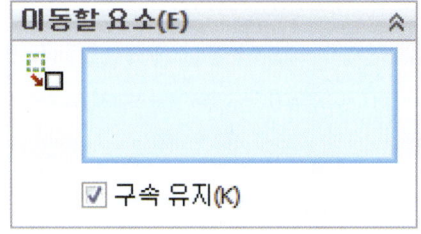

- **파라미터(P)**
  - 시작단-끝단 : 선택 요소 개체의 시작점과 끝점을 선택하여 개체를 이동할 수 있다.
  - X/Y : X축 좌표값과 Y축 좌표값을 입력하여 선택 요소 개체를 이동할 수 있다.
  - 시작점 : 시작단-끝단 옵션이 선택되면 시작점 옵션이 활성화되고 선택된 요소 개체의 시작점과 끝점을 정의한다.

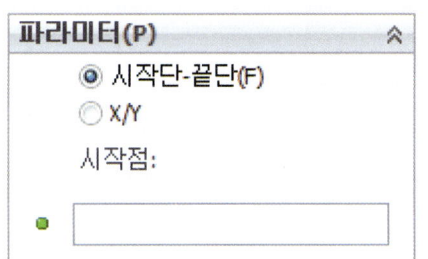

요소 이동 작성 방법

예제파일의 압축을 풀고 SW_DATA 폴더/스케치 명령/요소 오프셋.sldprt 파일을 열기한다.

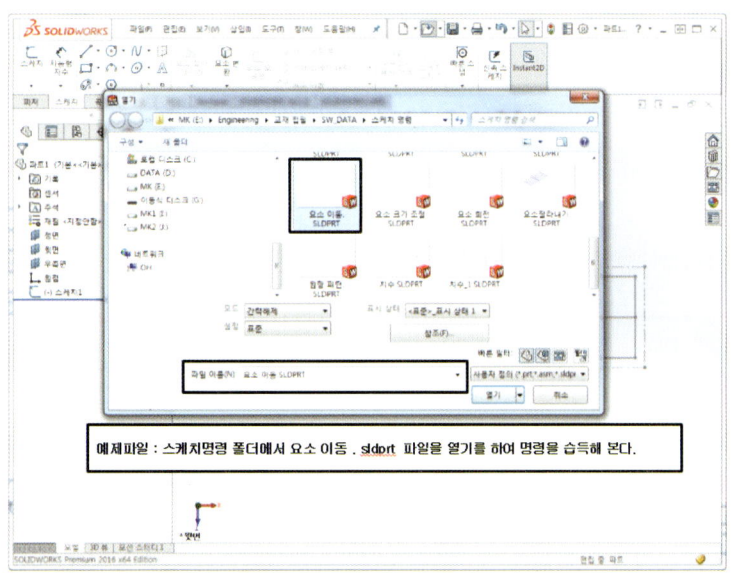

Solidworks 2016 start!

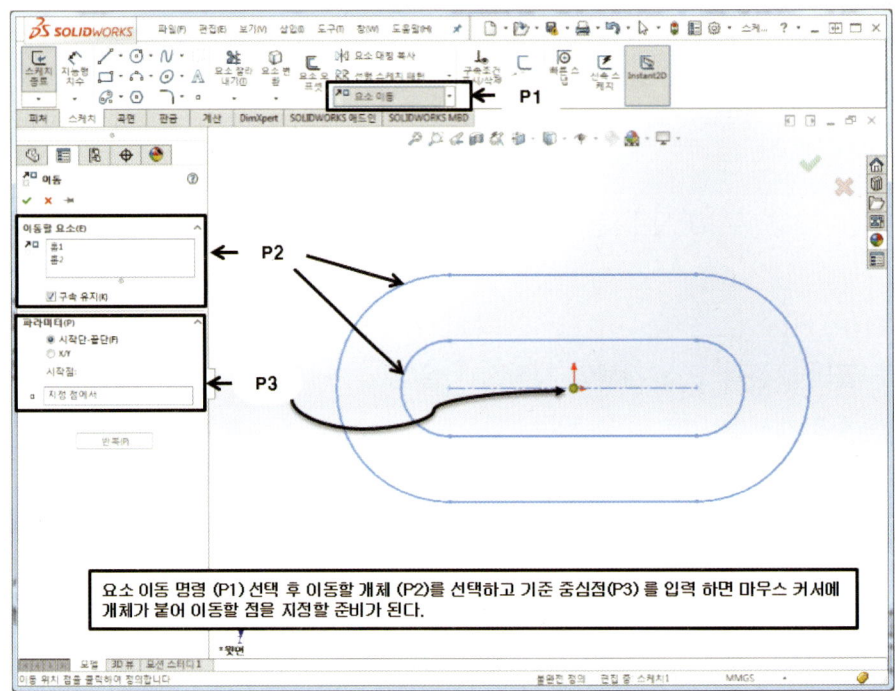

요소 이동 명령 (P1) 선택 후 이동할 개체 (P2)를 선택하고 기준 중심점(P3) 를 입력 하면 마우스 커서에 개체가 붙어 이동할 점을 지정할 준비가 된다.

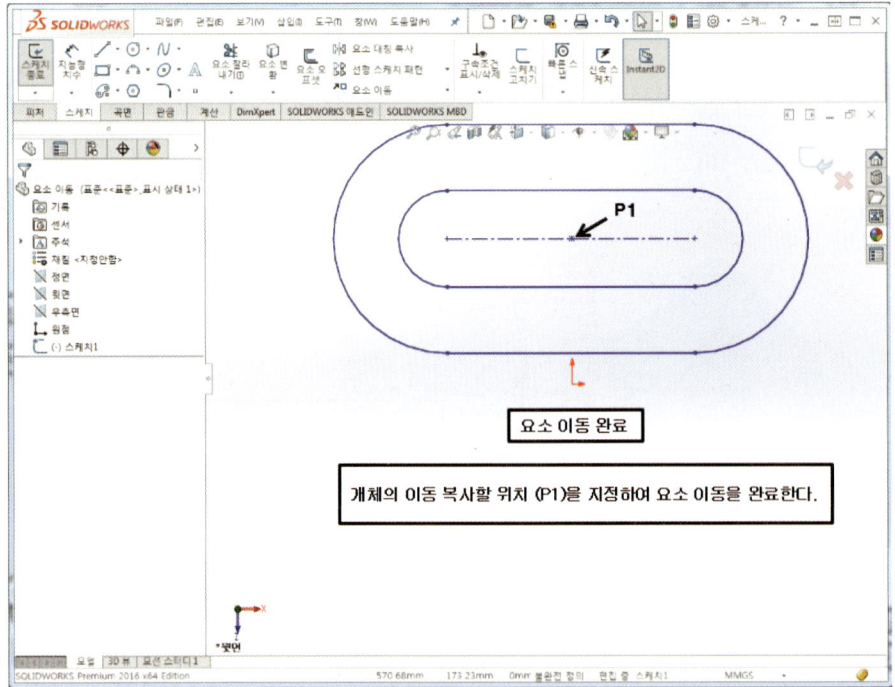

요소 이동 완료

개체의 이동 복사할 위치 (P1)을 지정하여 요소 이동을 완료한다.

요소 복사

요소 복사 명령은 작성된 스케치를 사용자가 원하는 위치에 복사하여 사용한다.
풀다운 메뉴 도구 ➪ 스케치 도구 ➪ 요소 복사를 선택하여 사용할 수 있다.

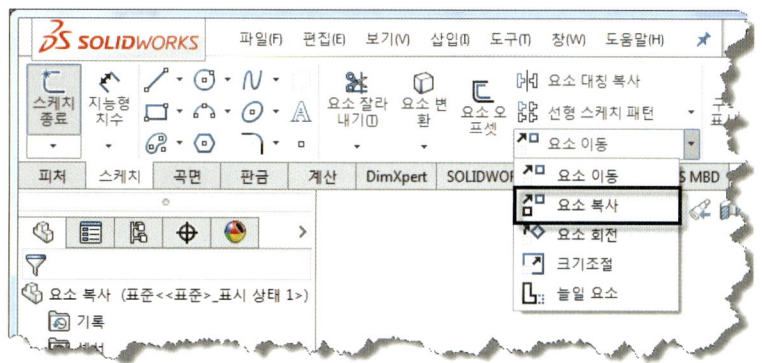

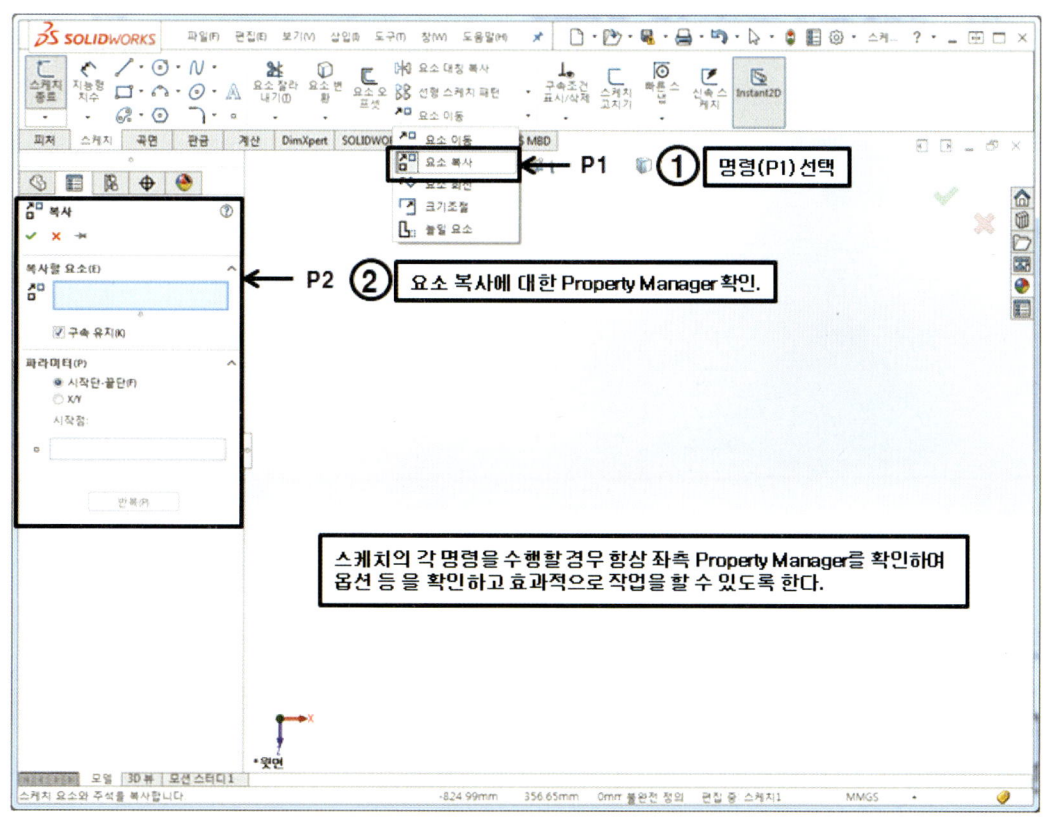

- **복사할 요소(E)** : 복사할 스케치 요소 개체를 선택한다.
  - 구속 유지(K) : 스케치 요소의 구속을 유지한다.

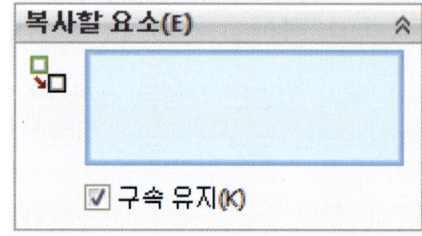

- **파라미터(P)**
  - 시작단-끝단 : 선택 요소 개체의 시작점과 끝점을 선택하여 개체를 이동한다.
  - X/Y : X축 좌표값과 Y축 좌표값을 입력하여 선택 요소 개체를 이동한다.
  - 시작점 : 시작단-끝단 옵션이 선택되면 시작점 옵션이 활성화되고 선택된 요소 개체의 시작점과 끝점을 정의한다.

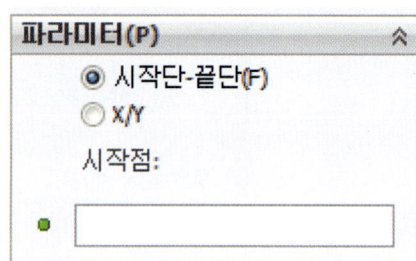

요소 복사 작성 방법

예제파일의 압축을 풀고 SW_DATA 폴더/스케치 명령/요소 복사.sldprt 파일을 열기 한다.

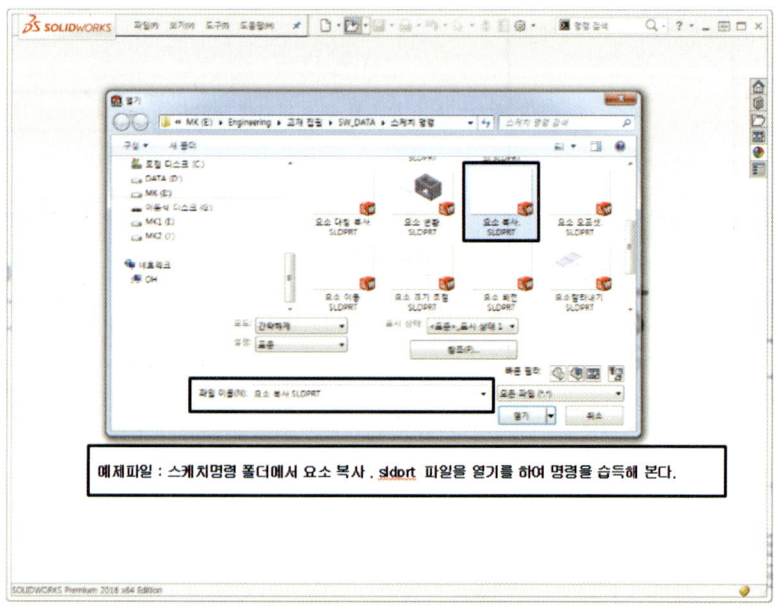

STEP 02. 스케치 작성하기

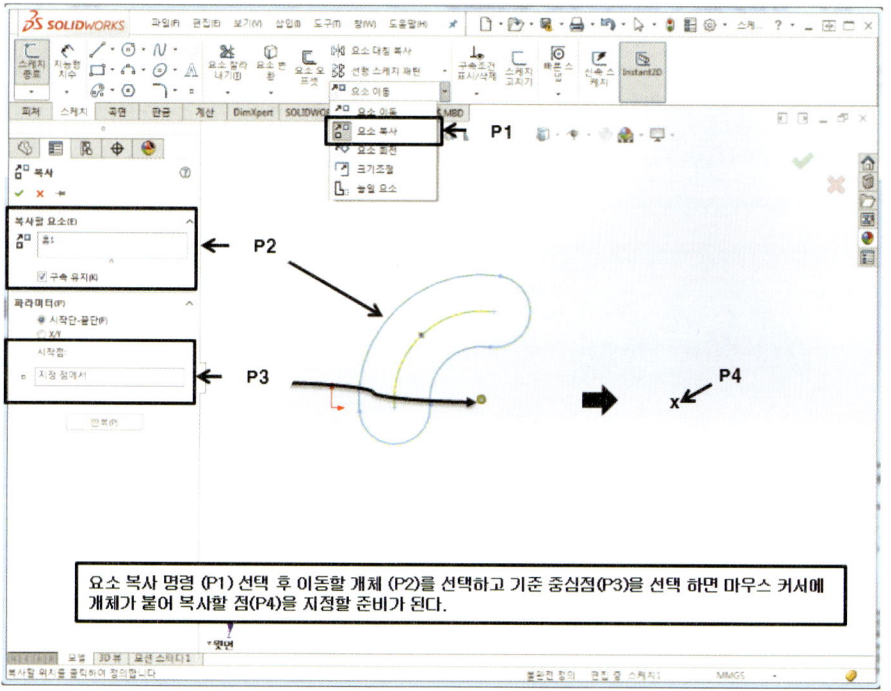

요소 복사 명령 (P1) 선택 후 이동할 개체 (P2)를 선택하고 기준 중심점(P3)을 선택 하면 마우스 커서에 개체가 붙어 복사할 점(P4)을 지정할 준비가 된다.

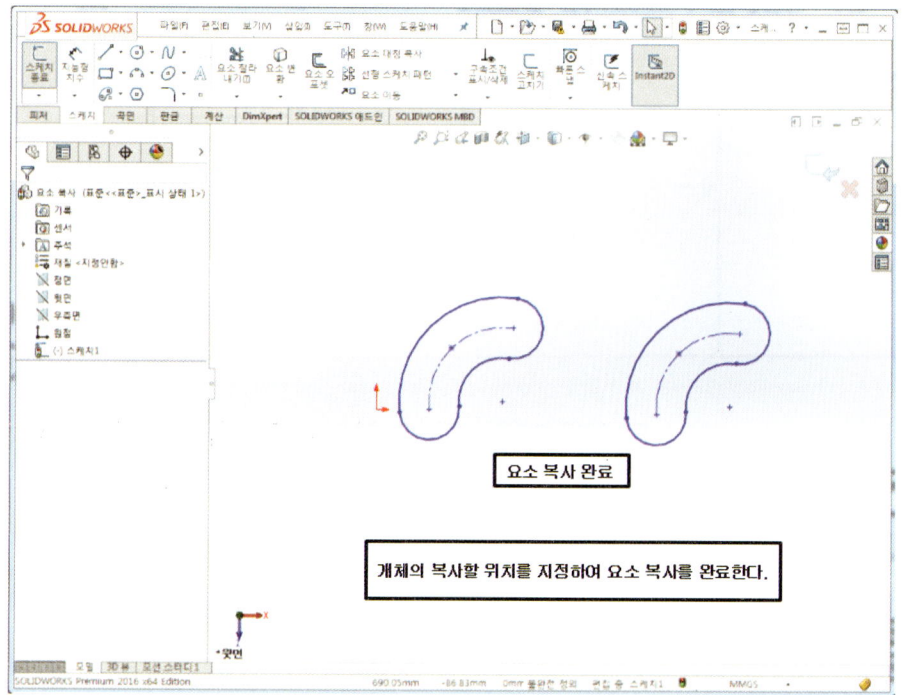

요소 복사 완료

개체의 복사할 위치를 지정하여 요소 복사를 완료한다.

요소 회전

요소 회전 명령은 작성된 스케치 요소를 기준점을 중심으로 입력한 각도로 회전시킨다.

풀다운 메뉴 도구 ⇨ 스케치 도구 ⇨ 요소 회전을 선택하여 사용할 수 있다.

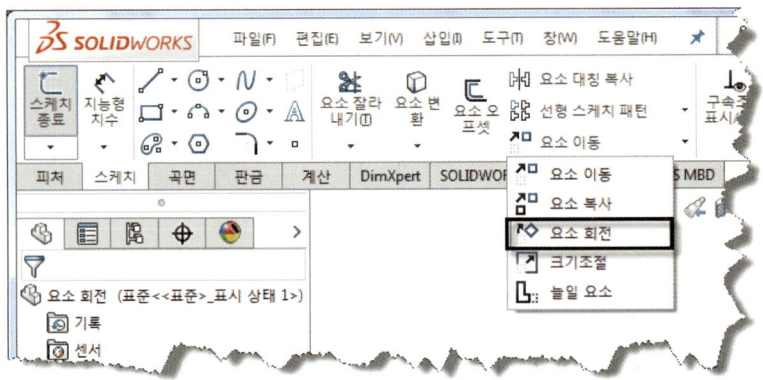

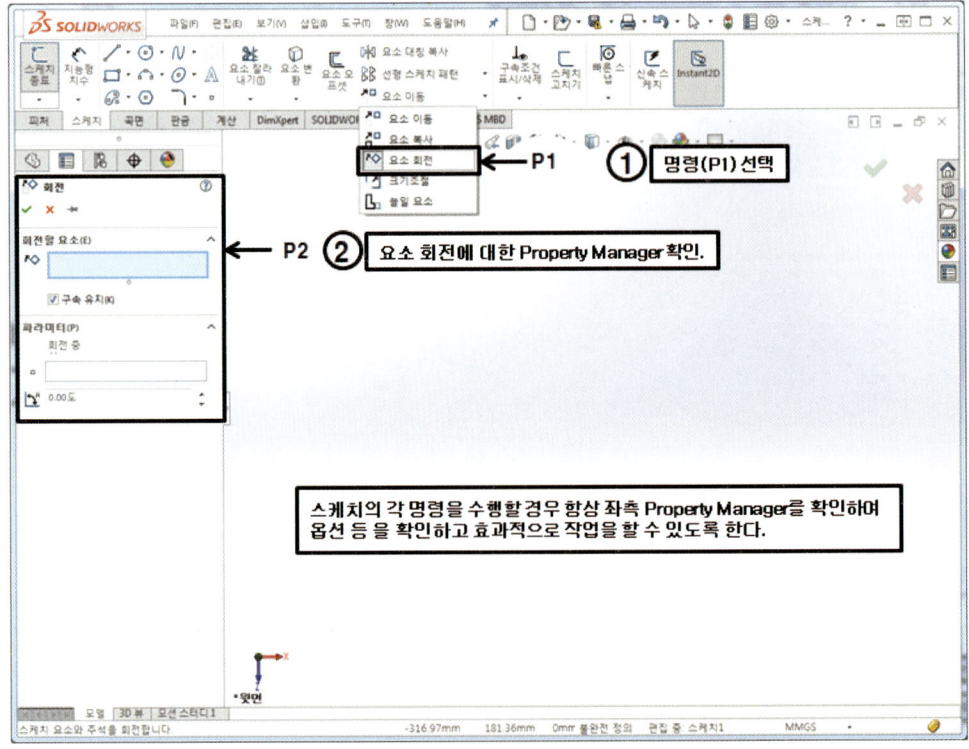

- **회전할 요소(E)** : 회전시킬 스케치 요소 개체를 선택한다.
  - 구속 유지(K) : 스케치 요소의 구속을 유지한다.

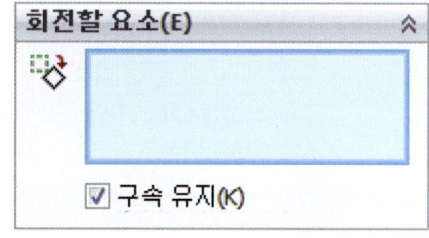

- **파라미터(P)**
  - 회전 중심 : 회전시킬 스케치 요소의 회전 중심점을 정의한다.
  - 각도 : 회전시킬 스케치 요소의 회전 각도를 입력한다.

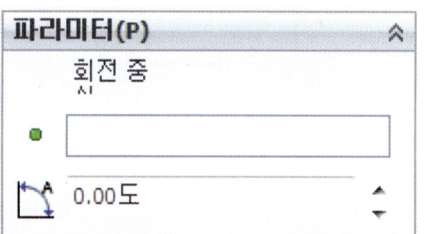

요소 회전 작성 방법

예제파일의 압축을 풀고 SW_DATA 폴더/스케치 명령/요소 회전.sldprt 파일을 열기 한다.

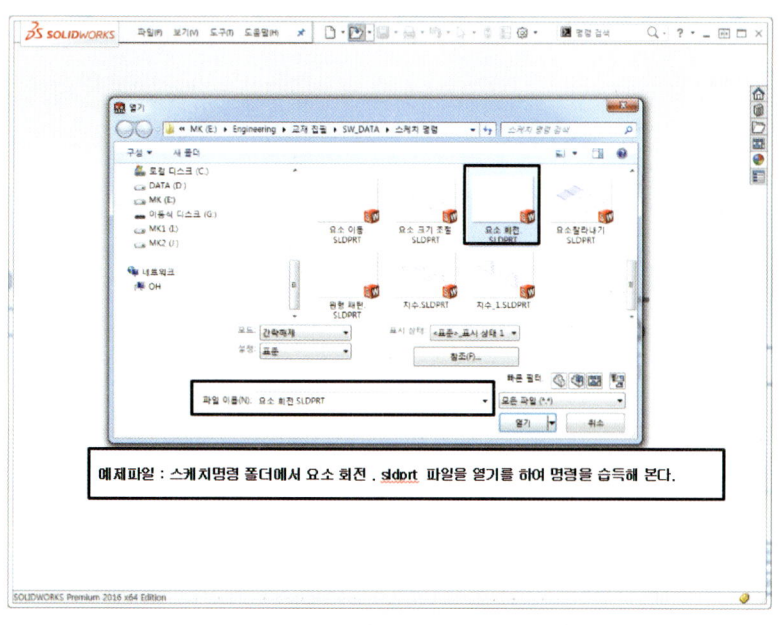

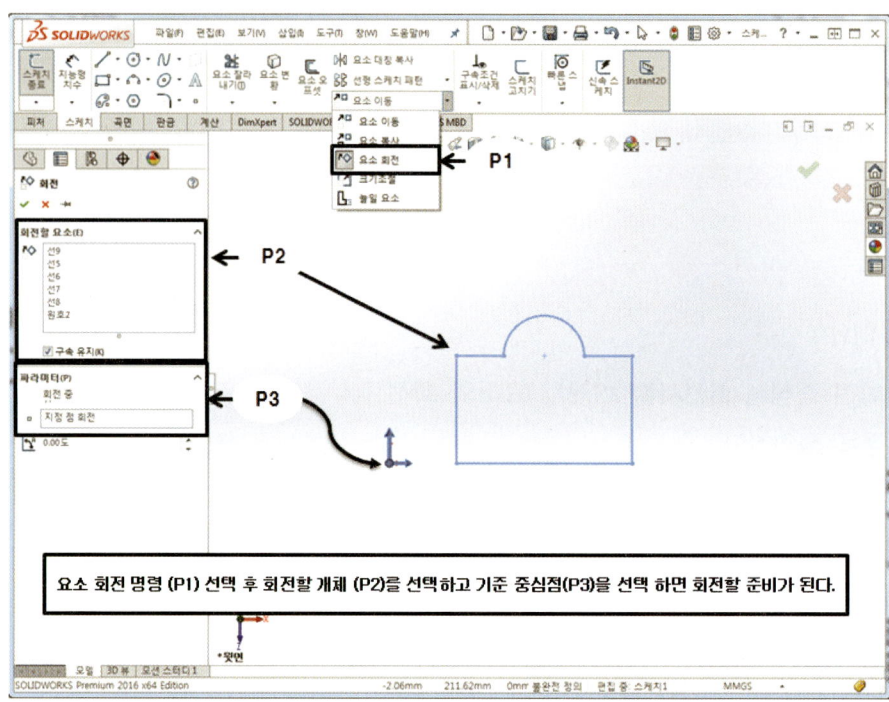

요소 회전 명령 (P1) 선택 후 회전할 개체 (P2)를 선택하고 기준 중심점(P3)을 선택 하면 회전할 준비가 된다.

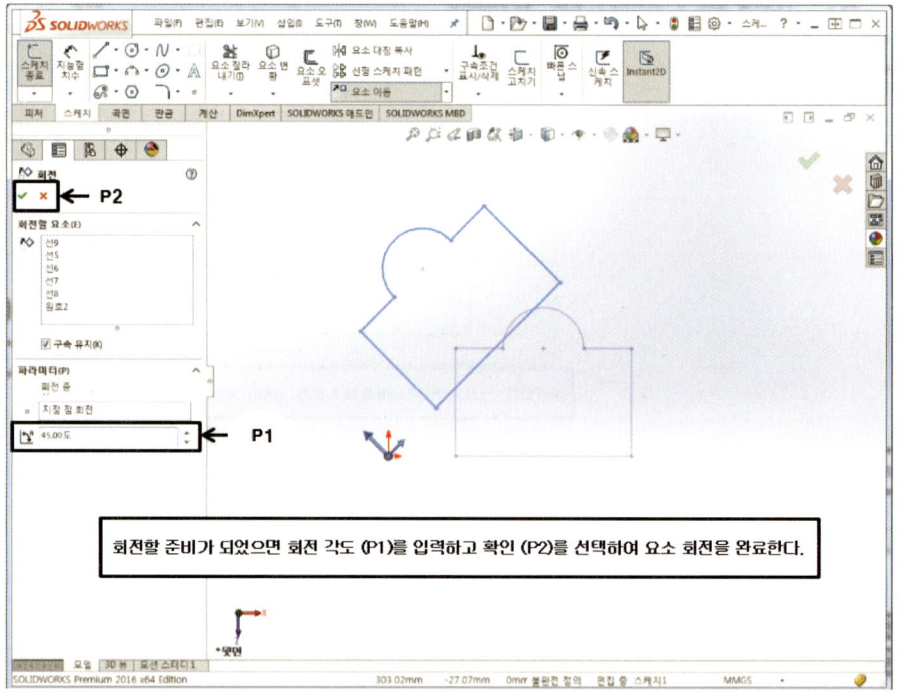

회전할 준비가 되었으면 회전 각도 (P1)를 입력하고 확인 (P2)를 선택하여 요소 회전을 완료한다.

STEP 02. 스케치 작성하기

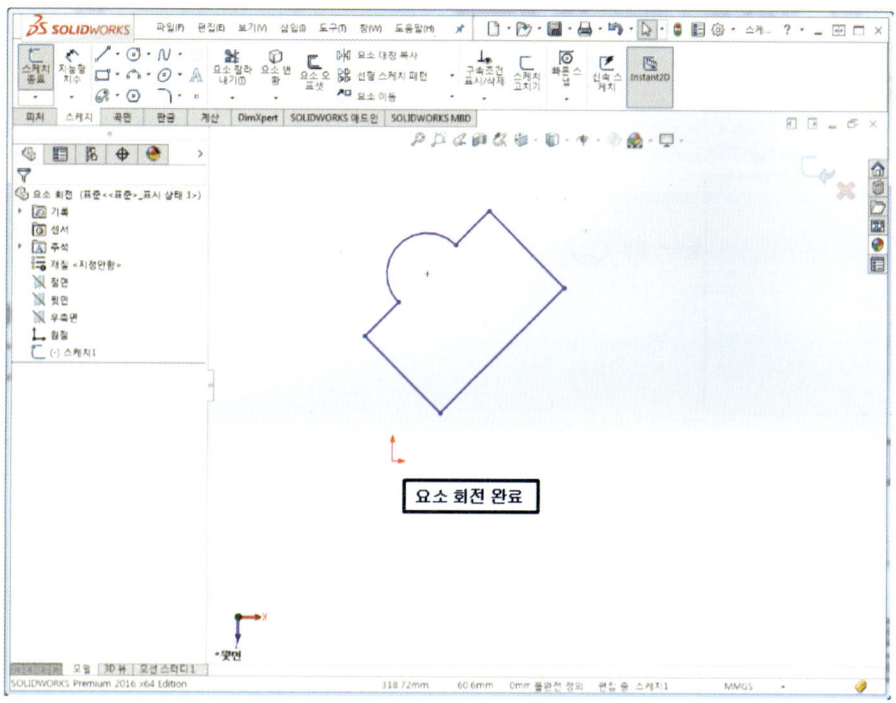

크기 조절

크기 조절 명령은 선택한 스케치 요소를 기준점을 기준으로 확대 또는 축소시켜 작성한다. 축척 계수는 0보다 큰 수를 입력한다. 1보다 큰 수는 확대가 이루어지고, 1보다 작은 수는 축소가 이루어진다.

풀다운 메뉴 도구 ⇨ 스케치 도구 ⇨ 크기 조절을 선택하여 사용할 수 있다.

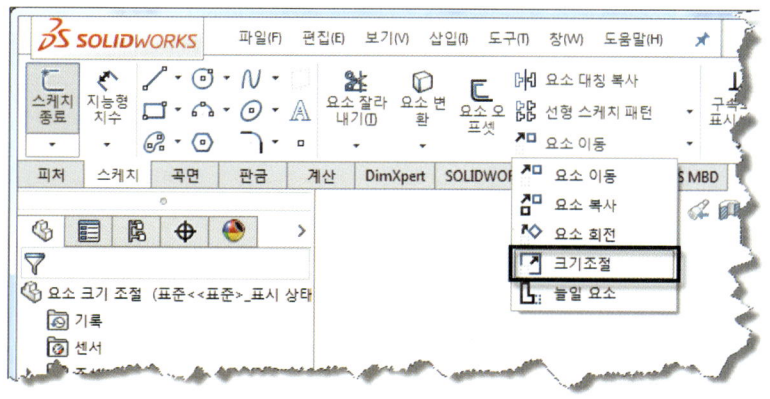

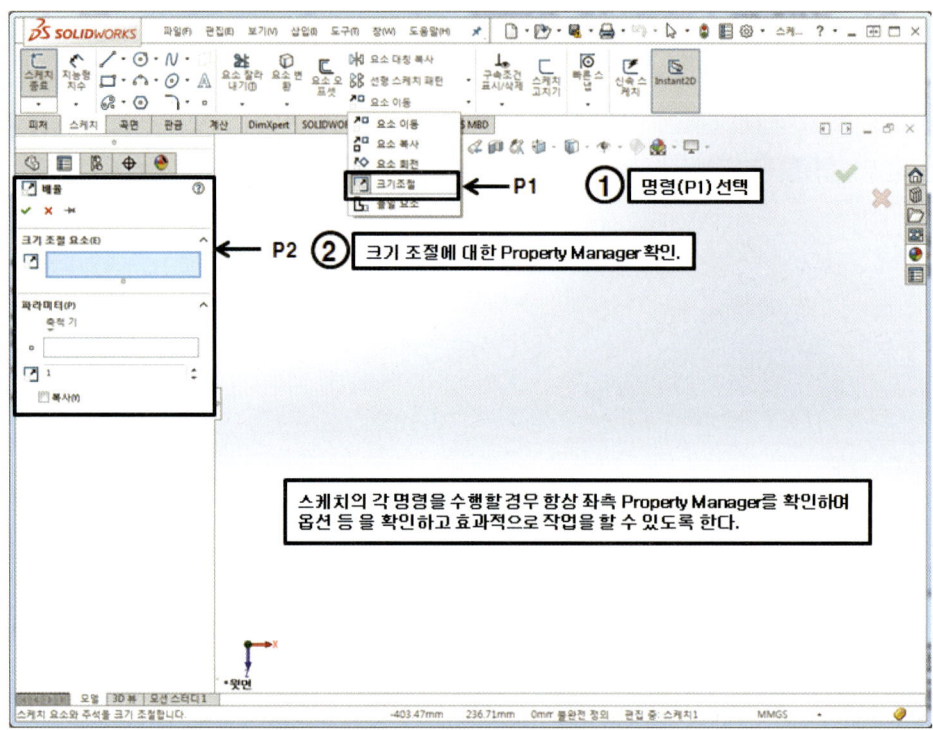

- **크기 조절 요소(E)** : 크기 조절할 스케치 요소 개체를 선택한다.
  - 구속 유지(K) : 스케치 요소의 구속을 유지한다.

- **파라미터(P)**
  - 축척 기준 : 배율을 적용할 스케치 요소의 기준점을 정의한다.
  - 축척 계수 : 축척 계수를 입력한다.
  - 복사 : 기존 스케치 원본 개체를 그대로 두고 배율을 적용한 개체를 복사한다.

크기 조절 작성 방법

예제파일의 압축을 풀고 SW_DATA 폴더/스케치 명령/요소 크기 조절.sldprt 파일을 열기한다.

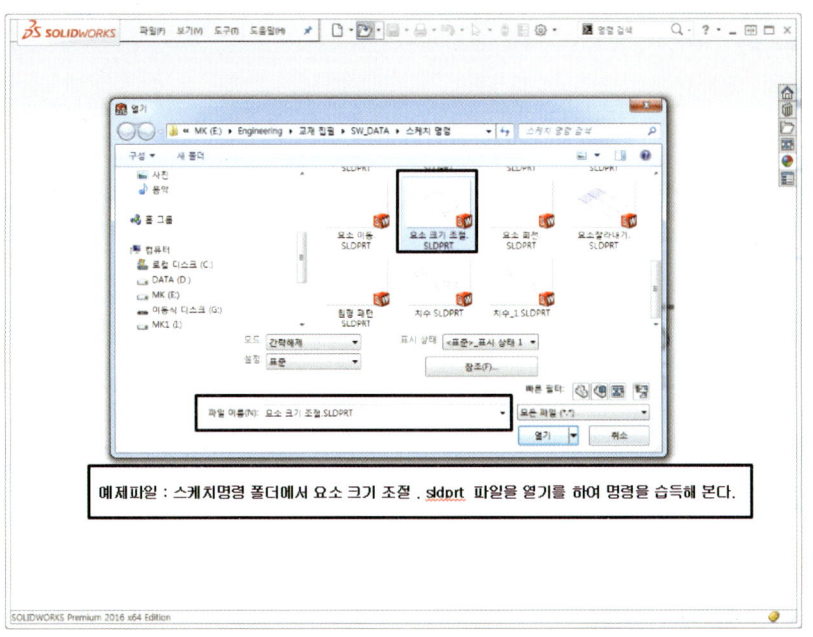

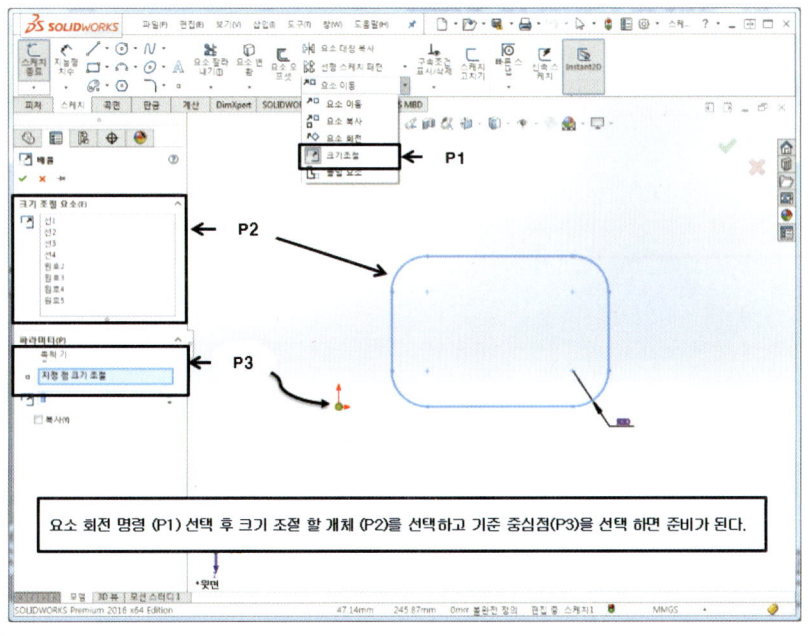

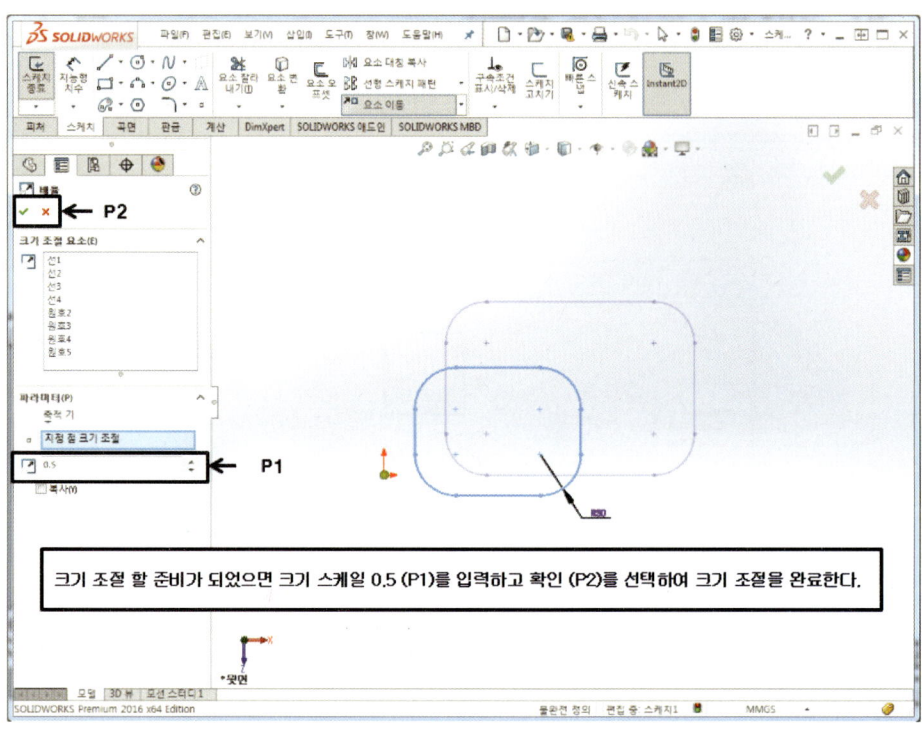

늘일 요소

늘일 요소 명령은 선택한 스케치 개체를 기준점을 기준으로 연장시킨다.

풀다운 메뉴 도구 ⇨ 스케치 도구 ⇨ 늘일 요소를 선택하여 사용할 수 있다.

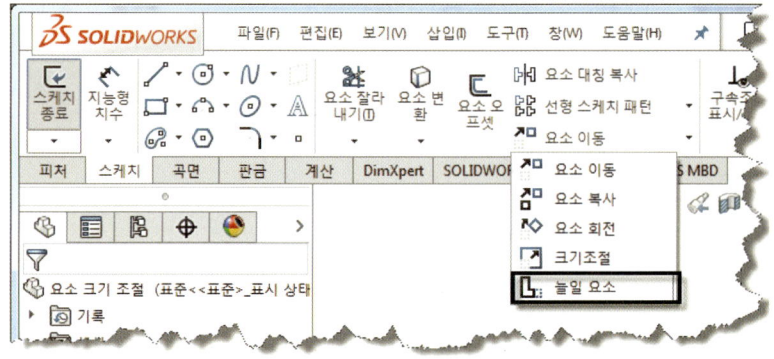

STEP 02. 스케치 작성하기

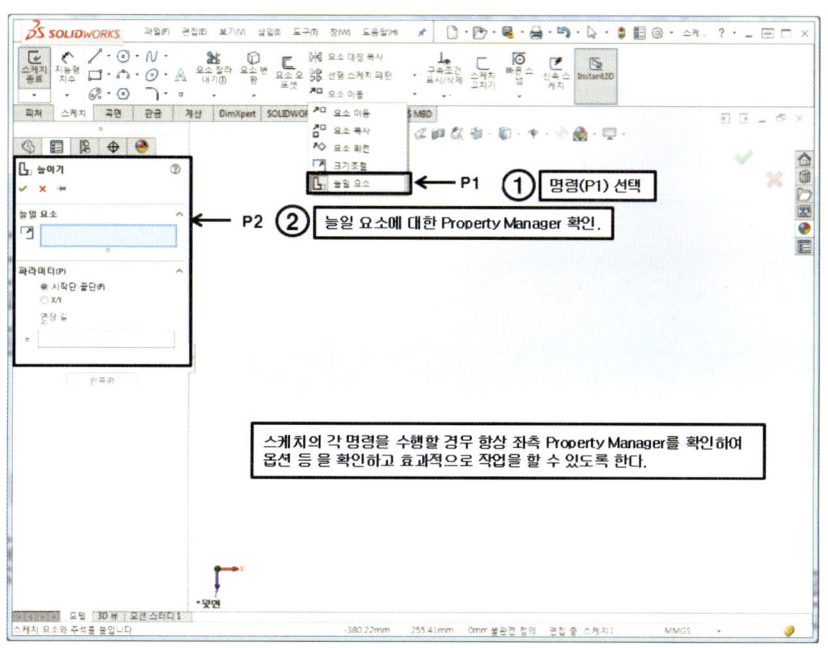

- **늘일 요소(E)** : 늘일 스케치 요소 개체를 선택한다.

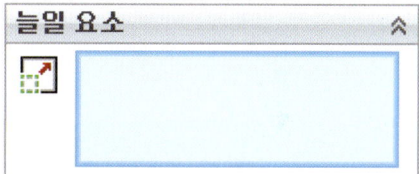

- **파라미터(P)**
  - 시작단-끝단(F) : 늘일 스케치 요소의 시작과 끝단을 정의한다.
  - X/Y : 연장 길이를 좌표계 입력을 통해 적용한다.
  - 연장 길이 : 시작단-끝단을 적용 시 활성화되며 시작단과 끝단을 정의하여 연장한다.

늘일 요소 작성 방법

예제파일의 압축을 풀고 SW_DATA 폴더/스케치 명령/늘일 요소.sldprt 파일을 열기한다.

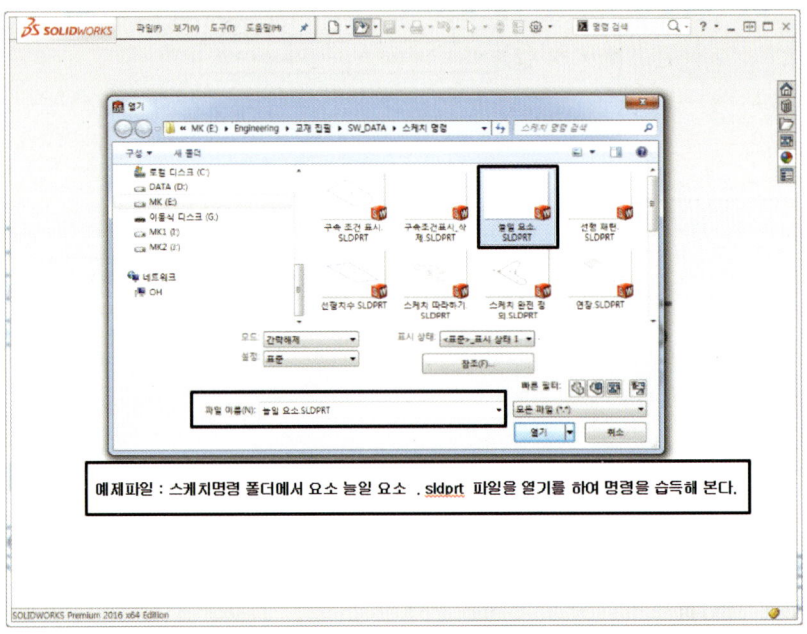

예제파일 : 스케치명령 폴더에서 요소 늘일 요소 . sldprt 파일을 열기를 하여 명령을 습득해 본다.

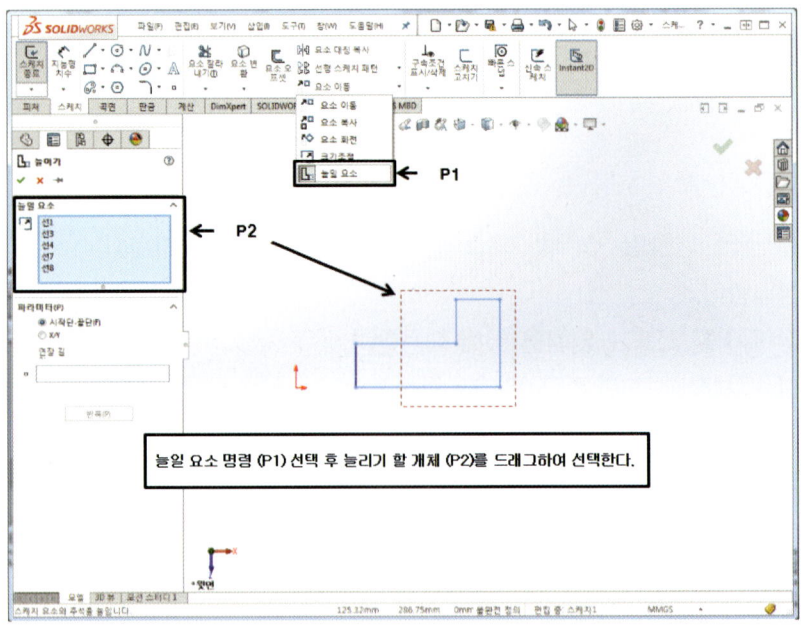

늘일 요소 명령 (P1) 선택 후 늘리기 할 개체 (P2)를 드래그하여 선택한다.

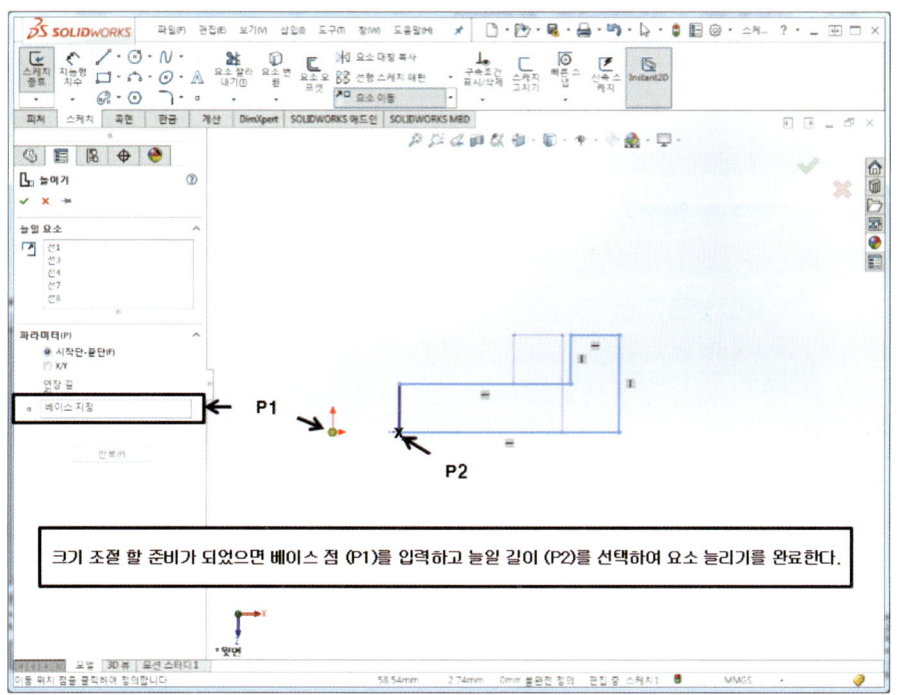

스케치 요소의 구속 조건

구속 조건의 개요

우리가 공부할 Solidworks에서의 구속 조건은 이미 작도된 스케치한 요소들이 기하학적 조건을 통하여 형상이 유지될 수 있도록 구속하는 기능이다.

스케치 개체들을 구속하는 목적은 설계자가 원하는 형상을 기하학적으로 쉽고 빠르게 정의하는 방법을 체계화하기 위한 것이다.

스케치한 개체에 구속 조건을 추가하면 형상 구속과 치수 구속 조건을 추가하여 형상을 변경하거나 새롭게 추가하는 방법을 적용함으로써 스케치 개체를 정형화할 수 있다. 스케치 작도를 하는 과정에서 기본적인 수평, 수직 등의 구속들은 자동적으로 적용되며 완전 구속 정의된 스케치를 이루기 위해서는 추가로 구속 조건을 부여하고 치수 구속 조건을 주어 완전 구속을 시켜야 한다.

형상 구속 조건 정의

구속 자동 정의 설정하기

구속 자동 정의는 풀다운 메뉴 도구 ⇨ 옵션을 선택하여 스케치-구속 조건/스냅을 선택하여 설정이 가능하고 기본적으로 설정된 경우에는 스케치에 바로 적용된다.

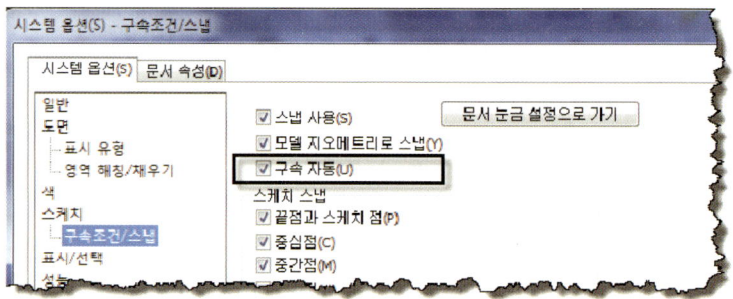

구속 조건의 종류 요약표

구속 조건	구속 조건 기능 요약
― 수평	요소를 수평으로 구속
│ 수직	요소를 수직으로 구속
동일선상	선택한 요소들을 동일선상으로 구속
⊥ 직각	선택한 요소들을 직각으로 구속
∥ 평행	선택한 요소들을 평행으로 구속
= 동등	선택한 요소들을 같게 구속
◎ 동심	두 원의 중심점을 같게 구속
동일 원	두 원의 중심점과 크기를 같게 구속
탄젠트	선과 곡선을 접하게 구속
병합	선택한 두 지점을 하나의 지점으로 일치시켜 구속
중간점	선택한 지점을 선택한 요소의 중간점과 일치시켜 구속
일치	선택한 지점을 선택한 요소의 선상에 위치하게 일치시켜 구속

STEP 02. 스케치 작성하기 105

■ 수평 조건

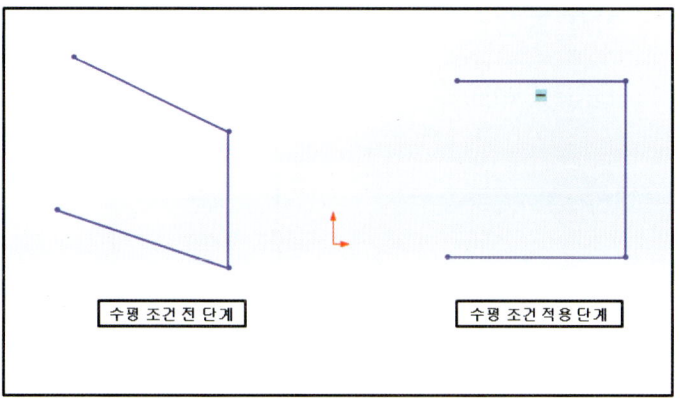

│ 수직 조건

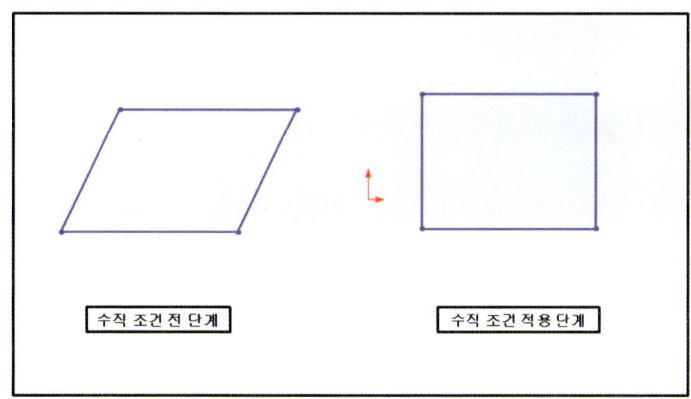

✎ 동일선상 조건

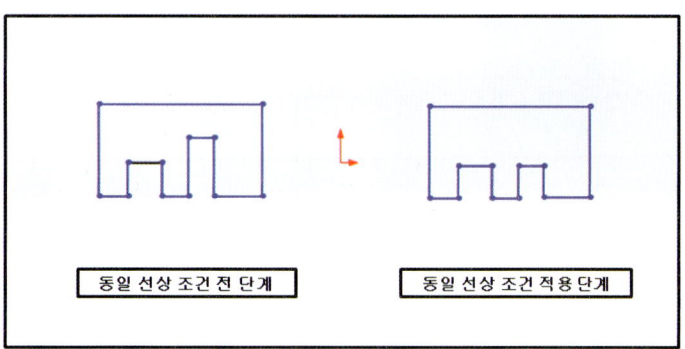

⊥ 직각 조건

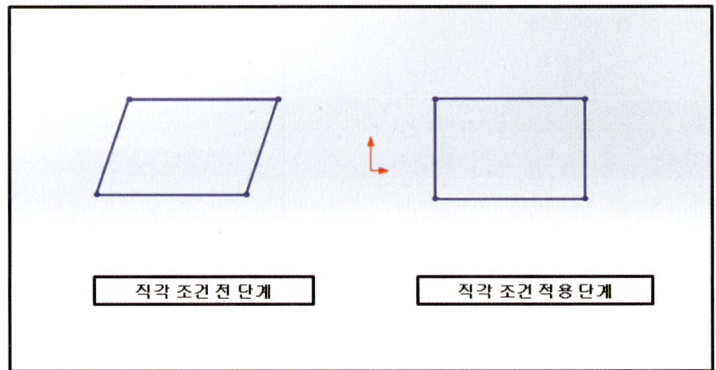

◇ 평행 조건

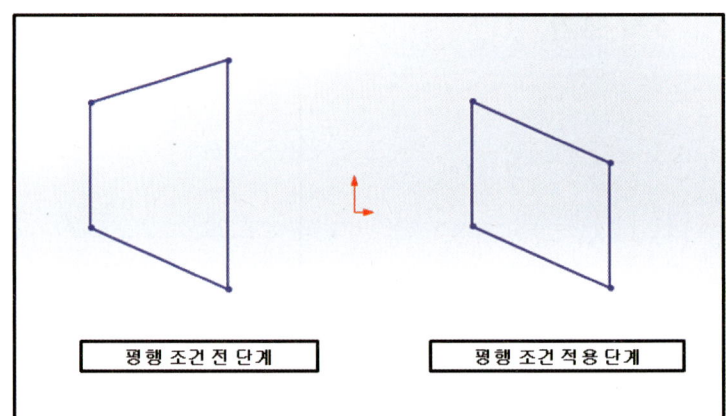

= 동등 조건

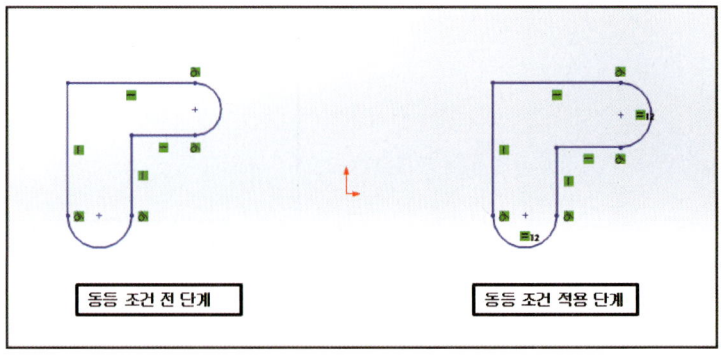

STEP 02. 스케치 작성하기 107

◎ 동심 조건

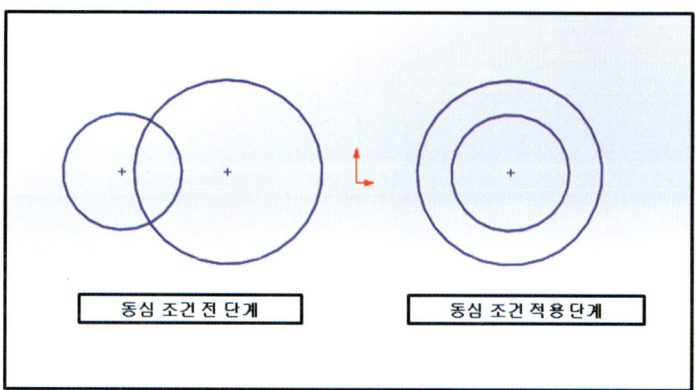

◯ 동일 원 조건

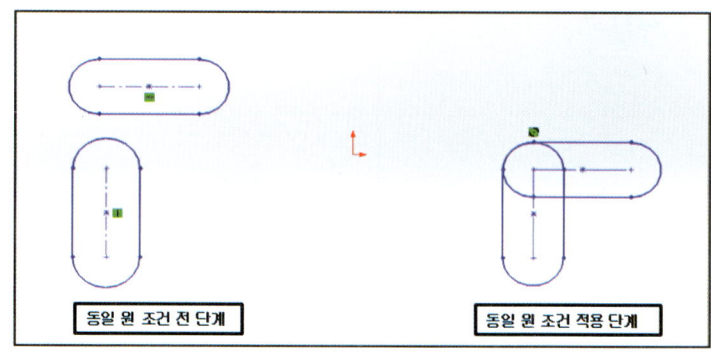

⌒ 탄젠트 조건

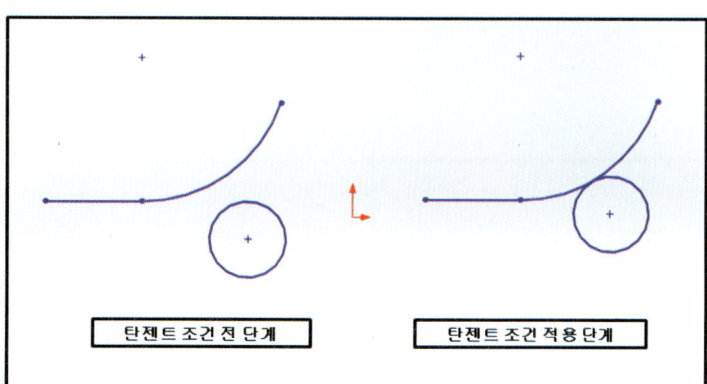

병합 조건

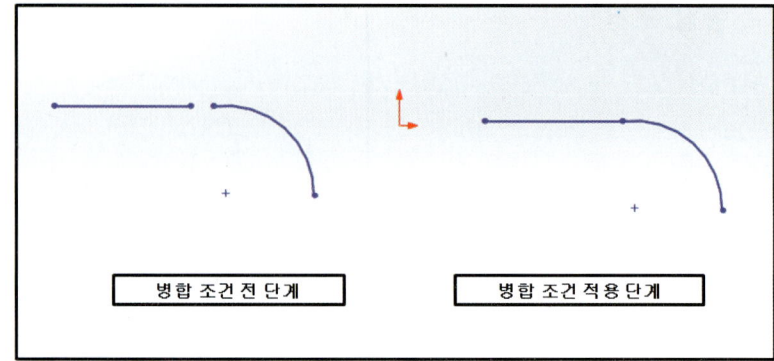

중간점

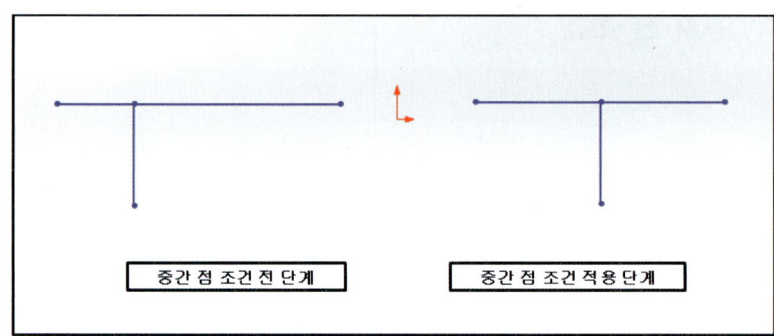

일치

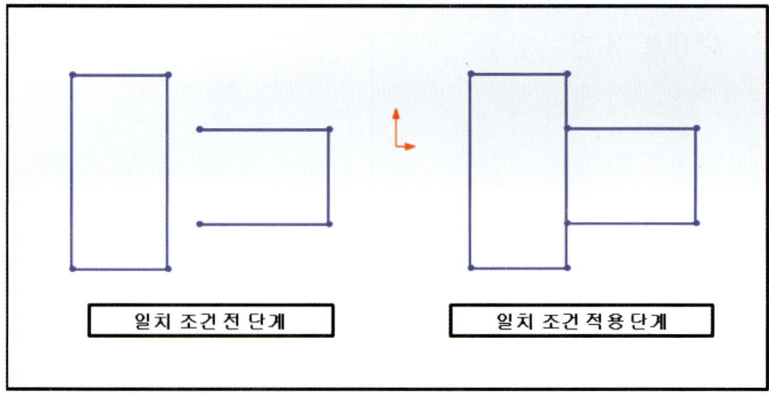

구속 조건 표시/삭제

구속 조건 표시/삭제 명령은 작성한 스케치 개체에 구속 조건을 표시하거나 삭제를 할 수 있다. 풀다운 메뉴 도구 ➪ 스케치 도구 ➪ 구속 조건 표시/삭제를 선택하여 사용할 수 있다.

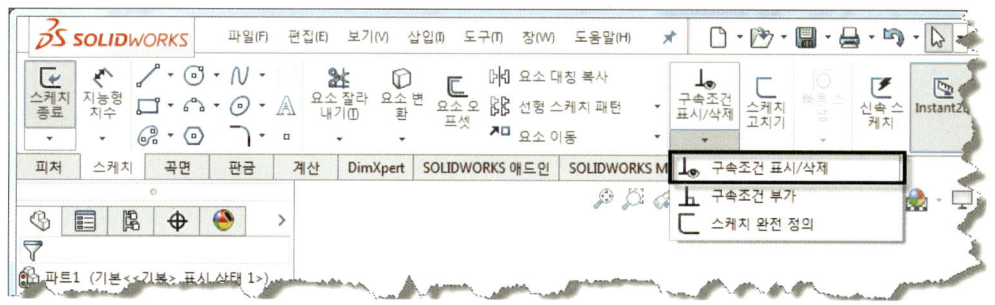

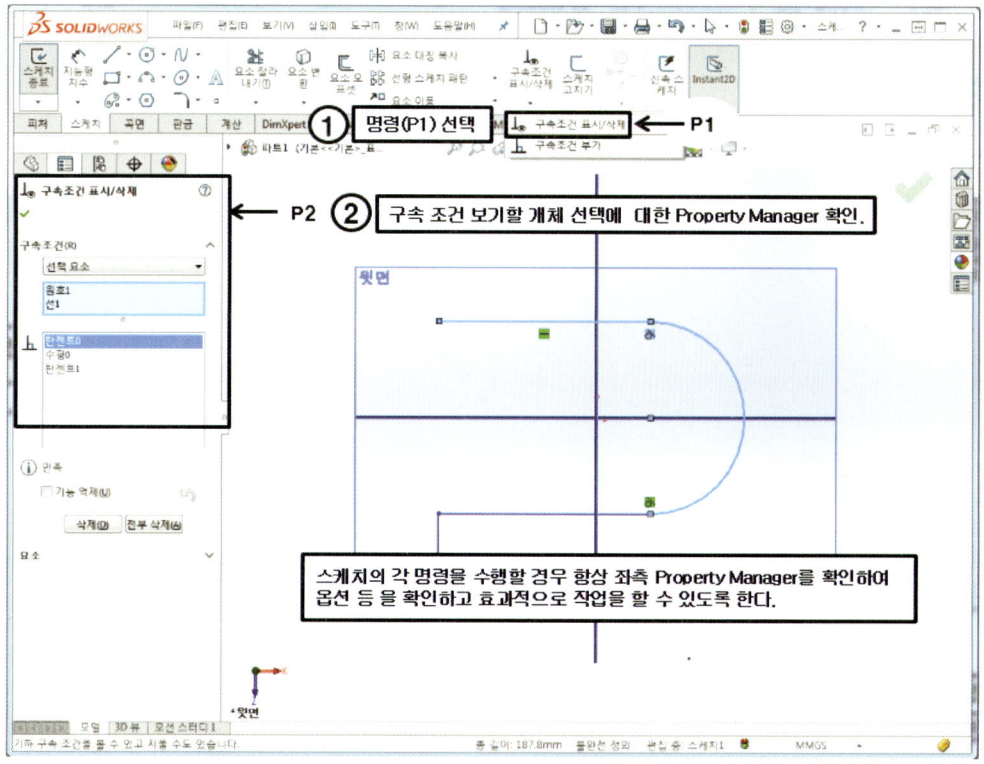

- **구속 조건(R)** : 작성된 스케치 개체 적용된 구속 조건들을 표시하거나 이미 적용된 구속 조건을 삭제한다.

구속 조건 표시 작성 방법

예제파일의 압축을 풀고 SW_DATA 폴더/스케치 명령/구속 조건 표시_삭제.sldprt 파일을 열기한다.

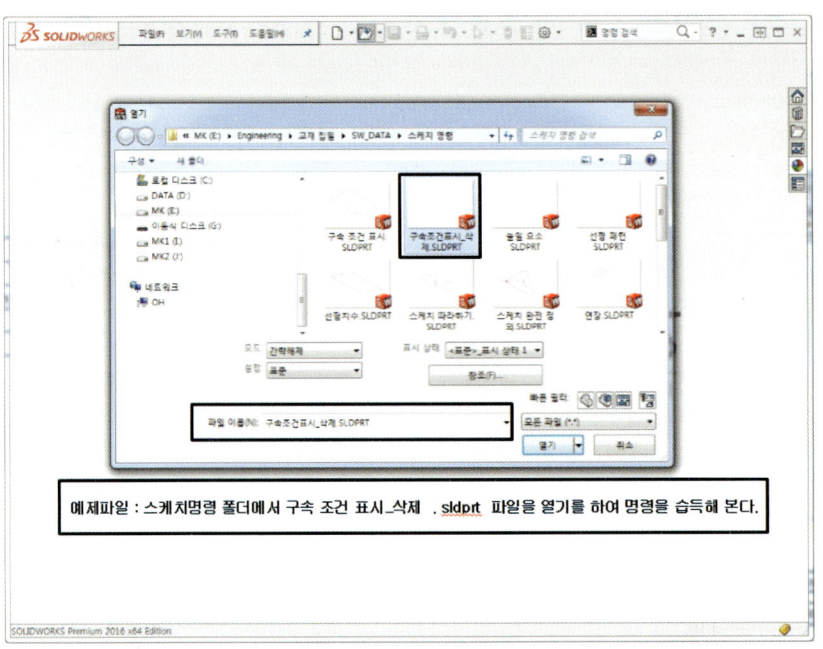

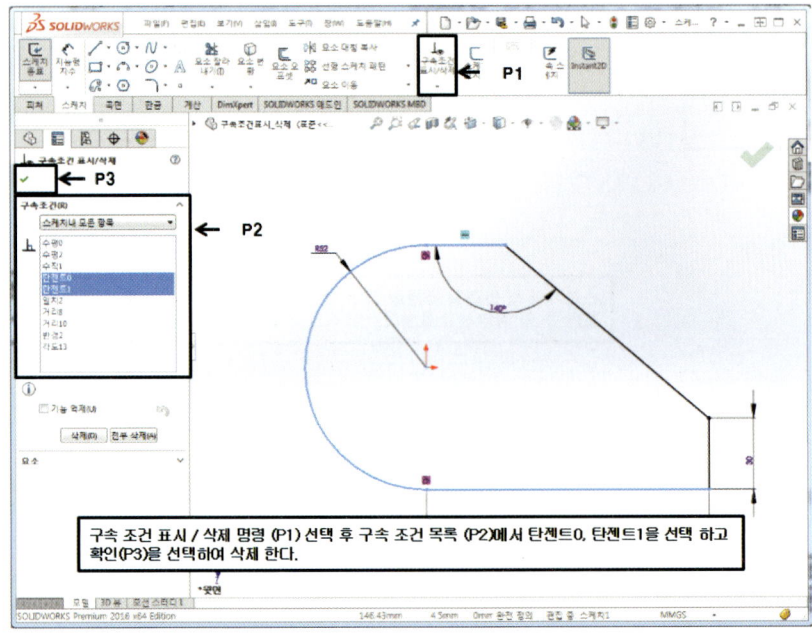

스케치 완전 정의

스케치 완전 정의 명령은 작성된 스케치 요소들의 조건 또는 치수를 자동으로 정의한다. 풀다운 메뉴 도구 ⇨ 치수 ⇨ 스케치 완전 정의를 선택하여 사용할 수 있다.

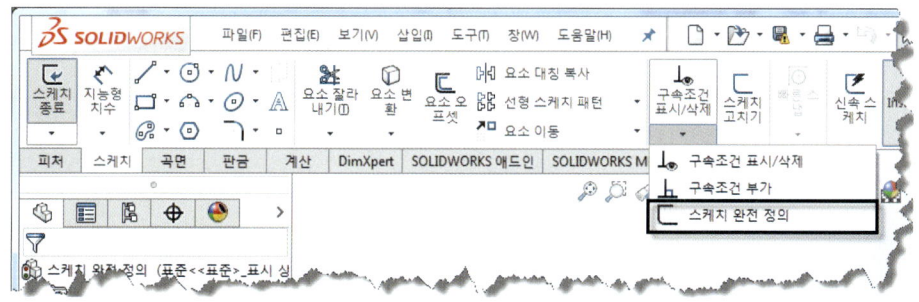

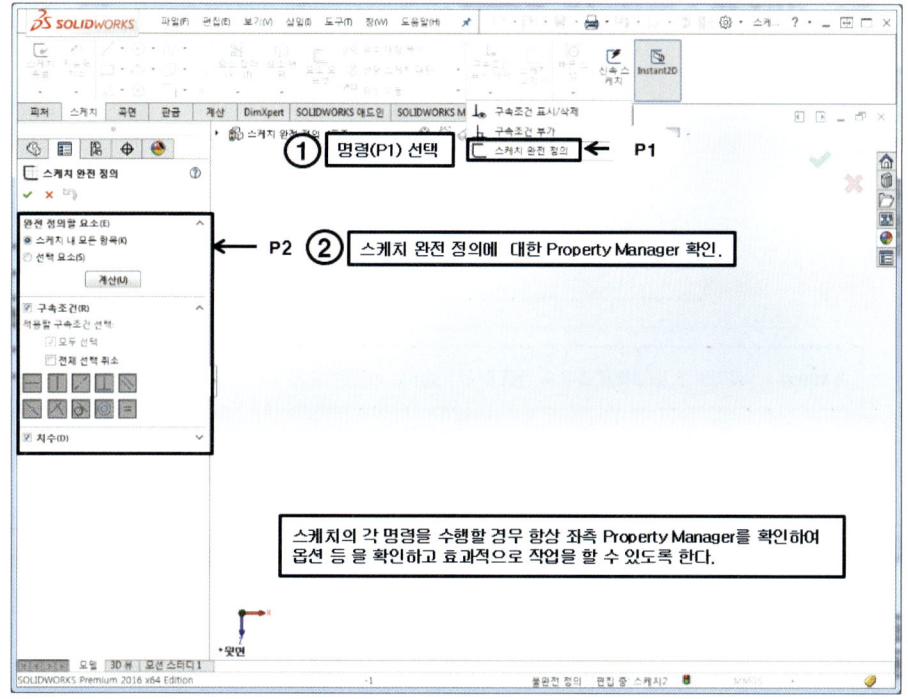

- **완전 정의할 요소(E)** : 완전 정의할 스케치 요소 개체를 선택한다.
  - 스케치 내 모든 항목(K) : 스케치 내 모든 항목을 자동으로 선택할 수 있다.
  - 선택 요소(S) : 스케치 요소 개체를 각각 선택한다.

- **구속 조건(R)** : 구속 조건 목록에 체크된 구속을 자동으로 정의한다.
- **치수(D)** : 선택된 스케치 요소 개체에 치수를 자동으로 부여한다.

스케치 완전 정의 작성 방법

예제파일의 압축을 풀고 SW_DATA 폴더/스케치 명령/스케치 완전 정의.sldprt 파일을 열기 한다.

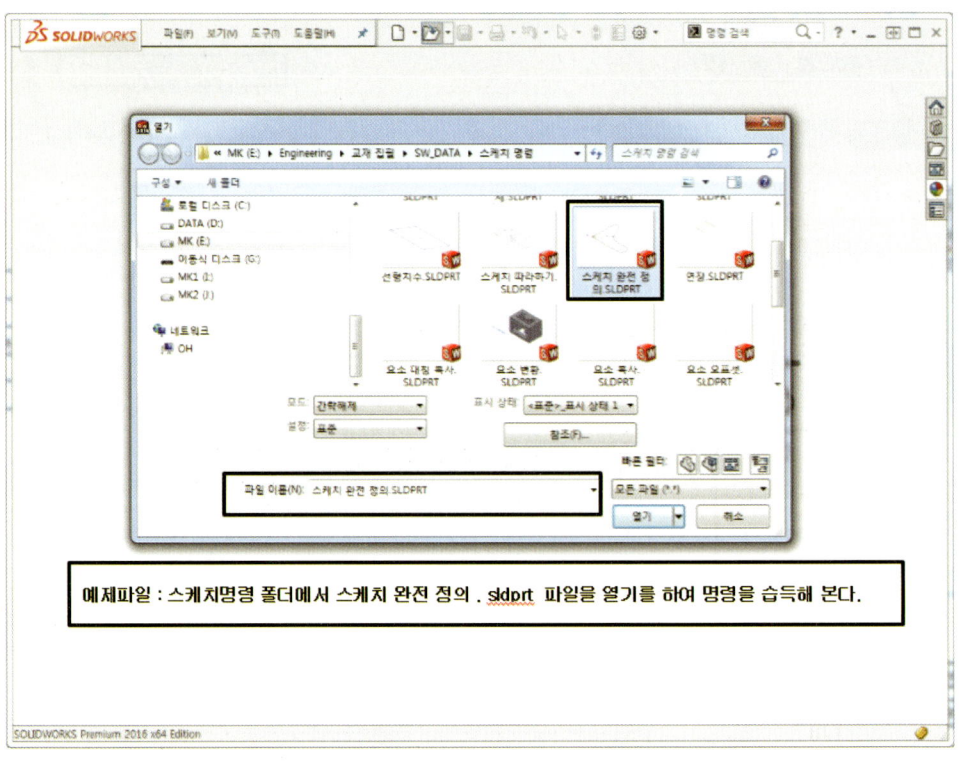

STEP 02. 스케치 작성하기

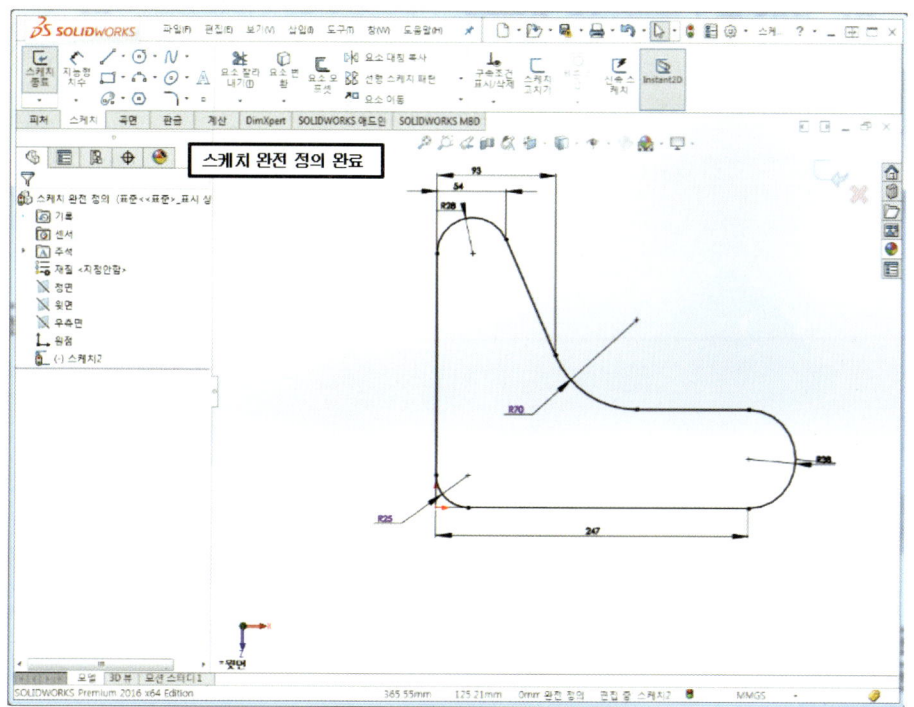

스케치 지능형 치수

스케치 치수 조건의 개요

형상 구속은 작성된 스케치 개체에 기하학적 조건을 부여하여 스케치를 구속하는 역할을 하지만 치수 구속은 설계자 의도에 따라 스케치 개체를 정확한 형상으로 정형화한다.

형상에 파라메트릭한 치수를 추가한다는 것은 부품 요소 개체의 세부적 크기/형상/위치 등을 결정하는 중요한 구속 요소이다.

◆ 지능형 치수

지능형 치수 명령은 스케치 형상을 작성하는 데 가장 많이 사용하는 중요한 명령 중의 하나이며 이미 작성된 스케치 요소를 정형화한다.

풀다운 메뉴 도구 ⇨ 치수 ⇨ 지능형을 선택하여 사용할 수 있다.

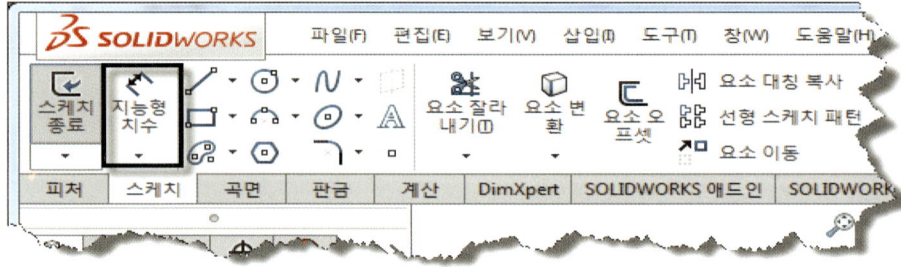

지능형 치수 작성 방법

예제파일의 압축을 풀고 SW_DATA 폴더/스케치 명령/치수.sldprt 파일을 열기한다.

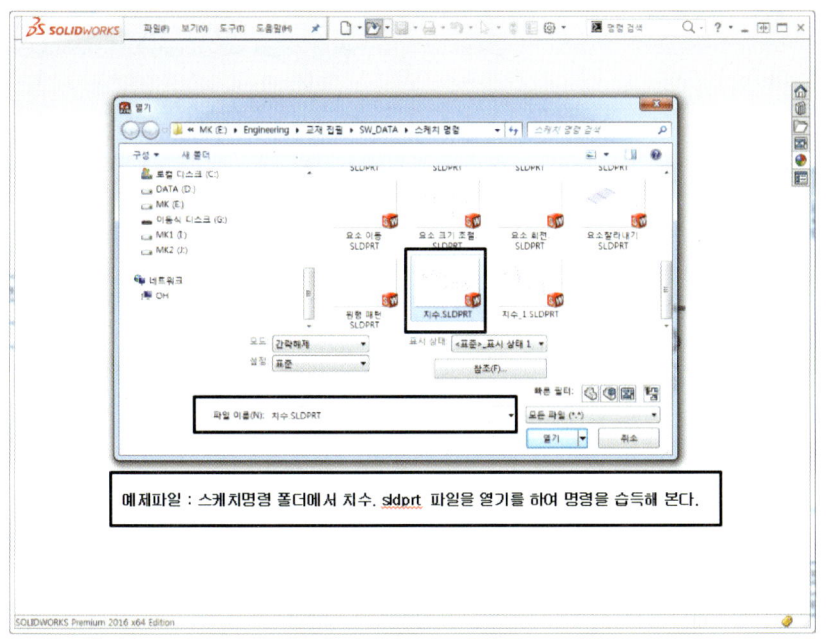

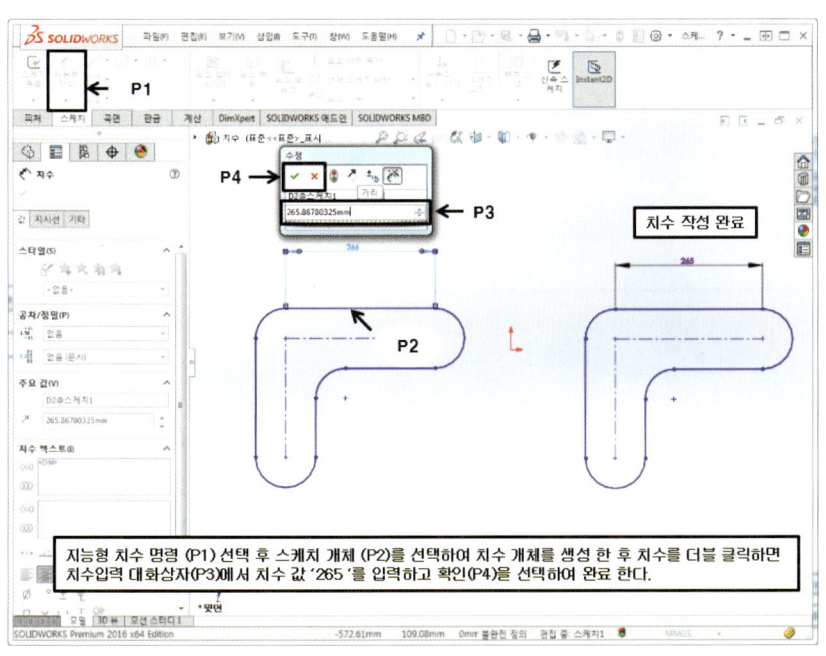

스케치 따라하기

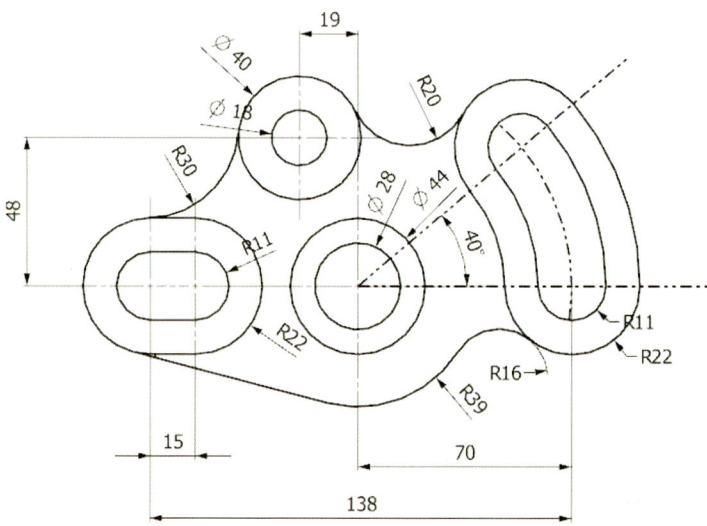

1. 위의 도면 자료를 보고 스케치 작도를 하기 위하여 다음 그림과 같이 새 파일을 생성한다.

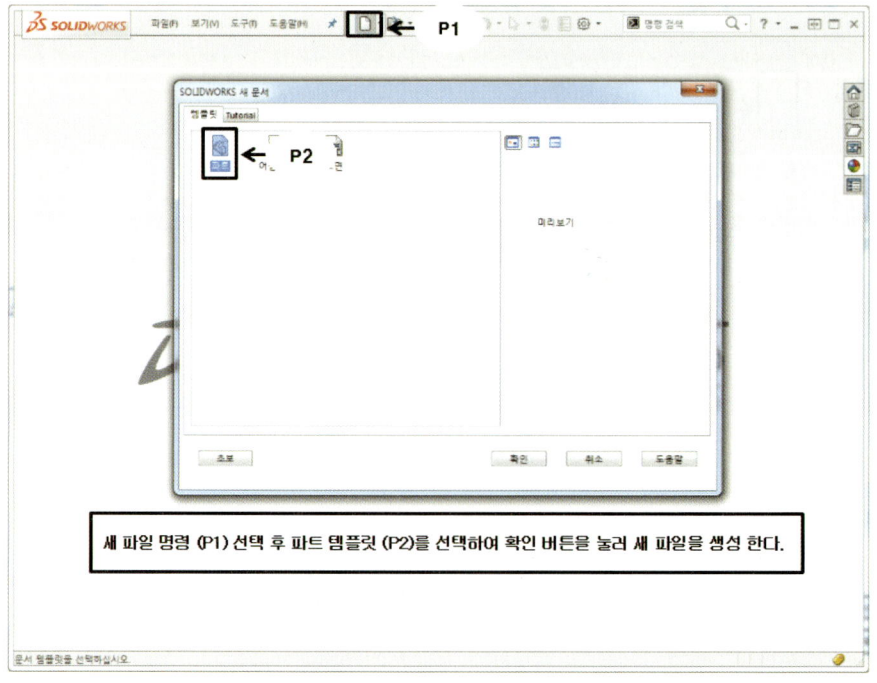

2. 스케치할 작업 평면을 선택하고 스케치 명령을 선택한다.

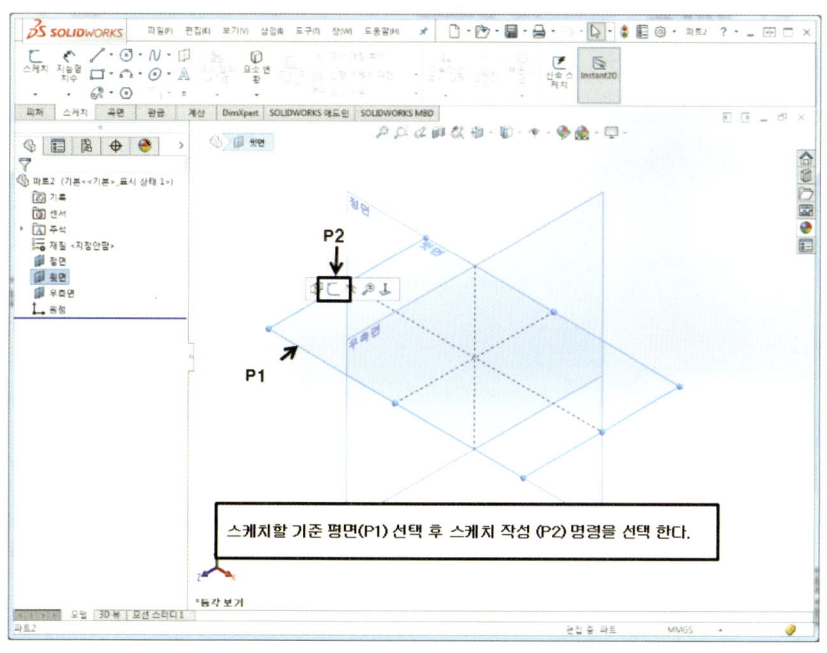

3. 원 명령을 선택하고 다음 그림과 같이 3개의 원을 작도한다.

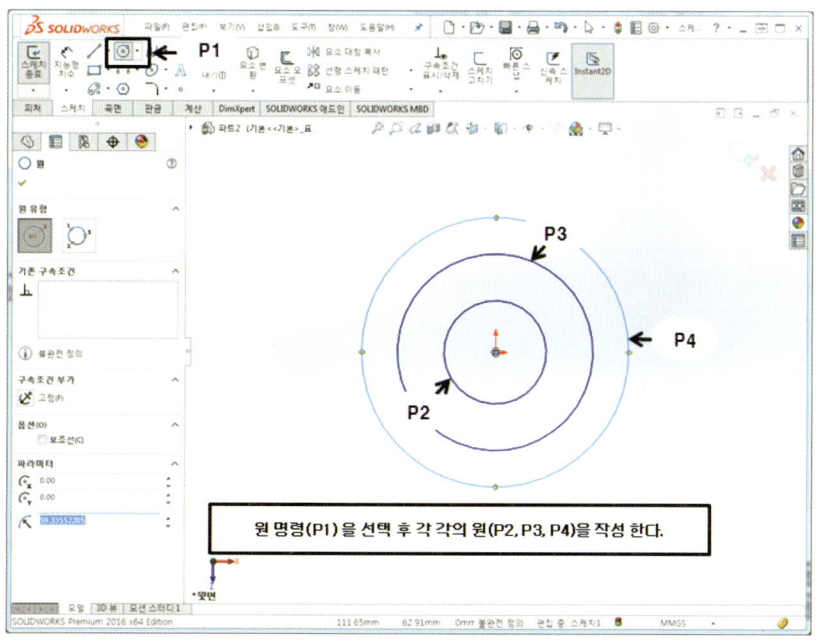

4. 선택한 3개의 원에 구속 조건(동심)을 적용한다.

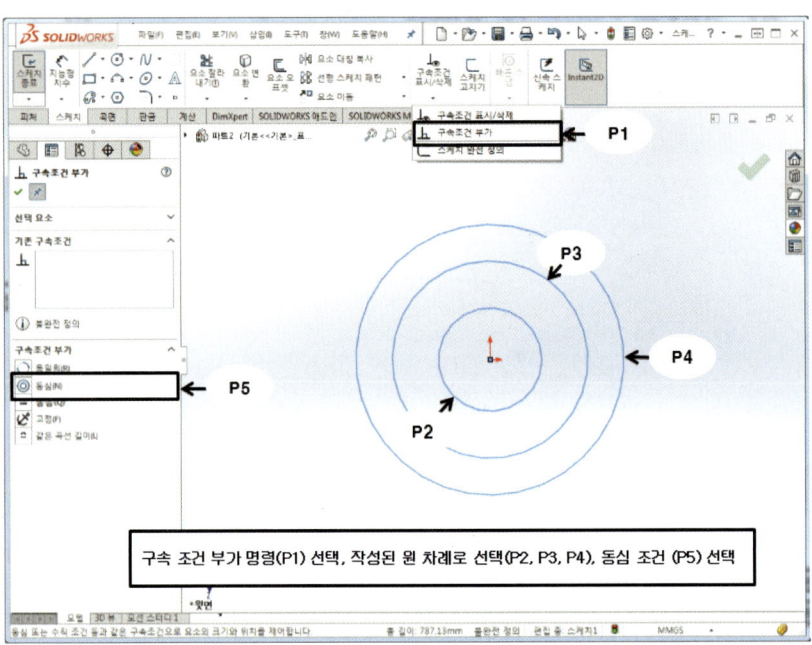

5. 치수 명령을 이용하여 각 원에 값을 기입한다.〈P2=28, P3=44, P4=78(R39)〉

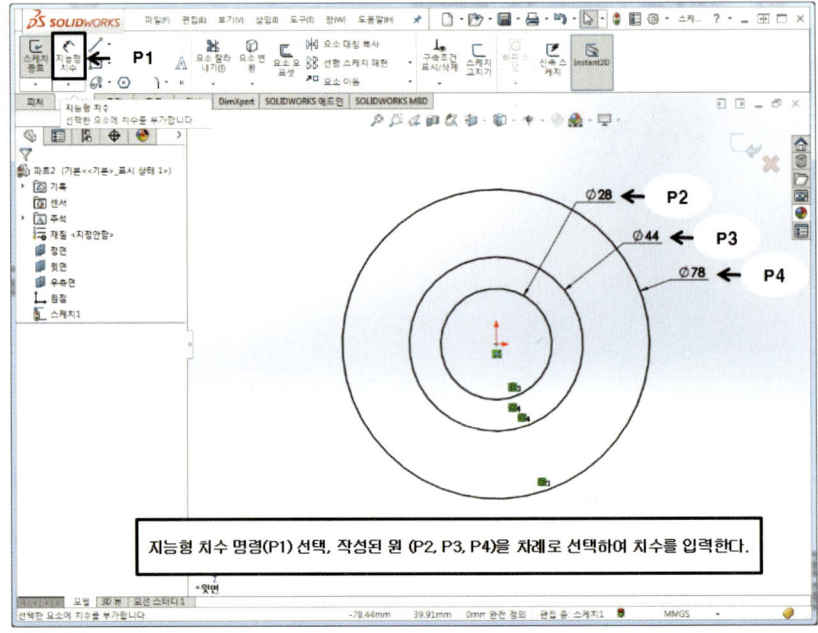

STEP 02. 스케치 작성하기 119

6. 중심선 명령을 선택하여 중심선을 작도하고 각도(40)을 입력한다.

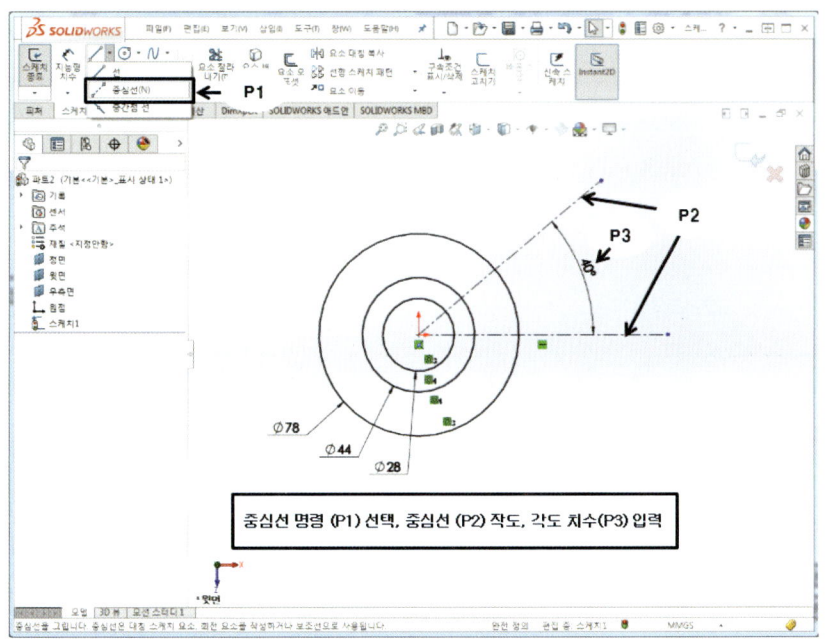

7. 원 명령을 선택하여 원을 작도하고 지름(140)을 입력한다.

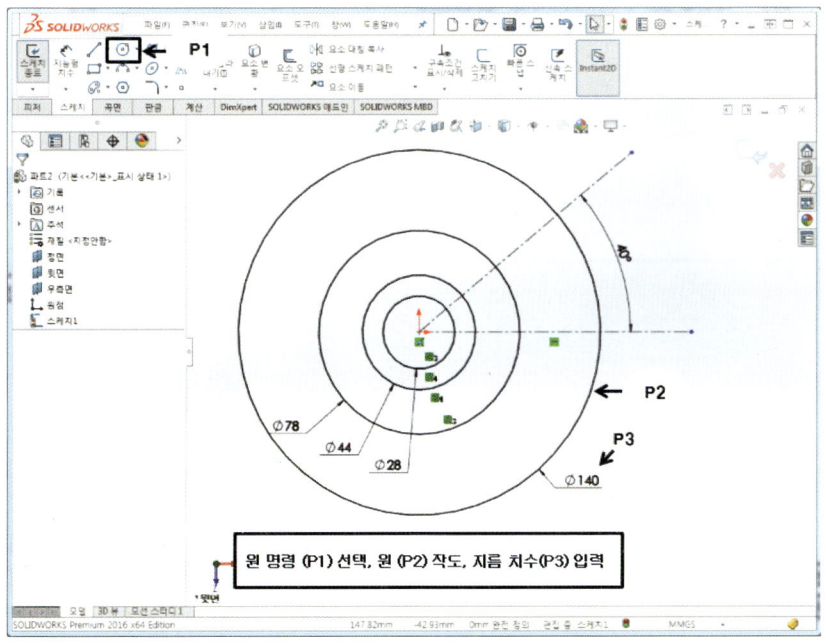

8. 작성된 원 개체를 선택하고 보조선으로 정의한다.

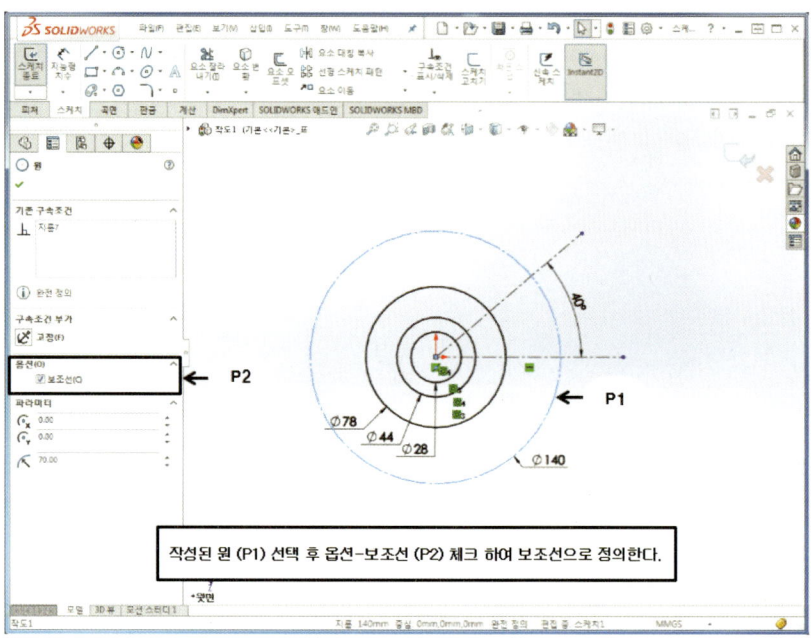

9. 중심선들이 교차되는 점에 원을 작도하고 지름(22)를 입력한다.

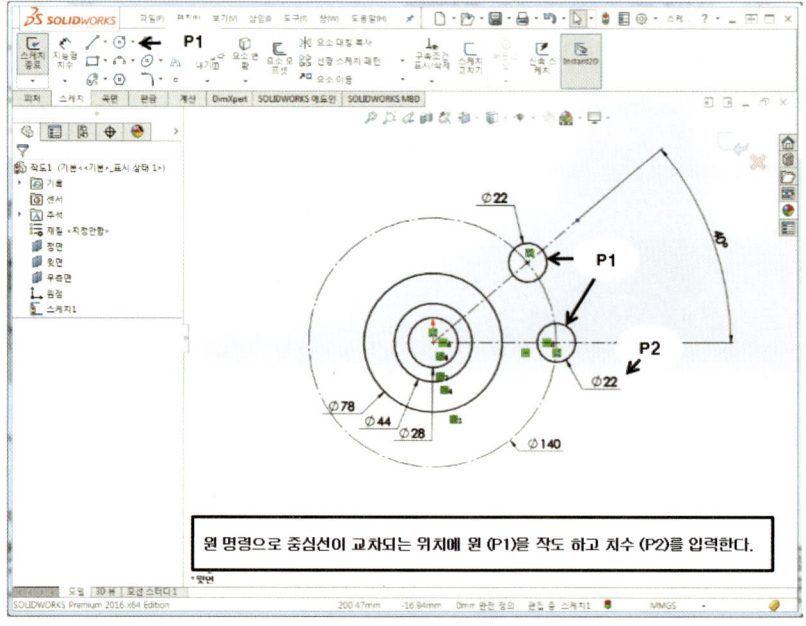

10. 원 명령을 선택하여 다음 그림과 같이 원 2개를 작도한다.

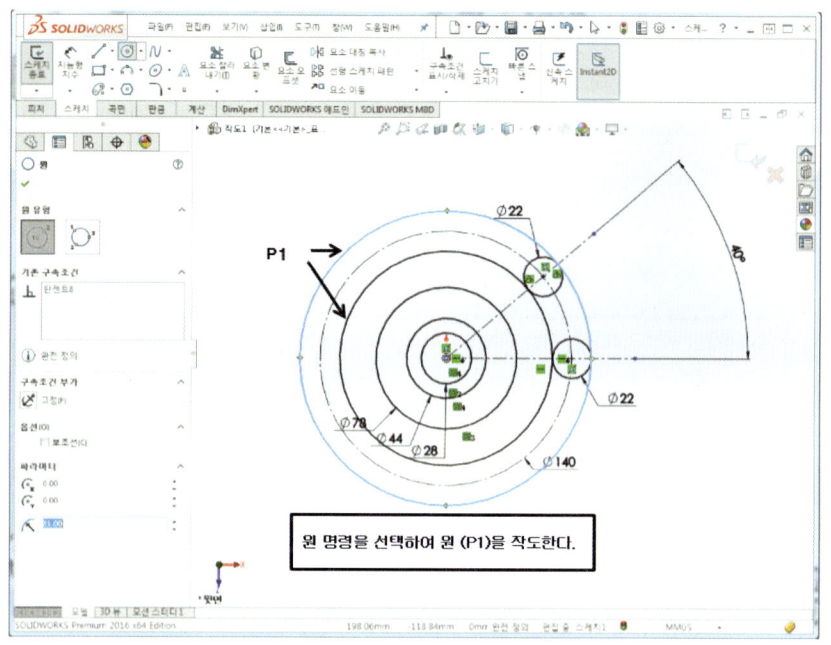

11. 다음 그림과 같이 원을 각각 선택하여 탄젠트 구속으로 완전 정의한다.

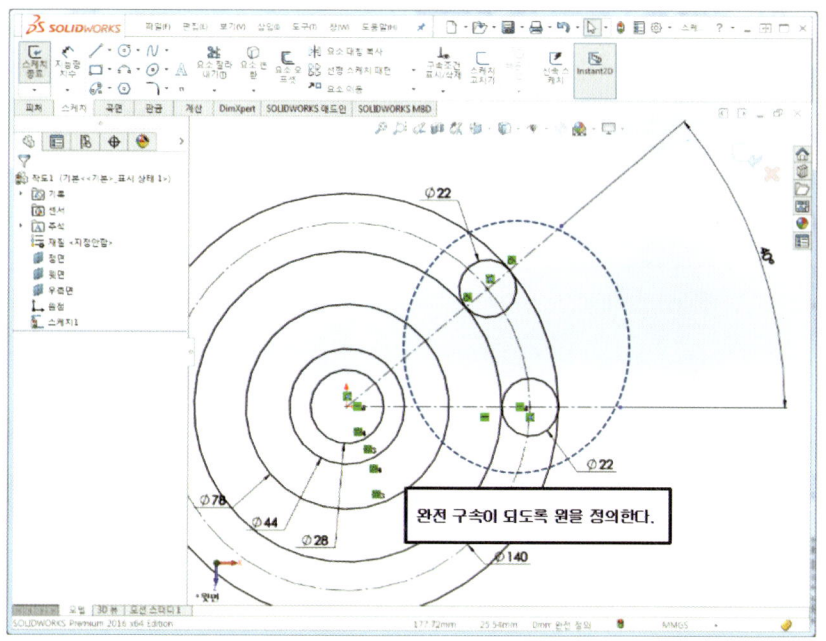

경고 알림 발생 해결

다음 그림과 같이 구속 조건 또는 치수 등을 과도하게 주었을 경우 경고 알림이 발생하는데 해결 방법은 과도하게 부여된 구속 또는 치수를 삭제하거나 구속을 재정의하여 경고를 해결해야 한다.

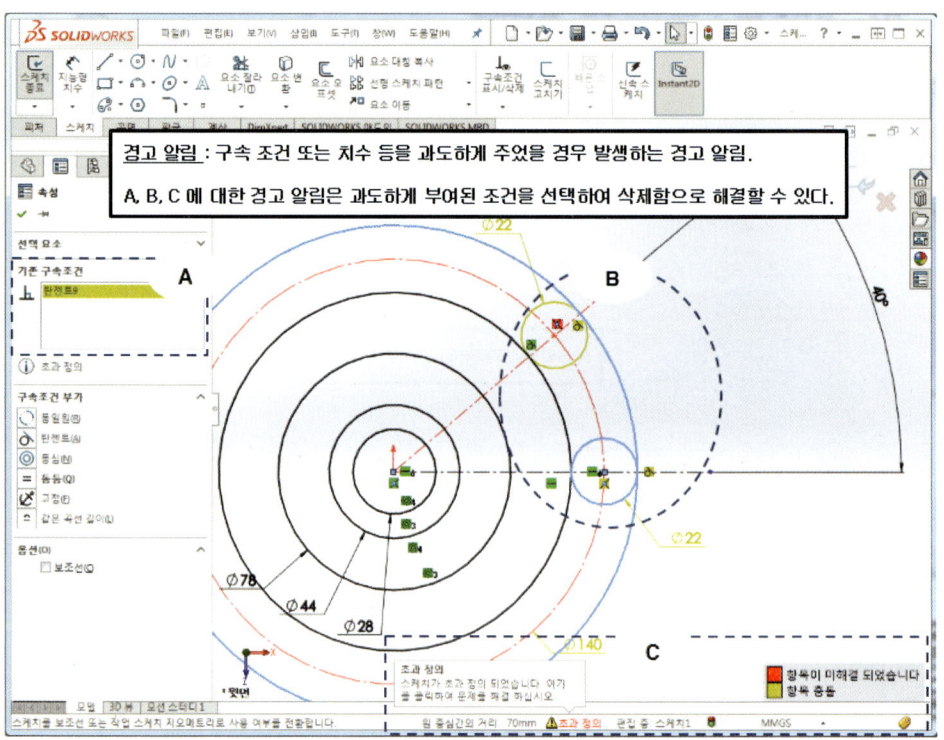

12. 잘라내기 명령을 선택하여 다음 그림과 같이 원을 각각 잘라내기한다.

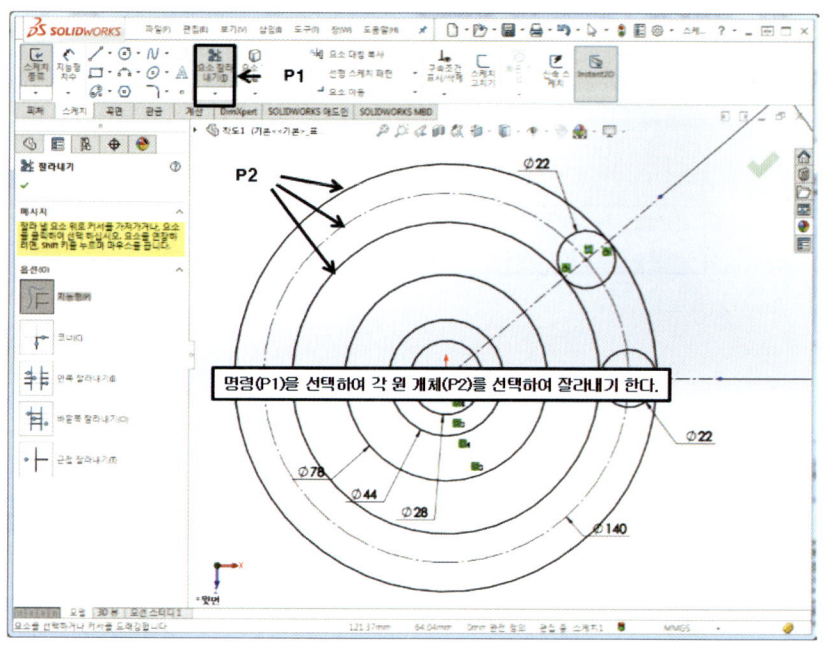

13. 다음 그림과 같이 원을 각각 잘라낸다.

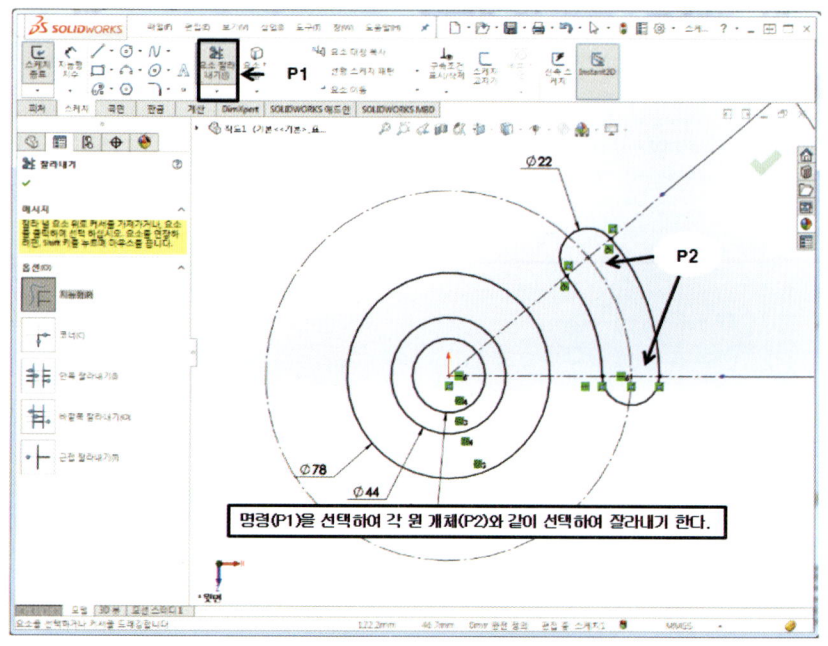

14. 경고 알림 발생 해결 : 다음 그림과 같이 구속 조건 또는 치수 등을 과도하게 주었을 경우 경고 알림이 발생하는데 해결 방법은 과도하게 부여된 구속 또는 치수를 삭제하거나 구속을 재정의하여 경고를 해결해야 한다.

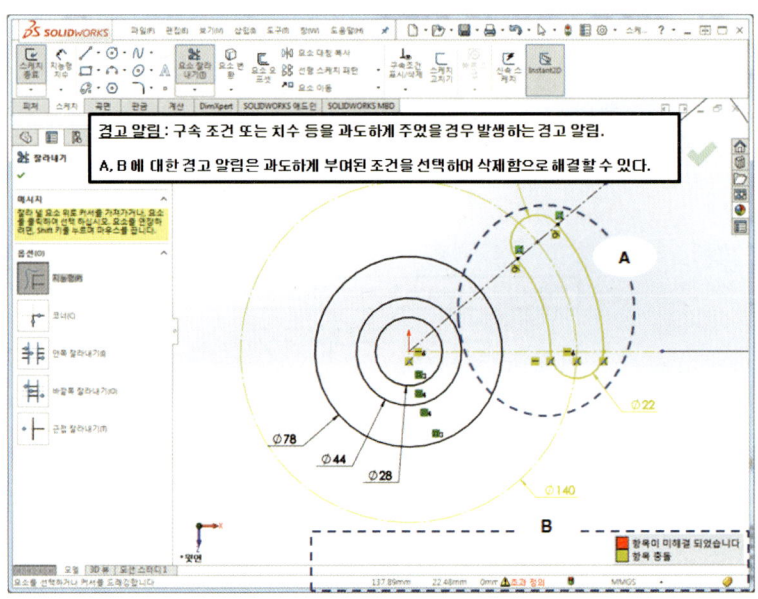

15. 다음 그림과 같이 초과 정의된 구속이 정리되었다.

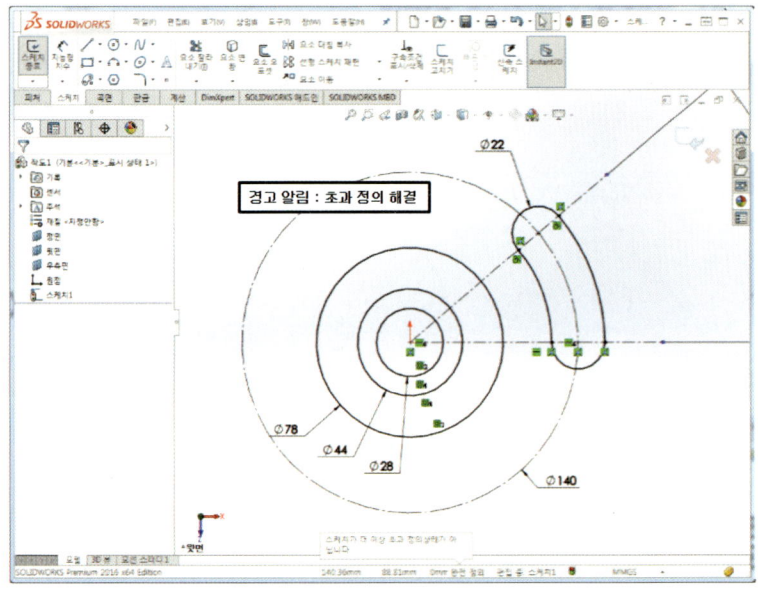

16. 오프셋 명령을 선택하여 선택 개체의 거리값(11)을 입력하여 오프셋한다.

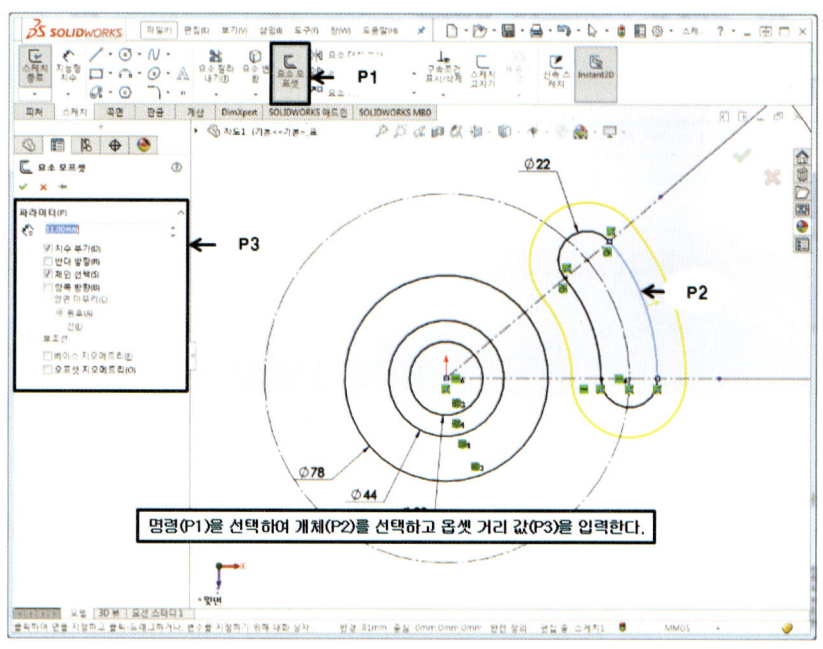

17. 다음 그림과 같이 원을 작도하고 지름(18), 지름(40)을 입력하고 동심 구속을 한다.

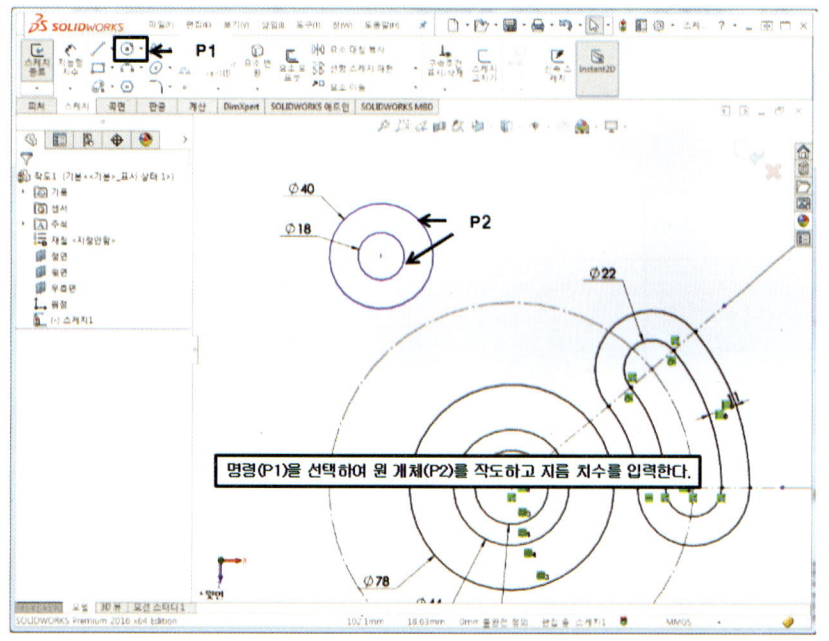

18. 치수 명령을 이용하여 다음 그림과 같이 거리(19), 거리(48)을 입력한다.

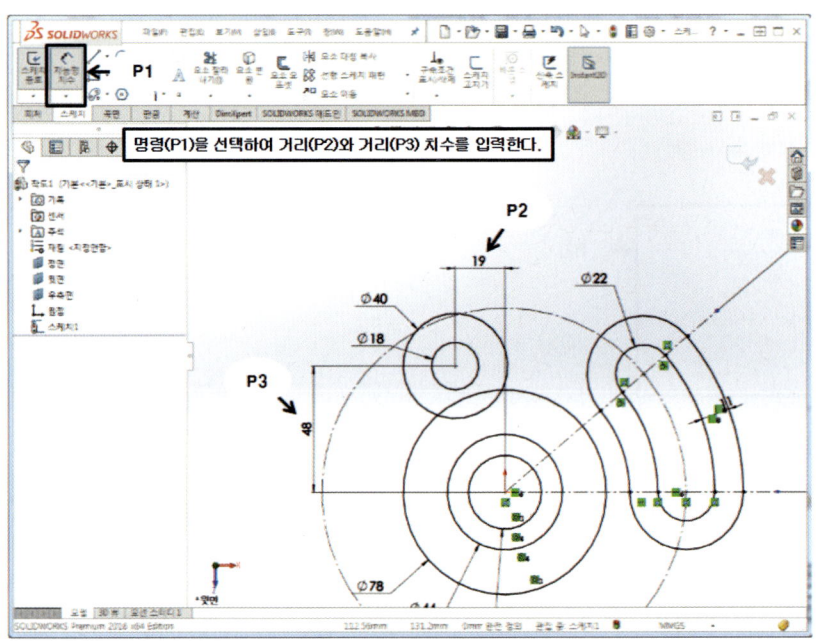

19. 직선 홈 명령을 이용하여 다음 그림과 같이 작도하고 치수(15), 치수(22)를 입력한다.

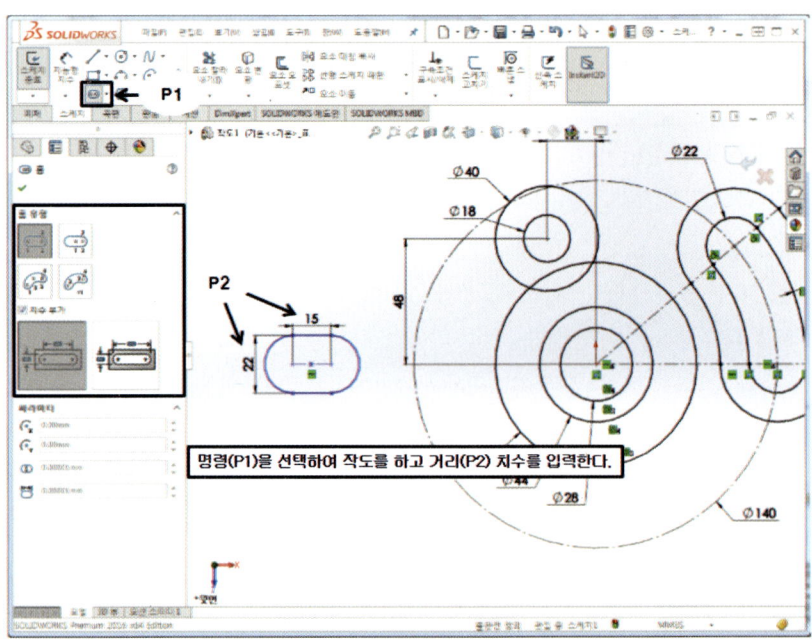

20. 다음 그림과 같이 치수(68)을 입력한다.

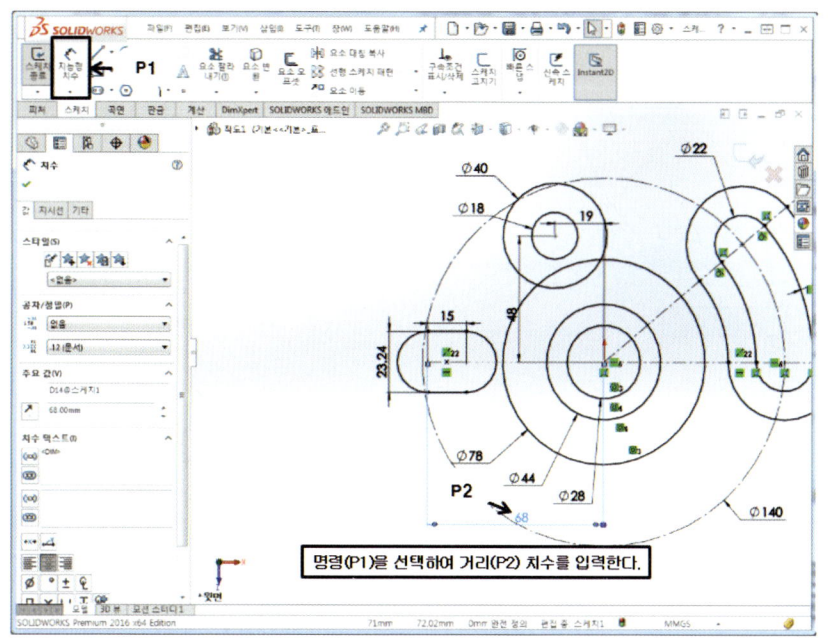

21. 원호 명령을 이용하여 다음 그림과 같이 원호를 작도한다.

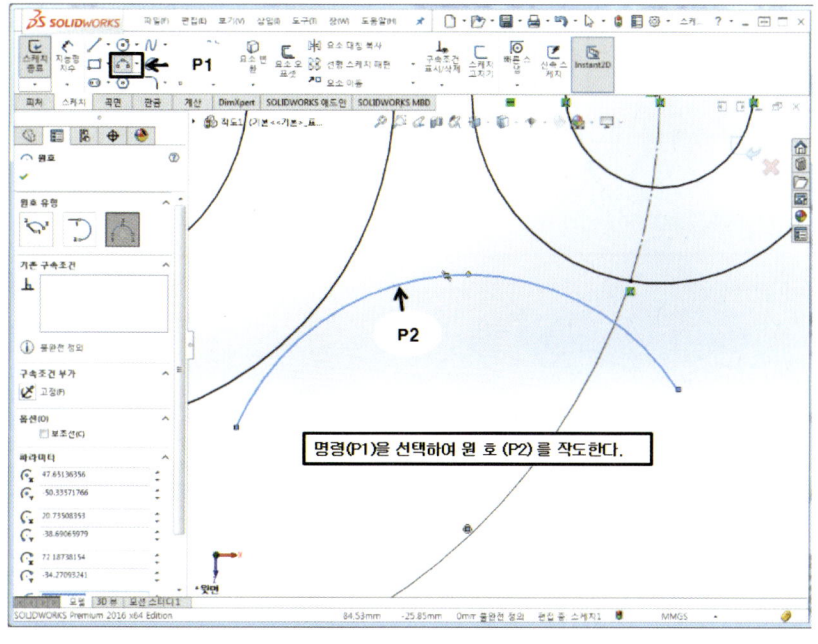

22. 작성된 원호와 기존 원들과의 구속 조건을 부가한다.

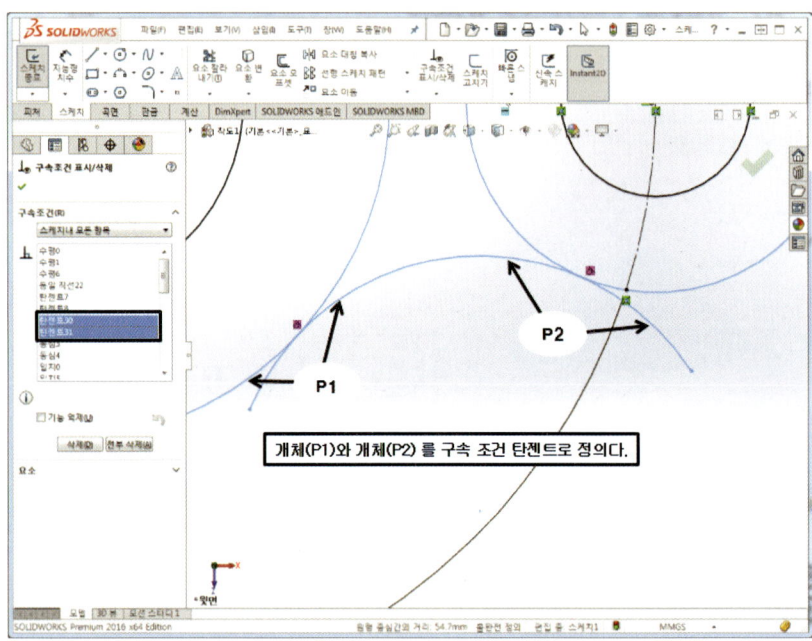

23. 잘라내기 명령을 이용하여 아래 이미지와 같이 개체를 자르기한다.

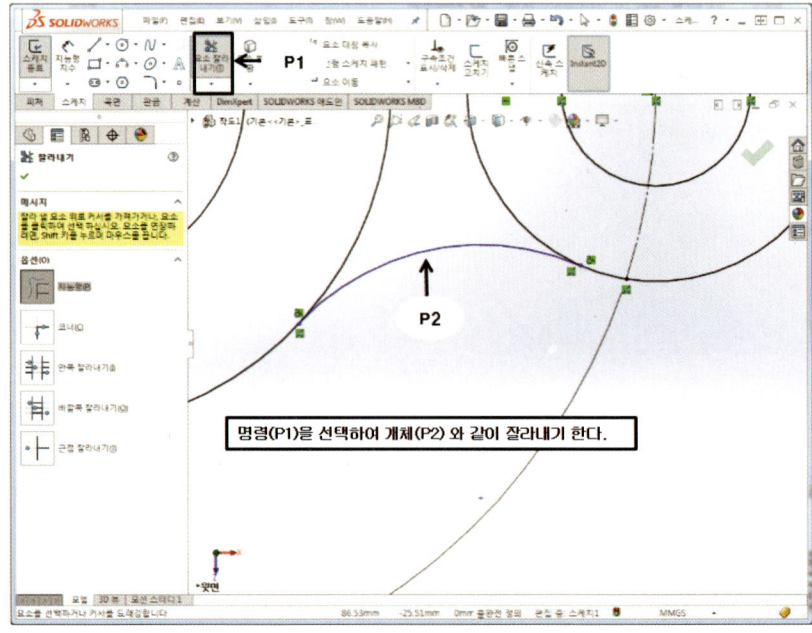

24. 치수 명령을 이용하여 치수(R16)을 입력한다.

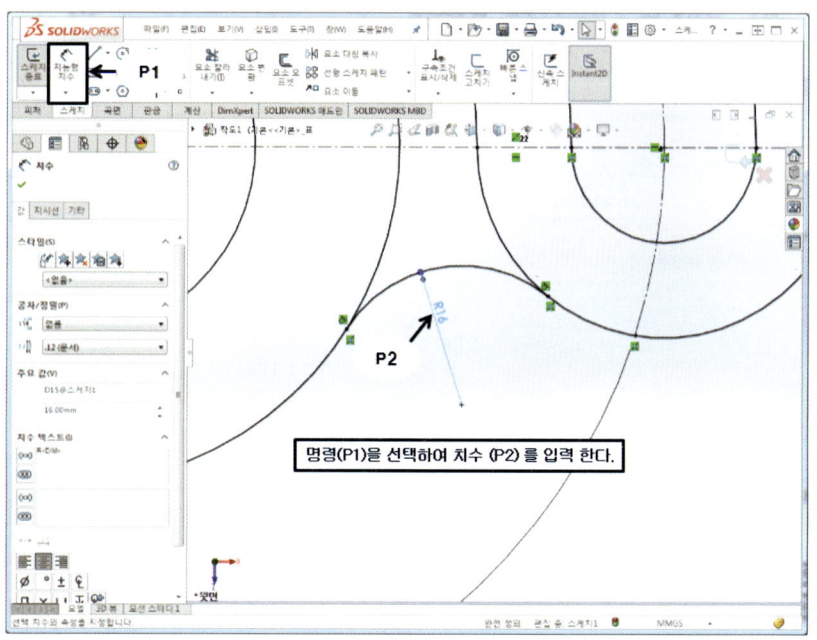

25. 원호 명령을 이용하여 다음 그림과 같이 원호를 작도한다.

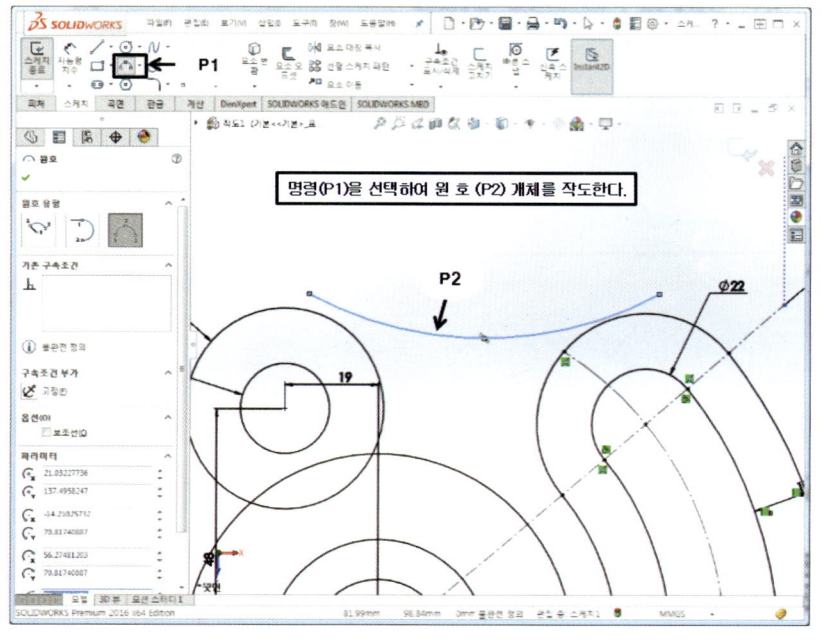

26. 구속 조건 부가 명령을 선택하고 다음 그림과 같이 탄젠트 조건을 부가한다.

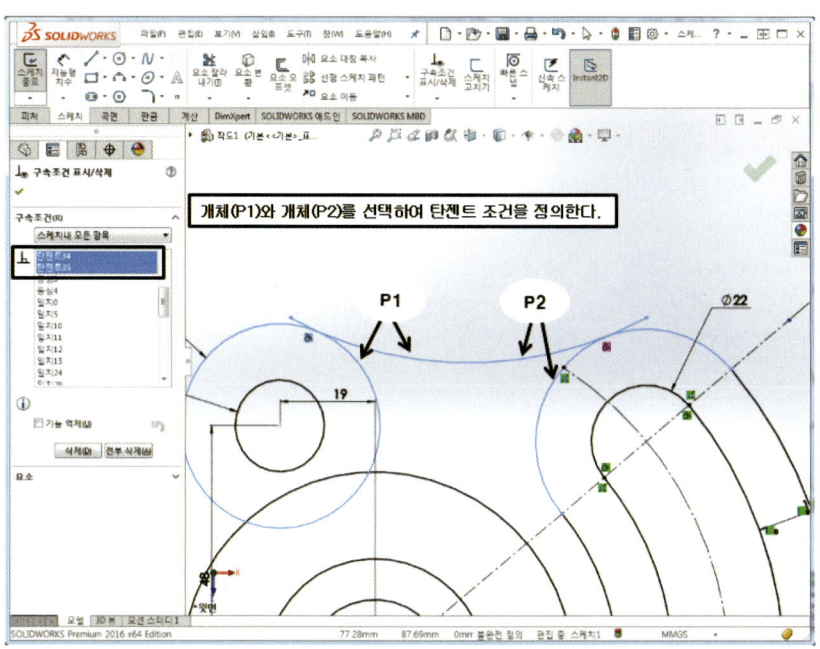

27. 잘라내기 명령을 이용하여 아래 이미지와 같이 개체를 자르기한다.

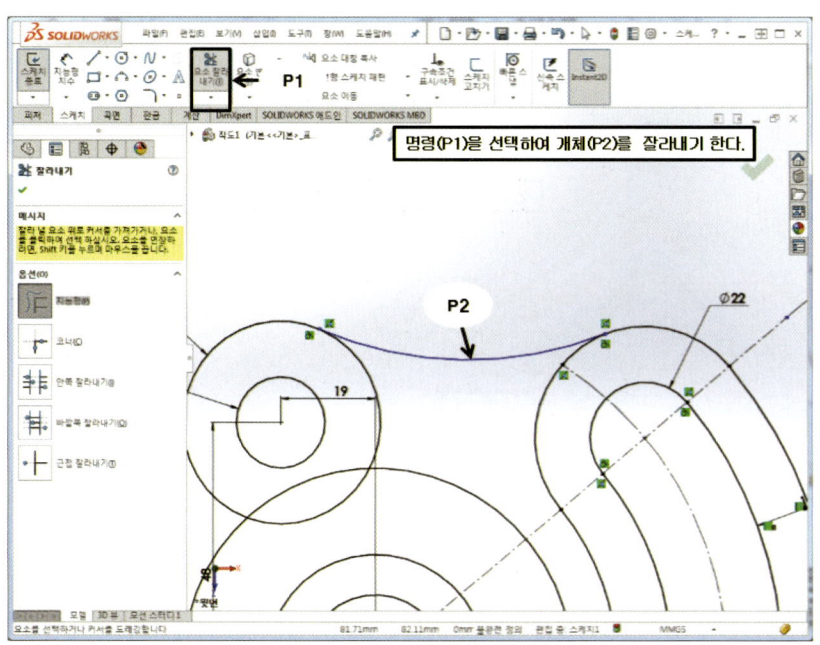

28. 치수 명령을 선택하고 치수(R20)을 입력한다.

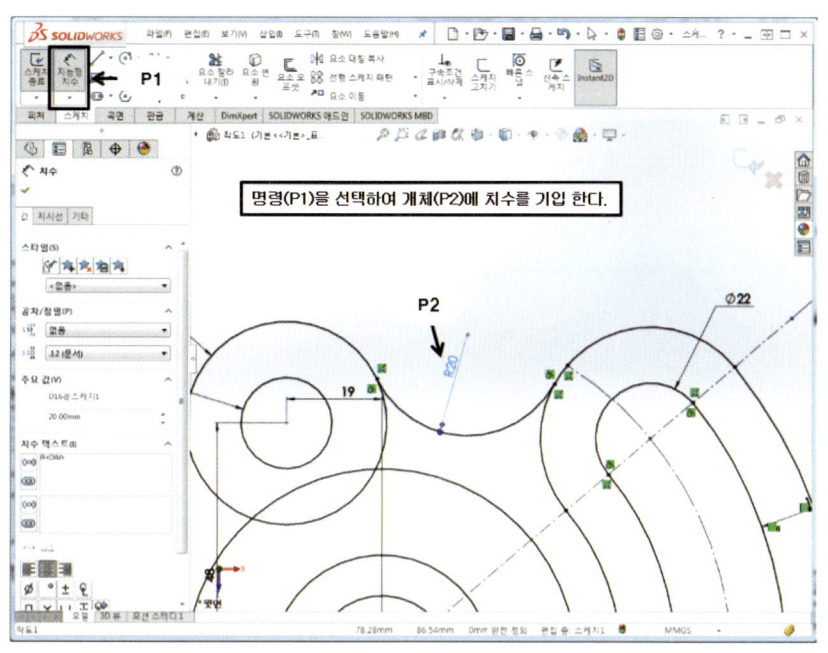

29. 오프셋 명령을 선택하고 아래 그림과 같이 원호를 선택하여 거리값(11)을 입력한다.

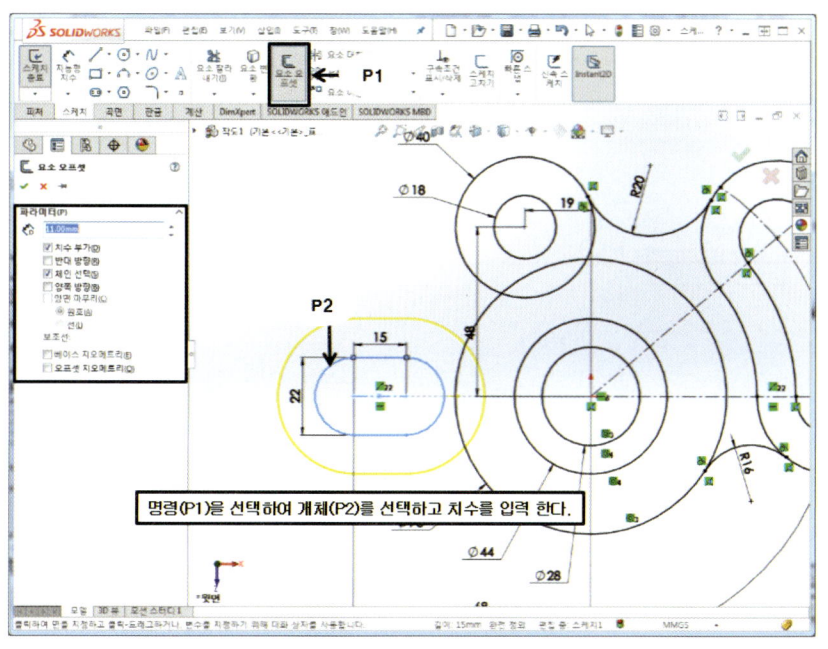

30. 원호 명령을 선택하여 다음 그림과 같이 원호 개체를 작도한다.

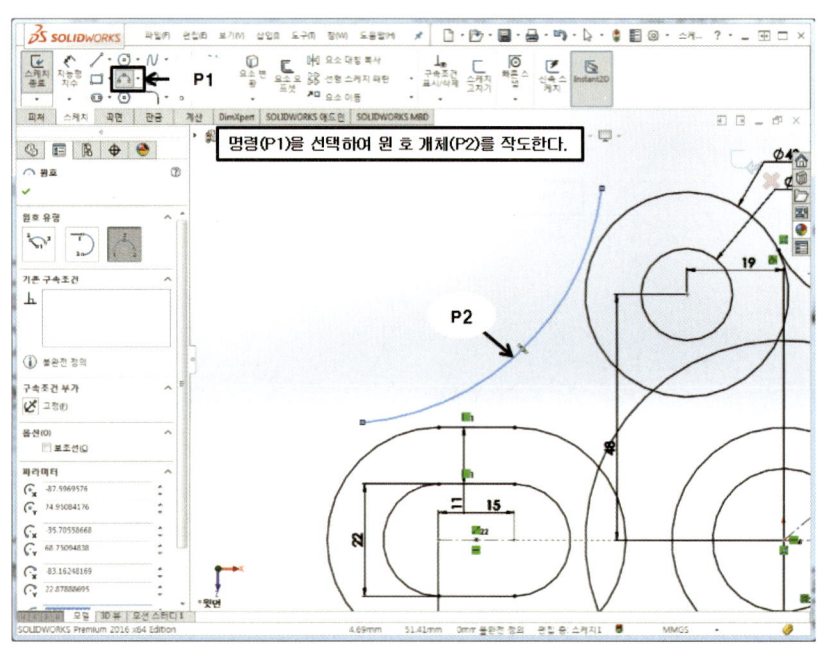

31. 스케치 개체를 각각 선택하여 탄젠트 구속 조건을 부가한다.

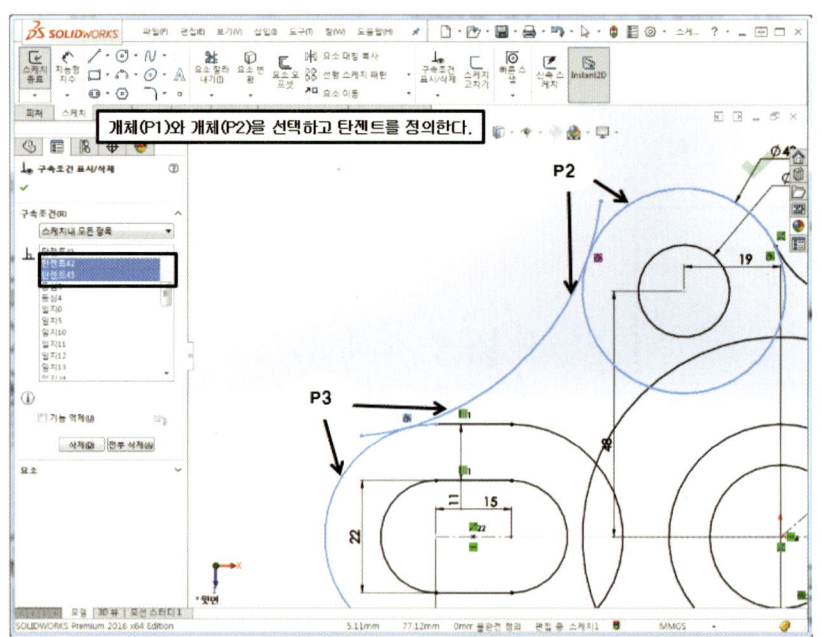

32. 잘라내기 명령을 이용하여 아래 이미지와 같이 개체를 자르기한다.

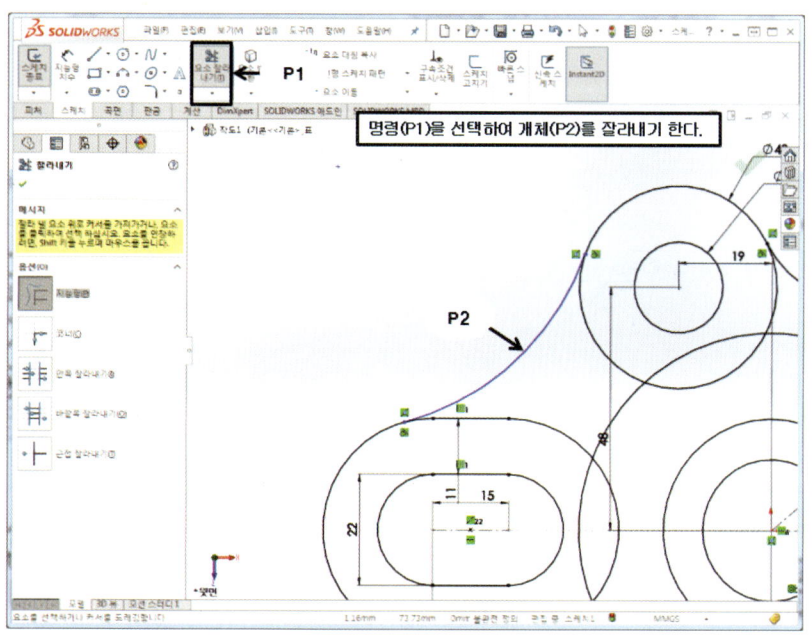

33. 치수 명령을 선택하고 원호의 치수(R30)을 입력한다.

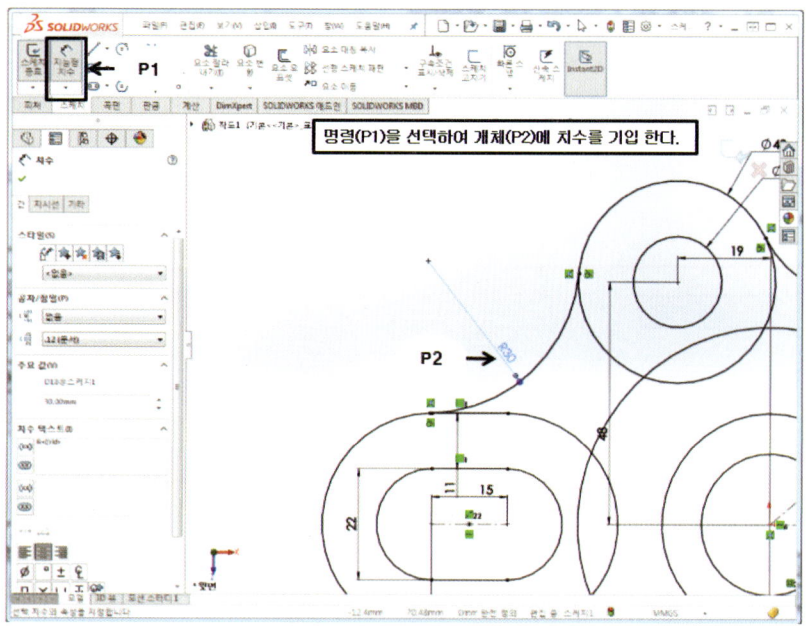

34. 선 명령을 선택하고 아래 그림과 같이 작도한다.

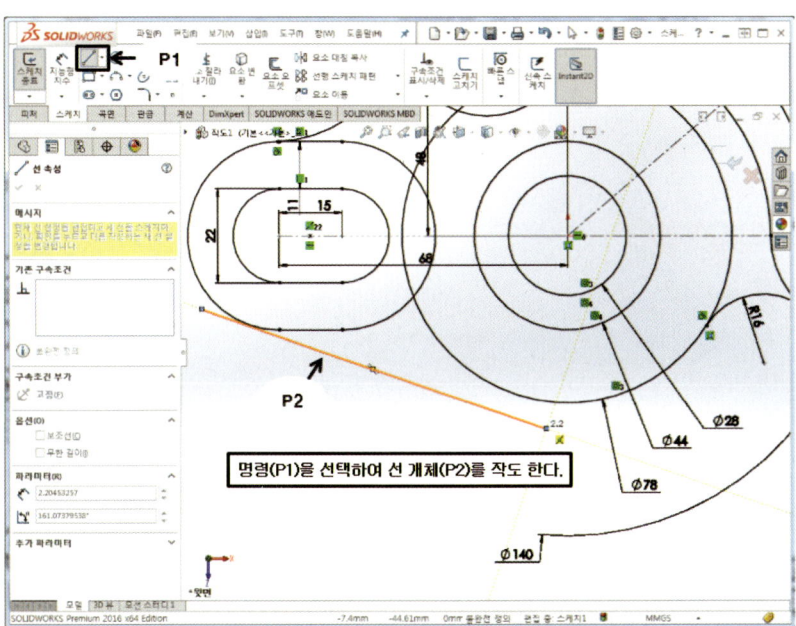

35. 스케치 개체를 각각 선택하여 탄젠트 구속 조건을 부가한다.

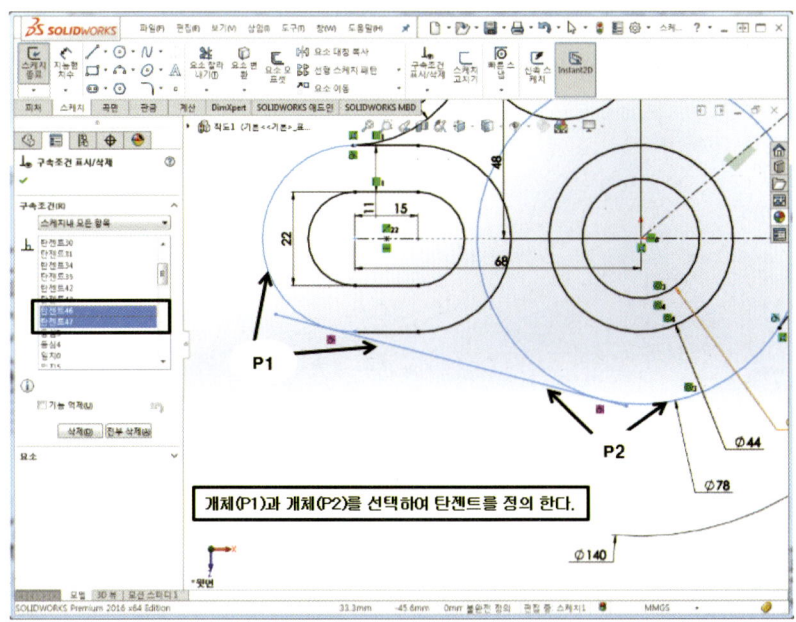

36. 요소 잘라내기 명령으로 다음 그림과 같이 개체를 잘라낸다.

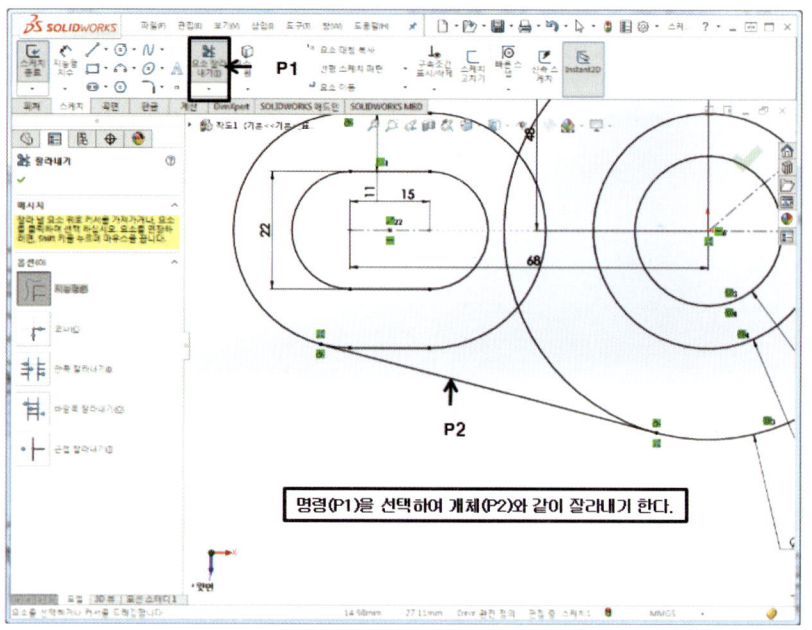

37. 요소 잘라내기 명령으로 다음 그림과 같이 개체를 잘라내어 스케치를 완성한다.

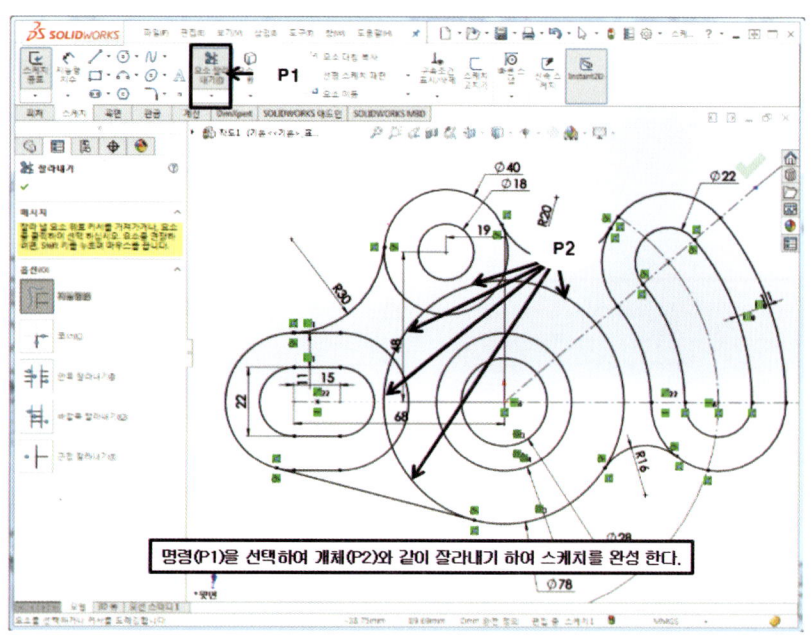

136 Solidworks 2016 start!

38. 다음 그림과 같이 스케치 따라 하기를 완성한다.

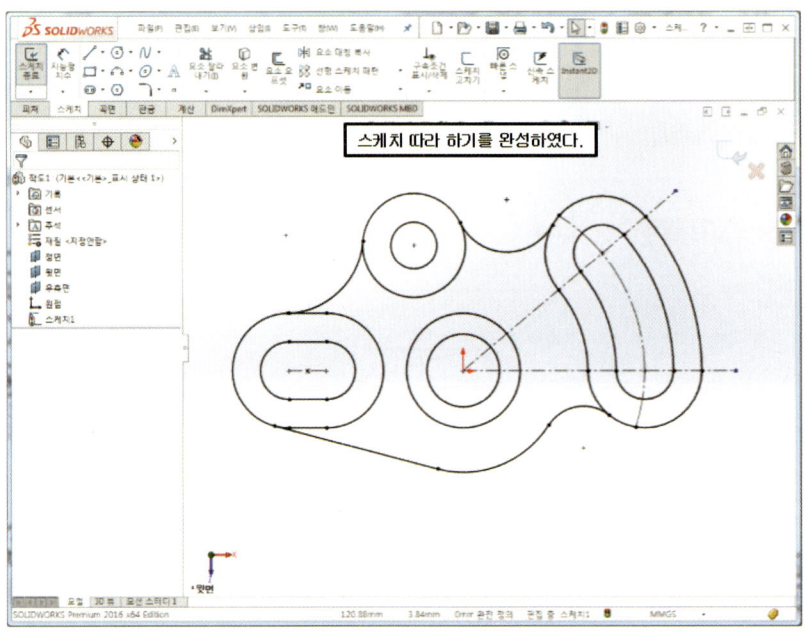

스케치 실습예제

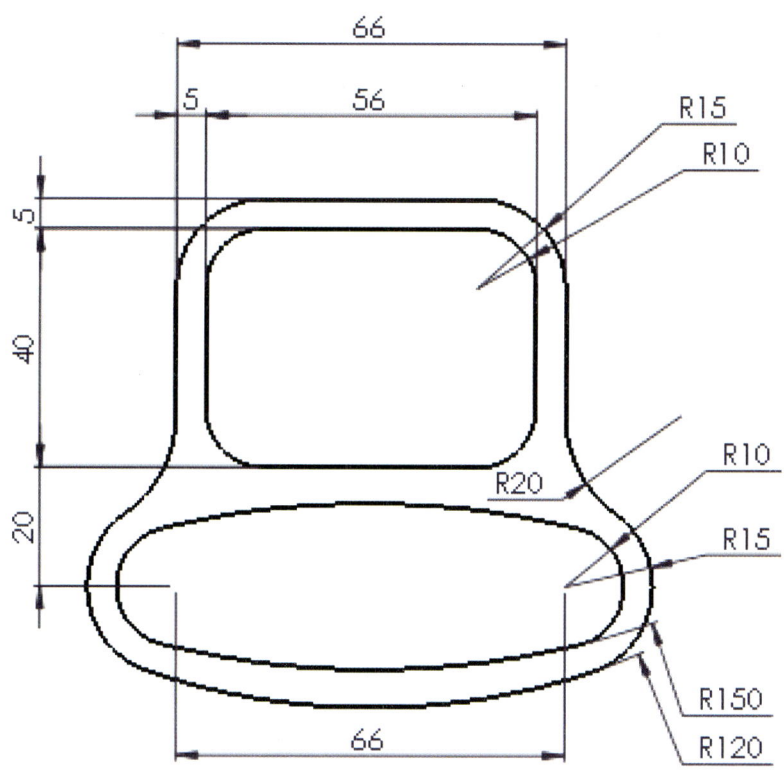

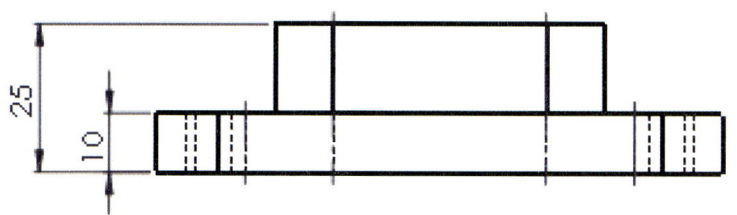

스케치 실습예제

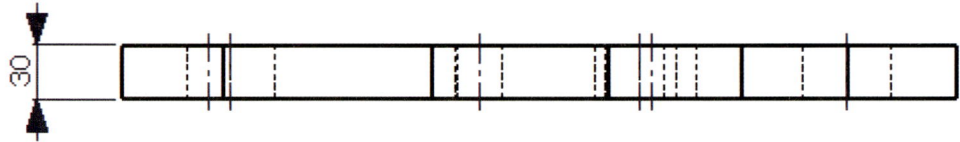

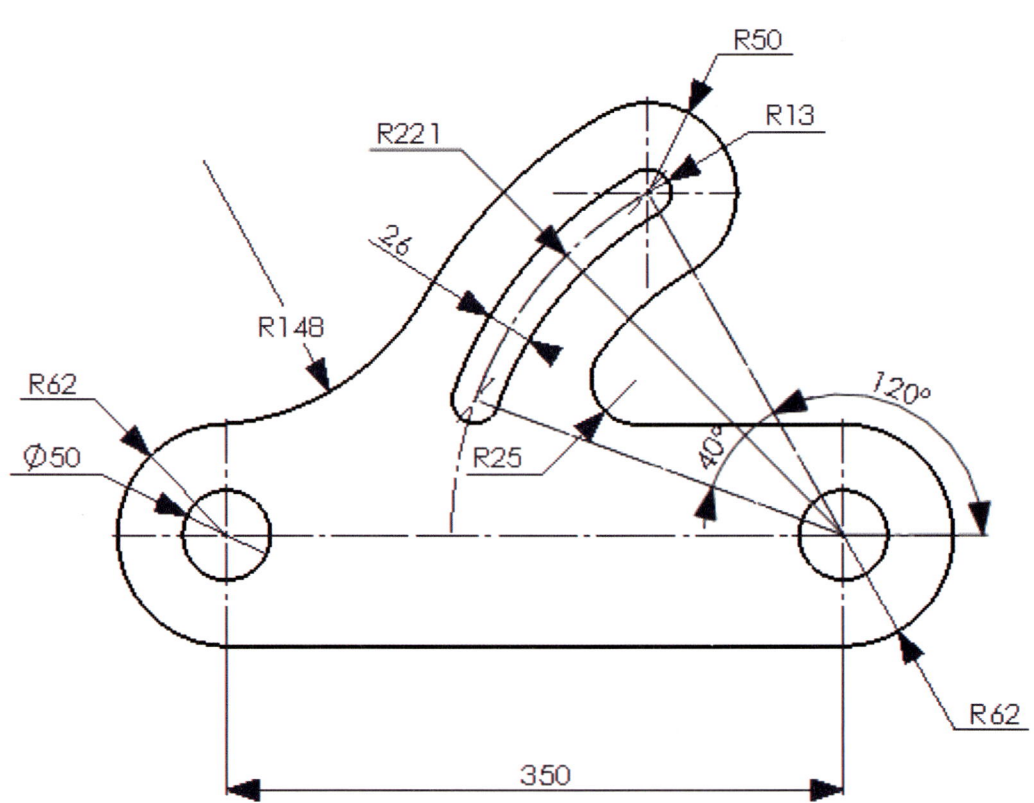

스케치 실습예제

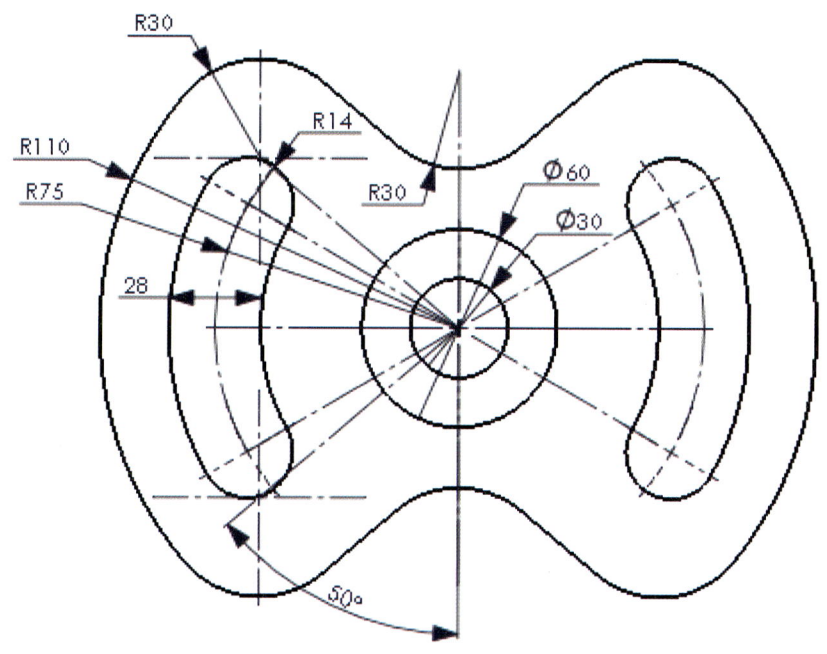

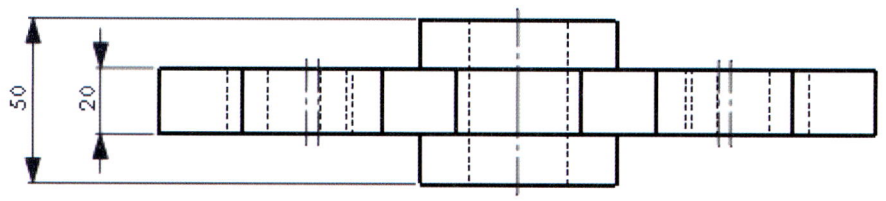

스케치 실습예제

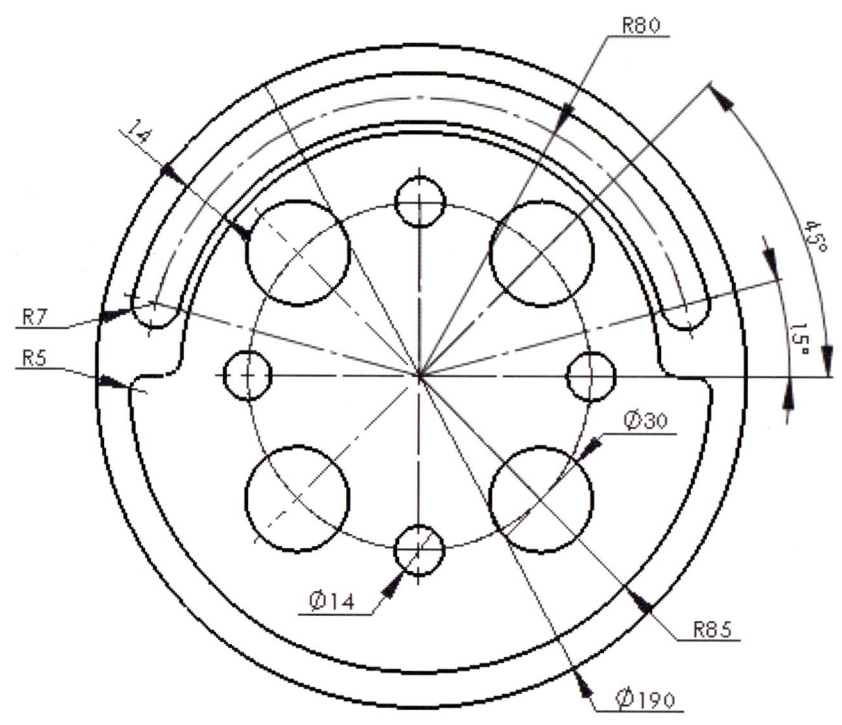

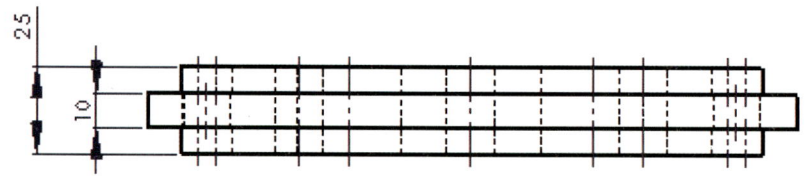

스케치 실습예제

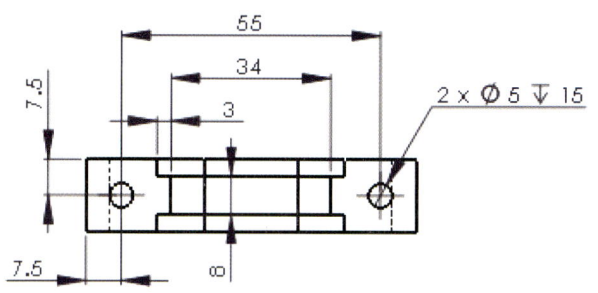

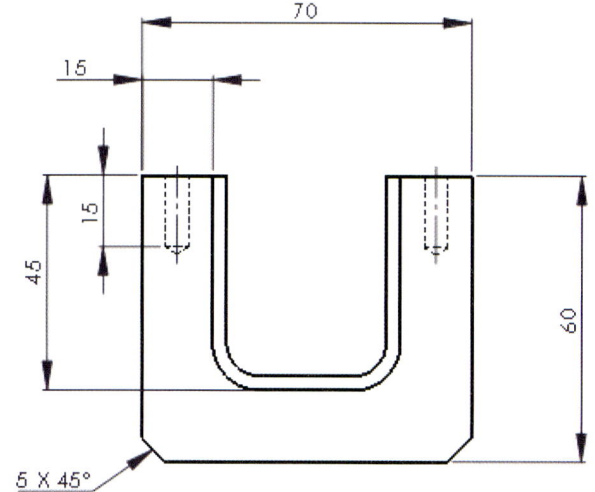

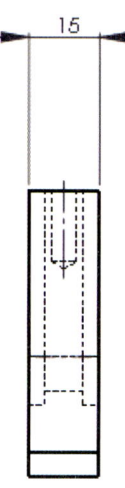

Step 03 Feature(피처) 작성하기

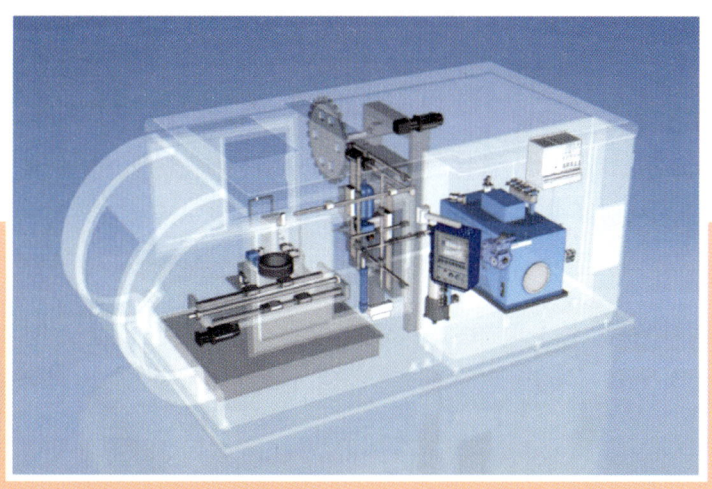

STEP 03 피처 작성하기

솔리드 파트 모델링

솔리드 파트 모델링(피처 모델링) 개요

우리가 공부할 Solidworks의 모델링 방식은 작성된 스케치 개체를 3차원 형상으로 정의하기 위하여 돌출, 회전, 스윕 등 다양한 솔리드 명령을 이용하여 3차원 형상을 정의한다.

이러한 3차원 형상들을 피처(Feature)라고 하며 이러한 피처는 변수에 의한 계산으로 형상을 정의하게 되며 필요에 따라 변수 테이블 등을 이용하여 여러 가지 타입으로 부품을 작성할 수도 있다.

피처(Feature) : 피처는 솔리드 형상을 구성하고 체적을 가지고 있는 최소 덩어리 또는 최소 단위이며 이러한 여러 피처를 조합하여 원하는 3차원 형상(바디)을 생성한다.

피처는 결합(Join)/잘라내기(Cut)/교차(Intersect) 등의 조합으로 3차원 형상(바디)을 생성한다.

 단계적 부품 모델링 순서

1. 스케치를 작성할 스케치 평면 정의
2. 대략적인 스케치 작성
3. 구속 조건 부가 또는 치수 구속
4. 3차원 피처 형상으로 돌출/회전/스윕 등으로 형상 생성
5. 형상 배치/패턴/대칭 등
6. 형상 다듬기 필렛/챔퍼/쉘 등으로 형상 생성

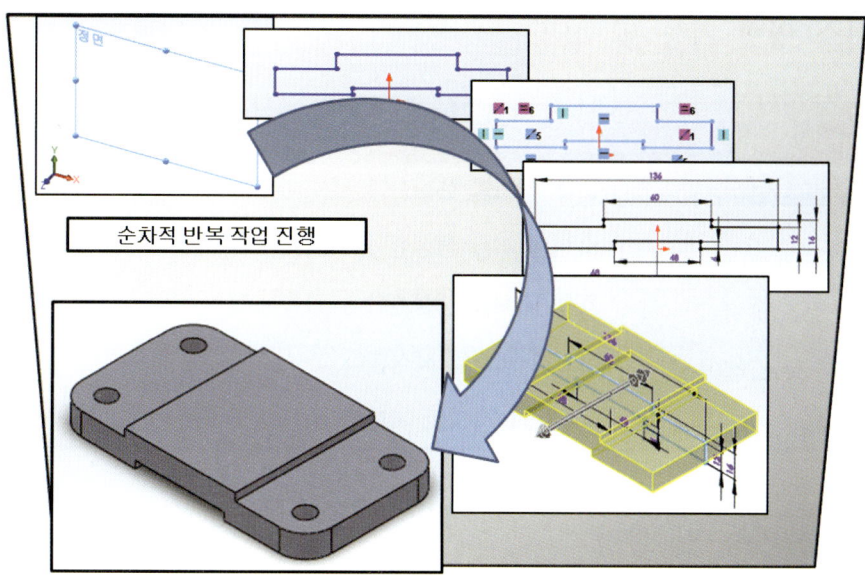

피처 도구(Feature Tool)

피처 도구는 솔리드 모델링 작업 시 설계자의 의도에 따라 작성한 완성된 스케치 피처를 기준으로 돌출/회전/스윕/로프트/패턴/대칭/필렛/모따기/쉘 등 형상을 정의하기 위한 모델링 명령을 의미한다.

이러한 도구들은 모델링 작업을 위한 매우 중요한 도구들이며 자주 사용되는 명령들은 풀다운 메뉴 도구 ⇨ 삽입 ⇨ 보스/베이스의 위치에서 명령을 선택하여 사용할 수 있다.

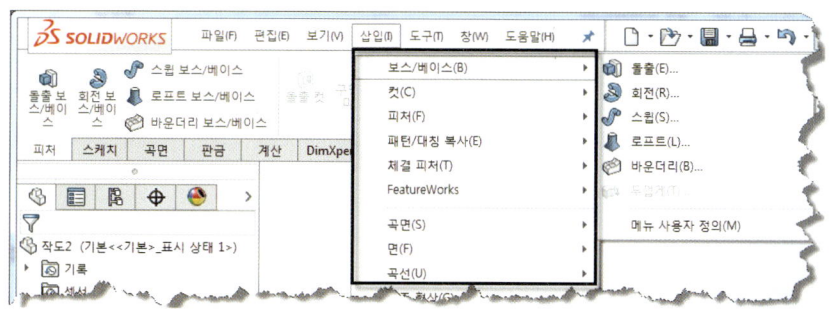

보스/베이스 명령 기능 및 설명

피처 명령	기능 설명
(돌출 보스/베이스)	돌출 피처를 생성한다.
(회전 보스/베이스)	회전 피처를 생성한다.
(스윕 보스/베이스)	스윕 피처를 생성한다.
(로프트 보스/베이스)	로프트 피처를 생성한다.
(바운더리 보스/베이스)	곡면을 이용하여 복잡한 유형의 피처를 생성한다.

컷(Cut) 명령 기능 및 설명

피처 명령	기능 설명
(돌출 컷)	돌출 피처를 잘라낸다.
(회전 컷)	회전 피처를 잘라낸다.
(스윕 컷)	스윕 피처를 잘라낸다.
(로프트 컷)	로프트 피처를 잘라낸다.
(바운더리 컷)	곡면을 이용하여 복잡한 유형의 피처를 잘라낸다.

돌출 보스/베이스

돌출 보스/베이스 명령은 이미 작성된 스케치 개체를 선택하고 3차원 형상으로 돌출하여 형상을 완성하는 명령이며 가장 많이 사용하는 명령 중 하나이다.

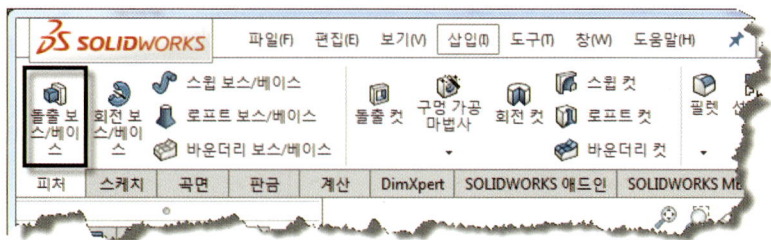

풀다운 메뉴 도구 ➡ 삽입 ➡ 보스/베이스 ➡ 돌출을 선택하여 사용할 수 있다.

STEP 03. 피처 작성하기 147

예제파일의 압축을 풀고 SW_DATA 폴더/돌출 보스_베이스/돌출 보스_베이스.sldprt 파일을 열기한다.

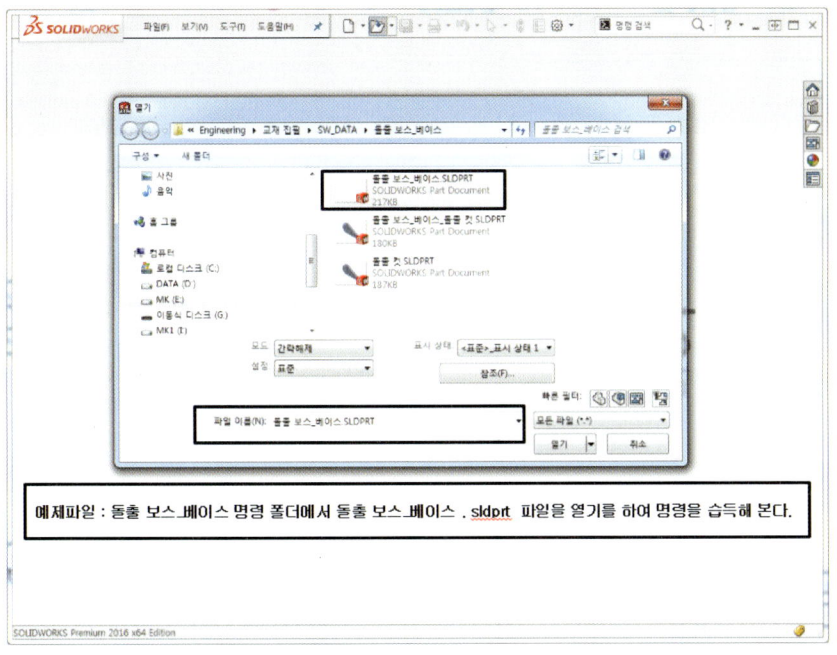

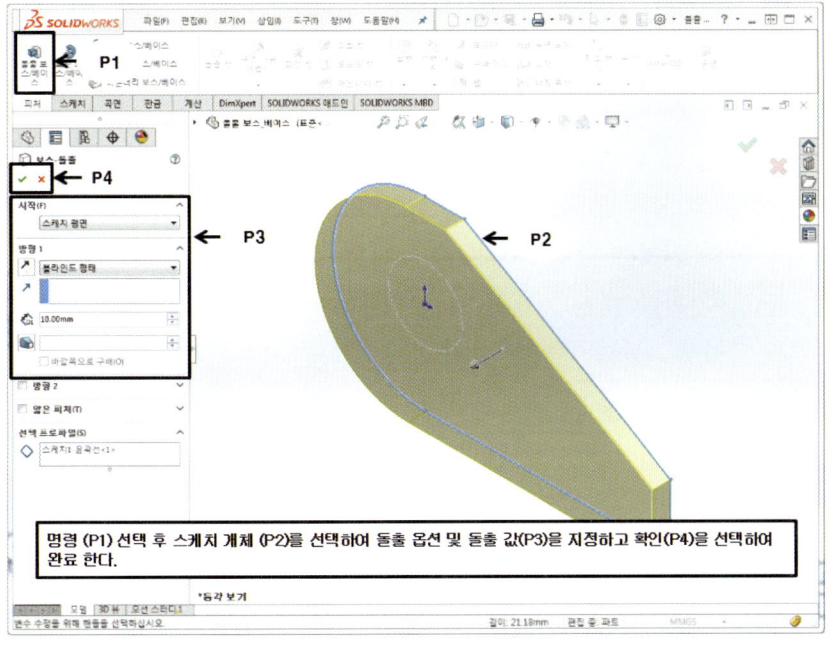

■ 시작(F)

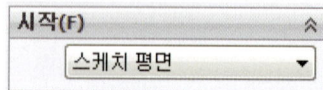 

- 스케치 평면 : 이미 작성한 스케치의 평면을 시작으로 정의할 수 있다.
- 면/평면 선택 : 다른 개체의 면 또는 평면을 선택하여 시작으로 정의할 수 있다.
- 꼭지점 : 이미 작성된 요소 개체의 꼭지점을 지정하여 시작으로 정의할 수 있다.
- 오프셋 : 이미 작성된 스케치 평면에서부터 오프셋하여 시작 위치를 정의할 수 있다.

■ 방향 1

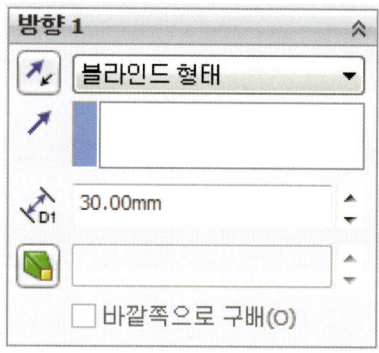 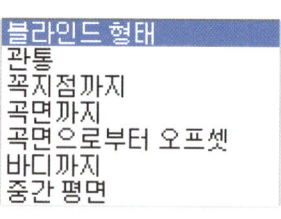

- 블라인드 형태 : 시작 위치로부터의 개체의 돌출 거리를 입력한다.
- 관통 : 돌출 거리를 요소 개체의 면까지 정의한다.
- 꼭지점까지 : 돌출 거리를 요소 개체의 꼭지점을 지정하여 정의한다.
- 곡면까지 : 돌출 거리를 요소 개체의 곡면 또는 평면을 지정하여 정의한다.
- 곡면으로부터 오프셋 : 돌출 거리를 요소 개체의 곡면 또는 평면으로부터의 거리값으로 정의한다.
- 바디까지 : 돌출 거리를 요소 개체의 바디까지로 정의하여 돌출한다.
- 중간 평면 : 돌출 거리를 스케치 평면을 기준으로 양 방향의 거리값으로 정의한다.

■ 방향 2

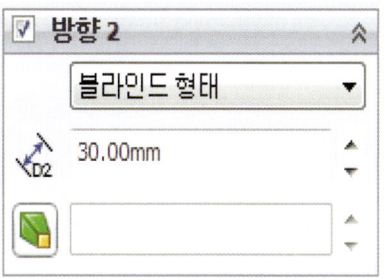 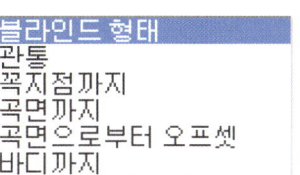

- 블라인드 형태 : 시작 위치로부터의 개체의 돌출 거리를 입력한다.
- 관통 : 돌출 거리를 요소 개체의 면까지 정의한다.
- 꼭지점까지 : 돌출 거리를 요소 개체의 꼭지점을 지정하여 정의한다.
- 곡면까지 : 돌출 거리를 요소 개체의 곡면 또는 평면을 지정하여 정의한다.
- 곡면으로부터 오프셋 : 돌출 거리를 요소 개체의 곡면 또는 평면으로부터의 거리값으로 정의한다.
- 바디까지 : 돌출 거리를 요소 개체의 바디까지로 정의하여 돌출한다.
- 중간 평면 : 돌출 거리를 스케치 평면을 기준으로 양 방향의 거리값으로 정의한다.

■ 얇은 피처(T)

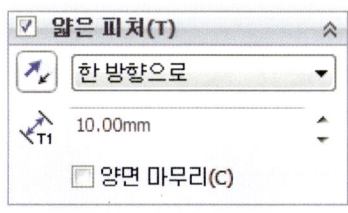 

- 한 방향으로 : 스케치 요소 개체로부터 거리값을 입력하여 한 방향으로 돌출한다.
- 중간 평면 : 스케치 요소 개체로부터 거리값을 입력하여 양 방향으로 돌출한다.
- 두 방향으로 : 스케치 요소 개체로부터 각각 거리값을 입력하여 양 방향으로 돌출한다.
- 양면 마무리 : 스케치 요소 개체로부터 돌출된 빈 영역을 매워준다.

- **선택 프로파일(S)** : 스케치 요소 개체의 영역을 지정한다.

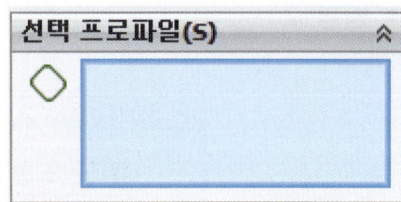

돌출 컷

돌출 컷 명령은 이미 생성된 솔리드 형상 면 또는 작업 평면에 스케치를 작성하고 3차원 형상으로 돌출 컷하여 형상을 완성

하는 명령이며 가장 많이 사용하는 명령 중 하나이다.

풀다운 메뉴 도구 ⇨ 삽입 ⇨ 컷 ⇨ 돌출을 선택하여 사용할 수 있다.

예제파일의 압축을 풀고 SW_DATA 폴더/돌출 보스_베이스/돌출 컷.sldprt 파일을 열기한다.

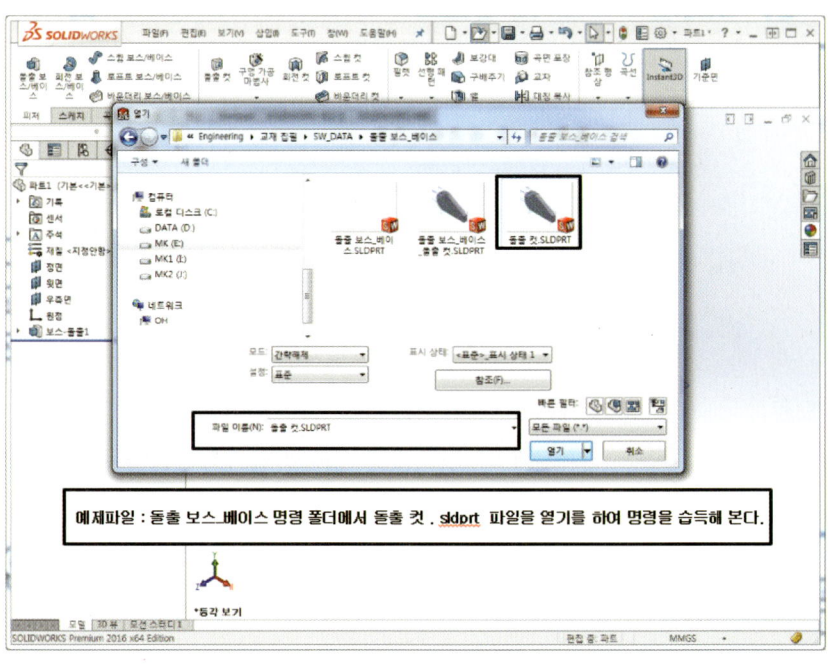

STEP 03. 피처 작성하기   151

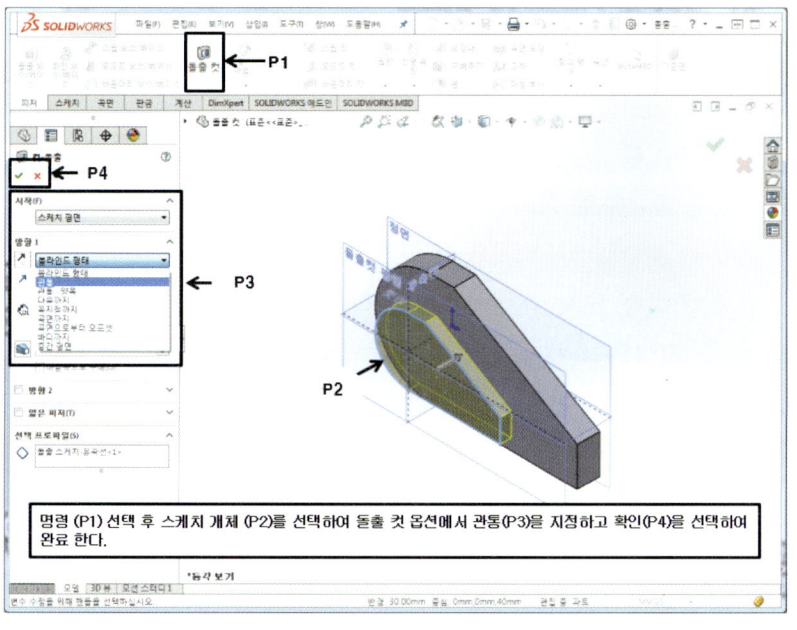

- **시작(F)**

- 스케치 평면 : 이미 작성한 스케치의 평면을 시작으로 정의할 수 있다.
- 면/평면 선택 : 다른 개체의 면 또는 평면을 선택하여 시작으로 정의할 수 있다.
- 꼭지점 : 이미 작성된 요소 개체의 꼭지점을 지정하여 시작으로 정의할 수 있다.
- 오프셋 : 이미 작성된 스케치 평면에서부터 오프셋하여 시작 위치를 정의할 수 있다.

- **방향 1**

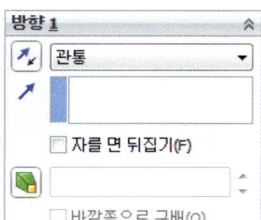 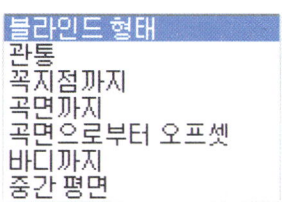

- 블라인드 형태 : 시작 위치로부터의 개체의 돌출 거리를 입력한다.
- 관통 : 돌출 거리를 요소 개체의 면까지 정의한다.
- 꼭지점까지 : 돌출 거리를 요소 개체의 꼭지점을 지정하여 정의한다.
- 곡면까지 : 돌출 거리를 요소 개체의 곡면 또는 평면을 지정하여 정의한다.
- 곡면으로부터 오프셋 : 돌출 거리를 요소 개체의 곡면 또는 평면으로부터의 거리값으로 정의한다.
- 바디까지 : 돌출 거리를 요소 개체의 바디까지로 정의하여 돌출한다.
- 중간 평면 : 돌출 거리를 스케치 평면을 기준으로 양 방향의 거리값으로 정의한다.

■ 방향 2

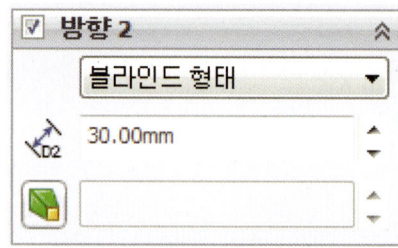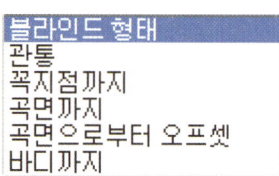

- 블라인드 형태 : 시작 위치로부터의 개체의 돌출 거리를 입력한다.
- 관통 : 돌출 거리를 요소 개체의 면까지 정의한다.
- 꼭지점까지 : 돌출 거리를 요소 개체의 꼭지점을 지정하여 정의한다.
- 곡면까지 : 돌출 거리를 요소 개체의 곡면 또는 평면을 지정하여 정의한다.
- 곡면으로부터 오프셋 : 돌출 거리를 요소 개체의 곡면 또는 평면으로부터의 거리값으로 정의한다.
- 바디까지 : 돌출 거리를 요소 개체의 바디까지로 정의하여 돌출한다.
- 중간 평면 : 돌출 거리를 스케치 평면을 기준으로 양 방향의 거리값으로 정의한다.

■ **얇은 피처(T)**

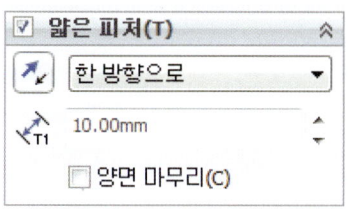 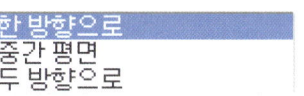

- 한 방향으로 : 스케치 요소 개체로부터 거리값을 입력하여 한 방향으로 돌출한다.
- 중간 평면 : 스케치 요소 개체로부터 거리값을 입력하여 양 방향으로 돌출한다.
- 두 방향으로 : 스케치 요소 개체로부터 각각 거리값을 입력하여 양 방향으로 돌출한다.
- 양면 마무리 : 스케치 요소 개체로부터 돌출된 빈 영역을 매워준다.

■ **선택 프로파일(S)** : 스케치 요소 개체의 영역을 지정한다.

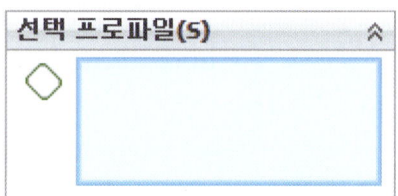

회전 보스/베이스

회전 보스/베이스 명령은 이미 작성된 스케치 개체를 선택하고 3차원 형상으로 회전하여 형상을 완성하는 명령이며 가장 많이 사용하는 명령 중 하나이다.

풀다운 메뉴 도구 ⇨ 삽입 ⇨ 보스/베이스 ⇨ 회전을 선택하여 사용할 수 있다.

예제파일의 압축을 풀고 SW_DATA 폴더/회전 보스_베이스/회전 보스_베이스 컷.sldprt 파일을 열기한다.

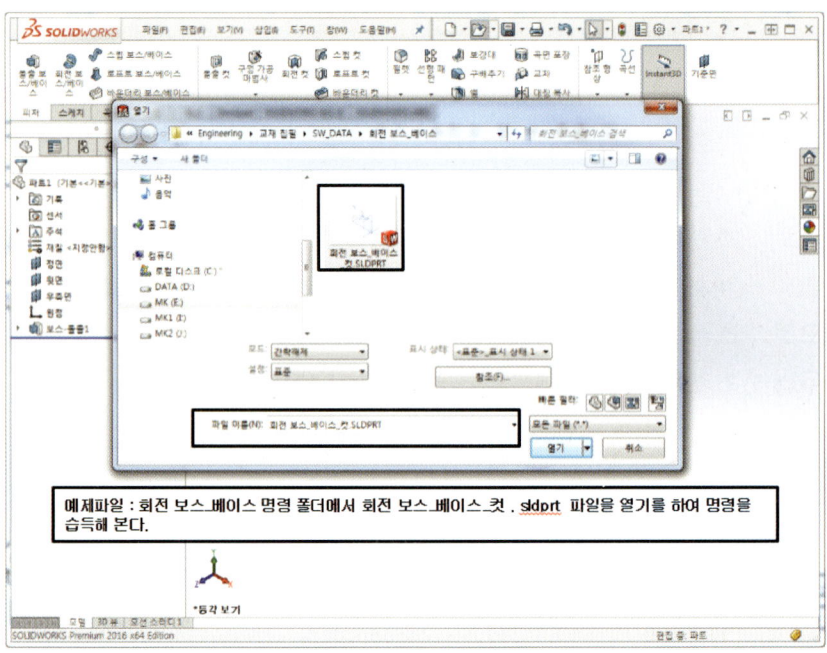

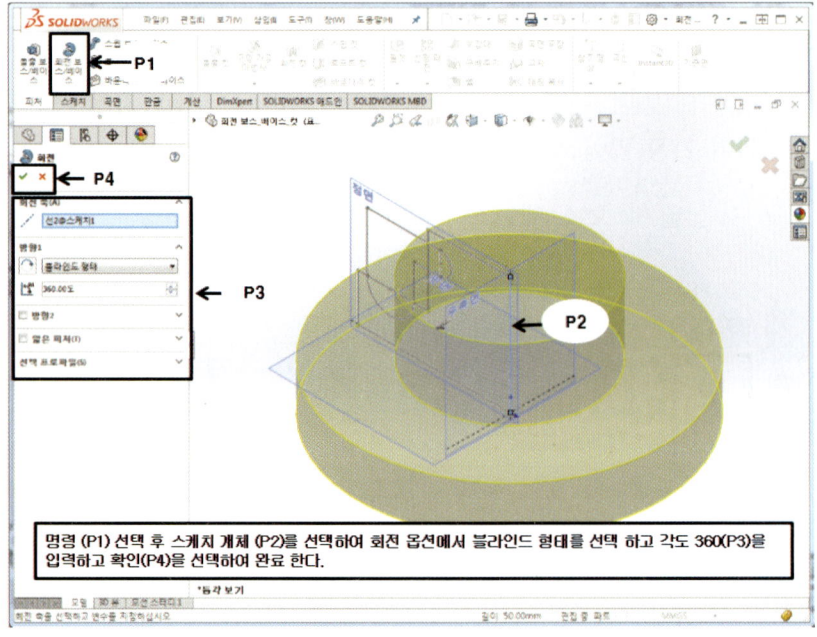

- **회전 축(A)** : 작성된 스케치의 회전 축을 선택한다.

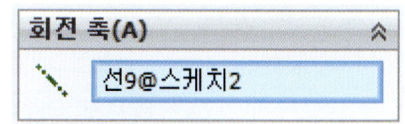

- **방향 1**

 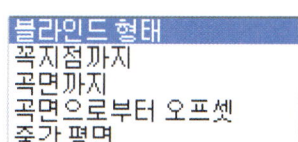

- 블라인드 형태 : 시작 위치로부터의 개체의 회전 각도를 입력한다.
- 꼭지점까지 : 회전 각도를 요소 개체의 꼭지점을 지정하여 정의한다.
- 곡면까지 : 회전 각도를 요소 개체의 곡면 또는 평면을 지정하여 정의한다.
- 곡면으로부터 오프셋 : 회전 각도를 요소 개체의 곡면 또는 평면으로부터의 거리값으로 정의한다.
- 중간 평면 : 회전 각도를 스케치 평면을 기준으로 양 방향의 각도값으로 정의한다.

- **방향 2**

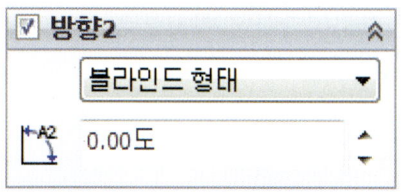 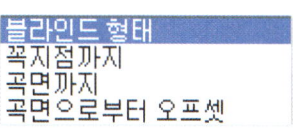

- 블라인드 형태 : 시작 위치로부터의 개체의 회전 각도를 입력한다.
- 꼭지점까지 : 회전 각도를 요소 개체의 꼭지점을 지정하여 정의한다.
- 곡면까지 : 회전 각도를 요소 개체의 곡면 또는 평면을 지정하여 정의한다.
- 곡면으로부터 오프셋 : 회전 각도를 요소 개체의 곡면 또는 평면으로부터의 거리값으로 정의한다.

■ 얇은 피처(T)

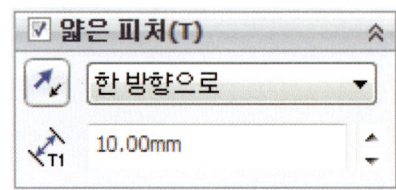 

- 한 방향으로 : 스케치 요소 개체로부터 거리값을 입력하여 한 방향으로 회전한다.
- 중간 평면 : 스케치 요소 개체로부터 거리값을 입력하여 양 방향으로 회전한다.
- 두 방향으로 : 스케치 요소 개체로부터 각각 거리값을 입력하여 양 방향으로 회전한다.

■ 선택 프로파일(S) : 스케치 요소 개체의 영역을 지정한다.

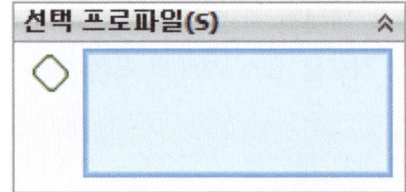

회전 컷

회전 컷 명령은 이미 작성된 스케치 형상을 선택하여 3차원 형상으로 회전 컷하여 형상을 완성하는 명령이며 가장 많이 사용하는 명령 중 하나이다.

풀다운 메뉴 도구 ➪ 삽입 ➪ 컷 ➪ 회전을 선택하여 사용할 수 있다.

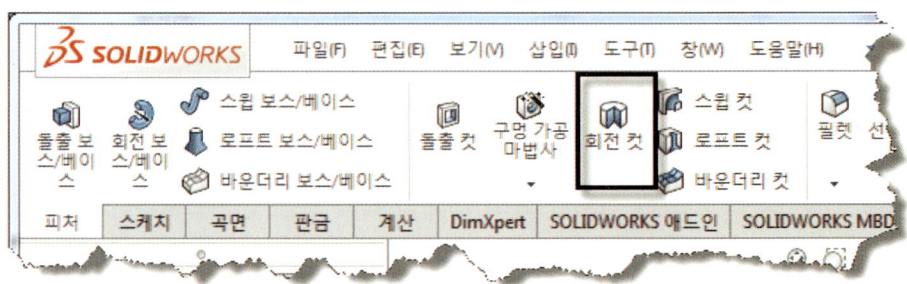

STEP 03. 피처 작성하기

예제파일의 압축을 풀고 SW_DATA 폴더/회전 보스_베이스/회전 보스_베이스 컷1.sldprt 파일을 열기한다.

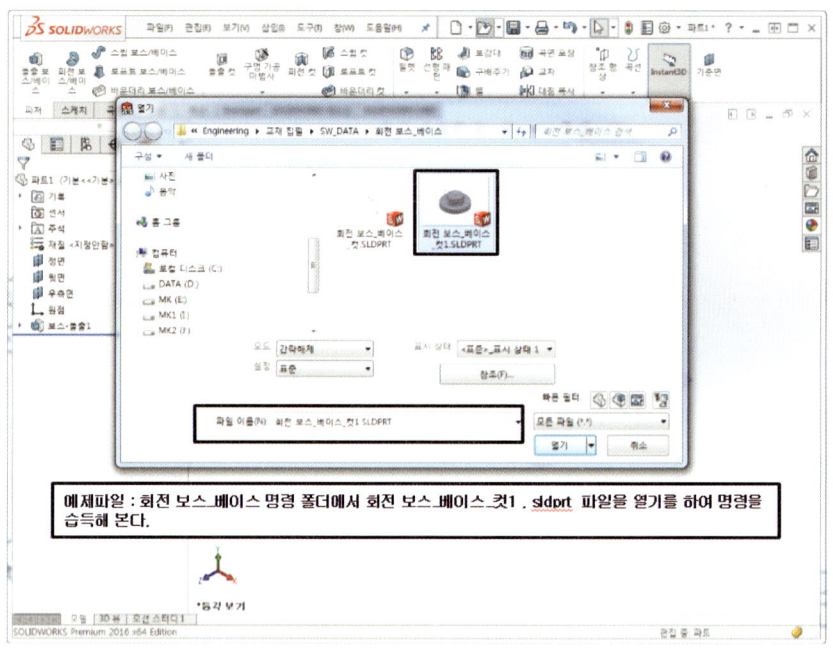

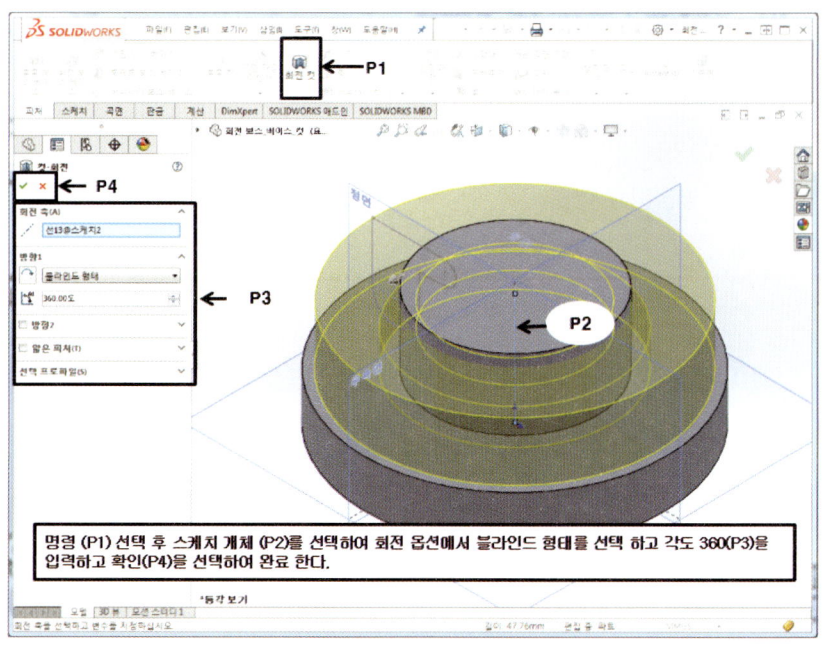

- 회전 축(A) : 작성된 스케치의 회전 축을 선택한다.

- 방향 1

 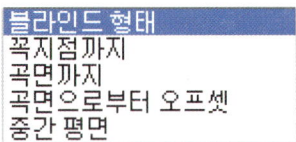

- 블라인드 형태 : 시작 위치로부터의 개체의 회전 각도를 입력한다.
- 꼭지점까지 : 회전 각도를 요소 개체의 꼭지점을 지정하여 정의한다.
- 곡면까지 : 회전 각도를 요소 개체의 곡면 또는 평면을 지정하여 정의한다.
- 곡면으로부터 오프셋 : 회전 각도를 요소 개체의 곡면 또는 평면으로부터의 거리값으로 정의한다.
- 중간 평면 : 회전 각도를 스케치 평면을 기준으로 양 방향의 각도값으로 정의한다.

- 방향 2

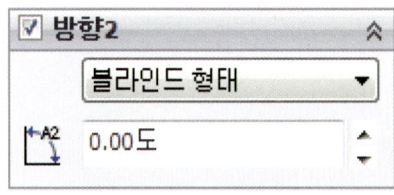 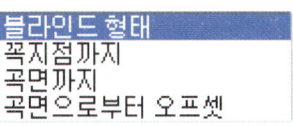

- 블라인드 형태 : 시작 위치로부터의 개체의 회전 각도를 입력한다.
- 꼭지점까지 : 회전 각도를 요소 개체의 꼭지점을 지정하여 정의한다.
- 곡면까지 : 회전 각도를 요소 개체의 곡면 또는 평면을 지정하여 정의한다.
- 곡면으로부터 오프셋 : 회전 각도를 요소 개체의 곡면 또는 평면으로부터의 거리값으로 정의한다.

■ 얇은 피처(T)

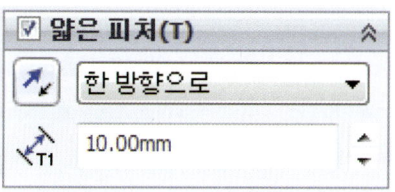

- 한 방향으로 : 스케치 요소 개체로부터 거리값을 입력하여 한 방향으로 회전한다.
- 중간 평면 : 스케치 요소 개체로부터 거리값을 입력하여 양 방향으로 회전한다.
- 두 방향으로 : 스케치 요소 개체로부터 각각 거리값을 입력하여 양 방향으로 회전한다.

■ 선택 프로파일(S) : 스케치 요소 개체의 영역을 지정한다.

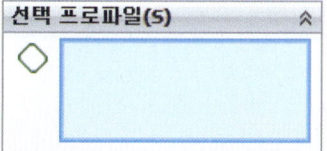

스윕 보스/베이스

스윕 보스/베이스 명령은 프로파일 단면 스케치와 경로 스케치가 작성되어야 하며 닫힌 프로파일이나 열린 프로파일을 사용할 수 있고 경로 또한 닫힌 경로 또는 열린 경로를 사용할 수 있다.

풀다운 메뉴 도구 ⇨ 삽입 ⇨ 보스/베이스 ⇨ 스윕을 선택하여 사용할 수 있다.

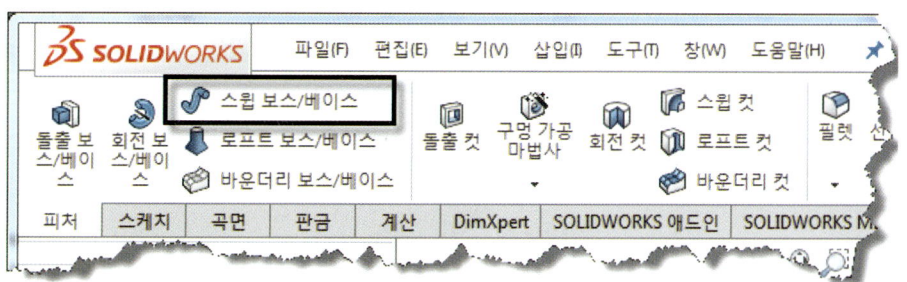

예제파일의 압축을 풀고 SW_DATA 폴더/스윕 보스_베이스/스윕 보스_베이스1.sldprt 파일을 열기한다.

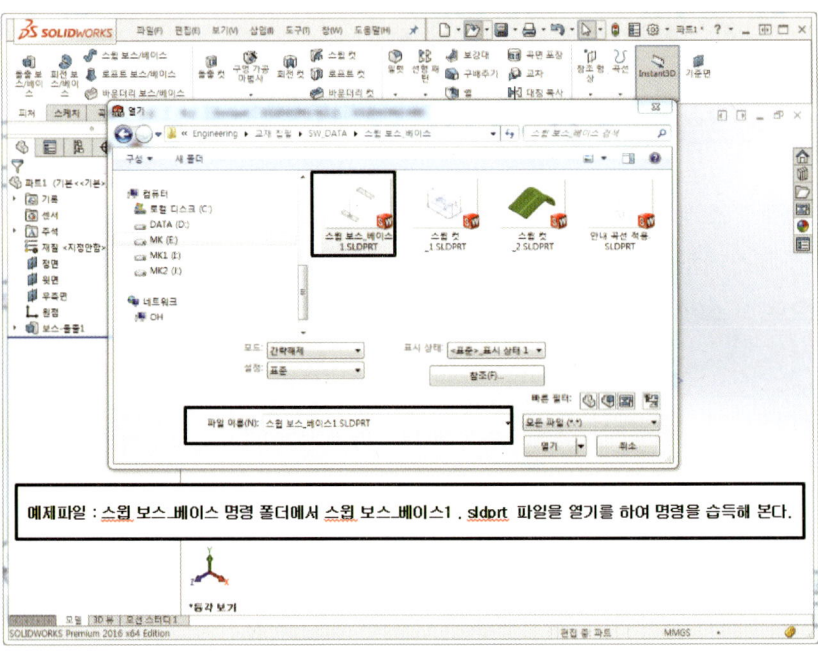

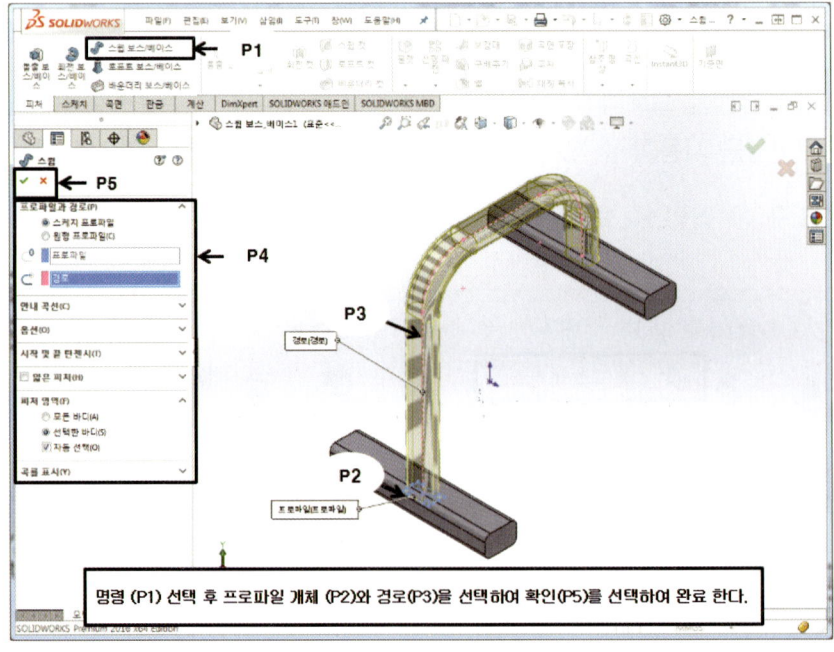

- **프로파일과 경로(P)**
  - 프로파일 : 경로를 따라 생성될 단면 스케치 개체이다.
  - 경로 : 작성된 스케치 단면 요소가 형상으로 정의될 경로 스케치 개체이다.

- **옵션(O)**

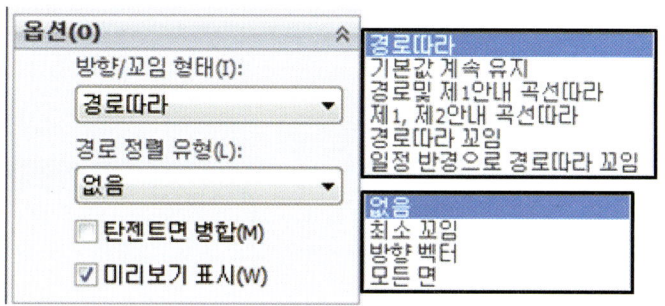

  - 방향/꼬임 형태 : 경로를 따라 생성될 형상의 조건을 정의한다.
  - 경로 정렬 유형(L) : 선택된 단면 스케치 요소 개체가 경로를 따라 정렬될 조건을 정의한다.
  - 탄젠트면 병합(M) : 생성된 형상 개체에 접촉면 병합 구속을 정의한다.
  - 미리보기 표시(W) : 작성된 형상 개체를 미리보기 표시한다.

- **안내 곡선(C)** : 경로 곡선 외에 단면 스케치 요소를 형상으로 정의하기 위한 안내 곡선을 정의한다.

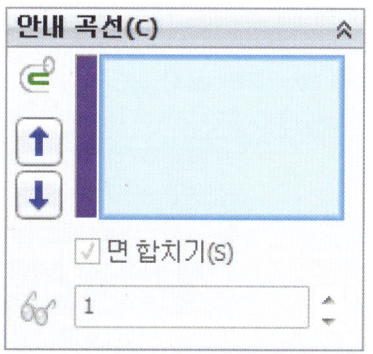

- **시작/끝 탄젠시(T)** : 생성되는 형상의 시작과 끝부분의 형상을 정의한다.

- **얇은 피처(T)**

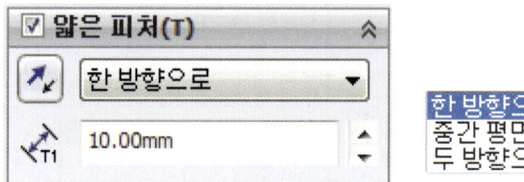

- 한 방향으로 : 스케치 요소 개체로부터 거리값을 입력하여 한 방향으로 회전한다.
- 중간 평면 : 스케치 요소 개체로부터 거리값을 입력하여 양 방향으로 회전한다.
- 두 방향으로 : 스케치 요소 개체로부터 각각 거리값을 입력하여 양 방향으로 회전한다.

스윕 컷

스윕 보스/베이스 명령은 프로파일 단면 스케치와 경로 스케치가 작성되어야 하며 닫힌 프로파일 이나 열린 프로파일을 사용할 수 있고 경로 또한 닫힌 경로 또는 열린 경로를 사용할 수 있다.

풀다운 메뉴 도구 ⇨ 삽입 ⇨ 컷 ⇨ 스윕을 선택하여 사용할 수 있다.

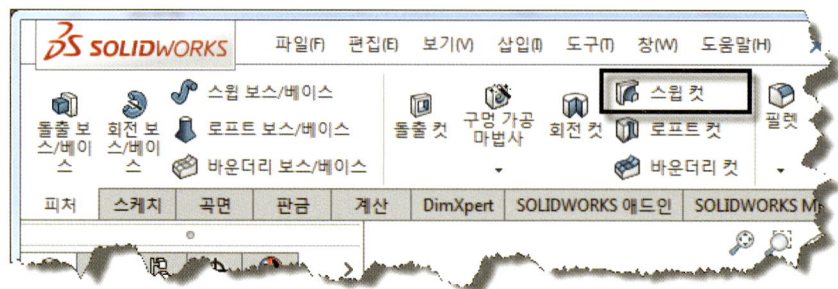

예제파일의 압축을 풀고 SW_DATA 폴더/스윕 보스_베이스/스윕 컷_1.sldprt 파일을 열기한다.

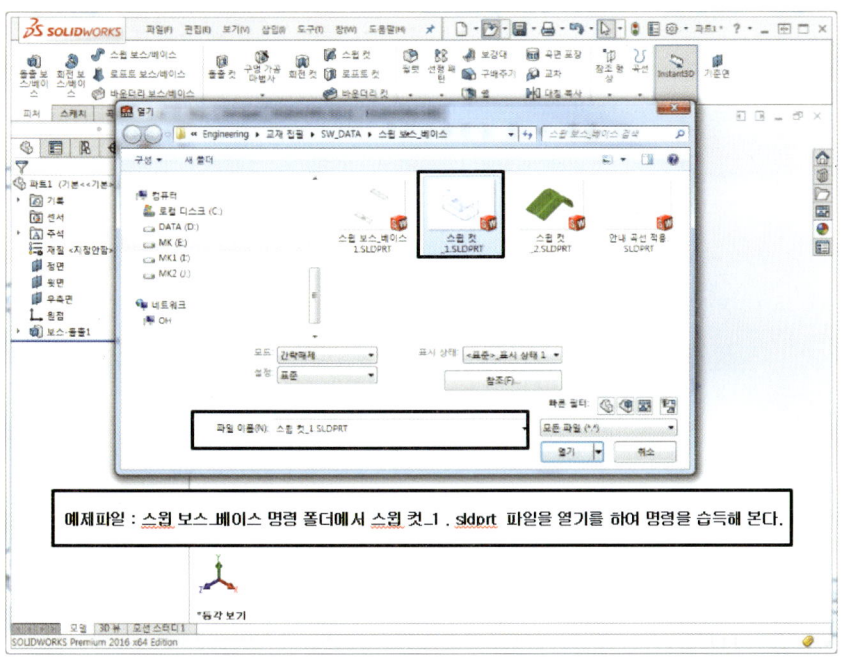

예제파일 : 스윕 보스_베이스 명령 폴더에서 스윕 컷_1 . sldprt 파일을 열기를 하여 명령을 습득해 본다.

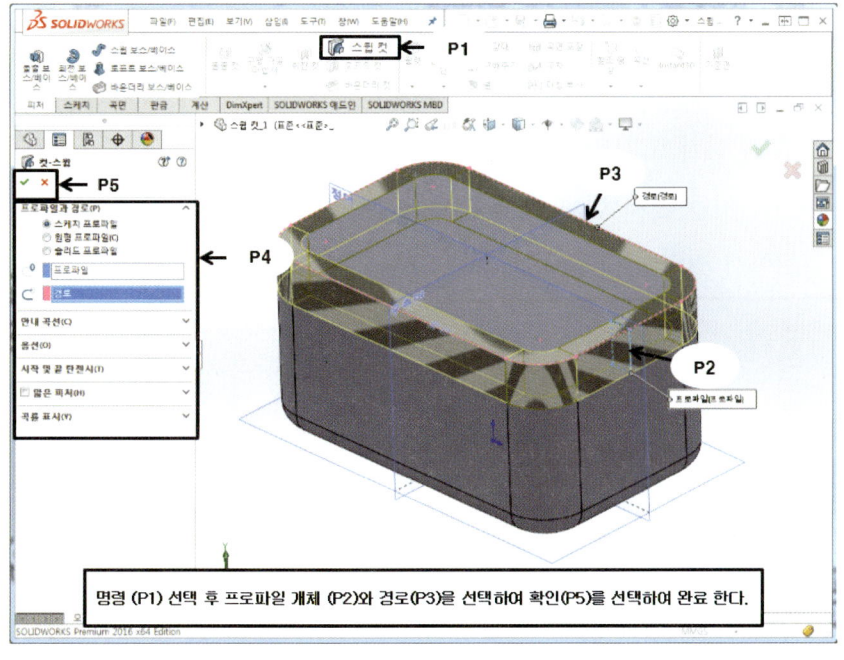

명령 (P1) 선택 후 프로파일 개체 (P2)와 경로(P3)을 선택하여 확인(P5)를 선택하여 완료 한다.

- **프로파일과 경로(P)**
  - 프로파일 : 경로를 따라 생성될 단면 스케치 개체이다.
  - 경로 : 작성된 스케치 단면 요소가 형상으로 정의될 경로 스케치 개체이다.

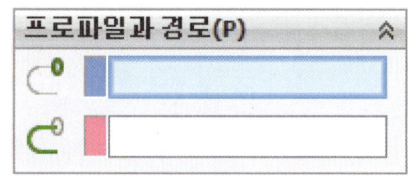

- **옵션(O)**

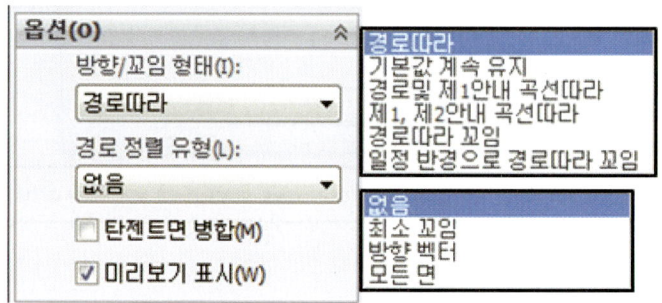

  - 방향/꼬임 형태 : 경로를 따라 생성될 형상의 조건을 정의한다.
  - 경로 정렬 유형(L) : 선택된 단면 스케치 요소 개체가 경로를 따라 정렬될 조건을 정의한다.
  - 탄젠트면 병합(M) : 생성된 형상 개체에 접촉면 병합 구속을 정의한다.
  - 미리보기 표시(W) : 작성된 형상 개체를 미리보기 표시한다.

- **안내 곡선(C)** : 경로 곡선 외에 단면 스케치 요소를 형상으로 정의하기 위한 안내 곡선을 정의한다.

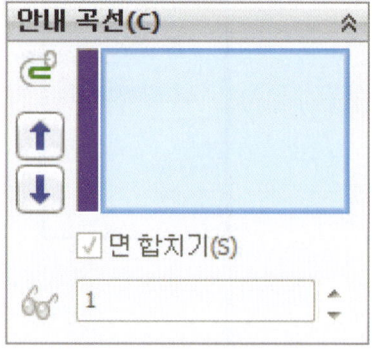

- **시작/끝 탄젠시(T)** : 생성되는 형상의 시작과 끝부분의 형상을 정의한다.

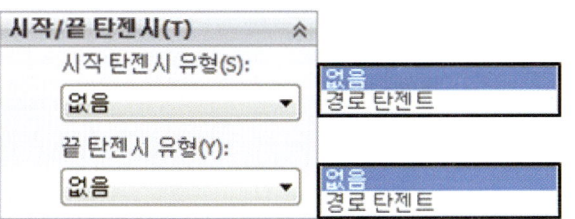

- **얇은 피처(T)**

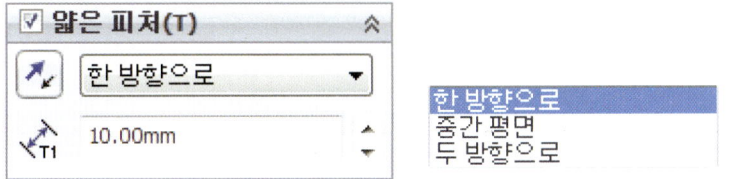

- 한 방향으로 : 스케치 요소 개체로부터 거리값을 입력하여 한 방향으로 회전한다.
- 중간 평면 : 스케치 요소 개체로부터 거리값을 입력하여 양 방향으로 회전한다.
- 두 방향으로 : 스케치 요소 개체로부터 각각 거리값을 입력하여 양 방향으로 회전한다.

로프트 보스/베이스

로프트 보스/베이스 명령은 여러 프로파일 단면 스케치 개체를 선택하여 형상을 작성한다.

풀다운 메뉴 도구 ⇨ 삽입 ⇨ 보스/베이스 ⇨ 로프트를 선택하여 사용할 수 있다.

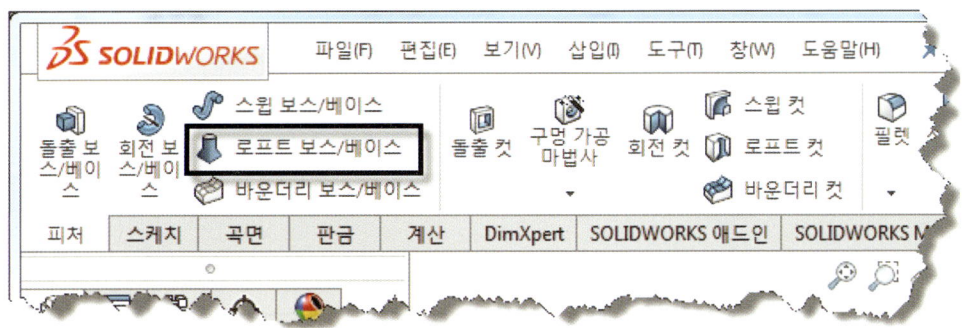

예제파일의 압축을 풀고 SW_DATA 폴더/로프트 보스_베이스/로프트 보스_베이스.sldprt 파일을 열기한다.

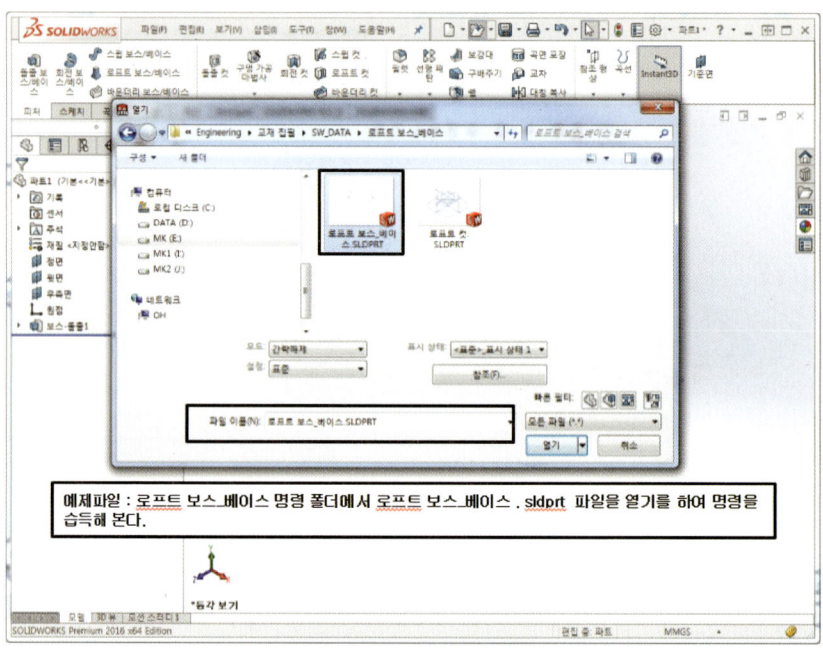

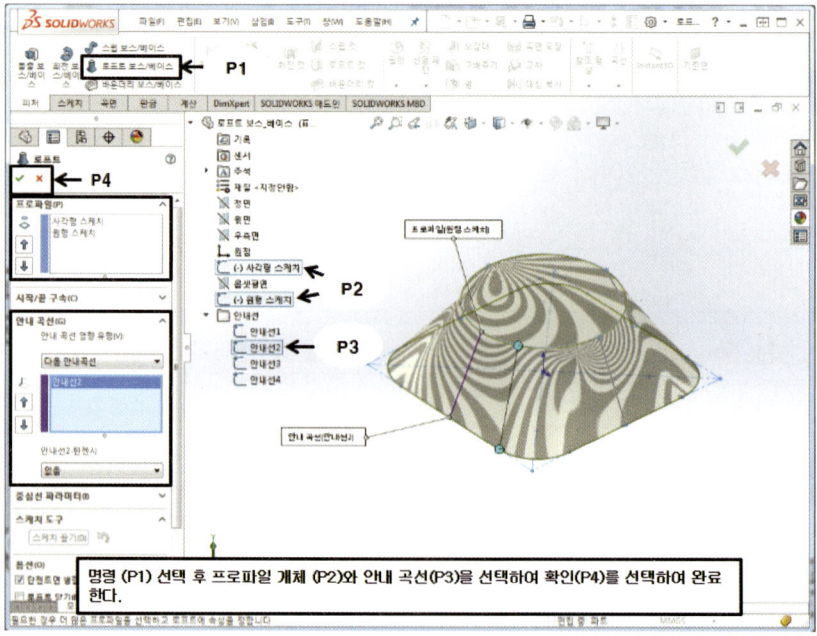

- **프로파일(P)** : 작성된 단면 프로파일을 각각 순차적으로 선택한다.

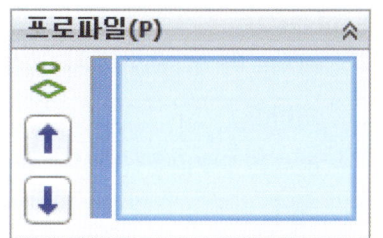

- **시작/끝 구속(C)** : 단면의 시작과 끝에 구속을 정의한다.

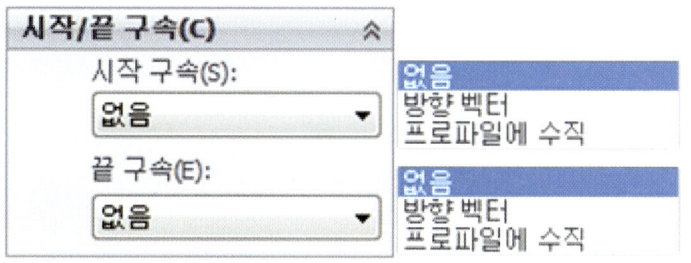

- **안내 곡선(G)** : 작성될 로프트 개체의 안내 곡선을 정의한다.

- **중심선 파라미터(I)** : 작성될 로프트 개체의 중심선 파라미터를 정의한다.

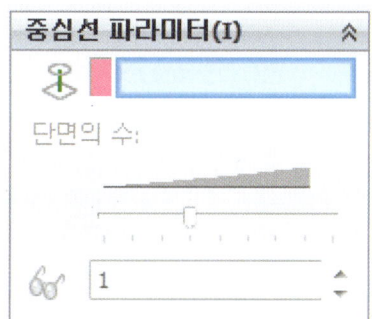

- 옵션(O)
    - 탄젠트면 병합(M) : 작성될 형상에 탄젠트 조건을 정의한다.
    - 로프트 닫기(F) : 작성될 형상에 끝 닫기 조건을 정의한다.
    - 미리보기 표시(W) : 작성될 형상의 미리보기를 표시한다.

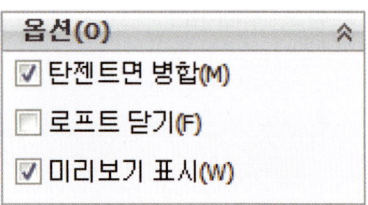

- 얇은 피처(H)

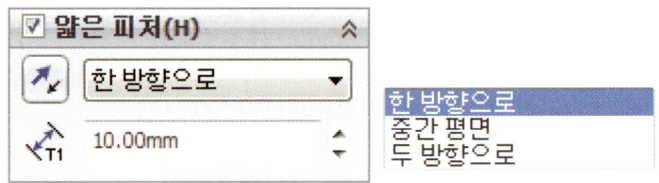

- 한 방향으로 : 스케치 요소 개체로부터 거리값을 입력하여 한 방향으로 회전한다.
- 중간 평면 : 스케치 요소 개체로부터 거리값을 입력하여 양 방향으로 회전한다.
- 두 방향으로 : 스케치 요소 개체로부터 각각 거리값을 입력하여 양 방향으로 회전한다.

로프트 컷

로프트 컷 명령은 여러 프로파일 단면 스케치 개체를 선택하여 로프트 컷 형상을 작성할 수 있다.

풀다운 메뉴 도구 ➡ 삽입 ➡ 로프트 컷 ➡ 로프트를 선택하여 사용할 수 있다.

STEP 03. 피처 작성하기 169

예제파일의 압축을 풀고 SW_DATA 폴더/로프트 보스_베이스/로프트 컷.sldprt 파일을 열기한다.

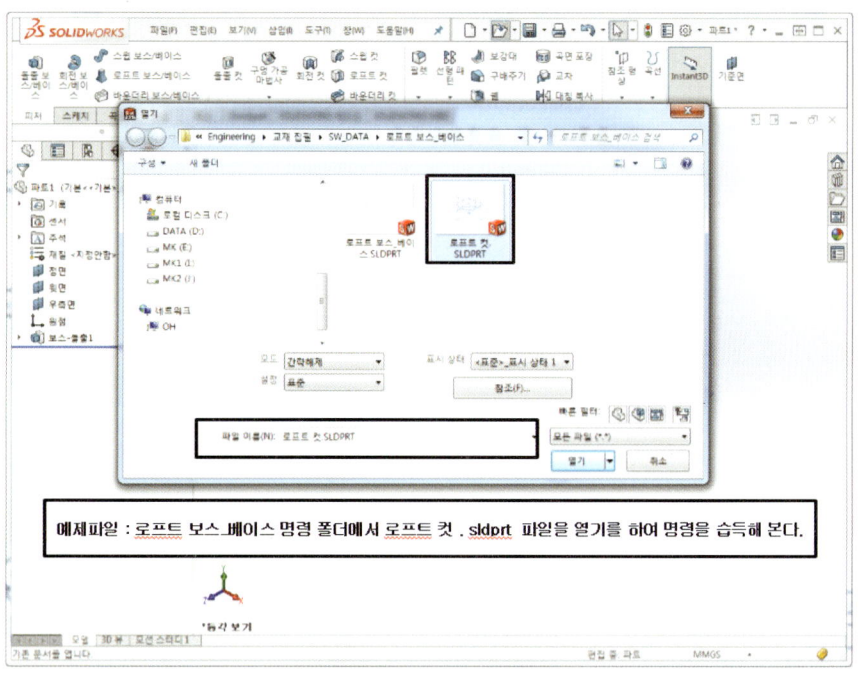

예제파일 : 로프트 보스_베이스 명령 폴더에서 로프트 컷 . sldprt 파일을 열기를 하여 명령을 습득해 본다.

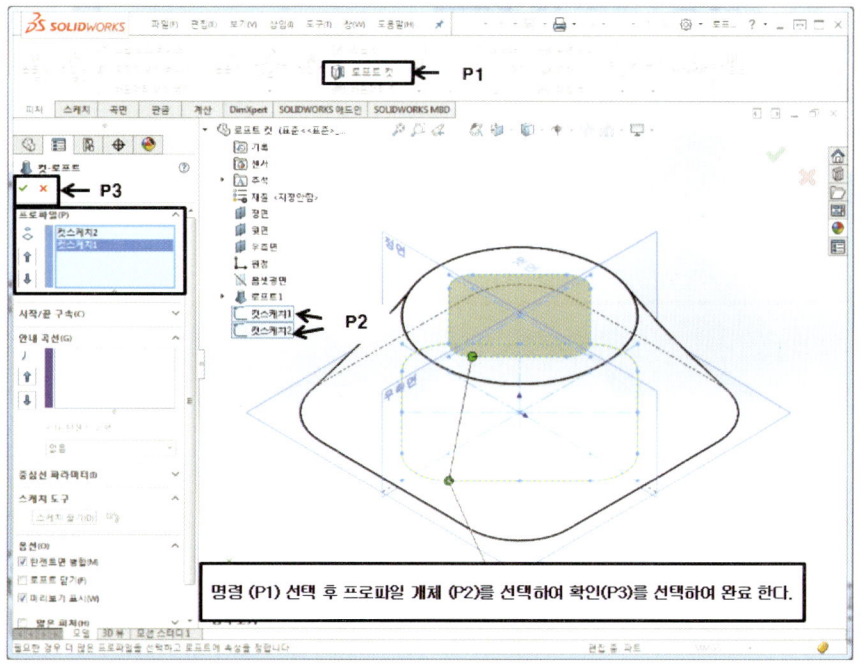

명령 (P1) 선택 후 프로파일 개체 (P2)를 선택하여 확인(P3)를 선택하여 완료 한다.

- **프로파일(P)** : 작성된 단면 프로파일을 각각 순차적으로 선택한다.

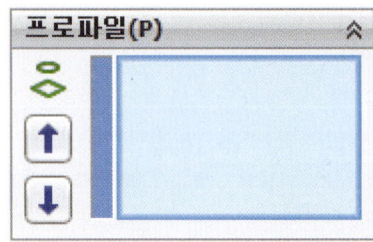

- **시작/끝 구속(C)** : 단면의 시작과 끝에 구속을 정의한다.

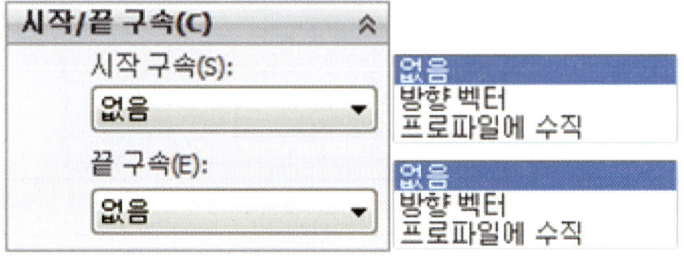

- **안내 곡선(G)** : 작성될 로프트 개체의 안내 곡선을 정의한다.

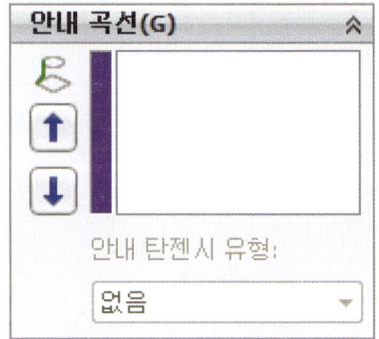

- **중심선 파라미터(I)** : 작성될 로프트 개체의 중심선 파라미터를 정의한다.

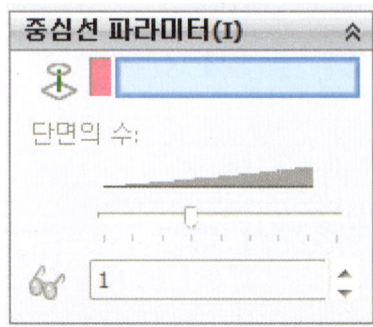

■ 옵션(O)
- 탄젠트면 병합(M) : 작성될 형상에 탄젠트 조건을 정의한다.
- 로프트 닫기(F) : 작성될 형상에 끝 닫기 조건을 정의한다.
- 미리보기 표시(W) : 작성될 형상의 미리보기를 표시한다.

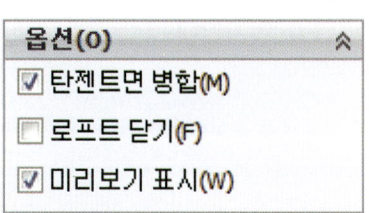

■ 얇은 피처(H)

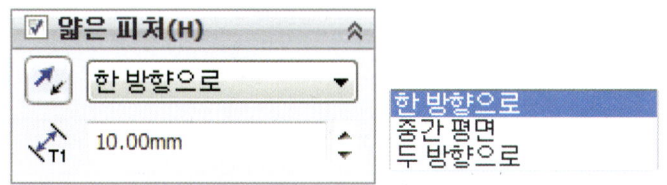

- 한 방향으로 : 스케치 요소 개체로부터 거리값을 입력하여 한 방향으로 회전한다.
- 중간 평면 : 스케치 요소 개체로부터 거리값을 입력하여 양 방향으로 회전한다.
- 두 방향으로 : 스케치 요소 개체로부터 각각 거리값을 입력하여 양 방향으로 회전한다.

바운더리 보스/베이스

바운더리 보스/베이스 명령은 프로파일 단면 스케치와 솔리드 형상의 면을 활용하여 형상을 작성한다.

풀다운 메뉴 도구 ⇨ 삽입 ⇨ 보스/베이스 ⇨ 바운더리를 선택하여 사용할 수 있다.

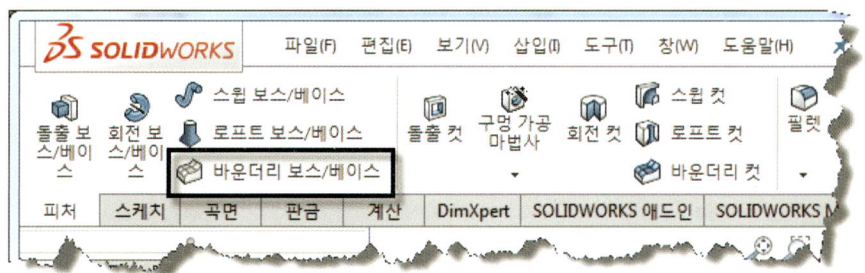

예제파일의 압축을 풀고 SW_DATA 폴더/바운더리 보스_베이스/바운더리 보스_베이스.sldprt 파일을 열기한다.

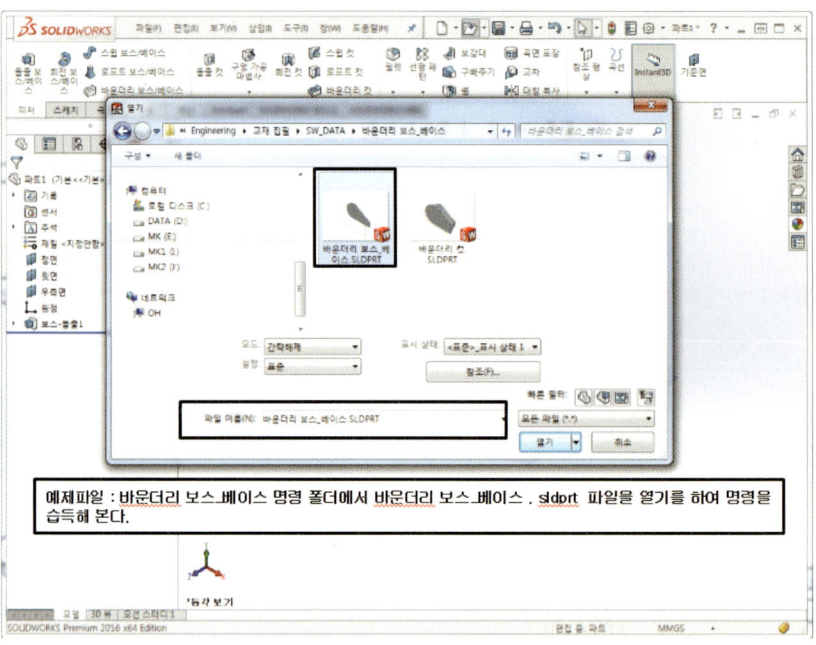

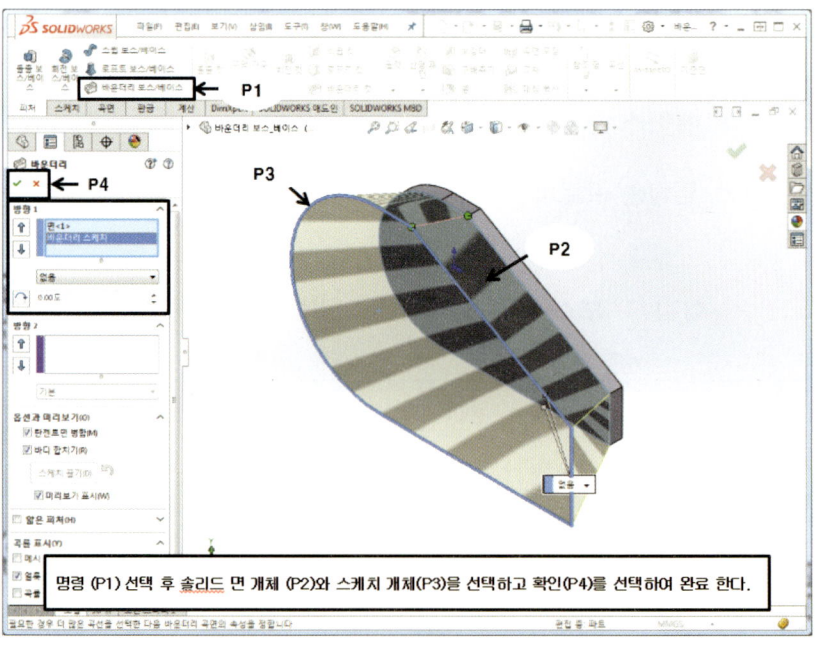

- **방향 1, 방향 2** : 바운더리 형상을 정의할 단면 스케치와 솔리드 면을 선택한다.

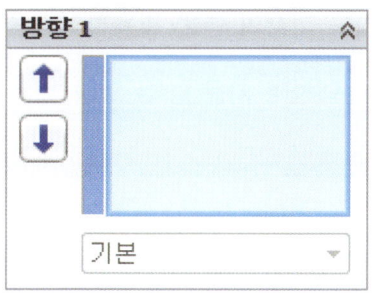 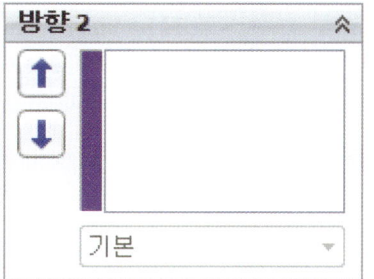

- **옵션과 미리보기(O)**

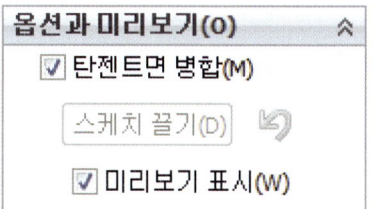

- 탄젠트면 병합(M) : 작성될 형상에 탄젠트 조건을 정의한다.
- 미리보기 표시(W) : 작성될 형상의 미리보기를 표시한다.

- **얇은 피처(H)**

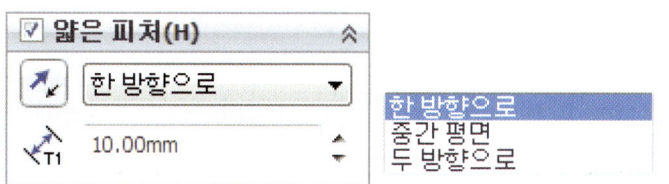

- 한 방향으로 : 스케치 요소 개체로부터 거리값을 입력하여 한 방향으로 회전한다.
- 중간 평면 : 스케치 요소 개체로부터 거리값을 입력하여 양 방향으로 회전한다.
- 두 방향으로 : 스케치 요소 개체로부터 각각 거리값을 입력하여 양 방향으로 회전한다.

바운더리 컷

바운더리 컷 명령은 프로파일 단면 스케치와 솔리드 형상의 면을 활용하여 형상을 작성한다.

풀다운 메뉴 도구 ⇨ 삽입 ⇨ 컷 ⇨ 바운더리를 선택하여 사용할 수 있다.

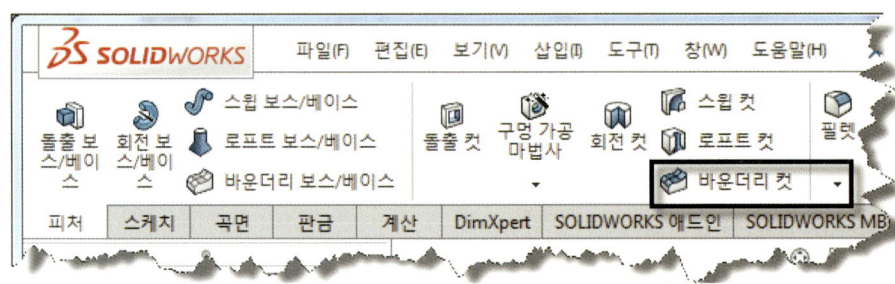

예제파일의 압축을 풀고 SW_DATA 폴더/바운더리 보스_베이스/바운더리 컷.sldprt 파일을 열기 한다.

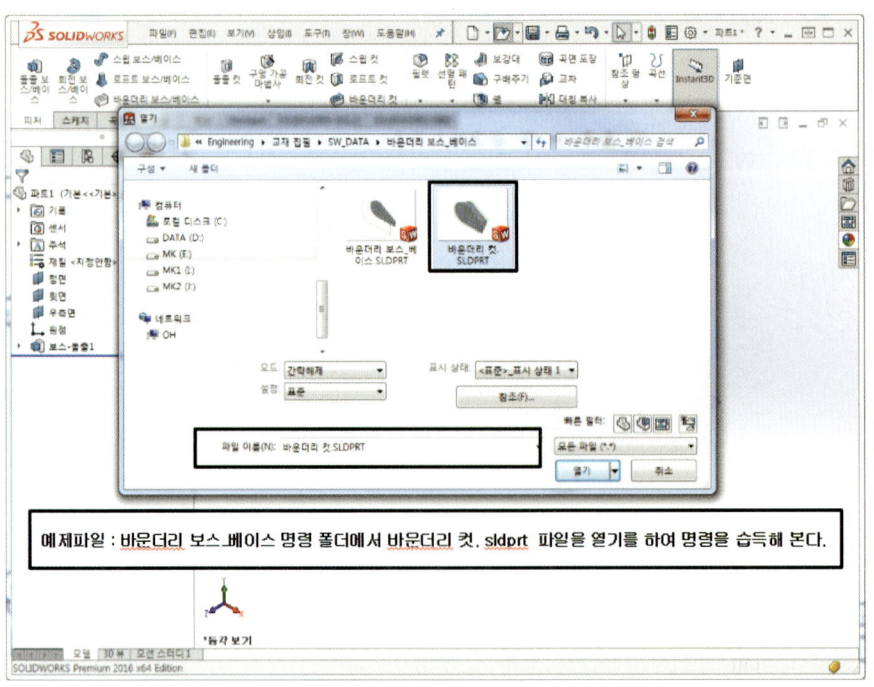

STEP 03. 피처 작성하기   175

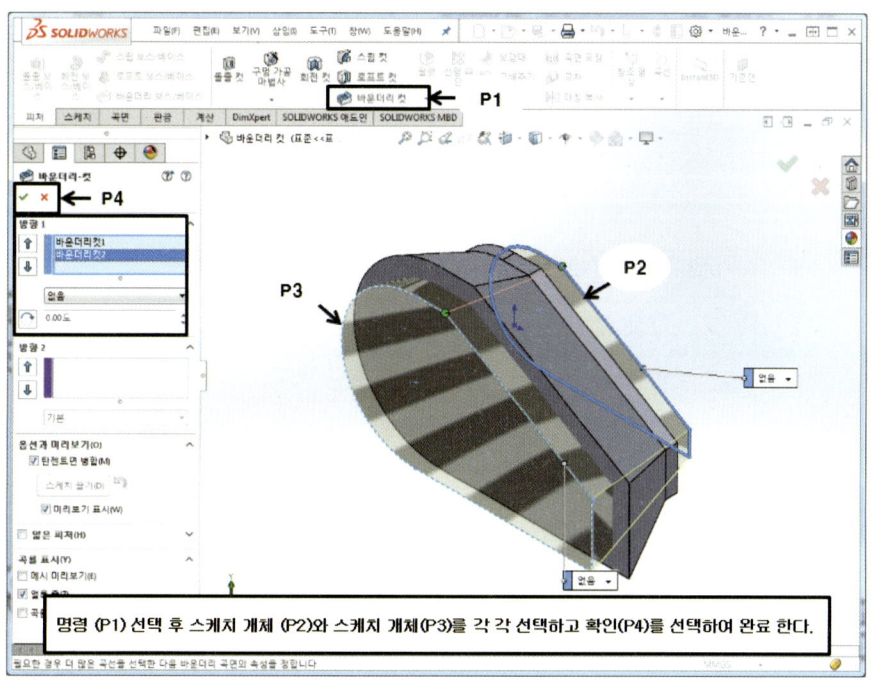

- **방향 1, 방향 2** : 바운더리 형상을 정의할 단면 스케치와 솔리드 면을 선택한다.

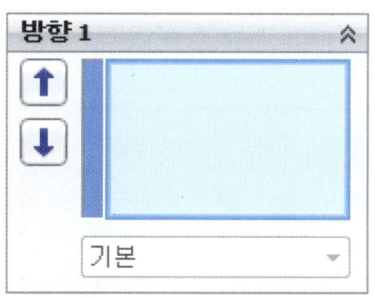   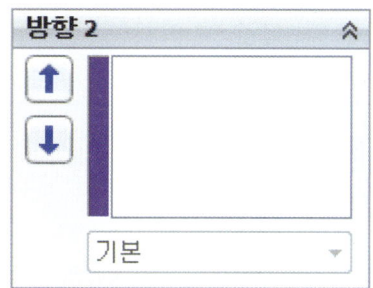

- **옵션과 미리보기(O)**

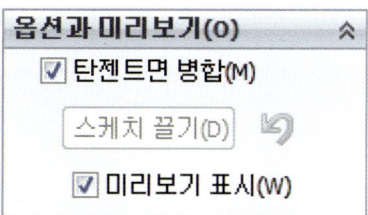

- 탄젠트면 병합(M) : 작성될 형상에 탄젠트 조건을 정의한다.
- 미리보기 표시(W) : 작성될 형상의 미리보기를 표시한다.

■ 얇은 피처(H)

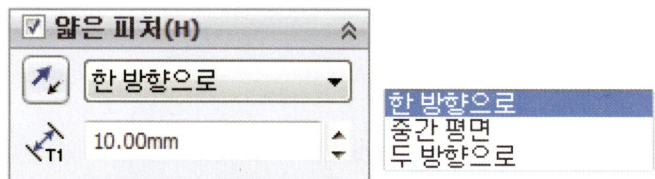

- 한 방향으로 : 스케치 요소 개체로부터 거리값을 입력하여 한 방향으로 회전한다.
- 중간 평면 : 스케치 요소 개체로부터 거리값을 입력하여 양 방향으로 회전한다.
- 두 방향으로 : 스케치 요소 개체로부터 각각 거리값을 입력하여 양 방향으로 회전한다.

필렛

필렛 명령은 작성된 솔리드 형상의 모서리에 필렛(모깎기)을 작성한다.

풀다운 메뉴 도구 ⇨ 삽입 ⇨ 피처 ⇨ 필렛을 선택하여 사용할 수 있다.

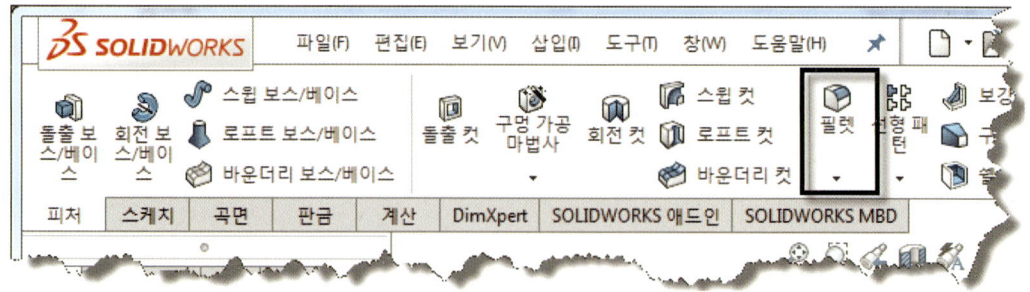

STEP 03. 피처 작성하기

예제파일의 압축을 풀고 SW_DATA 폴더/필렛/필렛.sldprt 파일을 열기한다.

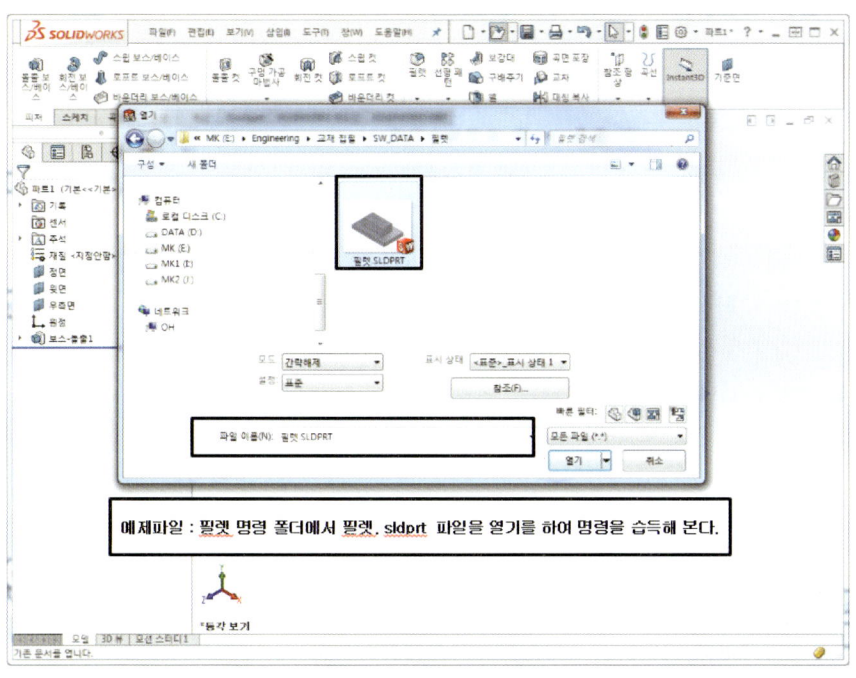

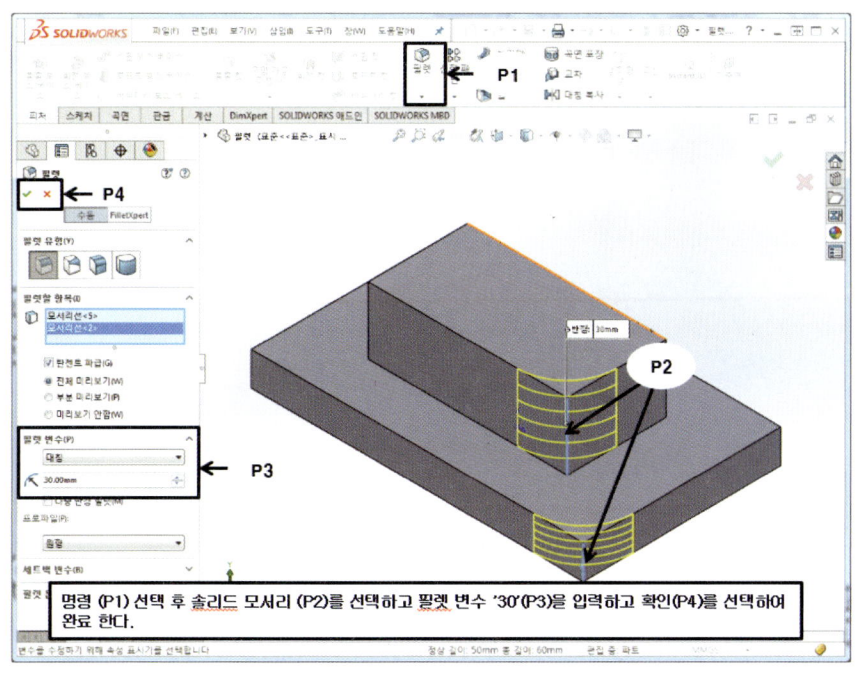

- **필렛 유형(Y)** : 작성될 필렛의 유형을 설정한다.

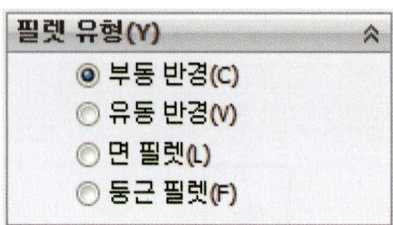

- 부동 반경(C) : 작성될 형상에 탄젠트 조건을 정의한다.
- 유동 반경(V) : 작성될 형상의 미리보기를 표시한다.
- 면 필렛(L) : 작성될 형상에 탄젠트 조건을 정의한다.
- 둥근 필렛(F) : 작성될 형상의 미리보기를 표시한다.

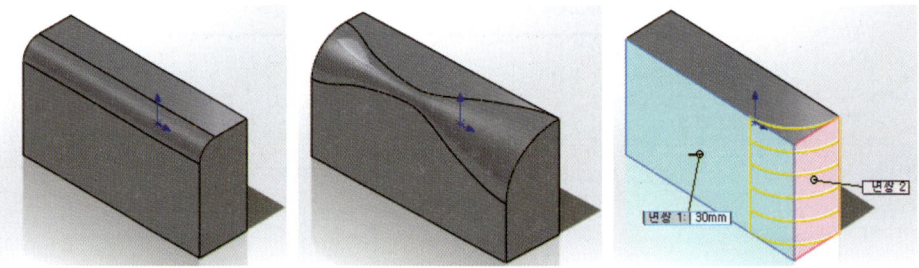

- **필렛할 항목(I)**

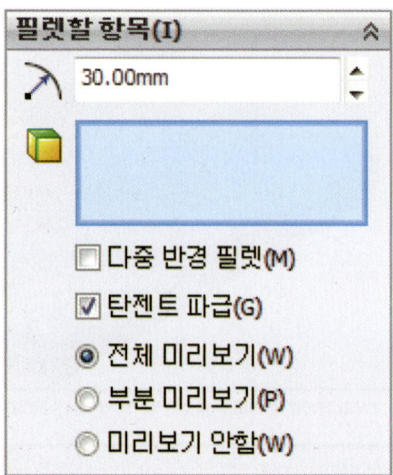

- 다중 반경 필렛(M) : 유동 반경 필렛 시 적용된다.
- 탄젠트 파급(G) : 필렛 적용된 모서리면에 탄젠트 조건이 적용된다.
- 전체 미리보기(W) : 전체 미리보기가 적용된다.
- 부분 미리보기(P) : 부분적인 미리보기가 적용된다.
- 미리보기 안 함(W) : 미리보기 없이 필렛이 적용된다.

■ **세트백 변수(B)** : 솔리드 개체의 3모서리를 선택 후 꼭지점을 지정하고 거리값을 입력하여 형상을 정의한다.

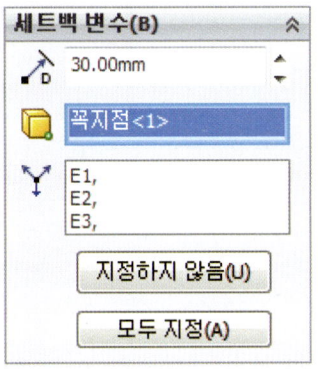 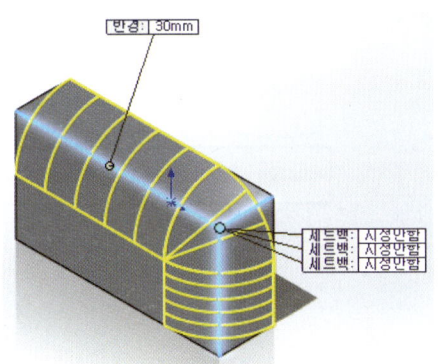

모따기

모따기 명령은 작성된 솔리드 형상의 모서리에 모따기(챔퍼)를 작성한다.

풀다운 메뉴 도구 ⇨ 삽입 ⇨ 피처 ⇨ 모따기를 선택하여 사용할 수 있다.

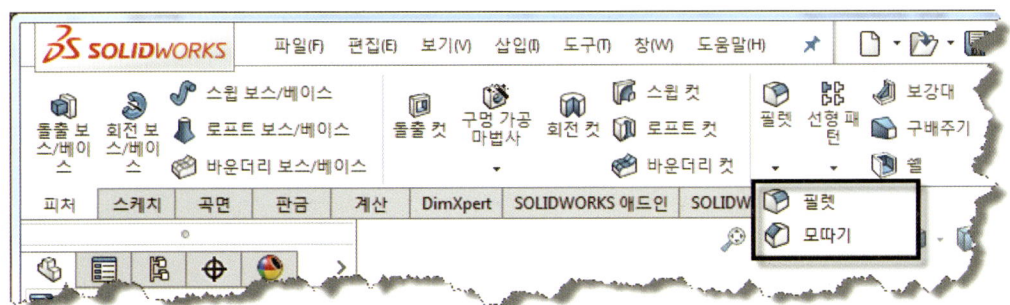

예제파일의 압축을 풀고 SW_DATA 폴더/모따기/모따기.sldprt 파일을 열기한다.

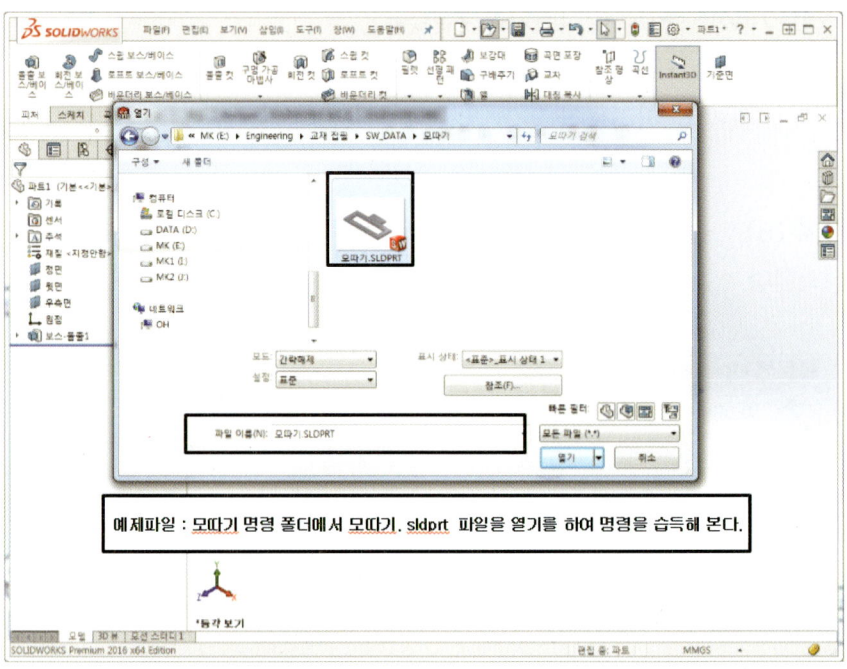

예제파일 : 모따기 명령 폴더에서 모따기.sldprt 파일을 열기를 하여 명령을 습득해 본다.

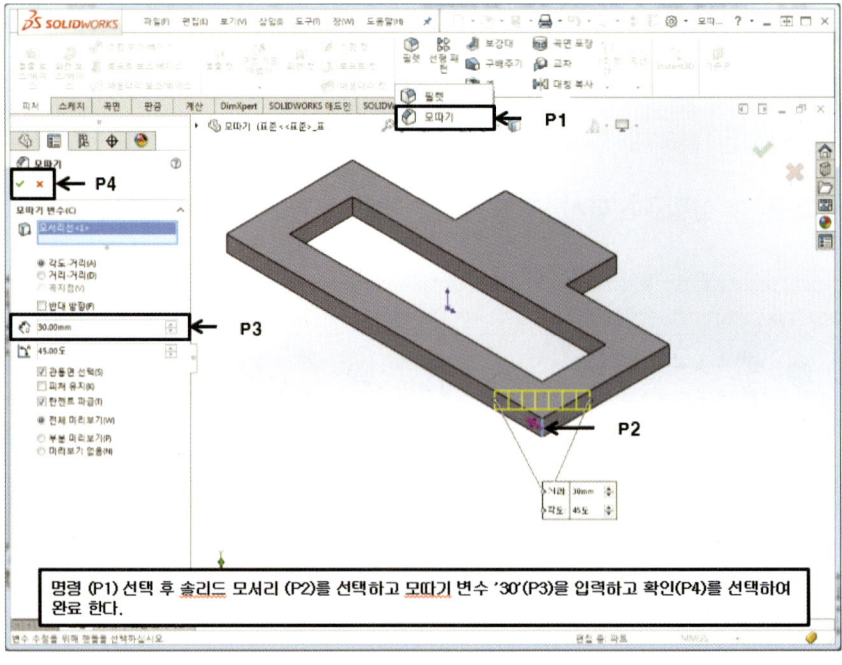

명령 (P1) 선택 후 솔리드 모서리 (P2)를 선택하고 모따기 변수 '30'(P3)을 입력하고 확인(P4)를 선택하여 완료 한다.

- **모따기 변수(C)** : 모따기 유형을 설정한다.

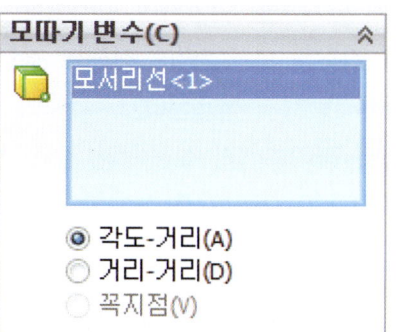

- 각도-거리(A) : 선택된 형상의 모서리에 각도와 거리값에 의한 모따기를 작성한다.
- 거리-거리(D) : 선택된 형상의 모서리에 두 거리값에 의한 모따기를 작성한다.
- 꼭지점(V) : 형상의 꼭지점을 지정하여 모따기를 작성한다.

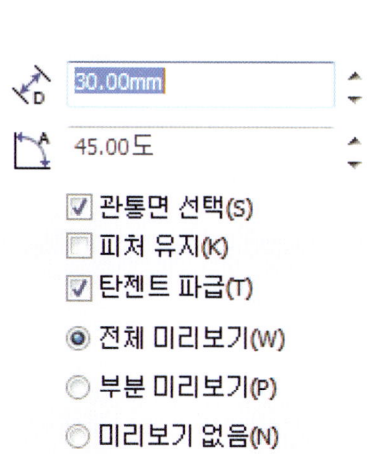

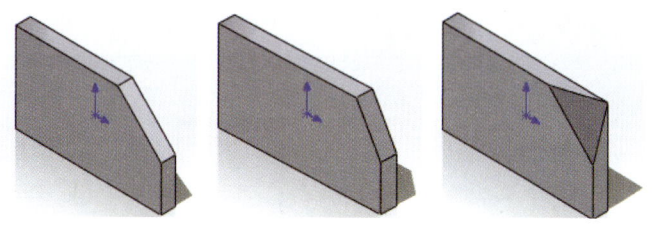

- 거리(D) : 모따기의 거리값을 적용한다.
- 각도(A) : 모따기의 각도값을 적용한다.

- 꼭지점(V) : 꼭지점을 지정하여 모따기를 적용한다.
- 관통면 선택(S) : 숨어 있는 모서리 관통된 면을 이용하여 모서리를 한다.
- 피처 유지(K) : 이미 작성된 피처들을 반영하여 모따기를 적용한다.
- 탄젠트 파급(T) : 모따기가 적용된 모서리면에 탄젠트 조건이 적용된다.
- 전체 미리보기(W) : 전체 미리보기가 적용된다.
- 부분 미리보기(P) : 부분적인 미리보기가 적용된다.
- 미리보기 없음(N) : 미리보기 없이 모따기를 적용한다.

구멍 가공 마법사

구멍 가공 마법사 명령은 작성된 솔리드 형상에 구멍 피처를 작성하며 구멍 규격 유형을 정하여 작성할 수 있다.

풀다운 메뉴 도구 ⇨ 삽입 ⇨ 피처 ⇨ 구멍 가공 마법사를 선택하여 사용할 수 있다.

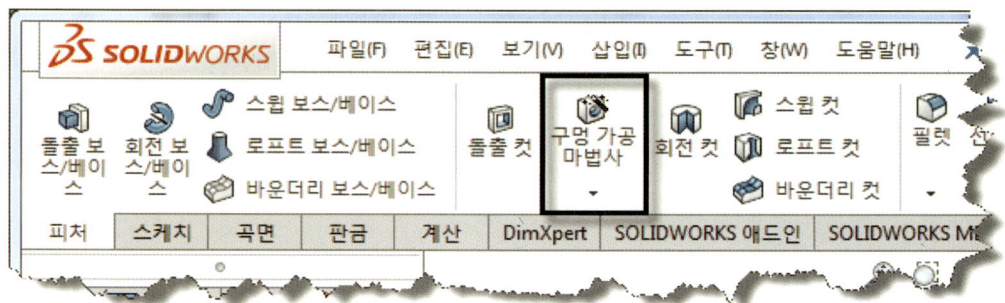

STEP 03. 피처 작성하기

예제파일의 압축을 풀고 SW_DATA 폴더/구멍 가공 마법사/구멍 가공 마법사.sldprt 파일을 열기한다.

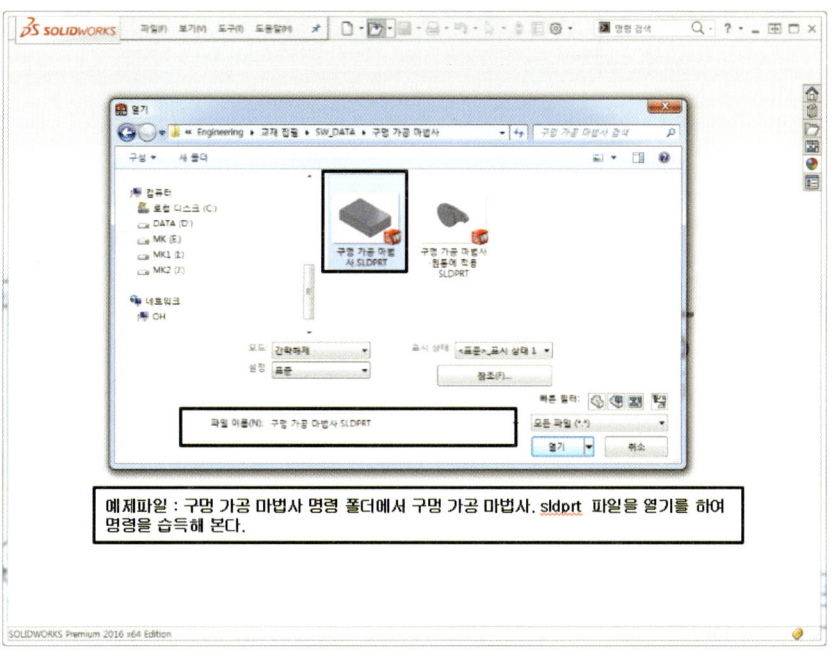

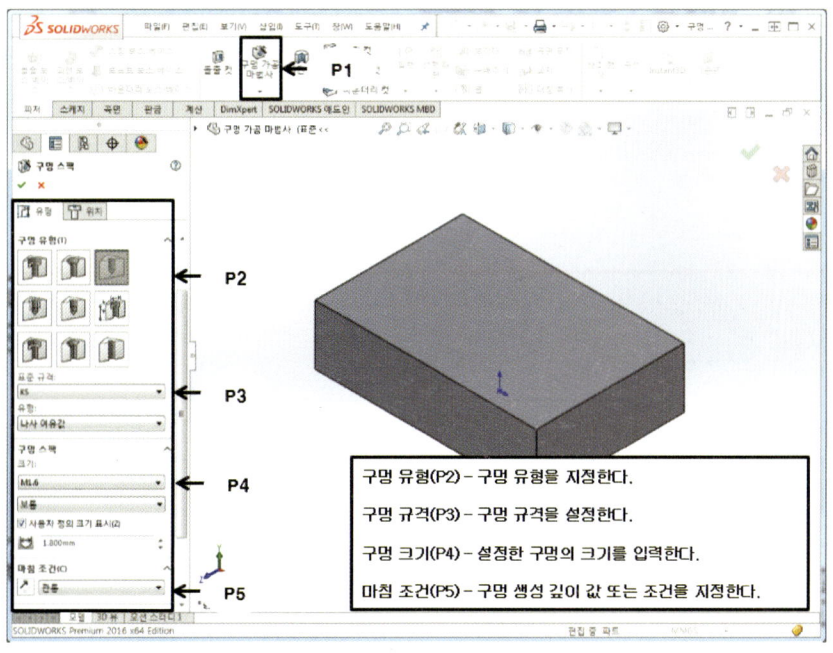

구멍 가공 마법사 정의 방법은 다음 그림과 같은 순서로 정의한다.

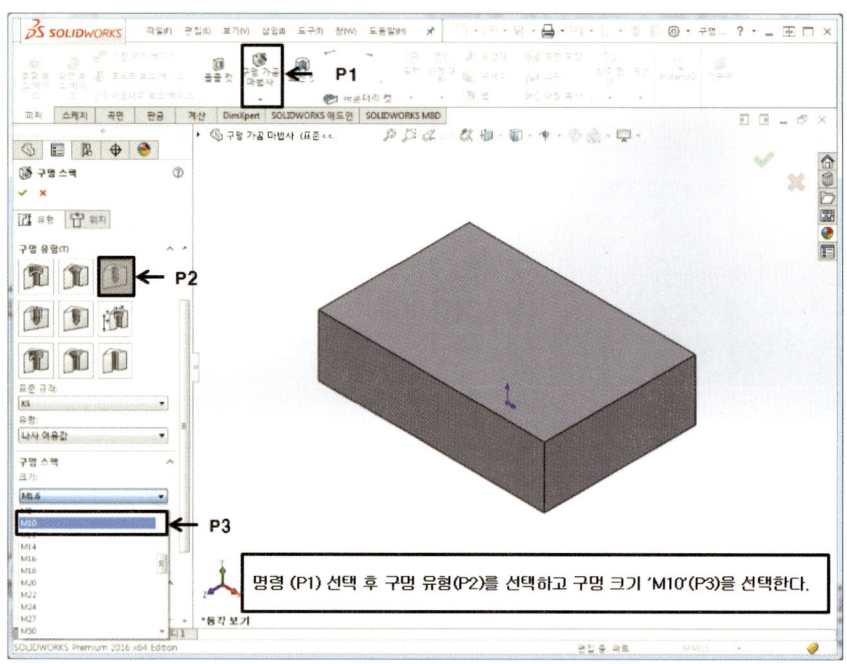

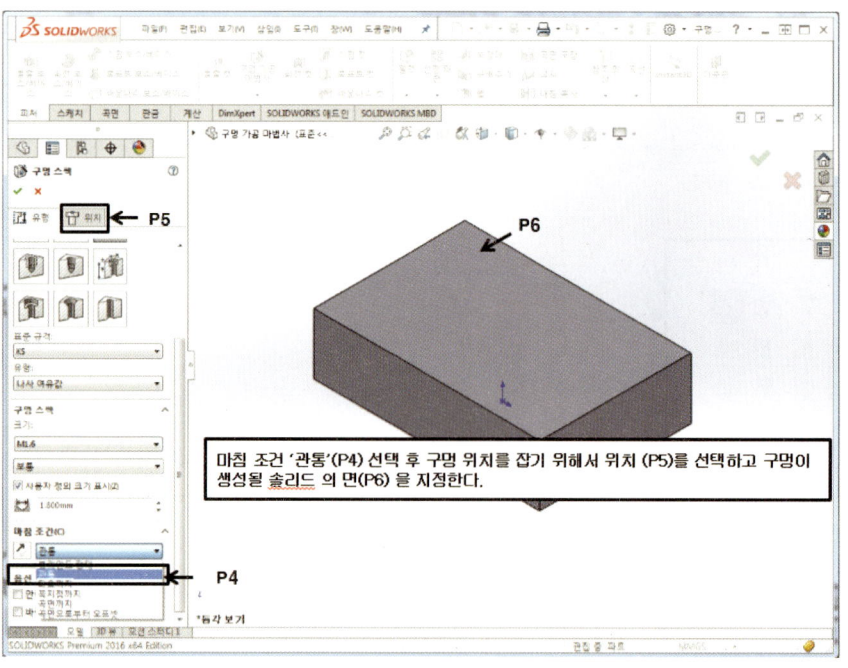

STEP 03. 피처 작성하기

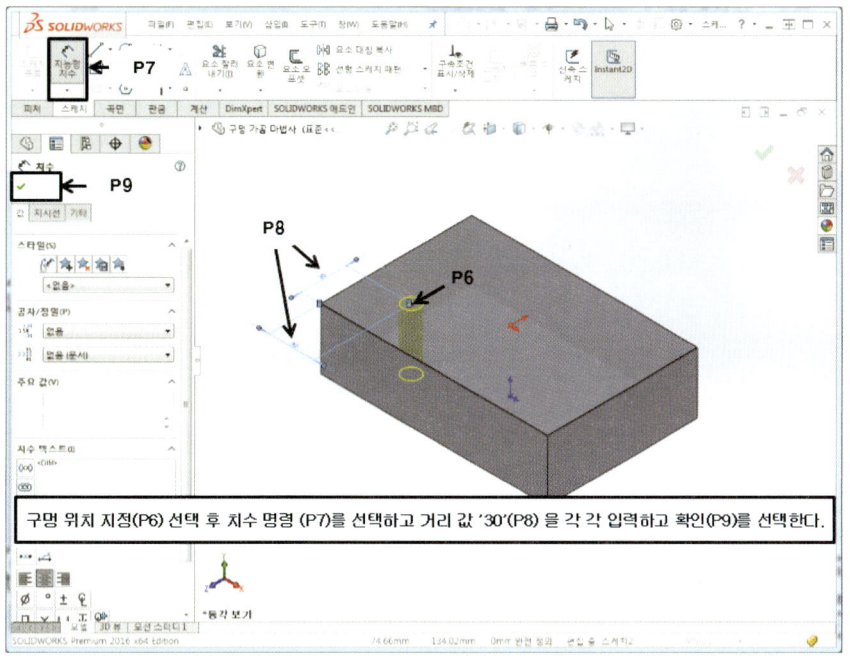

구멍 위치 지정(P6) 선택 후 치수 명령 (P7)를 선택하고 거리 값 '30'(P8) 을 각 각 입력하고 확인(P9)를 선택한다.

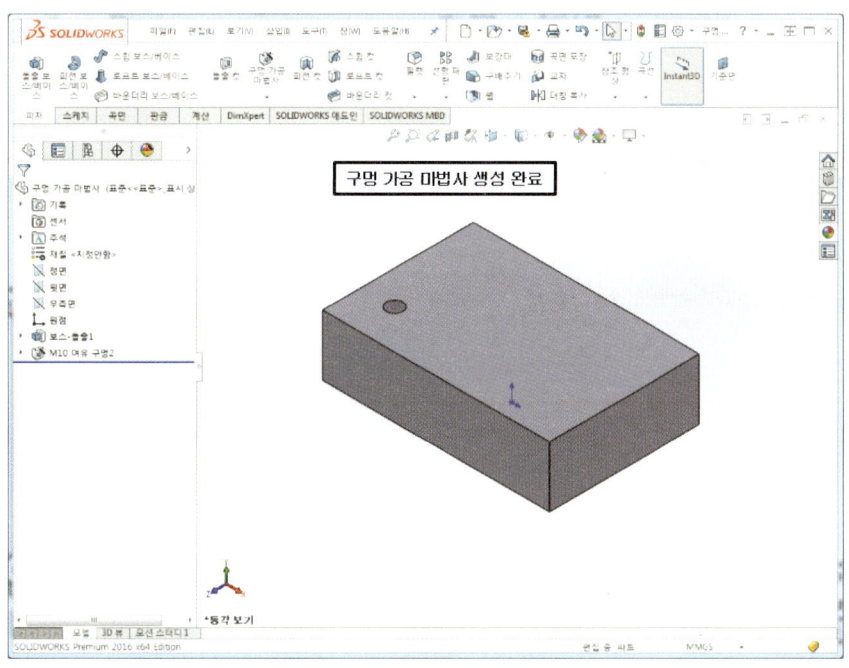

구멍 가공 마법사 생성 완료

- **유형** : 작성될 구멍의 유형을 설정한다.

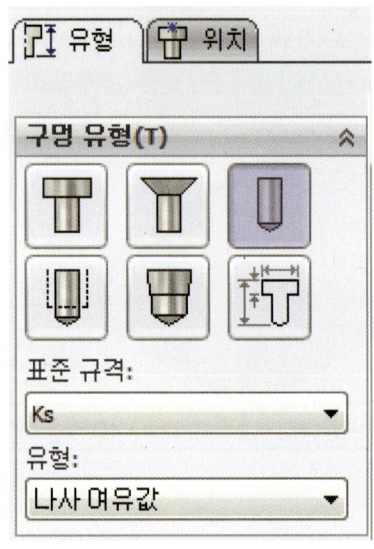 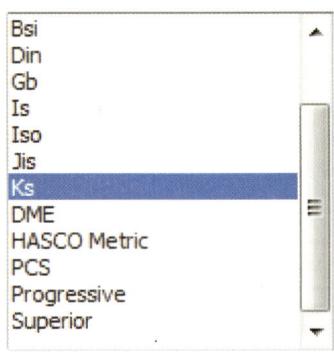

- 구멍 유형(T) : 구멍의 종류를 지정한다.
- 표준 규격 : 위 그림과 같이 다양한 규격을 적용할 수 있다.
- 유형 : 설정한 구멍의 형상 유형을 정의한다.

- **구멍 스팩** : 작성될 구멍의 스팩을 설정한다.

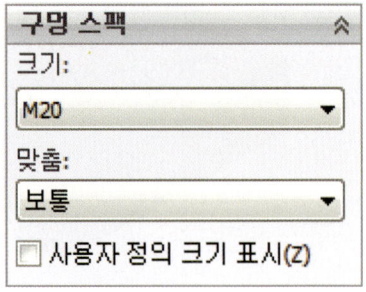

- 크기 : 작성될 구멍의 크기를 설정한다.
- 맞춤 : 작성될 구멍의 맞춤 조건을 설정한다.
- 사용자 정의 크기 표시(Z) : 작성될 구멍 크기를 사용자 정의한다. 〈다음 표 참조〉

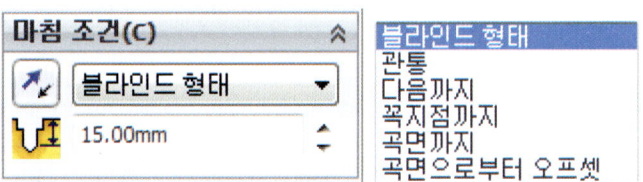

11.000mm	– 구멍 사용자 정의 입력
11.000mm / 17.500mm / 10.000mm	– 카운터 보어 사용자 정의 입력
2.400mm / 4.600mm / 92도	– 카운터 싱크 사용자 정의 입력

마침 조건(C) : 작성될 구멍의 마감 조건을 정의한다.

- 블라인드 형태 : 시작 위치로부터의 구멍 깊이의 거리를 입력한다.
- 관통 : 구멍 깊이를 요소 개체를 관통한 위치까지 정의한다.
- 꼭지점까지 : 구멍 깊이를 요소 개체의 꼭지점을 지정하여 정의한다.
- 곡면까지 : 구멍 깊이를 요소 개체의 곡면 또는 평면을 지정하여 정의한다.
- 곡면으로부터 오프셋 : 구멍 깊이를 요소 개체의 곡면 또는 평면으로부터의 거리값으로 정의한다.

옵션 : 작성된 구멍을 표시한다.

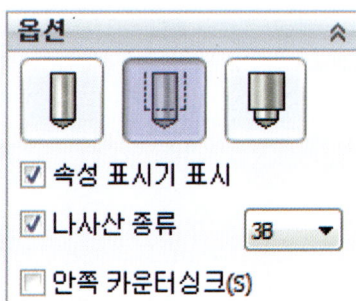

탭 드릴 지름 : 탭 드릴 지름의 구멍을 작성한다.

나사산 표시 : 나사산 표시와 함께 탭 드릴 지름의 구멍을 작성한다.

나사산 제거 : 나사산 지름의 구멍을 작성한다.

선형 패턴

선형 패턴 명령은 이미 작성된 형상 피처에 대해 X축과 Y축 방향과 복사될 개수 그리고 복사될 개체의 거리 등을 입력하여 복사하는 명령이다.

풀다운 메뉴 도구 ⇨ 삽입 ⇨ 패턴/대칭 복사 ⇨ 선형 패턴을 선택하여 사용할 수 있다.

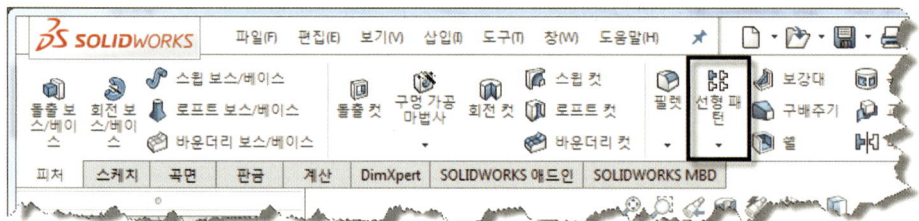

STEP 03. 피처 작성하기

예제파일의 압축을 풀고 SW_DATA 폴더/선형 패턴/선형 패턴.sldprt 파일을 열기한다.

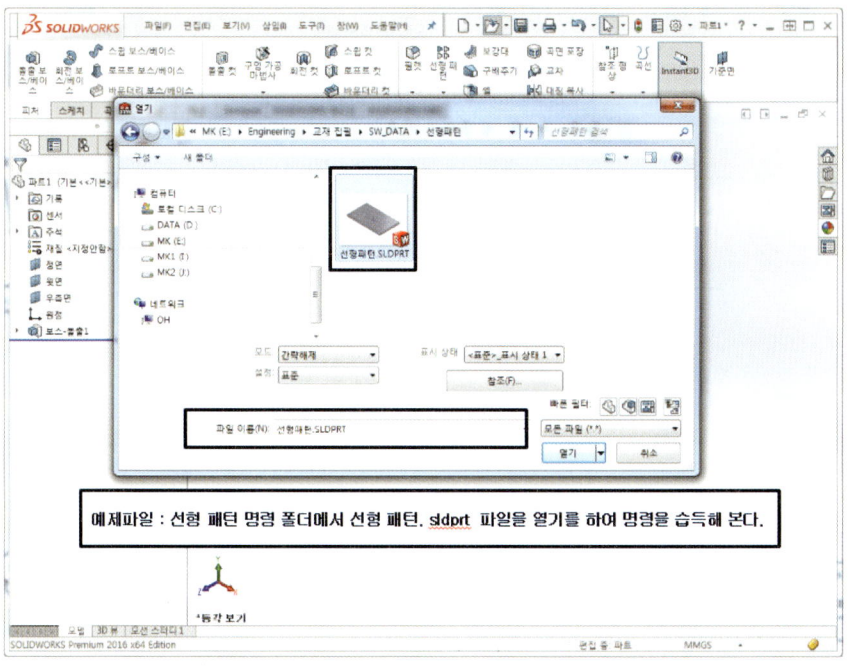

예제파일 : 선형 패턴 명령 폴더에서 선형 패턴.sldprt 파일을 열기를 하여 명령을 습득해 본다.

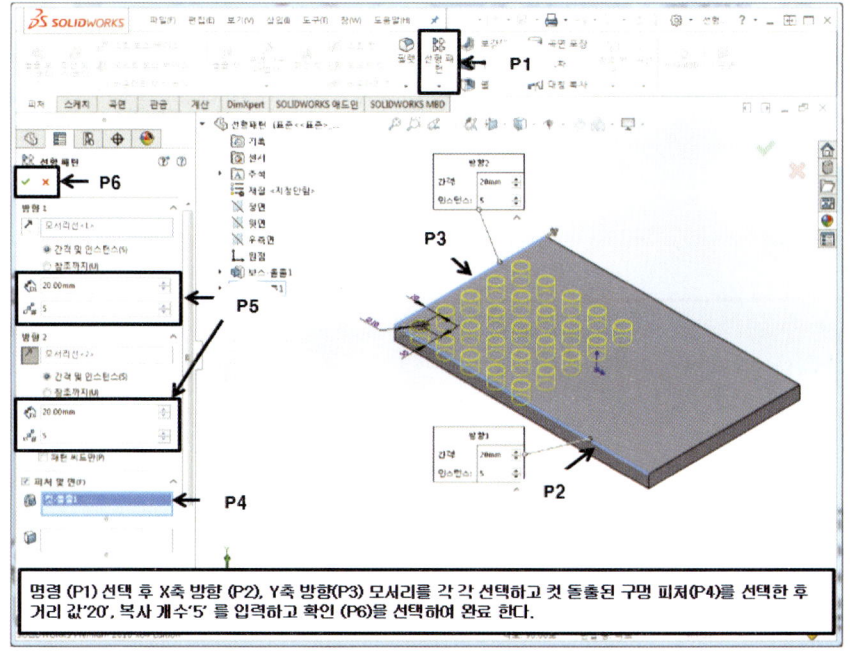

명령 (P1) 선택 후 X축 방향 (P2), Y축 방향(P3) 모서리를 각각 선택하고 컷 돌출된 구멍 피처(P4)를 선택한 후 거리 값'20', 복사 개수'5'를 입력하고 확인 (P6)을 선택하여 완료 한다.

- **방향 1, 방향 2** : 패턴을 정의할 피처의 방향을 정의한다.

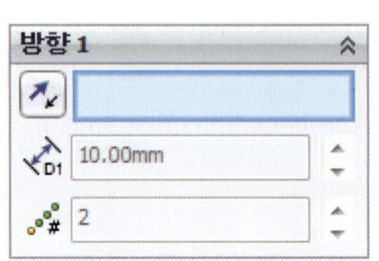 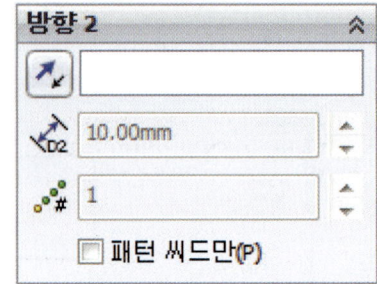

- 반대 방향 : 선택된 형상 피처 개체의 방향을 반전시킨다.
- 간격(D1, D2) : 선택된 형상 피처 개체의 거리값을 입력한다.
- 인스턴스 수 : 선택된 형상의 개수를 입력한다.

- **패턴할 피처(F)** : 패턴을 정의할 피처를 선택한다.

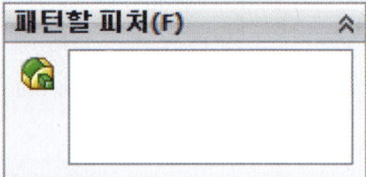

- **패턴할 면(A)** : 패턴을 정의할 면을 선택한다.

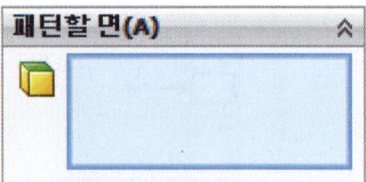

- **패턴할 바디(B)** : 패턴을 정의할 바디를 선택한다.

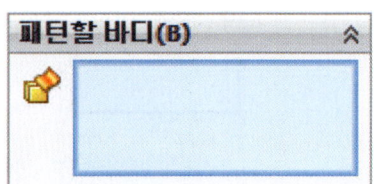

- **인스턴스 건너뛰기(I)** : 패턴으로 정의될 요소 개체 중 생성을 해제할 요소 개체를 선택한다.

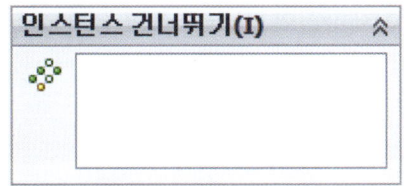

- **옵션(O)**
  - 스케치 수정(V) : 스케치를 수정한다.
  - 시각 속성 연장(P) : 요소 개체의 색상, 텍스처, 나사산 표시 등 시각적 속성을 유지한다.
  - 전체 미리보기(W) : 전체 미리보기가 적용된다.
  - 부분 미리보기(P) : 부분적인 미리보기가 적용된다.

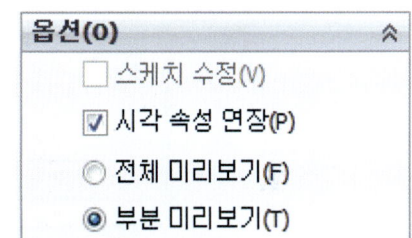

원형 패턴

원형 패턴 명령은 이미 작성된 형상 피처에 대해 회전축을 선택하여 각도와 복사될 개체의 개수를 입력하여 복사하는 명령이다.

풀다운 메뉴 도구 ➪ 삽입 ➪ 패턴/대칭 복사 ➪ 원형 패턴을 선택하여 사용할 수 있다.

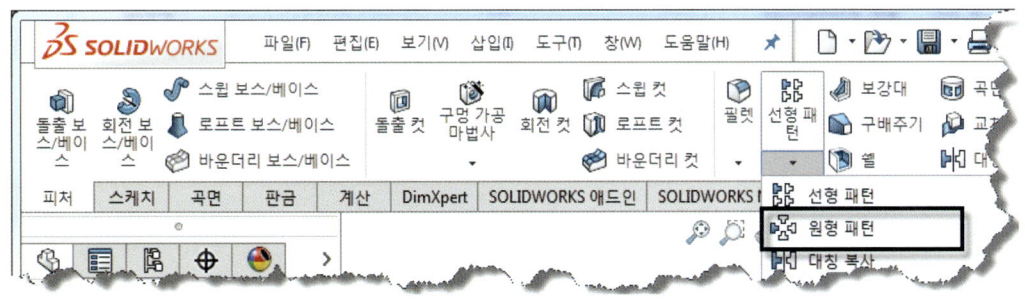

예제파일의 압축을 풀고 SW_DATA 폴더/원형 패턴/원형 패턴.sldprt 파일을 열기한다.

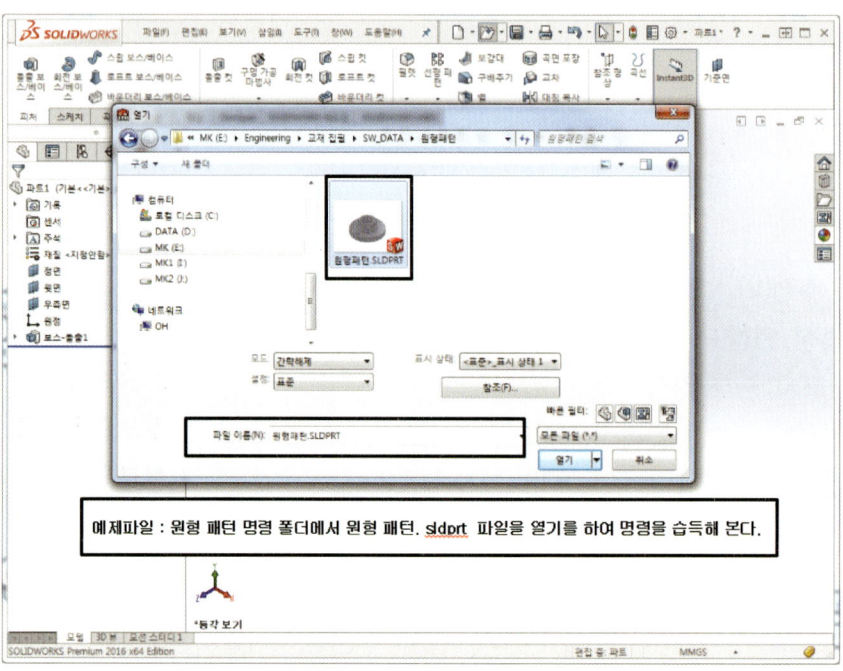

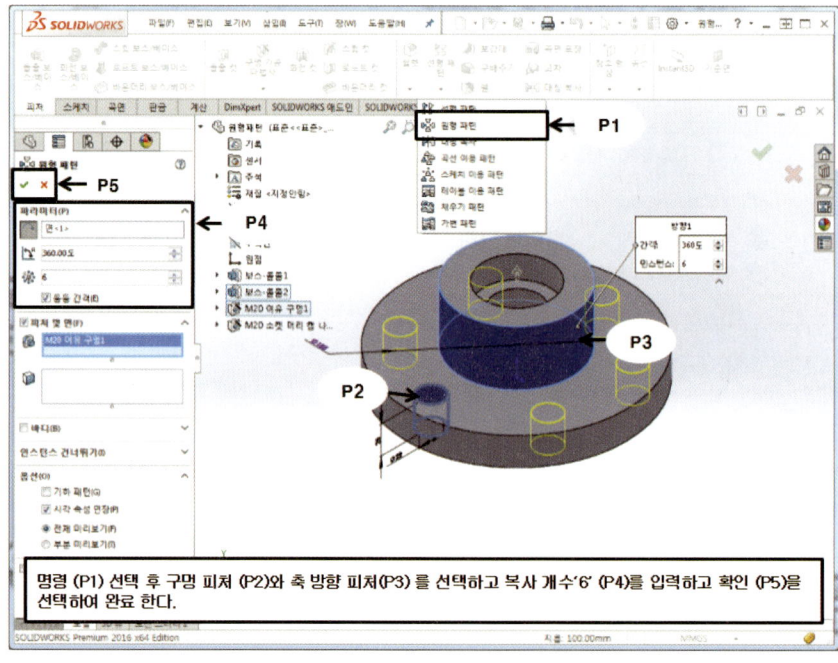

- **파라미터(P)** : 회전 패턴을 정의할 피처의 회전 방향, 각도, 개수를 정의한다.
    - 반대 방향 : 선택된 형상 피처 개체의 방향을 반전시킨다.
    - 각도 합계 : 선택된 형상 피처 개체 간의 각도 값을 입력한다.
    - 인스턴스 수 : 선택된 형상의 개수를 입력한다.

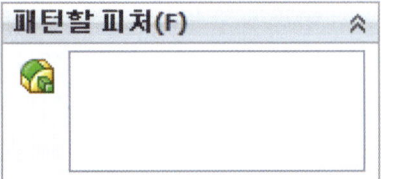

- **패턴할 피처(F)** : 패턴을 정의할 피처를 선택한다.

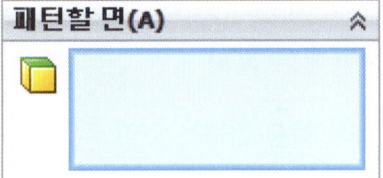

- **패턴할 면(A)** : 패턴을 정의할 면을 선택한다.

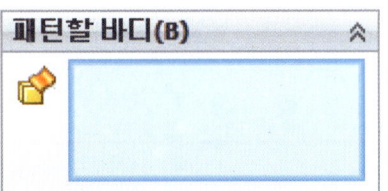

- **패턴할 바디(B)** : 패턴을 정의할 바디를 선택한다.

- **인스턴스 건너뛰기(I)** : 패턴으로 정의될 요소 개체 중 생성을 해제할 요소 개체를 선택한다.

■ 옵션(O)

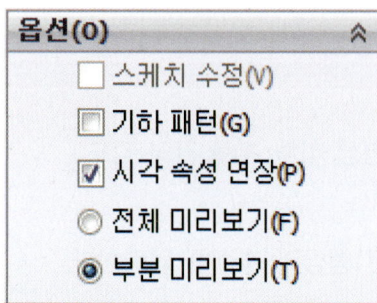

- 스케치 수정(V) : 스케치를 수정한다.
- 기하 패턴(G) : 기하학적 패턴을 정의한다.
- 시각 속성 연장(P) : 요소 개체의 색상, 텍스처, 나사산 표시 등 시각적 속성을 유지한다.
- 전체 미리보기(W) : 전체 미리보기가 적용된다.
- 부분 미리보기(P) : 부분적인 미리보기가 적용된다.

대칭 복사

대칭 복사 명령은 이미 작성된 형상 피처를 대칭 평면을 기준으로 대칭 복사하는 명령이다.

풀다운 메뉴 도구 ⇨ 삽입 ⇨ 패턴/대칭 복사 ⇨ 대칭 복사를 선택하여 사용할 수 있다.

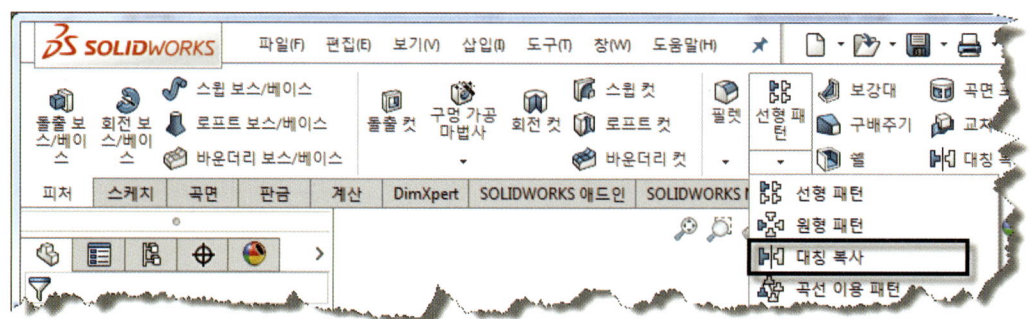

예제파일의 압축을 풀고 SW_DATA 폴더/대칭 복사/대칭 복사.sldprt 파일을 열기한다.

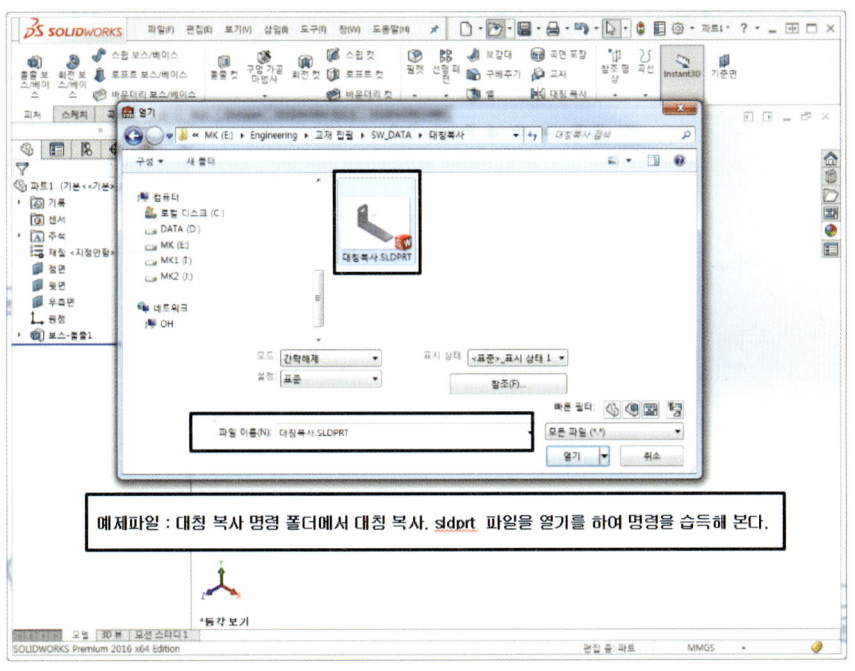

예제파일 : 대칭 복사 명령 폴더에서 대칭 복사.sldprt 파일을 열기를 하여 명령을 습득해 본다.

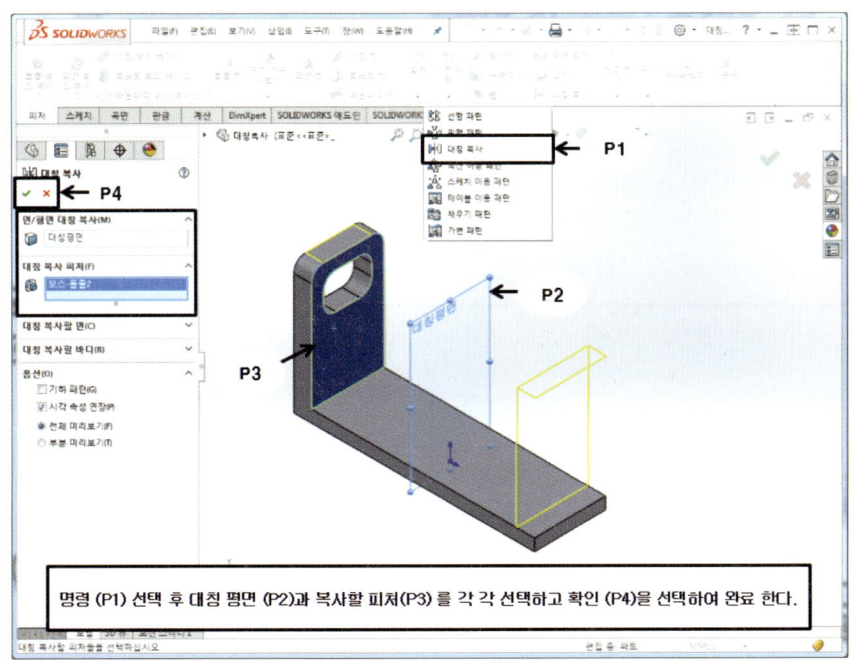

명령 (P1) 선택 후 대칭 평면 (P2)과 복사할 피처(P3)를 각 각 선택하고 확인 (P4)을 선택하여 완료 한다.

- **면/평면 대칭 복사(M)** : 대칭 복사할 기준 평면을 지정한다.

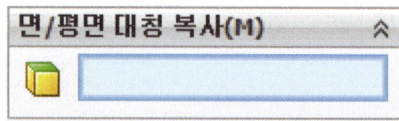

- **대칭 복사 피처(F)** : 대칭 복사할 피처를 선택한다.

- **대칭 복사할 면(A)** : 대칭 복사할 면을 선택한다.

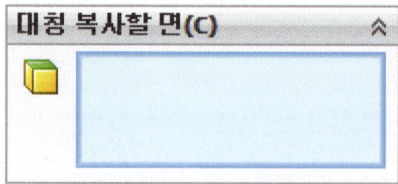

- **대칭 복사할 바디(B)** : 대칭 복사할 바디를 선택한다.

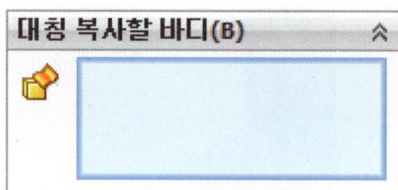

■ 옵션(O)

옵션(O)
- 기하 패턴(G) : 기하학적 패턴을 정의한다.
- 시각 속성 연장(P) : 요소 개체의 색상, 텍스처, 나사산 표시 등 시각적 속성을 유지한다.
- 전체 미리보기(F) : 전체 미리보기가 적용된다.
- 부분 미리보기(T) : 부분적인 미리보기가 적용된다.

보강대

보강대 명령은 이미 작성된 형상 피처에 보강대 스케치를 작성하고 피처를 생성하는 명령이다.
풀다운 메뉴 도구 ⇨ 삽입 ⇨ 피처 ⇨ 보강대를 선택하여 사용할 수 있다.

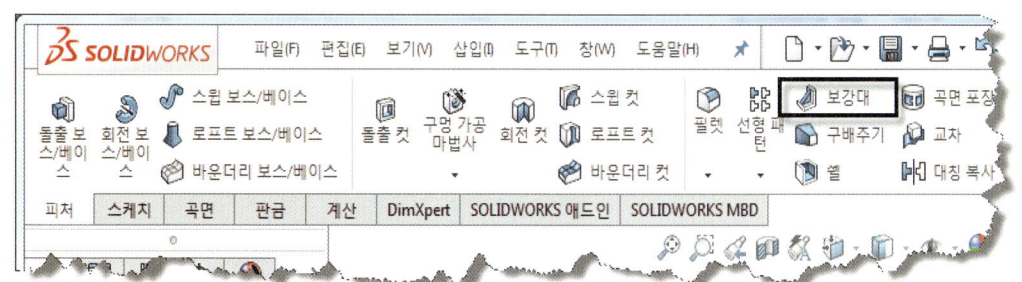

예제파일의 압축을 풀고 SW_DATA 폴더/보강대/보강대.sldprt 파일을 열기한다.

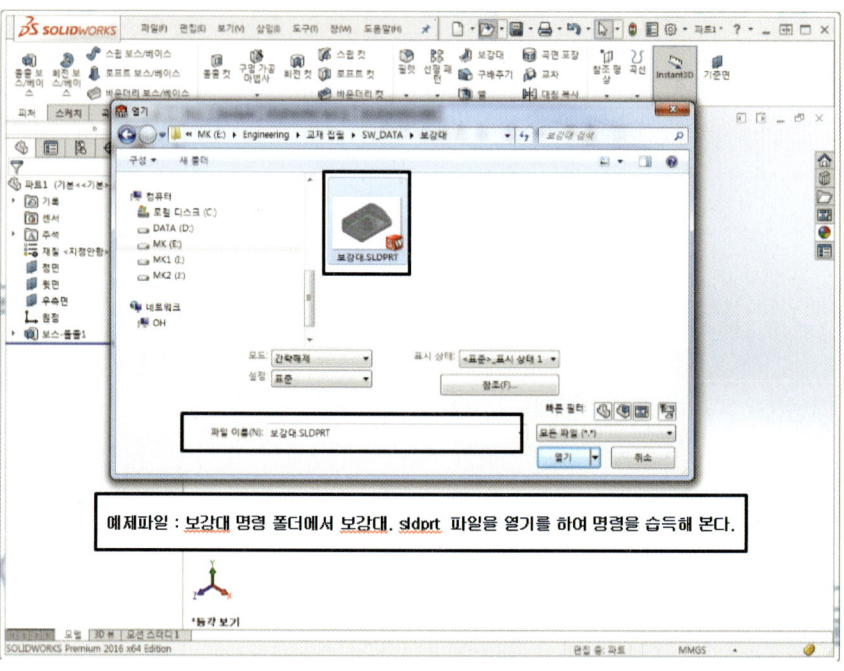

예제파일 : 보강대 명령 폴더에서 보강대.sldprt 파일을 열기를 하여 명령을 습득해 본다.

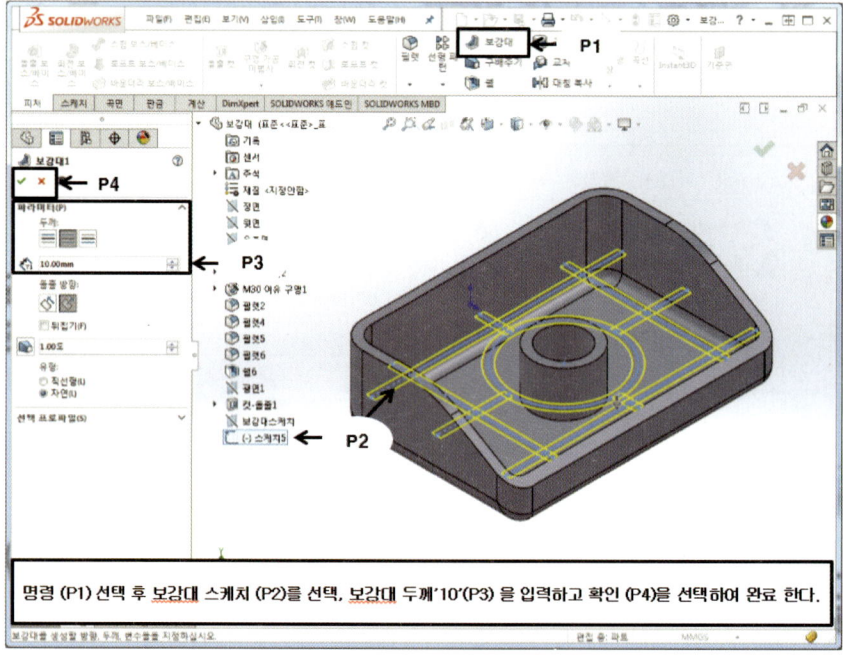

명령 (P1) 선택 후 보강대 스케치 (P2)를 선택, 보강대 두께 '10'(P3) 을 입력하고 확인 (P4)을 선택하여 완료 한다.

- **파라미터(P)**
  - ≡ ≡ ≡ 두께 : 작성된 스케치 피처의 두께를 정의한다.
  - 보강대 두께 : 작성된 보강대 스케치의 두께를 입력한다.
  - 돌출 방향 : 작성된 스케치 보강대의 돌출 방향을 정의한다.

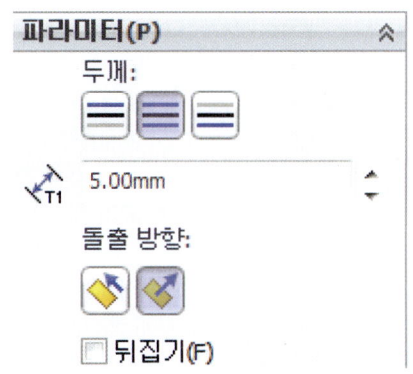

- **구배 켜기/끄기** : 작성될 보강대의 구배를 켜거나 끈다.
  - 직선형(L) : 프로파일이 경계에 닿을 때까지 스케치에 수직인 방향으로 보강대를 만든다.
  - 자연(L) : 스케치 프로파일을 보강대가 경계에 닿을 때까지 연장하여 보강대를 작성한다.
    예〉 스케치가 원호이면, 자유형 보강대는 원 방정식을 따라 그대로 연장된다.

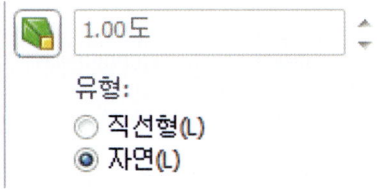

- **선택 프로파일(S)** : 보강대를 작성할 프로파일을 선택한다.

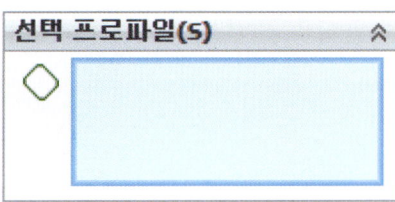

구배 주기

구배 주기 명령은 이미 작성된 솔리드 형상 피처에 기울기 구배를 작성하는 명령이다. 풀다운 메뉴 도구 ⇨ 삽입 ⇨ 피처 ⇨ 구배 주기를 선택하여 사용할 수 있다.

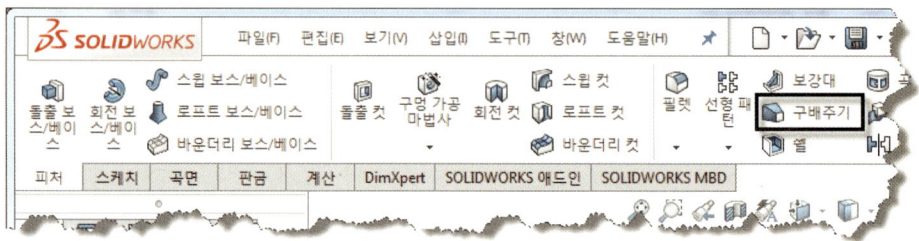

예제파일의 압축을 풀고 SW_DATA 폴더/구배 주기/구배 주기.sldprt 파일을 열기한다.

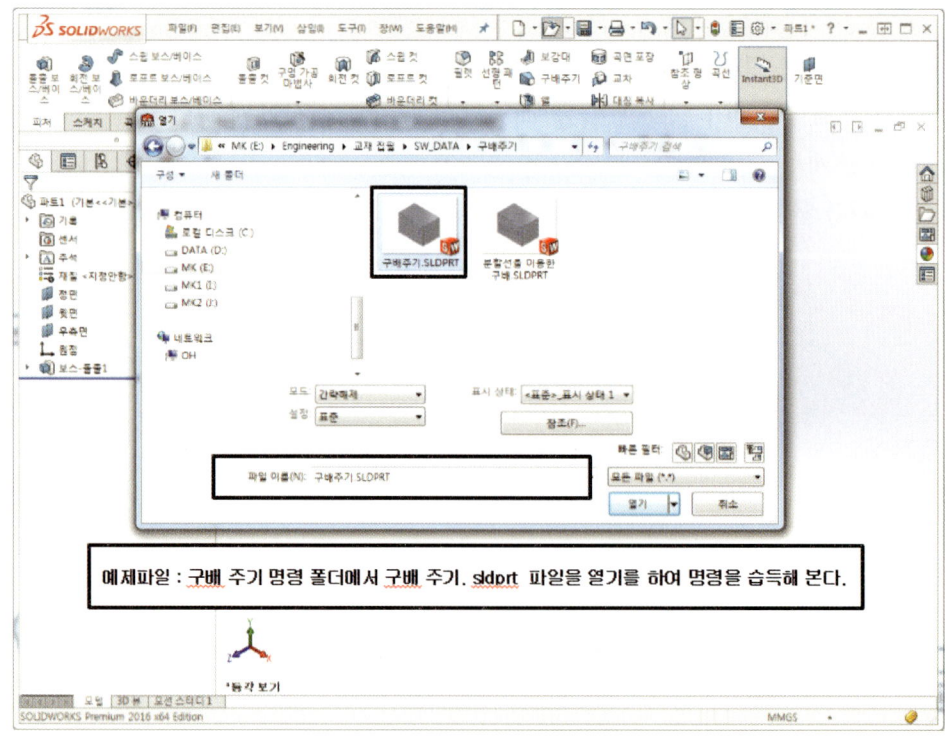

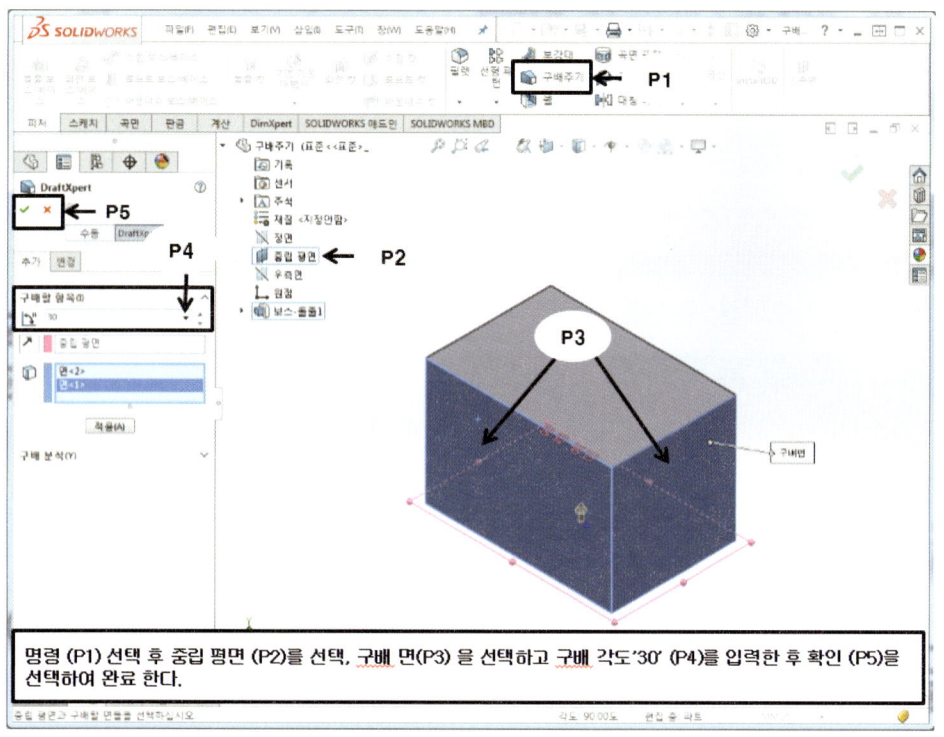

- **구배 유형(T)**
  - 중립 평면(E) : 중립 평면 구배를 작성한다.
  - 구획선(I) : 구획선 구배를 주기 위하여 분할선을 삽입하고 구배할 면을 먼저 나누거나 기존 모델 모서리선을 사용하여 구배를 작성한다.
  - 계단 구배(D) : 계단 구배는 분할선 구배의 한 유형이다.

- **구배 각도(G)** : 구배 각도를 입력한다.

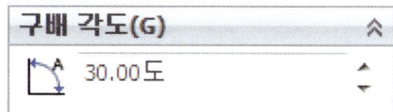

- **끌 방향** : 구배를 줄 기준 중립 평면을 선택한다.

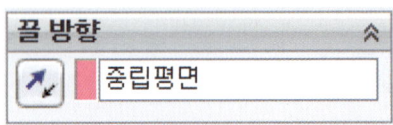

- **구배줄 면(F)** : 구배를 줄 면을 선택한다.
- **분할선(P)** : 구배를 줄 분할선을 선택한다.

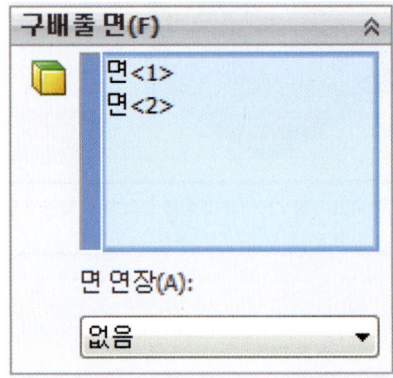 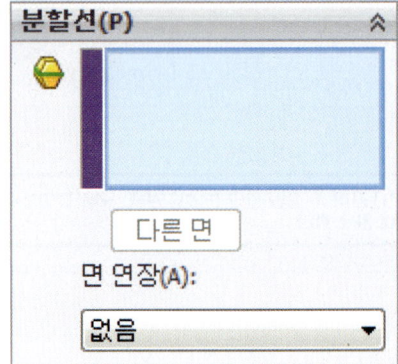

쉘

쉘 명령은 이미 작성된 솔리드 형상 피처에 두께를 입력하여 두께만큼을 남기고 내부 또는 외부를 파내는 명령이다.

풀다운 메뉴 도구 ⇨ 삽입 ⇨ 피처 ⇨ 쉘을 선택하여 사용할 수 있다.

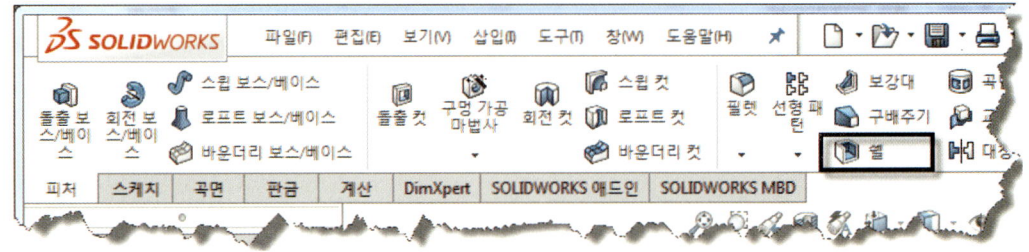

STEP 03. 피처 작성하기

예제파일의 압축을 풀고 SW_DATA 폴더/쉘/쉘.sldprt 파일을 열기한다.

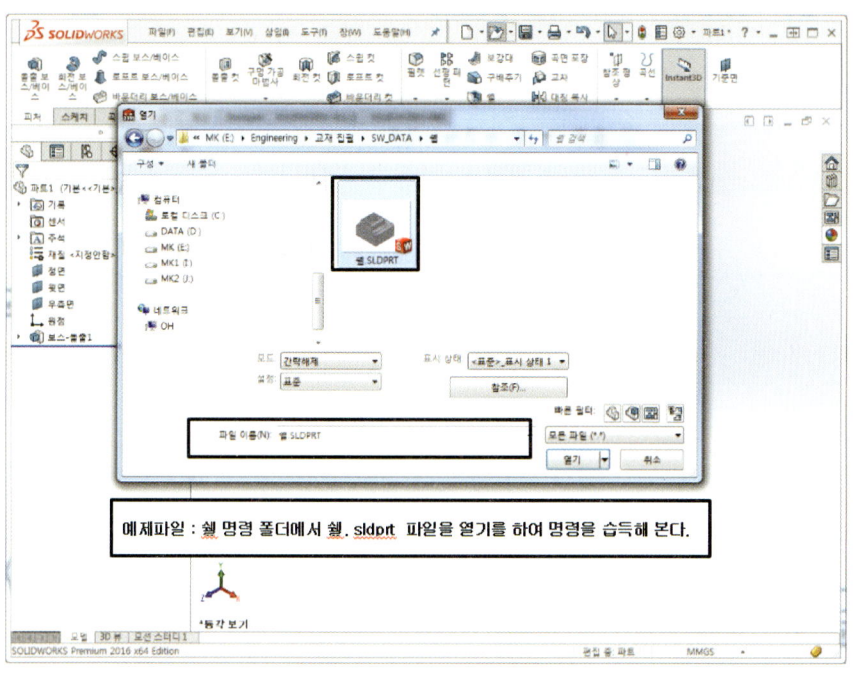

예제파일 : 쉘 명령 폴더에서 쉘.sldprt 파일을 열기를 하여 명령을 습득해 본다.

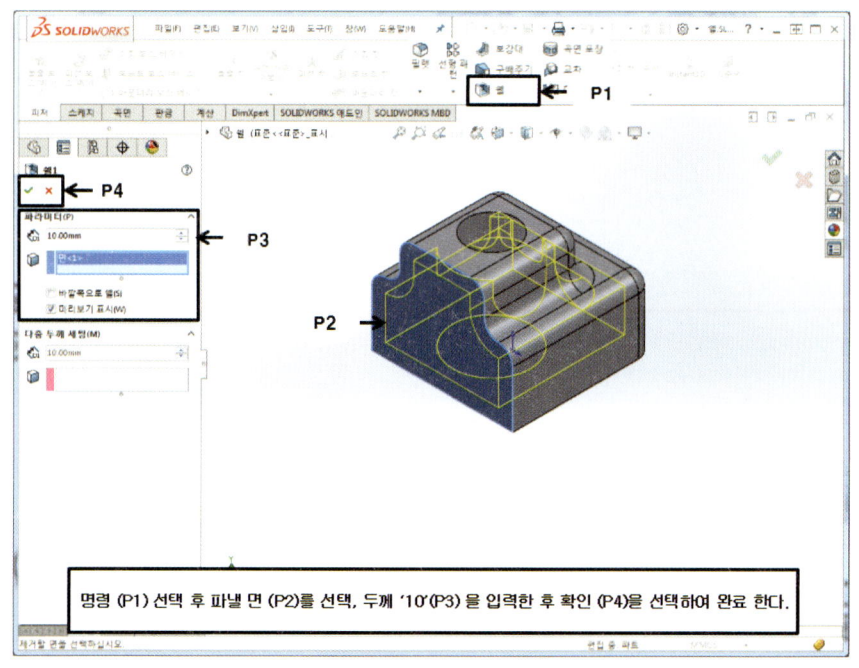

명령 (P1) 선택 후 파낼 면 (P2)를 선택, 두께 '10'(P3) 을 입력한 후 확인 (P4)을 선택하여 완료 한다.

- 파라미터(P)
    - 두께 : 두께를 입력한다.
    - 제거할 면 : 제거할 면을 선택한다.
    - 바깥쪽으로 쉘(S) : 파트의 바깥쪽 치수를 늘린다.
    - 미리보기 표시(W) : 작성될 쉘 피처를 미리보기 표시한다.

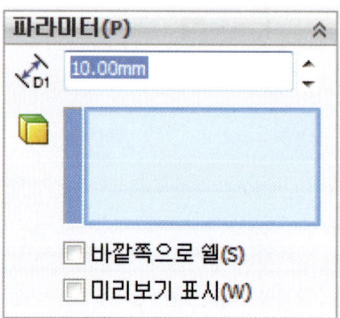

- 구배 각도(G) : 구배 각도를 입력한다.
    - 두께 : 두께를 입력한다.
    - 다중 두께 지정 면 : 다중으로 두께를 줄 면을 선택한다.

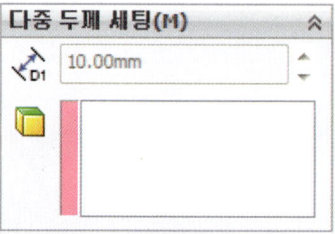

솔리드 모델링 따라하기

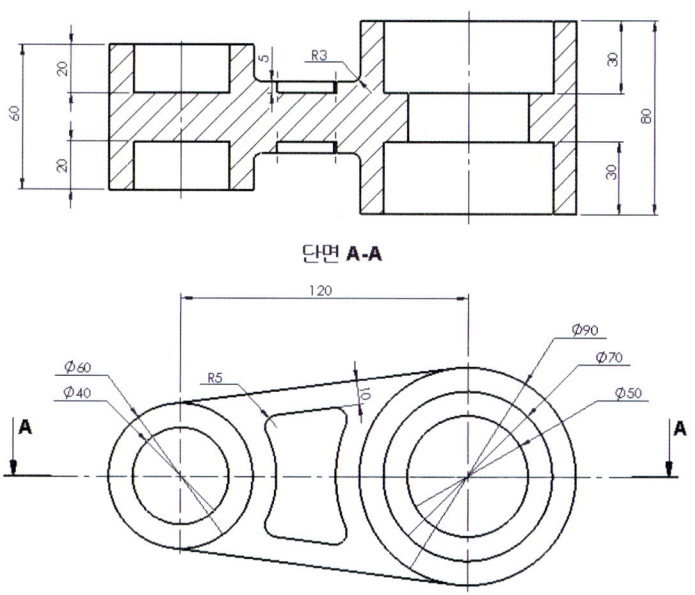

단면 A-A

1. 스케치 요소를 작성하기 위하여 다음 그림과 같이 새 파일을 생성한다.

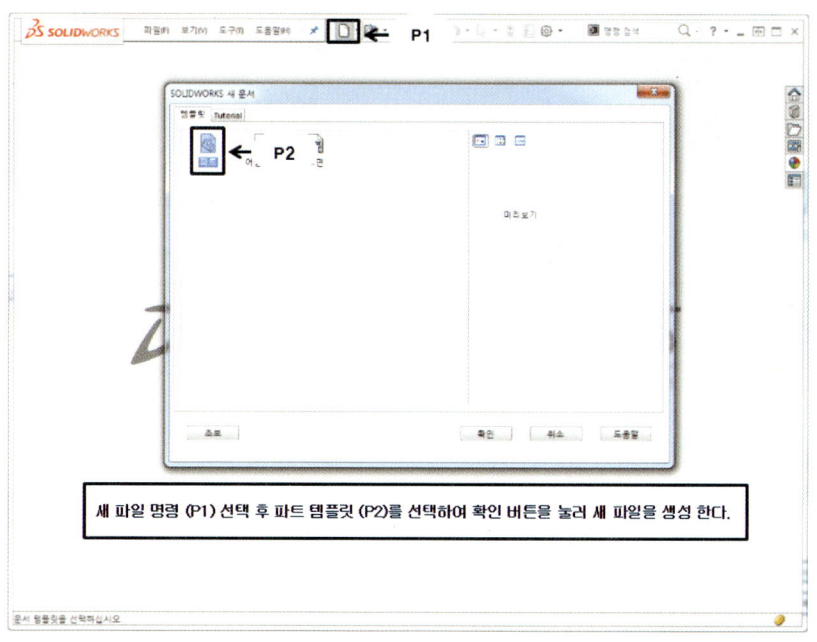

새 파일 명령 (P1) 선택 후 파트 템플릿 (P2)를 선택하여 확인 버튼을 눌러 새 파일을 생성 한다.

2. 우측면 평면(P1)을 선택하고 스케치(P2) 명령을 선택하여 스케치를 작성한다.

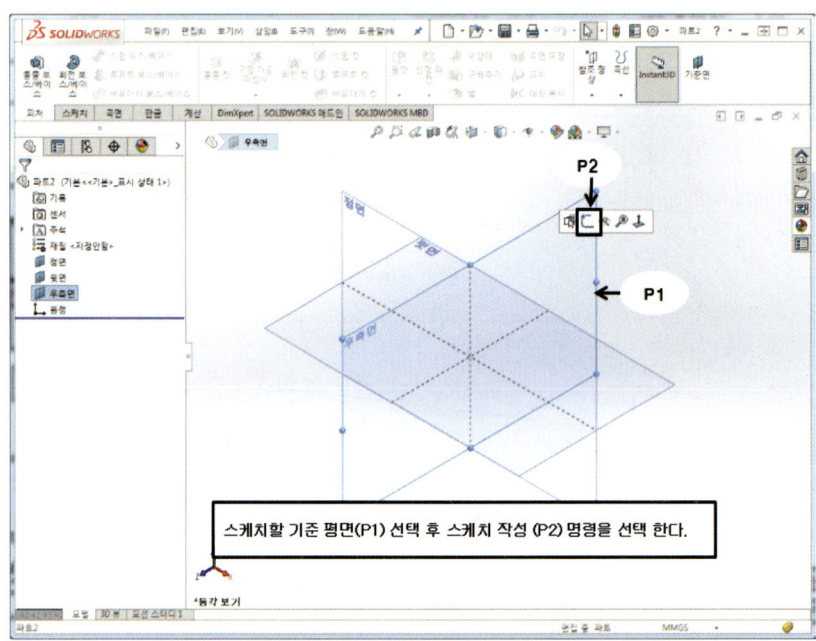

3. 원 명령(P1)을 선택하여 다음 그림과 같이 원호 스케치(P2, P3)를 작성한다.

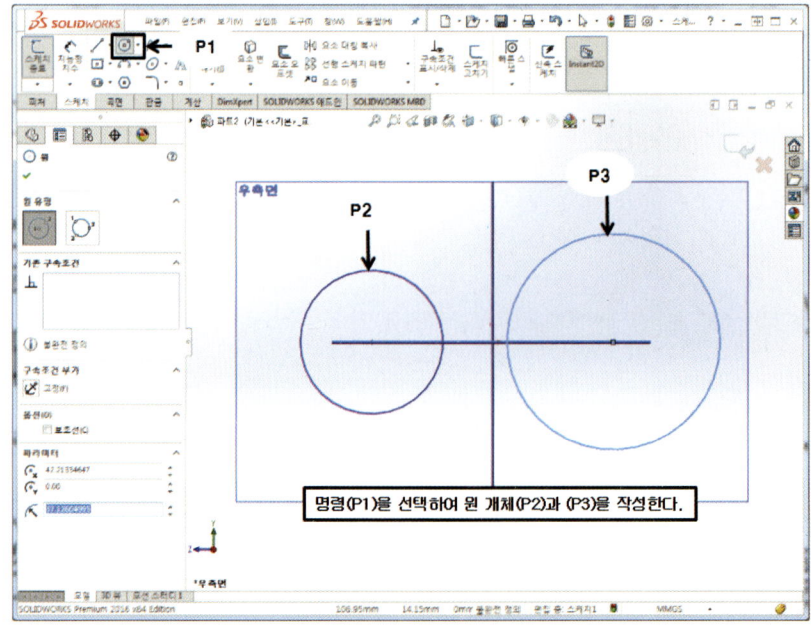

4. 선 명령(P1)을 선택하여 다음 그림과 같이 두 원호를 잇는 선(P2, P3)을 작성한다.

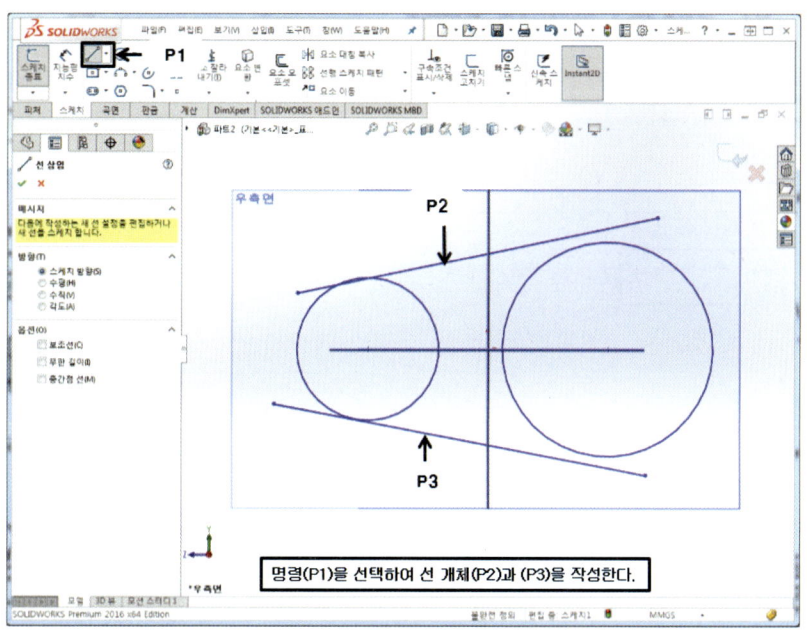

5. 구속 조건 명령을 이용하여 아래 그림 선 개체(P1)에 탄젠트 조건(P2)을 적용한다.

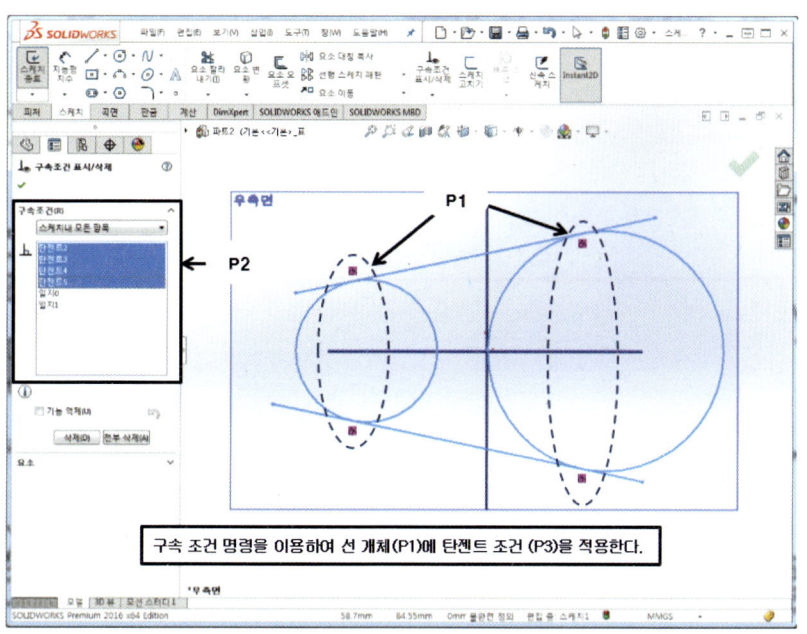

6. 잘라내기 명령을 선택하여 아래 그림과 같이 스케치를 작성한다.

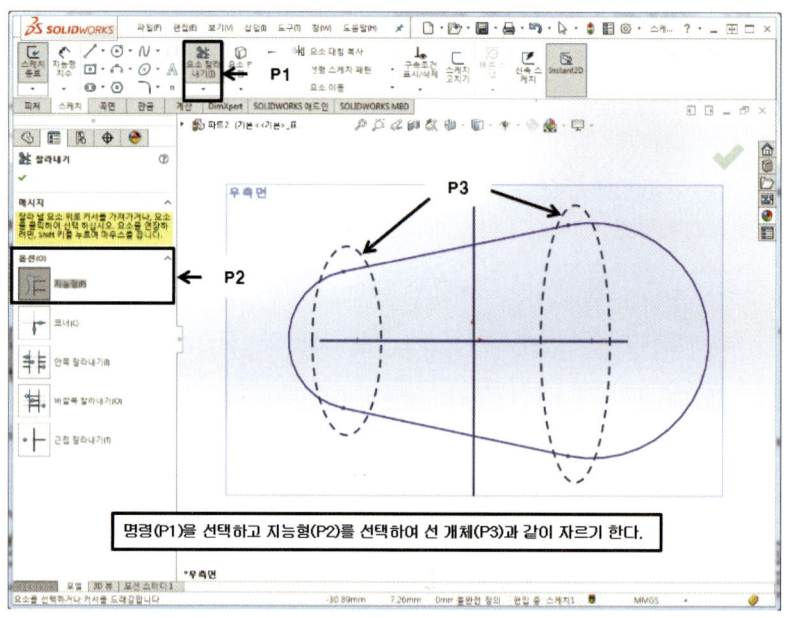

7. 치수 명령(P1)을 선택하고 원 치수 'R30', 'R45'(P2)와 거리 치수 '60', '60'(P3)을 작성하고 스케치를 종료하여 모델링 환경으로 전환한다.

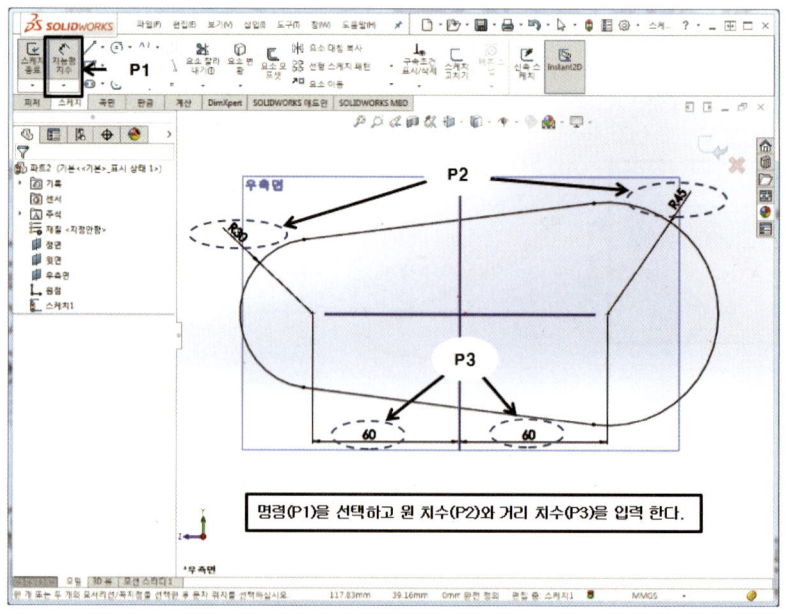

8. 돌출 명령(P1)을 선택하고 스케치(P2)를 선택한 후 돌출 방향-중간 평면, 거리값 '20'(P3)을 입력하고 확인(P4)을 선택한다.

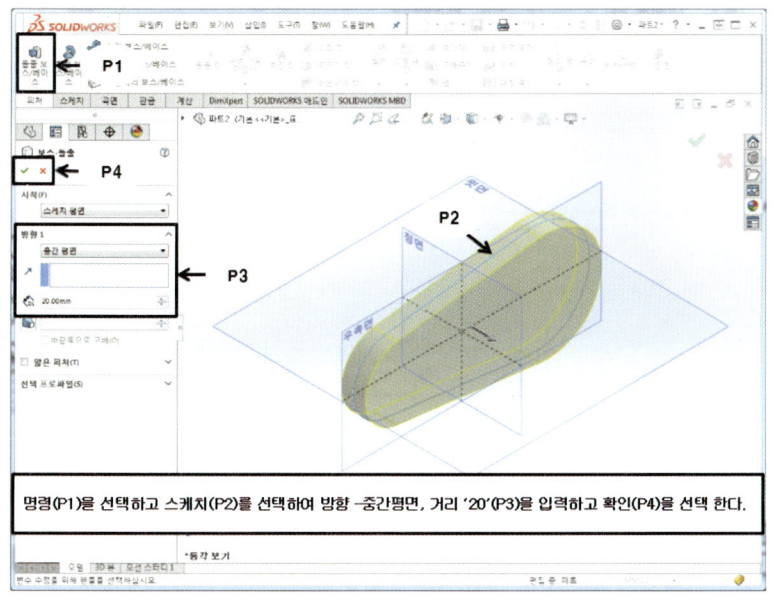

9. 우측 평면(P1)을 선택하고 다음 그림과 같이 스케치 명령(P2)을 선택하여 스케치 환경으로 전환한다.

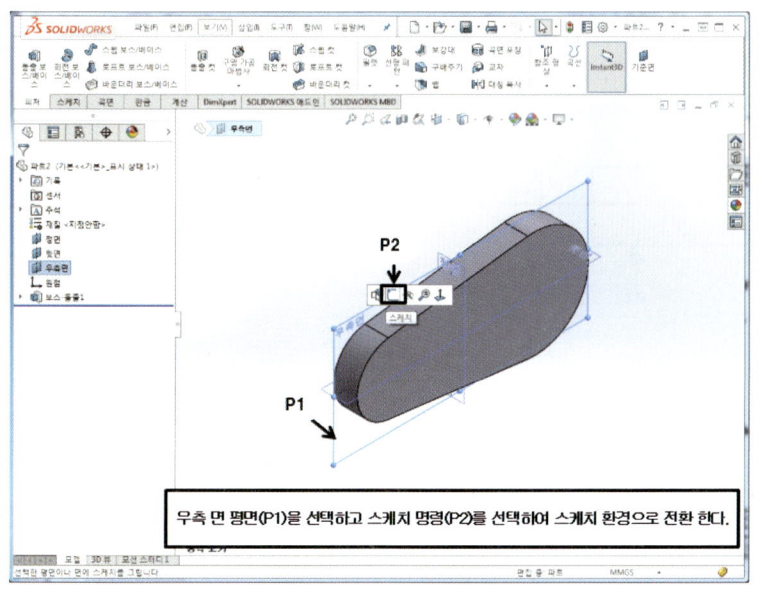

10. 원 명령(P1)을 선택하여 아래 그림과 같이 원 개체(P2)를 작성한다.

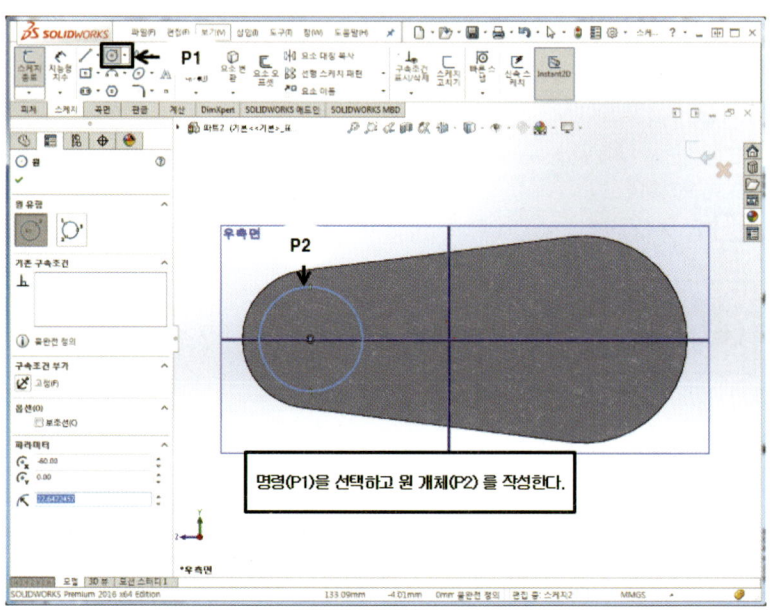

11. 작성된 솔리드에 원 모서리와 원 스케치(P1)를 선택하고 구속 조건-탄젠트(P2)를 선택한 후 확인(P3)을 선택하여 스케치를 완성한다.

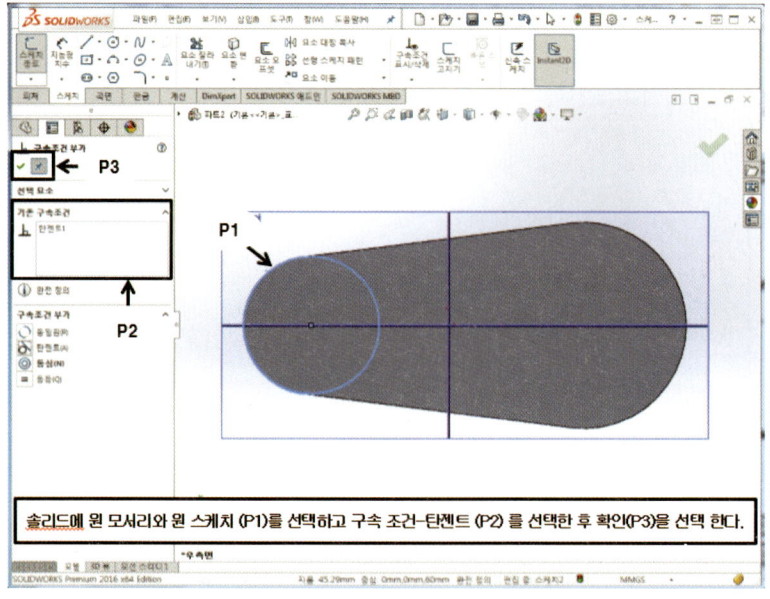

12. 스케치 종료(P1) 또는 (P2)를 선택하여 모델링 환경으로 전환한다.

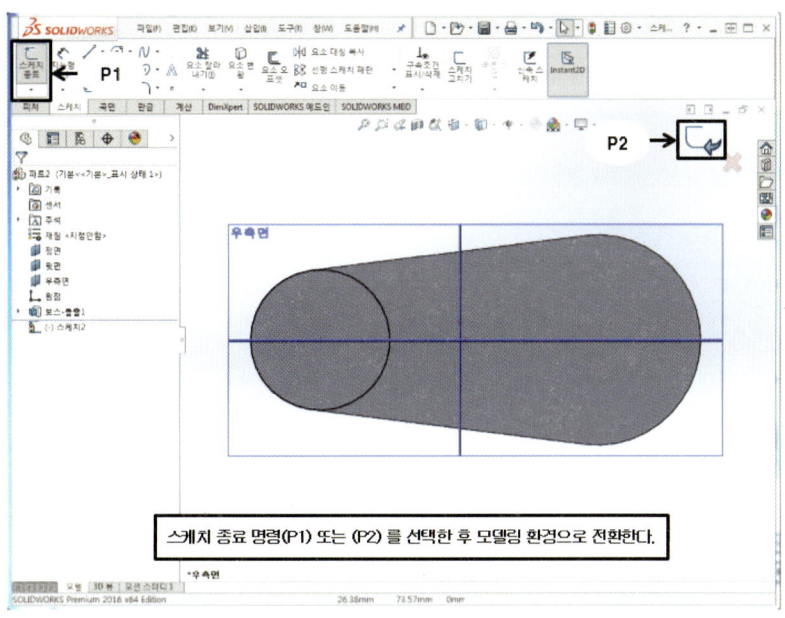

13. 돌출 명령(P1)을 선택하고 스케치(P2)를 선택하여 방향-중간 평면, 거리 '60'(P3)을 입력하고 확인(P4)을 선택한다.

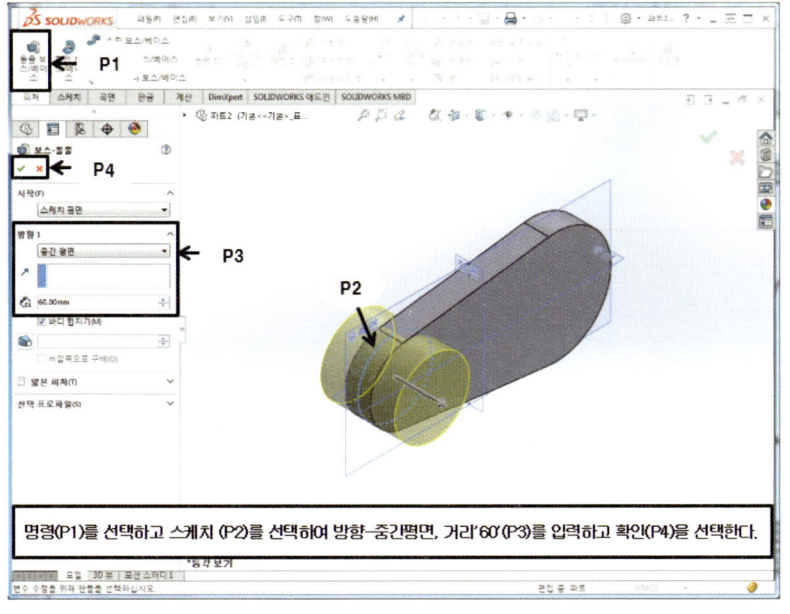

14. 우측 평면(P1)을 선택하고 스케치 명령(P2)을 선택하여 스케치 환경으로 전환한다.

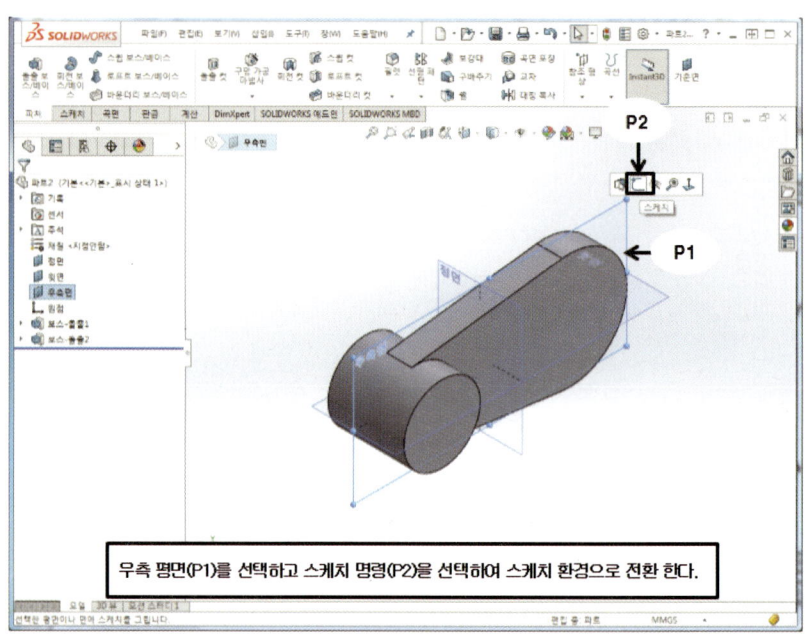

15. 원 명령(P1)을 선택하여 아래 그림과 같이 원 개체(P2)를 작성한다.

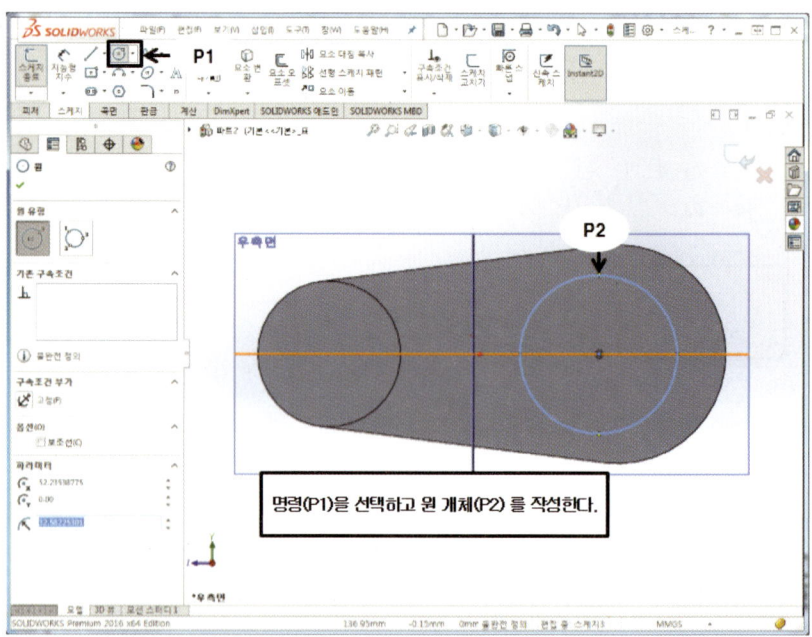

16. 작성된 솔리드에 원 모서리와 원 스케치(P1)를 선택하고 구속 조건-동일원(P2)을 선택한 후 확인(P3)을 선택하여 스케치를 완성한다.

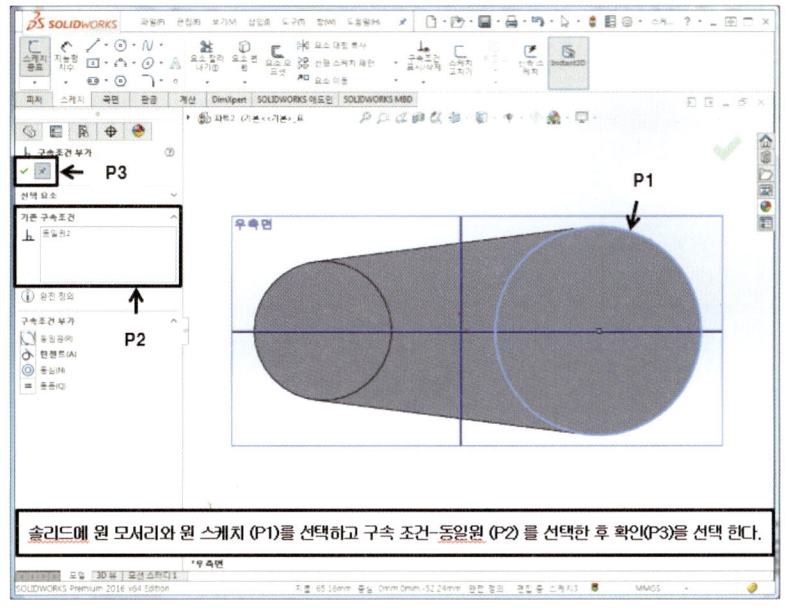

17. 스케치 종료(P1) 또는 (P2)를 선택하여 모델링 환경으로 전환한다.

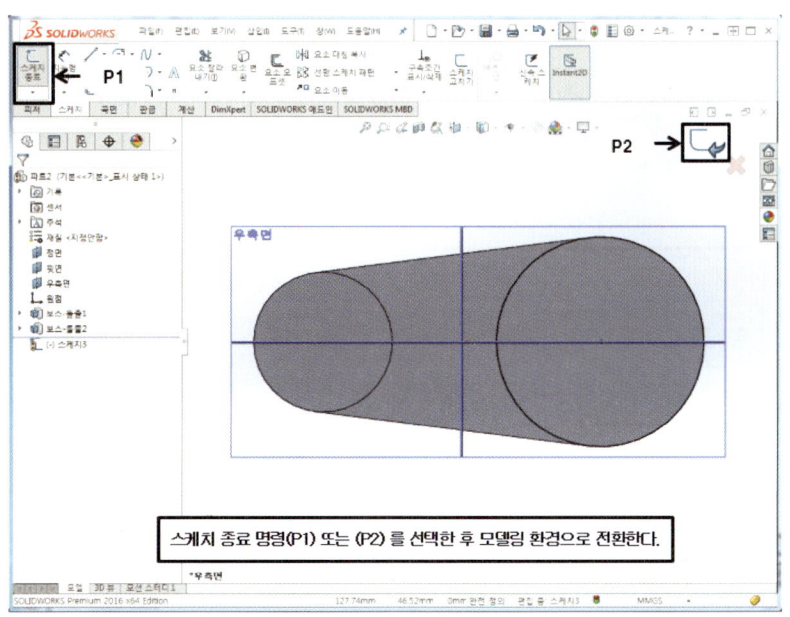

18. 돌출 명령(P1)을 선택하고 스케치(P2)를 선택하여 방향-중간 평면, 거리 '80'(P3)을 입력하고 확인(P4)을 선택한다.

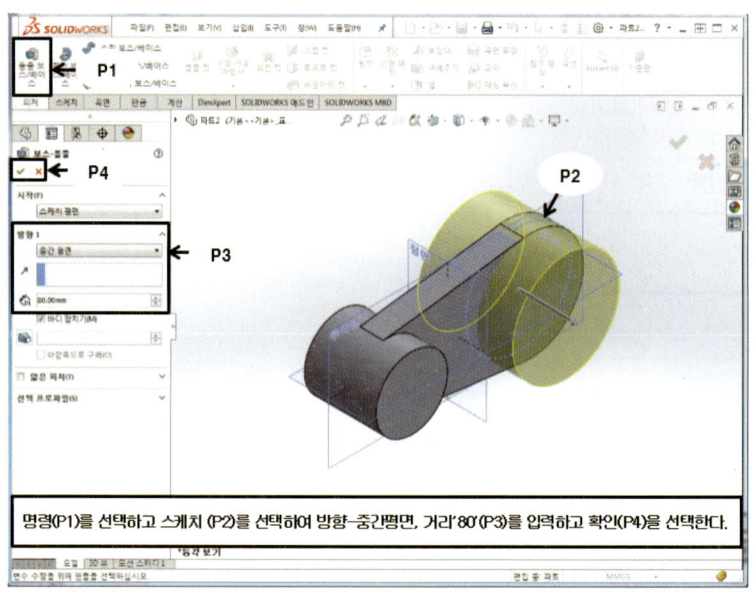

19. 이미 작성된 솔리드 개체의 면(P1)을 선택하고 스케치 명령(P2)을 선택하여 스케치 환경으로 전환한다.

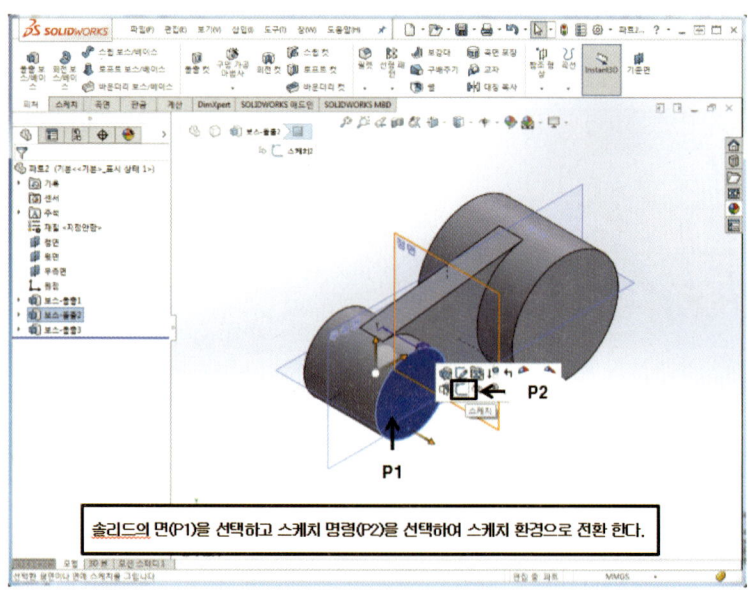

20. 원 명령(P1)을 선택하여 다음 그림과 같이 스케치를 작성한다.

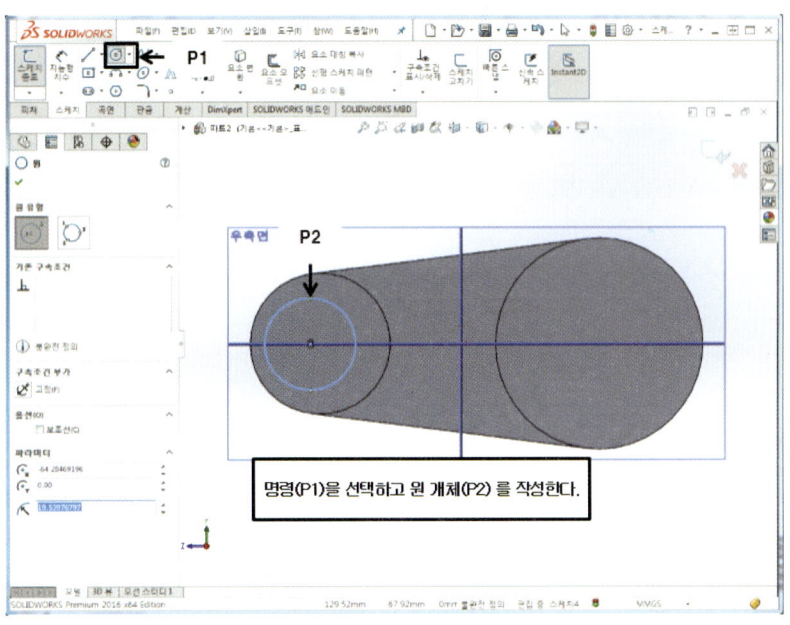

21. 작성된 솔리드에 원 모서리와 원 스케치(P1)를 선택하고 구속 조건-동심(P2)을 선택한 후 확인(P3)을 선택하여 스케치를 완성한다.

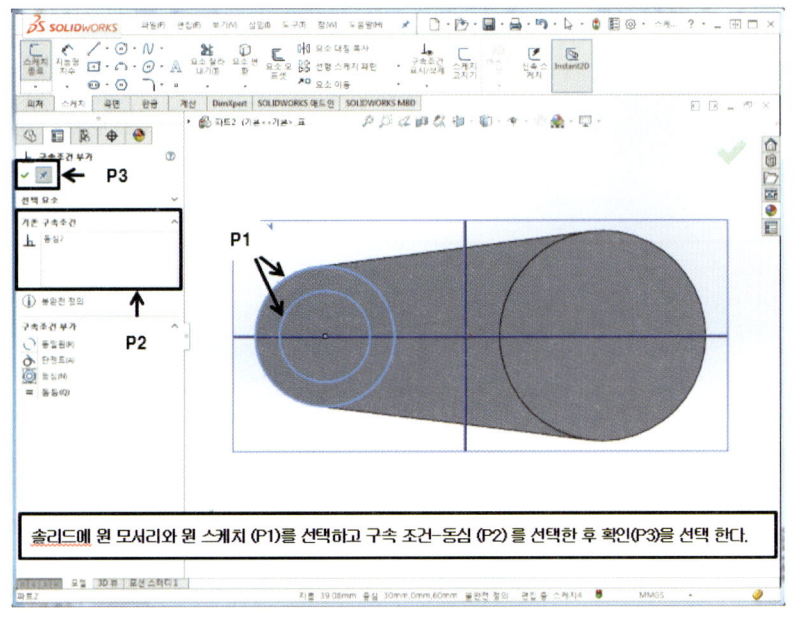

22. 치수 명령(P1)을 선택하고 원의 지름 '40'(P2)을 입력한 후 확인(P3)을 선택한다.

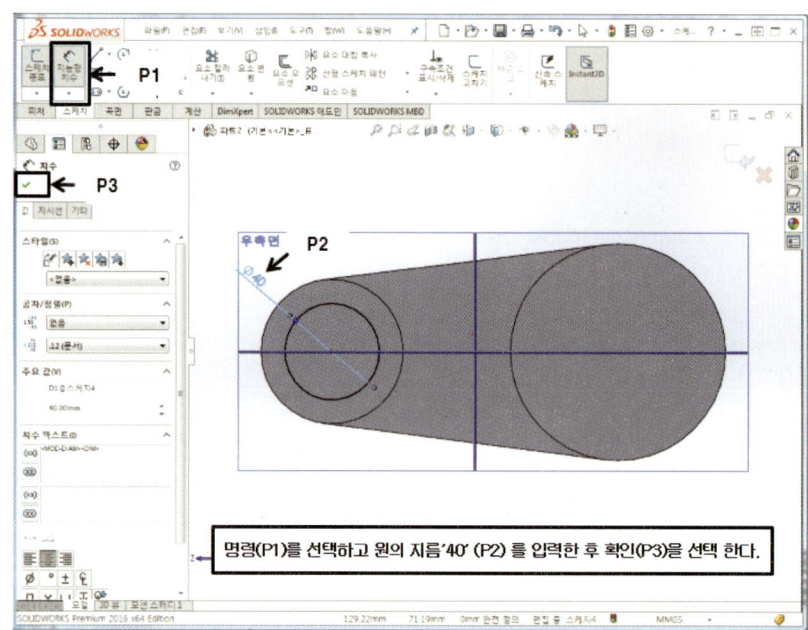

23. 스케치 종료(P1) 또는 (P2)를 선택하여 모델링 환경으로 전환한다.

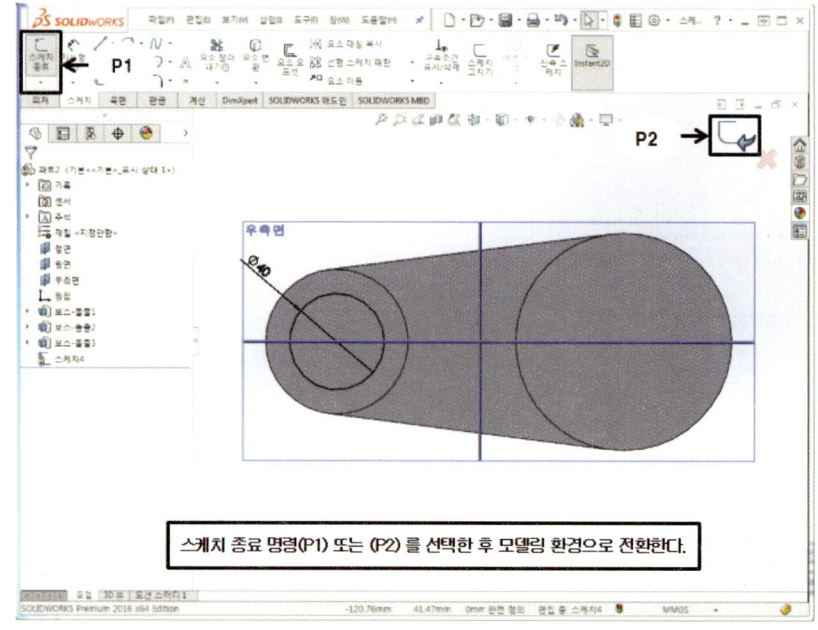

STEP 03. 피처 작성하기 217

24. 돌출 컷 명령(P1)을 선택하고 스케치(P2)를 선택하여 방향-블라인드, 거리 '20'(P3)을 입력하고 확인(P4)을 선택한다.

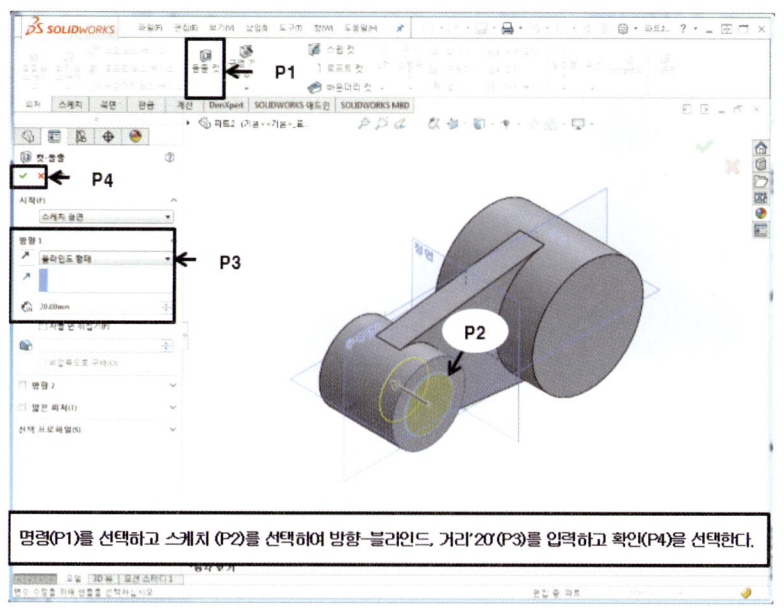

25. 솔리드의 면(P1)을 선택하고 스케치 명령(P2)을 선택하여 스케치 환경으로 전환한다.

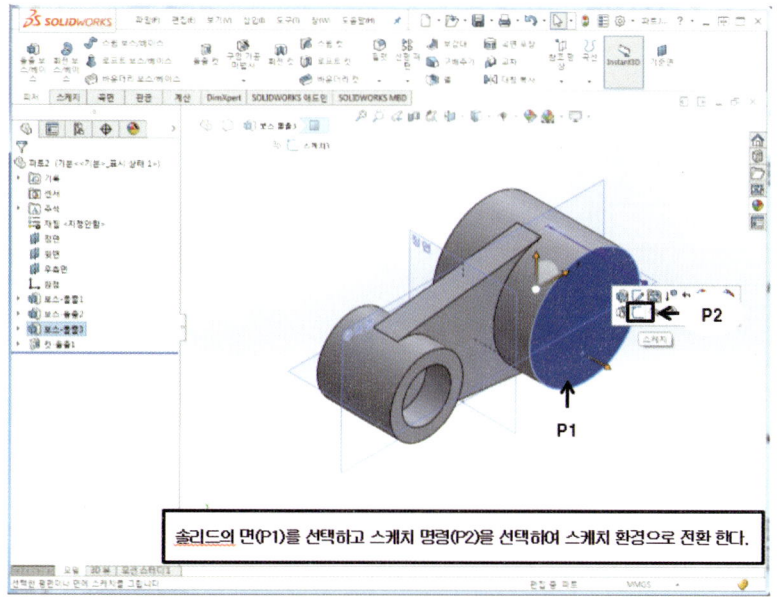

26. 원 명령(P1)을 선택하여 그림과 같이 원 개체를 작성한다.

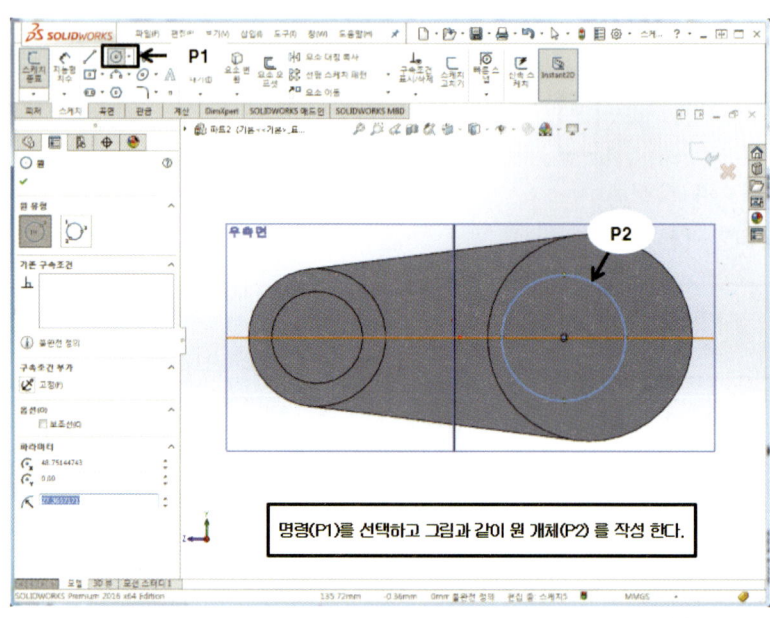

27. 작성된 솔리드에 원 모서리와 원 스케치(P1)를 선택하고 구속 조건-동심(P2)을 선택한 후 확인(P3)을 선택하여 스케치를 완성한다.

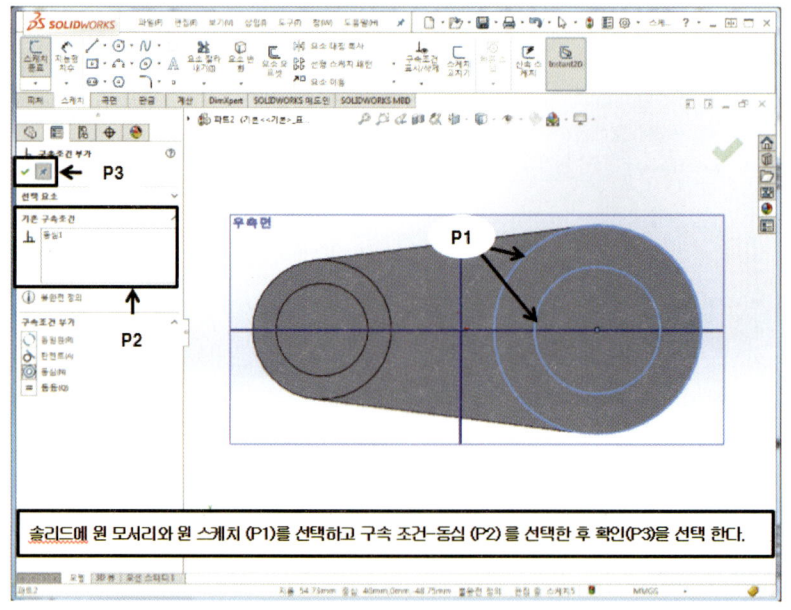

28. 치수 명령(P1)을 선택하고 원의 지름 '70'(P2)을 입력한 후 확인(P3)을 선택한다.

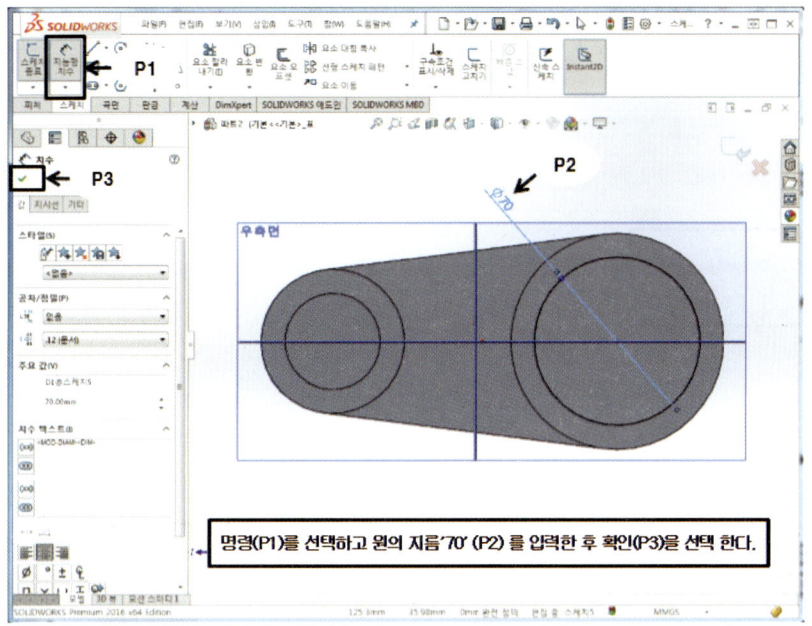

29. 스케치 종료(P1) 또는 (P2)를 선택하여 모델링 환경으로 전환한다.

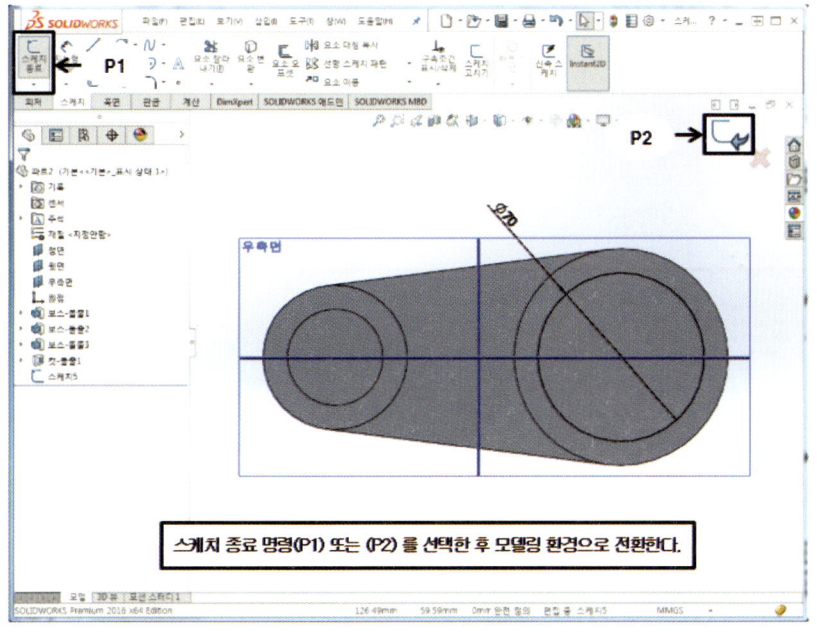

30. 돌출 컷 명령(P1)을 선택하고 돌출값(30)(P2)을 입력하여 개체를 작성한다.

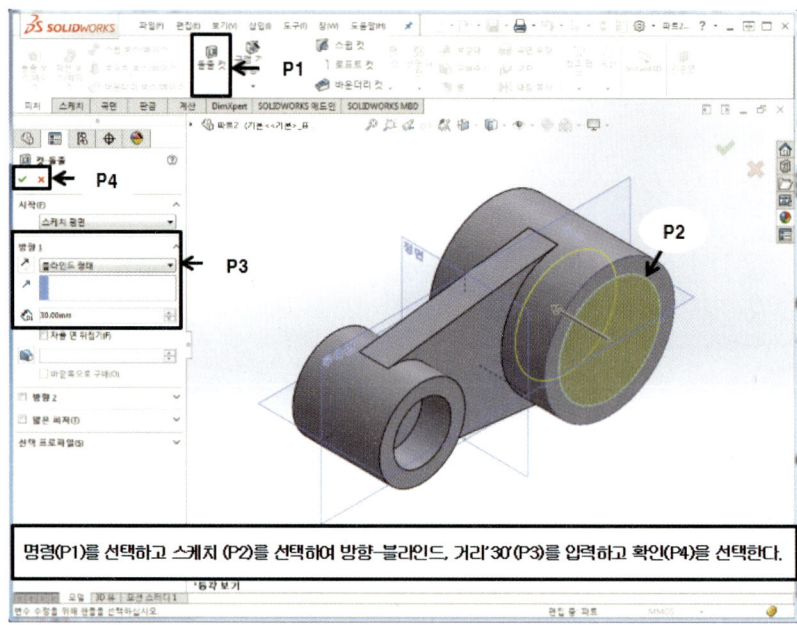

31. 솔리드의 면(P1)을 선택하고 스케치 명령(P2)을 선택하여 스케치 환경으로 전환한다.

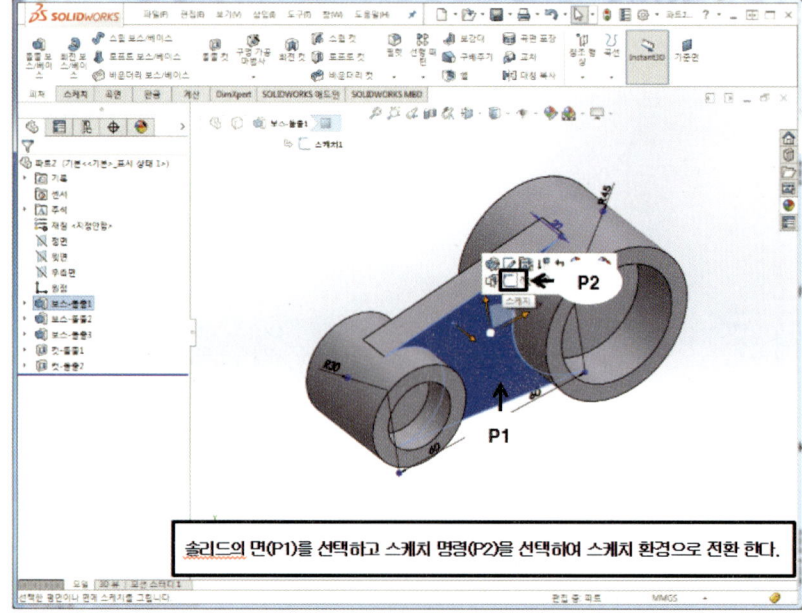

32. 요소 오프셋 명령(P1)을 선택하고 솔리드 모서리(P2)를 선택하여 거리값 '10'(P3)을 입력하여 개체를 작성하고 확인(P4)을 선택한다.

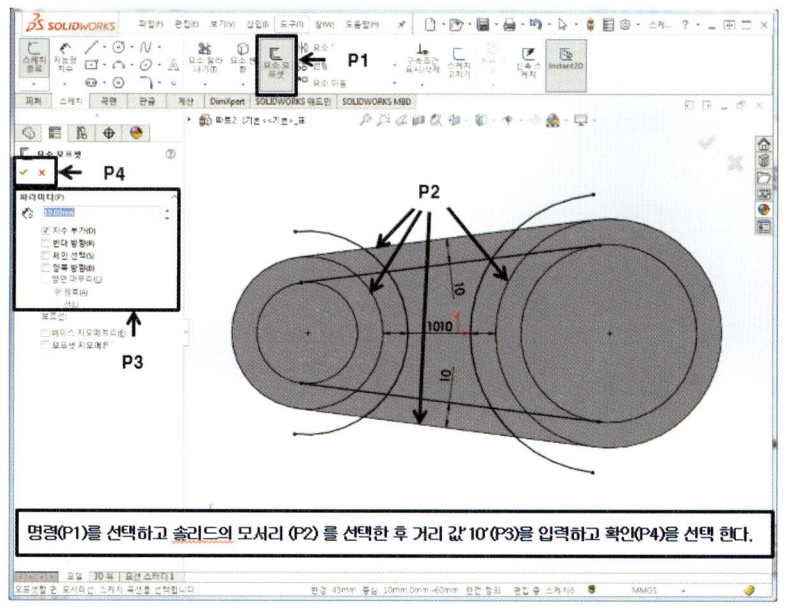

33. 요소 잘라내기 명령(P1)을 선택하고 그림과 같이 스케치 개체를 잘라낸다.

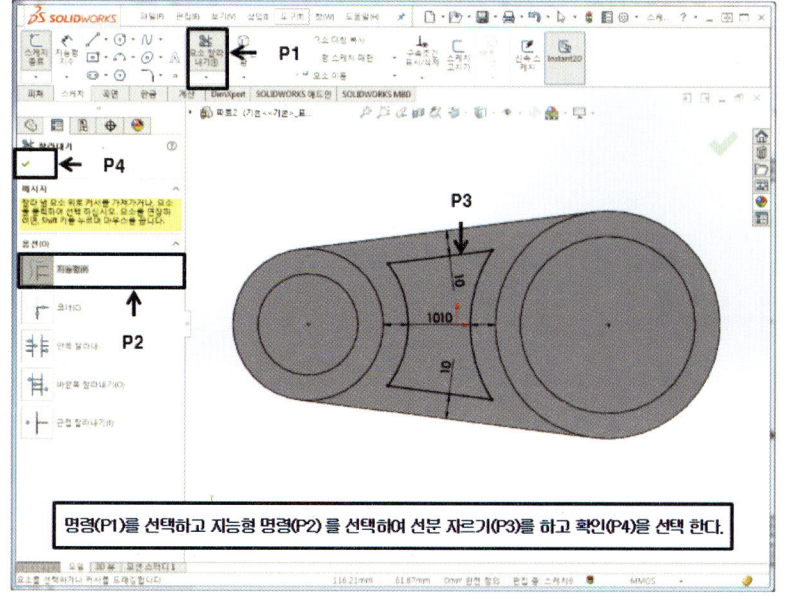

34. 필렛 명령(P1)을 선택하고 그림과 같이 스케치 모서리(P2)를 선택하여 필렛 변수 '5'(P3)를 입력하고 확인(P4)을 선택한다.

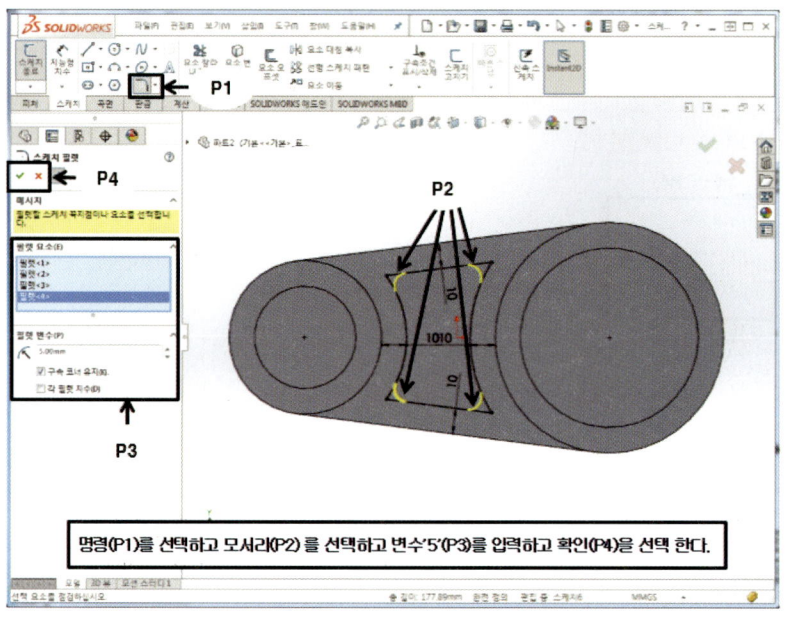

35. 스케치 종료(P1) 또는 (P2)를 선택하여 모델링 환경으로 전환한다.

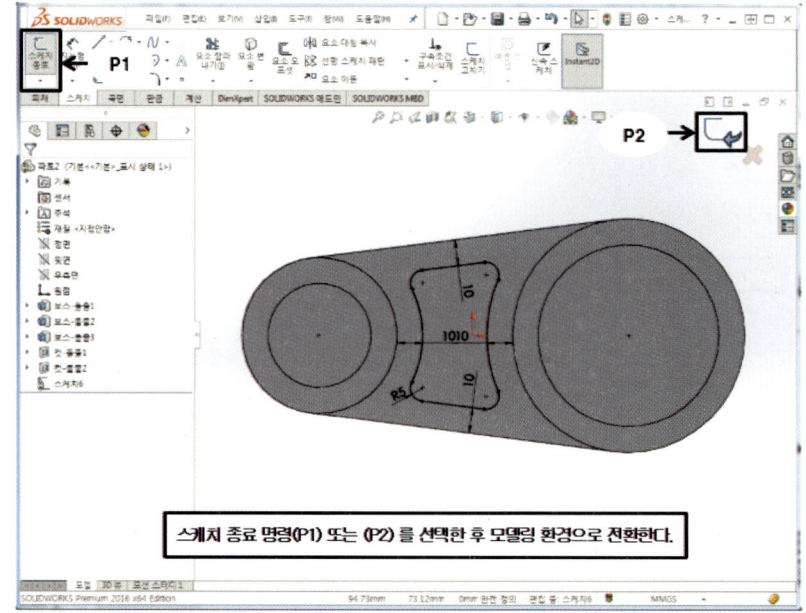

36. 돌출 컷 명령(P1)을 선택하고 거리값 (5)를 입력하여 아래 그림과 같이 잘라낸다.

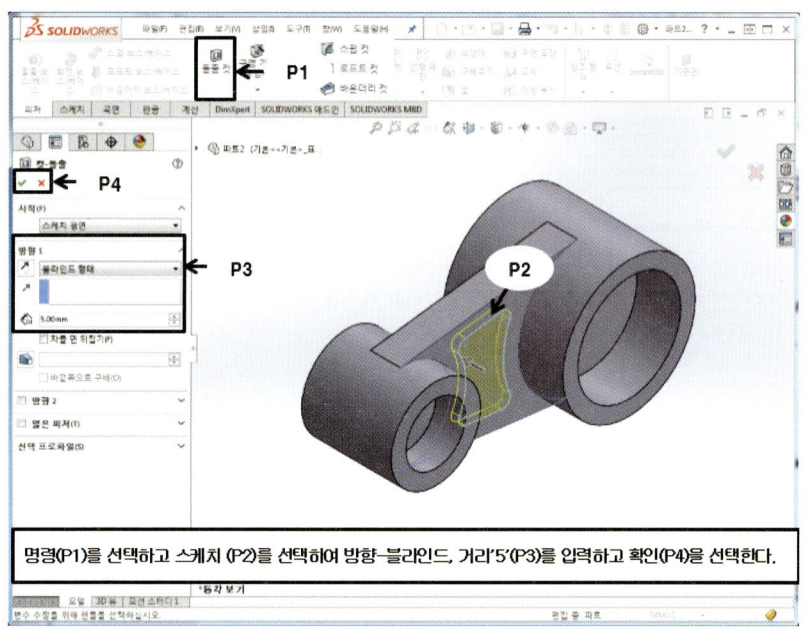

37. 컷 돌출 피처(P1)를 각각 선택하고 대칭 복사 명령(P2)을 선택한다.

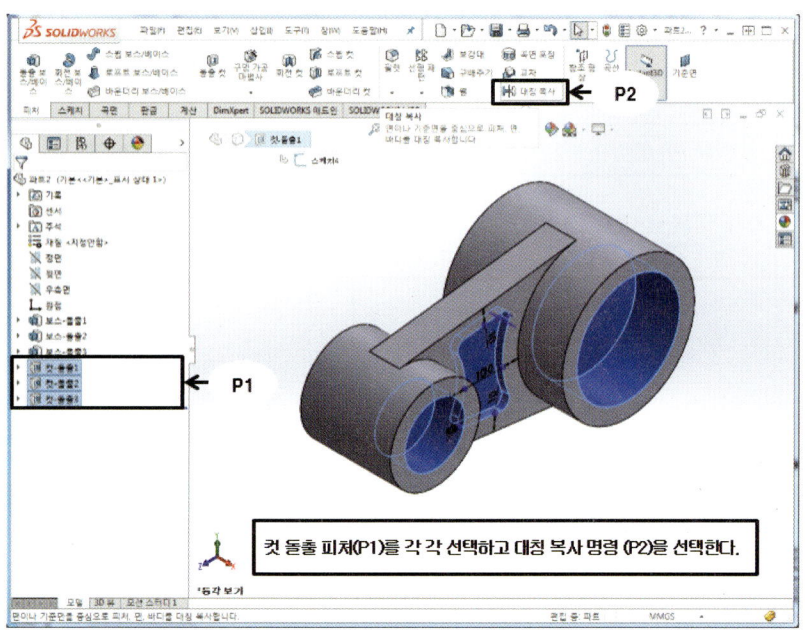

38. 대칭 복사 명령(P1)을 선택하고 그림(P2)과 같이 요소 개체를 선택하여 피처를 대칭 복사한다.

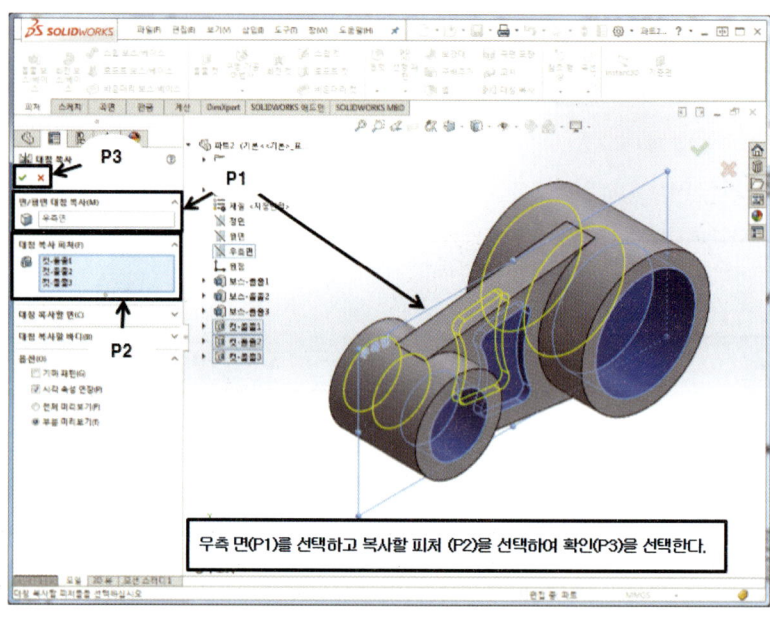

39. 구멍 가공 마법사 명령(P1)을 선택하고 그림과 같이 유형(P2)과 지름(50)/관통 조건(P3)을 정의하고 구멍 위치를 정의하기 위하여 위치(P4)를 선택한다.

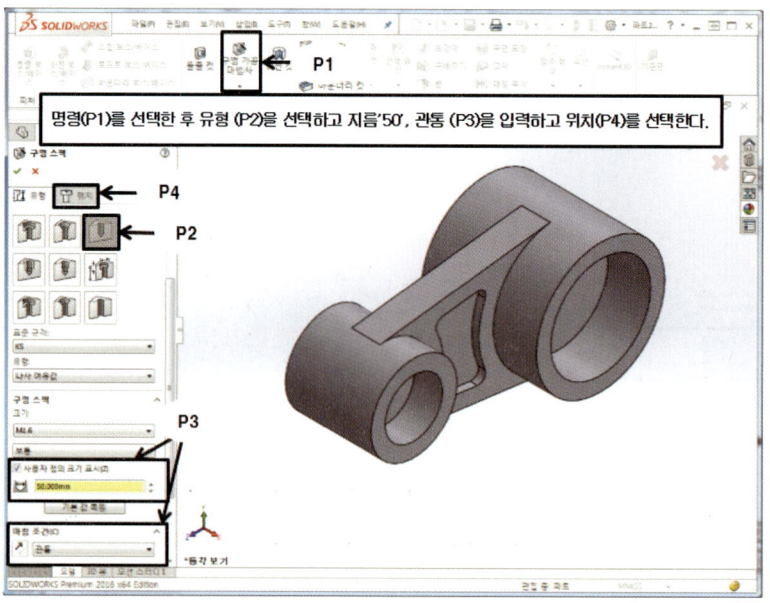

40. 구멍 위치 면(P1)을 선택하고 원의 중심(P2)을 선택한 후 확인(P3)을 선택하여 구멍을 생성한다.

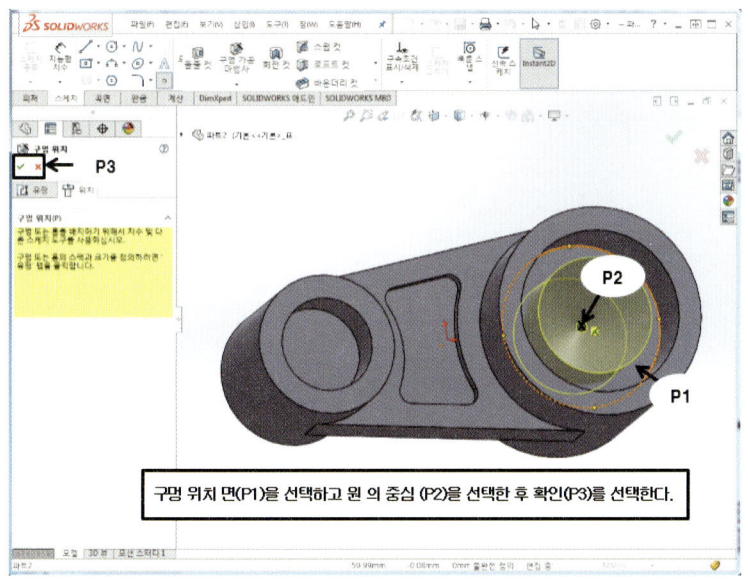

41. 필렛 명령(P1)을 선택하고 필렛 변수 '3'(P2)을 입력한 후 솔리드 모서리를 각각 선택하고 확인(P4)을 선택하여 모서리 필렛을 작성하여 형상을 완성한다.

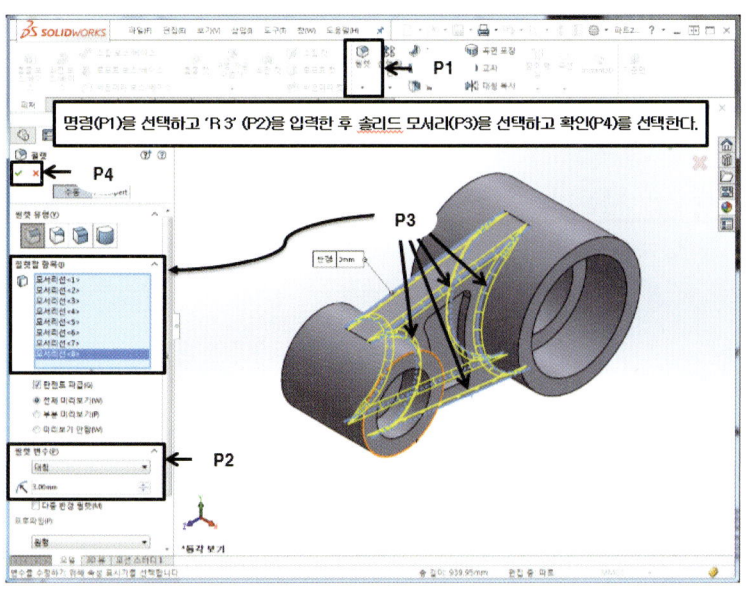

42. 다음 그림과 같이 솔리드 형상 개체 모델링을 완성하였다.

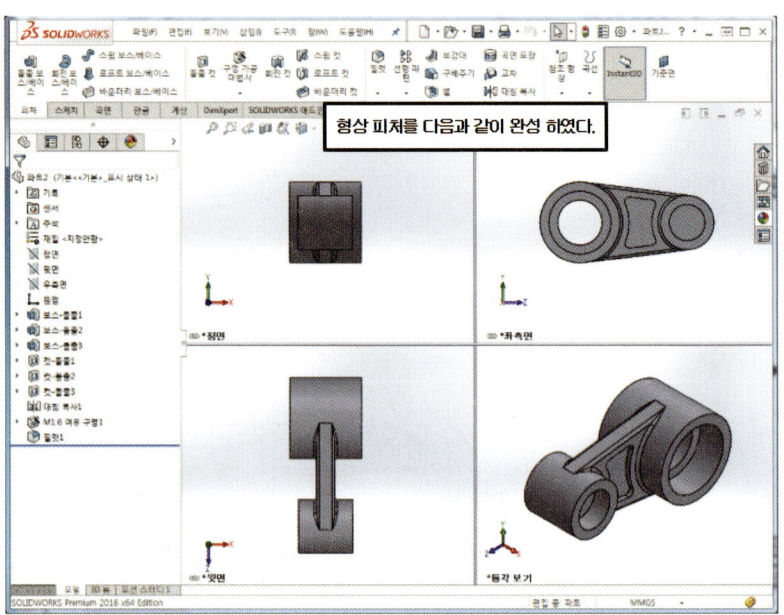

 솔리드 모델링 순서

1. 스케치 평면 선택
2. 대략적인 스케치 작성
3. 구속 조건 및 치수를 입력하여 정확한 형상 스케치(정형화) 작성
4. 솔리드의 생성 명령에 의한 기초 형상 정의
5. 기초 형상을 기반으로 컷 명령 대입으로 빼기 형상을 정의 - 컷, 구멍 가공 마법사 등
6. 작성된 형상을 다듬기 - 모서리 필렛, 모따기 등
7. 모델 수정 및 편집은 4번, 5번, 6번을 작성할 때 반복적으로 수행되거나 스케치 편집 2번, 3번을 반복적으로 수행하게 된다.

Step 04 Surface(서페이스) 작성하기

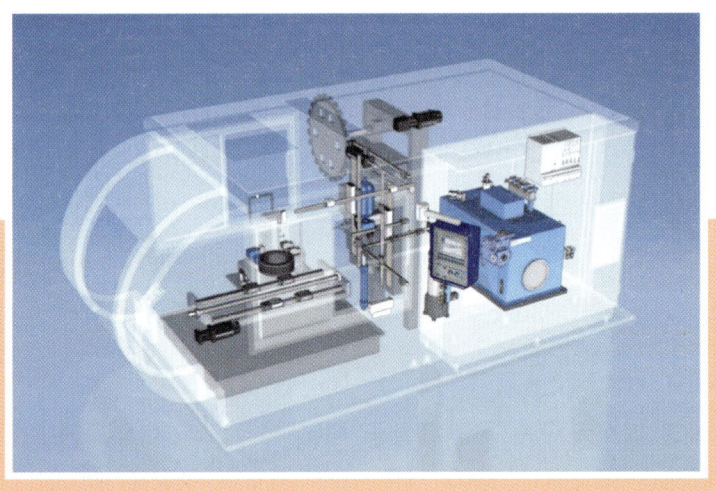

STEP 04 곡면 작성하기

곡면 파트 모델링

곡면 파트 모델링(피처 모델링) 개요

Solidworks에서는 작성된 스케치 개체를 3차원 형상으로 정의하기 위하여 돌출, 회전, 스윕 등 다양한 곡면 명령을 이용하여 형상을 정의한다.

솔리드 모델링과 마찬가지로 기본 스케치 요소 개체를 기준으로 곡면 형상을 정의할 각 개체와 조건을 정의한 후 다듬기하여 곡면 모델링을 작성하고 최종 개체는 솔리드 형상으로 정의하여 완료한다.

곡면 피처 도구(Surface Feature Tool)

곡면 피처 도구는 곡면 모델링 작업 시 설계자의 의도에 따라 작성한 완성된 스케치 피처를 기준으로 형상을 정의하기 위한 곡면 모델링 명령을 의미한다.

곡면 피처 도구들은 모델링 작업을 위한 매우 중요한 도구들이며 자주 사용되는 명령들은 풀다운 메뉴 도구 ⇨ 삽입 ⇨ 곡면의 위치에서 명령을 선택하여 사용할 수 있다.

STEP 04. 곡면 작성하기

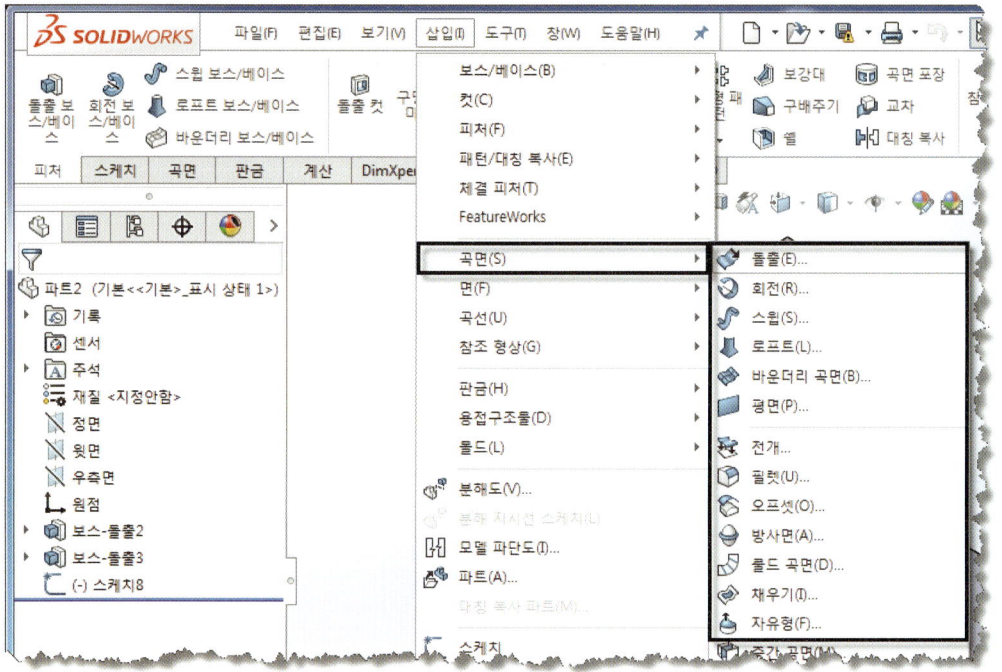

곡면 피처 명령 기능 및 설명

피처 명령	기능 설명
(돌출 곡면)	돌출 곡면 피처를 생성한다.
(회전 곡면)	회전 곡면 피처를 생성한다.
(스윕 곡면)	스윕 곡면 피처를 생성한다.
(로프트 곡면)	로프트 곡면 피처를 생성한다.
(바운더리 곡면)	곡면을 이용하여 복잡한 유형의 피처를 생성한다.
(곡면 채우기)	곡면 영역을 채우기한다.
(평면 곡면)	닫혀진 스케치 요소 개체를 선택하여 곡면을 정의한다.
(오프셋 곡면)	선택된 면을 오프셋한다.
(룰드 곡면)	룰드 곡면 피처를 생성한다.

피처 명령	기능 설명
(면 삭제)	기존에 작성된 면을 삭제한다.
(면 대치)	현재 있는 면을 선택한 면과 대치한다.
(곡면 늘이기)	작성된 곡면을 늘이기한다.
(곡면 잘라내기)	작성된 곡면을 잘라내기한다.
(곡면 보존)	기존 곡면을 자연스럽게 연장하거나 패치한다.
(곡면 붙이기)	작성된 곡면 요소 개체를 합치기하여 솔리드화한다.
(두꺼운 피처)	작성된 곡면에 두께를 정의한다.
(두꺼운 피처 컷)	곡면을 두껍게 하여 솔리드를 자르고 멀티바디 파트를 작성한다.
(곡면으로 자르기)	작성된 솔리드 개체를 곡면을 이용하여 자르기한다.

돌출 곡면

돌출 곡면 명령은 이미 작성된 스케치 개체를 선택하여 3차원 곡면 형상으로 돌출하여 형상을 완성하는 명령이며 단면 스케치는 닫힌 곡선(폐곡선)과 열린 곡선(개곡선)으로 정의할 수 있다.

풀다운 메뉴 도구 ⇨ 삽입 ⇨ 곡면 ⇨ 돌출을 선택하여 사용할 수 있다.

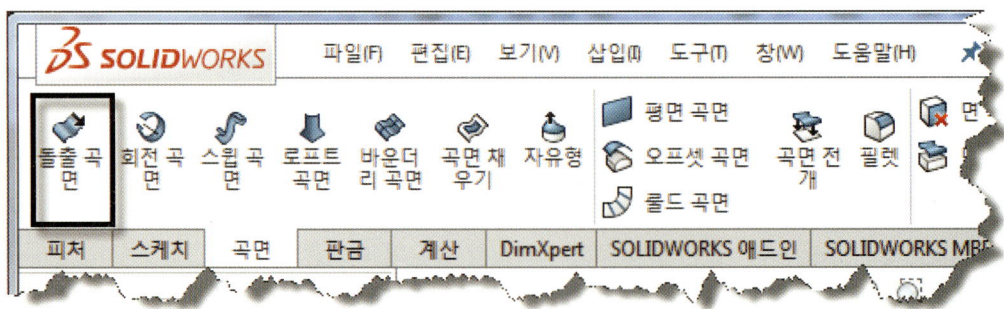

STEP 04. 곡면 작성하기

예제파일의 압축을 풀고 SW_DATA 폴더/돌출 곡면/돌출 곡면.sldprt 파일을 열기한다.

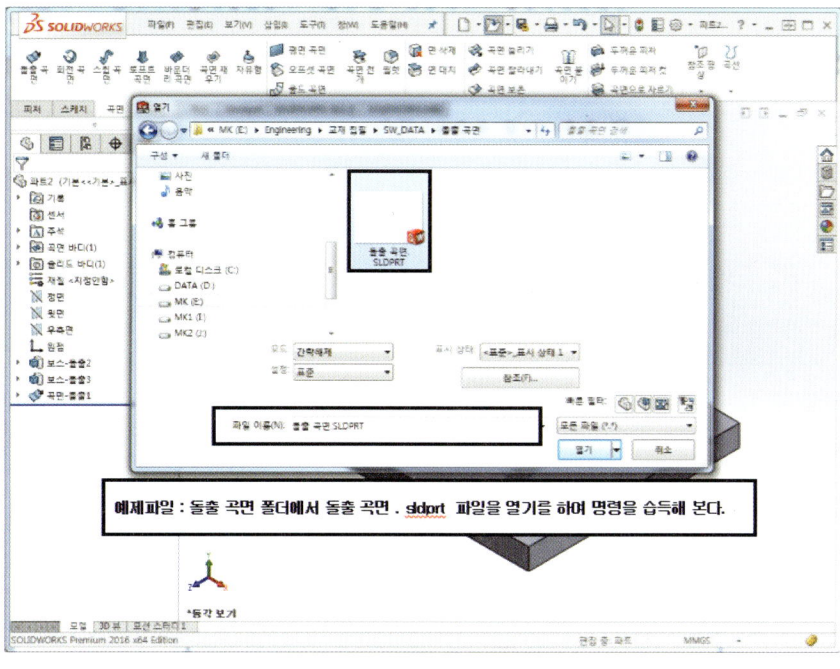

예제파일 : 돌출 곡면 폴더에서 돌출 곡면.sldprt 파일을 열기를 하여 명령을 습득해 본다.

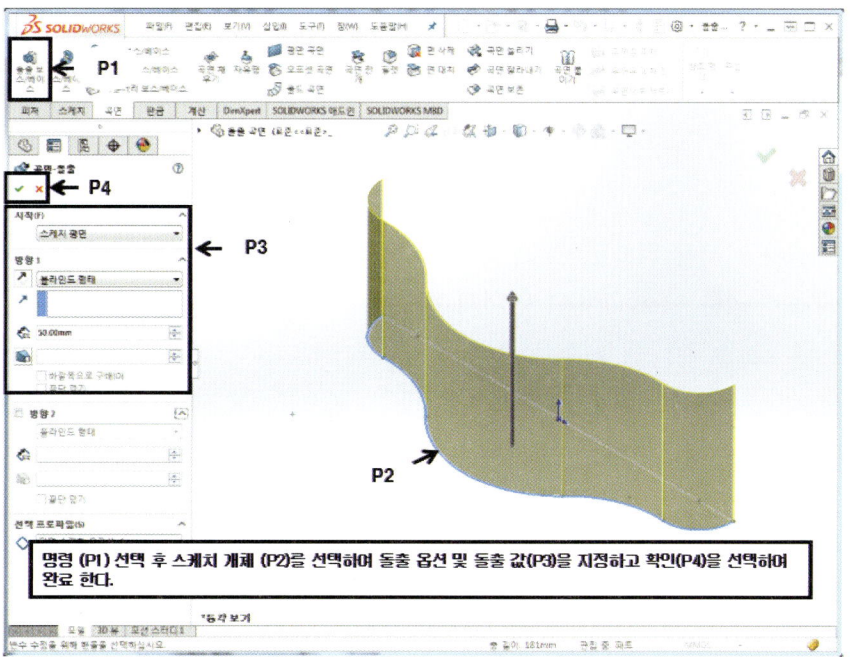

명령 (P1) 선택 후 스케치 개체 (P2)을 선택하여 돌출 옵션 및 돌출 값(P3)을 지정하고 확인(P4)을 선택하여 완료 한다.

■ 시작(F)

- 스케치 평면 : 이미 작성한 스케치의 평면을 시작으로 정의할 수 있다.
- 면/평면 선택 : 다른 개체의 면 또는 평면을 선택하여 시작으로 정의할 수 있다.
- 꼭지점 : 이미 작성된 요소 개체의 꼭지점을 지정하여 시작으로 정의할 수 있다.
- 오프셋 : 이미 작성된 스케치 평면에서부터 오프셋하여 시작 위치를 정의할 수 있다.

■ 방향 1

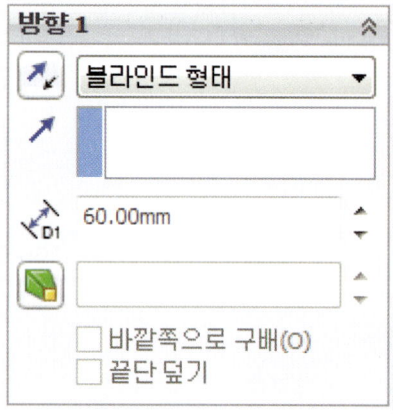 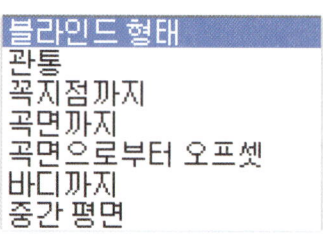

- 블라인드 형태 : 시작 위치로부터의 개체의 돌출 거리를 입력한다.
- 관통 : 돌출 거리를 요소 개체의 면까지 정의한다.
- 꼭지점까지 : 돌출 거리를 요소 개체의 꼭지점을 지정하여 정의한다.
- 곡면까지 : 돌출 거리를 요소 개체의 곡면 또는 평면을 지정하여 정의한다.
- 곡면으로부터 오프셋 : 돌출 거리를 요소 개체의 곡면 또는 평면으로부터의 거리값으로 정의한다.
- 바디까지 : 돌출 거리를 요소 개체의 바디까지로 정의하여 돌출한다.
- 중간 평면 : 돌출 거리를 스케치 평면을 기준으로 양 방향의 거리값으로 정의한다.

STEP 04. 곡면 작성하기

■ 방향 2

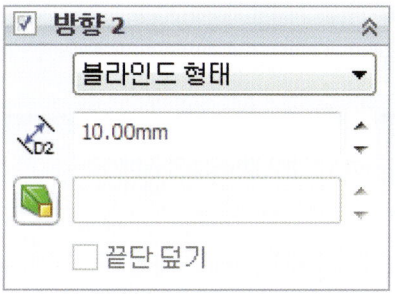 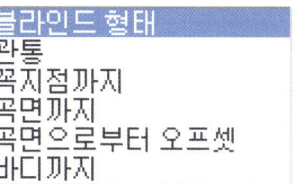

- 블라인드 형태 : 시작 위치로부터의 개체의 돌출 거리를 입력한다.
- 관통 : 돌출 거리를 요소 개체의 면까지 정의한다.
- 꼭지점까지 : 돌출 거리를 요소 개체의 꼭지점을 지정하여 정의한다.
- 곡면까지 : 돌출 거리를 요소 개체의 곡면 또는 평면을 지정하여 정의한다.
- 곡면으로부터 오프셋 : 돌출 거리를 요소 개체의 곡면 또는 평면으로부터의 거리값으로 정의한다.
- 바디까지 : 돌출 거리를 요소 개체의 바디까지로 정의하여 돌출한다.

■ 선택 프로파일(S) : 스케치 요소 개체의 영역을 지정한다.

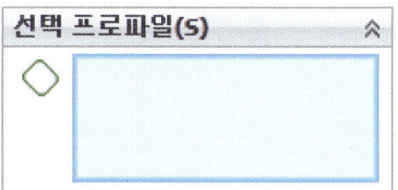

회전 곡면

회전 곡면 명령은 이미 작성된 스케치 개체를 선택하고 3차원 형상으로 회전하여 곡면 형상을 완성하는 명령이며 단면 스케치는 닫힌 곡선(폐곡선)과 열린 곡선(개곡선)으로 정의할 수 있다.

풀다운 메뉴 도구 ⇨ 삽입 ⇨ 곡면 ⇨ 회전을 선택하여 사용할 수 있다.

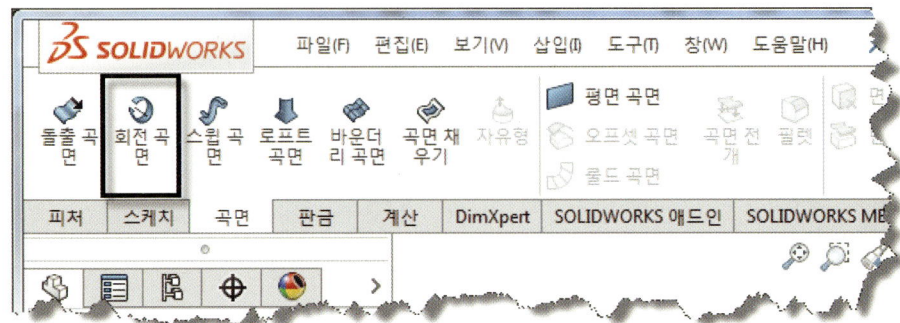

예제파일의 압축을 풀고 SW_DATA 폴더/회전 곡면/회전 곡면.sldprt 파일을 열기한다.

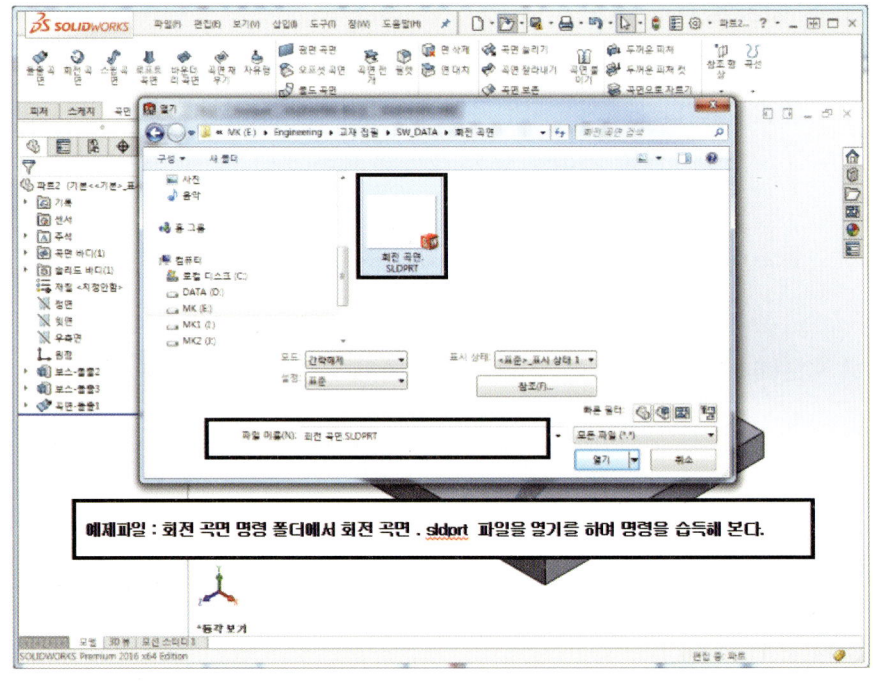

STEP 04. 곡면 작성하기

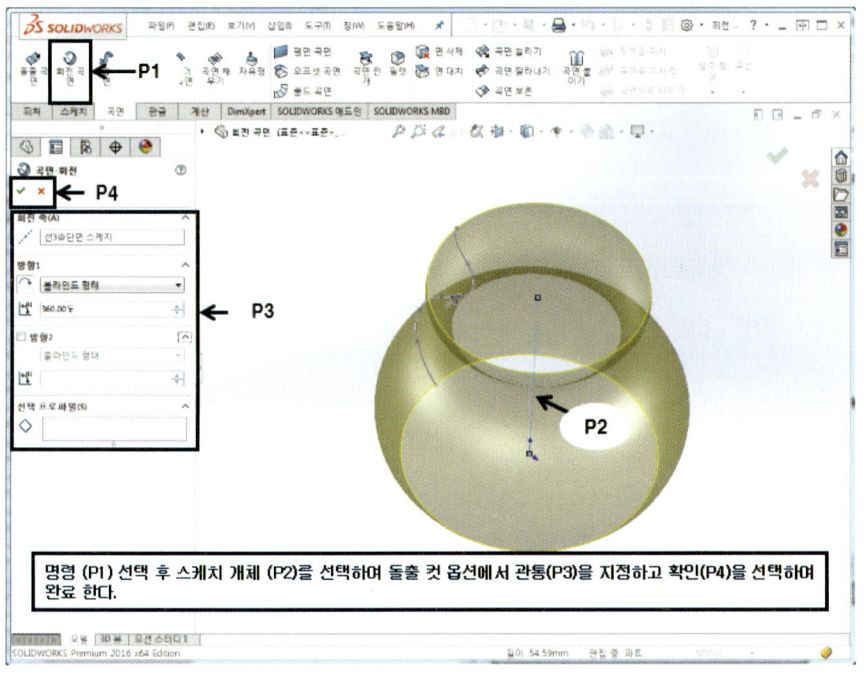

- **회전 축(A)** : 작성된 스케치의 회전 축을 선택한다.

- **방향 1**

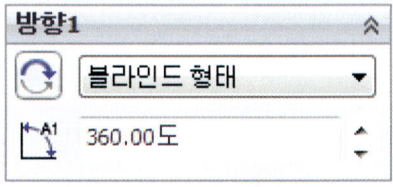
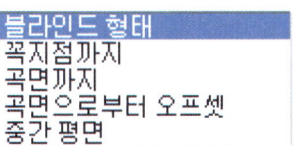

- 블라인드 형태 : 시작 위치로부터의 개체의 회전 각도를 입력한다.
- 꼭지점까지 : 회전 각도를 요소 개체의 꼭지점을 지정하여 정의한다.
- 곡면까지 : 회전 각도를 요소 개체의 곡면 또는 평면을 지정하여 정의한다.
- 곡면으로부터 오프셋 : 회전 각도를 요소 개체의 곡면 또는 평면으로부터의 거리값으로 정의한다.

- 중간 평면 : 회전 각도를 스케치 평면을 기준으로 양 방향의 각도값으로 정의한다.

■ 방향 2

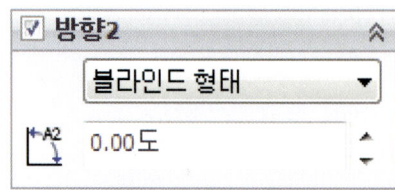 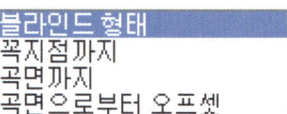

- 블라인드 형태 : 시작 위치로부터의 개체의 돌출 거리를 입력한다.
- 꼭지점까지 : 돌출 거리를 요소 개체의 꼭지점을 지정하여 정의한다.
- 곡면까지 : 돌출 거리를 요소 개체의 곡면 또는 평면을 지정하여 정의한다.
- 곡면으로부터 오프셋 : 돌출 거리를 요소 개체의 곡면 또는 평면으로부터의 거리값으로 정의한다.

■ 선택 프로파일(S) : 스케치 요소 개체의 영역을 지정한다.

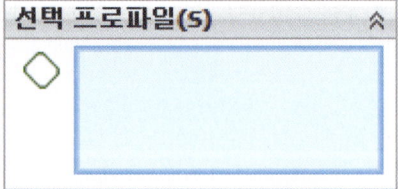

스윕 곡면

스윕 곡면 명령은 프로파일 단면 스케치와 경로 스케치가 작성되어야 하며 닫힌 프로파일이나 열린 프로파일을 사용할 수 있고 경로 또한 닫힌 경로 또는 열린 경로를 사용할 수 있다.

풀다운 메뉴 도구 ⇨ 삽입 ⇨ 곡면 ⇨ 스윕을 선택하여 사용할 수 있다.

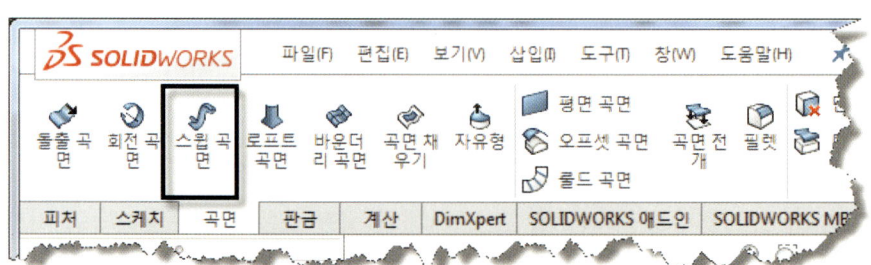

STEP 04. 곡면 작성하기 237

예제파일의 압축을 풀고 SW_DATA 폴더/스윕 곡면/스윕 곡면.sldprt 파일을 열기한다.

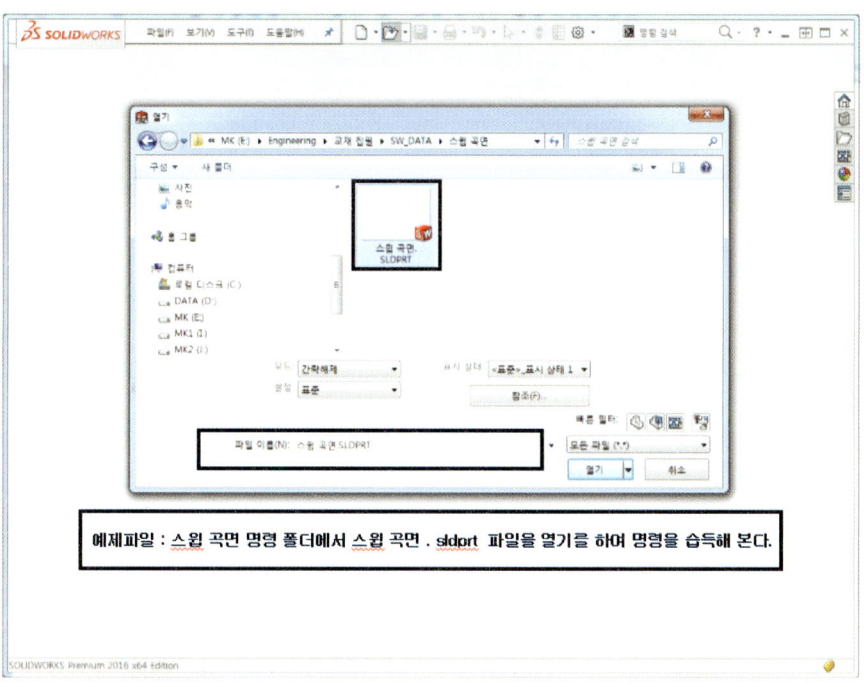

예제파일 : 스윕 곡면 명령 폴더에서 스윕 곡면 . sldprt 파일을 열기를 하여 명령을 습득해 본다.

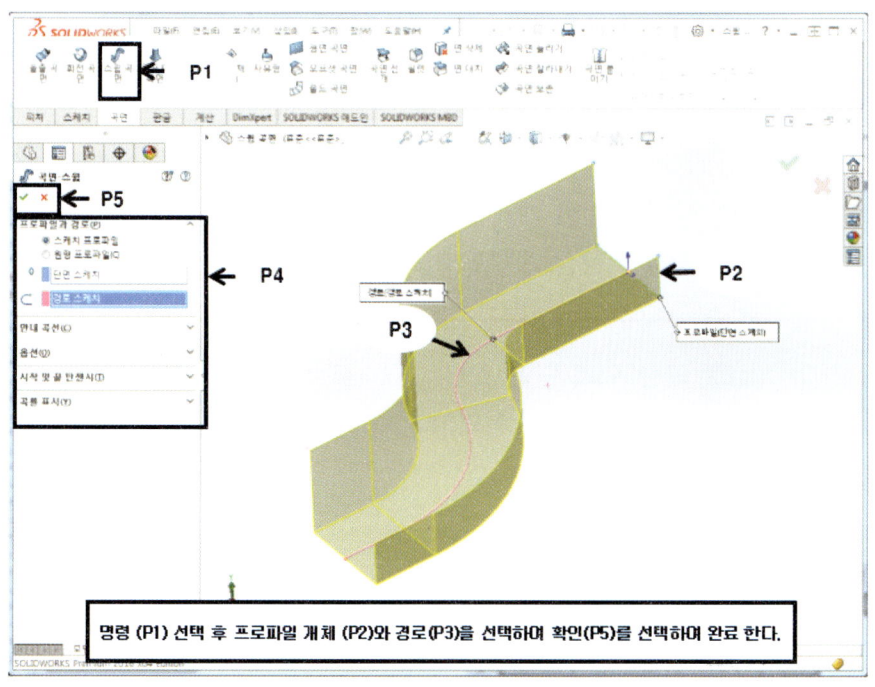

명령 (P1) 선택 후 프로파일 개체 (P2)와 경로(P3)을 선택하여 확인(P5)를 선택하여 완료 한다.

- 프로파일과 경로(P)

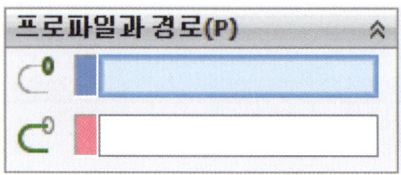

- 프로파일 : 경로를 따라 생성될 단면 스케치 요소 개체이다.
- 경로 : 작성된 스케치 단면 요소가 형상으로 정의될 경로를 선택한다.

- 옵션(O)

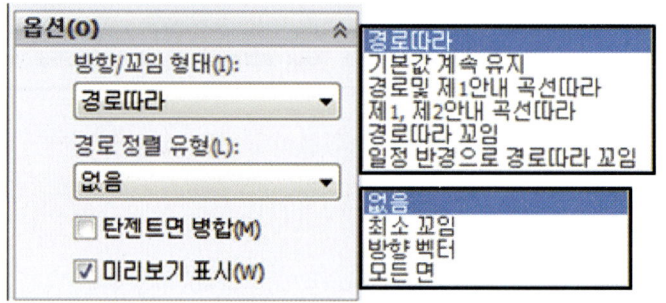

- 방향/꼬임 형태 : 경로를 따라 생성될 형상의 조건을 정의한다.
- 경로 정렬 유형(L) : 선택된 단면 스케치 요소 개체가 경로를 따라 정렬이 될 조건을 정의한다.
- 탄젠트면 병합(M) : 생성된 형상 개체에 접촉면 병합 구속을 정의한다.
- 미리보기 표시(W) : 작성된 형상 개체를 미리보기 표시한다.

- 안내 곡선(C) : 경로 곡선 외에 단면 스케치 요소를 형상으로 정의하기 위한 안내 곡선을 정의한다.

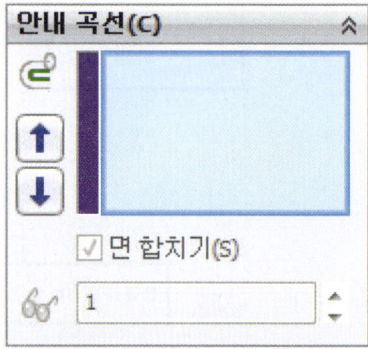

- **시작/끝 탄젠시(T)** : 생성되는 형상의 시작과 끝부분의 형상을 정의한다.

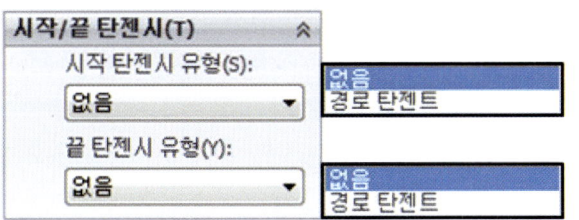

🔽 로프트 곡면

로프트 곡면 명령은 여러 프로파일 단면 스케치를 활용하여 로프트 곡면 형상을 작성할 수 있다.
풀다운 메뉴 도구 ➪ 삽입 ➪ 곡면 ➪ 로프트를 선택하여 사용할 수 있다.

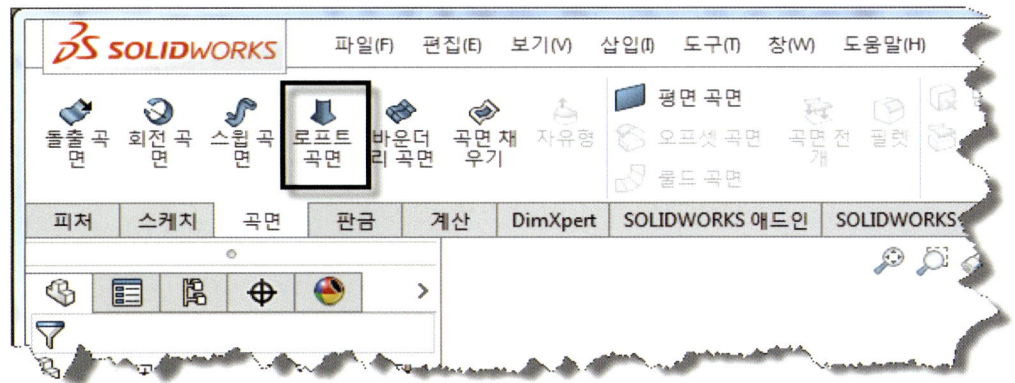

예제파일의 압축을 풀고 SW_DATA 폴더/로프트 곡면/로프트 곡면.sldprt 파일을 열기한다.

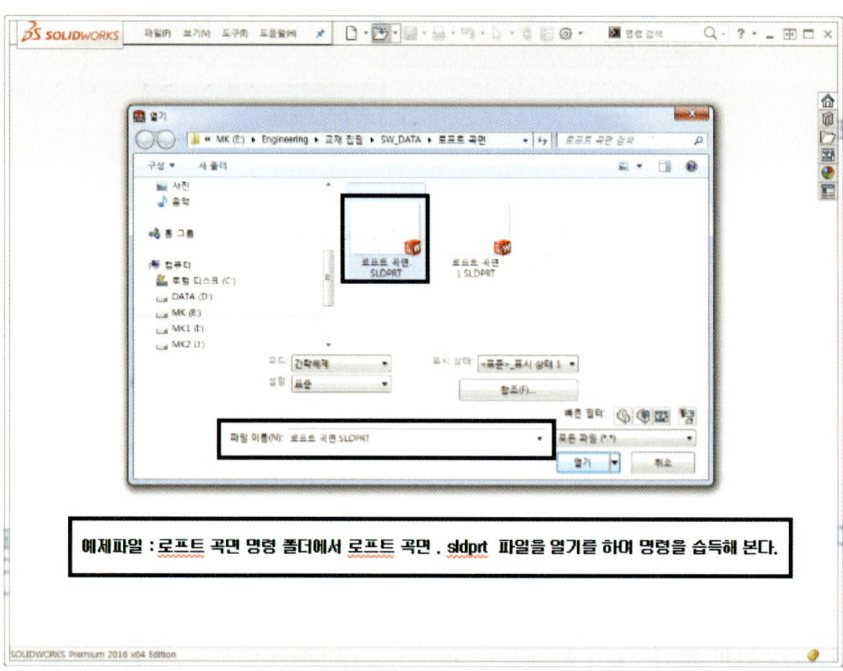

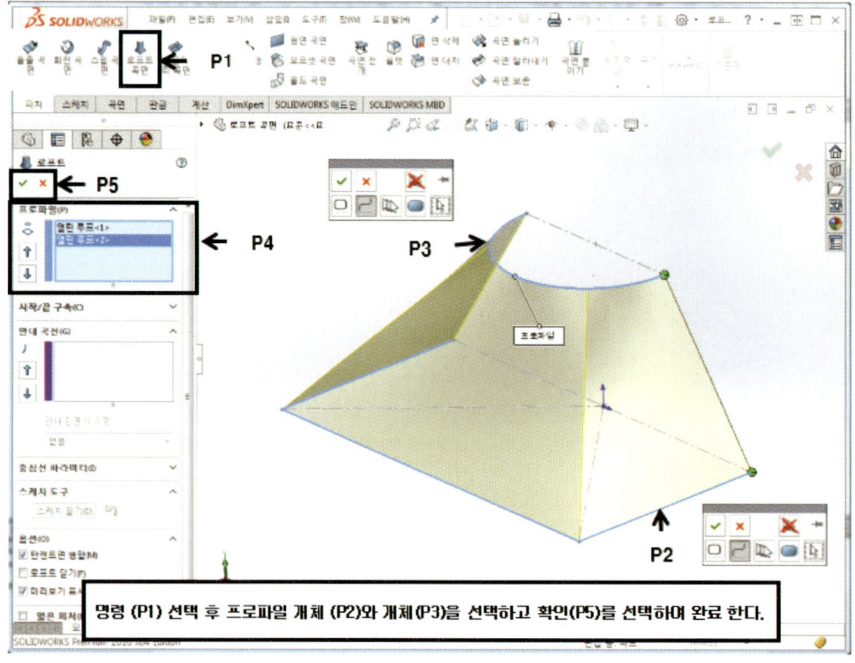

STEP 04. 곡면 작성하기 241

- **프로파일(P)** : 작성된 단면 프로파일을 각각 순차적으로 선택한다.

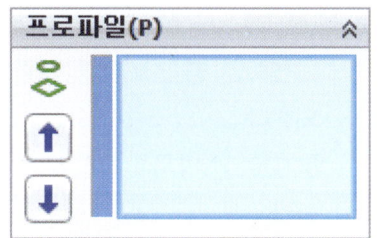

- **시작/끝 구속(C)** : 단면의 시작과 끝에 구속을 정의한다.

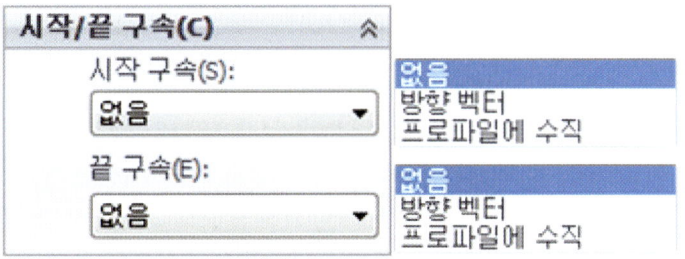

- **안내 곡선(G)** : 작성될 로프트 개체의 안내 곡선을 정의한다.

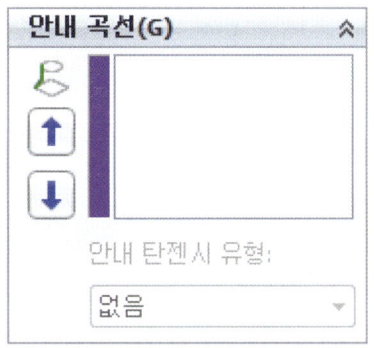

- **중심선 파라미터(I)** : 작성될 로프트 개체의 중심선 파라미터를 정의한다.

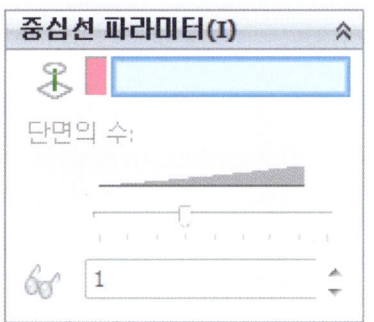

■ 옵션(O)

- 탄젠트면 병합(M) : 작성될 형상에 탄젠트 조건을 정의한다.
- 로프트 닫기(F) : 작성될 형상에 끝 닫기 조건을 정의한다.
- 미리보기 표시(W) : 작성될 형상의 미리보기를 표시한다.

■ 얇은 피처(H)

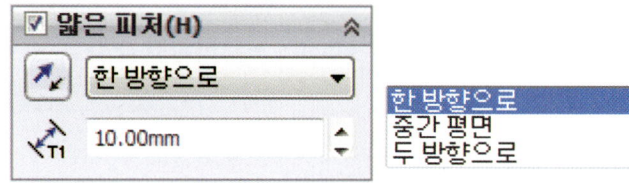

- 한 방향으로 : 스케치 요소 개체로부터 거리값을 입력하여 한 방향으로 회전한다.
- 중간 평면 : 스케치 요소 개체로부터 거리값을 입력하여 양 방향으로 회전한다.
- 두 방향으로 : 스케치 요소 개체로부터 각각 거리값을 입력하여 양 방향으로 회전한다.

바운더리 보스/베이스

바운더리 보스/베이스 명령은 프로파일 단면 스케치와 솔리드 형상의 면을 활용하여 형상을 작성할 수 있다.

풀다운 메뉴 도구 ⇨ 삽입 ⇨ 곡면 ⇨ 바운더리 곡면을 선택하여 사용할 수 있다.

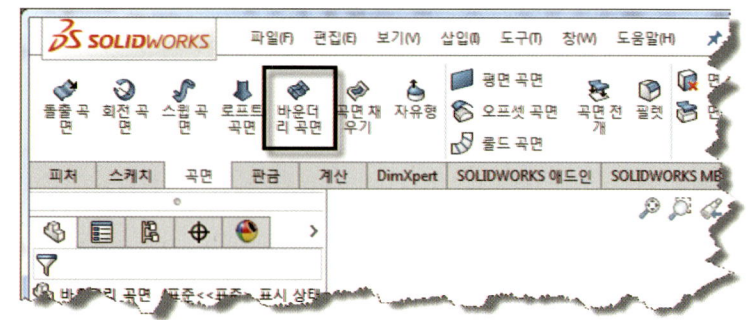

STEP 04. 곡면 작성하기

예제파일의 압축을 풀고 SW_DATA 폴더/바운더리 곡면/바운더리 곡면.sldprt 파일을 열기한다.

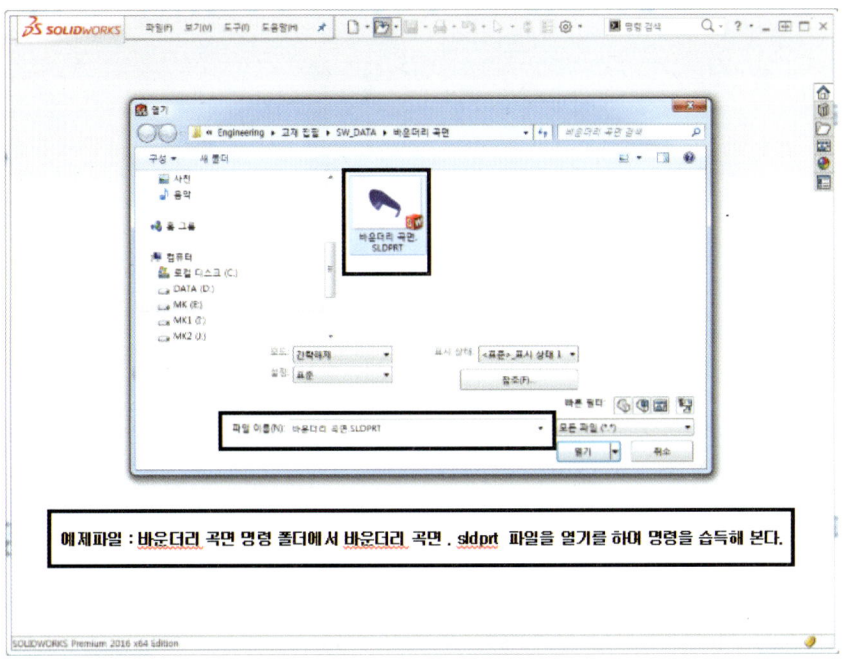

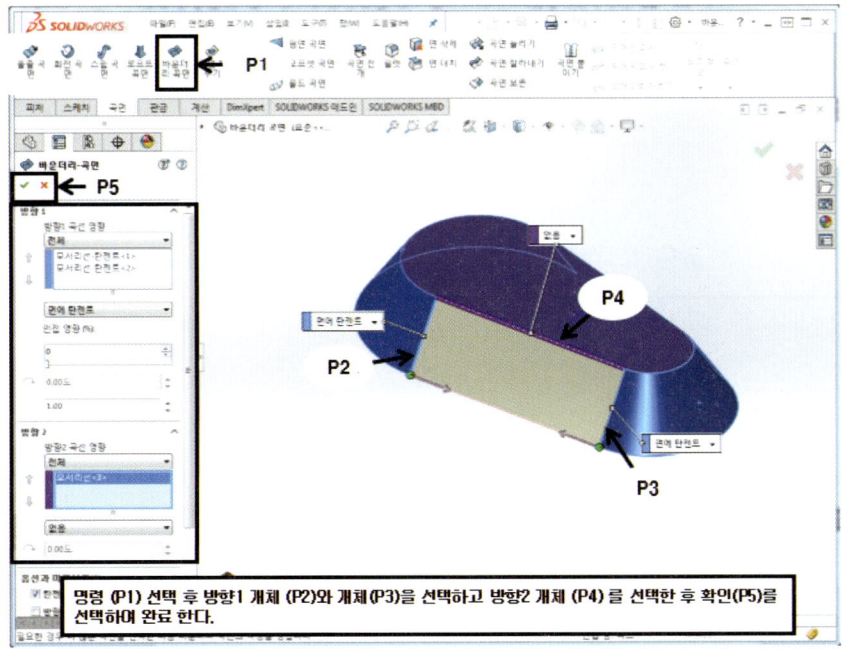

- **방향 1, 방향 2** : 바운더리 형상을 정의할 단면 스케치 또는 곡면 모서리를 선택한다.

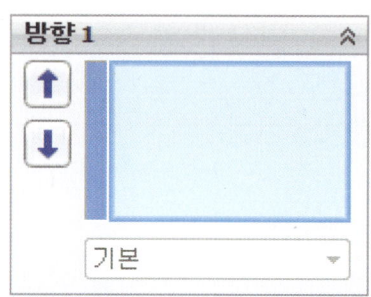 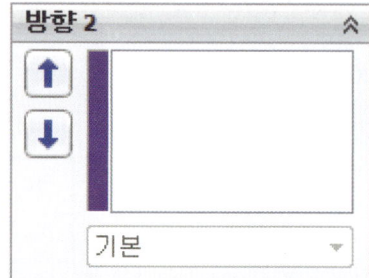

- **옵션과 미리보기(O)**

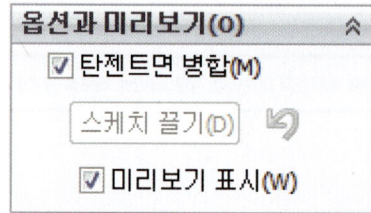

- 탄젠트면 병합(M) : 작성될 형상에 탄젠트 조건을 정의한다.
- 미리보기 표시(W) : 작성될 형상의 미리보기를 표시한다.

- **얇은 피처(H)**

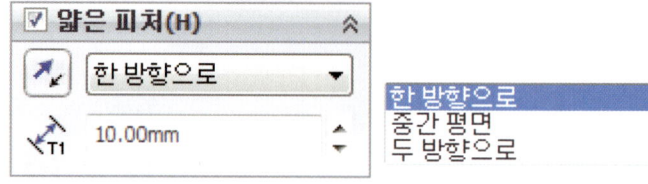

- 한 방향으로 : 스케치 요소 개체로부터 거리값을 입력하여 한 방향으로 회전한다.
- 중간 평면 : 스케치 요소 개체로부터 거리값을 입력하여 양 방향으로 회전한다.
- 두 방향으로 : 스케치 요소 개체로부터 각각 거리값을 입력하여 양 방향으로 회전한다.

곡면 채우기

곡면 채우기 명령은 작성된 곡면 형상의 빠진 부분을 곡면의 모서리 등을 선택하여 형상을 메우는 작업 등을 할 수 있다.

풀다운 메뉴 도구 ⇨ 삽입 ⇨ 곡면 ⇨ 채우기를 선택하여 사용할 수 있다.

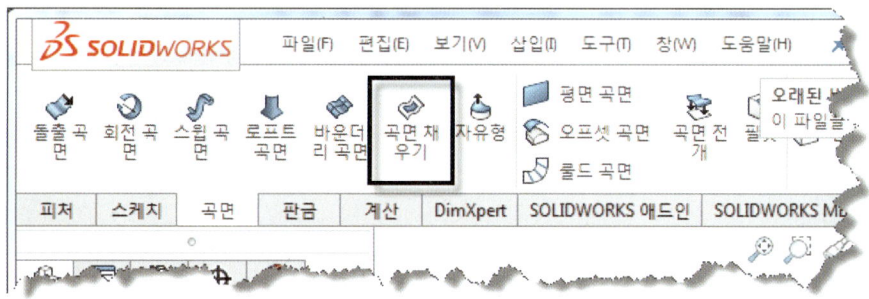

예제파일의 압축을 풀고 SW_DATA 폴더/곡면 채우기/곡면 채우기 곡면.sldprt 파일을 열기한다.

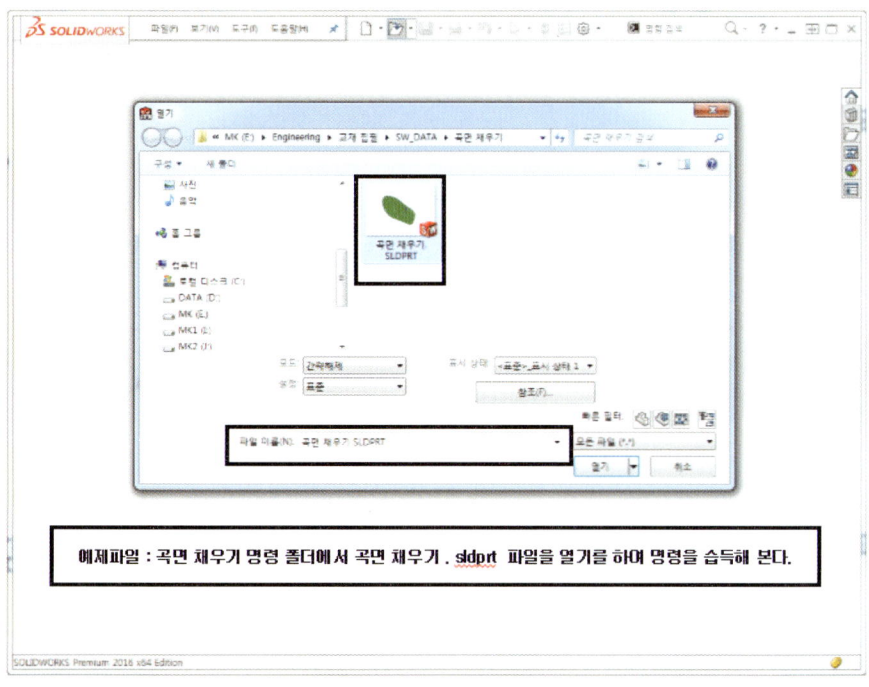

246 Solidworks 2016 start!

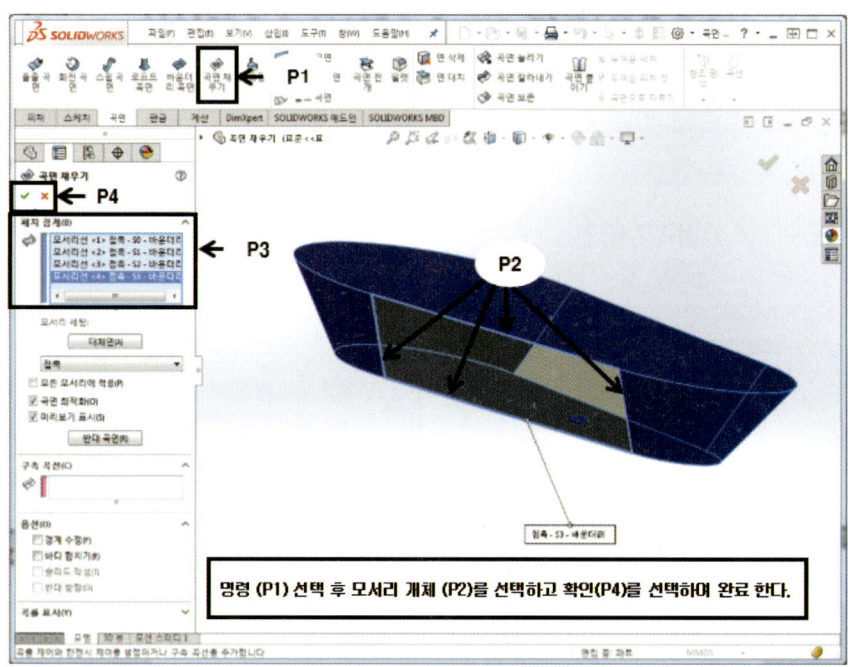

- **패치 경계(B)** : 채우기할 곡면 모서리 경계를 선택한다.

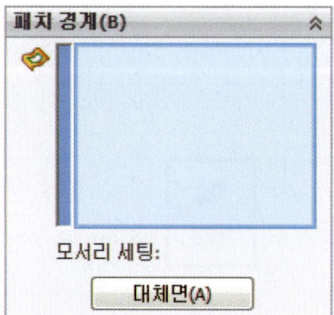

- 접촉 : 선택한 경계 내에 곡면을 만든다.
- 탄젠트 : 선택한 경계 내에 곡면을 만들면서, 패치 모서리선의 탄젠트를 유지한다.
- 곡률 : 인접 곡면의 경계를 따라 선택한 곡면의 곡률과 일치하는 곡면을 작성한다.

- **구속 곡션(C)** : 채우기 패치의 경사 정도를 추가한다.

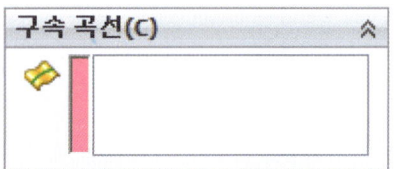

- **옵션(O)**
  - 경계 수정(F) : 없는 부분을 작성하고 너무 큰 부분을 잘라내어 경계를 작성한다.
  - 바디 합치기(E) : 모든 경계가 동일 솔리드 바디에 속해 있을 경우 곡면 채우기를 사용하여 솔리드를 패치할 수 있다.
  - 솔리드 형성 시도(T) : 모든 경계 요소가 열린 곡면 모서리일 경우 솔리드 형성이 가능하다.
  - 반대 방향(D) : 채우기 패치 방향을 반전시킨다.

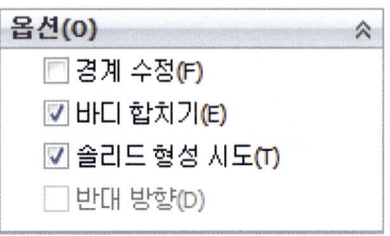

평면 곡면

평면 곡면 명령은 작성된 닫혀 있는 폐곡선 또는 평면상에 정의된 모서리 등을 이용하여 평면 곡면을 작성할 수 있다.

풀다운 메뉴 도구 ⇨ 삽입 ⇨ 곡면 ⇨ 평면을 선택하여 사용할 수 있다.

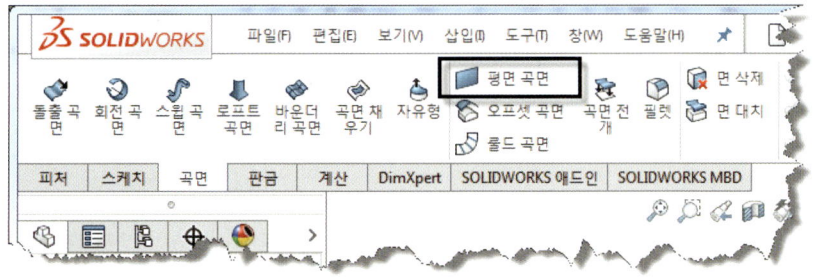

예제파일의 압축을 풀고 SW_DATA 폴더/평면 곡면/평면 곡면.sldprt 파일을 열기한다.

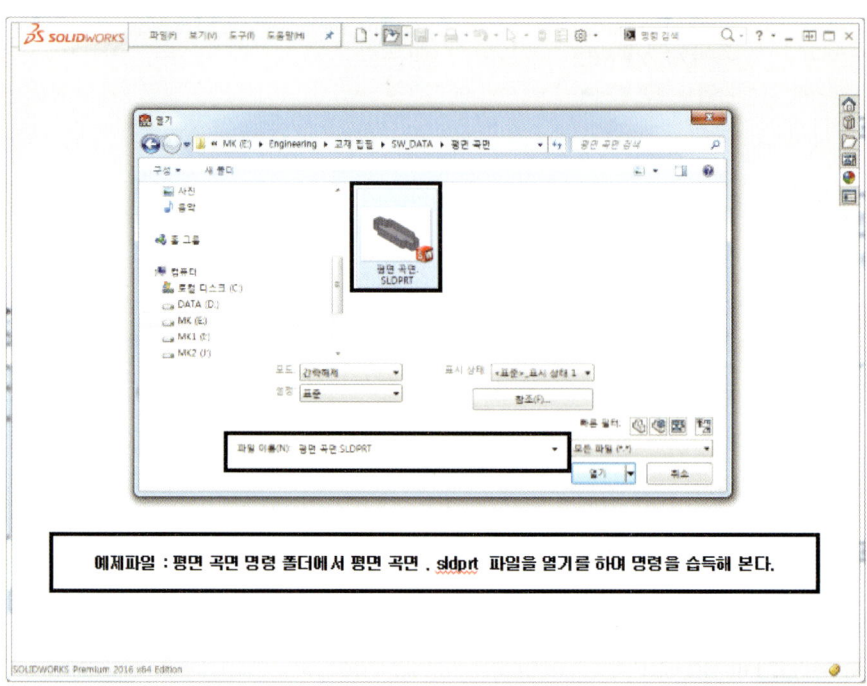

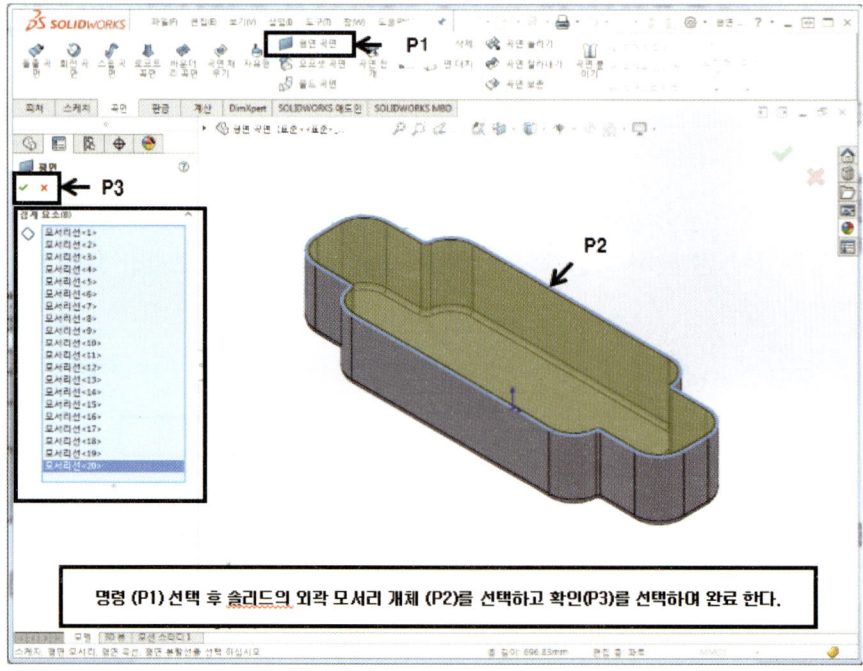

- **경계 요소(B)** : 작성된 스케치의 폐곡선 또는 형상 개체의 평면 모서리를 선택한다.

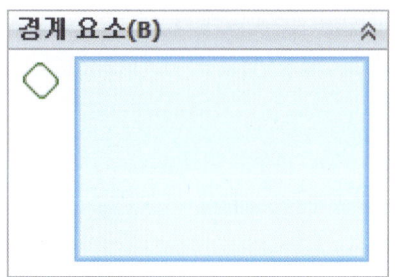

 오프셋 곡면

오프셋 곡면 명령은 작성된 형상의 면을 오프셋하여 곡면을 복사한다.

풀다운 메뉴 도구 ⇨ 삽입 ⇨ 곡면 ⇨ 오프셋을 선택하여 사용할 수 있다.

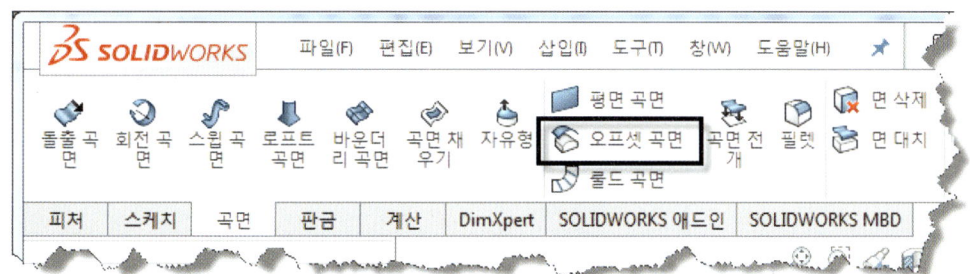

예제파일의 압축을 풀고 SW_DATA 폴더/오프셋 곡면/오프셋 곡면.sldprt 파일을 연다.

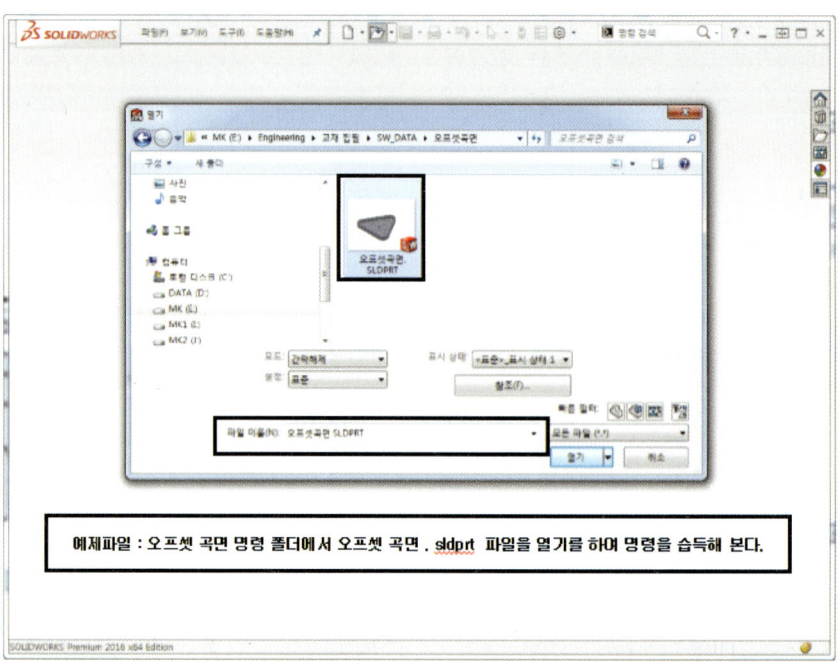

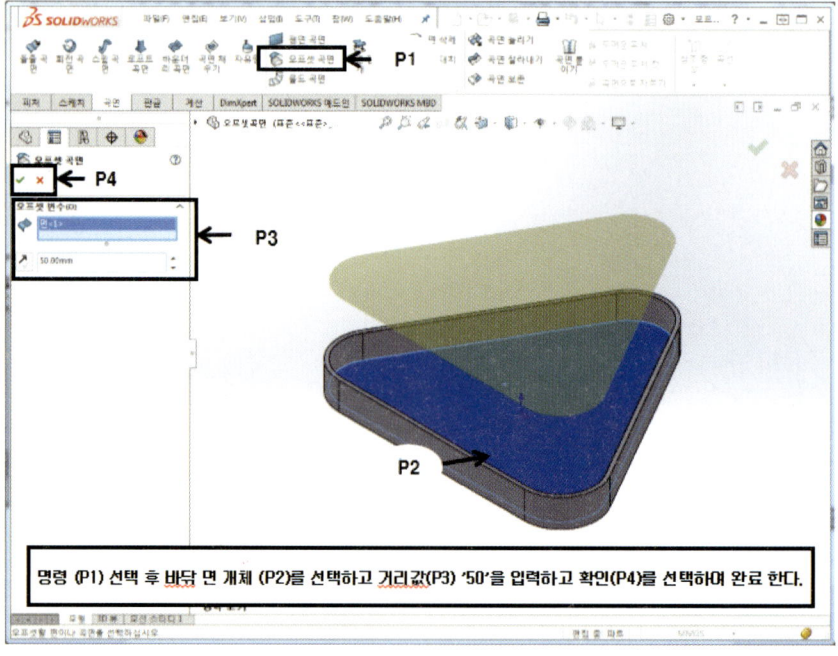

- **오프셋 변수(O)** : 오프셋할 면을 선택하고 오프셋 값을 입력한다.

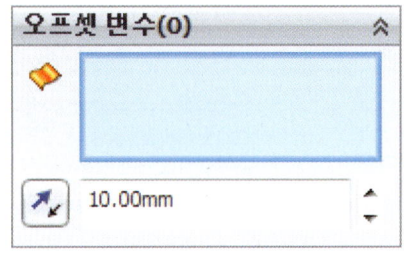

룰드 곡면

룰드 곡면 명령은 작성된 곡면 형상의 모서리를 이용하여 룰드 곡면 피처를 작성할 수 있다.

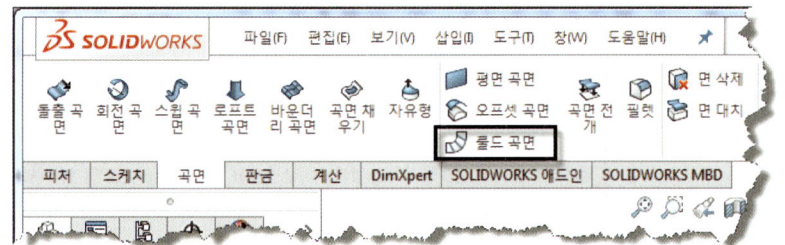

풀다운 메뉴 도구 ⇨
삽입 ⇨ 곡면 ⇨ 룰드 곡면을 선택하여 사용할 수 있다.

예제파일의 압축을 풀고 SW_DATA 폴더/룰드 곡면/룰드 곡면.sldprt 파일을 열기한다.

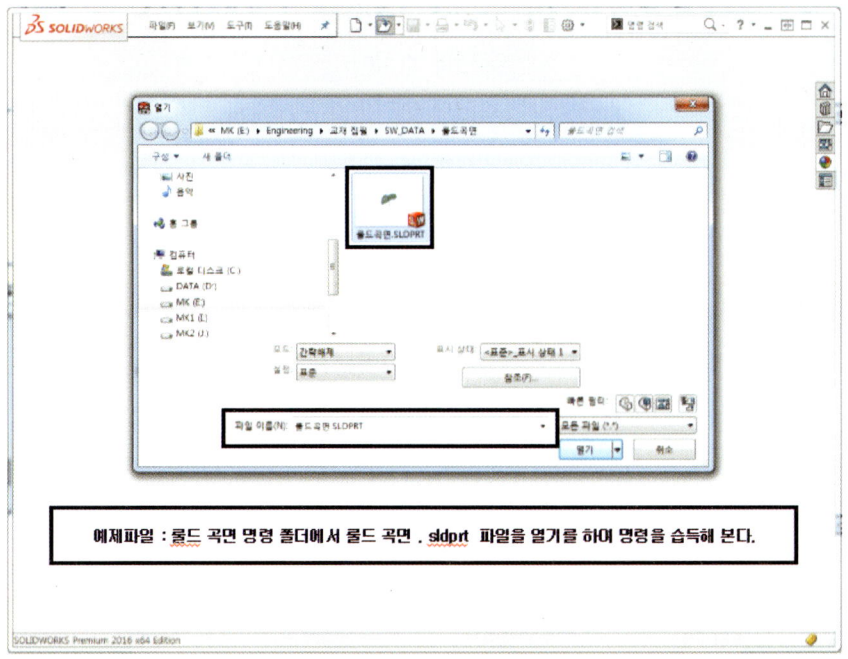

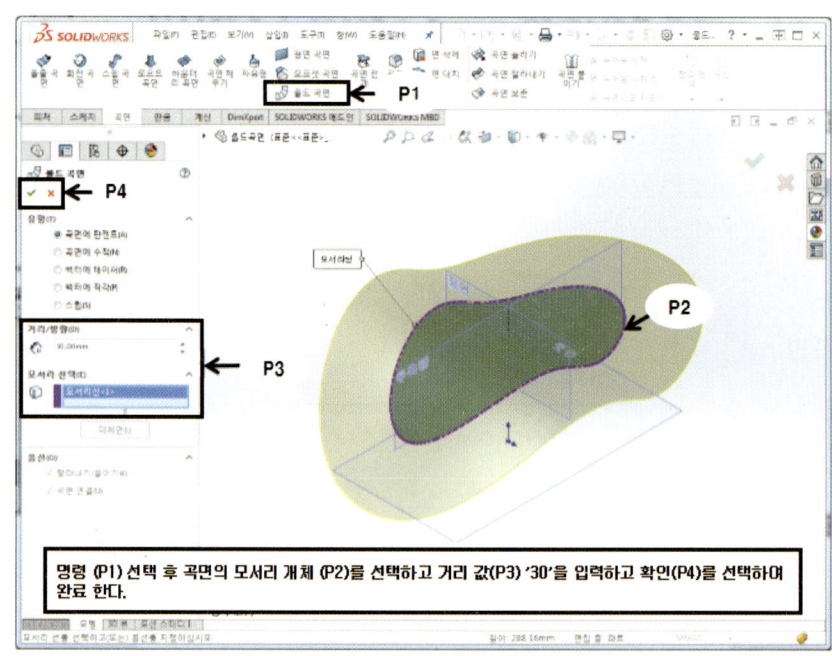

- 유형 : 작성될 룰드 곡면의 유형을 설정한다.

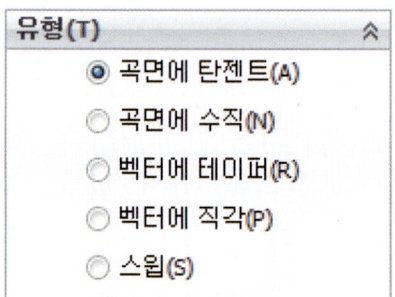

- 곡면에 탄젠트(A) : 룰드 곡면이 모서리를 공유하는 곡면에 접하는 곡면을 작성한다.
- 곡면에 수직(N) : 룰드 곡면이 모서리를 공유하는 수직 곡면을 작성한다.
- 벡터에 테이퍼(R) : 룰드 곡면이 지정한 벡터에 테이퍼를 적용한다.
- 벡터에 직각(P) : 룰드 곡면이 지정한 벡터에 직각을 이뤄 생성된다.
- 스윕(S) : 선택한 모서리를 안내 곡선으로 사용하는 스윕 곡면을 작성한다.

거리/방향(D) : 작성될 곡면의 거리와 방향 값들을 설정한다.

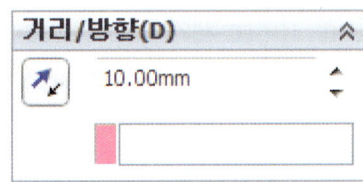

- 거리 : 작성될 룰드 곡면의 생성 거리를 설정한다.
- 방향 : 작성될 룰드 곡면의 생성 방향을 설정한다.

모서리 선택(E) : 룰드 곡면을 정의할 곡면의 모서리를 선택한다.

옵션(O) : 작성된 구멍을 표시한다.

잘라내기/붙이기(K) : 곡면을 수작업으로 잘라내고 붙이기한다.

곡면 연결(U) : 생성된 곡면의 연결 곡면을 제거하거나 연결 곡면을 지운다.(연결 곡면은 일반적으로 예리한 코너에 작성한다.)

면 삭제

이미 작성된 곡면의 임의의 면을 삭제하거나 패치 및 채우기를 하는 명령이다.

풀다운 메뉴 도구 ➪ 삽입 ➪ 면 ➪ 삭제를 선택하여 사용할 수 있다.

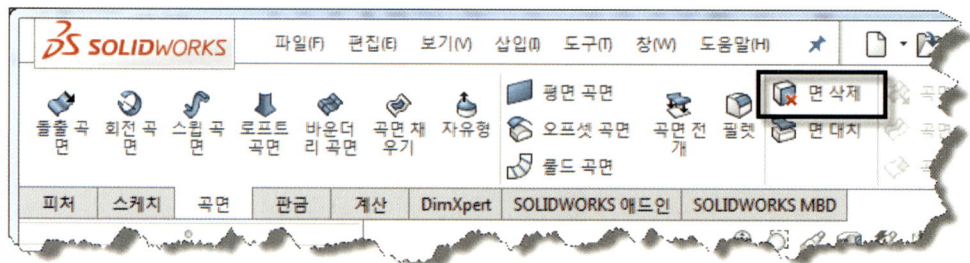

예제파일의 압축을 풀고 SW_DATA 폴더/면 삭제/면 삭제.sldprt 파일을 열기한다.

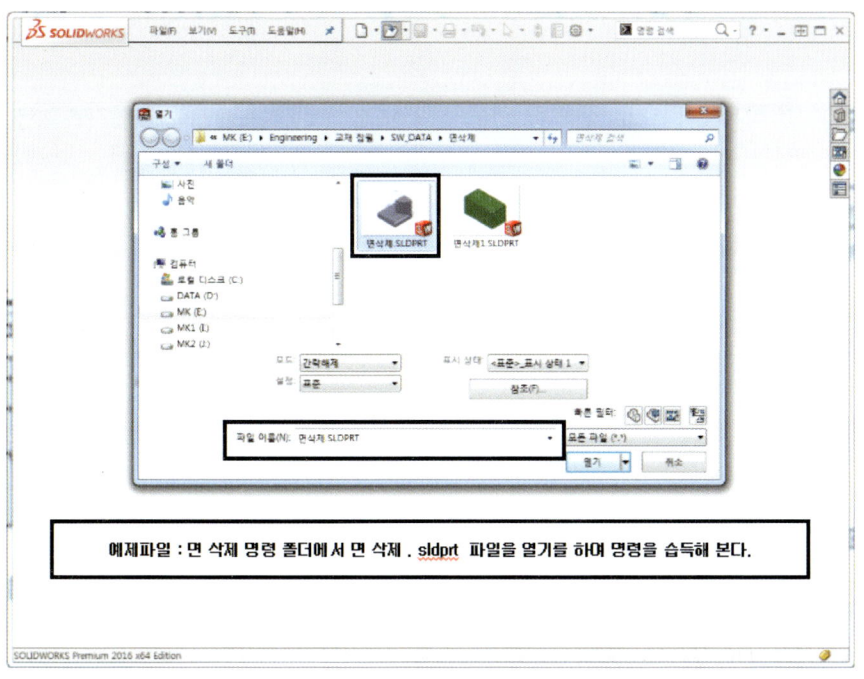

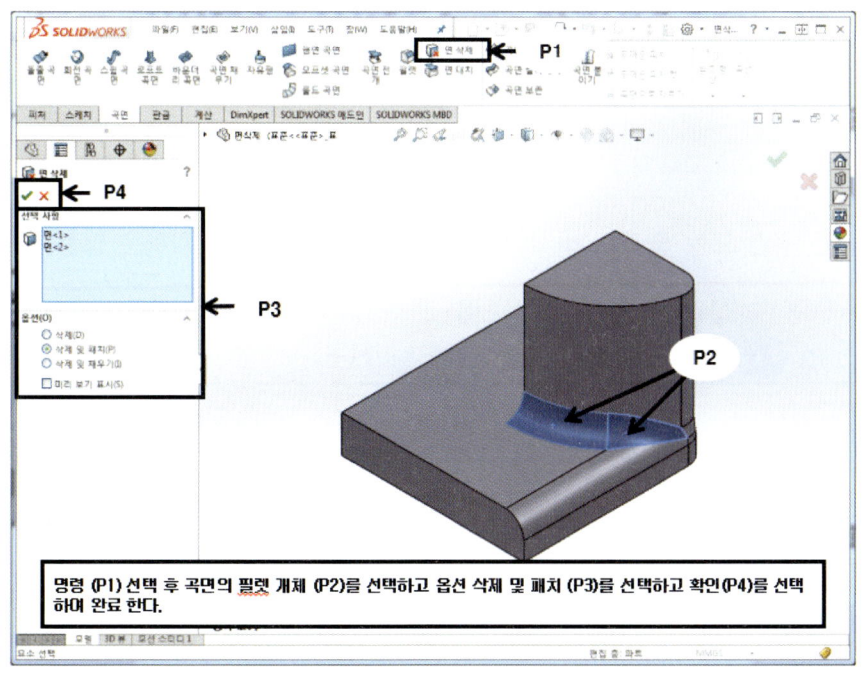

- **피처 선택 도구** : 선택된 피처의 연관 피처를 선택한다.

- **선택 사항** : 면 삭제 명령으로 정의될 면을 선택한다.

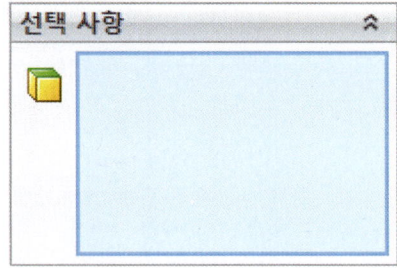

- **옵션(O)**
  - 삭제(D) : 곡면 바디에서 면을 삭제하거나, 솔리드 바디에서 여러 개의 면을 삭제하여 곡면을 작성한다.
  - 삭제 및 패치(P) : 솔리드나 곡면 바디의 면을 삭제하고 자동으로 패치할 수 있다.
  - 삭제 및 채우기(I) : 삭제 후 채우기는 틈을 모두 메우기 위해 하나의 면을 생성한다.
  - 미리보기 표시(S) : 전체 미리보기가 적용된다.

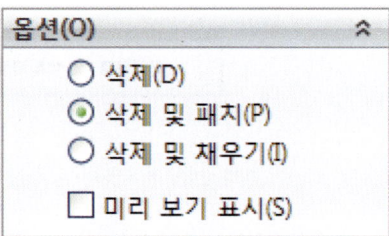

면 대치

면 대치 명령은 곡면 또는 솔리드 바디면을 새로운 곡면 바디로 대치하는 명령이다.

풀다운 메뉴 도구 ⇨ 삽입 ⇨ 면 ⇨ 대치…를 선택하여 사용할 수 있다.

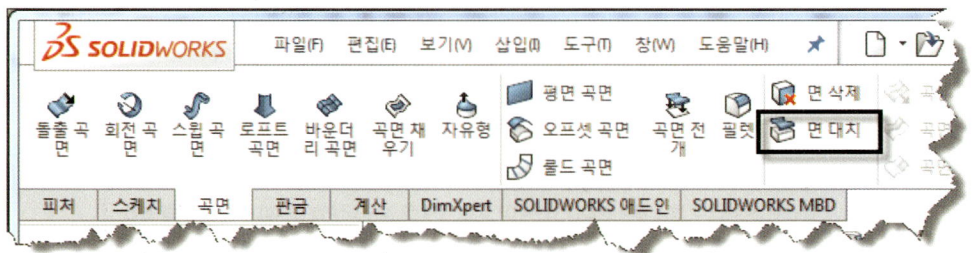

STEP 04. 곡면 작성하기 257

예제파일의 압축을 풀고 SW_DATA 폴더/면 대치/면 대치.sldprt 파일을 열기한다.

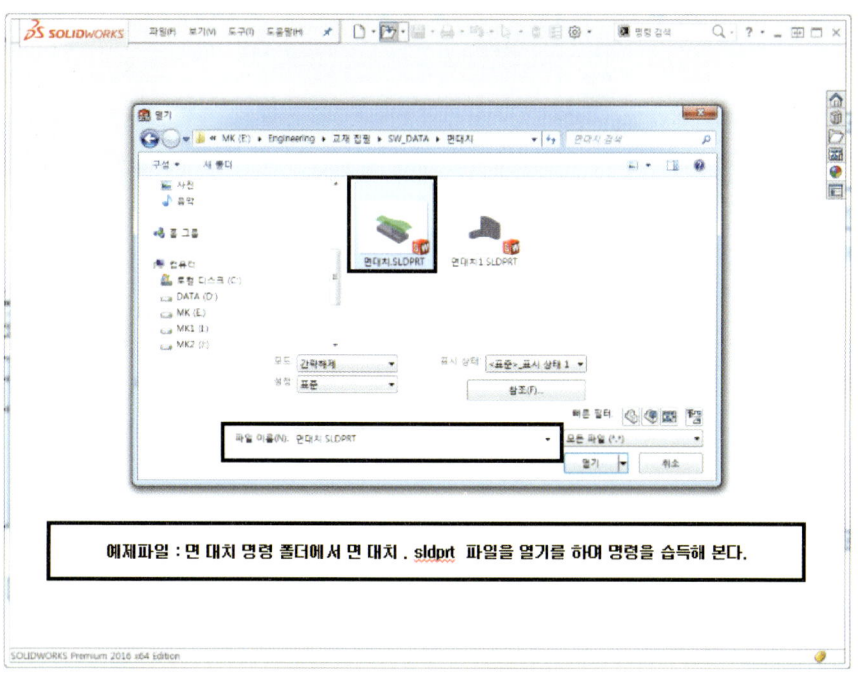

예제파일 : 면 대치 명령 폴더에서 면 대치 . sldprt 파일을 열기를 하여 명령을 습득해 본다.

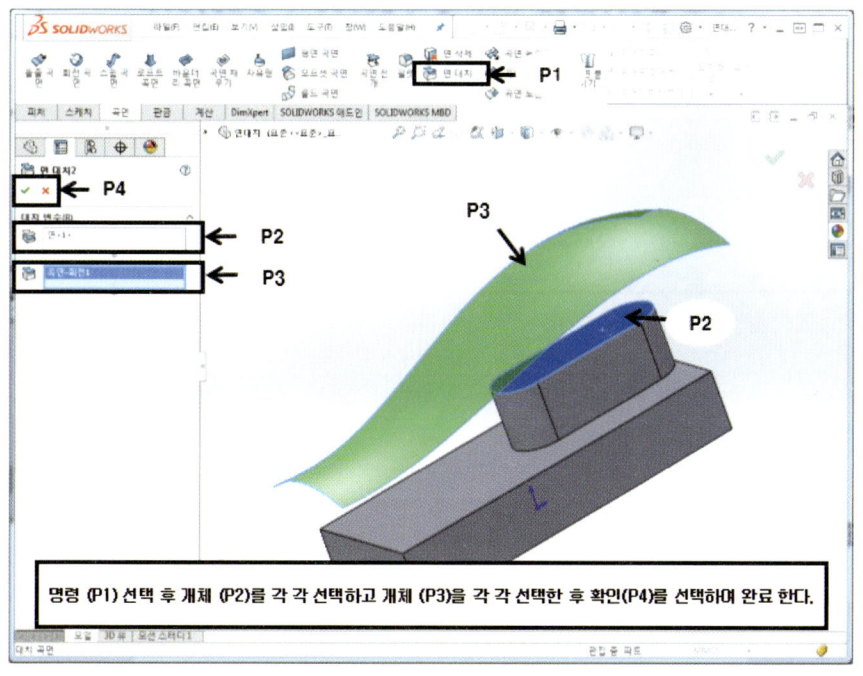

명령 (P1) 선택 후 개체 (P2)를 각 각 선택하고 개체 (P3)을 각 각 선택한 후 확인(P4)를 선택하여 완료 한다.

- **대치 변수(R)** : 지정할 개체를 순차적으로 선택한다.

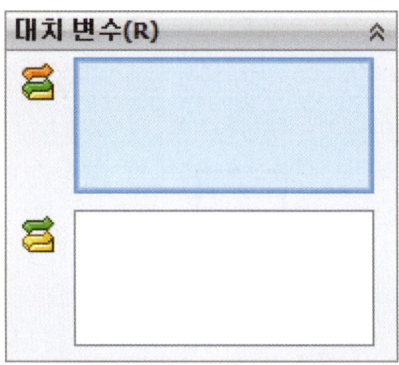

- 대치할 대상면 : 대치할 대상면 또는 대치할 곡면을 선택한다.
- 대치 곡면 : 대치가 적용될 개체의 면을 선택한다.

곡면 늘리기

이미 작성된 곡면을 원하는 거리를 입력하여 연장하거나 점 또는 교차 곡면을 이용하여 곡면을 연장하는 명령이다.

풀다운 메뉴 도구 ⇨ 삽입 ⇨ 곡면 ⇨ 늘리기...를 선택하여 사용할 수 있다.

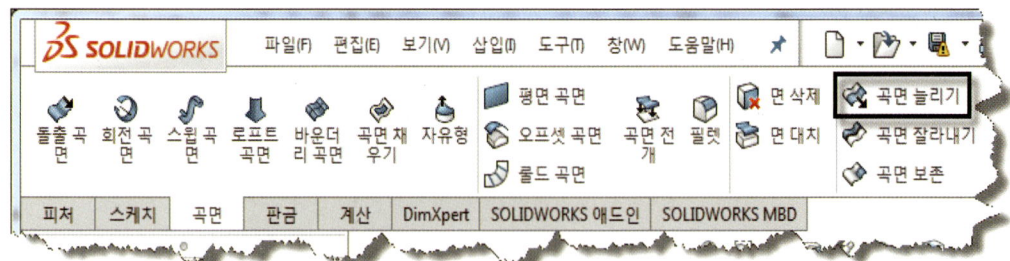

STEP 04. 곡면 작성하기

예제파일의 압축을 풀고 SW_DATA 폴더/곡면 늘리기_잘라내기/곡면 늘리기.sldprt 파일을 열기한다.

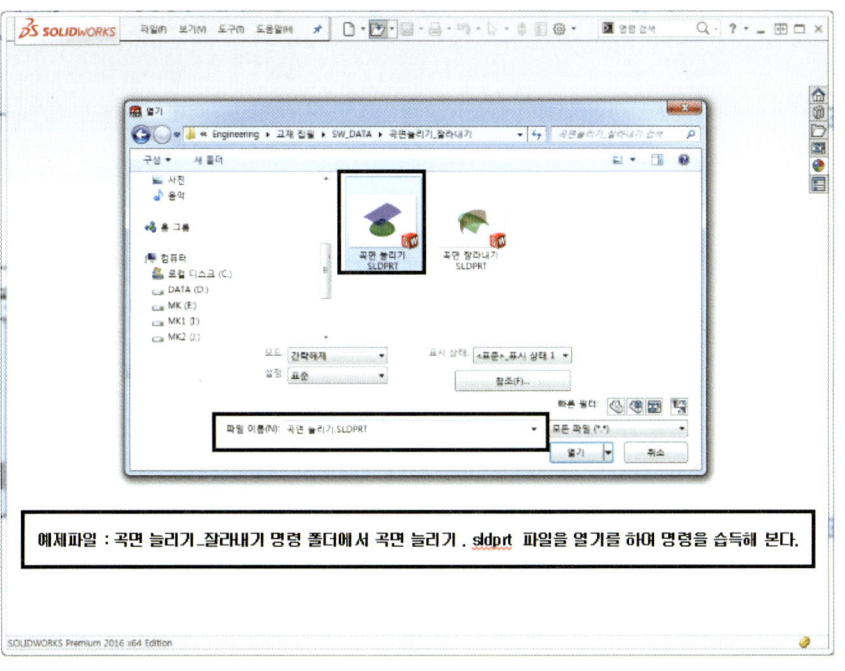

예제파일 : 곡면 늘리기_잘라내기 명령 폴더에서 곡면 늘리기 . sldprt 파일을 열기를 하여 명령을 습득해 본다.

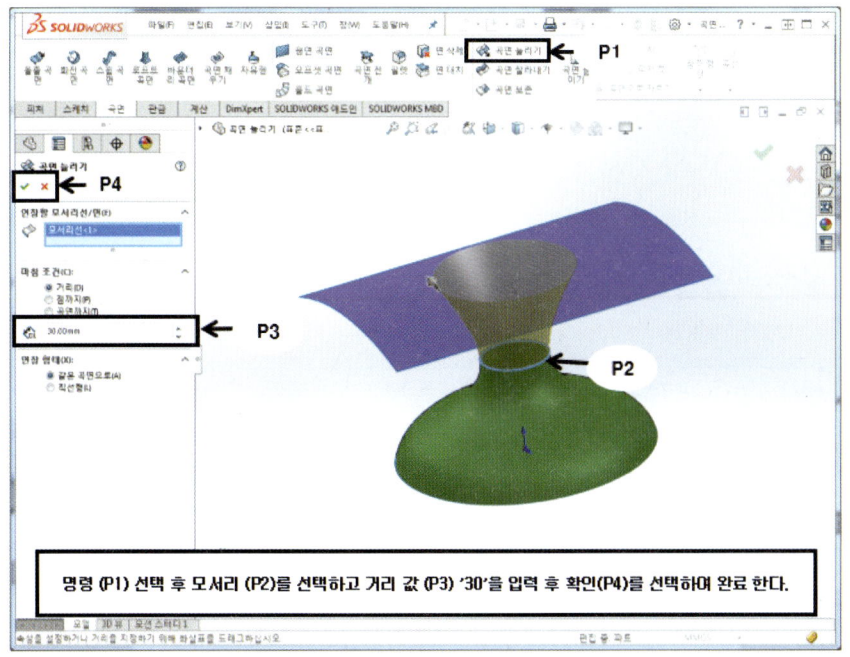

명령 (P1) 선택 후 모서리 (P2)를 선택하고 거리 값 (P3) '30'을 입력 후 확인(P4)를 선택하여 완료 한다.

- **연장할 모서리선/면(E)** : 연장할 곡면의 모서리를 지정한다.

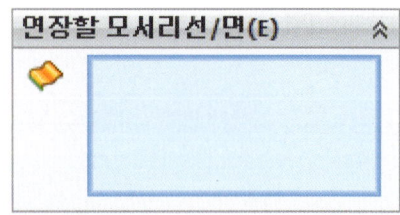

- **마침 조건(C)** : 연장될 피처의 길이를 입력 또는 지정한다.

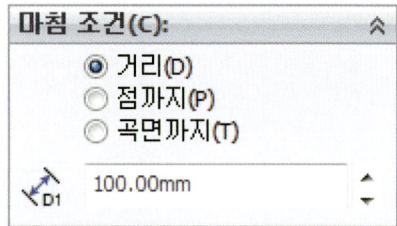

- **연장 형태(X)** : 연장될 피처의 형태를 지정한다.

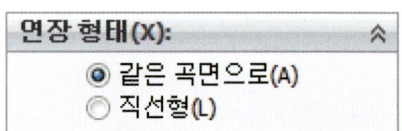

곡면 잘라내기

곡면 잘라내기 명령은 이미 작성된 곡면 개체를 교차하는 모서리 또는 스케치 요소 또는 작업 평면 등을 이용하여 잘라내기하는 명령이다.

풀다운 메뉴 도구 ➪ 삽입 ➪ 곡면 ➪ 잘라내기...를 선택하여 사용할 수 있다.

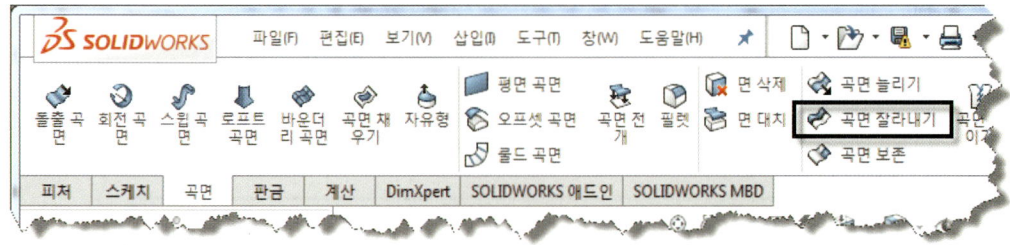

STEP 04. 곡면 작성하기   261

예제파일의 압축을 풀고 SW_DATA 폴더/곡면 늘리기_잘라내기/곡면 잘라내기.sldprt 파일을 열기한다.

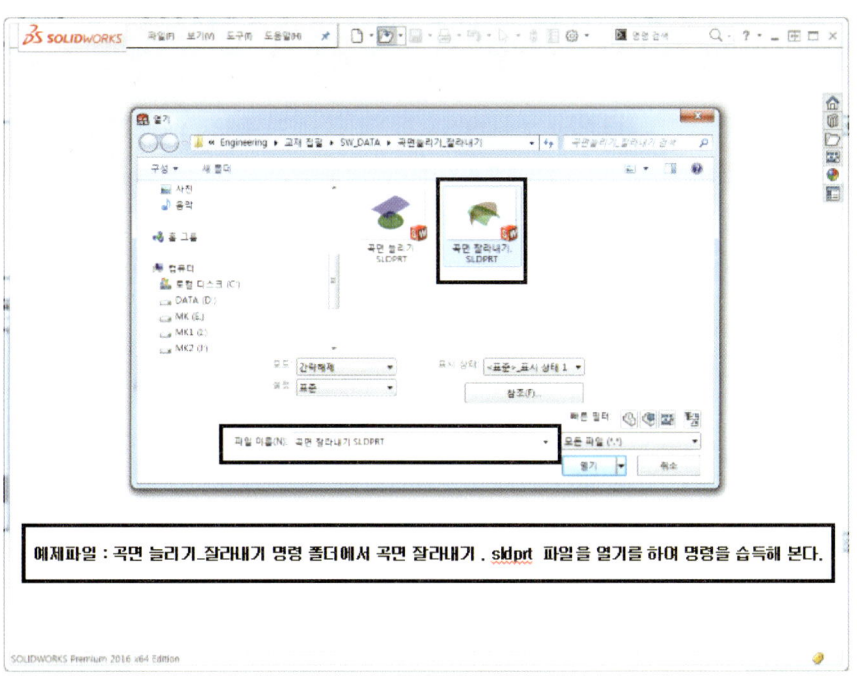

예제파일 : 곡면 늘리기_잘라내기 명령 폴더에서 곡면 잘라내기 . sldprt 파일을 열기를 하여 명령을 습득해 본다.

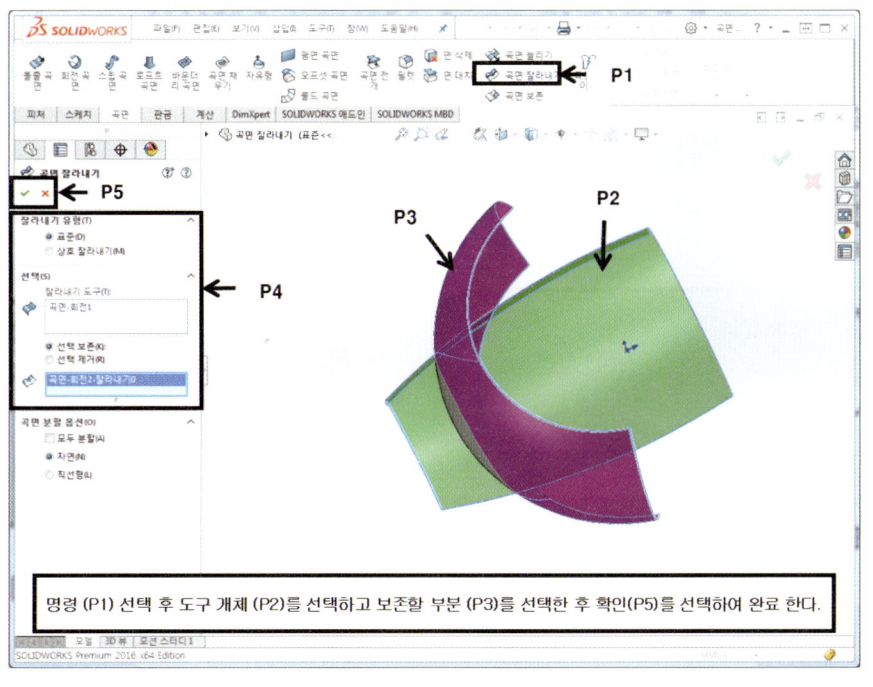

명령 (P1) 선택 후 도구 개체 (P2)를 선택하고 보존할 부분 (P3)를 선택한 후 확인(P5)를 선택하여 완료 한다.

■ 잘라내기 유형(T)
- 표준(D) : 곡면, 스케치 요소, 곡선, 평면 등을 사용하여 곡면을 잘라낸다.
- 상호 잘라내기(M) : 곡면 자체를 사용하여 여러 개의 곡면을 잘라낸다.

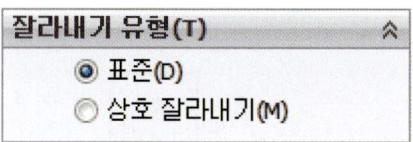

■ 선택(S)
- 잘라내기 도구(T) : 잘라내기할 곡면 개체들을 선택한다.

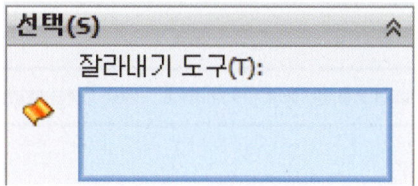

- 선택 보존(K) : 선택된 곡면들이 보존된다.
- 선택 제거(R) : 선택된 곡면들이 제거된다.

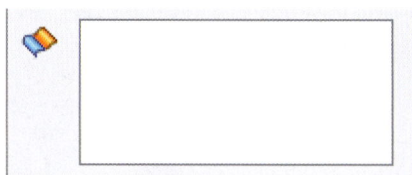

■ 곡면 분할 옵션(O)

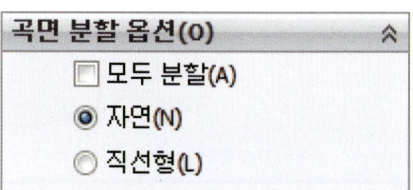

- 모두 분할(A) : 잘라내기로 선택할 두 개체에 분할을 적용한다.

- 자연(N) : 잘라내기를 완료하고 경계 모서리선이 곡면의 형태를 따르도록 제어한다.
- 직선형(L) : 잘라내기를 완료하고 경계 모서리선이 잘라내기 시작 지점에서부터 직선 방향을 따르도록 제어한다.

◈ 곡면 보존

곡면의 경계를 따라 자연스럽게 연장해서 곡면 구멍과 외부 모서리를 패치할 수 있다.

풀다운 메뉴 도구 ⇨ 삽입 ⇨ 곡면 ⇨ 곡면 보존...을 선택하여 사용할 수 있다.

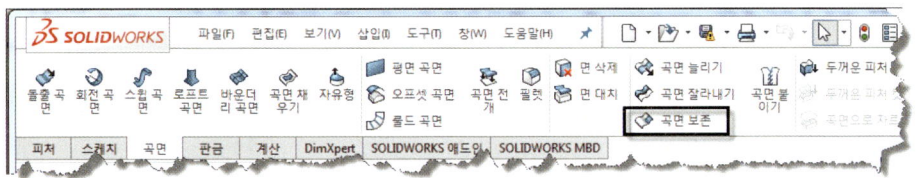

예제파일의 압축을 풀고 SW_DATA 폴더/곡면 보존/곡면 보존.sldprt 파일을 열기한다.

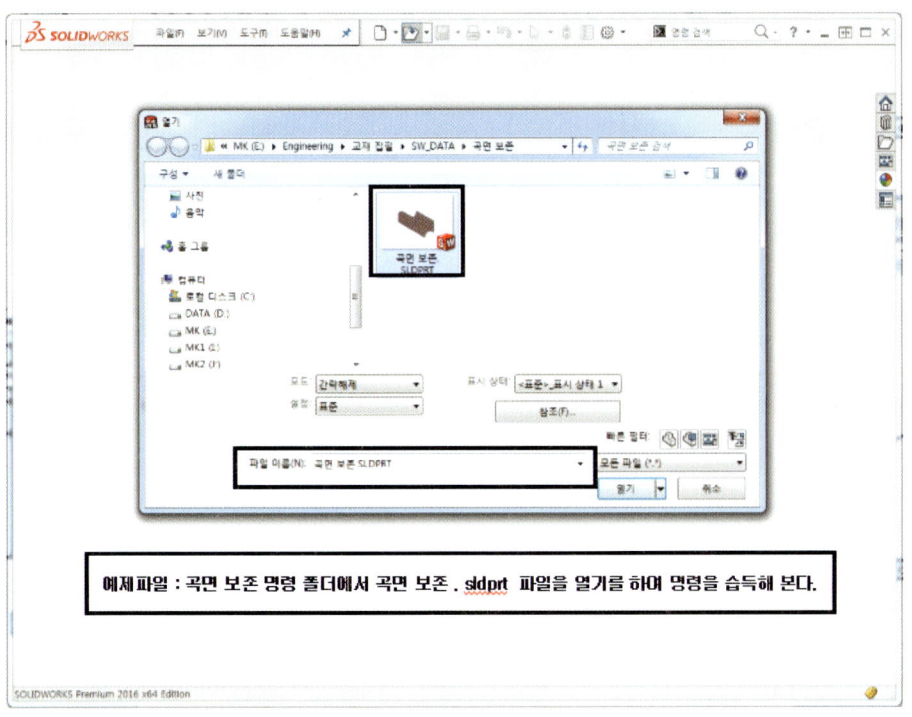

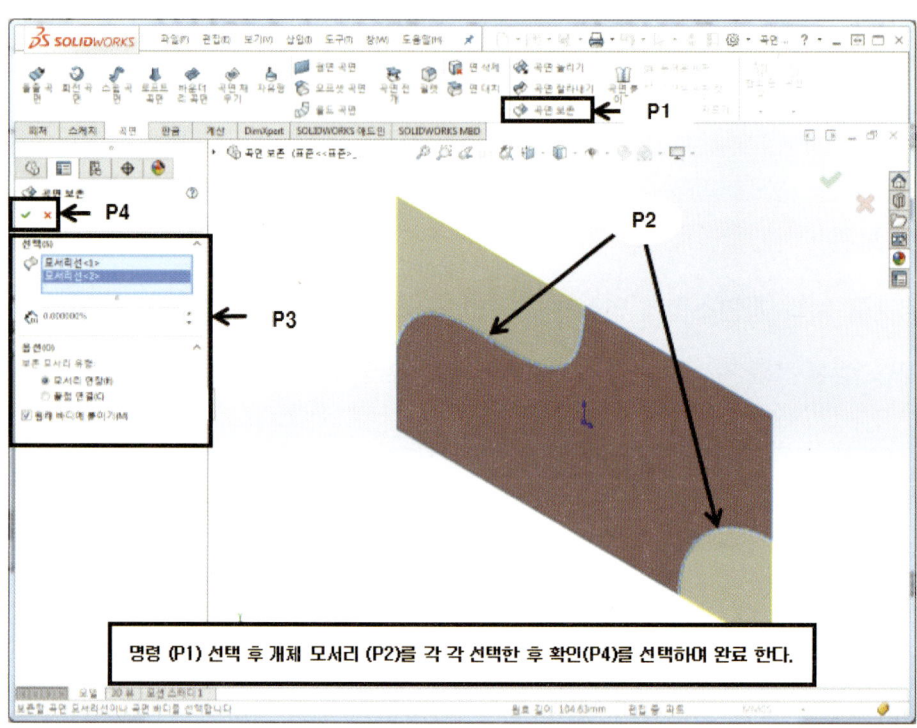

- **선택(S)** : 곡면 보존을 적용할 개체를 선택한다.

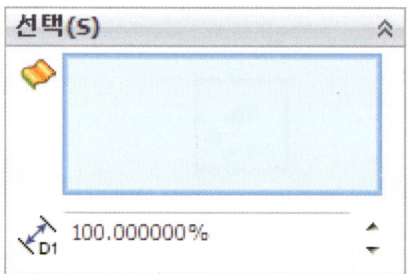

- **옵션(O)**
  - 보존 모서리 유형
  - 모서리 연장(E) : 자연스럽게 선택한 모서리를 선택하여 곡면을 연장 패치한다.
  - 끝점 연결(C) : 모서리 경계와 모서리의 끝점을 연결하여 패치한다.

STEP 04. 곡면 작성하기 265

- **원래 바디에 붙이기(M)** : 새로운 별개의 바디를 원하면 이 옵션을 해제한다.

곡면 전개

전개 가능한 곡면이나 면을 선택하여 곡면을 전개한다.

풀다운 메뉴 도구 ⇨ 삽입 ⇨ 곡면 ⇨ 전개...를 선택하여 사용할 수 있다.

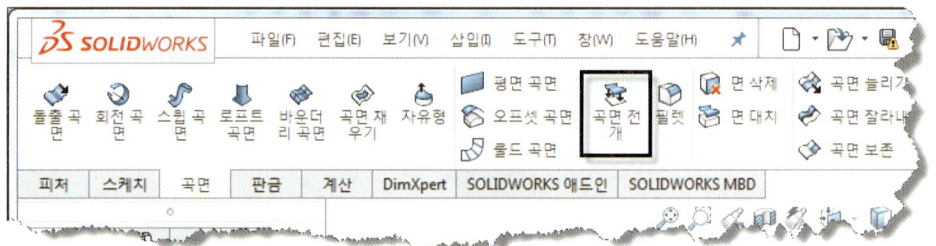

예제파일의 압축을 풀고 SW_DATA 폴더/곡면 전개/곡면 전개.sldprt 파일을 열기한다.

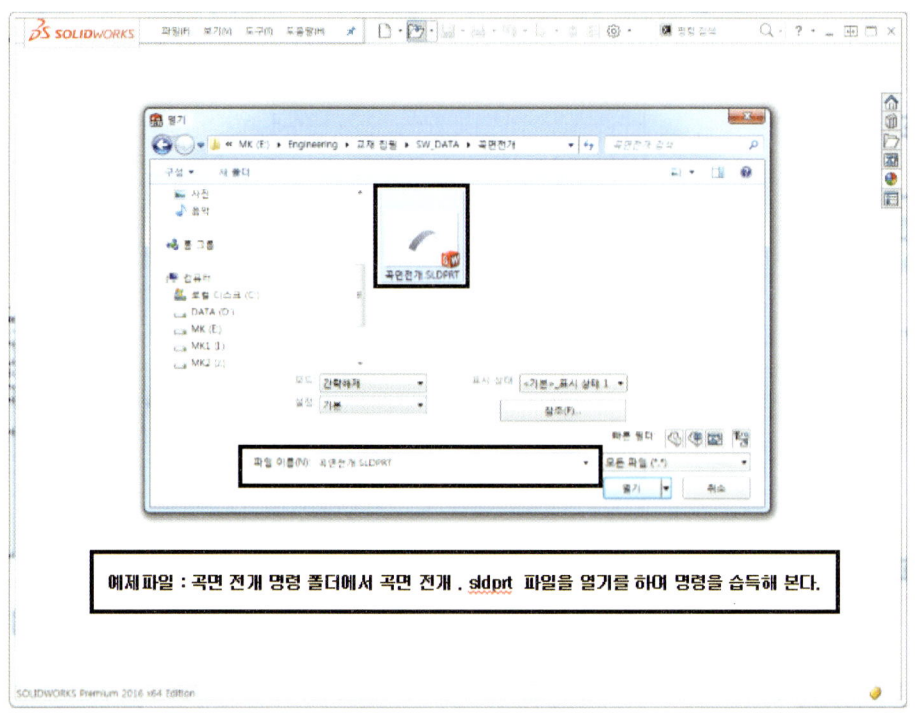

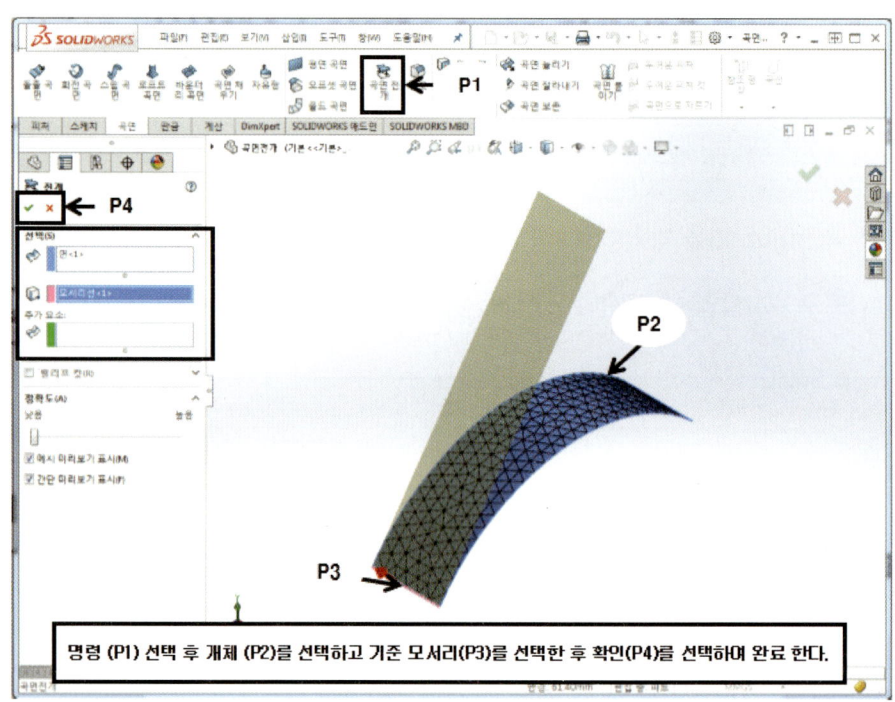

- **선택(S)** : 곡면 보존을 적용할 개체를 선택한다.

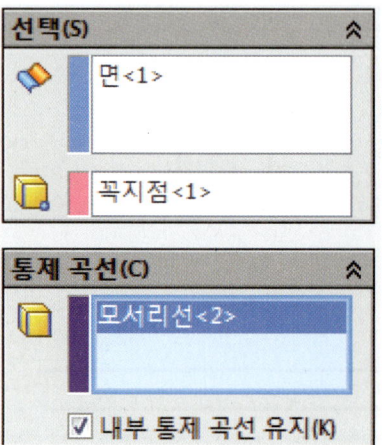

- 면 : 전개할 면 또는 표면 선택
- 꼭지점 : 전개를 시작할 꼭지점 선택

- **통제 곡선(C)** : 곡면을 펼쳤을 때 변하지 않는 기준 곡선을 선택

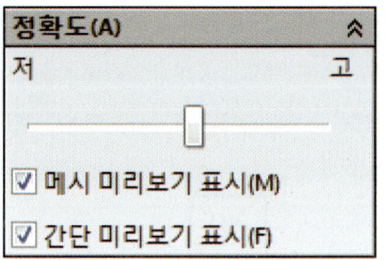

- **정확도(A)** : 전개될 곡면의 정확도를 조절한다.
  - 메시 미리보기 표시(M) : 전개될 곡면의 메시를 미리보기를 한다.
  - 간단 미리보기 표시(F) : 전개될 곡면의 미리보기를 한다.

곡면 붙이기

곡면 붙이기 명령은 작성한 곡면을 합치기하여 곡면 덩어리 개체를 작성하거나 4개의 막힌 곡면을 솔리드로 작성할 수 있다.

풀다운 메뉴 도구 ➪ 삽입 ➪ 곡면 ➪ 붙이기...를 선택하여 사용할 수 있다.

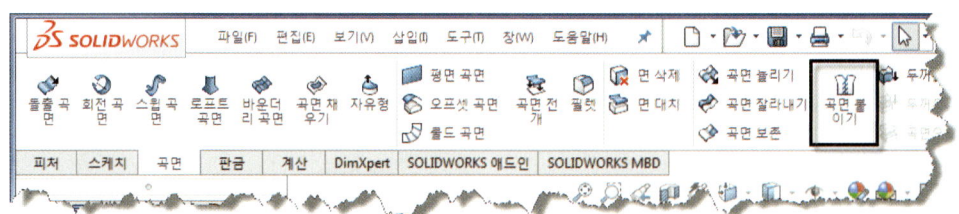

예제파일의 압축을 풀고 SW_DATA 폴더/곡면 붙이기/곡면 붙이기.sldprt 파일을 열기한다.

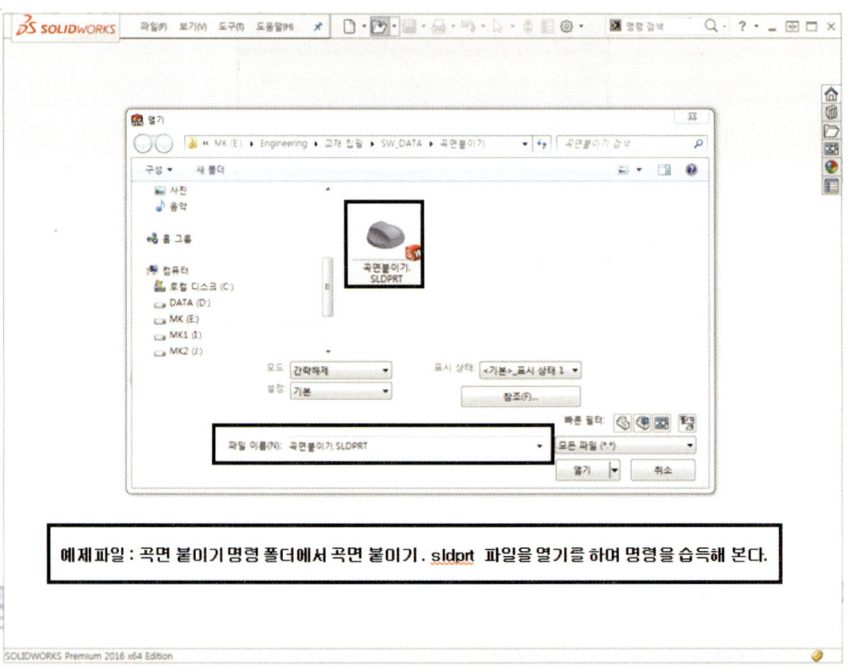

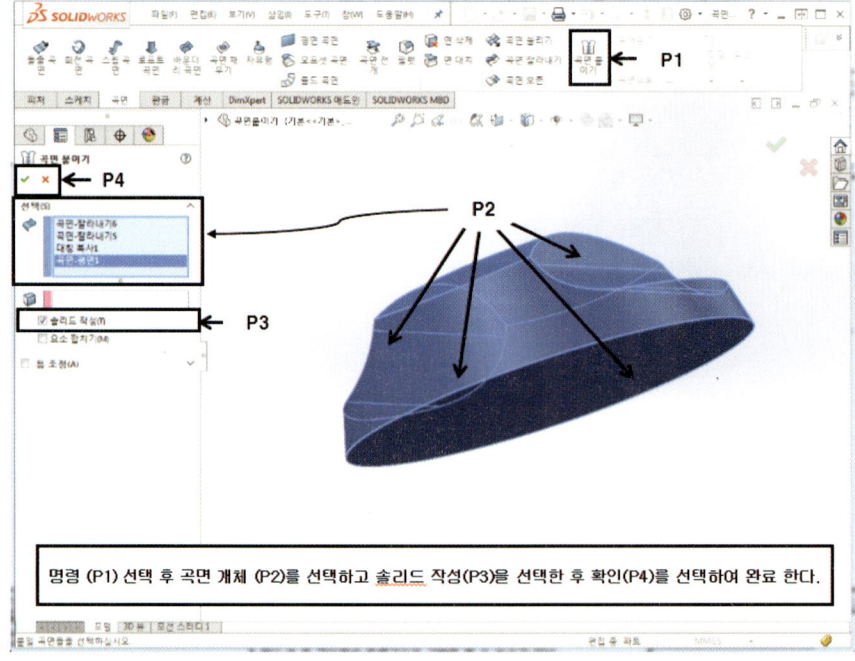

STEP 04. 곡면 작성하기

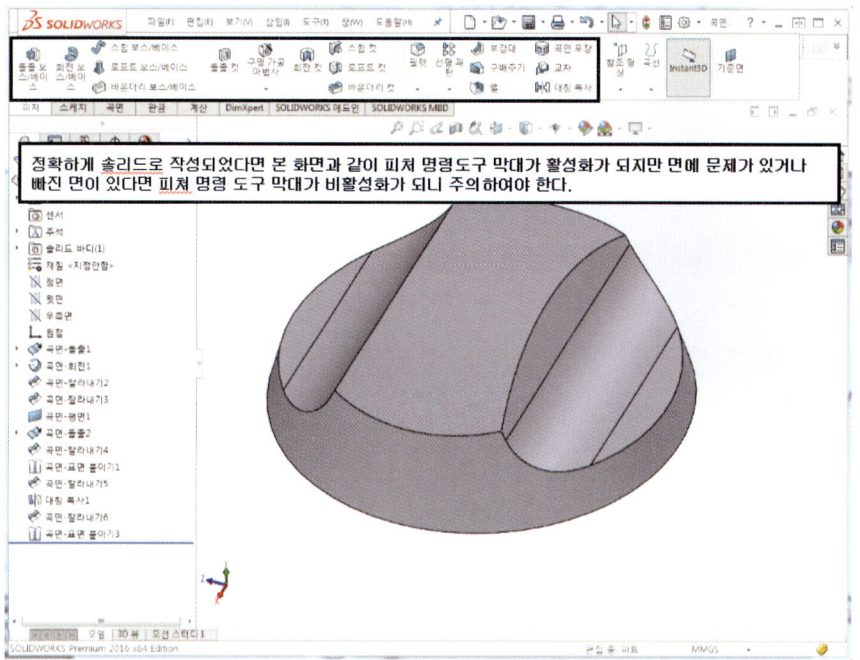

- **선택(S)** : 곡면 합치기 또는 솔리드 작성을 할 곡면 개체를 선택한다.
  - 솔리드 작성(T) : 4면이 막힌 곡면을 선택하여 솔리드를 작성한다.
  - 요소 합치기(M) : 이미 작성된 곡면을 합치기하여 덩어리로 묶어준다.

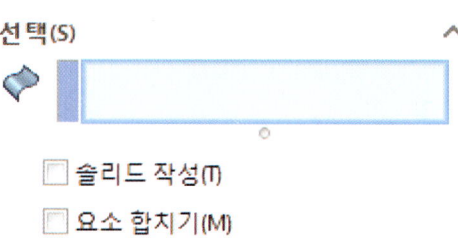

- **틈 조정(A)** : 선택한 곡면들의 틈새를 정밀하게 조정할 수 있다.

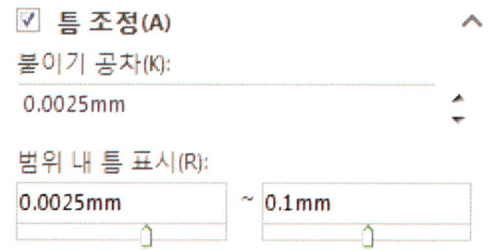

Step 05 참조 영상 작성하기

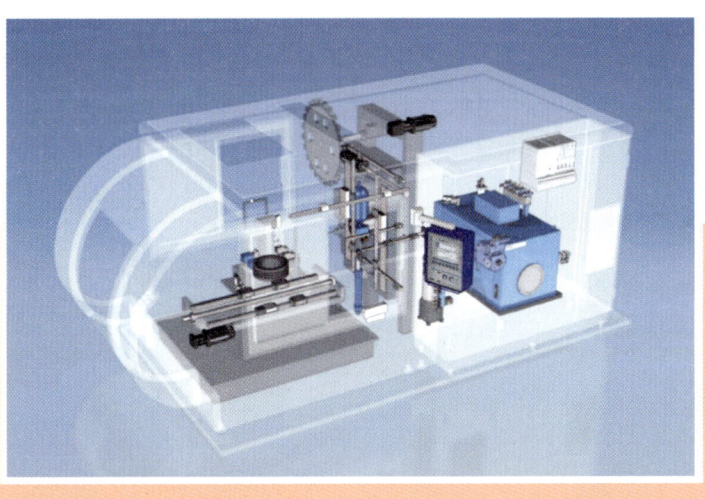

STEP 05 참조 형상 작성하기

참조 형상

참조 형상 개요

참조 형상은 새로운 피처를 작성하거나 형상 개체를 배치하기 위한 작업 평면을 생성하는 보조 도구이며 스케치 평면 또는 구성 요소 배치를 위한 도구로 사용이 가능하다.

참조 형상의 종류

참조 형상에는 기준면, 기준축, 좌표계, 참조점 등이 있다.

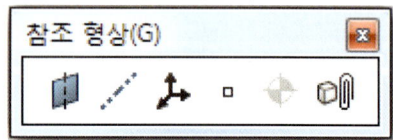

풀다운 메뉴 도구 ⇨ 삽입 ⇨ 참조 형상 위치에서 명령을 선택하여 사용할 수 있다.

STEP 05. 참조 형상 작성하기

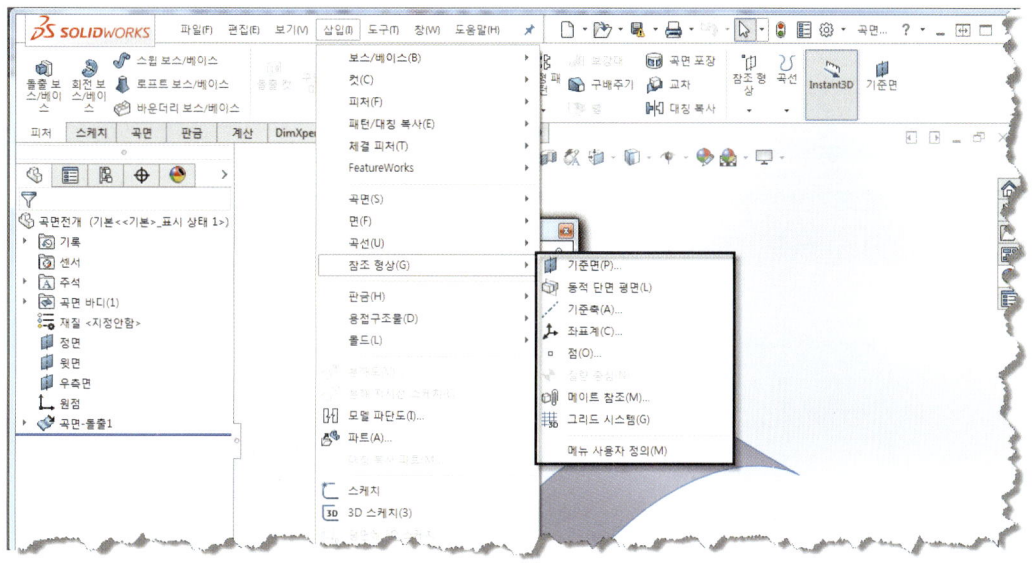

📄 기준면

피처의 모서리 또는 점, 면, 구속 조건을 이용하여 평면을 작성한다.

Property Manager	명령	기능 설명
기준면	참조	작성할 참조 요소를 선택한다.
	일치	참조할 개체 지정을 위한 일치 구속 조건을 정의한다.
	평행	참조 평면을 기준으로 평행 구속 조건을 정의한다.
	직각	참조 평면을 기준으로 직각 구속 조건을 정의한다.
	프로젝트	단일 요소를 투영하여 평면을 작성한다.
	탄젠트	원통형 피처에 대한 구속 조건을 정의한다.
	각도	참조를 기준으로 작성할 면에 각도를 정의한다.
	거리	참조를 기준으로 오프셋 거리를 기입한다.
	중간 평면	두 평면 또는 피처를 선택하여 중간 평면을 정의한다.

세 점을 이용한 평면 작성

작성된 솔리드 피처 모서리의 세 점을 이용한 평면을 작성한다.

예제파일의 압축을 풀고 SW_DATA 폴더/참조 형상/3점.sldprt 파일을 열기한다.

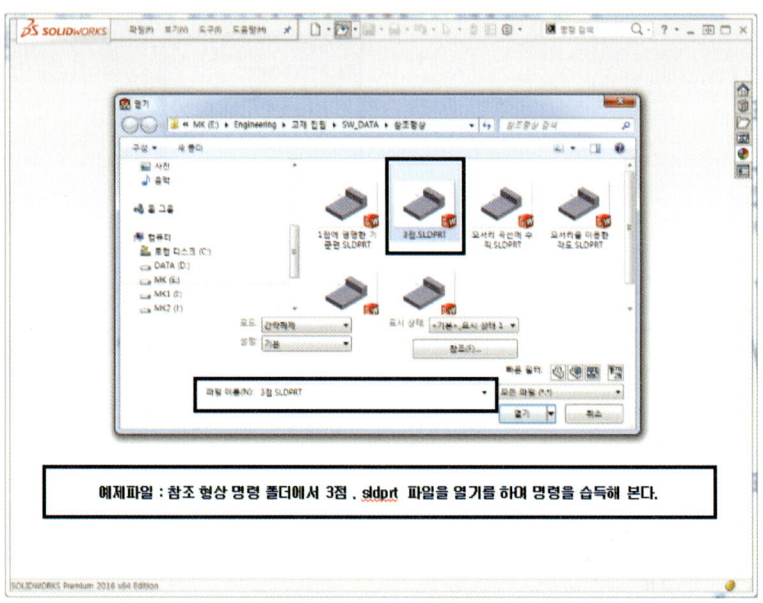

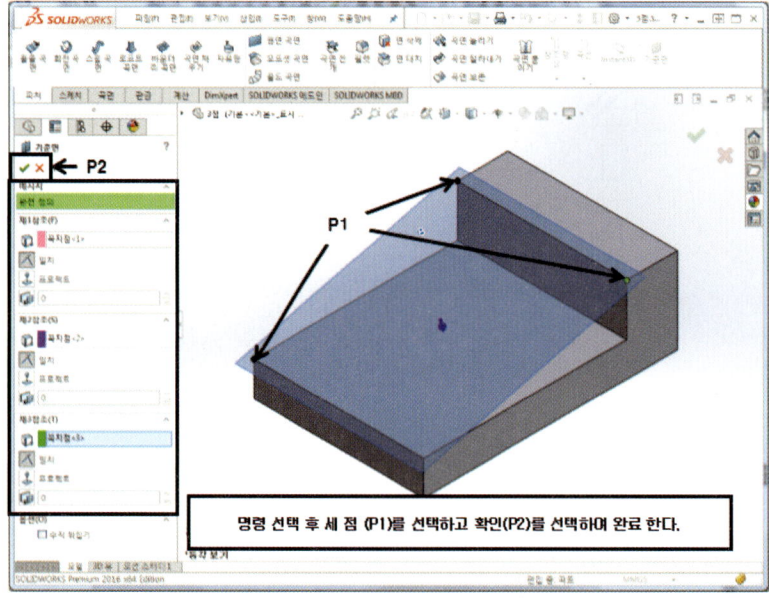

모서리와 1점을 이용한 평면 작성

작성된 솔리드 피처 모서리와 1점을 이용한 평면을 작성한다.

예제파일의 압축을 풀고 SW_DATA 폴더/참조 형상/1점.sldprt 파일을 열기한다.

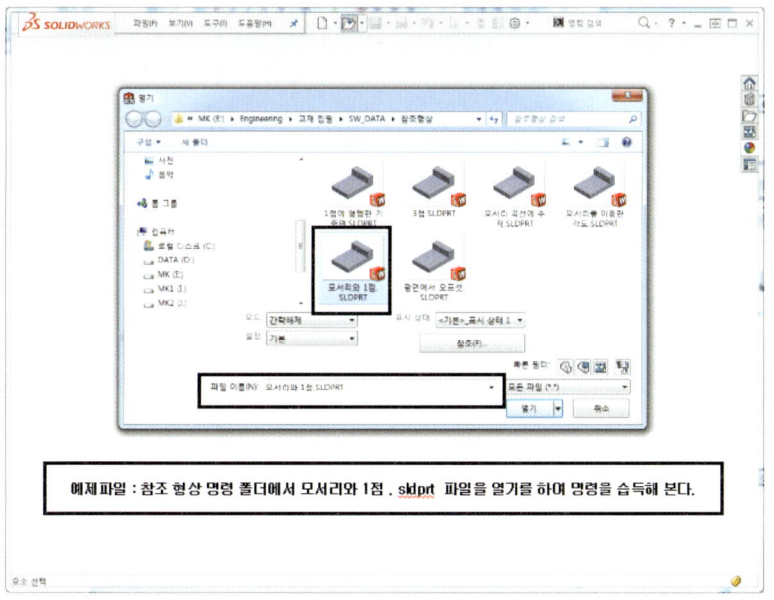

예제파일 : 참조 형상 명령 폴더에서 모서리와 1점 . sldprt 파일을 열기를 하여 명령을 습득해 본다.

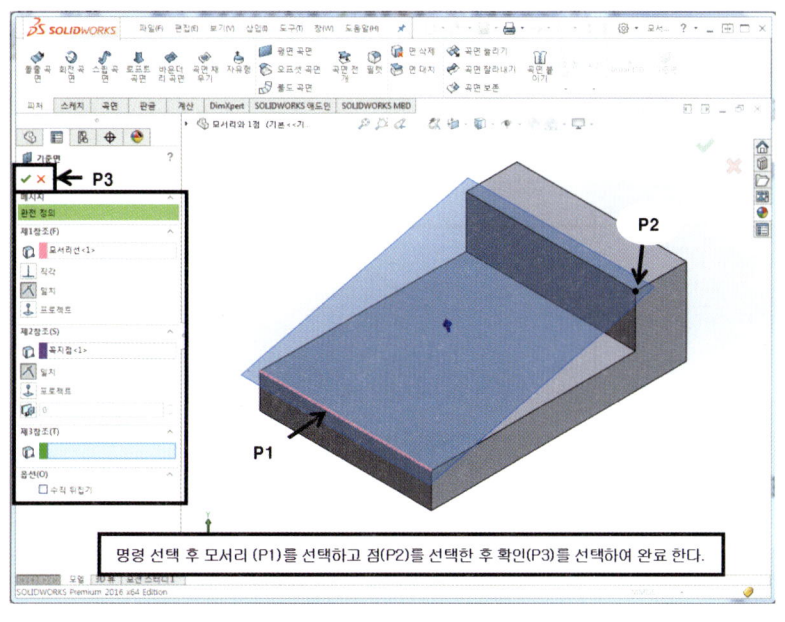

명령 선택 후 모서리(P1)를 선택하고 점(P2)를 선택한 후 확인(P3)를 선택하여 완료 한다.

모서리에 수직 평면 작성

작성된 솔리드 피처 모서리에 수직한 평면을 작성한다.

예제파일의 압축을 풀고 SW_DATA 폴더/참조 형상/모서리에 수직.sldprt 파일을 열기한다.

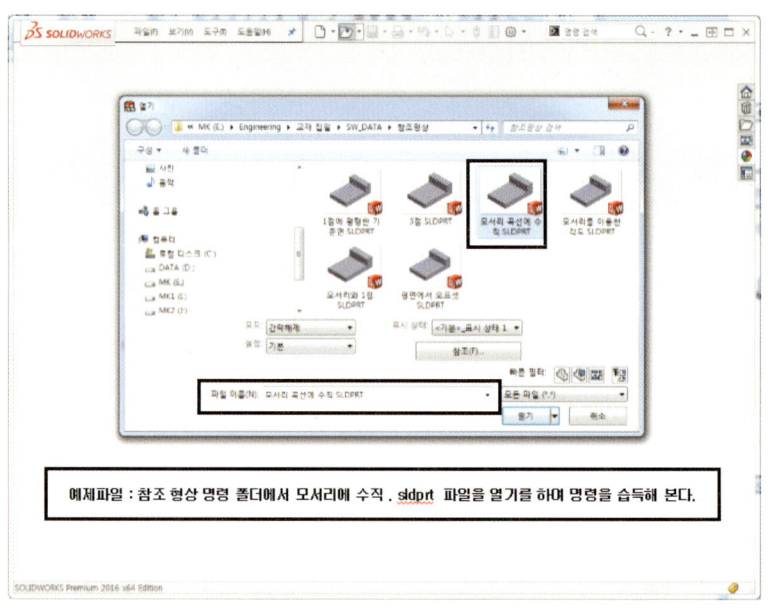

예제파일 : 참조 형상 명령 폴더에서 모서리에 수직.sldprt 파일을 열기를 하여 명령을 습득해 본다.

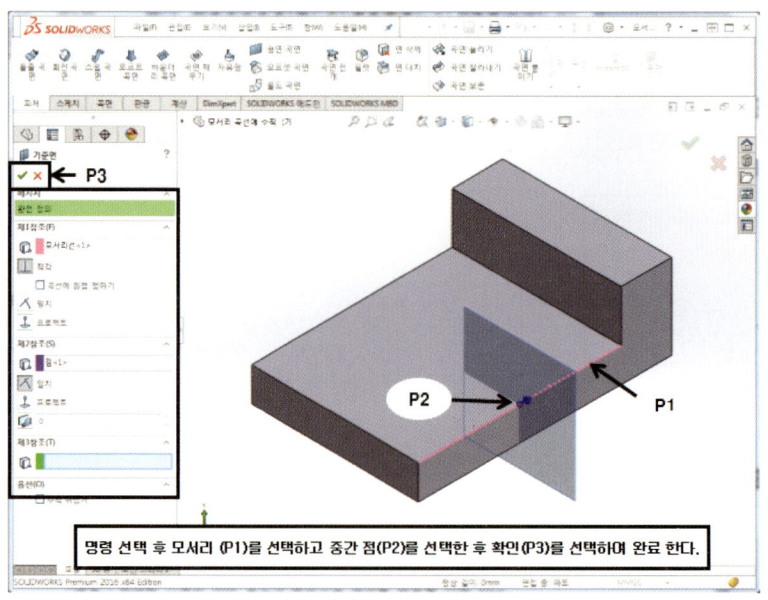

명령 선택 후 모서리 (P1)를 선택하고 중간 점(P2)를 선택한 후 확인(P3)를 선택하여 완료 한다.

평면에서의 오프셋 평면 작성

작성된 솔리드 피처면에서 간격 띄우기를 하여 평면을 작성한다.

예제파일의 압축을 풀고 SW_DATA 폴더/참조 형상/평면에서 오프셋.sldprt 파일을 열기한다.

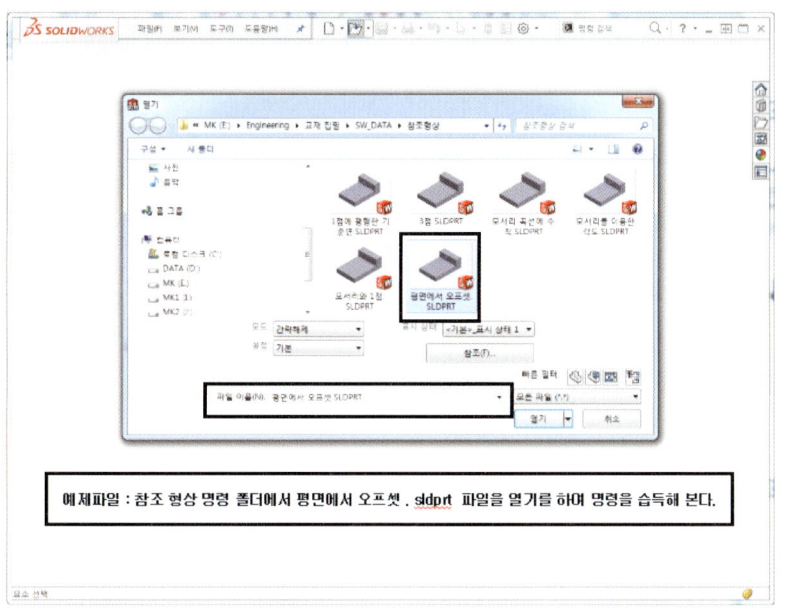

예제파일 : 참조 형상 명령 폴더에서 평면에서 오프셋.sldprt 파일을 열기를 하여 명령을 습득해 본다.

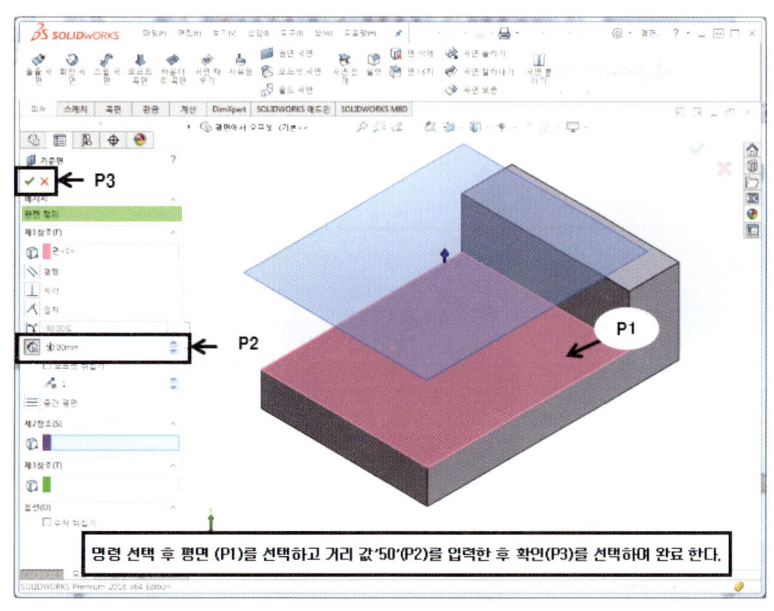

명령 선택 후 평면 (P1)를 선택하고 거리 값 '50'(P2)를 입력한 후 확인(P3)를 선택하여 완료 한다.

1점에 평행한 평면 작성

작성된 솔리드 피처 모서리 1점과 피처 평면을 선택하여 평면을 작성한다.

예제파일의 압축을 풀고 SW_DATA 폴더/참조 형상/평행한 기준면.sldprt 파일을 열기한다.

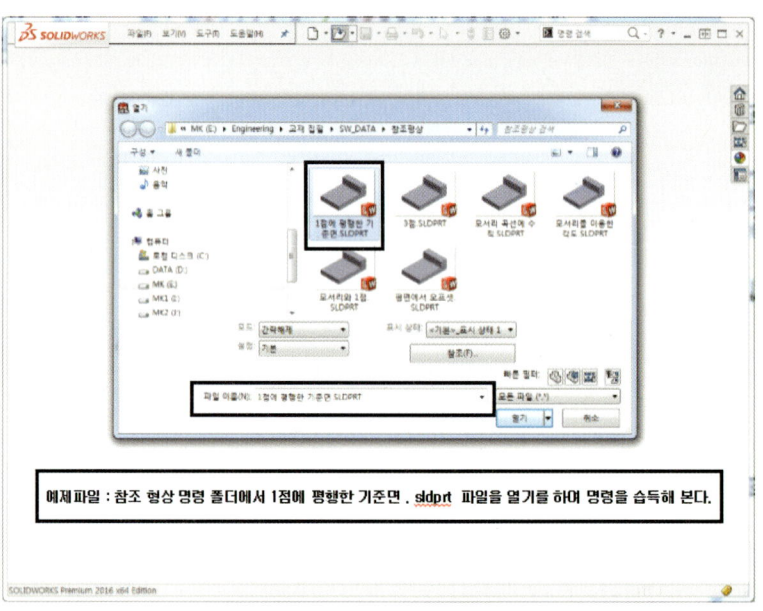

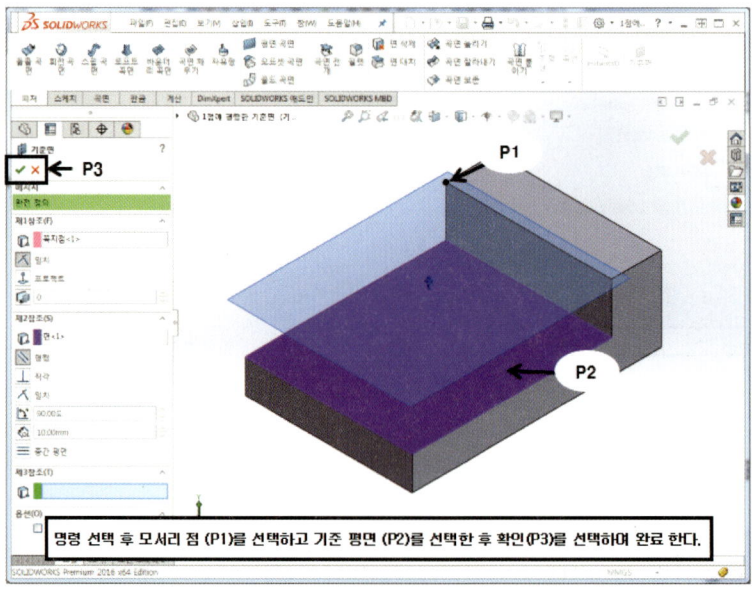

모서리를 이용한 평면 작성

모서리를 이용한 각도를 입력하여 평면을 작성한다.

예제파일의 압축을 풀고 SW_DATA 폴더/참조 형상/모서리를 이용한 각도.sldprt 파일을 열기한다.

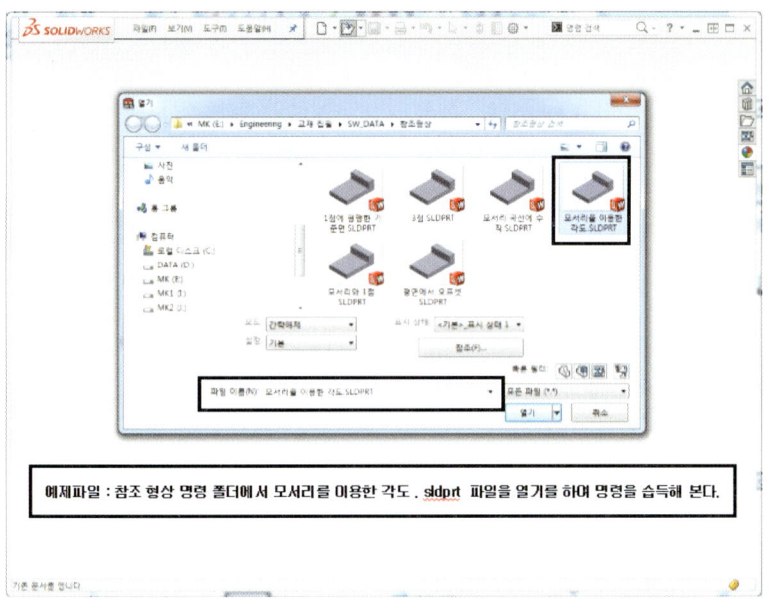

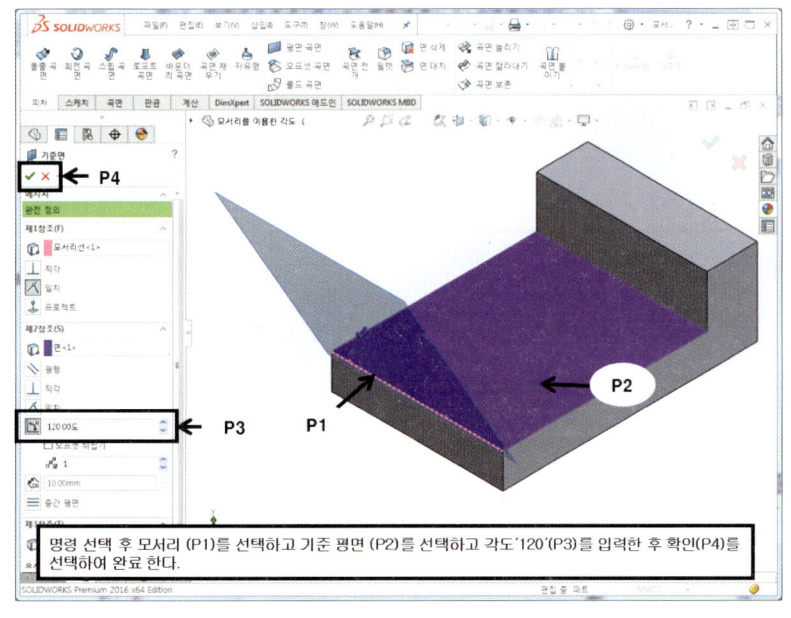

기준축

작성된 평면 또는 피처의 모서리, 면, 스케치, 점 등을 이용하여 기준축을 작성하며 피처의 대칭 또는 회전축 등으로 활용할 수 있다.

Property Manager	명령	기능 설명
기준축	참조	작성할 참조 요소를 선택한다.
	선, 모서리, 축	피처의 모서리 선을 이용하여 작성한다.
	두 평면	평행하지 않는 두 평면을 이용하여 작성한다.
	두 점/꼭지점	두 점 또는 꼭지점을 이용하여 작성한다.
	원통면/원추면	원통 또는 원추를 이용하여 작성한다.
	점과 면/평면	점과 면을 이용하여 작성한다.

모서리를 이용한 기준축 작성

작성된 피처의 모서리를 선택하여 기준축을 작성한다.

예제파일의 압축을 풀고 SW_DATA 폴더/참조 형상/모서리에 기준축.sldprt 파일을 열기한다.

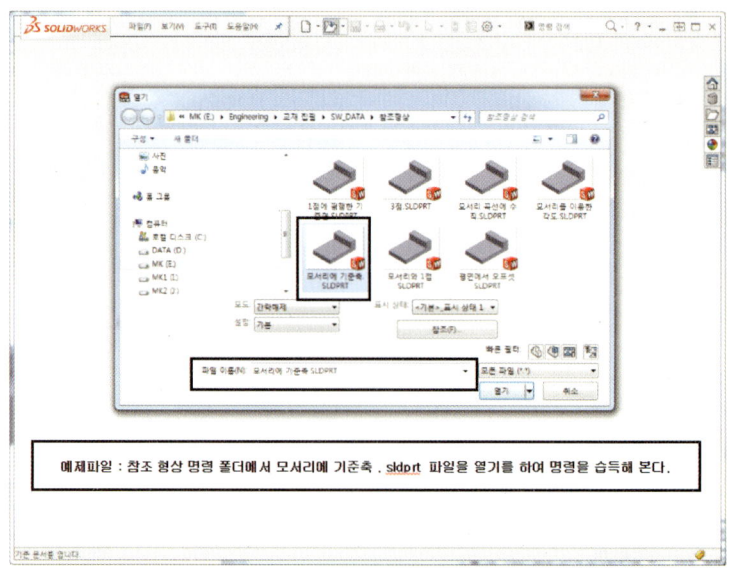

예제파일 : 참조 형상 명령 폴더에서 모서리에 기준축 . sldprt 파일을 열기를 하여 명령을 습득해 본다.

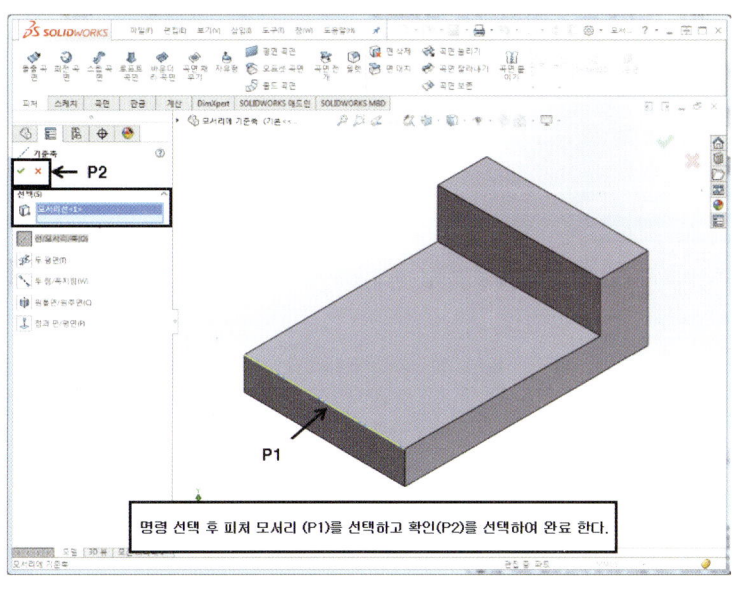

교차하는 두 평면을 이용한 기준축 작성

교차하는 피처의 두 평면 또는 피처의 두 평면을 선택하여 기준축을 작성한다.

예제파일의 압축을 풀고 SW_DATA 폴더/참조 형상/교차하는 두 평면 기준축.sldprt 파일을 열기한다.

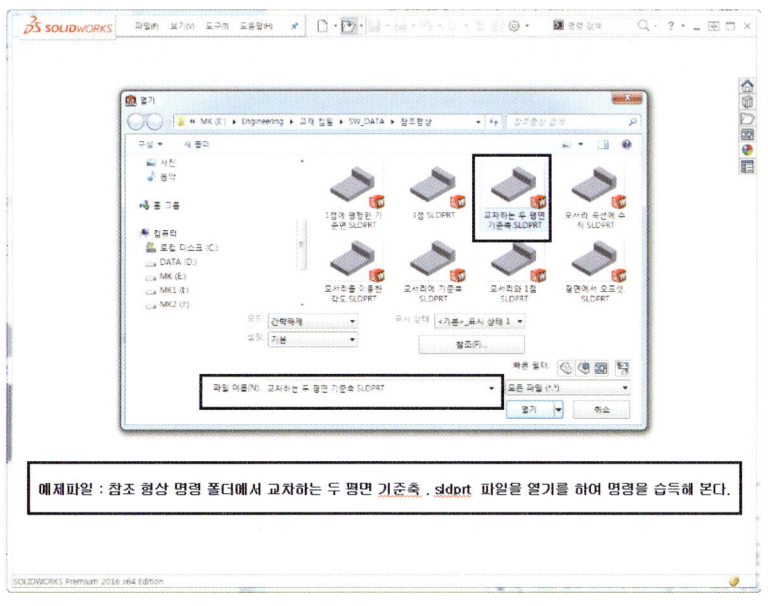

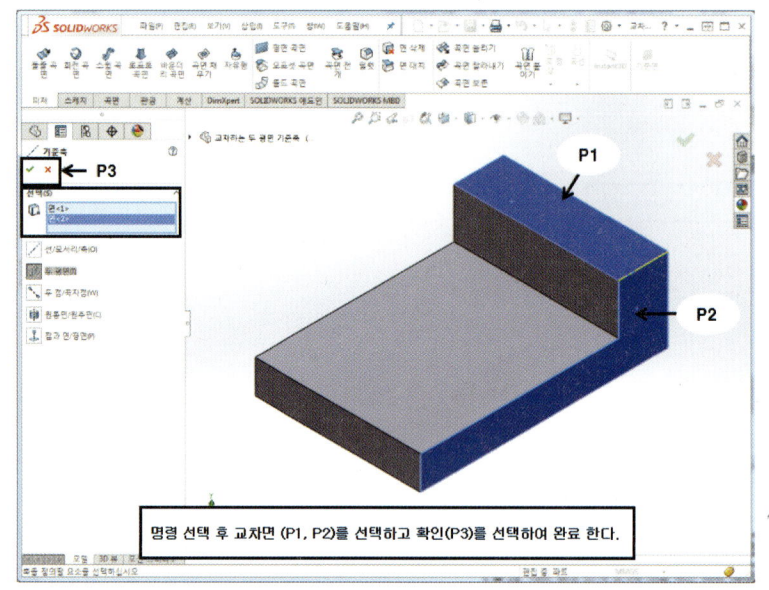

두 점 또는 두 꼭지점을 이용한 기준축 작성

두 점 또는 두 꼭지점을 이용하여 기준축을 작성한다.

예제파일의 압축을 풀고 SW_DATA 폴더/참조 형상/교차하는 두 점_두 꼭지점 기준축.sldprt 파일을 열기한다.

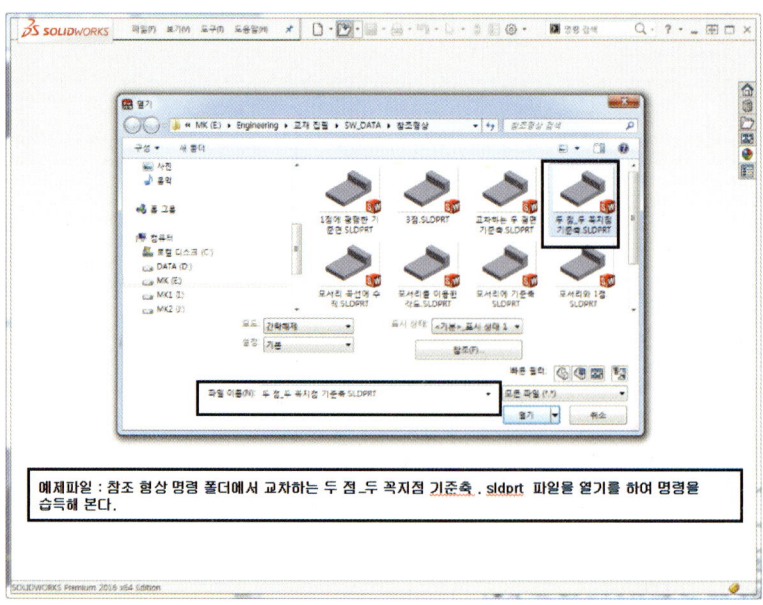

STEP 05. 참조 형상 작성하기 283

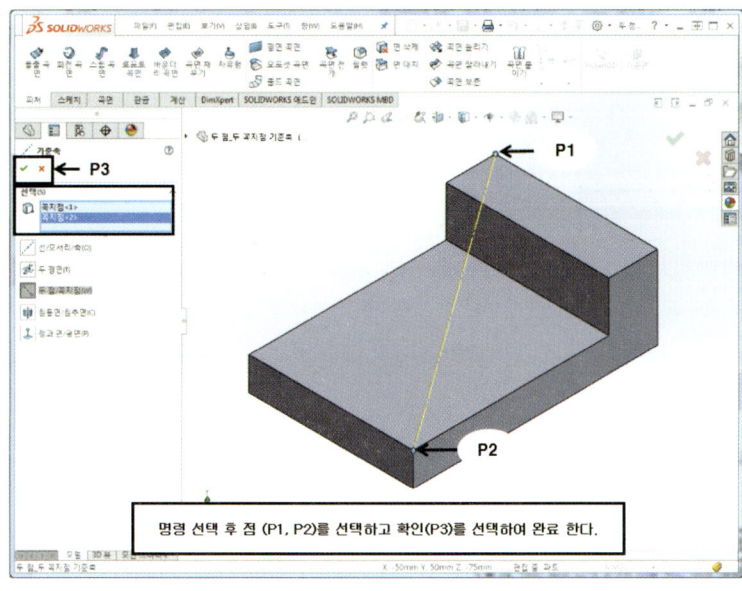

원통면, 원추면을 이용한 기준축 작성

피처의 원통면을 이용하여 기준축을 작성한다.

예제파일의 압축을 풀고 SW_DATA 폴더/참조 형상/교차하는 원통면 기준축.sldprt 파일을 열기 한다.

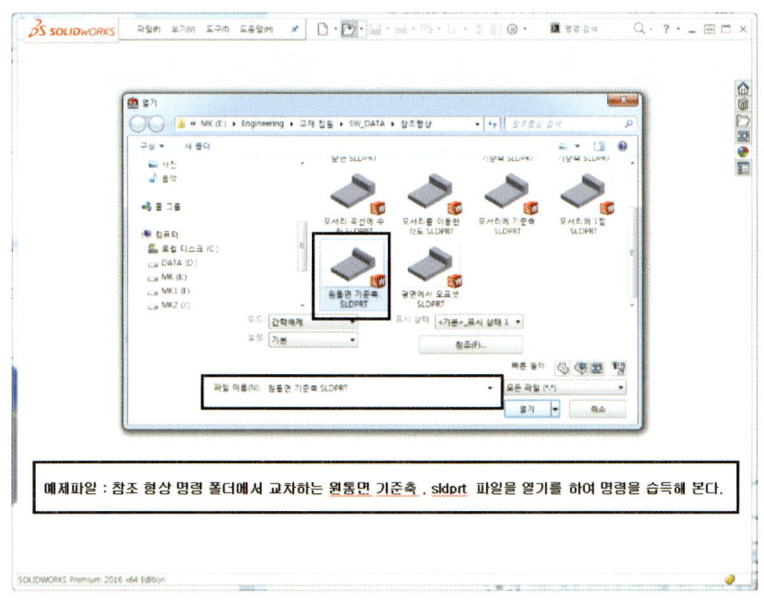

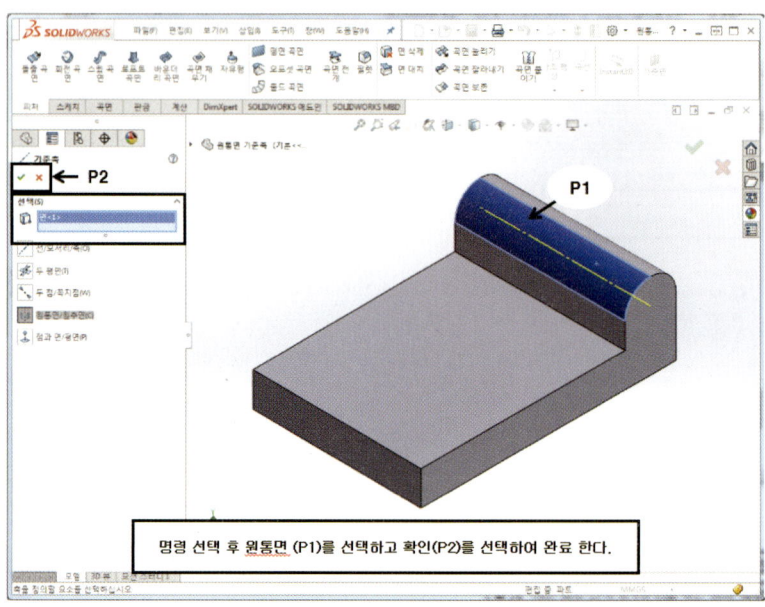

점을 지나고 선택면에 수직인 기준축 작성

점을 지나고 선택면에 수직인 기준축을 작성한다.

예제파일의 압축을 풀고 SW_DATA 폴더/참조 형상/점 면 수직 기준축.sldprt 파일을 열기한다.

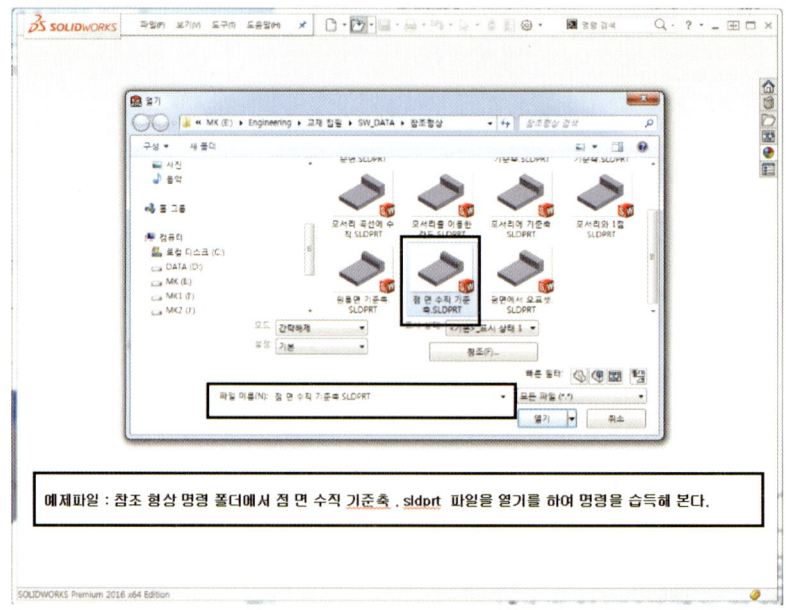

STEP 05. 참조 형상 작성하기

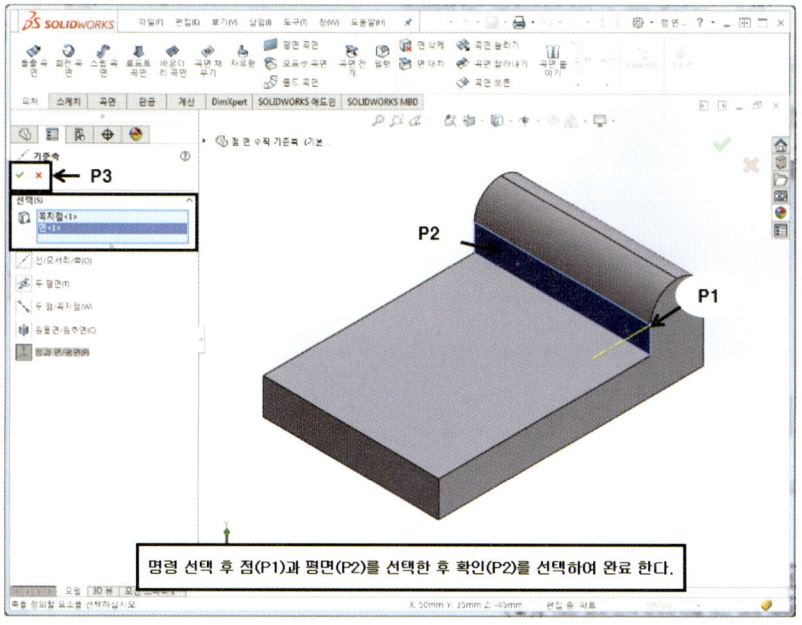

명령 선택 후 점(P1)과 평면(P2)를 선택한 후 확인(P2)를 선택하여 완료 한다.

Step 06   2D를 3D 부품으로 작성하기

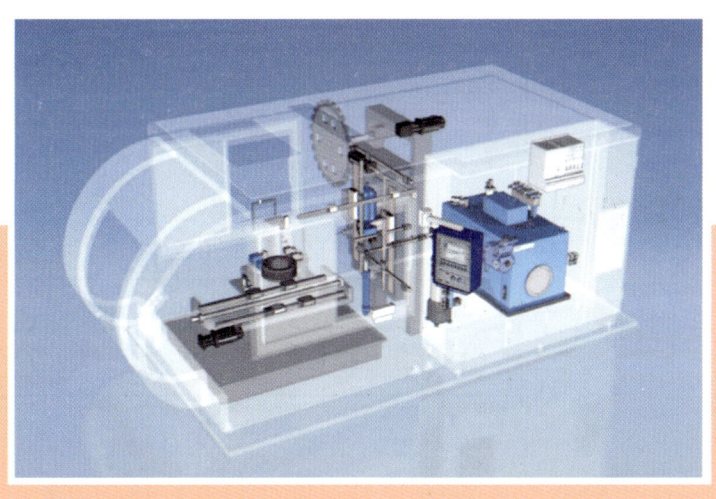

STEP 06 | 2D를 3D 부품으로 작성하기

기존의 작성된 DWG 개체를 Solidworks로 Import(불러오기)하여 3D 형상으로 모델링한다.

개요 : 2D를 3D 부품으로 작성하기 기능은 실무에서 DWG DATA를 이용하여 3D 형상으로 모델링하는 도구로 사용하는 기능이다.

2D를 3D로 도구 막대

DWG DATA를 Solidworks 스케치 환경으로 불러들이기를 하고 난 후 Import된 스케치를 정면, 평면, 측면에 배치하여 솔리드 피처로 생성하는 도구들이다. 아래와 같이 2D를 3D 부품으로 작성해 본다.

DWG DATA를 이용한 모델링 따라하기

예제파일의 압축을 풀고 SW_DATA 폴더/2D를 3D로/2DTO3D.dwg 파일을 열기한다.

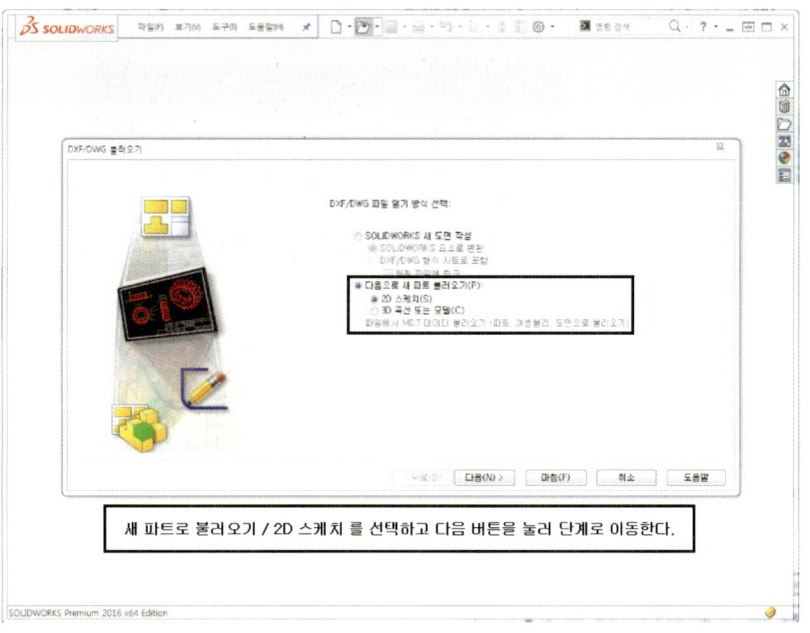

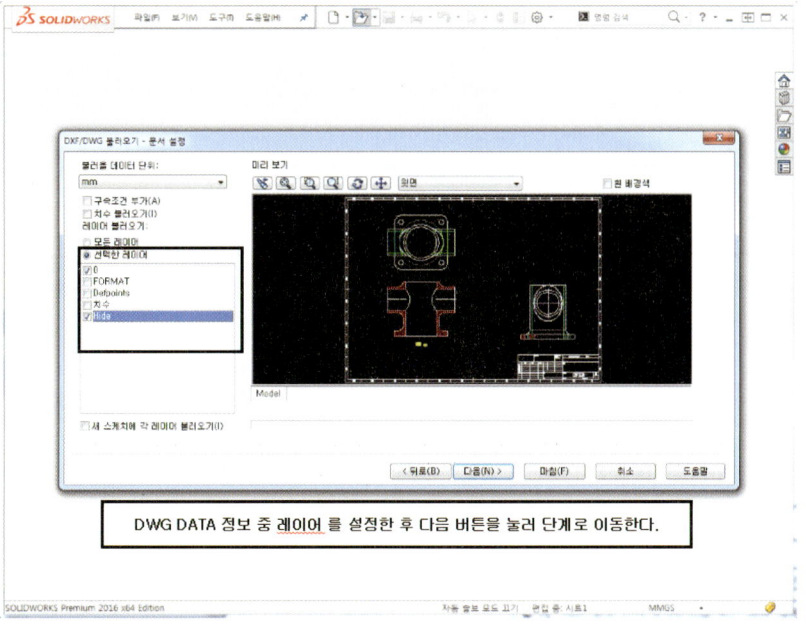

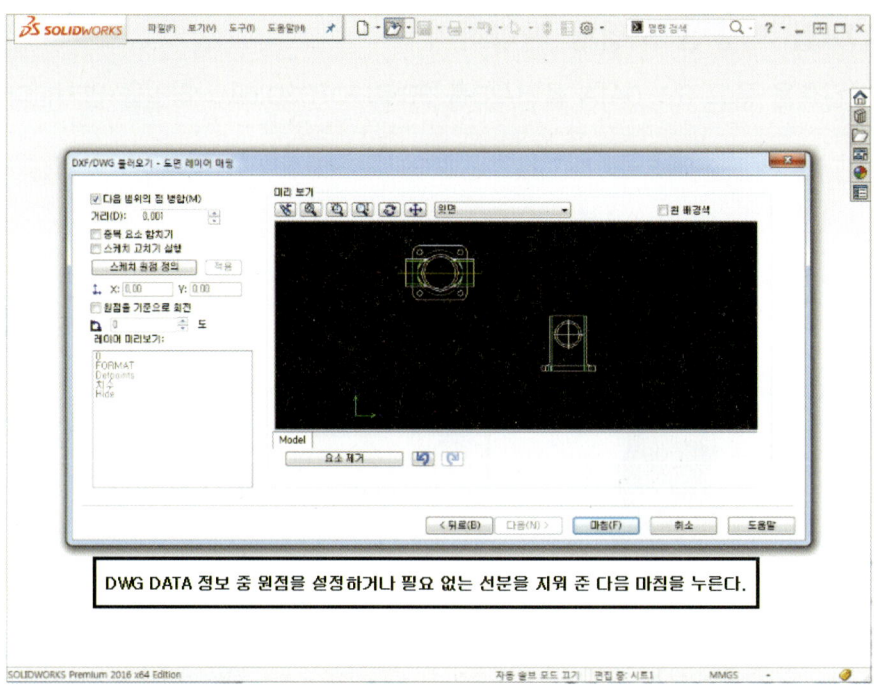

DWG DATA 정보 중 원점을 설정하거나 필요 없는 선분을 지워 준 다음 마침을 누른다.

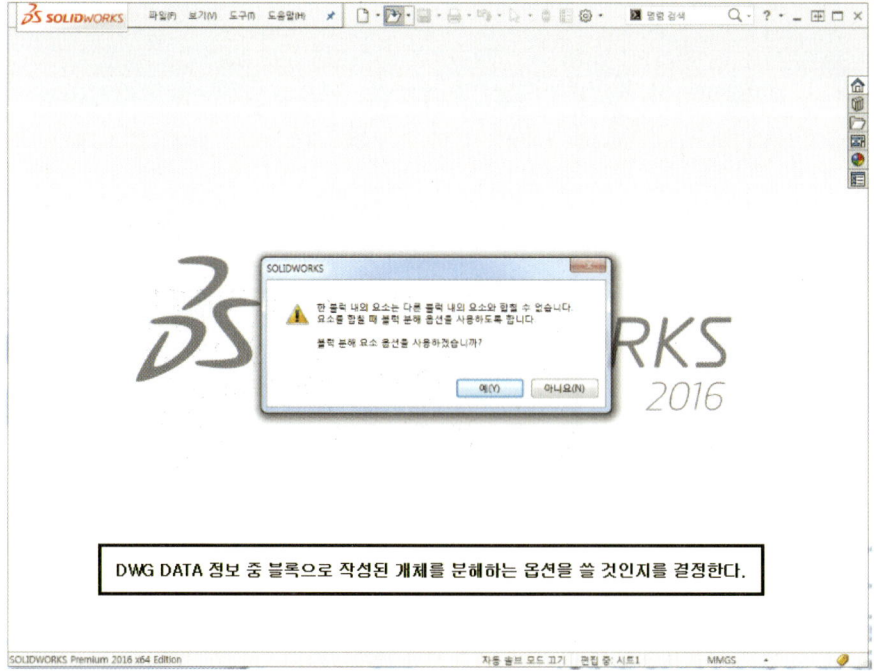

DWG DATA 정보 중 블록으로 작성된 개체를 분해하는 옵션을 쓸 것인지를 결정한다.

STEP 06. 2D를 3D 부품으로 작성하기 291

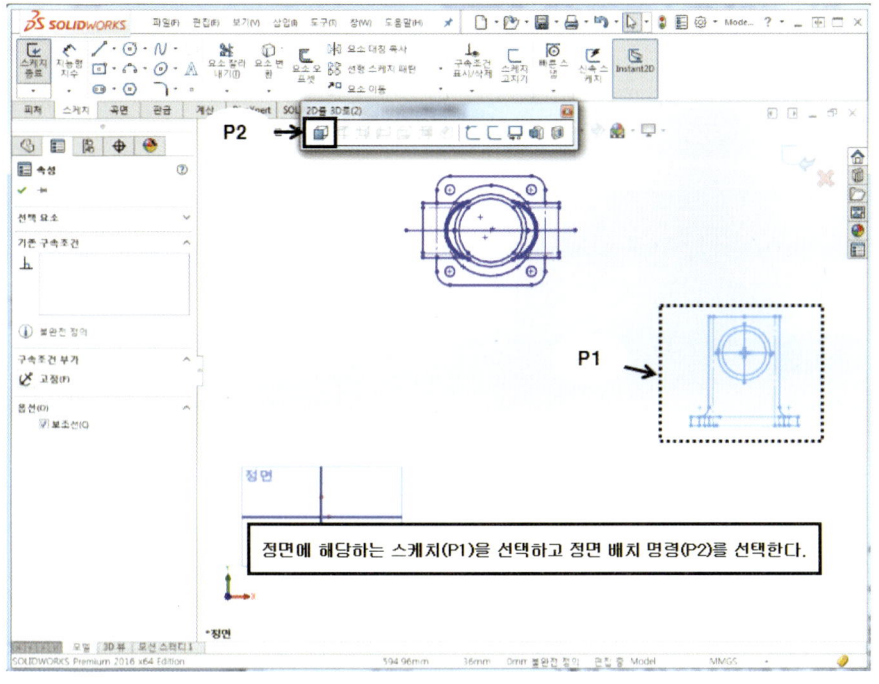

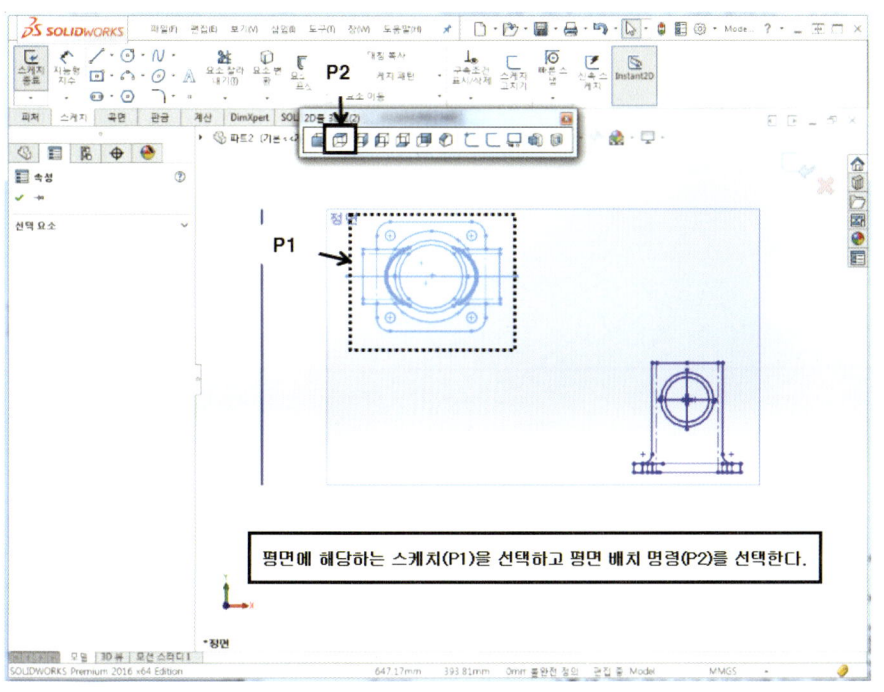

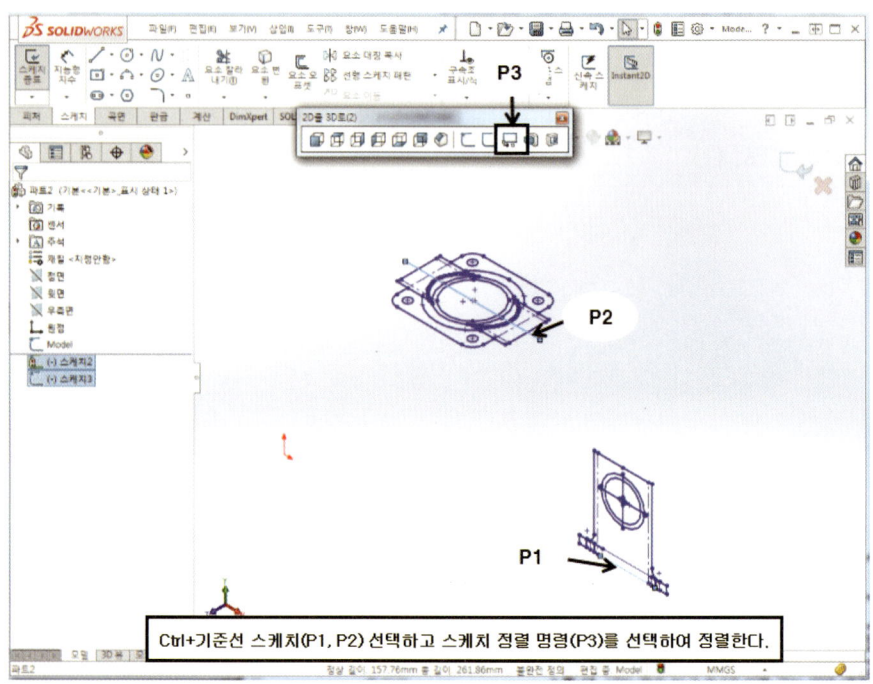

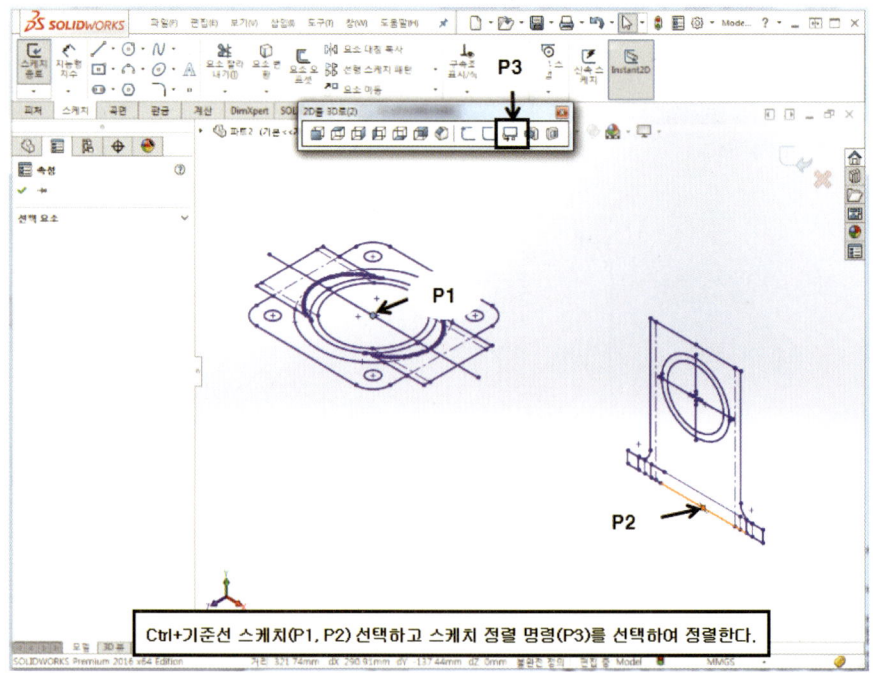

STEP 06. 2D를 3D 부품으로 작성하기

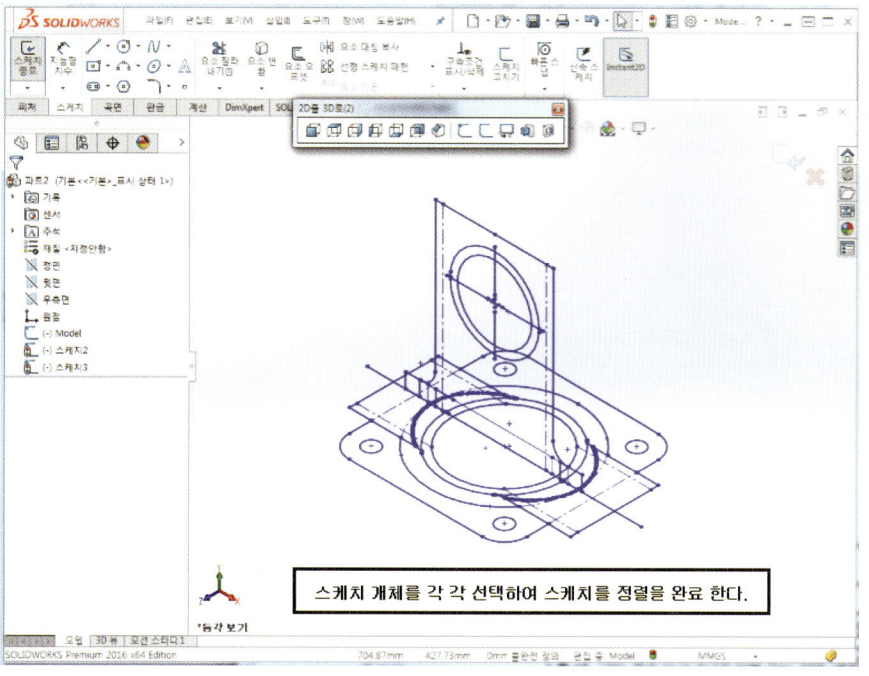

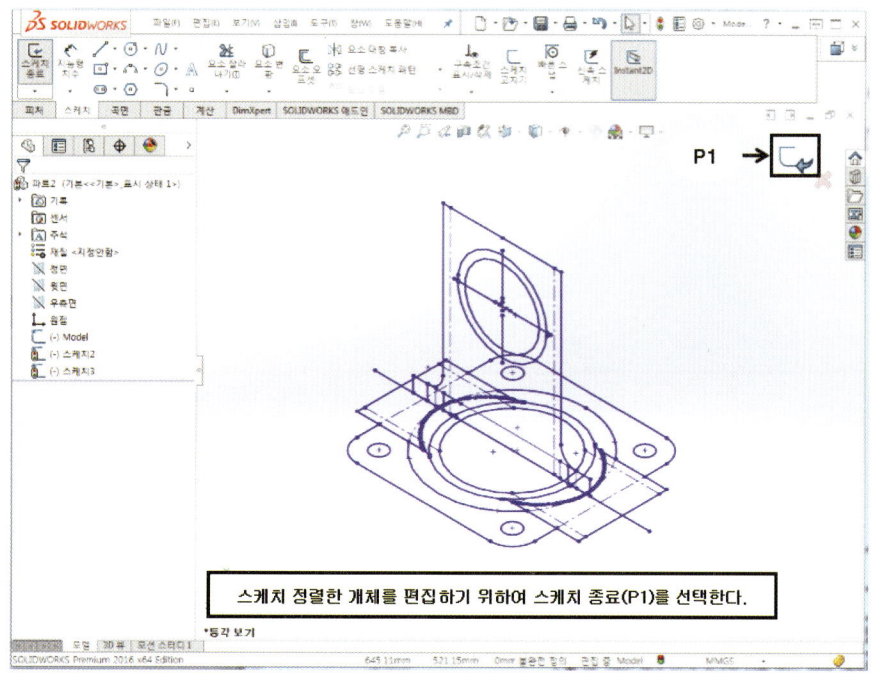

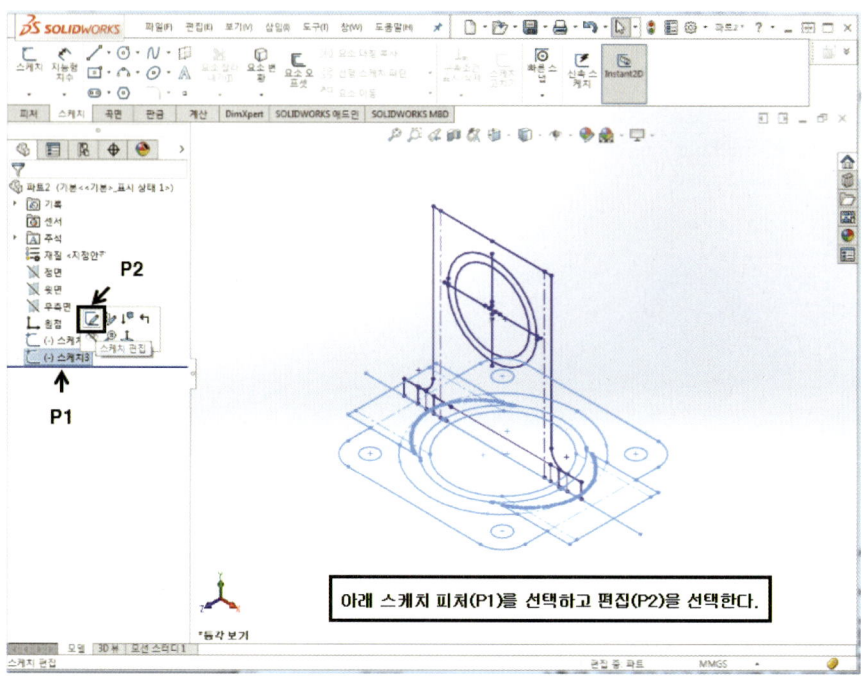

아래 스케치 피처(P1)를 선택하고 편집(P2)을 선택한다.

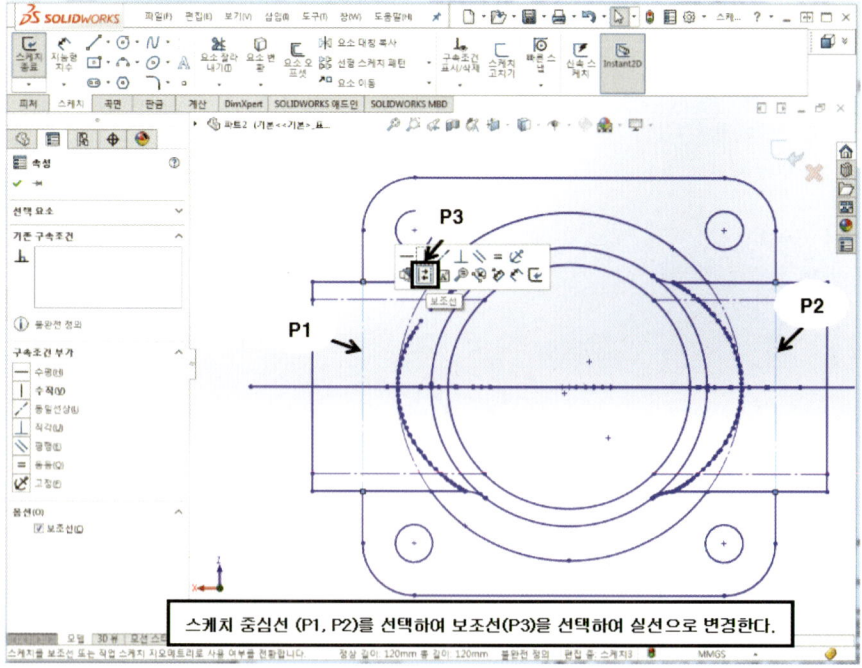

스케치 중심선 (P1, P2)를 선택하여 보조선(P3)을 선택하여 실선으로 변경한다.

STEP 06. 2D를 3D 부품으로 작성하기 295

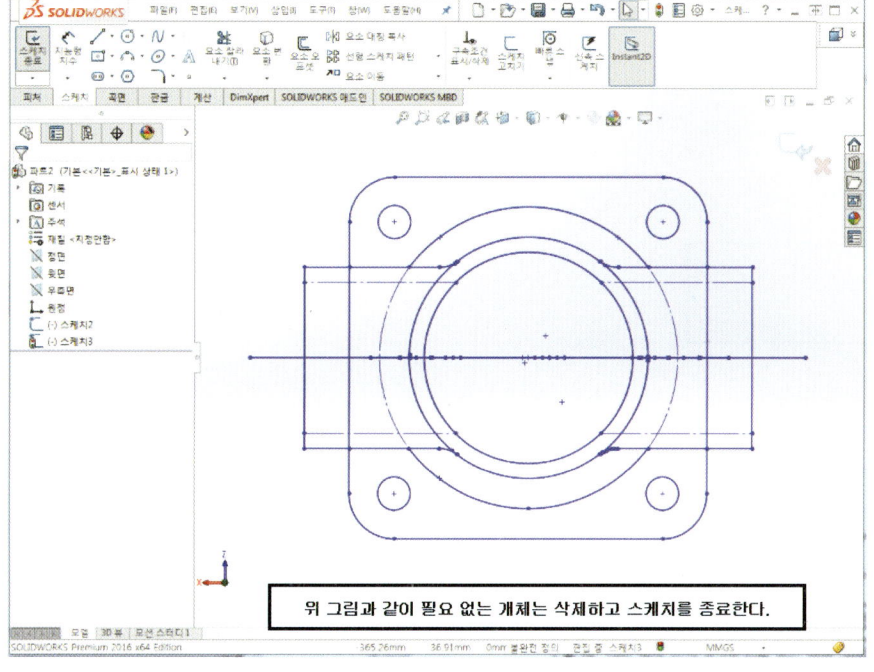

위 그림과 같이 필요 없는 개체는 삭제하고 스케치를 종료한다.

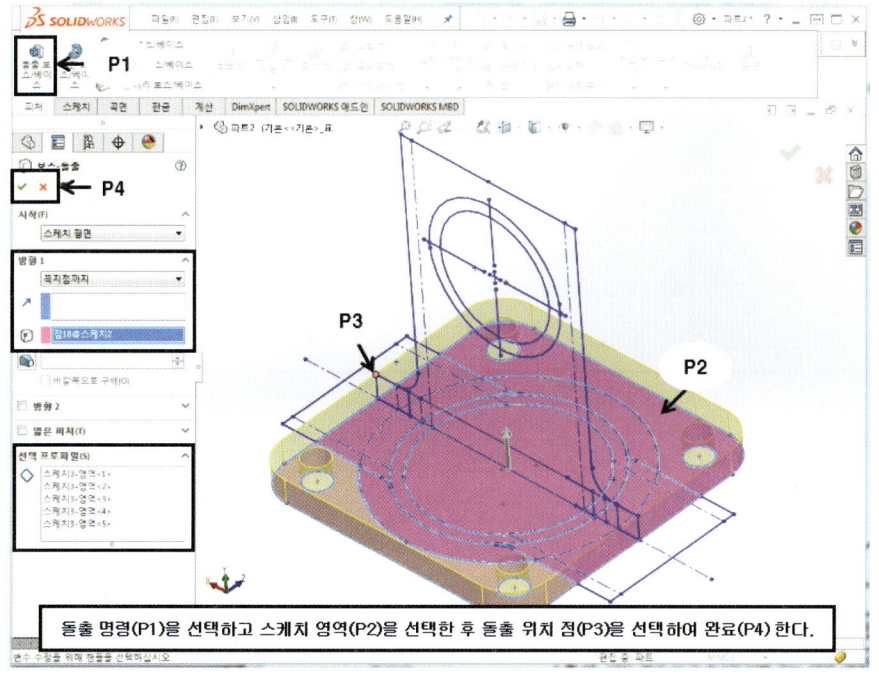

돌출 명령(P1)을 선택하고 스케치 영역(P2)을 선택한 후 돌출 위치 점(P3)을 선택하여 완료(P4) 한다.

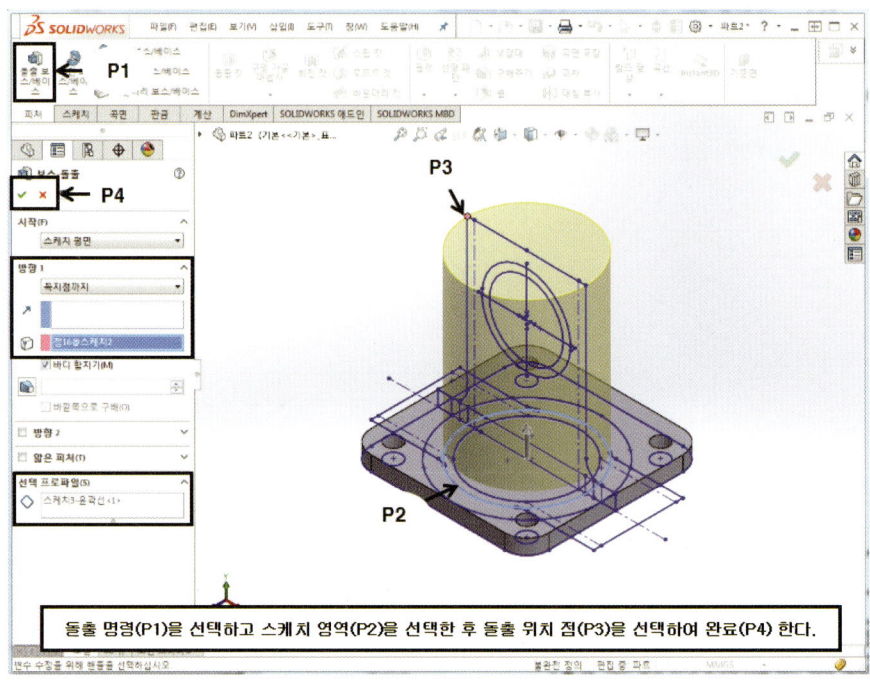

돌출 명령(P1)을 선택하고 스케치 영역(P2)을 선택한 후 돌출 위치 점(P3)을 선택하여 완료(P4) 한다.

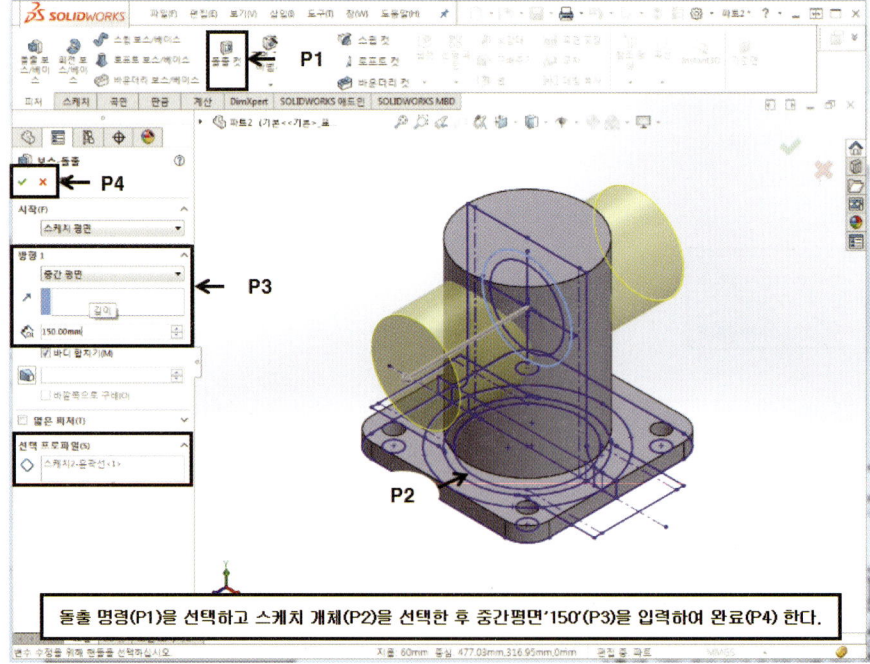

돌출 명령(P1)을 선택하고 스케치 개체(P2)을 선택한 후 중간평면'150'(P3)을 입력하여 완료(P4) 한다.

STEP 06. 2D를 3D 부품으로 작성하기

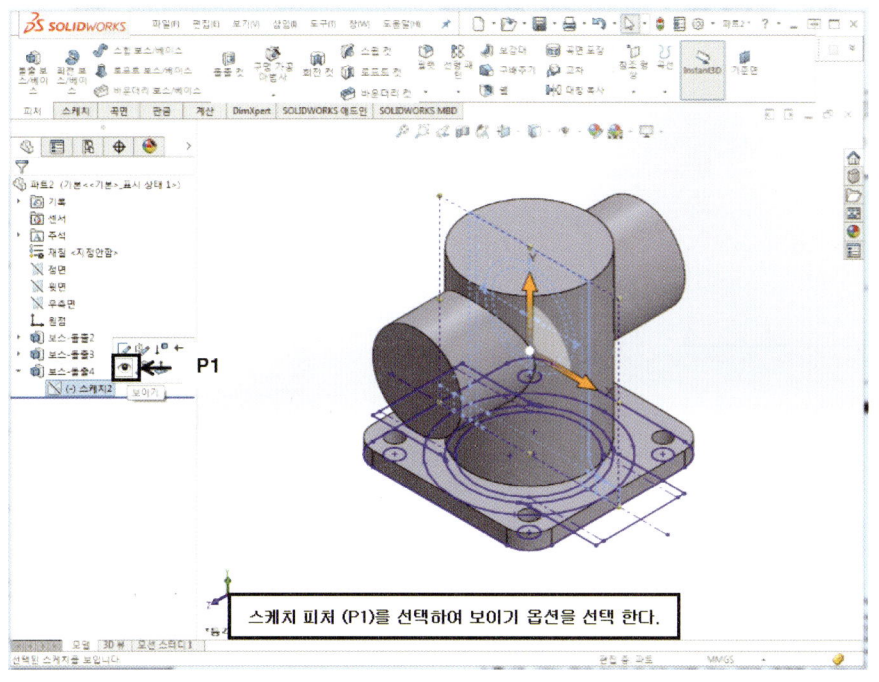

스케치 피처 (P1)를 선택하여 보이기 옵션을 선택 한다.

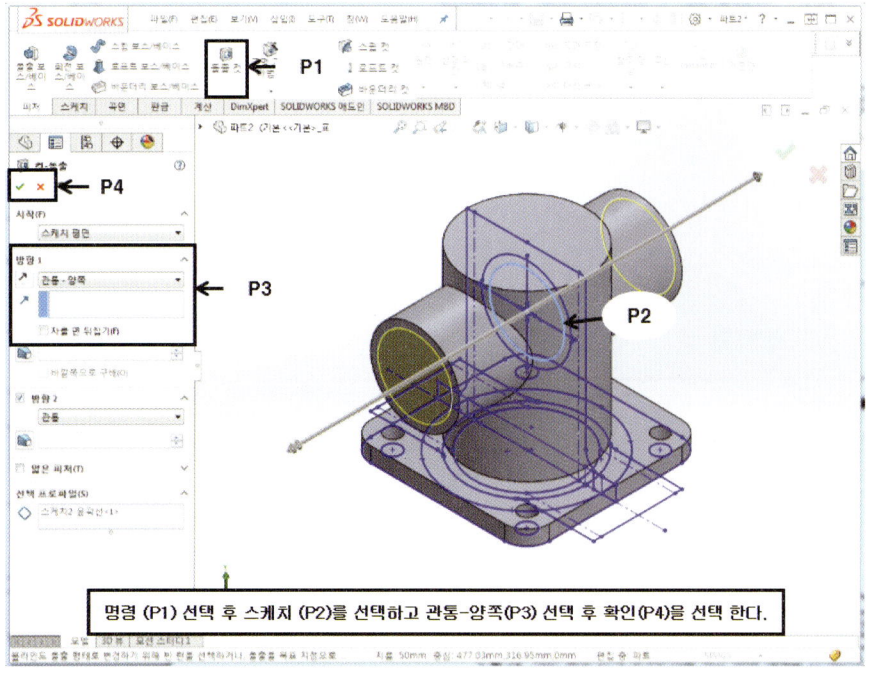

명령 (P1) 선택 후 스케치 (P2)를 선택하고 관통-양쪽(P3) 선택 후 확인(P4)을 선택 한다.

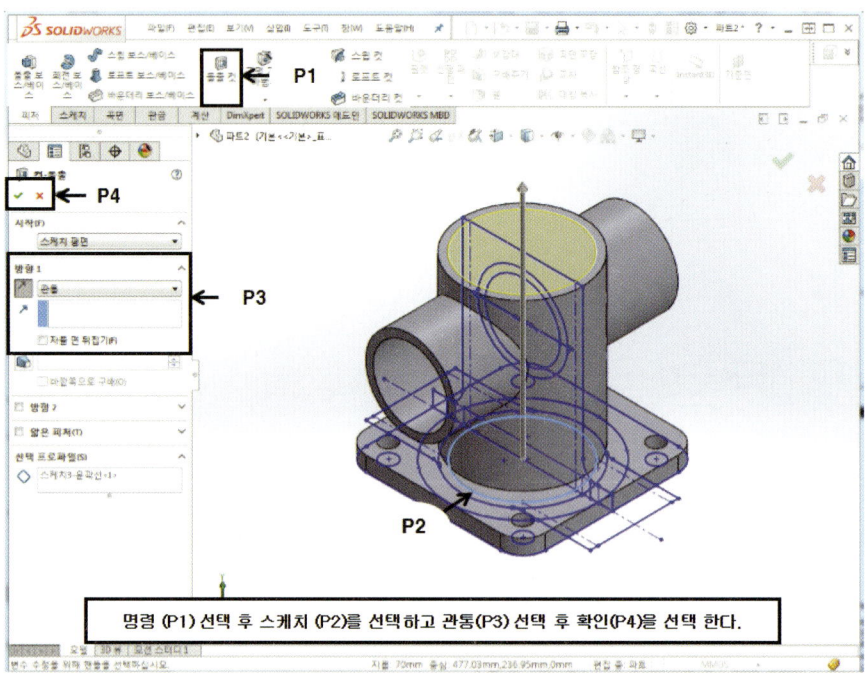

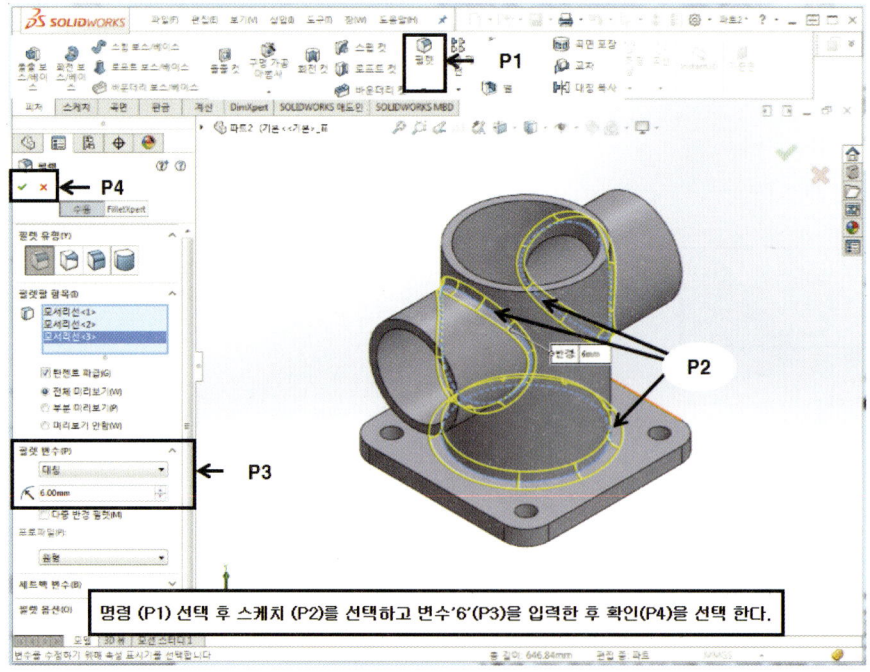

STEP 06. 2D를 3D 부품으로 작성하기

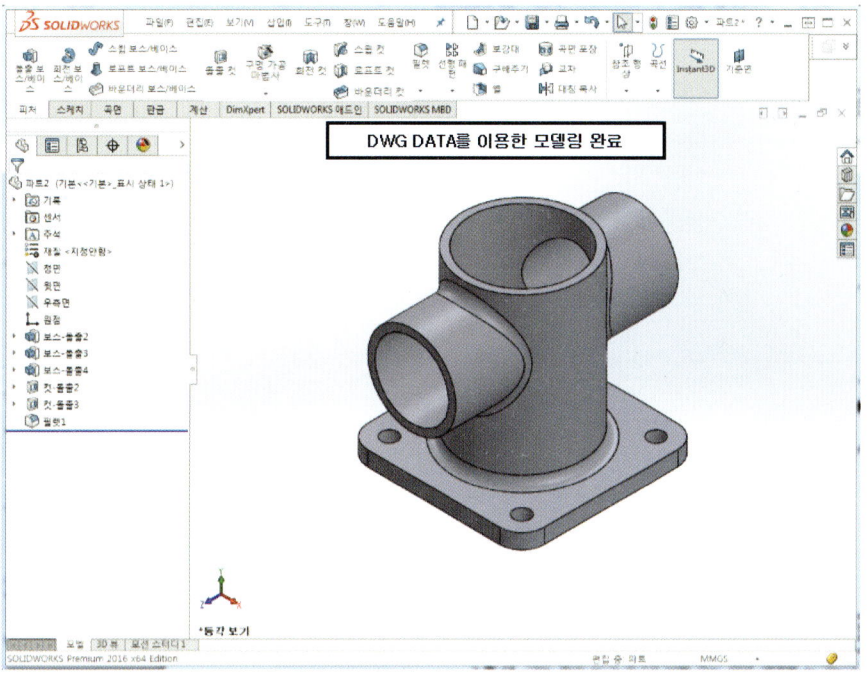

Step 07 Assembly(어셈블리) 작성하기

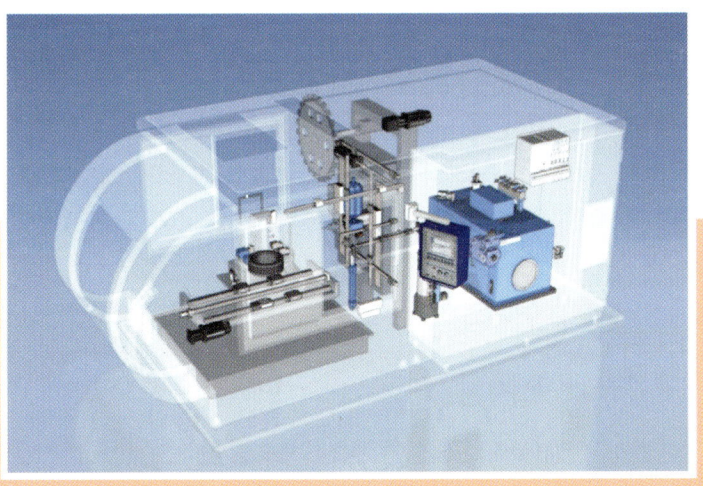

STEP 07 어셈블리 작성하기

어셈블리

어셈블리 개요

어셈블리란 부품과 부품 또는 부품과 서브 조립품의 구속 조립체이다.

어셈블리 환경에서는 구속을 이용하여 부품을 조립하고 부품과 서브 조립품을 최상위의 레벨에서 전체 조립이 가능하다. 또한 각 부품 또는 서브 조립품을 편집하여 새로운 부품을 신규로 작성할 수 있고 새로운 형상들을 만들고 배치하여 서로의 연관성을 관리하여 설계를 효율적으로 할 수 있다.

어셈블리 구성 방법

어셈블리 환경에서 조립품을 작성하는 방법에는 세 가지 방법이 있다.

1) 상향식(Bottom-Up) 방법 : 어셈블리 구속 조건을 적용하여 구성 요소를 배치하면서 기존 부품 및 서브어셈블리를 어셈블리 파일에 배치하여 조립하는 방법

2) 하향식(Top-Down) 방법 : 전체 레이아웃 설계를 기준으로 베이스 기준 모델을 설계하고 베이스와 관련된 각 부품들을 어셈블리 환경에서 작성한 후 각 부품으로 저장하여 각 부품 요소를 작성한다. 기준 베이스 모델의 정보는 하위 레벨 부품의 설계 기준이 되며 상호 연관성을 가지게 되므로 수정 및 편집할 경우 상당한 주의가 필요하다.

3) 혼합식 방법 : 상향식과 하향식을 병행하여 어셈블리를 작성한다.

STEP 07. 어셈블리 작성하기

어셈블리 시작하기

다음 그림에서처럼 Solidworks 템플릿 목록을 선택하여 어셈블리 환경을 실행하여 어셈블리를 시작한다.

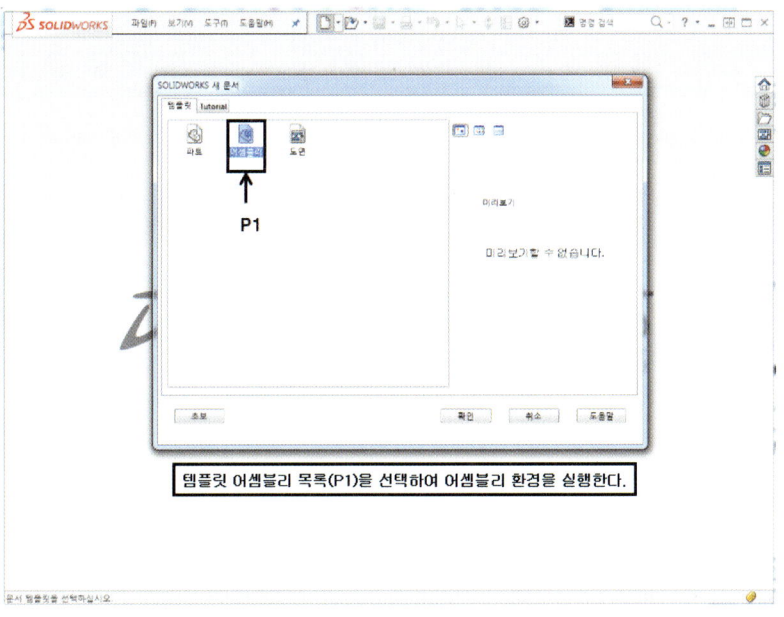

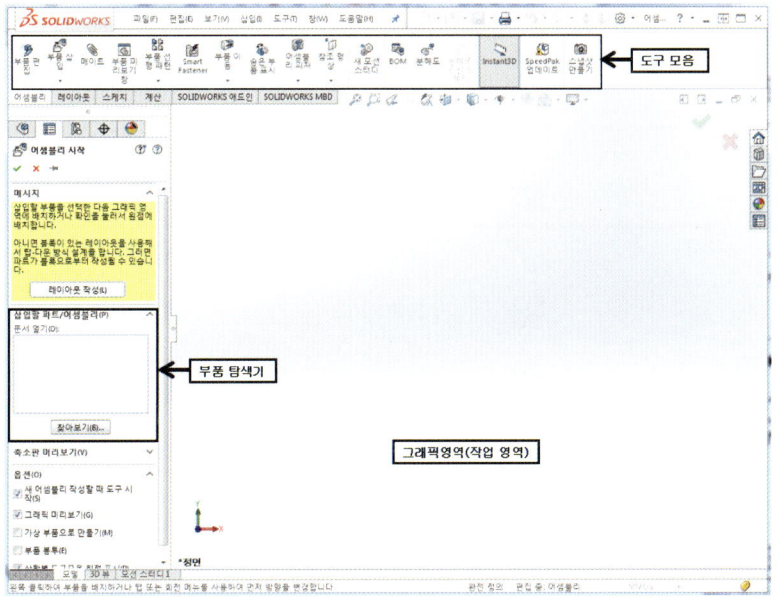

어셈블리 도구(Toolbar)

어셈블리 환경에서 부품을 삽입하거나 신규 부품을 생성, 서브어셈블리를 삽입하고 부품의 편집과 메이트(구속 조건), 부품 이동, 부품 회전 등을 하기 위한 명령 모음이다.

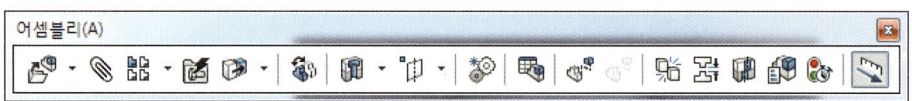

명령	아이콘	설명
부품 삽입		어셈블리에 부품이나 서브어셈블리를 삽입한다.
부품 숨기기/보이기		부품을 숨기거나 보여준다.
부품 기능 억제 상태 변경		선택 부품에 대한 기능 억제를 한다.
부품 편집		어셈블리에서 부품을 편집할 수 있다.
외부 참조 없음		어셈블리를 작성할 때 외부 참조를 만들지 않는다.
메이트		부품 간 구속 조건을 부여한다.
부품 이동		부품을 자유도 범위에서 이동한다.
부품 회전		부품을 회전시킨다.
Smart Fastener		규격에 따른 Toolbox 라이브러리를 이용하여 체결 부품을 삽입한다.
새 모션 스터디		모션의 시각적 시뮬레이션 또는 애니메이션을 작성한다.
분해도		어셈블리 분해도를 작성 또는 편집한다.
분해 지시선 스케치		작성된 분해도에 지시선을 추가한다.
간섭 탐지		조립된 부품 간의 간섭을 체크한다.
여유값 확인		조립된 부품 간의 최소 거리를 확인하며 최소 허용 여유값과 불일치 여유값을 확인할 수 있다.
구멍 정렬		조립된 부품에서 정렬되지 않은 구멍을 찾아주는 기능을 한다.
벨트/체인		어셈블리 부품을 이용하여 벨트와 풀리, 체인과 스프로킷을 작성한다.

STEP 07. 어셈블리 작성하기   305

 부품 삽입

이미 작성된 부품 개체를 어셈블리 환경에 삽입하는 명령이다.

풀다운 메뉴 도구 ➡ 삽입 ➡ 부품 ➡ 기존 파트/어셈블리를 선택하여 사용할 수 있다.

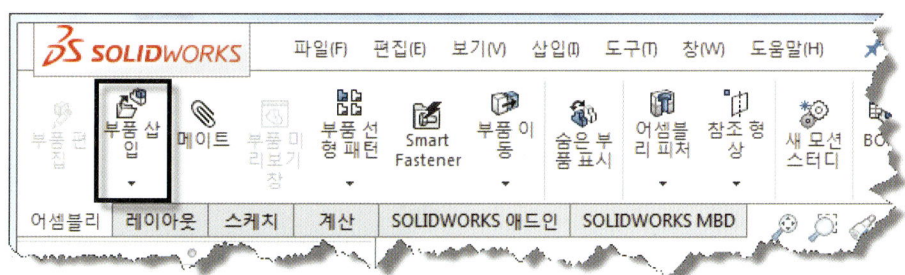

예제파일의 압축을 풀고 SW_DATA 폴더/어셈블리/BASE.sldprt 파일을 삽입한다.

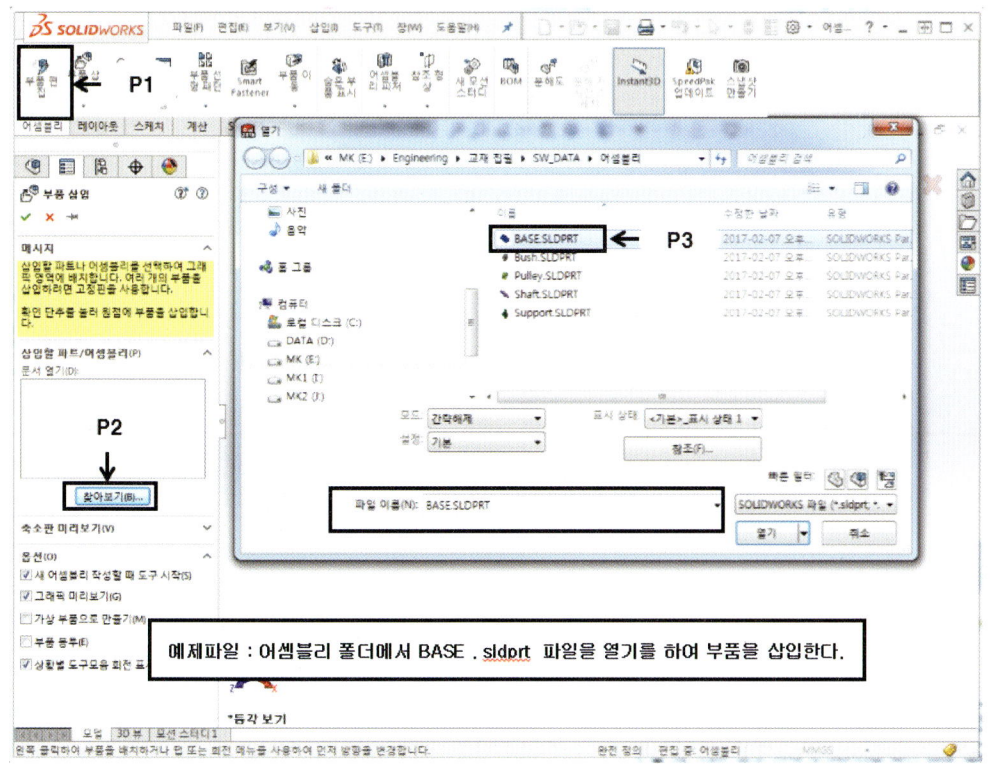

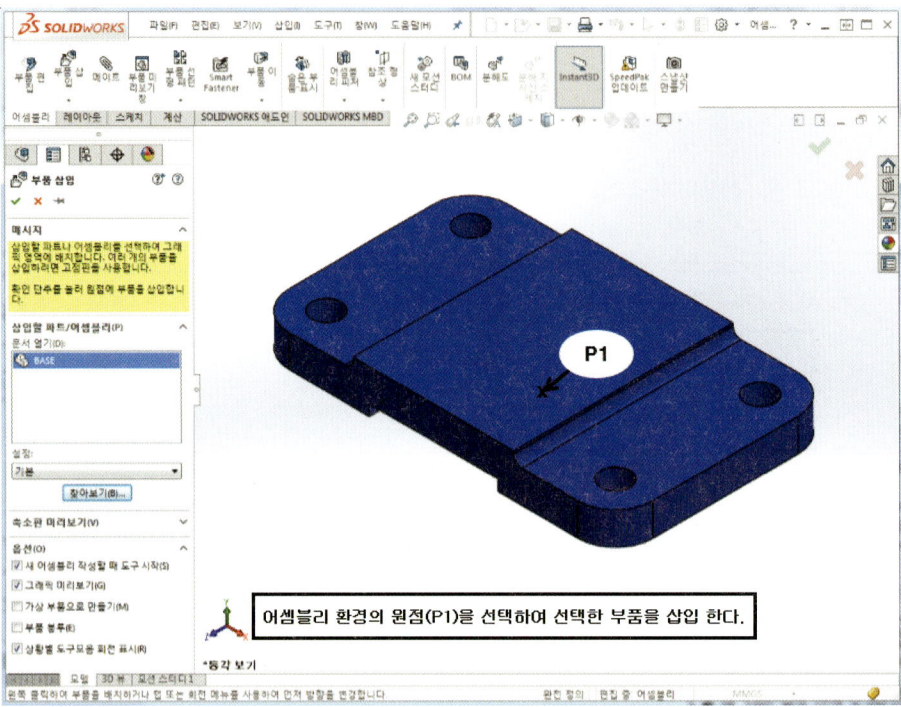

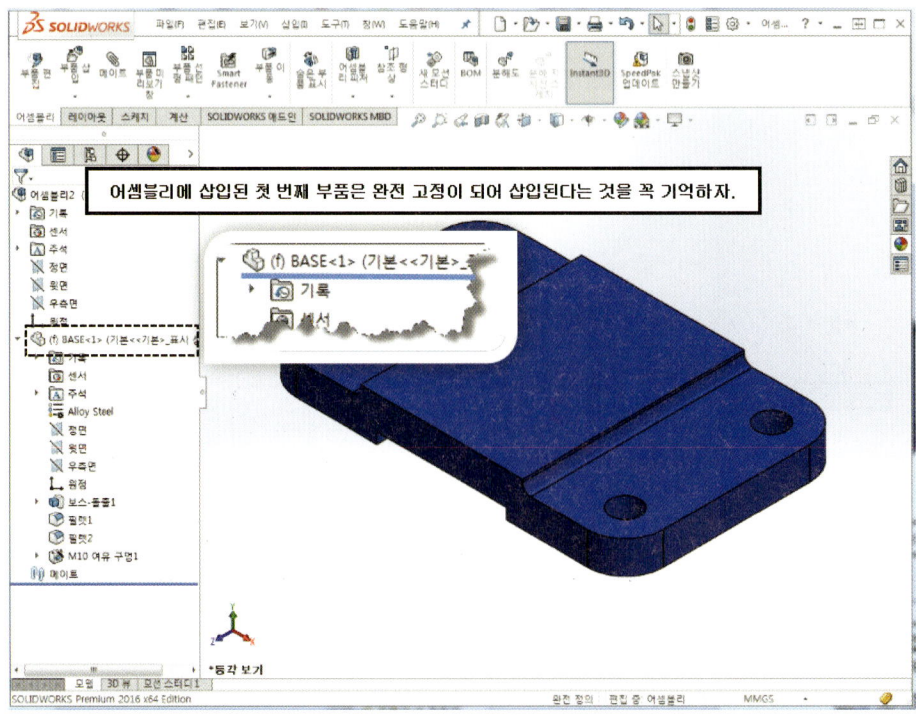

열린 문서 창에서 부품 삽입하기

Solidworks는 작업의 효율성에 초점을 맞추어 탐색기 창에서 부품을 Drag and Drop(선택하여 끌어오기) 방식으로 어셈블리 환경으로 부품을 삽입할 수 있다.

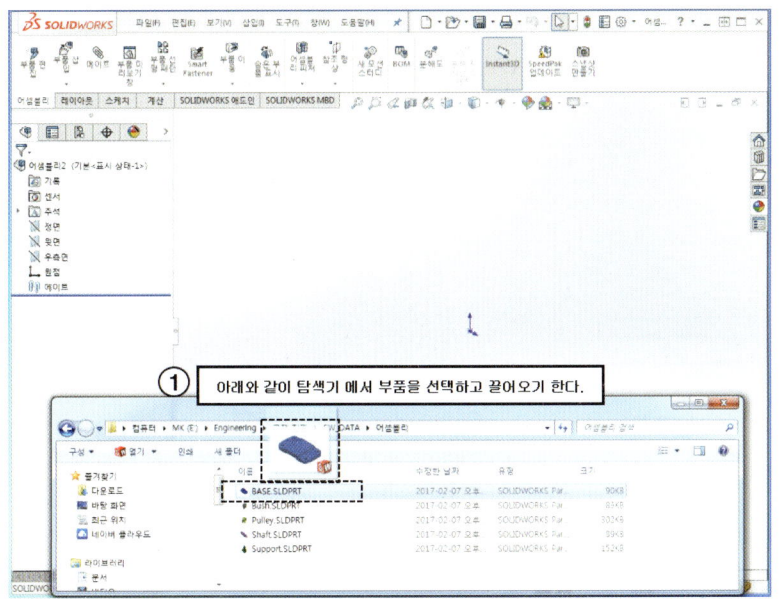

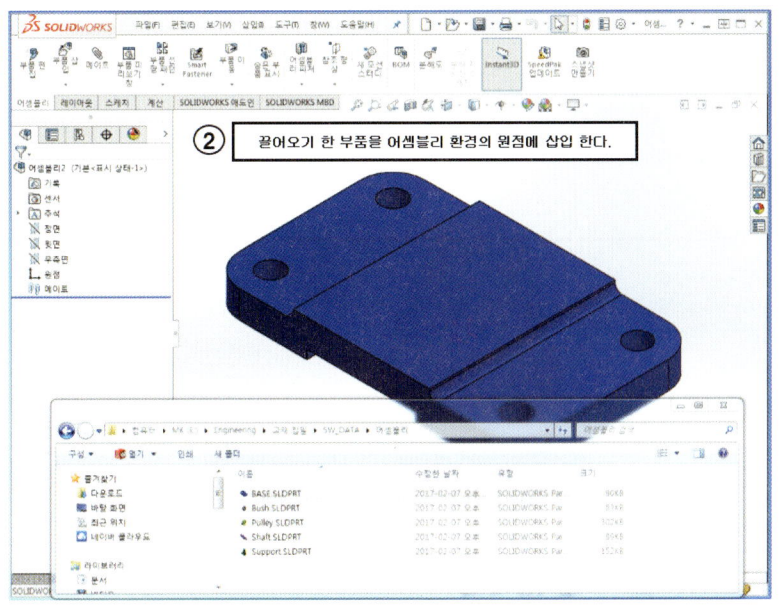

어셈블리 내에 있는 부품 복사하기

어셈블리 환경에 이미 삽입되어 있는 부품을 복사하여 활용하고자 할 경우 부품 삽입 도구를 이용하여 다시 불러들여도 되지만 디자인 트리(FeatureManager)에서 부품을 복사하는 것이 더 편리할 경우가 있다.

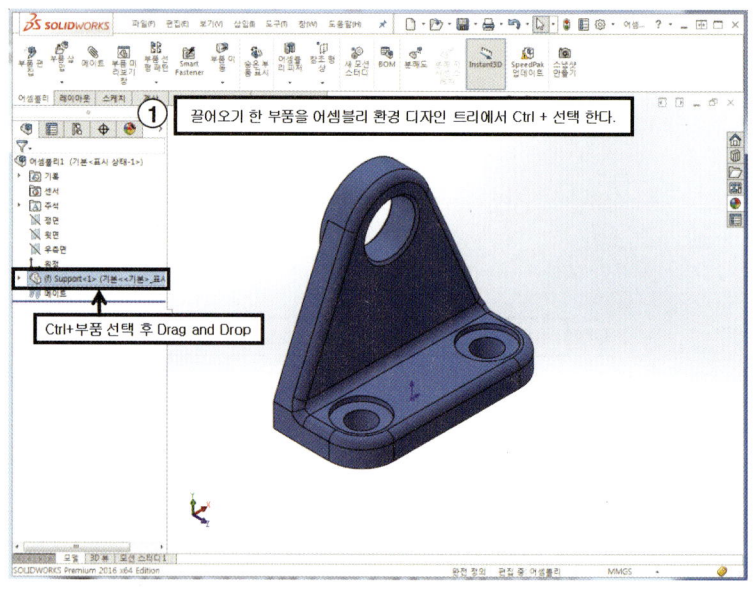

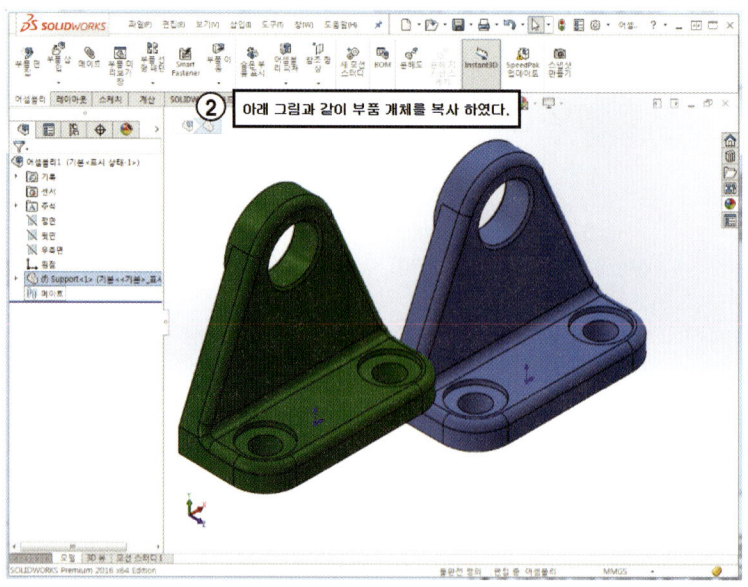

파일 탐색기를 이용하여 부품 삽입하기

작업창에 있는 파일 탐색기를 이용하여 어셈블리에 필요한 부품을 삽입한다.

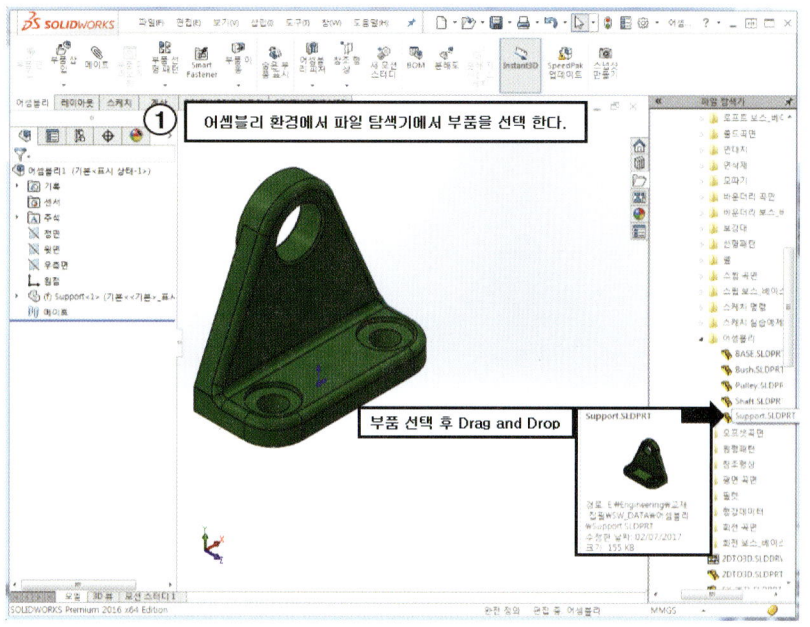

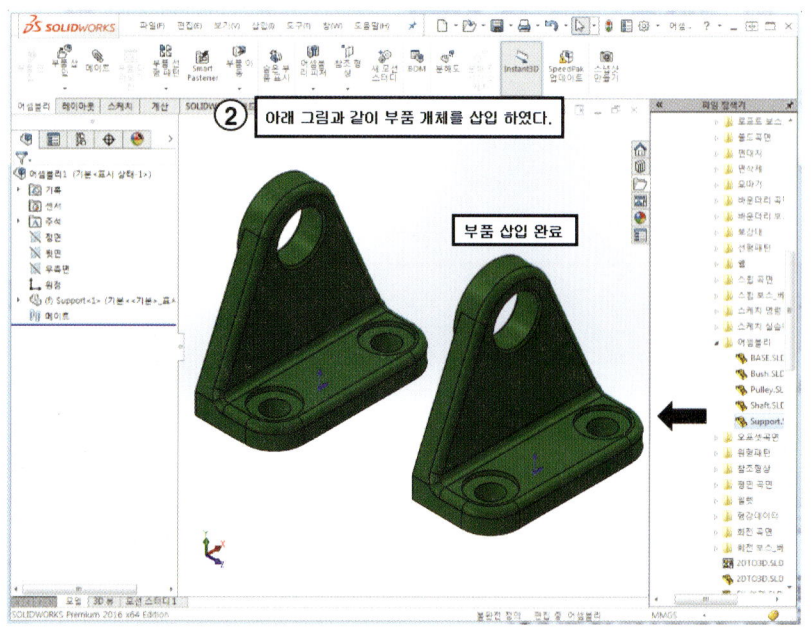

어셈블리 부품 조립 시 고정 또는 자유롭게 움직이기

어셈블리에 부품을 삽입하고 디자인 트리에서 보면 다음 그림과 같이 부품 이름 앞에 (f) 와 (-)로 보이는 기호들을 볼 수 있다.

▶ 🗁 (f) Support<1> (기본<<기본>.	첫 번째 부품(f) 표시는 FIX 고정된 부품을 의미한다.
▶ 🗁 (-) Support<3> (기본<<기본>.	두 번째 부품(-) 표시는 움직일 수 있음을 의미한다.

어셈블리에서 처음으로 삽입되는 부품은 고정(f)으로 표시되므로 만일 첫 부품을 움직이고자 할 경우에는 아래와 같이 고정된 조건을 자유롭게 움직이기로 정의해 주어야 한다.

부품의 위치는 어셈블리의 원점 또는 기준 작업 평면(정면, 평면, 측면)과 삽입될 부품의 정면, 평면, 측면을 완전 구속하여 기준 부품이 움직이지 않도록 고정하는 것이 중요하다. 고정된 부품을 움직이고자 할 경우는 아래 그림과 같이 부품을 선택하고 우측 마우스 버튼을 선택하여 PopUp 메뉴에서 자유롭게 움직이기(Q)를 선택하면 부품을 자유롭게 움직이게 할 수 있다.

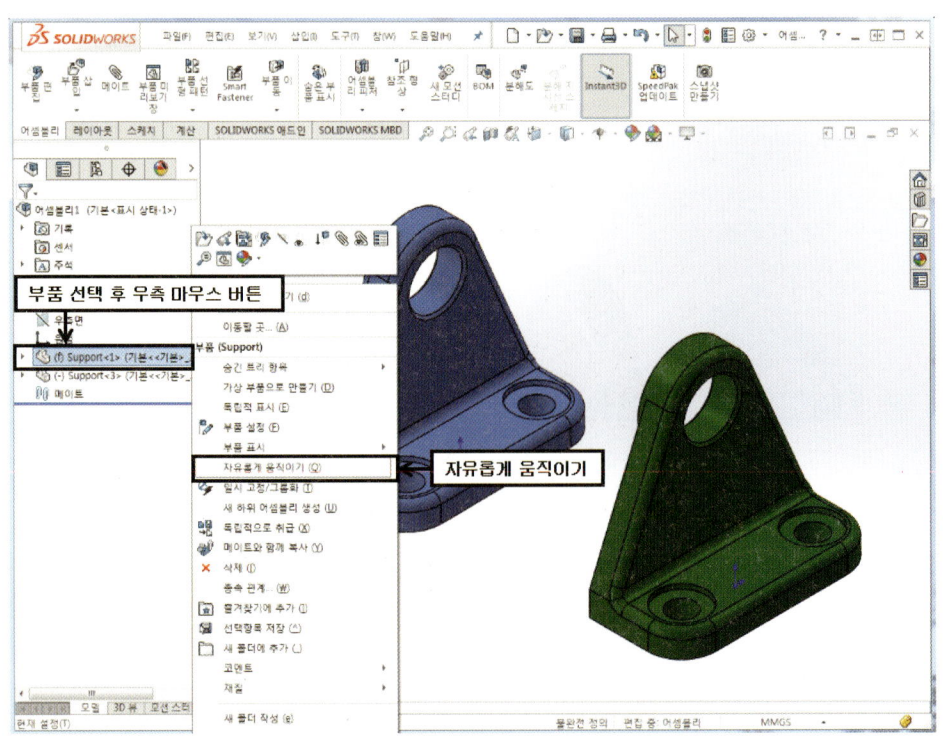

가상 부품 활용하기

가상 부품은 독립된 부품 파트 또는 어셈블리 파일로 저장되지 않고 어셈블리 파일 안에 저장되며 이렇게 정의된 가상 부품은 톱-다운 방식 어셈블리에서 유용하게 활용된다.

설계 과정에서 어셈블리 구조와 부품의 잦은 변경이 필요한 경우 가상 부품을 사용하면 Bottom-Up 설계 방법에 비해 여러 장점을 가지게 된다.

주의해야 할 사항은 가상 부품으로 삽입된 파트는 외부 파일과의 링크 관계가 끊어지게 되어 연관성을 상실하게 되므로 개념 정리를 잘 하여 활용해야 한다.

기본적으로 어셈블리 환경 상황 내에서 부품을 작성하면 어셈블리 파일 내에 가상 부품으로 저장된다.

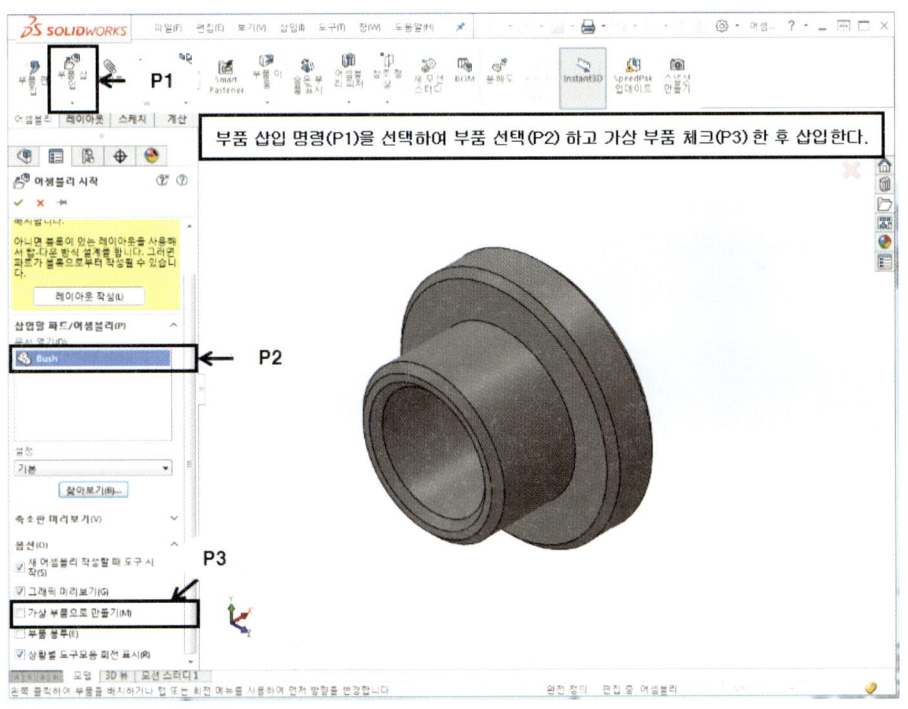

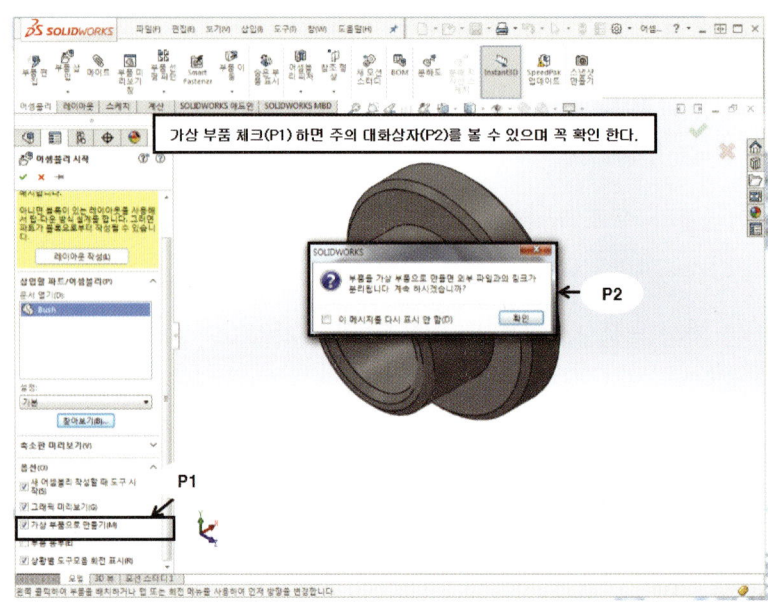

외부 부품을 가상 부품으로 변경하기

이미 어셈블리 환경에 삽입된 외부 부품은 어셈블리 내에 부품이 작성된 것이 아니고 부품의 경로가 있는 파일을 의미하며 가상 부품으로 변경함과 동시에 외부 파일과의 링크가 분리되므로 잘 생각하여 사용하도록 한다.

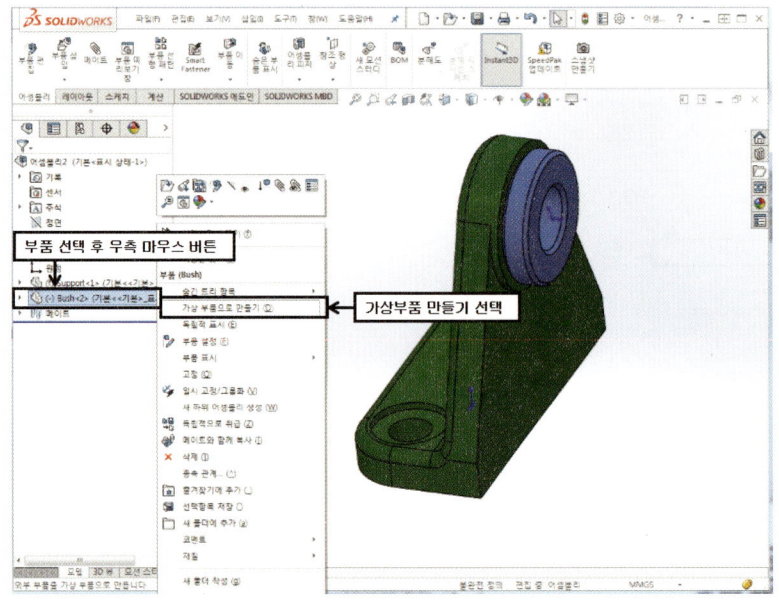

부품 이동

부품을 자유도 범위 내에서 위치를 이동하며 위치가 고정 또는 완전히 정의된 부품은 이동할 수 없다.

부품 이동 명령을 선택하면 커서가 (✥)로 바뀌고 이동할 부품을 선택하여 끌기를 하면 이동이 된다.

프리드래그	부품을 선택하여 원하는 방향으로 끌기한다.
어셈블리 X, Y, Z 따라	부품을 선택하고 어셈블리의 X, Y, Z 방향으로 끌기한다.
요소 따라	요소를 선택하여 선택요소를 기준으로 부품을 끌기한다.
델타 X, Y, Z 따라	부품 선택 후 PropertyManager에서 X, Y, Z 좌표값을 입력하고 적용 버튼을 선택한다.
XYZ 위치로	부품의 점을 선택하고 PropertyManager에서 X, Y, Z 좌표값을 입력하여 이동한다.

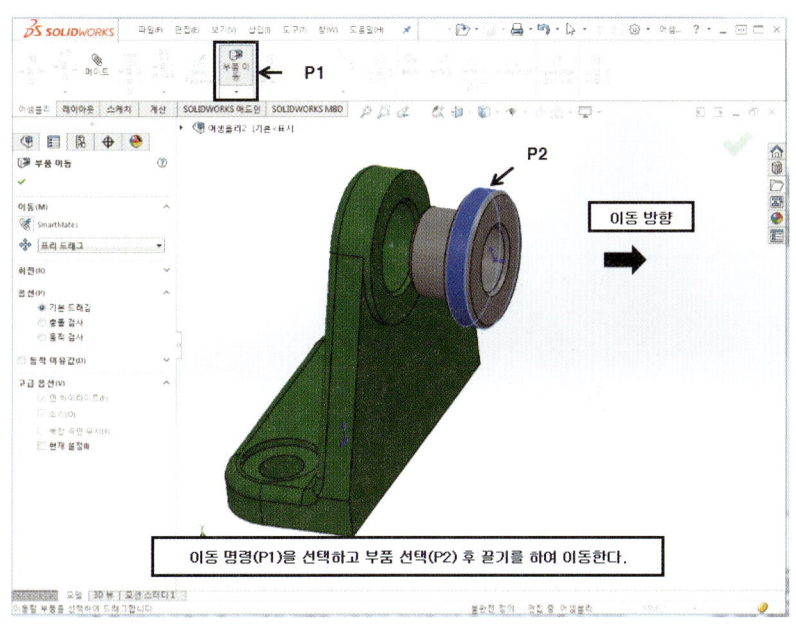

이동 명령(P1)을 선택하고 부품 선택(P2) 후 끌기를 하여 이동한다.

부품 회전

부품을 자유도 범위 내에서 회전시키며 위치가 고정되거나 완전히 정의된 부품은 회전할 수 없다.

부품 회전 명령을 선택하면 커서가 ( )로 바뀌고 회전할 부품을 선택하여 끌기를 하면 회전된다.

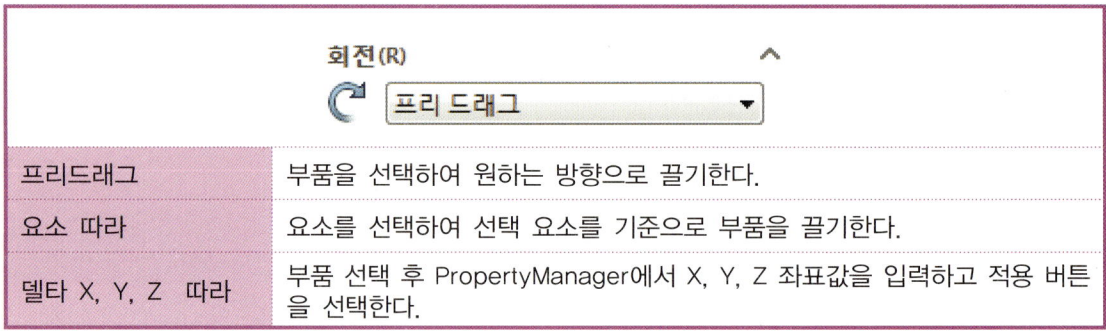

프리드래그	부품을 선택하여 원하는 방향으로 끌기한다.
요소 따라	요소를 선택하여 선택 요소를 기준으로 부품을 끌기한다.
델타 X, Y, Z 따라	부품 선택 후 PropertyManager에서 X, Y, Z 좌표값을 입력하고 적용 버튼을 선택한다.

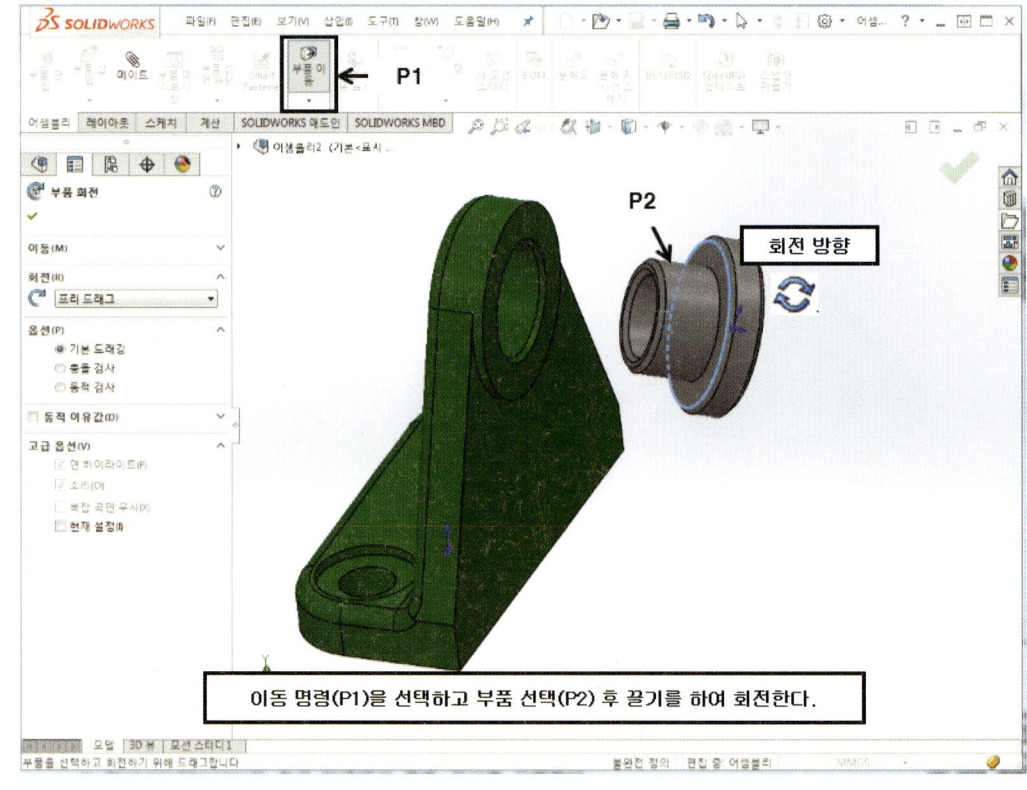

이동 명령(P1)을 선택하고 부품 선택(P2) 후 끌기를 하여 회전한다.

충돌 검사

충돌 검사는 부품을 이동하거나 회전할 때 다른 부품과 충돌되는지 탐지할 수 있다. 전체 어셈블리 또는 선택한 부품 그룹의 충돌을 탐지할 수 있고 선택한 부품에서만 충돌을 찾거나 선택한 부품에 대한 메이트 결과로 이동한 모든 부품에 대해 충돌을 찾을 수 있다.

충돌 검사 요소	기능
모든 부품	이동하는 부품이 어셈블리 내 다른 어떠한 부품이라도 건드리면 충돌이 탐지된다.
선택 부품	이동하는 부품이 목록에 있는 부품을 건드리면 충돌이 탐지되며 선택되지 않은 부품은 제외된다.
끌어온 파트만	이 옵션을 선택하지 않으면 이동하려고 선택한 부품과 선택한 부품의 메이트 결과로 이동하는 다른 모든 부품이 검색 대상이 된다.
충돌 시 정지	부품이 다른 요소에 충돌을 일으키면 부품의 작동을 멈추게 된다.

고급 옵션

옵션	기능
면 하이라이트	이동하는 부품이 닿는 면이 강조 표시된다.
소리	충돌이 생기면 컴퓨터가 소리를 내게 된다.
복잡한 곡면 무시	다음 지정한 곡면에서만 충돌이 사용된다.

📎 메이트

메이트 명령은 어셈블리 내로 삽입될 부품 간에 기하 구속 조건을 부여하는 도구이며 메이트를 추가할 때 부품의 선형, 회전형 모션의 가능한 방향이 지정된다.

이미 삽입된 부품 개체를 어셈블리 환경에서 구속하는 명령이다.

풀다운 메뉴 도구 ➡ 삽입 ➡ 메이트를 선택하여 사용할 수 있다.

메이트 구속 작성 방법

일치 구속 시 하나 또는 두 개의 고정된 부품이나 참조 기준 부품에 모든 부품을 메이트할 경우 각 부

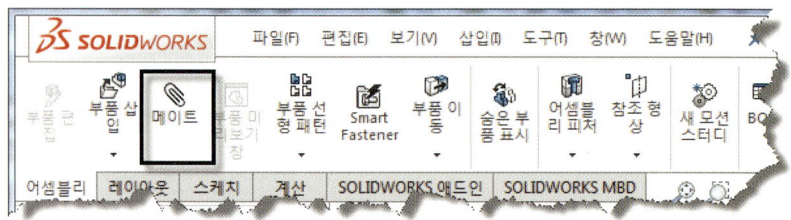

품의 기준면을 정하여 메이트를 하는 것이 오류를 줄일 수 있는 방법이며 중복 메이트는 되도록 이면 피하는 것이 좋다.(단. 거리와 각도는 제외)

구속이 된 부품은 살짝 끌기를 하여 자유도를 시험하는 방법으로 확인 작업을 하는 것이 좋다.

만약 구속한 부품에 문제가 발생되면 메이트 진단을 하는 것보다 작성한 메이트를 삭제하고 다시 구속 조건을 작성하는 것이 시간적으로 빠를 수 있다.

메이트 구속 조건 알아보기

표준 메이트 명령	기능
	메이트 구속 조건 도구 막대
일치	각 부품의 점, 모서리, 면을 선택하여 일치시킨다.
평행	각 부품의 면을 선택하여 평행하게 배치시킨다.
수직	각 부품의 면을 선택하여 각도 90도가 되게 배치시킨다.
접점/탄젠트	라운드 또는 원통형 부품의 면과 평면의 부품면을 선택하여 탄젠트 배치시킨다.
동심	각 부품의 원통면을 선택하여 같은 중심을 구속 배치시킨다.
묶기	각 부품 간의 위치와 방향을 동일하게 유지시킨다.
거리	각 부품을 선택하여 특정 거리값을 주어 배치시킨다.
각도	각 부품을 선택하여 서로 특정 각도를 이루게 배치시킨다.

STEP 07. 어셈블리 작성하기

일치 메이트 추가하기

예제파일의 압축을 풀고 SW_DATA 폴더/어셈블리/MATE-1.sldasm 파일을 열기한다.

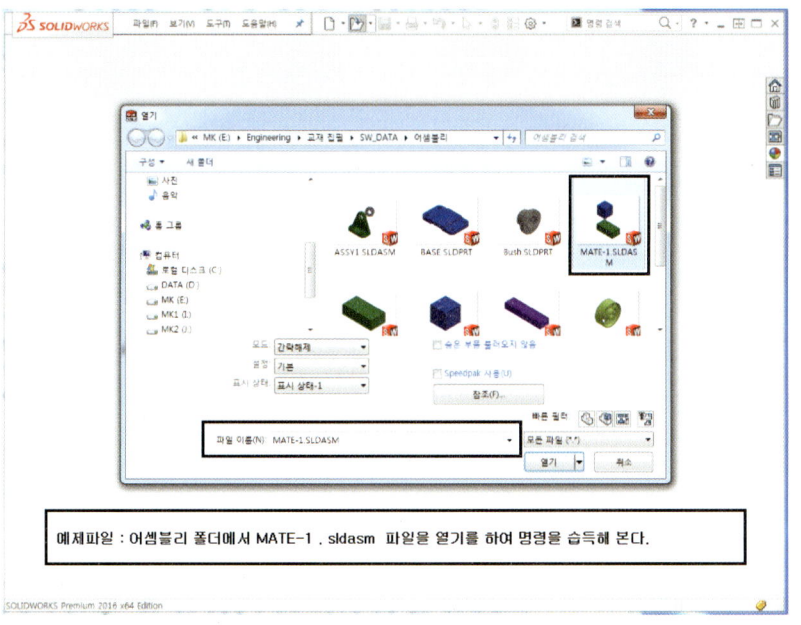

예제파일 : 어셈블리 폴더에서 MATE-1.sldasm 파일을 열기를 하여 명령을 습득해 본다.

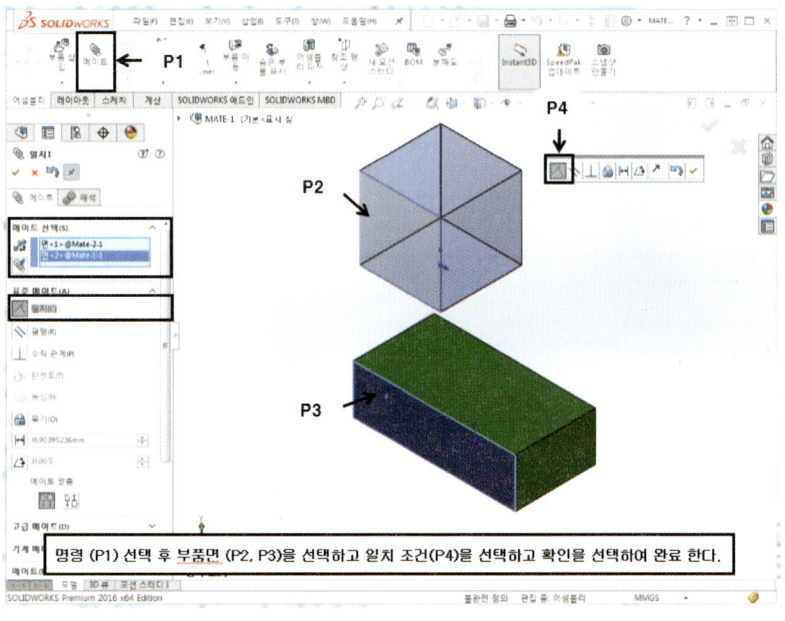

명령 (P1) 선택 후 부품면 (P2, P3)을 선택하고 일치 조건(P4)을 선택하고 확인을 선택하여 완료 한다.

평행 메이트 추가하기

예제파일의 압축을 풀고 SW_DATA 폴더/어셈블리/MATE-2.sldasm 파일을 열기한다.

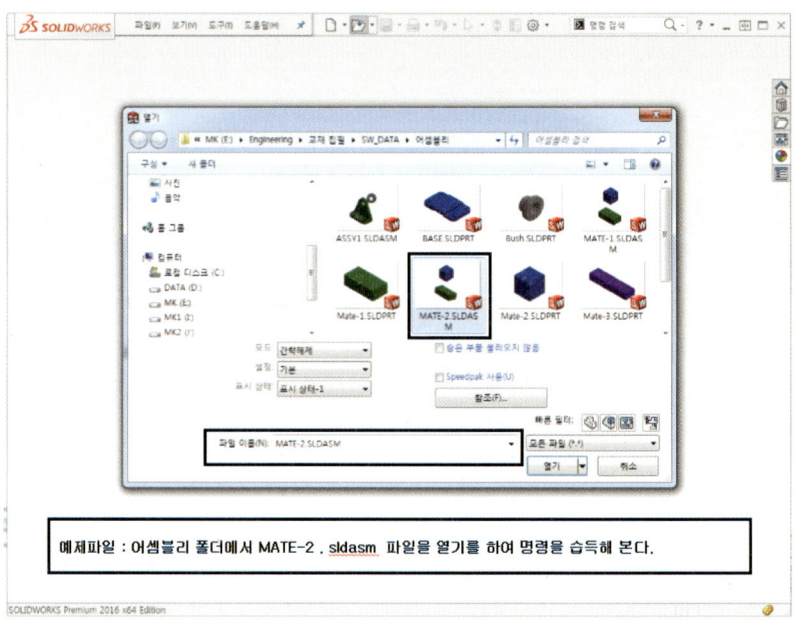

예제파일 : 어셈블리 폴더에서 MATE-2 . sldasm 파일을 열기를 하여 명령을 습득해 본다.

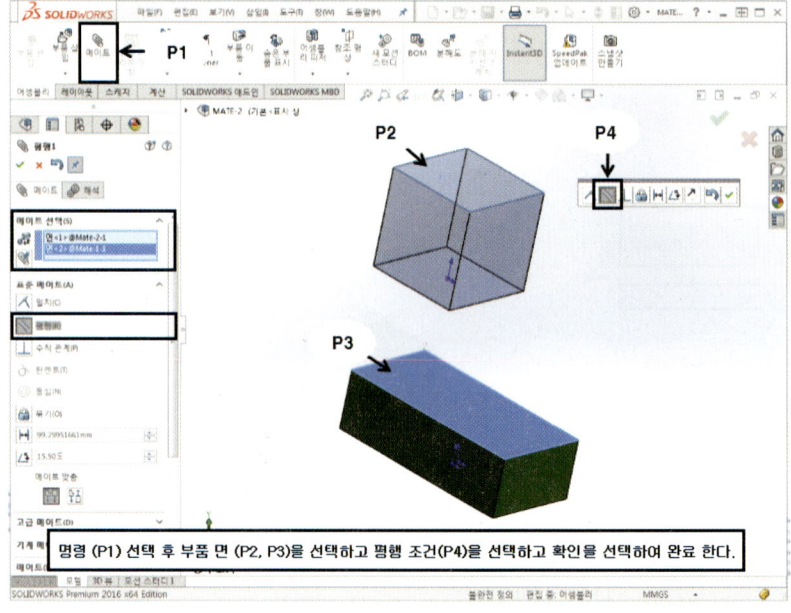

명령 (P1) 선택 후 부품 면 (P2, P3)을 선택하고 평행 조건(P4)을 선택하고 확인을 선택하여 완료 한다.

STEP 07. 어셈블리 작성하기 319

수직 메이트 추가하기

예제파일의 압축을 풀고 SW_DATA 폴더/어셈블리/MATE-3.sldasm 파일을 열기한다.

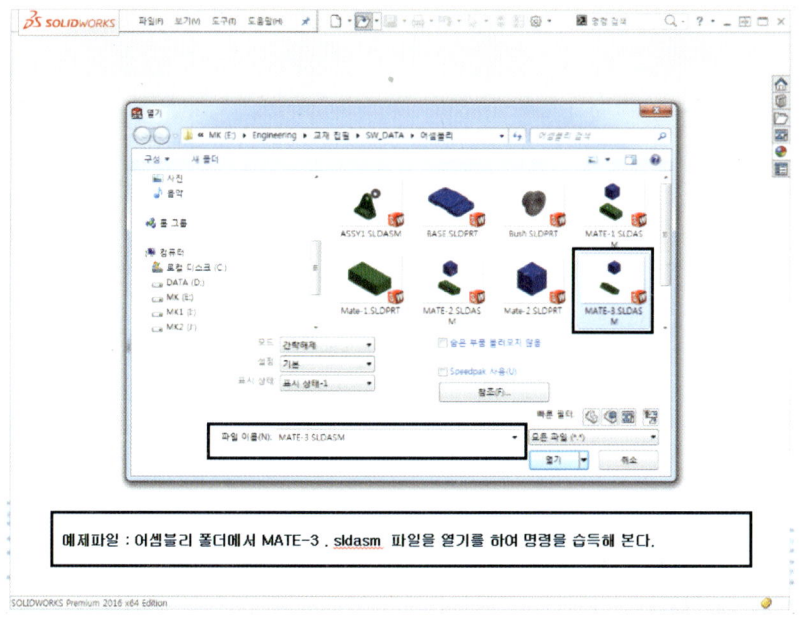

예제파일 : 어셈블리 폴더에서 MATE-3 . sldasm 파일을 열기를 하여 명령을 습득해 본다.

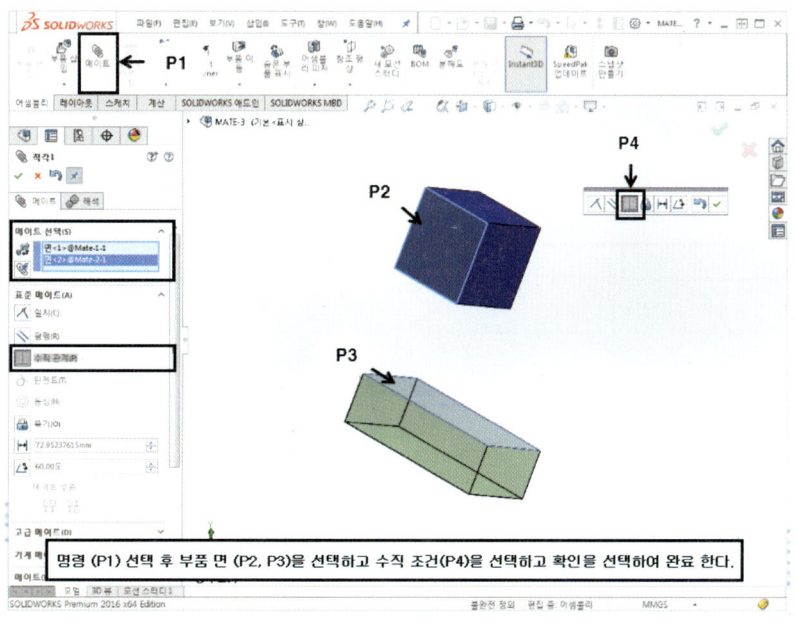

명령 (P1) 선택 후 부품 면 (P2, P3)을 선택하고 수직 조건(P4)을 선택하고 확인을 선택하여 완료 한다.

탄젠트 메이트 추가하기

예제파일의 압축을 풀고 SW_DATA 폴더/어셈블리/MATE-4.sldasm 파일을 열기한다.

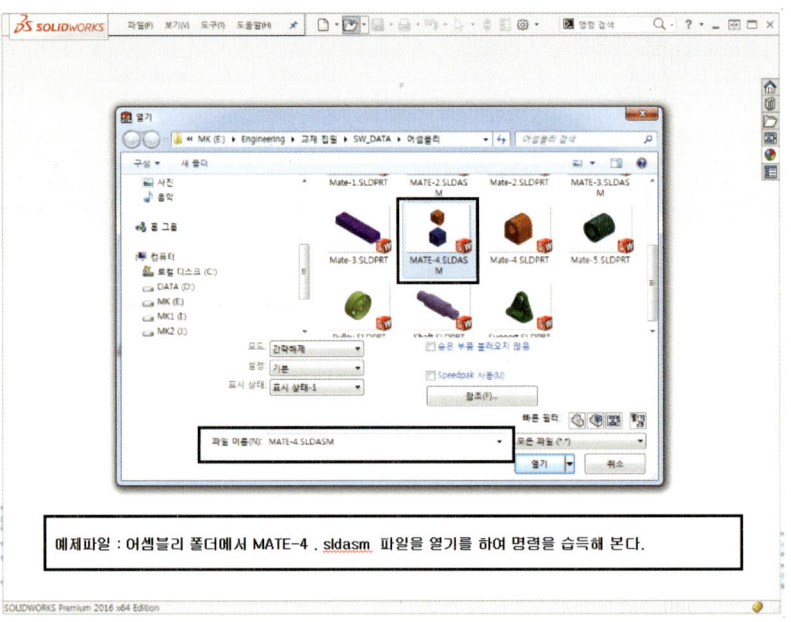

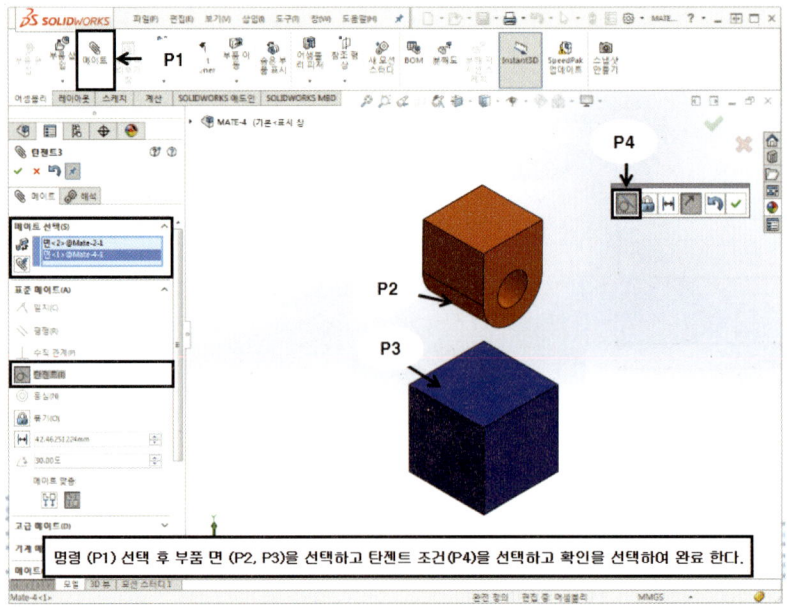

STEP 07. 어셈블리 작성하기

◎ 동심 메이트 추가하기

예제파일의 압축을 풀고 SW_DATA 폴더/어셈블리/MATE-5.sldasm 파일을 열기한다.

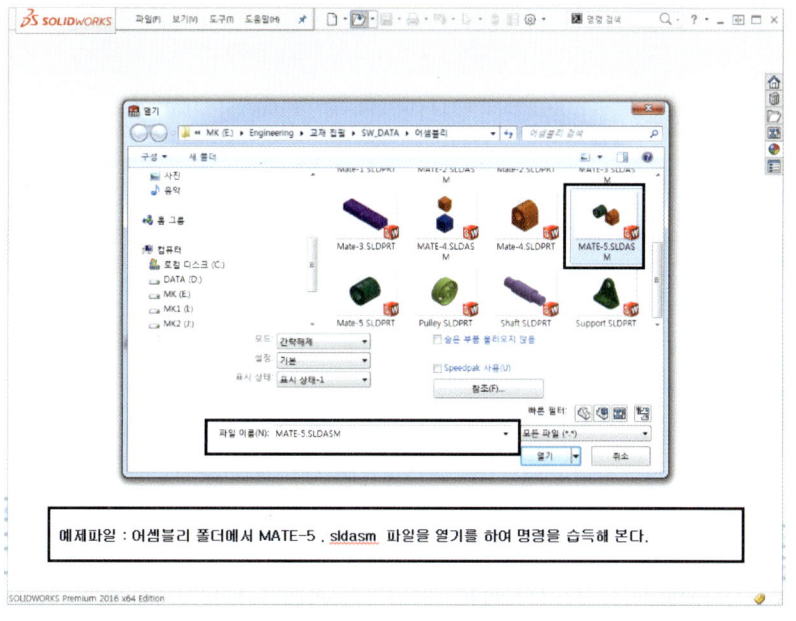

예제파일 : 어셈블리 폴더에서 MATE-5 . sldasm 파일을 열기를 하여 명령을 습득해 본다.

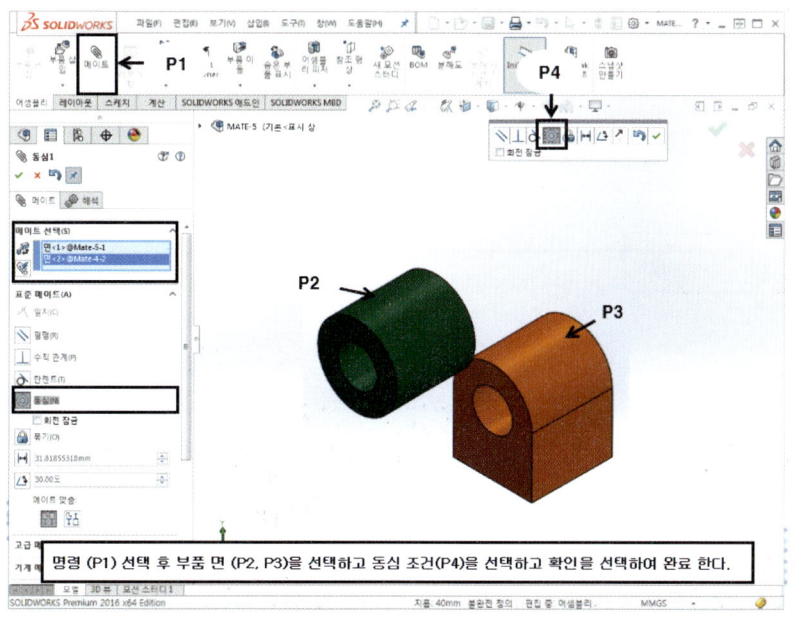

명령 (P1) 선택 후 부품 면 (P2, P3)을 선택하고 동심 조건(P4)을 선택하고 확인을 선택하여 완료 한다.

거리 메이트 추가하기

예제파일의 압축을 풀고 SW_DATA 폴더/어셈블리/MATE-6.sldasm 파일을 열기한다.

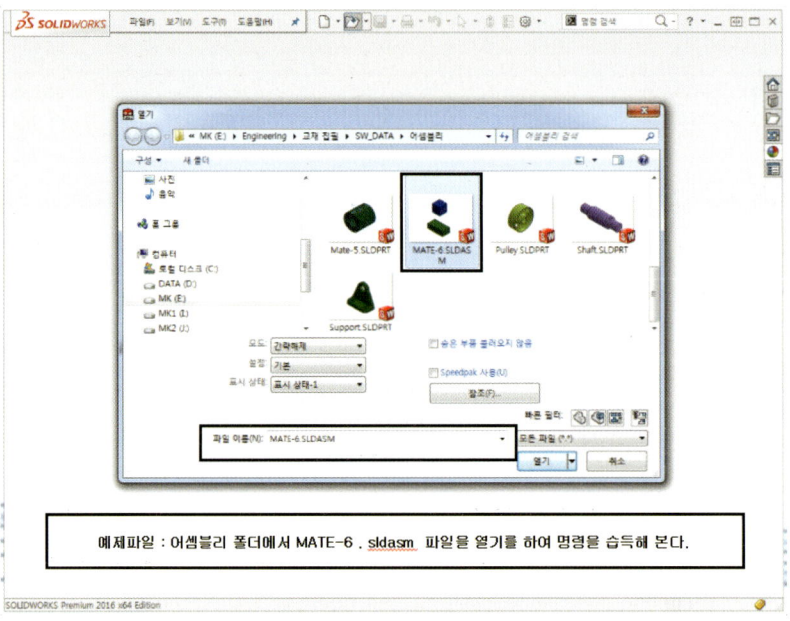

예제파일 : 어셈블리 폴더에서 MATE-6 . sldasm 파일을 열기를 하여 명령을 습득해 본다.

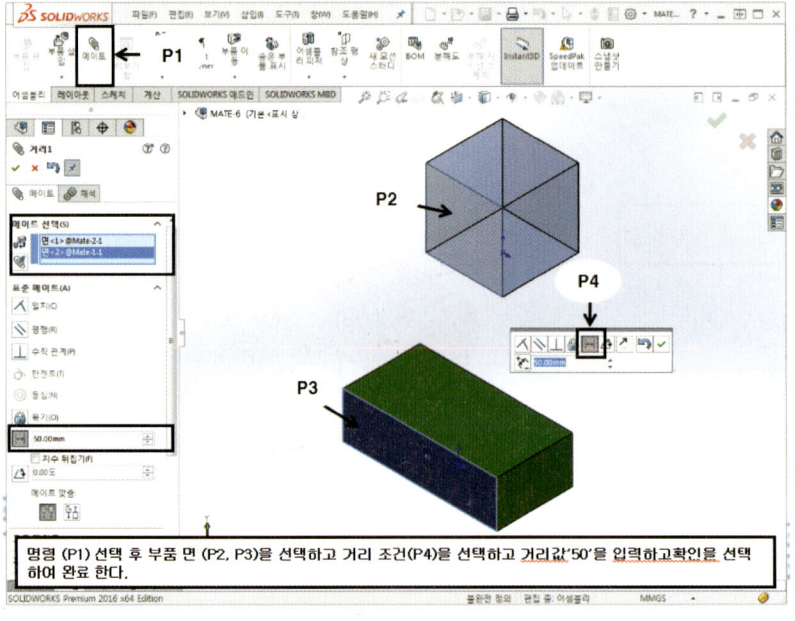

명령 (P1) 선택 후 부품 면 (P2, P3)을 선택하고 거리 조건(P4)을 선택하고 거리값 '50'을 입력하고 확인을 선택하여 완료 한다.

STEP 07. 어셈블리 작성하기 **323**

각도 메이트 추가하기

예제파일의 압축을 풀고 SW_DATA 폴더/어셈블리/MATE-7.sldasm 파일을 열기한다.

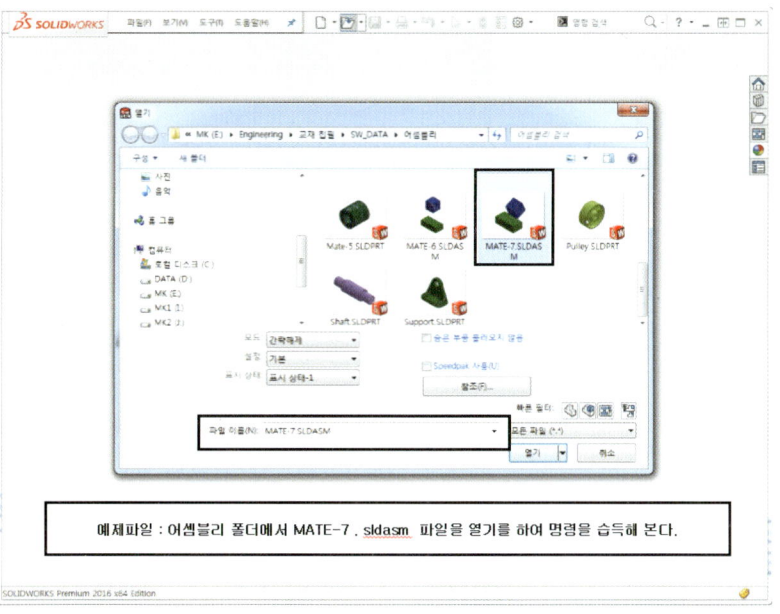

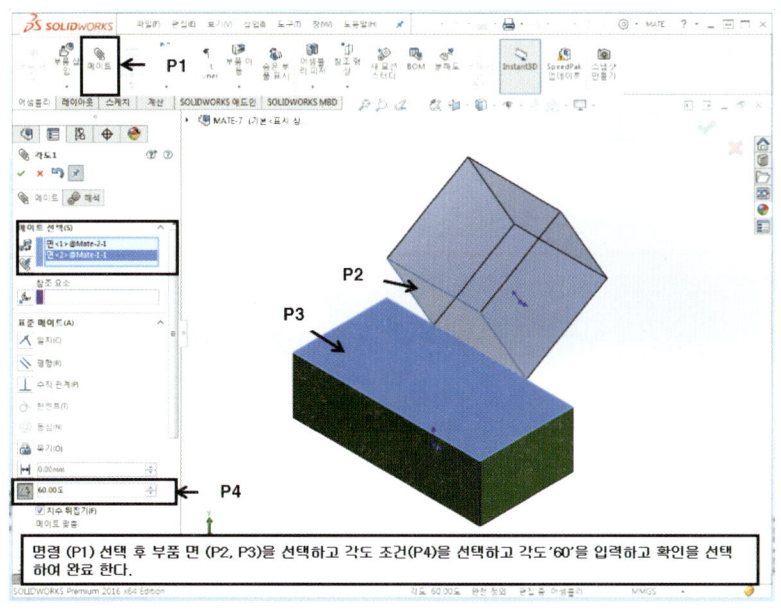

고급 메이트 구속 조건 알아보기

표준 메이트 명령	기능
프로파일 중심	프로파일 중심 메이트는 각 기하 프로파일의 중심에 맞춰 자동 정렬하고 부품을 전체적으로 구속한다.
대칭	각 부품의 유사 요소를 평면을 기준으로 대칭 배치시킨다.
너비	너비 메이트가 그루브의 너비 안에서 탭을 가운데에 배치시킨다.
경로	부품의 점을 경로에 배치시킨다.
선형 커플러	한 부품의 평행 이동과 다른 부품의 평행 이동 사이의 관계를 설정한다.
거리 제한	부품을 서로 일정한 거리 내에서만 메이트 배치시킨다.
각도 제한	부품을 서로 일정한 각도 내에서만 메이트 배치시킨다.
맞춤/반대	선택한 면의 벡터가 같은 방향/선택한 면의 벡터가 반대 방향으로 정의한다.

기계 메이트 구속 조건 알아보기

표준 메이트 명령	기능
캠	원통, 평면, 점을 탄젠트 돌출면에 일치 또는 탄젠트 조건으로 배치시킨다.
홈	볼트를 직선 또는 호 홈에 메이트하고 홈과 홈을 메이트하며 축, 원통면 또는 홈을 선택하여 홈 메이트로 배치시킨다.
힌지	두 부품 간의 이동을 하나의 회전 자유도로 제한한다.
기어	두 부품을 선택한 축을 기준으로 상대적으로 회전해 준다.
래크 피니언	래크 부품의 직선운동과 피니언 부품의 회전 운동을 조건으로 배치시킨다.
스크류	두 부품을 동축으로 구속하고 단일 부품의 회전과 다른 부품의 평행이동 사이의 피치 관계도 추가한다.
유니버설 조인트	한 부품(출력 축)의 축 기준 회전이 다른 부품(입력 축)의 축 기준 회전에 의해 유도된다.

부품 선형 패턴

부품 선형 패턴 명령은 어셈블리 환경에서 부품의 모서리를 지정하여 한 방향 또는 양쪽 방향으로 조립된 부품을 선형 패턴한다.

풀다운 메뉴 도구 ⇨ 삽입 ⇨ 부품 패턴 ⇨ 선형 패턴을 선택하여 사용할 수 있다.

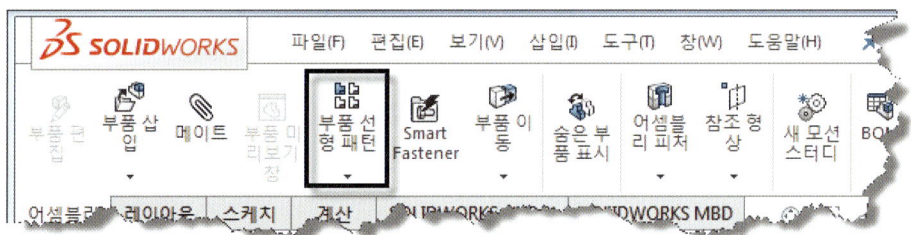

예제파일의 압축을 풀고 SW_DATA 폴더/어셈블리/선형 패턴.sldasm 파일을 열기한다.

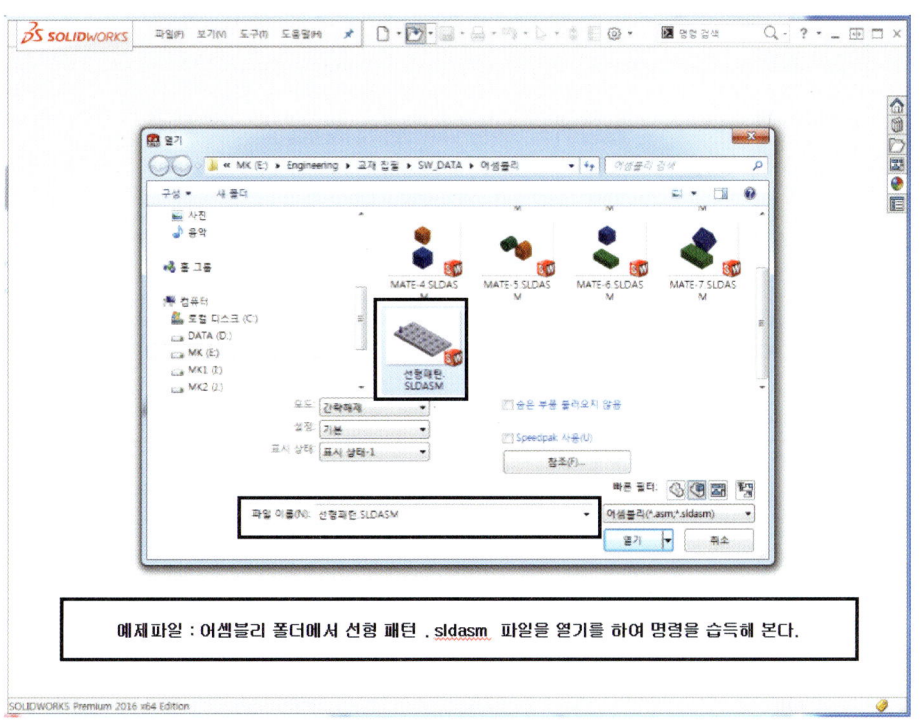

예제파일 : 어셈블리 폴더에서 선형 패턴 .sldasm 파일을 열기를 하여 명령을 습득해 본다.

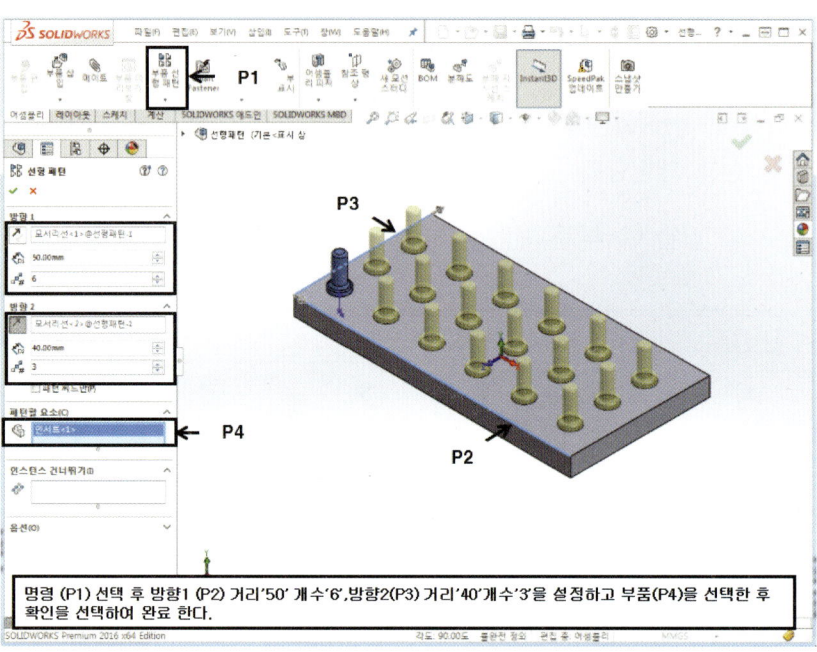

부품 원형 패턴

부품 원형 패턴 명령은 어셈블리 환경에서 부품의 원통면 또는 모서리 등을 지정하여 축으로 정의하고 부품을 원형 패턴한다.

풀다운 메뉴 도구 ⇨ 삽입 ⇨ 부품 패턴 ⇨ 원형 패턴을 선택하여 사용할 수 있다.

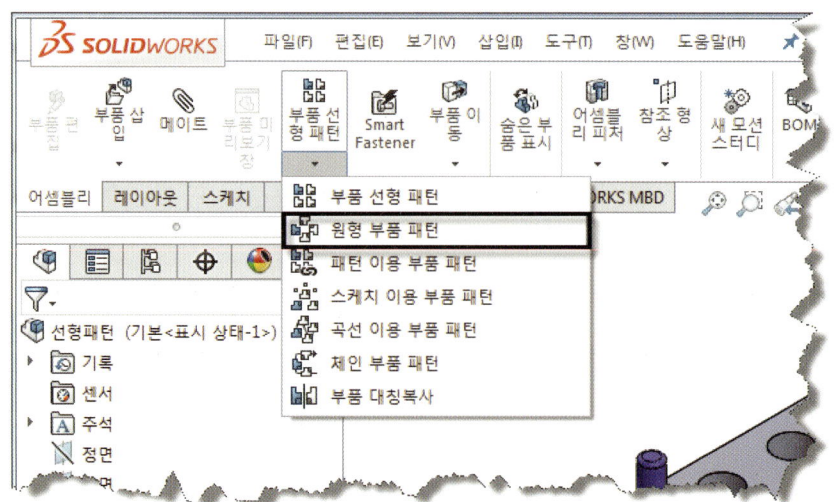

STEP 07. 어셈블리 작성하기

예제파일의 압축을 풀고 SW_DATA 폴더/어셈블리/원형 패턴.sldasm 파일을 열기한다.

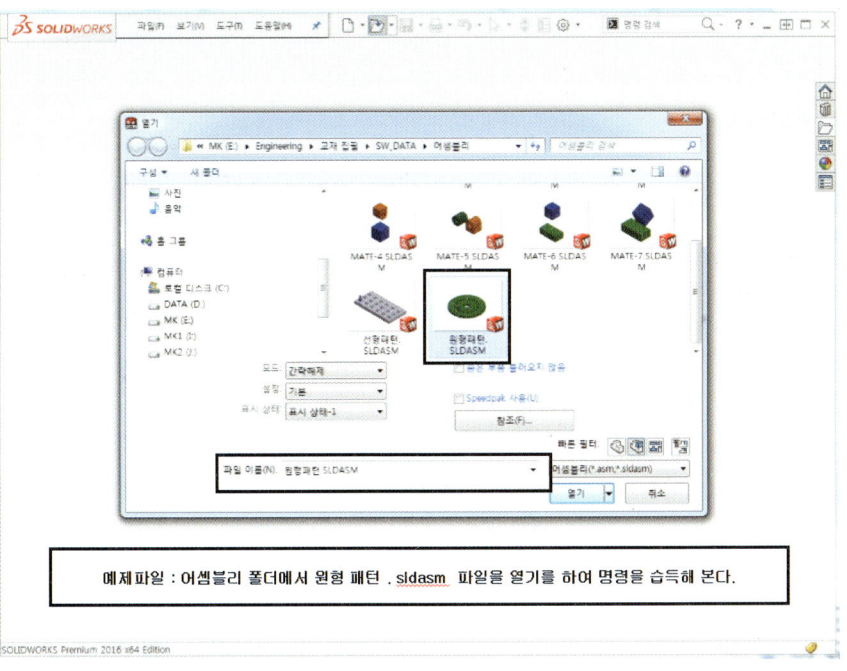

예제파일 : 어셈블리 폴더에서 원형 패턴 .sldasm 파일을 열기를 하여 명령을 습득해 본다.

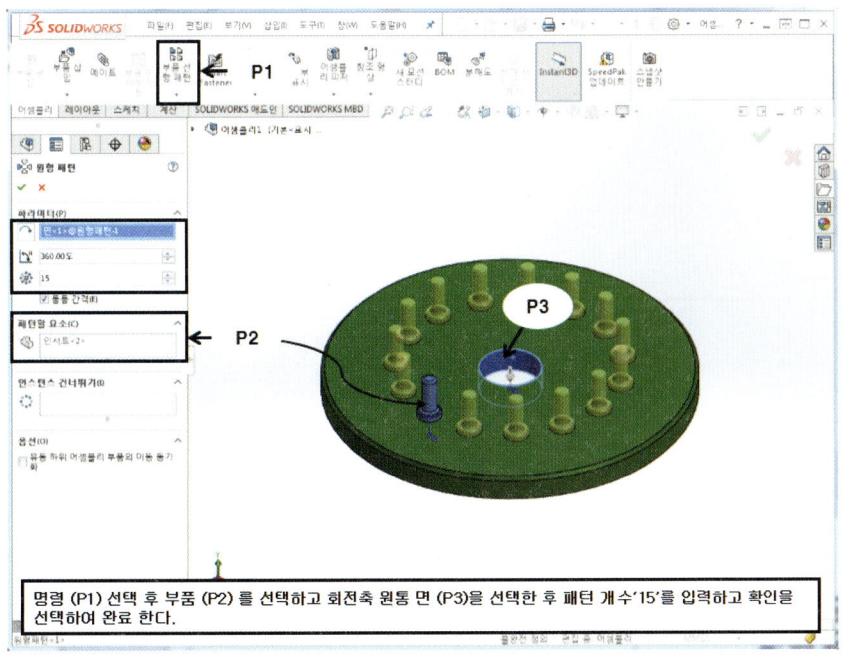

명령 (P1) 선택 후 부품 (P2)를 선택하고 회전축 원통 면 (P3)을 선택한 후 패턴 개수 '15'를 입력하고 확인을 선택하여 완료 한다.

피처를 이용한 부품 패턴

피처를 이용한 부품 패턴 명령은 삽입된 부품의 패턴 피처를 선택하여 연관된 피처의 변수대로 조립될 부품을 생성하는 명령으로 많이 사용되는 명령이며 조립된 부품은 피처의 변경으로 개수 등을 변경할 수 있다.

풀다운 메뉴 도구 ⇨ 삽입 ⇨ 부품 패턴 ⇨ 피처 이용 부품 패턴을 선택하여 사용할 수 있다.

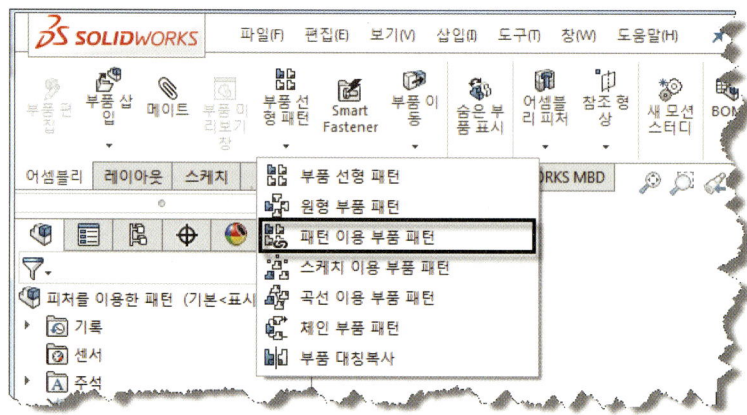

예제파일의 압축을 풀고 SW_DATA 폴더/어셈블리/피처를 이용한 패턴.sldasm 파일을 열기한다.

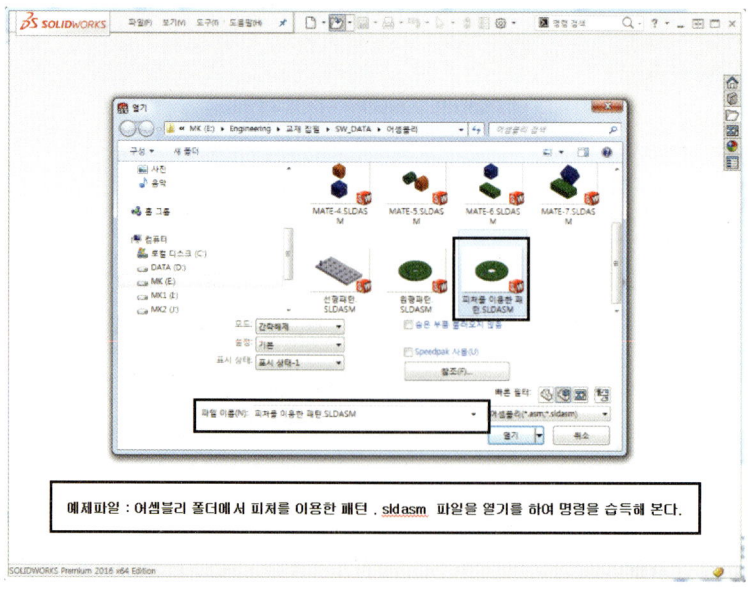

STEP 07. 어셈블리 작성하기

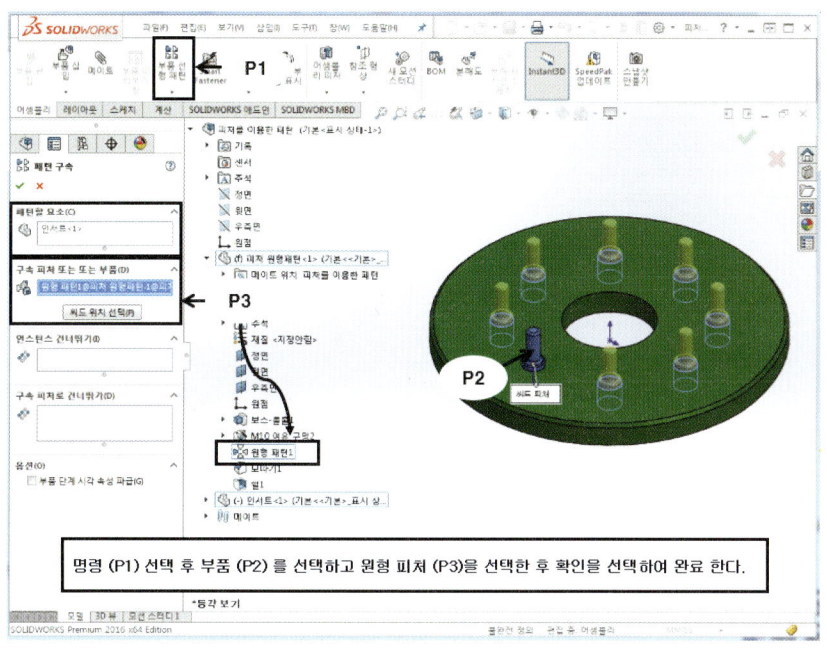

부품 대칭 복사

어셈블리 환경에 삽입된 파트나 하위 어셈블리 부품을 대칭 복사하여 부품을 추가하며 부품을 대칭 복사할 때 새 파일 또는 어셈블리의 파생 부품으로 생성할 수 있다. 부품 대칭 복사 명령으로 작성된 부품은 씨드 부품의 사본이나 대칭 버전이 될 수 있다.

풀다운 메뉴 도구 ➪ 삽입 ➪ 부품 대칭 복사를 선택하여 사용할 수 있다.

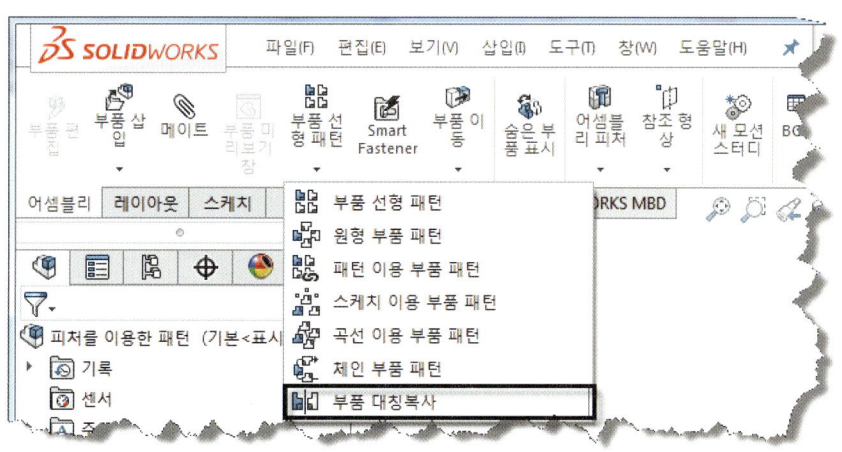

예제파일의 압축을 풀고 SW_DATA 폴더/어셈블리/부품 대칭 복사.sldasm 파일을 열기한다.

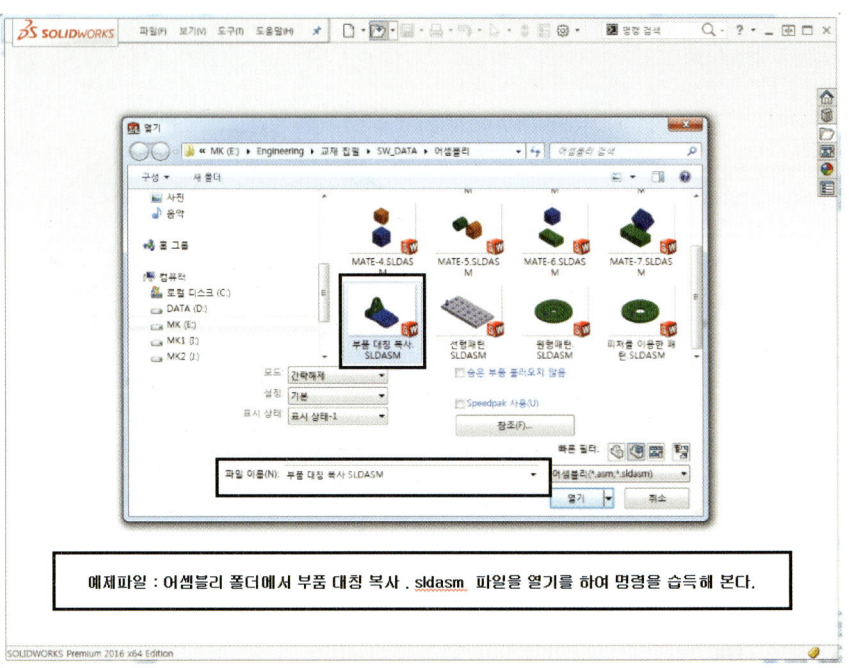

예제파일 : 어셈블리 폴더에서 부품 대칭 복사 . sldasm 파일을 열기를 하여 명령을 습득해 본다.

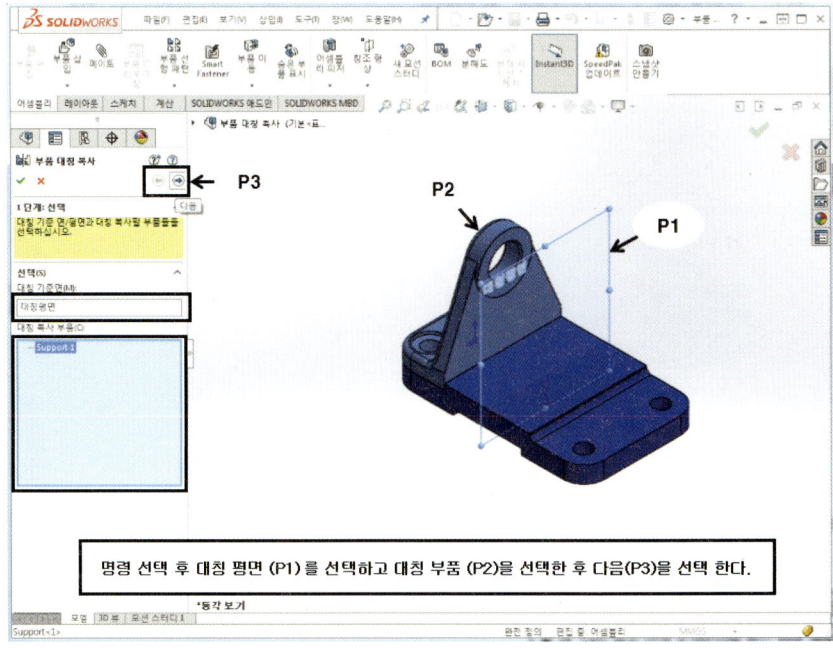

명령 선택 후 대칭 평면 (P1) 를 선택하고 대칭 부품 (P2)을 선택한 후 다음(P3)을 선택 한다.

STEP 07. 어셈블리 작성하기

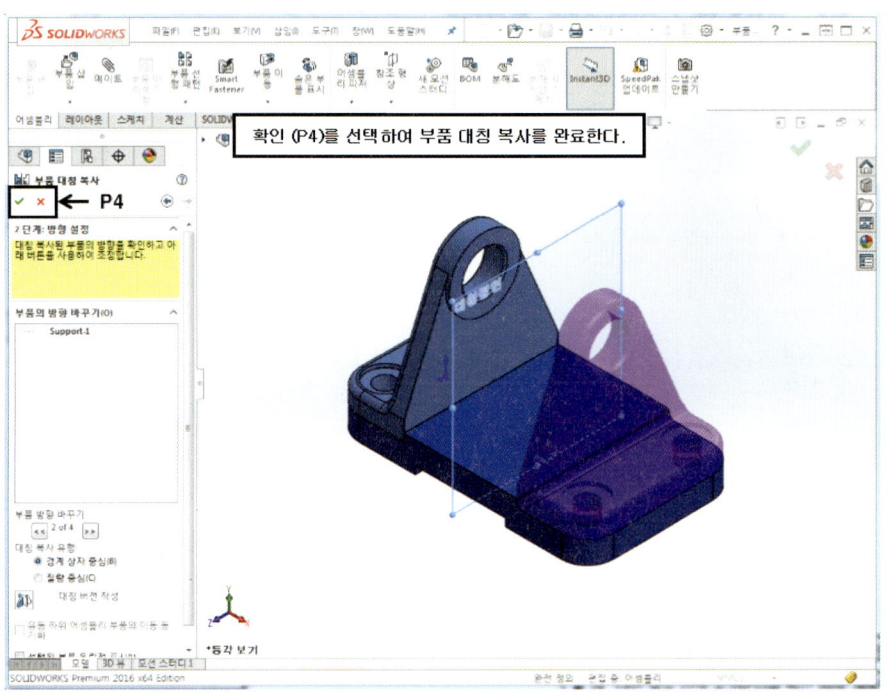

> **Tip** **대칭 복사 부품 해제**
>
> 부품 대칭 복사 명령을 이용하여 복사한 부품을 해제하는 방법은 디자인 트리(Feature-Manager)에서 대칭 복사된 부품( )을 선택하고 팝업 메뉴(PopUp Menu) 마우스 우측 버튼을 선택하여 나타나는 팝업 메뉴에서 대칭 복사 부품 피처 해제를 선택하면 아래와 같은 대화상자를 볼 수 있는 데, 대칭 복사된 부품 피처를 해제하고 최상위 수준의 어셈블리 부품으로 재작성하겠는지를 물어본다.

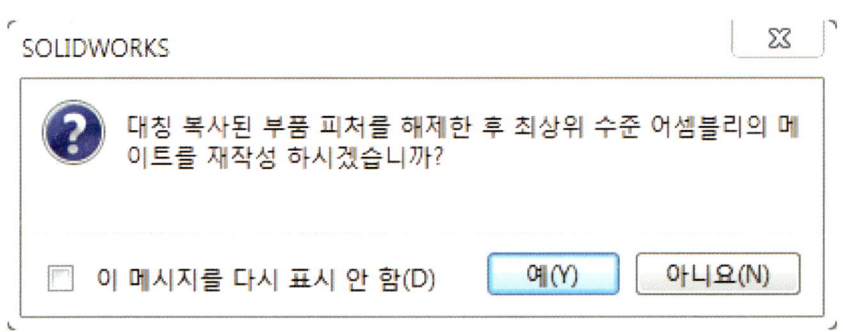

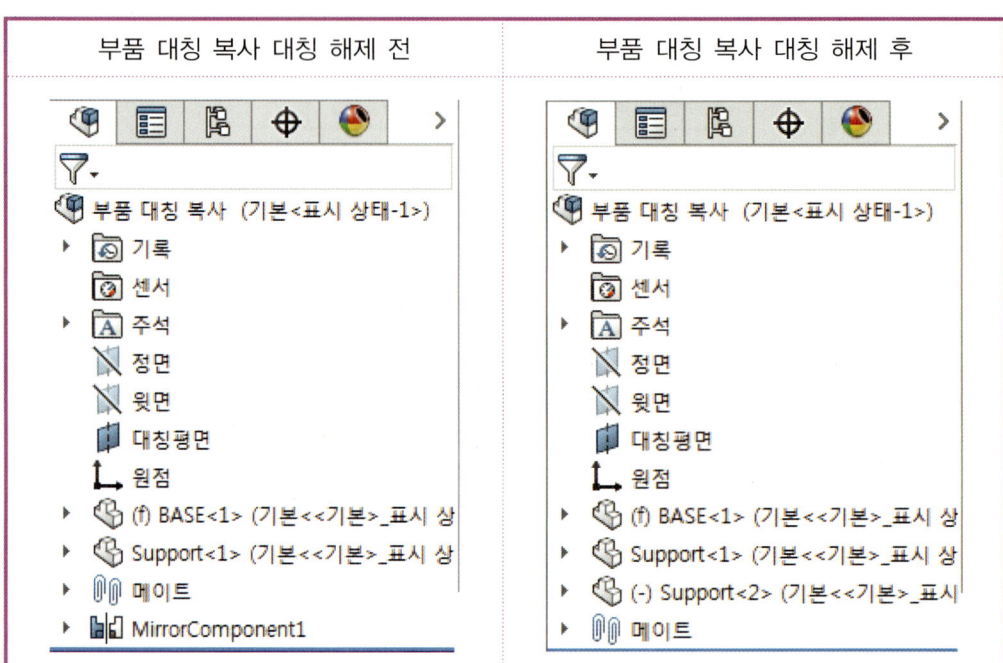

어셈블리 따라하기

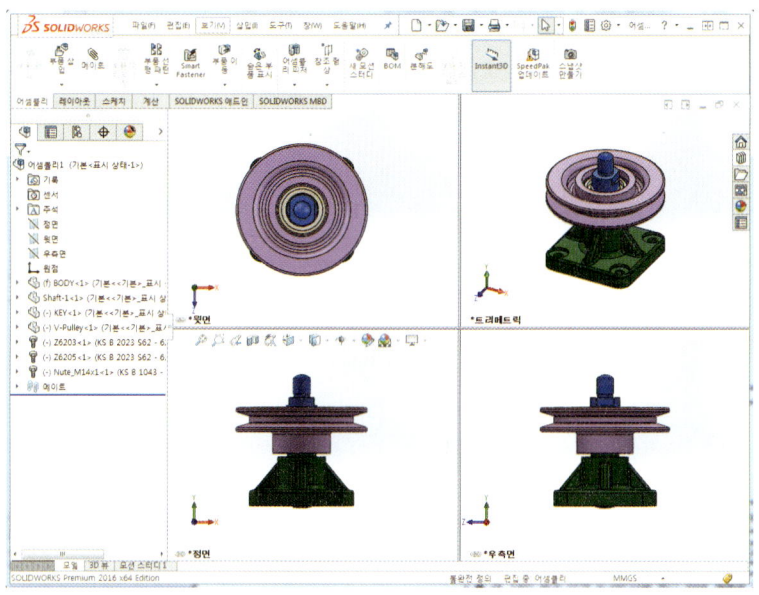

예제파일의 압축을 풀고 SW_DATA 폴더/어셈블리 폴더의 부품 파일을 삽입한다.

1. 스케치 요소를 작성하기 위하여 다음 그림과 같이 새 파일을 생성한다.

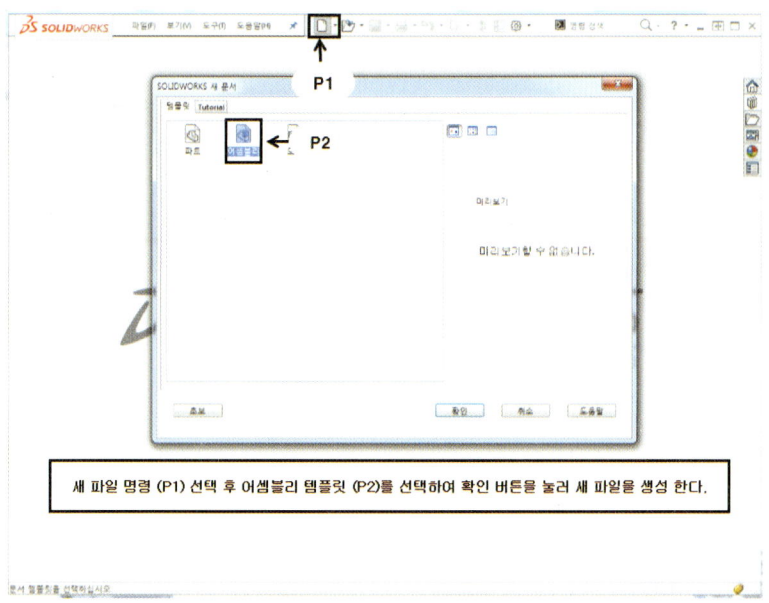

2. 어셈블리 환경에서 디자인 트리에서 찾아보기를 선택하고 BODY 부품을 선택하여 열기를 한 후 부품을 삽입한다.

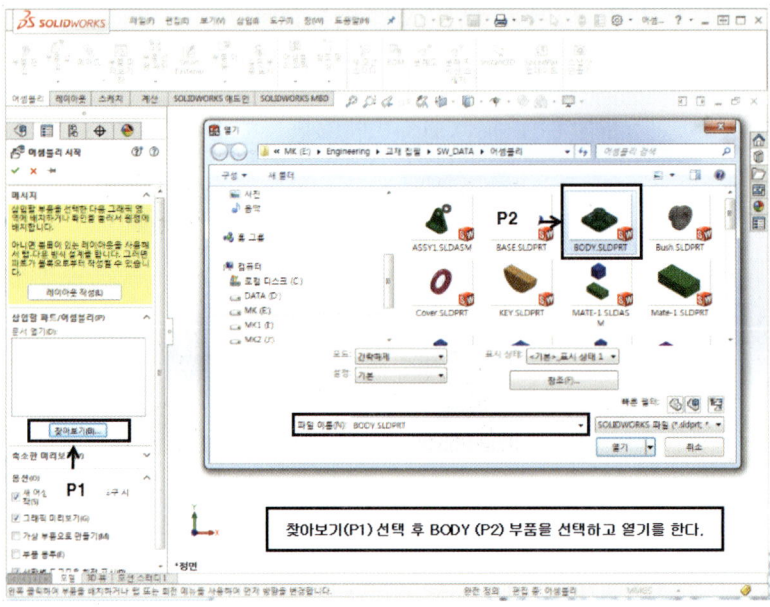

3. 1번 부품을 삽입하기 위하여 다음 그림과 같이 원점 보이기를 수행한다.

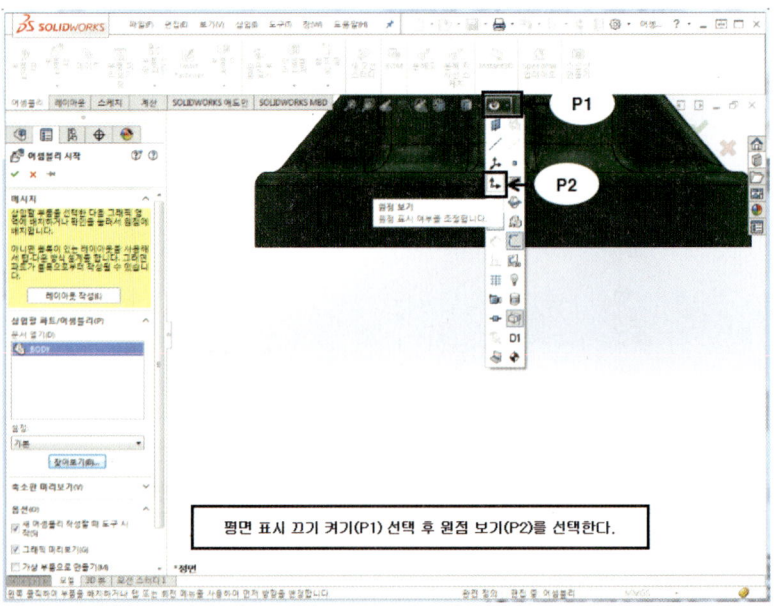

4. 삽입된 부품 확인을 쉽게 하기 위하여 뷰 방향 메뉴에서 등각 뷰 보기를 수행한다.

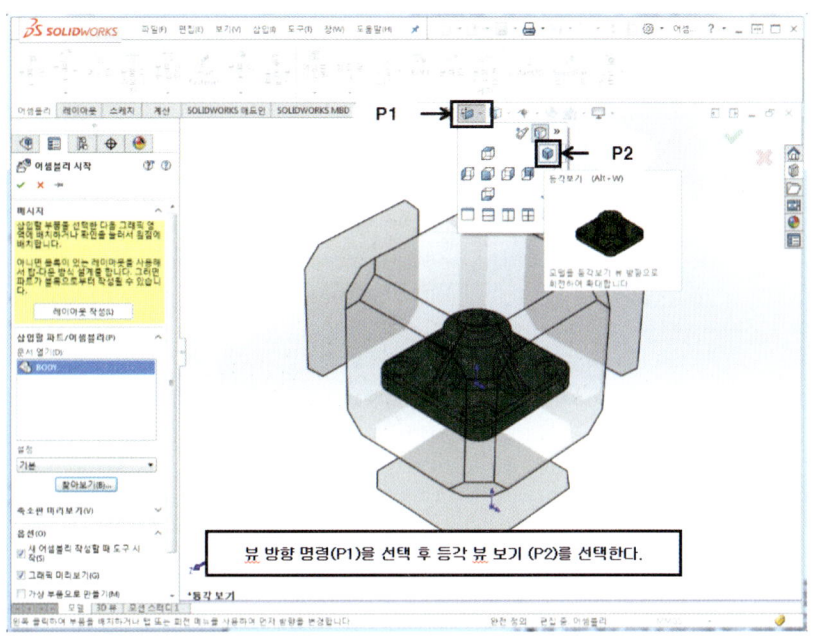

5. 부품을 어셈블리 환경의 원점을 선택하여 중심에 배치한다.

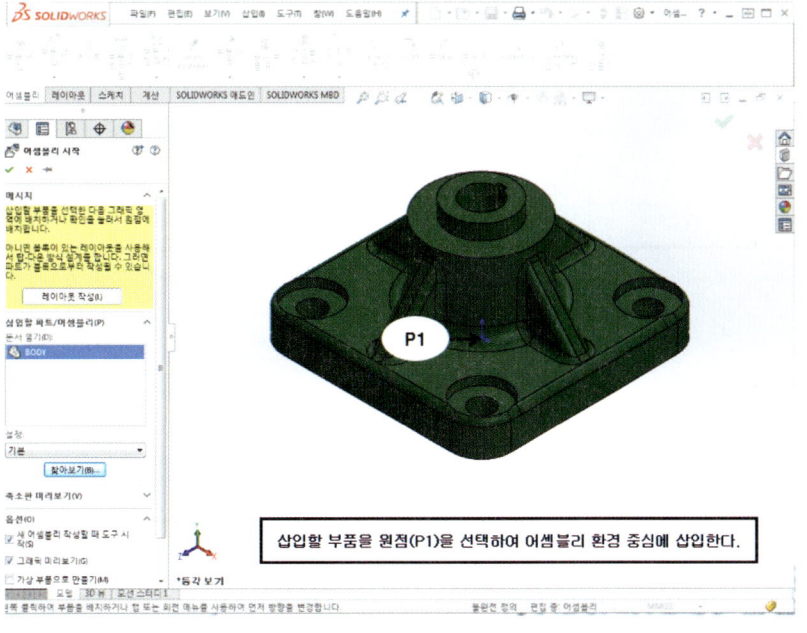

6. 단축키 'S'를 입력하고 2번 부품을 찾기 위하여 부품 삽입 명령을 선택한다.

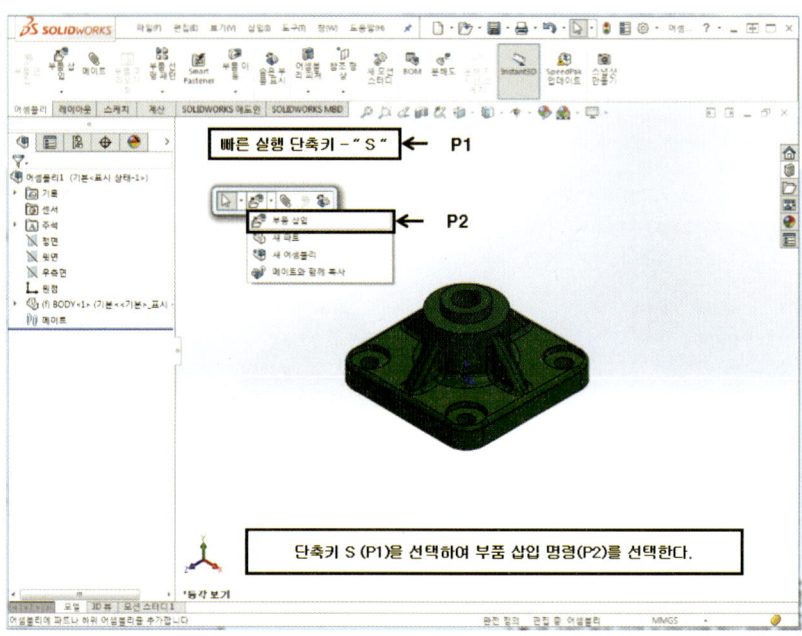

7. 다음 그림과 같이 찾아보기를 하여 Shaft-1 부품을 열기한다.

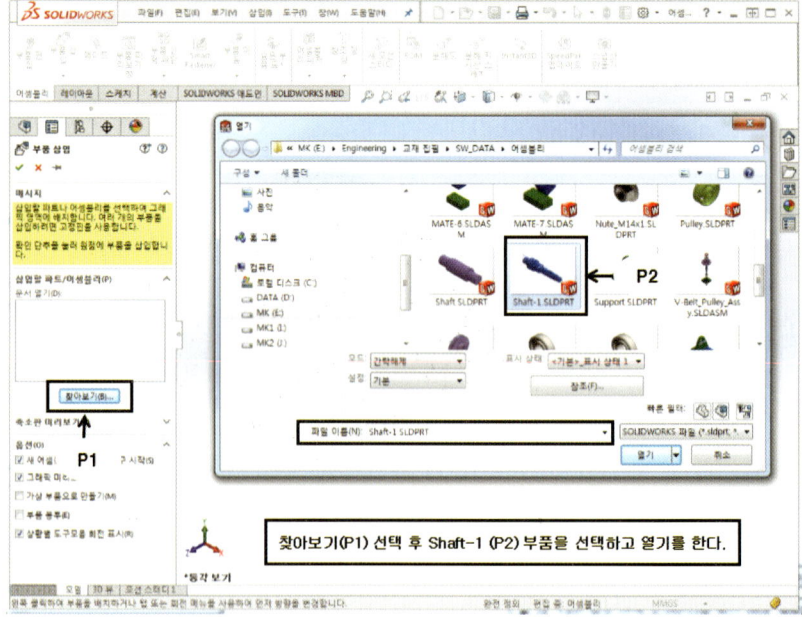

STEP 07. 어셈블리 작성하기 337

8. 다음 그림과 같이 임의의 위치에 부품을 배치한다.

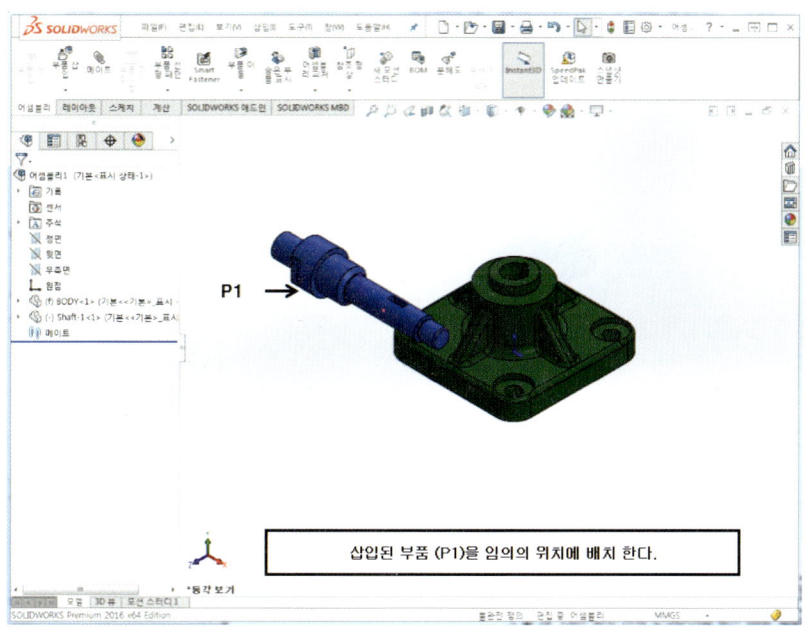

9. 다음 그림과 같이 찾아보기를 하여 3번 KYE 부품을 삽입한다.

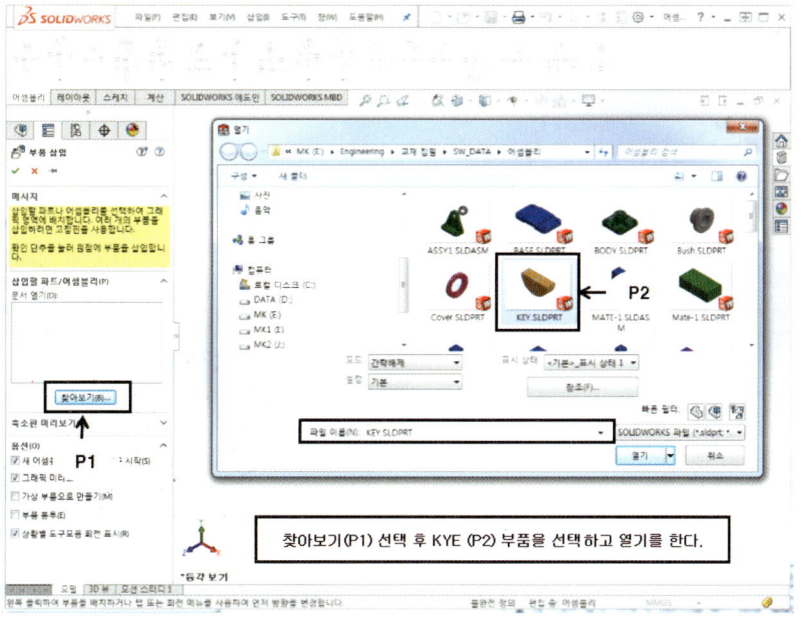

10. 다음 그림과 같이 3번 KYE 부품을 배치한다.

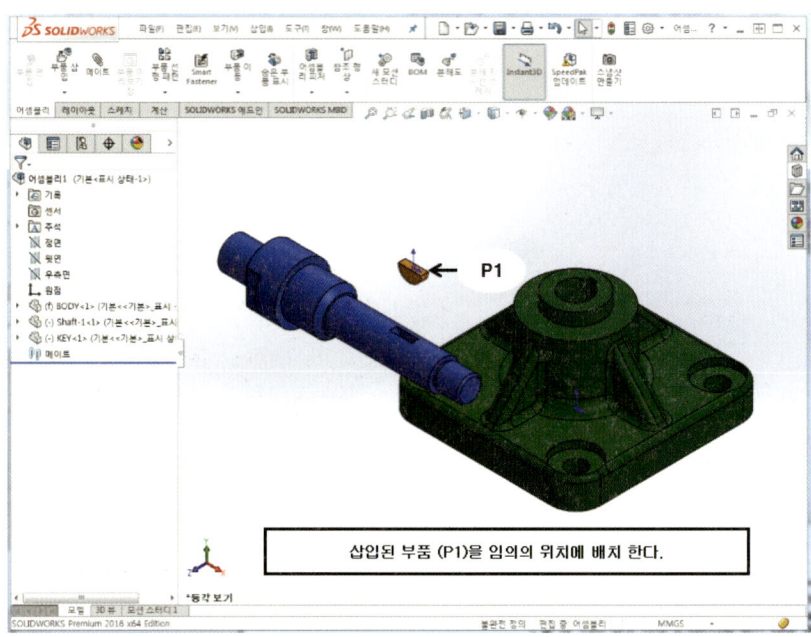

11. 다음 그림과 같이 3번 부품과 2번 부품을 선택하여 일치 구속을 정의한다.

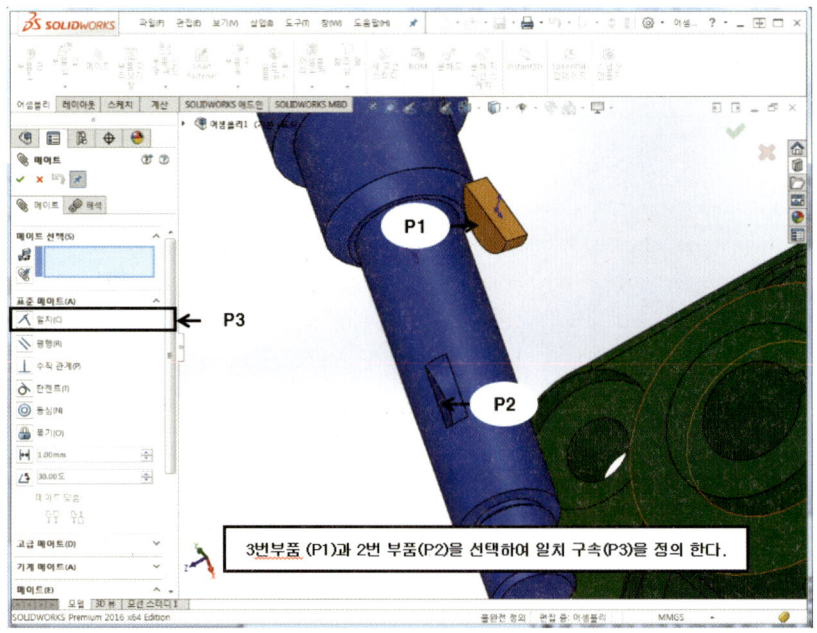

12. 다음 그림과 같이 3번 부품과 2번 부품을 선택하여 일치 구속을 정의한다.

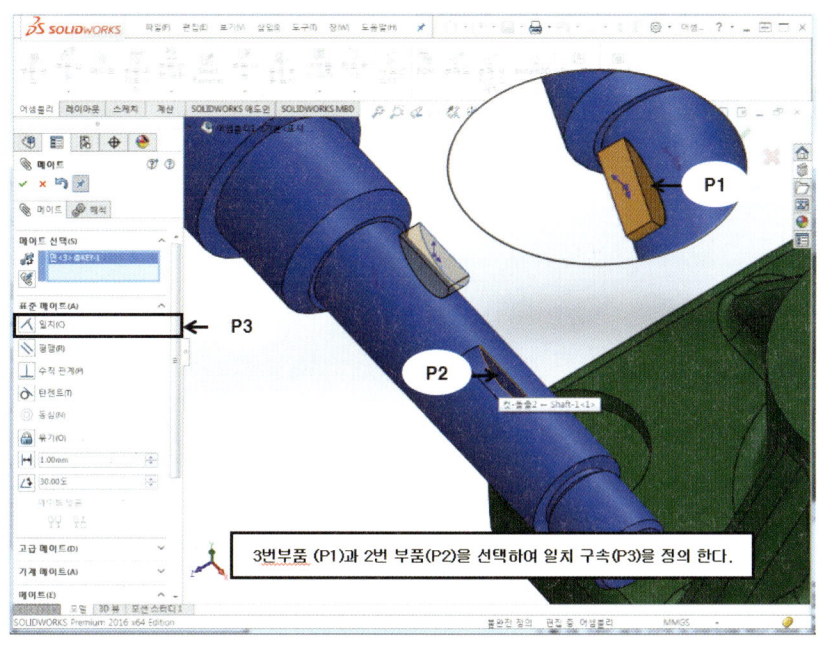

13. 다음 그림과 같이 3번 부품과 2번 부품의 면을 선택하여 탄젠트 구속을 정의한다.

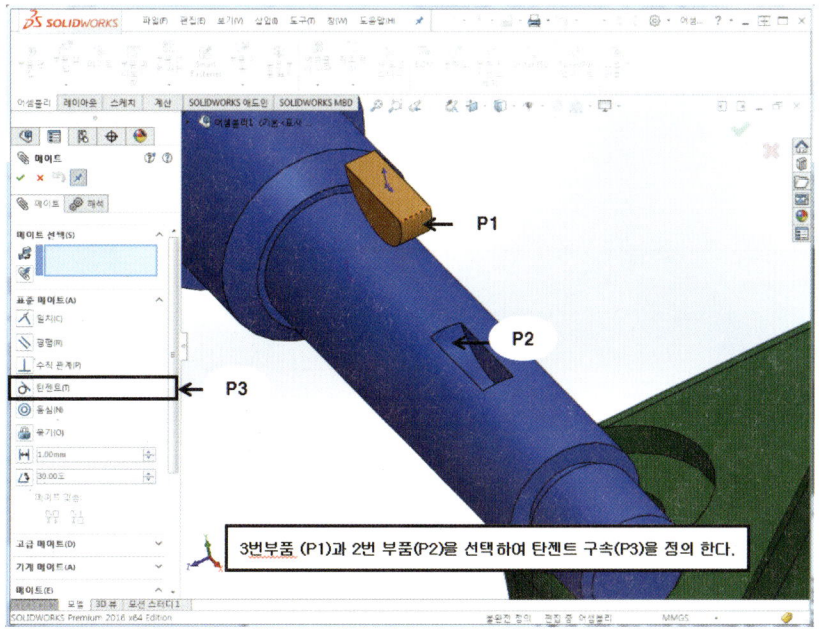

14. 다음 그림과 같이 3번 부품과 2번 부품의 면을 선택하여 탄젠트 구속을 정의한다.

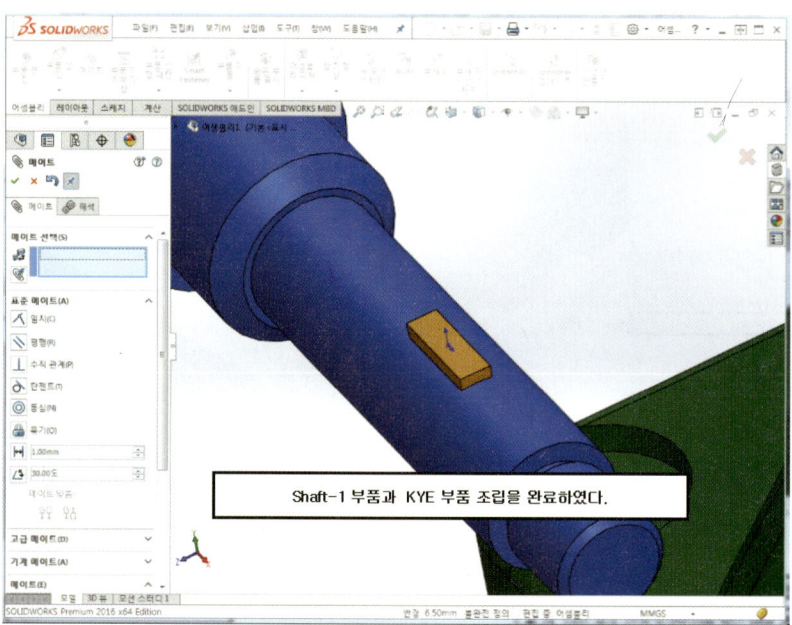

15. 다음 그림과 같이 2, 3번 부품과 1번 부품의 면을 선택하여 동심 구속을 정의한다.

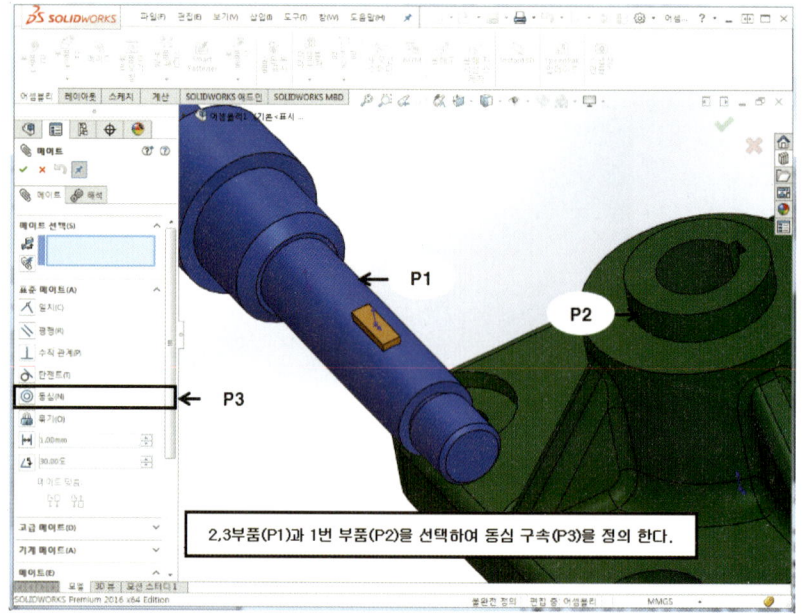

16. 다음 그림과 같이 동심 구속을 하고 방향을 반전한다.

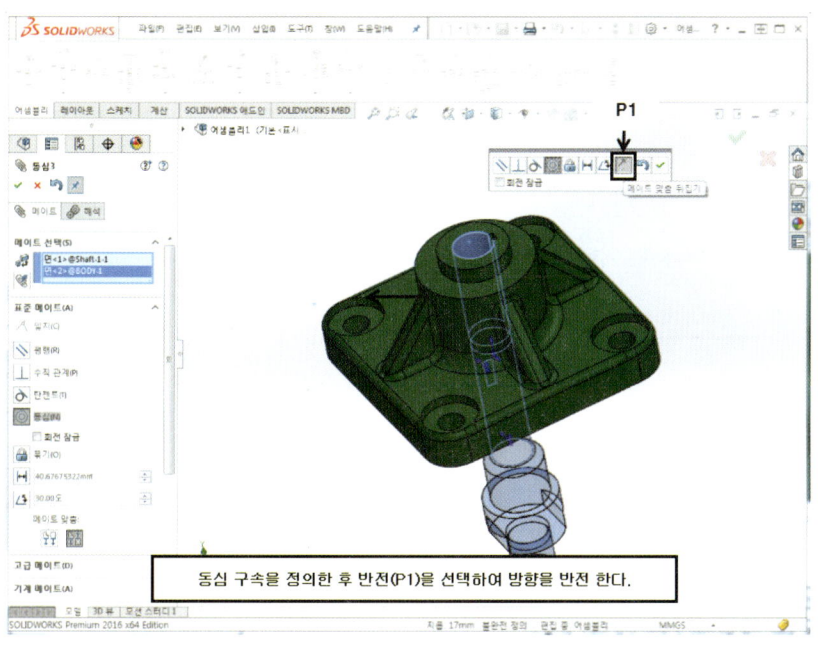

17. 다음 그림과 같이 동심 구속을 하고 방향의 반전을 완료한다.

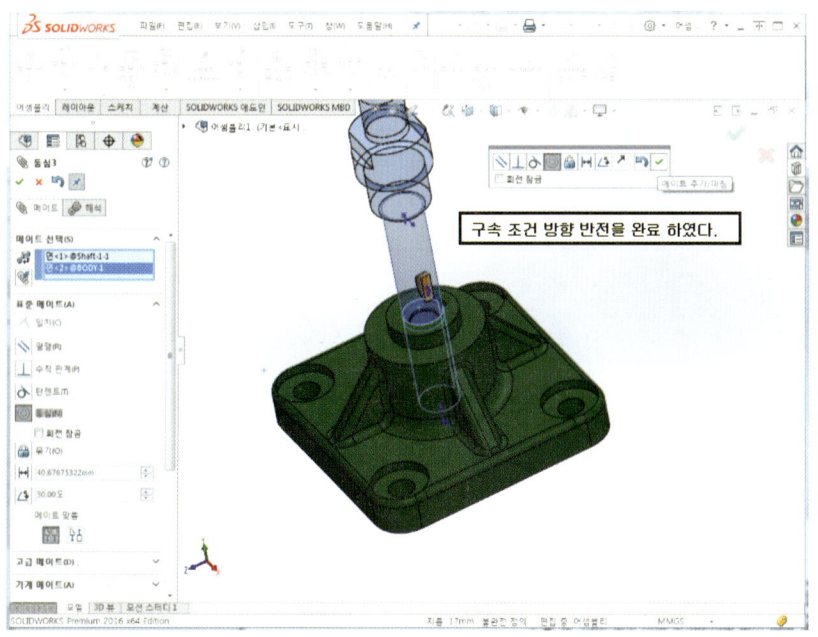

18. 다음 그림과 같이 동심 구속을 하고 방향의 반전을 완료한다.

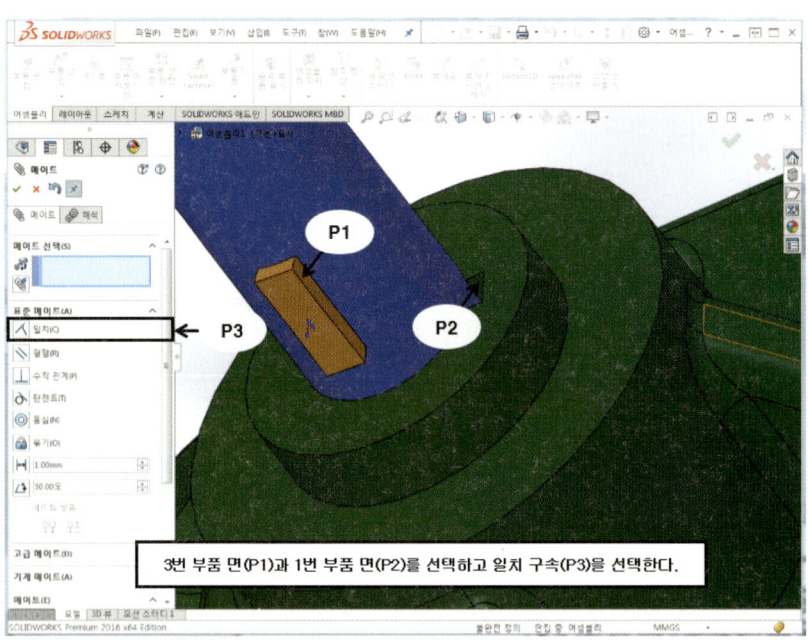

19. 다음 그림과 같이 일치 구속 조건을 완료한다.

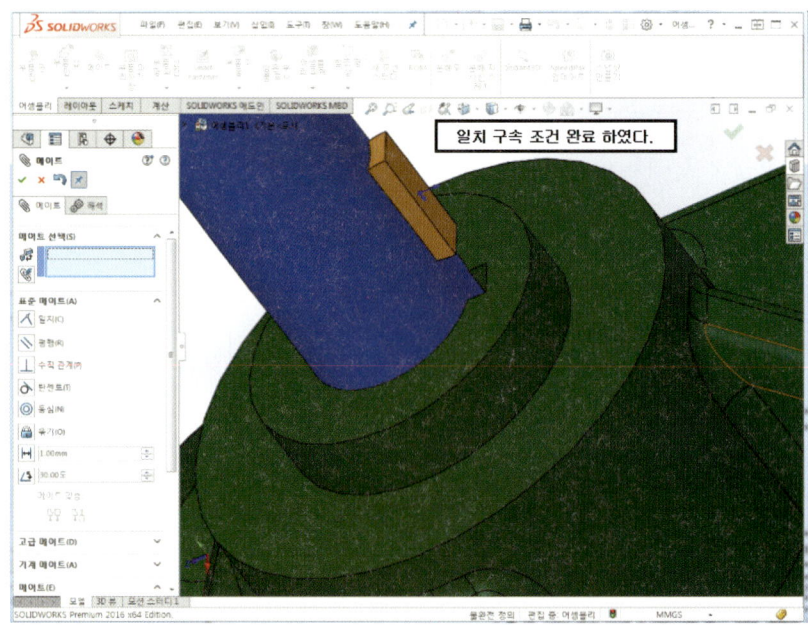

20. 다음 그림과 같이 찾아보기를 하여 4번 부품 V-Pulley 부품을 삽입한다.

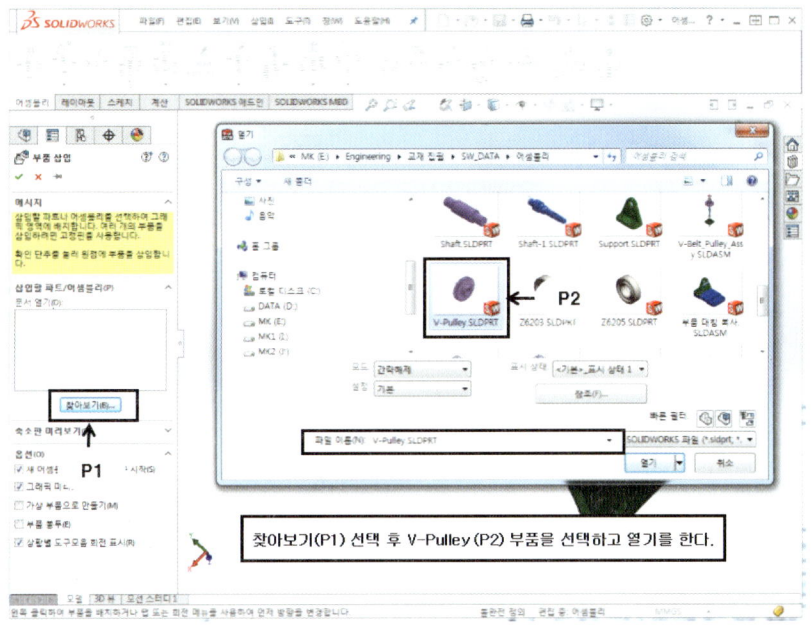

21. 다음 그림과 같이 찾아보기를 하여 5번 부품 Z6203 부품을 삽입한다.

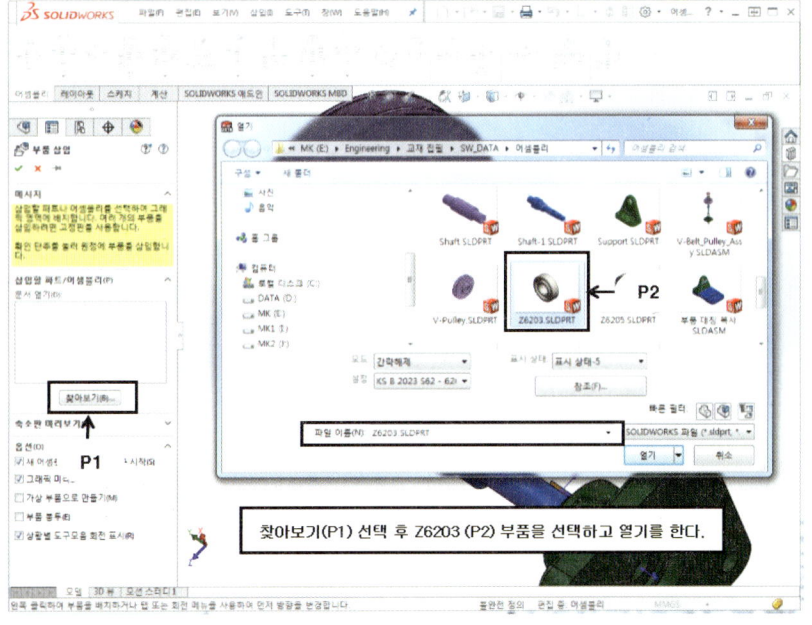

22. 다음 그림과 같이 4번 V-Pulley, 5번 Z6203 베어링 부품을 삽입하였다.

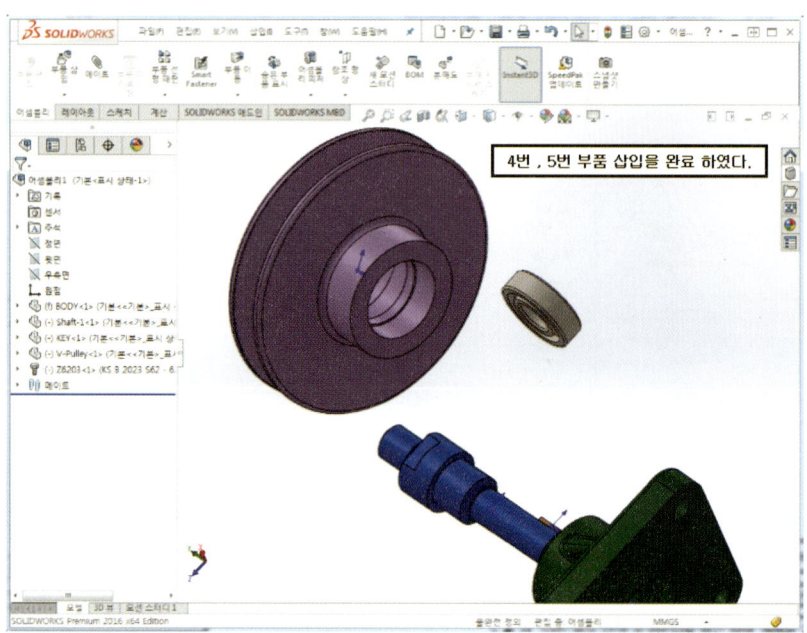

23. 다음 그림과 같이 4번, 5번 부품면을 선택하여 동심 조건으로 구속한다.

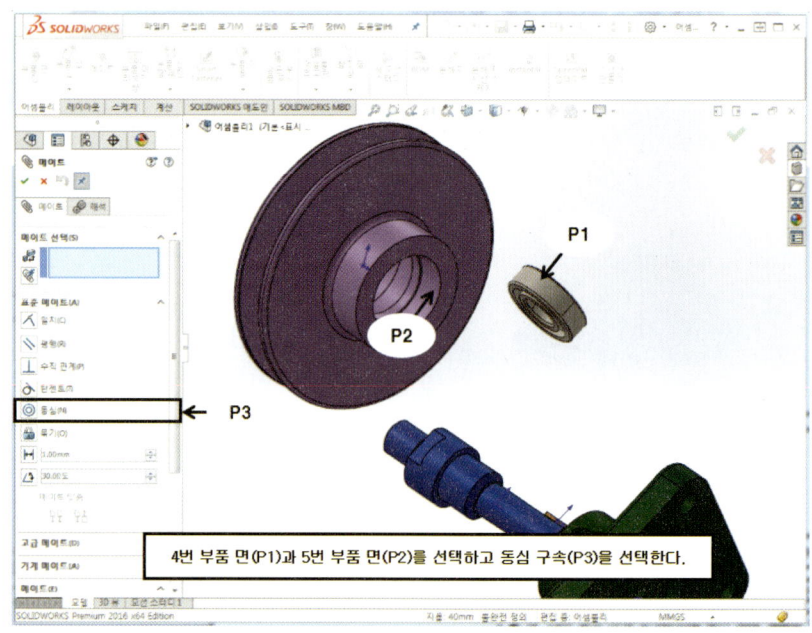

24. 다음 그림과 같이 4번, 5번 부품면을 선택하여 일치 조건으로 구속한다.

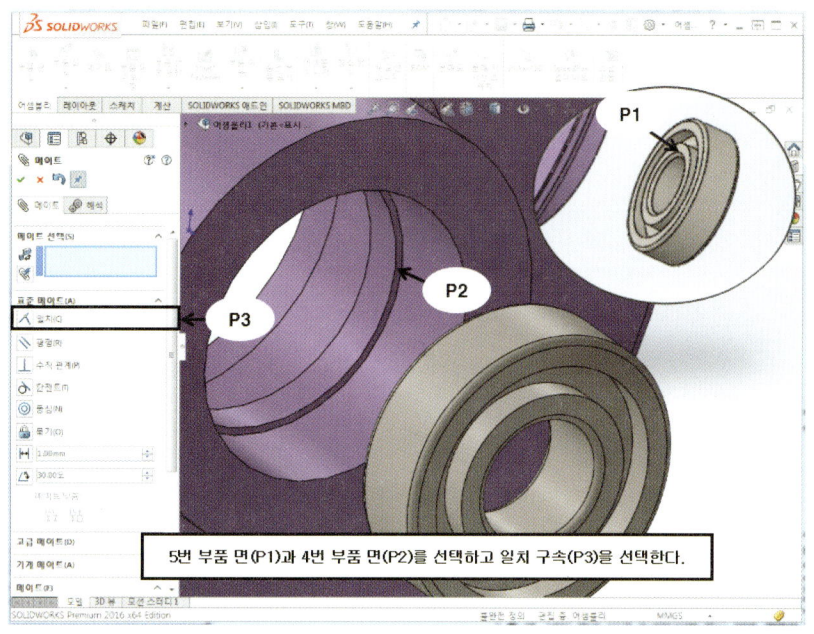

25. 다음 그림과 같이 4번, 5번 부품 조립을 완료하였다.

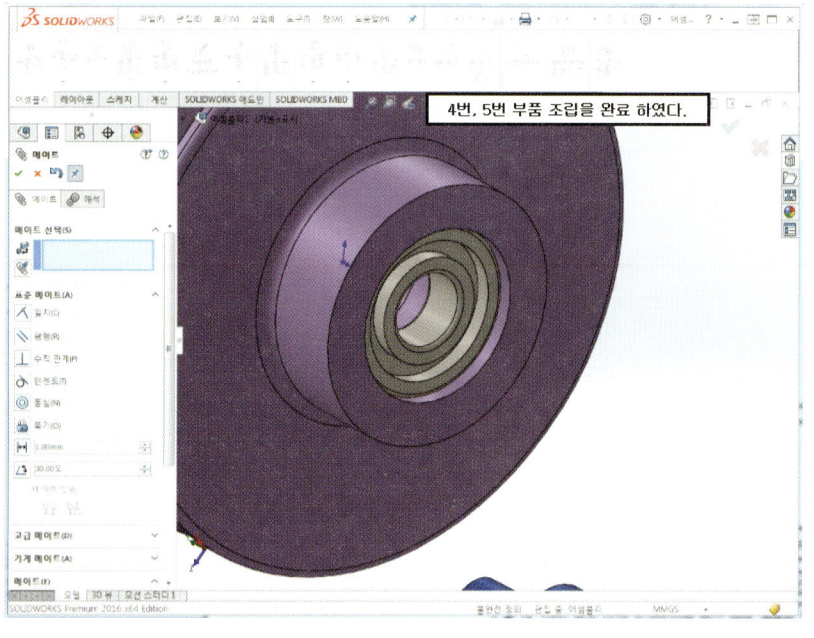

26. 다음 그림과 같이 4번, 2번 부품면을 선택하여 동심 조건으로 구속한다.

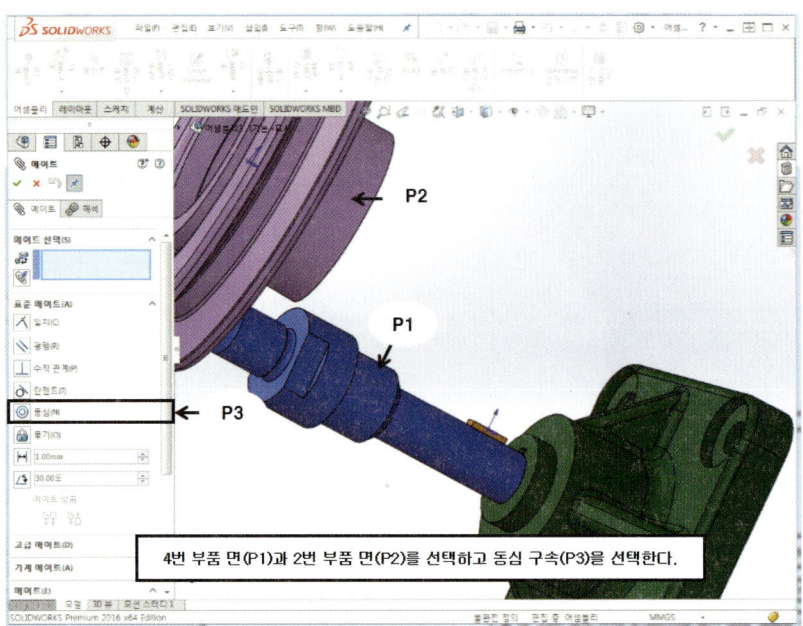

27. 다음 그림과 같이 5번, 1번 부품면을 선택하여 일치 조건으로 구속한다.

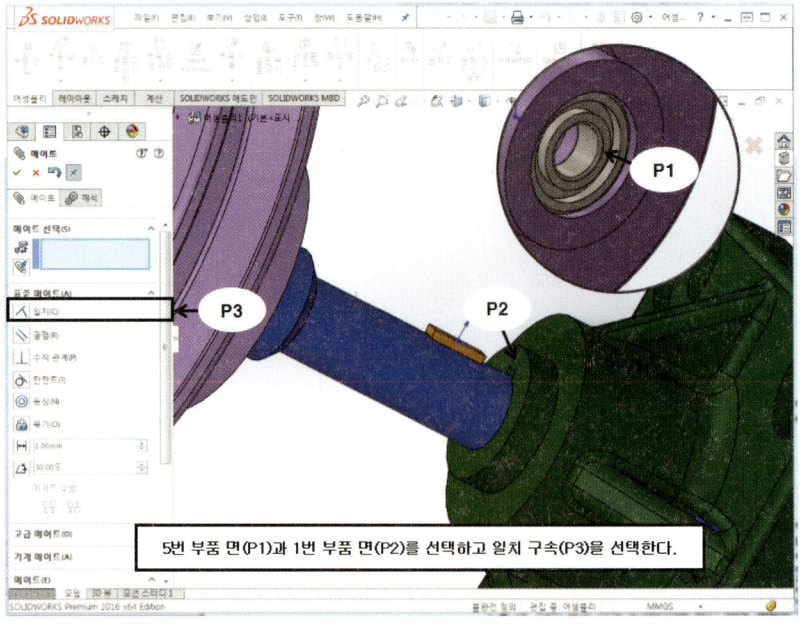

28. 다음 그림과 같이 부품들의 조립단면을 보기 위해 단면 뷰를 정의한다.

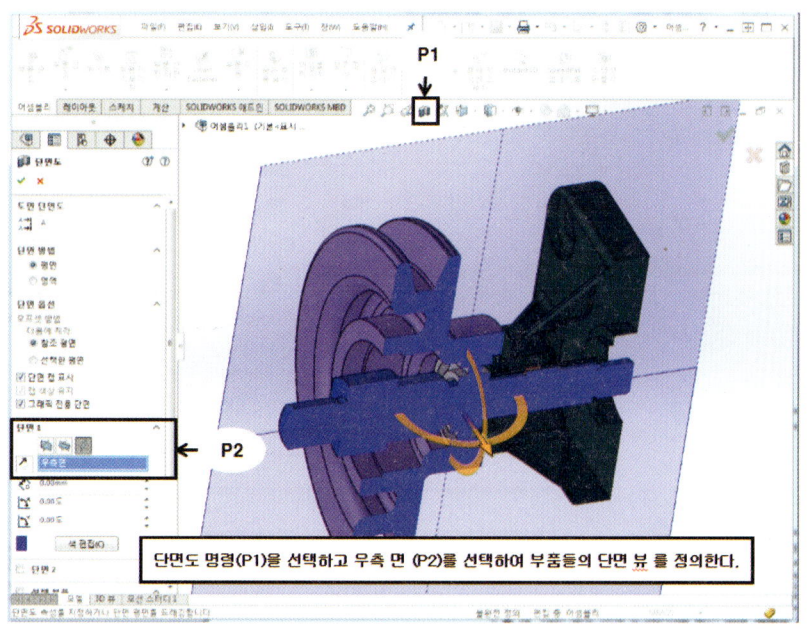

29. 다음 그림과 같이 부품들의 조립단면을 보기 위해 단면 뷰를 정의 완료하였다.

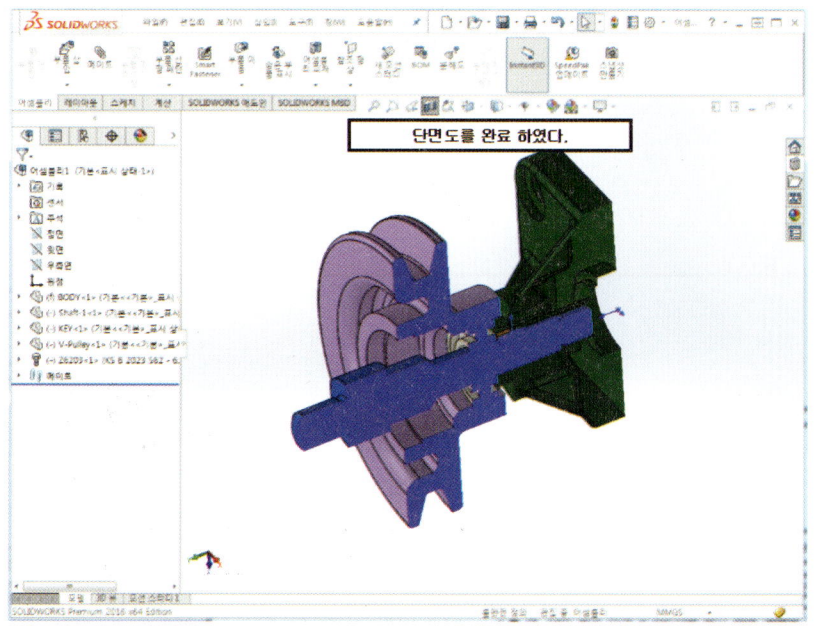

30. 다음 그림과 같이 찾아보기를 하여 6번 부품 Z6205 부품을 삽입한다.

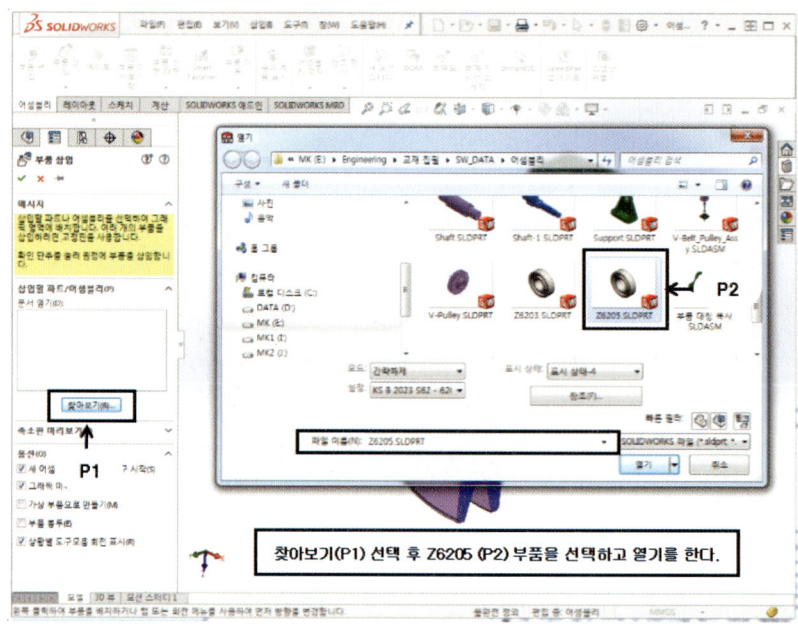

31. 다음 그림과 같이 찾아보기를 하여 6번, 2번 부품의 면을 선택하여 동심 조건 구속한다.

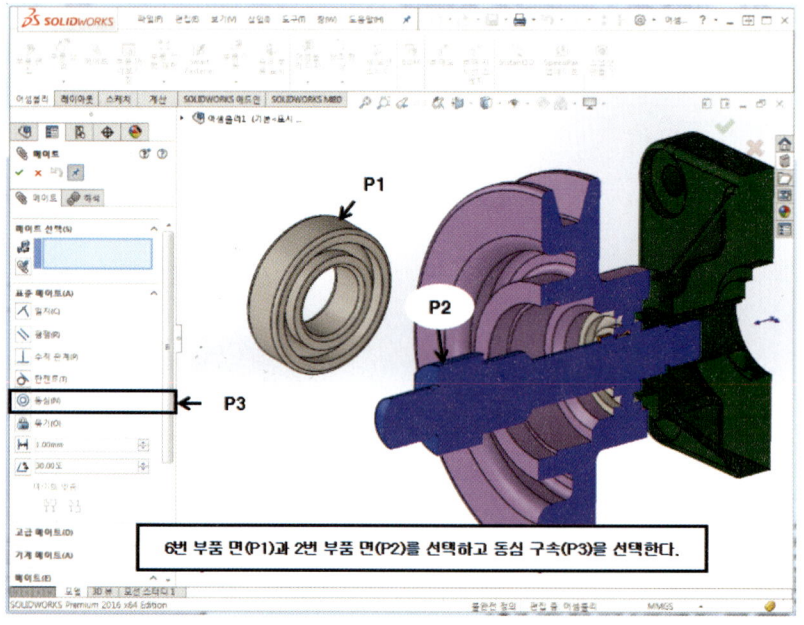

STEP 07. 어셈블리 작성하기 **349**

32. 다음 그림과 같이 찾아보기를 하여 4번, 6번 부품의 면을 선택하여 일치 조건 구속을 한다.

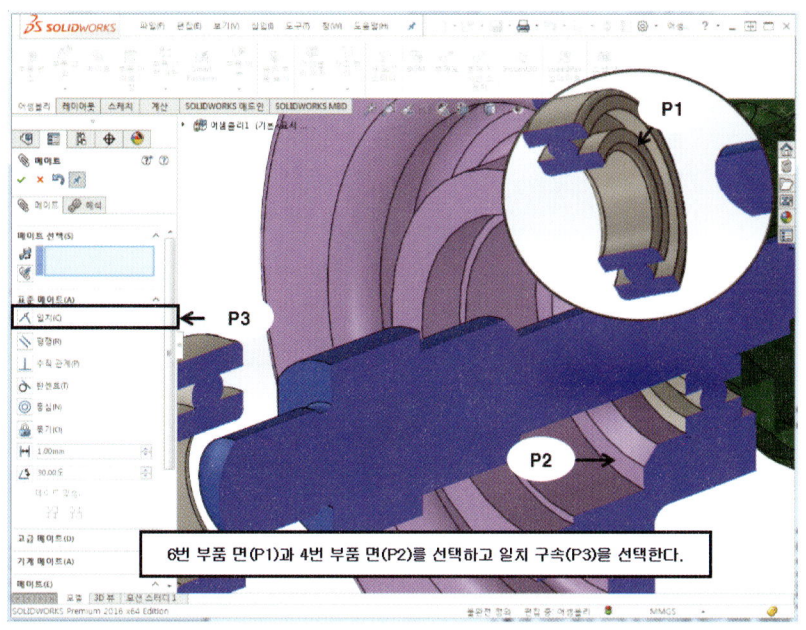

33. 다음 그림과 같이 찾아보기를 하여 7번 부품 Nute-M14x1 부품을 삽입한다.

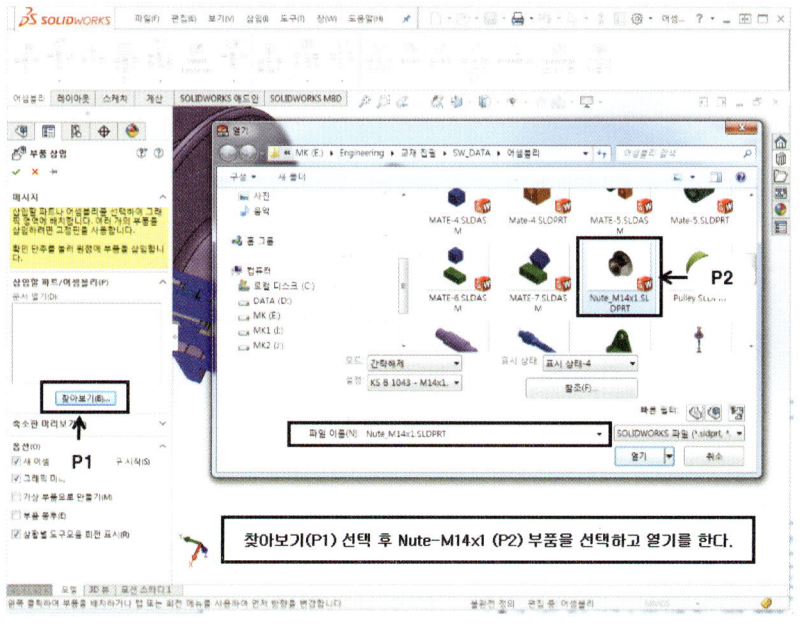

34. 다음 그림과 같이 찾아보기를 하여 7번 부품 Nute-M14×1 부품을 삽입하였다.

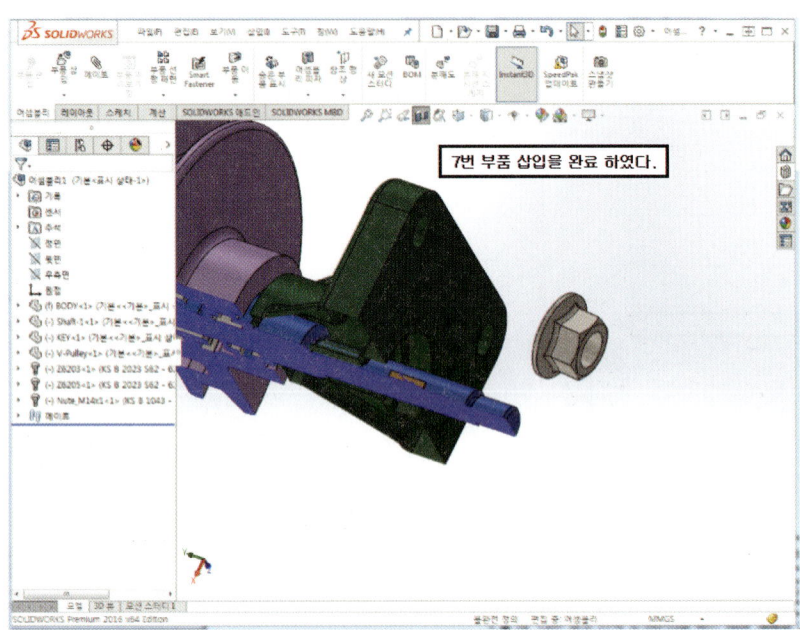

35. 다음 그림과 같이 찾아보기를 하여 7번, 2번 부품의 면을 선택하여 동심 조건 구속을 한다.

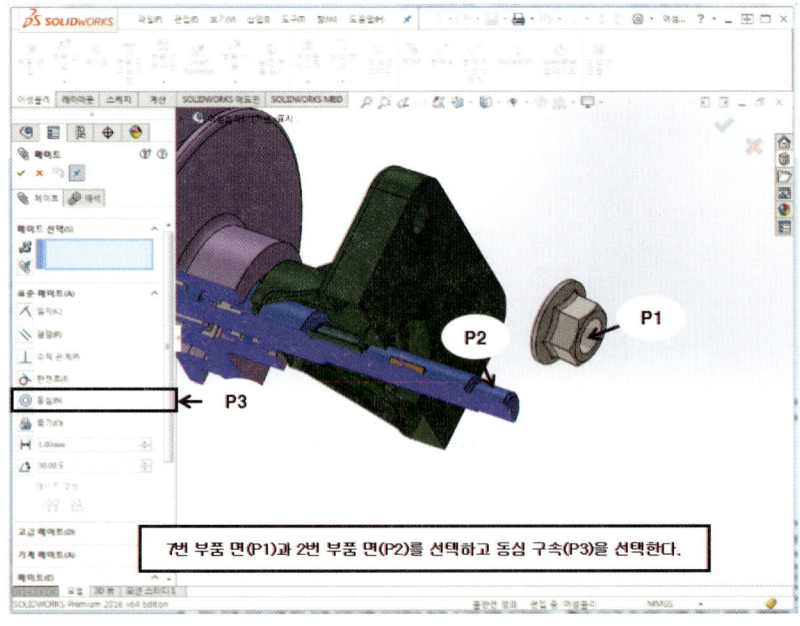

36. 다음 그림과 같이 찾아보기를 하여 2번 부품의 면, 7번 부품의 모서리를 선택하여 일치 조건 구속을 한다.

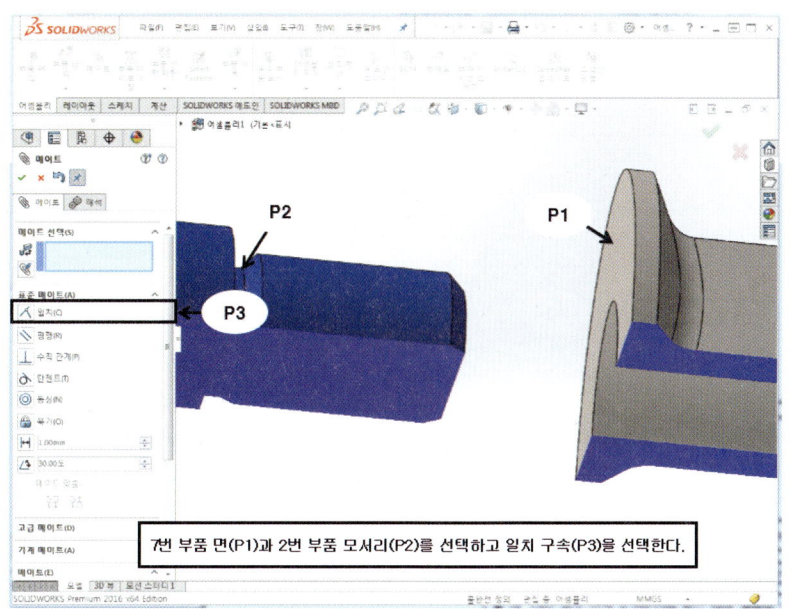

37. 다음 그림과 같이 찾아보기를 하여 2번, 7번 부품의 조립을 완료한다.

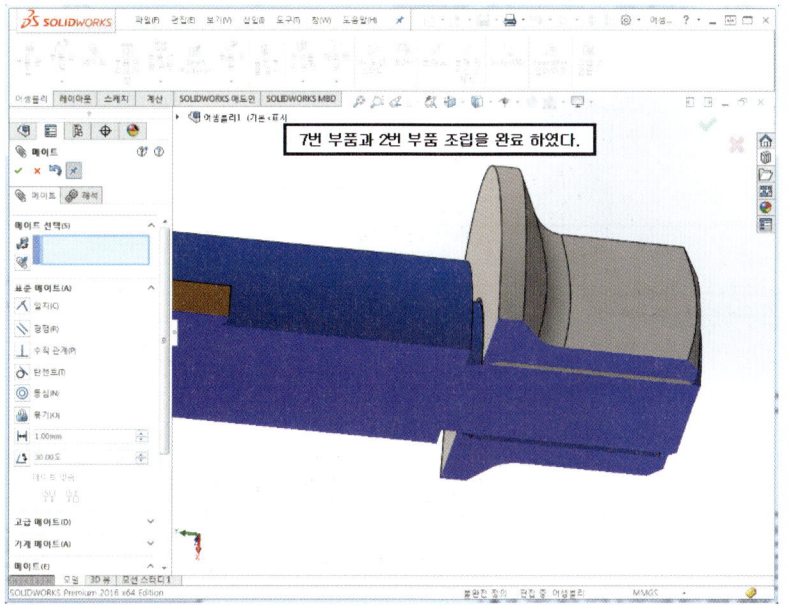

38. 다음 그림과 같이 찾아보기를 하여 7번 부품의 면, 1번 부품의 면을 선택하여 일치 조건 구속을 하여 전체 조립 구속을 완료한다.

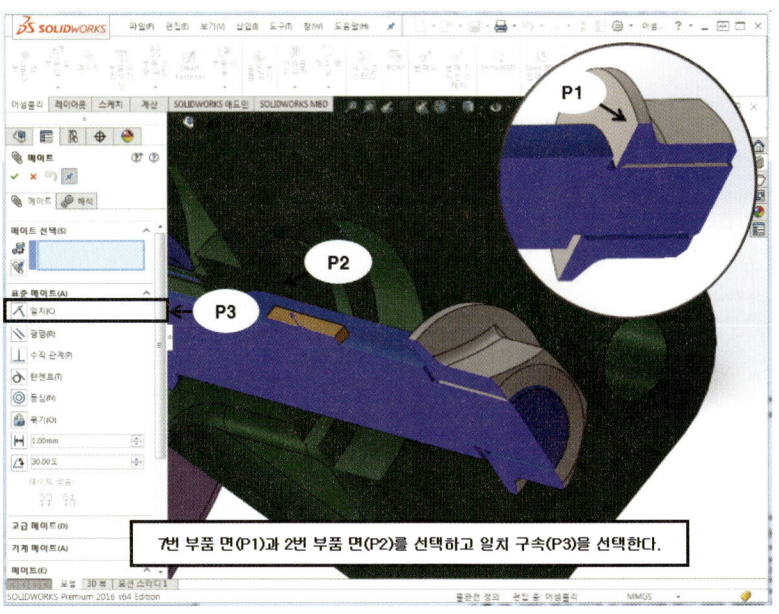

39. 다음 그림과 같이 전체 부품 조립을 완성하였다.

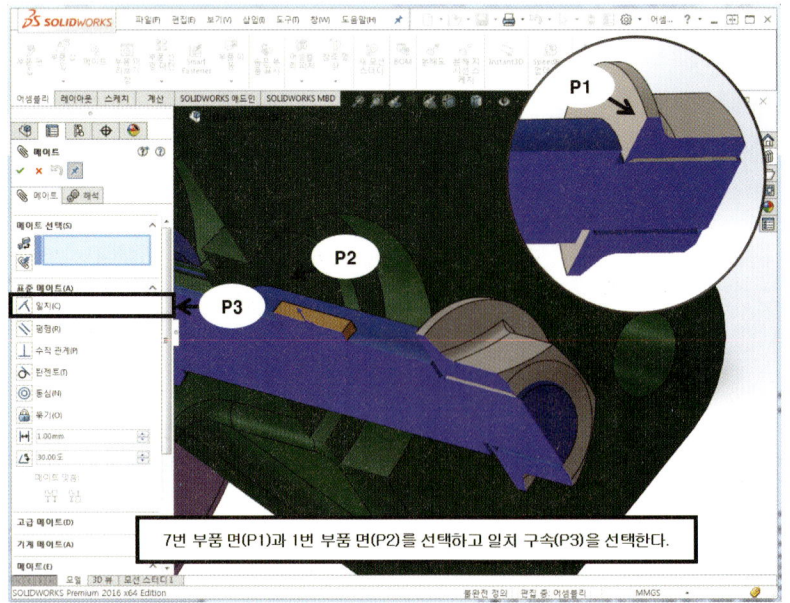

어셈블리 분해도

어셈블리 분해도 개요

어셈블리 분해도는 조립된 전체 부품의 조립 경로 또는 조립 순서와 분해 순서 등을 나타내는 역할을 어셈블리 분해도로 작성한다고 볼 수 있다.

그래픽 영역에서 파트를 선택하고 끌어 하나 이상의 분해 단계를 작성해서 분해도를 작성하며 어셈블리를 분해한 상태에서는 메이트 조건이 해제된다.

분해도

어셈블리 환경에서 조립된 부품들의 조립 순서, 분해 순서 등을 정의하며 분해도 작성 시 조립 구속 조건이 해제되며 부품을 선택하여 설계자가 원하는 방향과 거리값, 각도값을 입력하여 작성할 수 있다.

풀다운 메뉴 도구 ▷ 삽입 ▷ 분해도를 선택하여 사용할 수 있다.

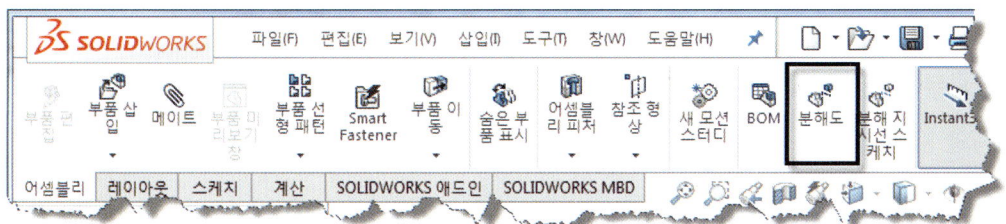

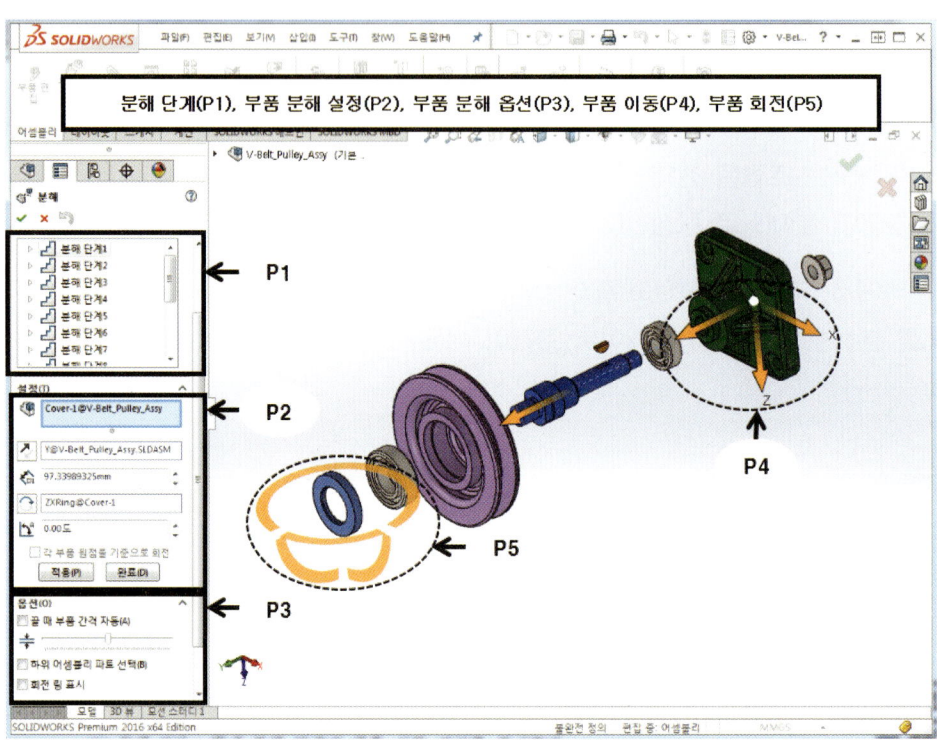

 분해 단계 유형 : 부품 분해 유형을 정한다. 위 그림에서 (P1)에서 설정 가능하며 일반 단계와 방사 단계로 설정이 가능하다.

일반 단계 : 이동과 회전을 부품별로 각각 지정하여 분해한다.

방사 단계 : 기준 축에 대해 원호 또는 원통형으로 정렬된 부품을 분해한다.

설정 : 분해를 하기 위해 선택된 부품에 거리와 회전, 각도 등을 정하고 적용 또는 완료를 설정한다. 위 그림에서 (P2)의 위치에서 확인할 수 있다.

트라이어드 핸들 : 부품을 선택하고 X, Y, Z 방향으로 이동하거나 회전을 정의할 수 있는 도구이다. 위 그림에서 (P4, P5)의 위치에서 확인이 가능하며 부품 분해를 위해서는 부품 선택 후 트라이어드 핸들을 이용하여 위치를 설정하므로 중요하다.

옵션 : 끌기 부품에 대한 조절을 하는 옵션을 설정한다. 위 그림에서 (P3) 위치에서 확인이 가능하다.

끌기 후 부품 간격 자동 : 축을 기준으로 부품 그룹의 간격을 자동으로 균등하게 조절한다.

체인 부품 사이의 간격을 조절 : 끌기 후 부품 간격을 자동으로 조절한다.

하위 어셈블리 파트 선택 : 하위 어셈블리의 개별 부품을 선택할 수 있고 선택하지 않으면 전체 하위 어셈블리를 선택할 수 있다.

하위 어셈블리 분해 재사용 : 선택한 하위 어셈블리에서 이전에 지정한 분해 단계를 재사용한다.

어셈블리 분해도 따라하기

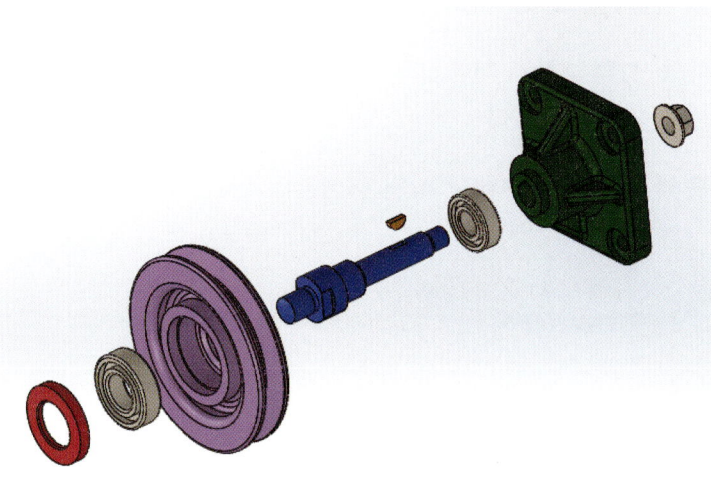

예제파일의 압축을 풀고 SW_DATA 폴더/어셈블리/분해도 폴더에서 어셈블리 분해도.sldasm 파일을 열기한다.

1. 분해도를 실습하기 위하여 예제파일을 선택하여 열기한다.

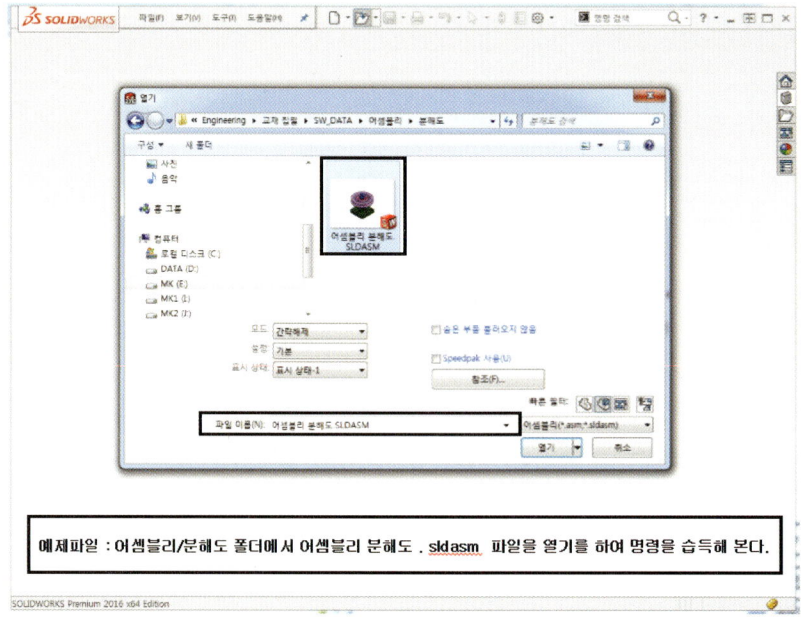

STEP 07. 어셈블리 작성하기 357

2. 분해도 명령을 선택하여 어셈블리 분해도 영역으로 전환한다.

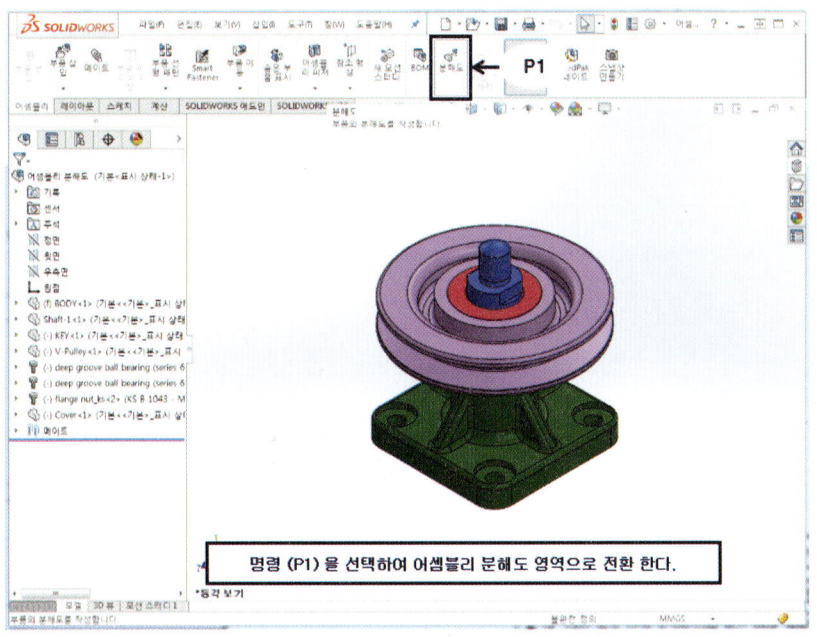

3. 부품을 선택하고 Y축을 선택하여 거리 '100'을 입력하고 완료한다.

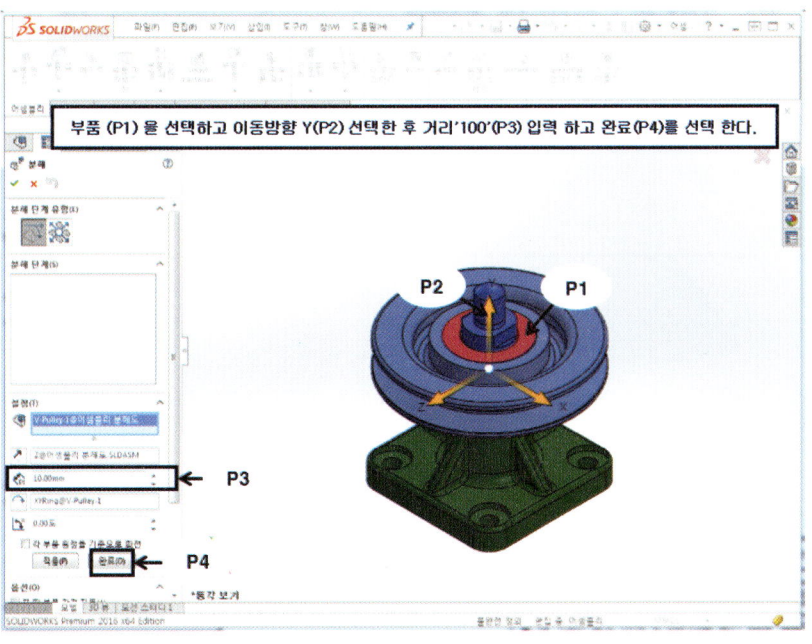

4. 다음 그림과 같이 부품 이동 분해를 설정하고 완료한다.

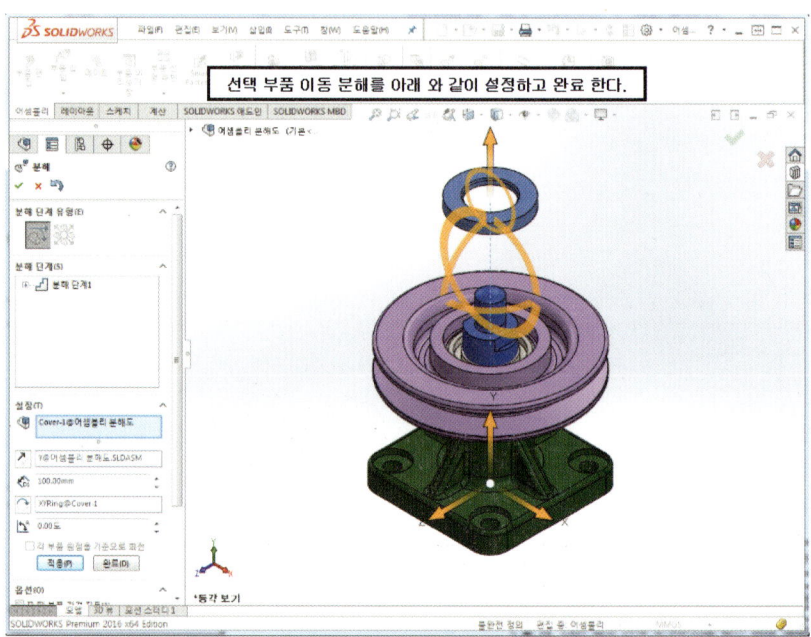

5. 부품을 아래와 같이 선택하고 방향을 선택하여 적당한 위치에 끌기하여 완료한다.

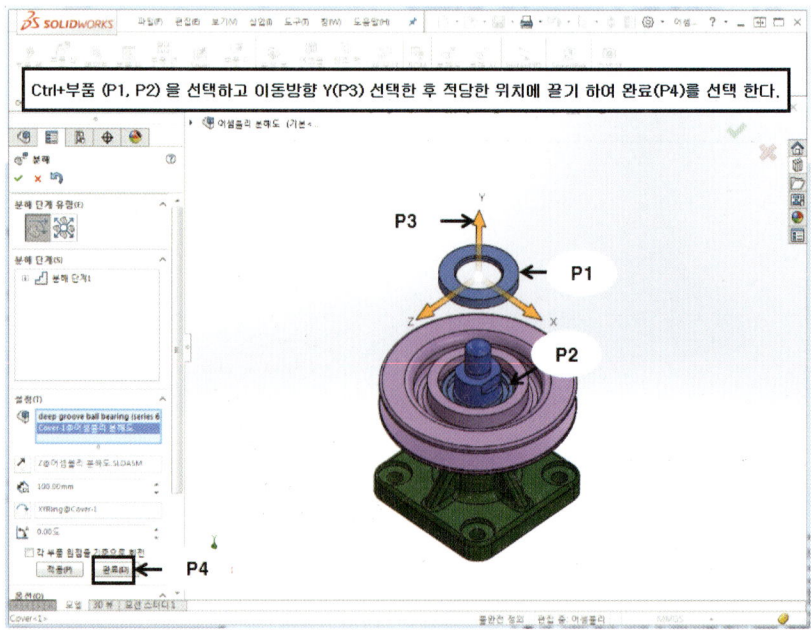

STEP 07. 어셈블리 작성하기 359

6. 다음 그림과 같이 끌기하여 완료한다.

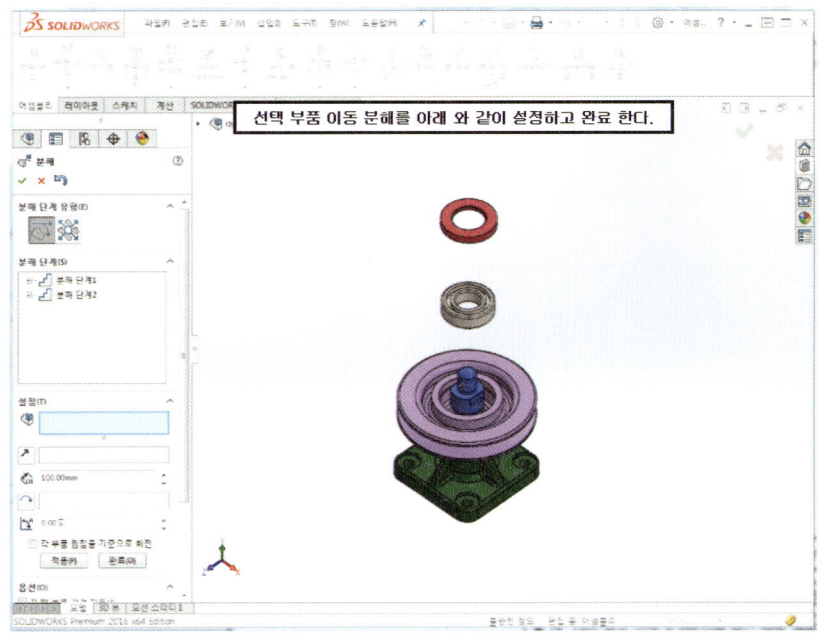

7. 부품을 아래와 같이 선택하고 방향을 선택하여 거리 '200' 위치로 이동한다.

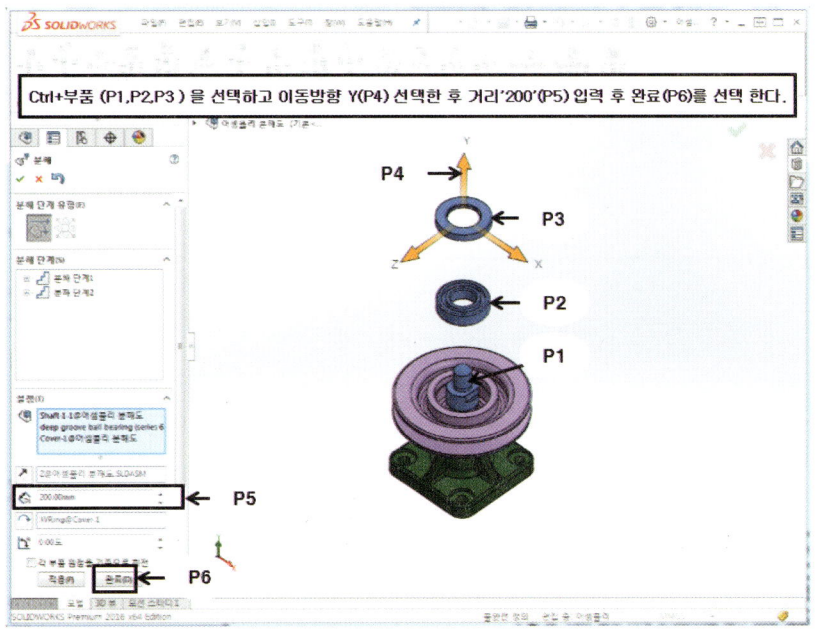

8. 부품을 아래와 같이 선택하고 방향을 선택하여 거리 '200' 위치로 이동한다.

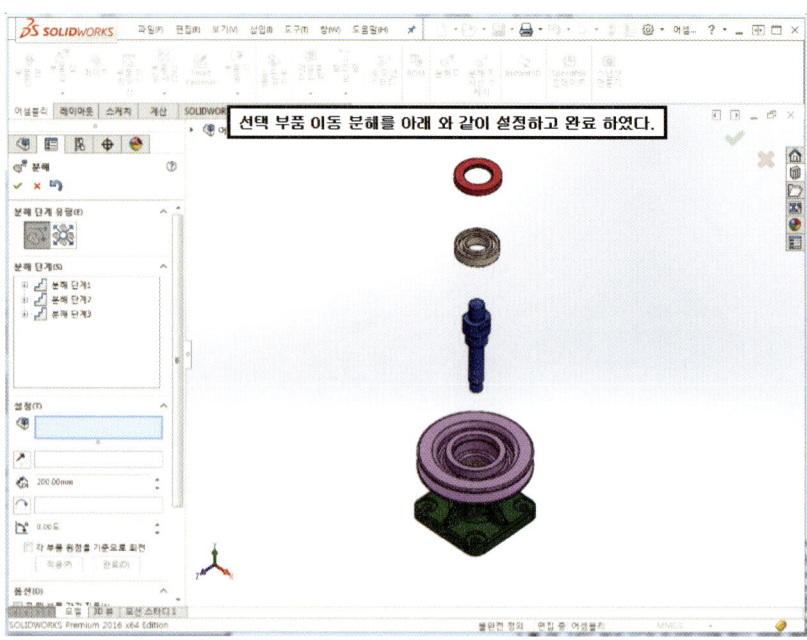

9. 부품을 아래와 같이 선택하고 방향을 선택하여 거리 '100' 위치로 이동한다.

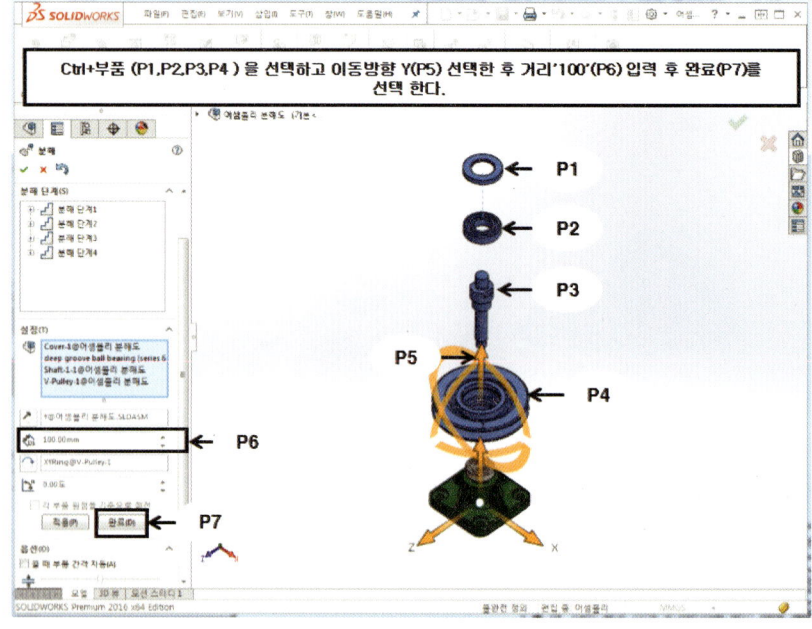

STEP 07. 어셈블리 작성하기

10. 부품을 아래와 같이 선택하고 방향을 선택하여 거리 '100' 위치로 이동하여 완료한다.

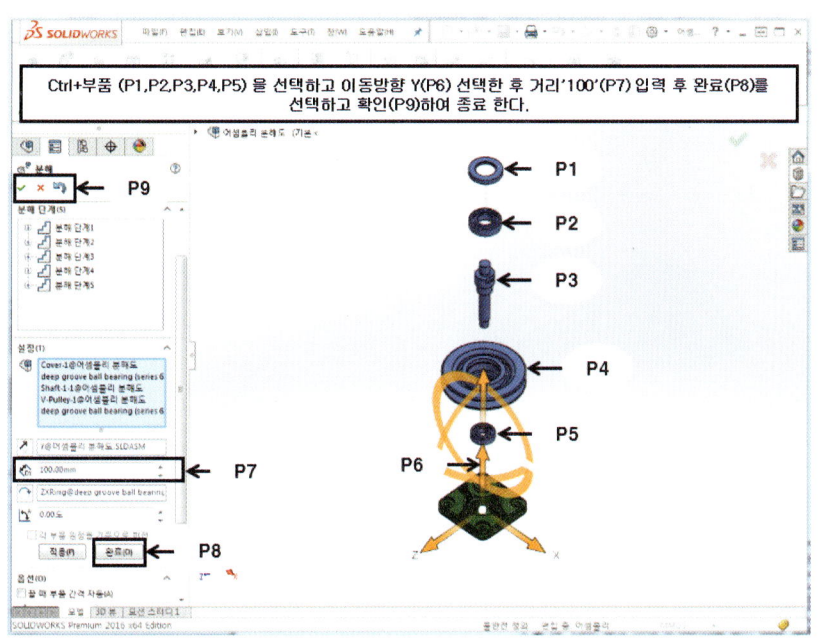

11. 완성한 분해도를 다시 조립하기 위해서는 다음 그림과 같이 조립 명령을 수행한다.

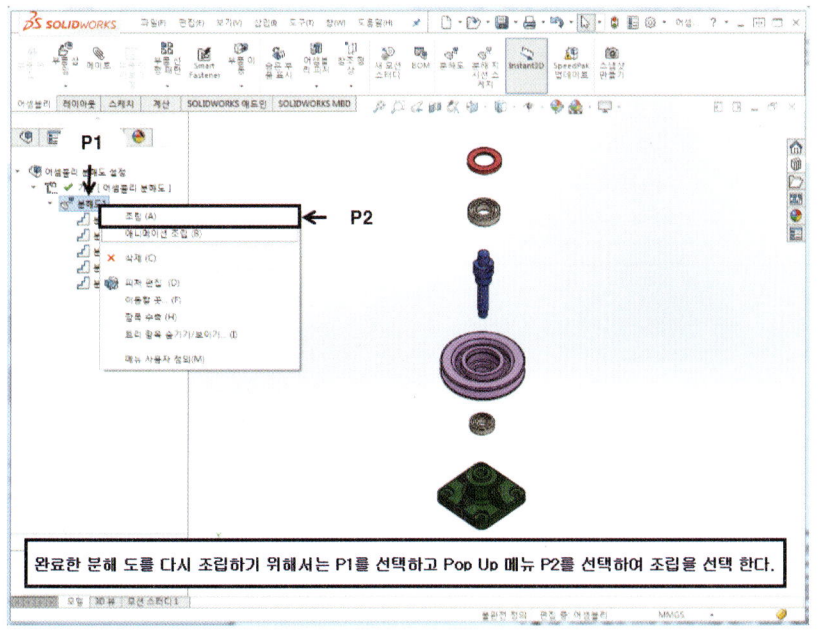

12. 완성한 분해도를 다시 조립하기 위해서는 다음 그림과 같이 조립 명령을 수행한다.

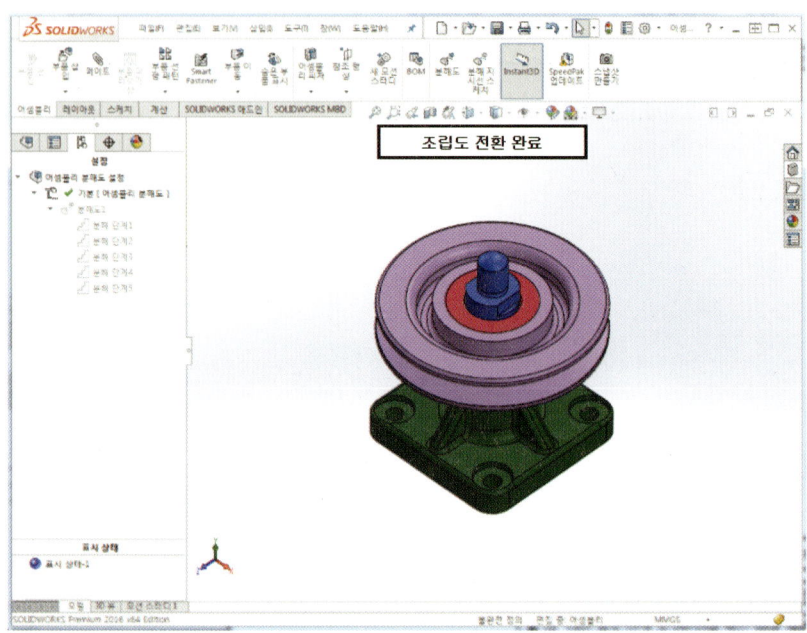

13. 애니메이션 분해를 위해 다음 그림과 같이 애니메이션 분해 명령을 수행한다.

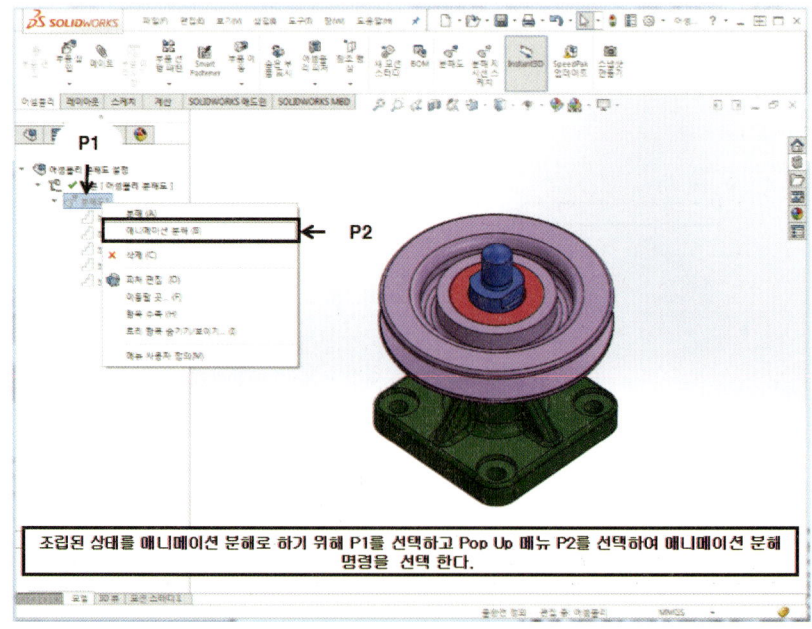

14. 다음 그림과 같이 애니메이션 분해 명령을 수행한다.

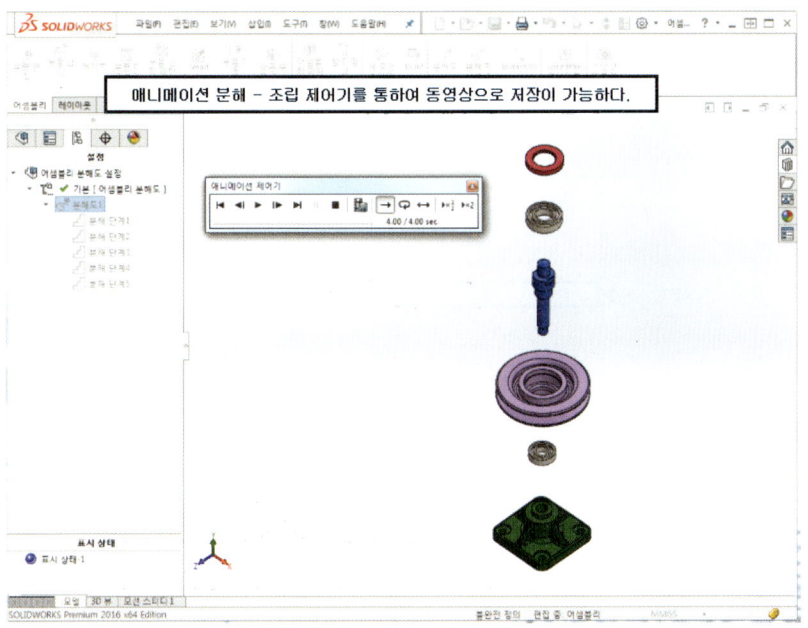

15. 다음 그림과 같이 애니메이션 저장 명령을 수행하여 자료를 저장할 수 있다.

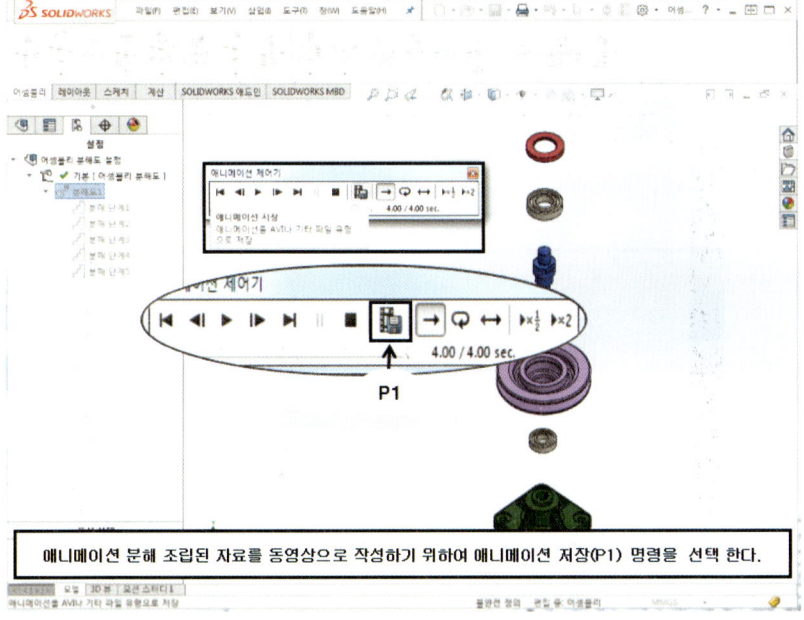

16. 다음 그림과 같이 대화상자에서 저장될 AVI 파일 이름을 작성하여 저장한다.

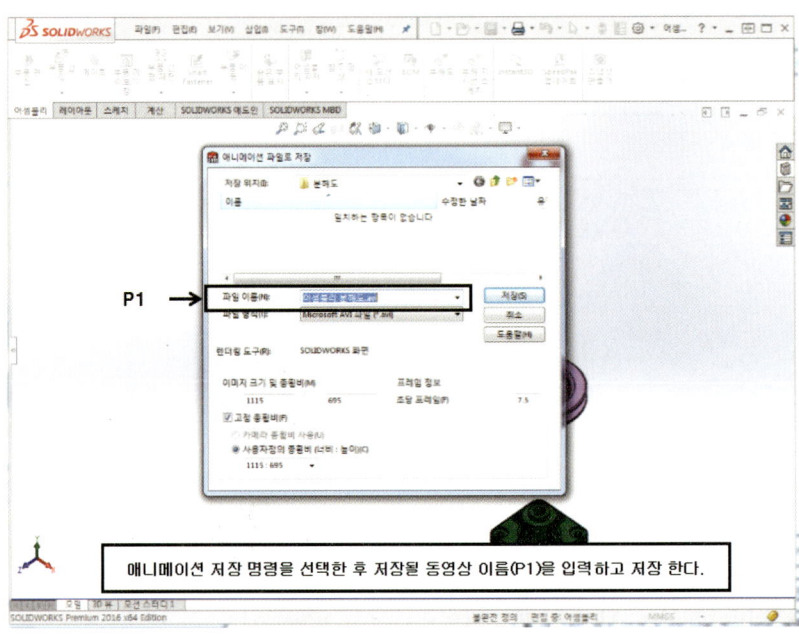

17. 다음 그림과 같이 저장된 AVI 자료는 미디어 플레이어를 통하여 재생이 가능하다.

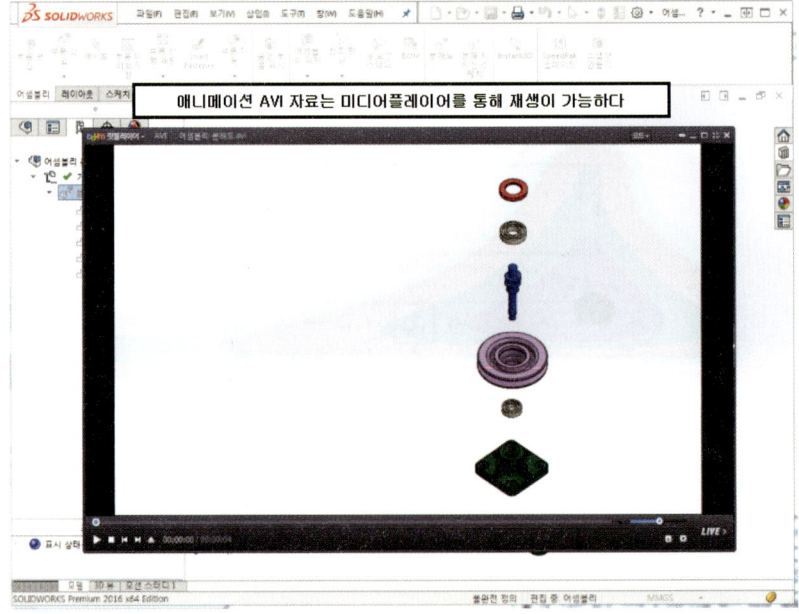

분해도 단계 편집하기

작성도나 분해도에서는 분해 순서를 편집할 수 있다. 편집 방법은 다음 그림과 같이 Configuration Manager 창에 분해도의 이름을 선택하고 마우스 우측 버튼을 클릭하면 나타나는 PopUp 메뉴에서 피처 편집을 선택하여 편집한다.

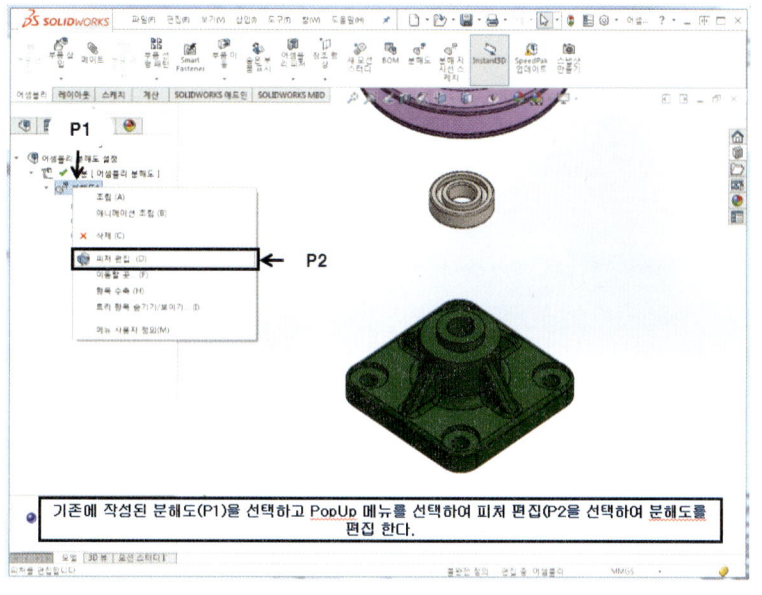

기존에 작성된 분해도(P1)을 선택하고 PopUp 메뉴를 선택하여 피처 편집(P2을 선택하여 분해도를 편집 한다.

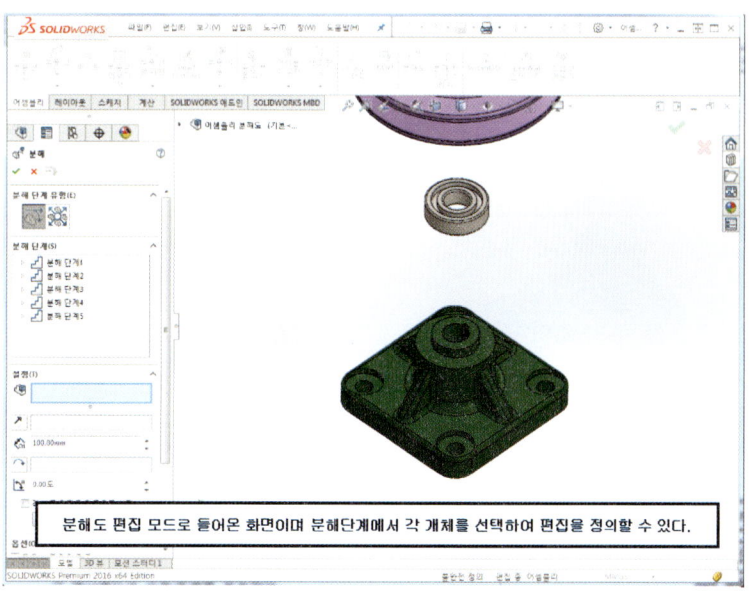

분해도 편집 모드로 들어온 화면이며 분해단계에서 각 개체를 선택하여 편집을 정의할 수 있다.

분해 지시선 스케치

어셈블리 분해도에서 분해한 부품들을 선택하여 지시선 스케치 도구를 이용하여 지시선을 작성하고 편집한다.

풀다운 메뉴 도구 ⇨ 삽입 ⇨ 분해 지시선 스케치를 선택하여 사용할 수 있다.

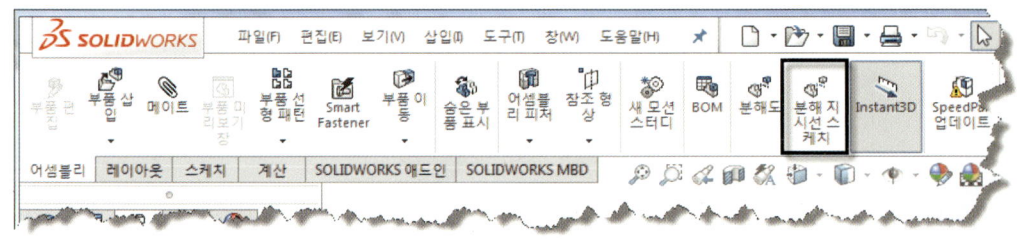

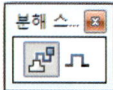 분해 스케치 도구

연결선 : 지시선을 작성할 부품의 모서리 등을 각각 선택하면 연결선이 자동으로 생성된다.

조그선 : 이미 작성된 지시선을 선택하여 조그선을 추가한다.

예제파일의 압축을 풀고 SW_DATA 폴더/어셈블리/분해 지시선.sldasm 파일을 열기한다.

STEP 07. 어셈블리 작성하기

1. 다음 그림처럼 분해 지시선 파일을 열기한다.

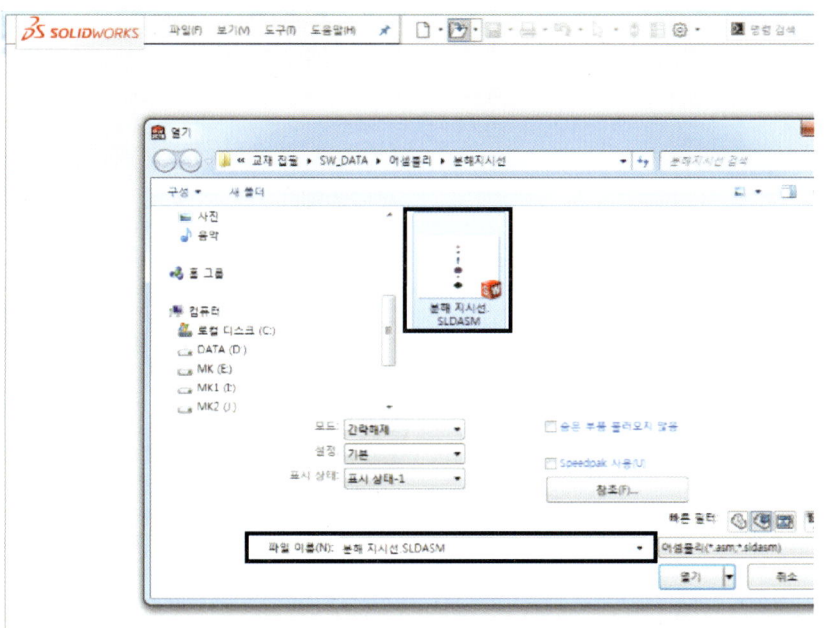

2. 명령을 선택하여 분해 지시선 스케치 영역으로 전환한다.

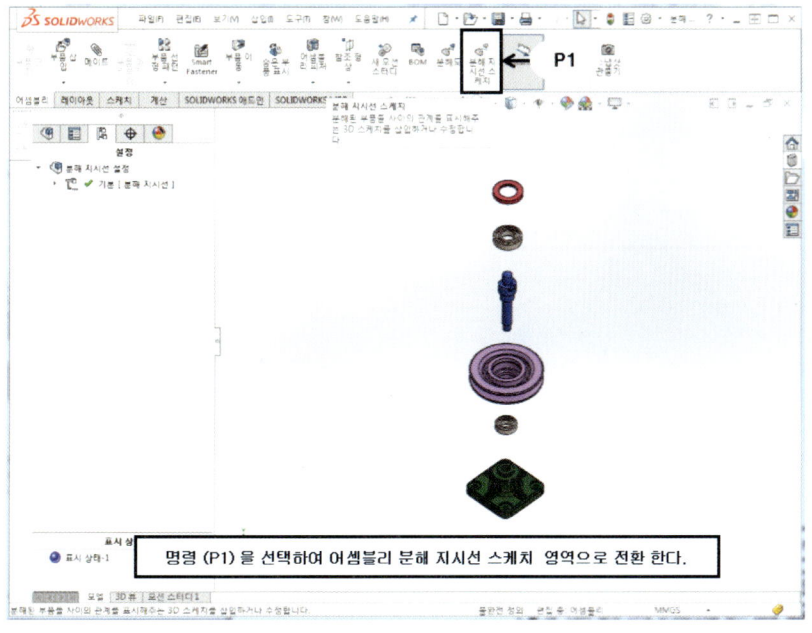

3. 지시선을 만들 부품 모서리를 각각 선택하고 확인을 선택한다.

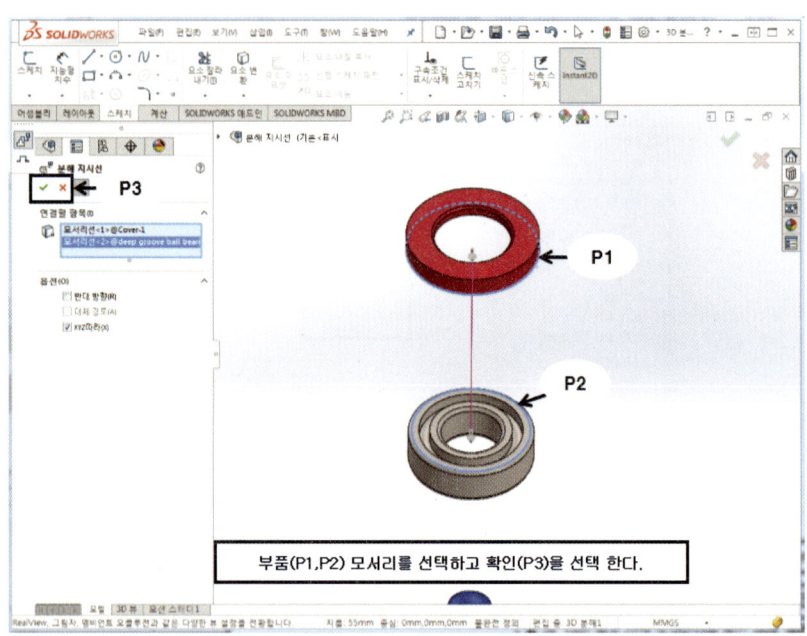

4. 부품 모서리를 이용한 지시선을 작성하였다.

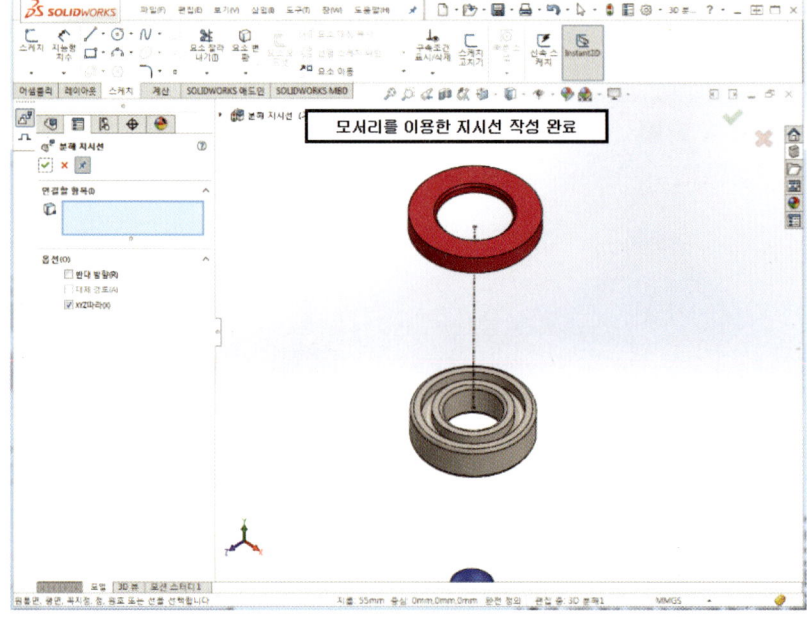

5. 스케치 선분을 선택하고 다음 그림과 같이 지시선을 작성한다.

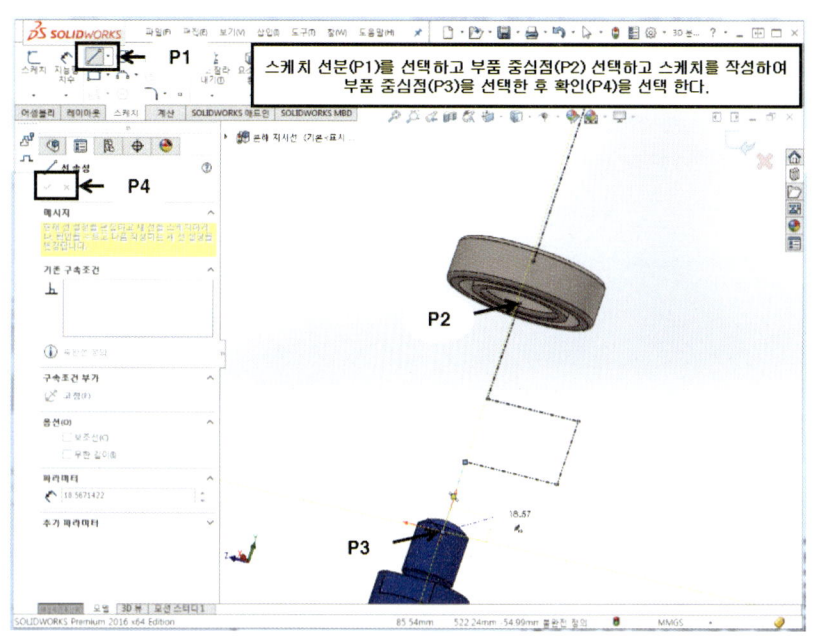

6. 조그 명령을 선택하여 작성된 지시선을 선택하고 조그선을 작성한다.

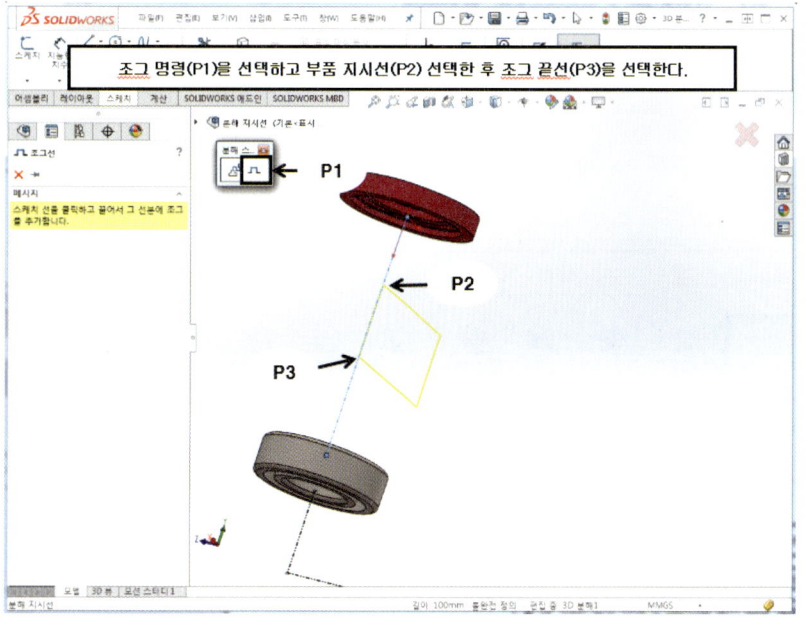

7. 다음 그림과 같이 분해 지시선을 작성하였다.

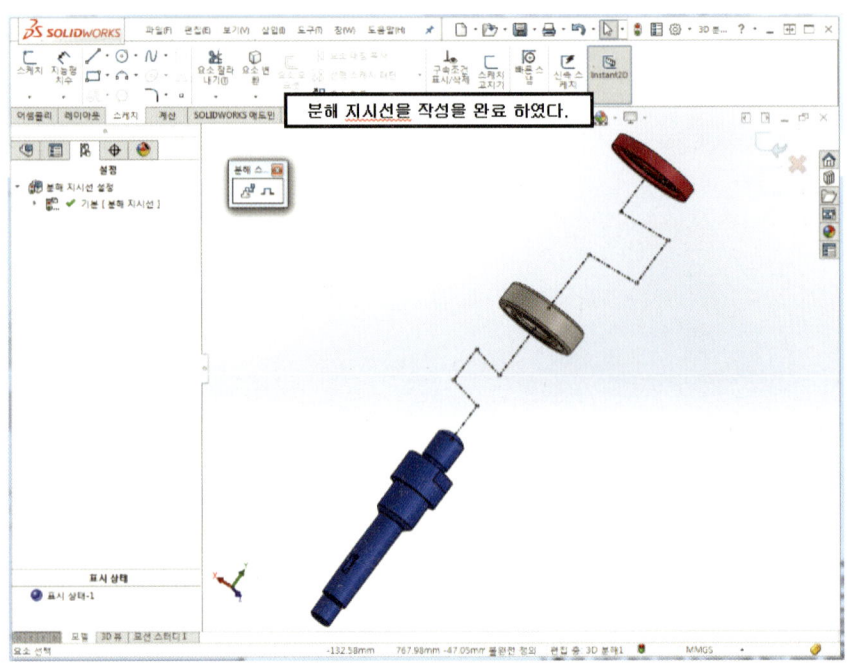

간섭 탐지

간섭 탐지 명령은 어셈블리 환경에 삽입된 각 부품을 조립하는 과정에서 생길 수 있는 간섭 부분을 탐지하여 수정 및 편집을 하고 설계 보정을 위해 체크하는 명령이다.

풀다운 메뉴 도구 ⇨ 도구 ⇨ 계산 ⇨ 간섭 탐지를 선택하여 사용할 수 있다.

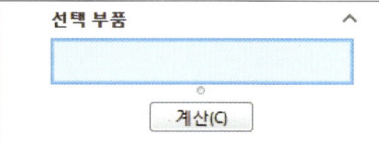	간섭 탐지할 부품을 선택하고 계산 버튼을 눌러 간섭 탐지 수행이 가능하며 간섭을 확인하고자 하는 부품을 각각 선택하여 계산을 수행할 수 있다.
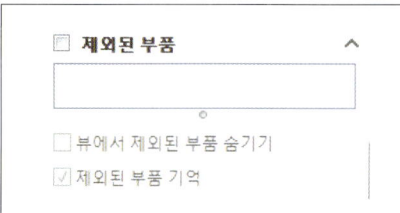	제외된 부품을 선택하고 제외시킬 부품을 선택하여 예외 적용을 수행한다. 뷰에서 제외된 부품을 숨기기한다. 제외된 부품 기억을 체크하여 간섭 탐지 시 기억하게 설정을 할 수 있다.
	결과는 좌측 그림과 같이 간섭 탐지가 되어 탐지 정보를 사용자에게 보여주며 간섭값 확인이 가능하다. 무시 버튼을 눌러 현재 탐지된 간섭을 무시할 수 있다. 부품 보기는 간섭 탐지된 부품을 보이기한다.

옵션 : 간섭 탐지가 된 부품을 잘 보일 수 있도록 설정한다.
일치 조건 간섭으로 간주 : 일치 구속 조건을 간섭으로 간주한다.
무시된 간섭 표시 : 무시 버튼을 눌러 무시한 간섭을 표시한다.
하위 어셈블리 부품으로 처리 : 선택한 부품을 하위 어셈블리 부품으로 처리한다.
멀티바디 파트 간섭 포함 : 멀티 바디로 분할된 개체도 간섭으로 포함하여 정의한다.
간섭 파트 투명 표시 : 간섭이 되는 부품을 투명하게 표시한다.
체결 부품 폴더 작성 : 체결 부품을 설계자가 정하여 따로 폴더로 관리할 수 있다.
일치하는 나사산 표시 폴더 작성 : 일치하는 나사산 표시 폴더를 작성한다.
숨은 바디/부품 무시 : 어셈블리에서 숨긴 바디 등을 무시한다.

간섭 탐지 작성하기

예제파일의 압축을 풀고 SW_DATA 폴더/어셈블리/간섭 체크/간섭 체크.sldasm 파일을 열기한다.

1. 다음 그림처럼 간섭체크 파일을 열기한다.

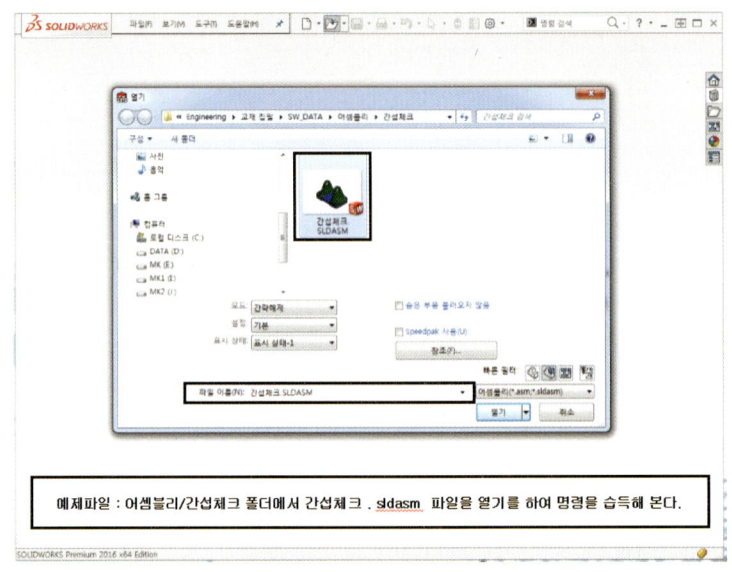

2. 간섭 탐지 명령을 선택하고 계산 버튼을 선택하여 전체 부품을 간섭 체크한다.

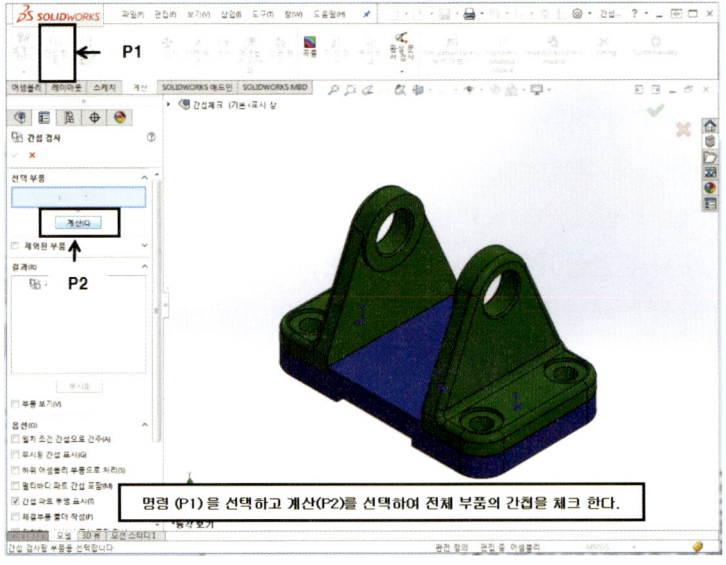

3. 간섭탐지된 부품을 확인하고 간섭 정보를 확인한다.

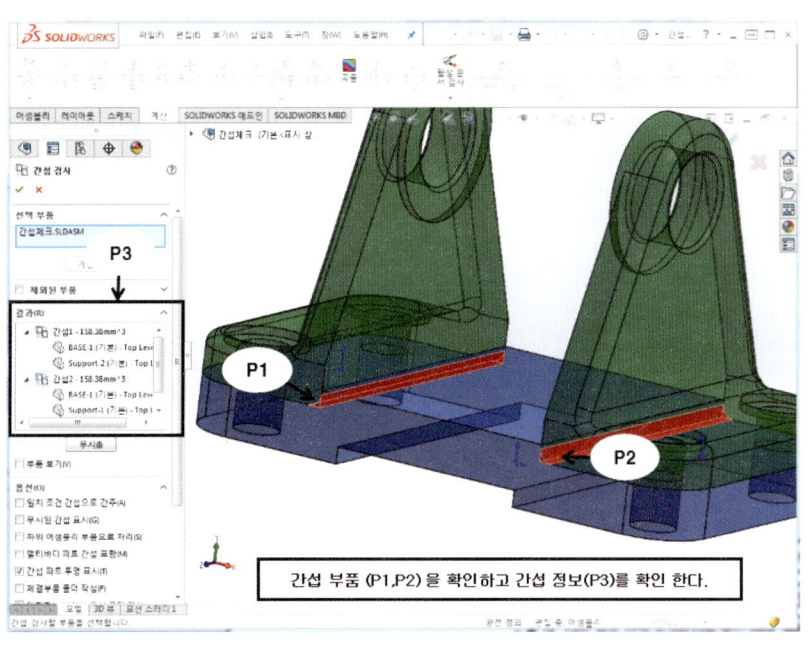

Step 08 Drafting(도면) 작성하기

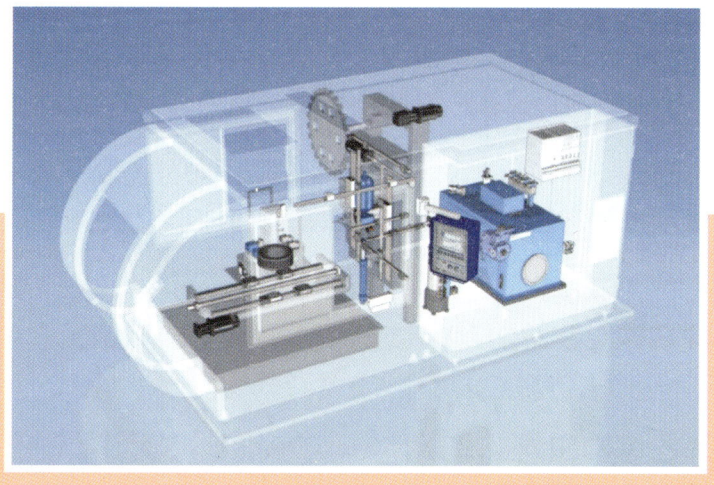

STEP 08 도면 작성하기

도면 작성

도면 개요

SolidWorks에서는 작성된 부품 모델, 조립품 모델 등을 솔리드 파라미터를 기준으로 연관성을 유지하면서 2D 도면을 작성할 수 있다.

연관성을 유지한다는 것은 부품이나 조립품에서 수정 또는 편집 등에 의하여 변경되면 관련 도면 뷰가 변경된 파라미터에 따라 자동 업데이트가 된다는 것을 의미한다.

일반적으로 도면은 모델에서 생성된 뷰로 구성되며 기존 뷰를 기준으로 정면, 평면, 측면 뷰 등과 단면 뷰를 생성할 수 있다.

도면 용지 규격

도면의 크기는 KS A 5201(종이의 재단 치수)에 규정된 A열 재단 치수 중에서 A0, A1, A2, A3, A4의 크기에 따른다.

STEP 08. 도면 작성하기

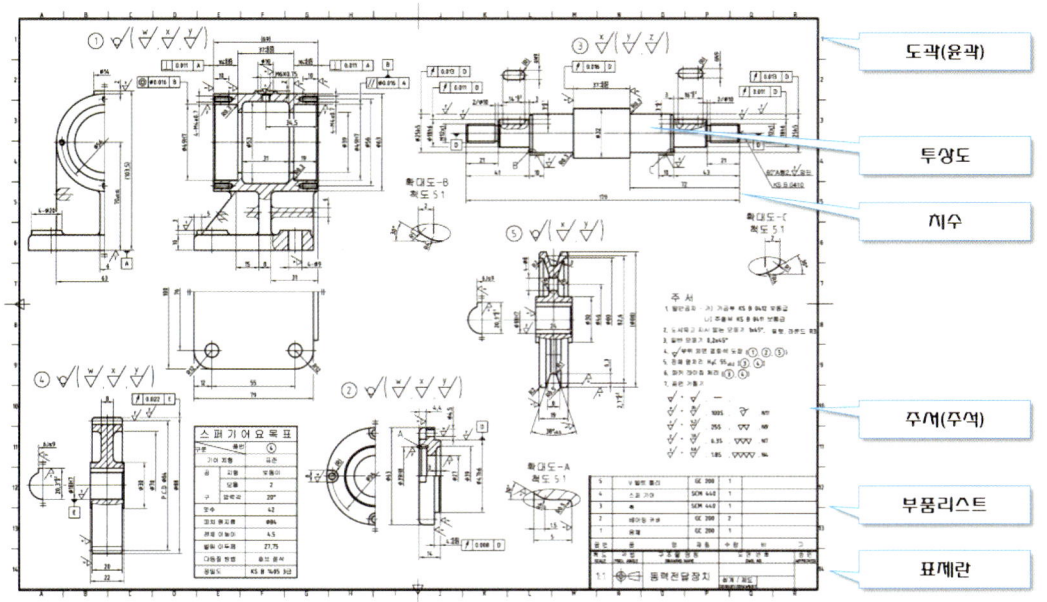

- 도곽(윤곽)
- 투상도
- 치수
- 주서(주석)
- 부품리스트
- 표제란

도면 경계를 표시하는 윤곽선의 규격은 아래와 같다.

용지 크기		A0	A1	A2	A3	A4
a × b		1,189×841	841×594	594×420	420×297	297×210
c(최소)		20	20	10	10	10
d (최소)	철하지 않을 때	20	20	10	10	10
	철할 때	25	25	25	25	25

표제란 및 부품 리스트 예시

5	V 벨트 풀리	GC 200	1	
4	스퍼 기어	SCM 440	1	
3	축	SCM 440	1	
2	베어링 커버	GC 200	2	
1	몸체	GC 200	1	
품번	품 명	재질	수량	비 고
척도 SCALE	각법 PROJ. ANGLE	구조물 명칭 DRAWING NAME	도면 번호 DWG. NO.	승인 APPROVED
1:1	⊕◁	동력전달장치	설계 / 제도 DESN.BY/DRAWN.BY	

치수 보조 기호 및 사용방법

구 분	기 호	호 칭	사용 방법	적용 예
지 름	Φ	파이(Pi)	치수보조기호는 치수문자 앞에 붙이고, 치수문자와 같은 크기로 쓴다.	Φ5
반지름	R	알		R5
구(Sphere) 지름	SΦ	에스 파이		SΦ5
구(Sphere) 반지름	SR	에스 알		SR5
정사각형의 변	□	사각		□5
관 또는 판의 두께	t	티		t5
45 모따기	C	씨		C5
원호의 길이	⌒	원호	치수문자 위에 원호를 붙인다.	⌒20
이론적으로 정확한 치수	□	테두리	치수문자를 직사각형으로 둘러싼다.	20
참고치수	( )	괄호	치수문자를 괄호기호로 둘러싼다.	(20)

도면에 기입하는 치수는 가공이 완료된 상태의 치수를 원칙으로 치수를 기입한다.

1. 물체의 기능, 제작, 조립 등의 치수를 명확하고 간결하게 지시한다.
2. 물체의 크기, 자세 및 위치를 명확하게 표시한다.
3. 물체의 다듬질 치수를 표시한다.
4. 기능상 필요한 경우 치수의 허용 한계를 기입한다.
5. 치수는 되도록 주투상도에 기입한다.
6. 치수는 중복 기입을 피한다.
7. 치수는 되도록 계산해서 구할 필요가 없도록 기입한다.
8. 점, 선 또는 면을 기준으로 하여 기입한다.
9. 관련되는 치수는 한곳에 모아서 기입한다.
10. 치수는 공정마다 배열을 분리하여 기입한다.
11. 참고 치수는 치수 수치에 괄호를 붙인다.

도면에 사용되는 전반적인 도면 예시

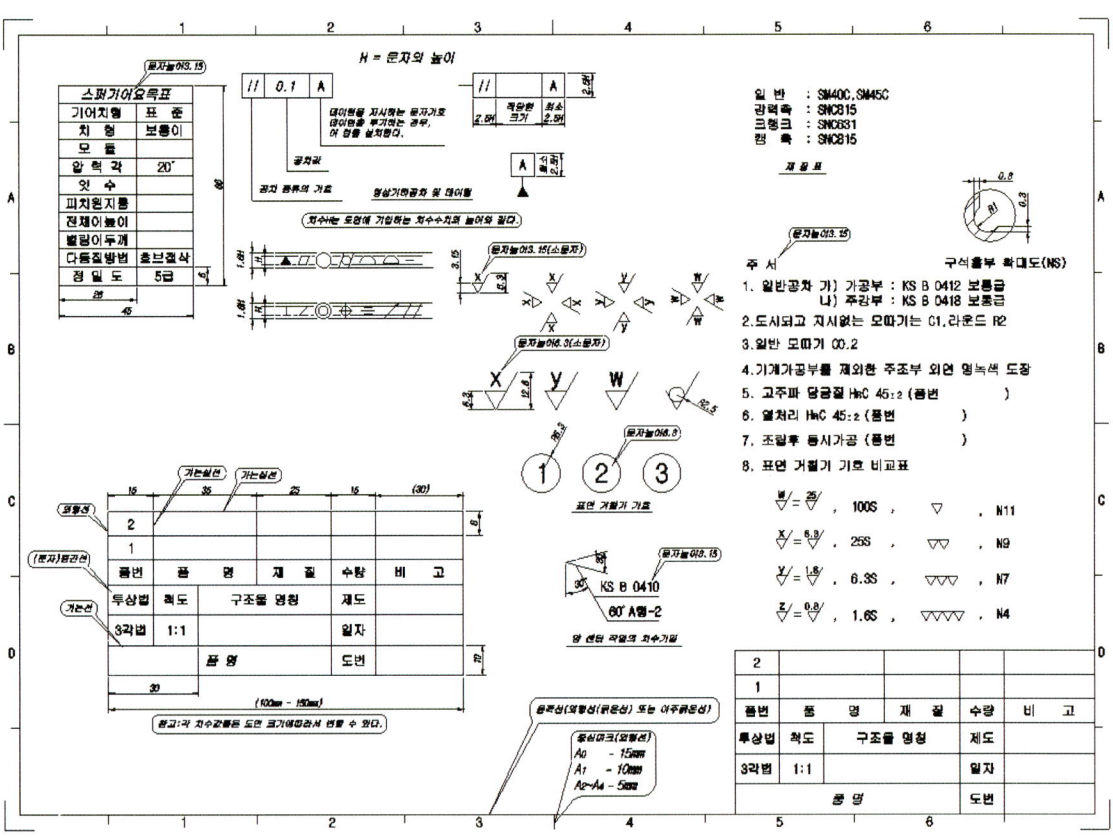

새 도면 작성하기

다음 그림에서처럼 템플릿 도면 목록을 선택하여 도면 환경을 실행한다.

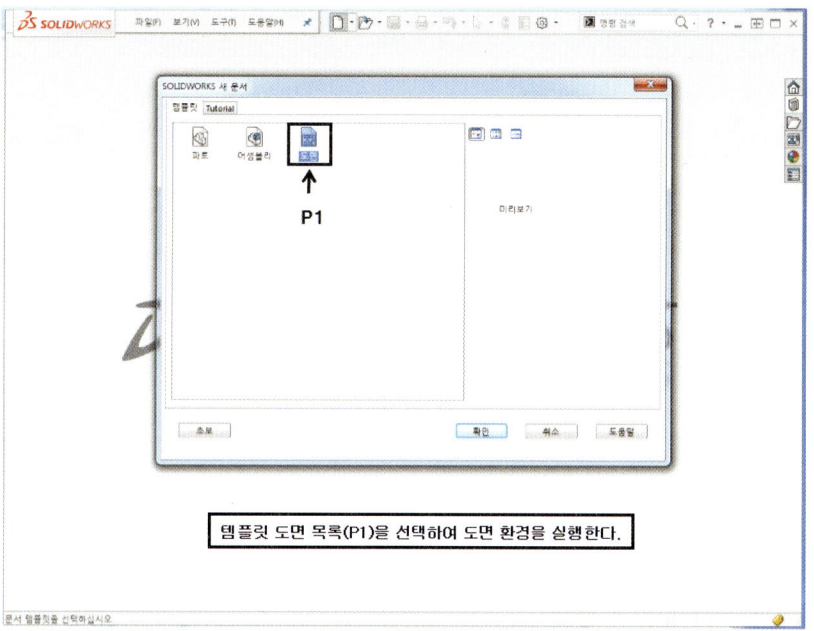

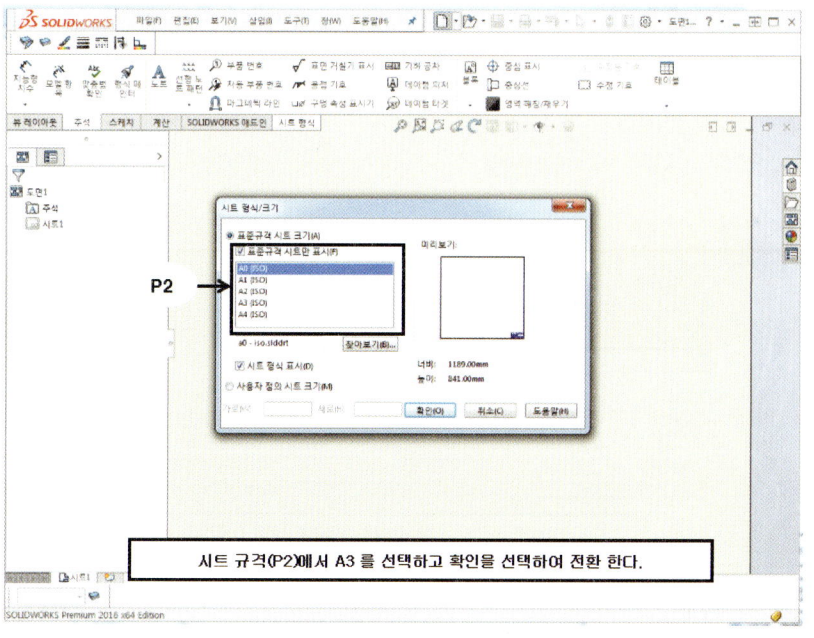

도면 템플릿 화면 구성

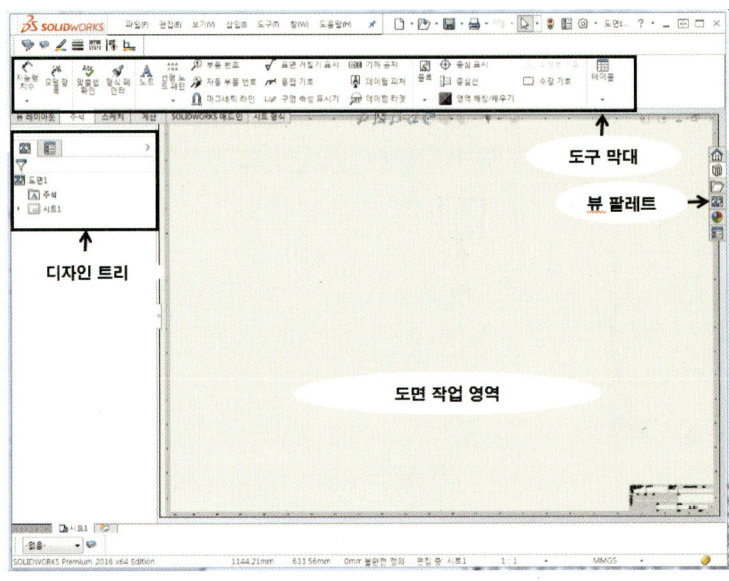

시트 속성 설정하기

시트 속성 설정은 활성 도면 시트에서 FeatureManager 디자인 트리의 시트 아이콘 또는 도면 시트의 빈 영역에서 PopUp 메뉴 마우스 우측 버튼을 선택하고 속성을 선택하여 설정한다.

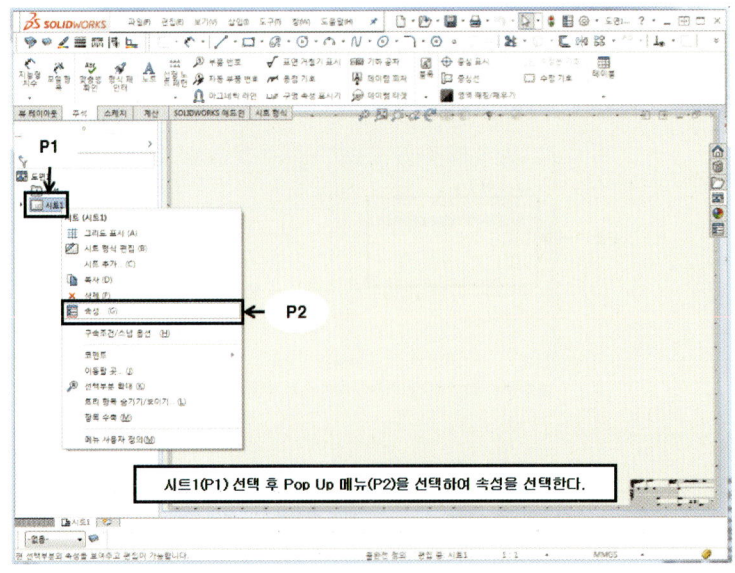

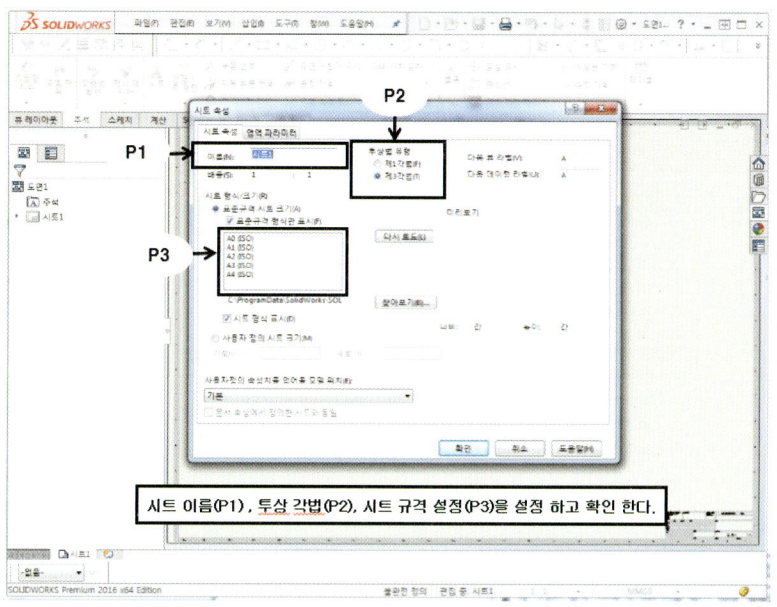

위 그림과 같이 시트 속성에서는 작성될 시트의 이름, 시트의 배율, 투상법 유형, 단면도와 상세도에서 사용할 알파벳 문자로 뷰 라벨을 지정하고 데이텀 기호에 사용할 알파벳 문자를 지정한다.

규격 시트 크기를 선택하거나 사용자 정의 시트를 선택하여 임의의 시트를 설정할 수 있다.

도면의 옵션 설정하기

도면의 옵션은 도면 뷰, 표시 유형, 색, 제도 표준 등 시스템 옵션과 도면 환경에 적용되는 문서 속성으로 구분되며 도면을 작성하기 전 단계에서 미리 옵션을 설정하고 도면 작업을 수행한다.

메뉴 바에서 도구-옵션을 선택하여 실행하면 아래와 같은 옵션 대화 상자가 나타난다.

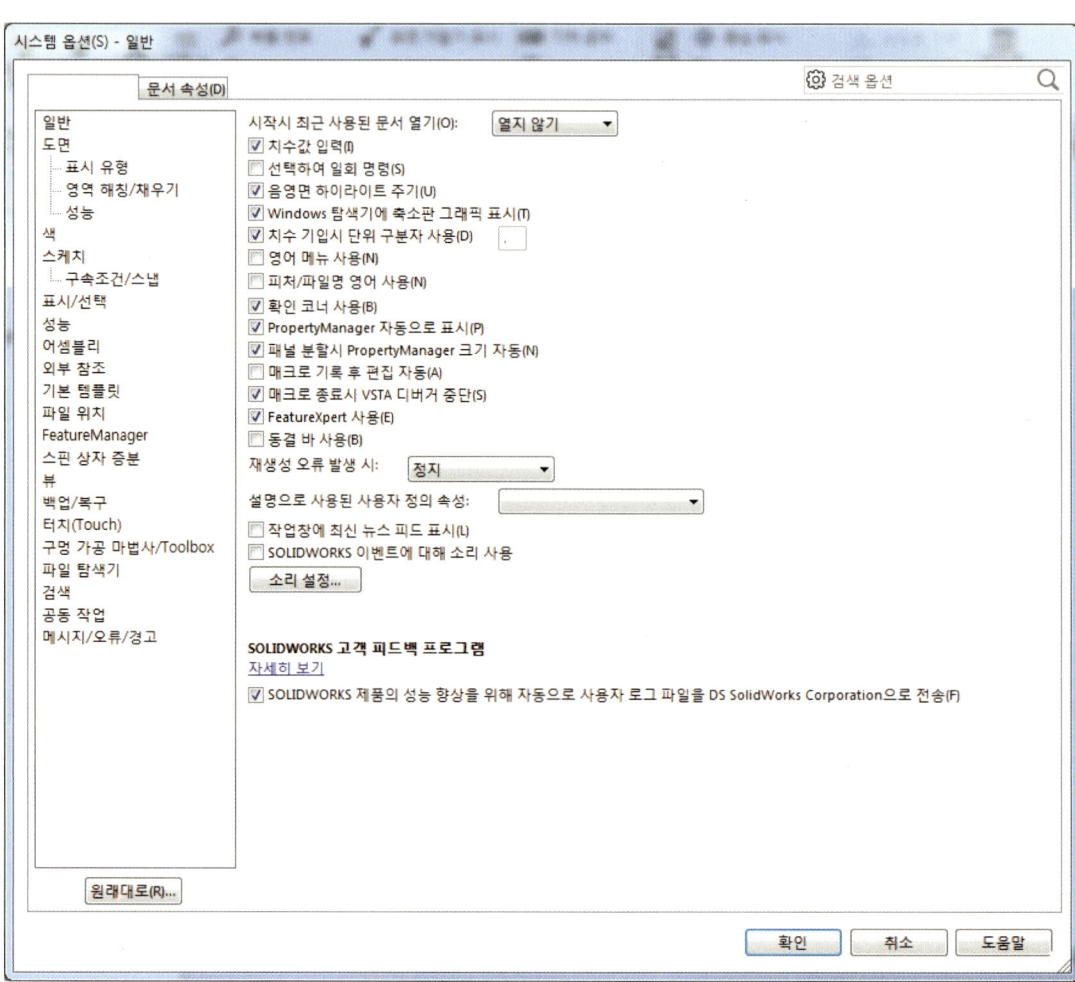

도면 옵션	
삽입 시 중복되는 모델 치수 제거	모델 치수가 도면에 삽입될 때 중복되는 치수는 삽입되지 않는다.
기본으로 도면에 불러올 모든 파트/어셈블리 치수를 표시하기	모델에 삽입하는 치수가 도면에 표시로 지정된다. 도면에 모델 치수를 삽입할 때 치수가 포함된다.
새 도면 뷰 자동 축척	새 도면 뷰를 삽입할 때 용지 크기와는 상관없이 도면 시트에 맞추어 크기가 정해진다.
도면 뷰를 끌 때 개요 보이기	뷰를 끌 때 모델이 표시되고 선택 해제하면 뷰를 끌 때 뷰 테두리만 표시된다.
새 상세도 원 원형으로 표시	상세도에 사용될 새 프로파일이 원으로 표시되고 선택 해제하면 스케치한 프로파일이 표시된다.
숨은 요소 선택	임의로 숨긴 숨은 접선과 모서리선을 선택할 수 있다.
도면 열 때 자동 업데이트	도면 문서를 열 때 도면 뷰가 자동으로 업데이트된다.
노트/치수 추론 사용 안 함	선택 해제 시 노트나 치수를 배치하면 선으로 다른 노트나 치수와의 가로 또는 세로 맞춤을 알 수 있다.
비동기 워터 마크 인쇄	도면이 업데이트되지 않아 모델과 다를 때 도면에 워터 마크, SolidWorks 분리 도면 - 비동기 인쇄를 한다.
도면에서 참조 형상 이름 표시	도면에 참조 형상 이름이 표시된다.
뷰 작성 시 부품 자동 숨기기	새 도면 뷰에 있는 표시 안 된 모든 어셈블리 부품을 숨기고 도면 뷰 속성 대화 상자의 부품 숨기기/표시 탭에 숨긴 부품의 목록을 나열하며 숨긴 부품은 사실상 존재하고, 모든 부품 정보도 함께 열어주고 FeatureManager 디자인 트리에 부품 이름이 투명하게 표시된다.
스케치 원호 중심점 표시	스케치 호의 중심점이 도면에 표시된다.
스케치 요소점 표시	스케치 요소의 끝점이 색깔 있는 원으로 표시된다.
파단도에서 절단선 인쇄	파단도의 파단선이 인쇄된다.
음영 뷰와 구배 품질 뷰에 테셀레이션 데이터 저장	선택 해제 시에 음영 모드와 구배 품질의 도면 문서에 테셀레이션 데이터가 저장되지 않으므로 파일 크기가 작아진다.
뷰 팔레트를 뷰로 채우기 자동	파트/어셈블리에서 도면 작성을 클릭할 때 뷰 팔레트에 도면이 표시된다. 선택하지 않으면 모델 뷰 PropertyManager가 표시되어 도면 뷰를 삽입할 수 있다.
새 시트 추가 시 시트 형식 대화 상자 표시	새 도면 시트를 추가할 때 시트 형식 대화 상자를 표시한다.
BOM에서 수량 열 이름 무시하기	선택 시 BOM에 있는 수량의 사용할 이름 안에 입력한 이름을 사용하게 된다.
상세도 배율	상세도 배율을 지정한다.
키보드 이동 증가분	화살표 키를 사용하여 도면 뷰, 주석, 치수 등을 이동할 때 화살표를 한 번 누를 때마다 변하는 값을 지정한다.

도면 표시 유형 옵션

생성되는 뷰의 표시 방법을 설정한다.

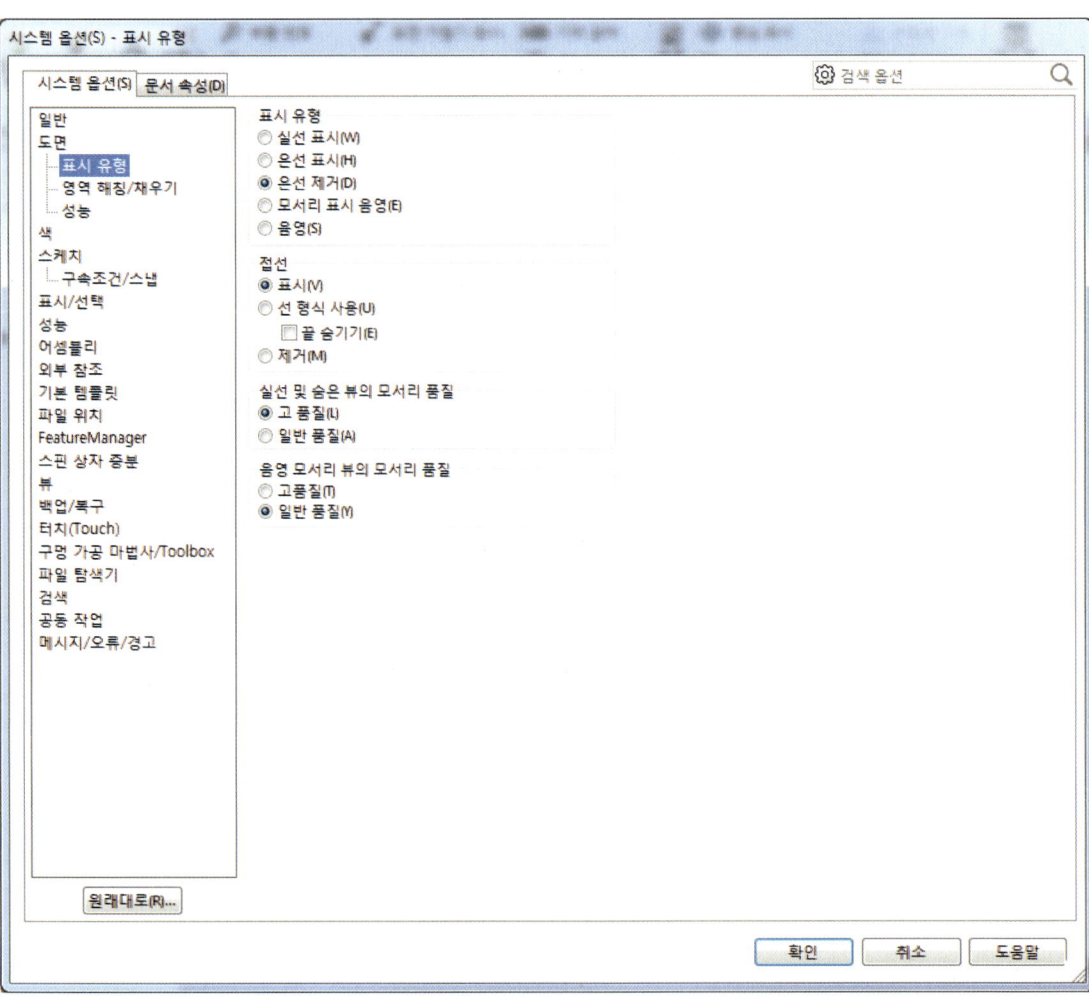

표시 유형 옵션	
새 뷰의 표시 방법	
실선 표시	모든 모서리선이 표시된다.
은선 표시	선 형식 옵션에 지정된 보이는 은선과 숨은 은선을 표시한다.
은선 제거	선택한 각도에서 보이는 모서리선만 표시하고 가려서 보이지 않는 모서리선은 제거한다.
모서리 표시 음영	파트 음영 표시에서 은선 제거 모드로 표시될 모서리들을 표시한다. 이 모서리선 색을 시스템 색상 옵션에서 지정한 모델 색과 약간 다른 색으로 표시하거나 특정한 색을 사용하려면 원하는 색을 지정할 수 있다.
음영 처리	파트를 음영 모드로 표시한다.
새 뷰 접선 표시	은선 표시 또는 은선 제거를 선택한 경우, 접선 표시 모드를 다음에서 선택한다.
표시	실선으로 표시한다.
선 형식 사용	도구, 옵션, 문서 속성, 선 형식에서 지정한 접선 표시 형식을 사용한다.
제거	선을 표시하지 않음
새 뷰의 품질 표시	
고품질	모델 해제
구배 품질	간략 모델. 대형 어셈블리에서 작업 속도를 빠르게 하기 위해 사용함

영역 해칭/채우기 형식을 설정한다.

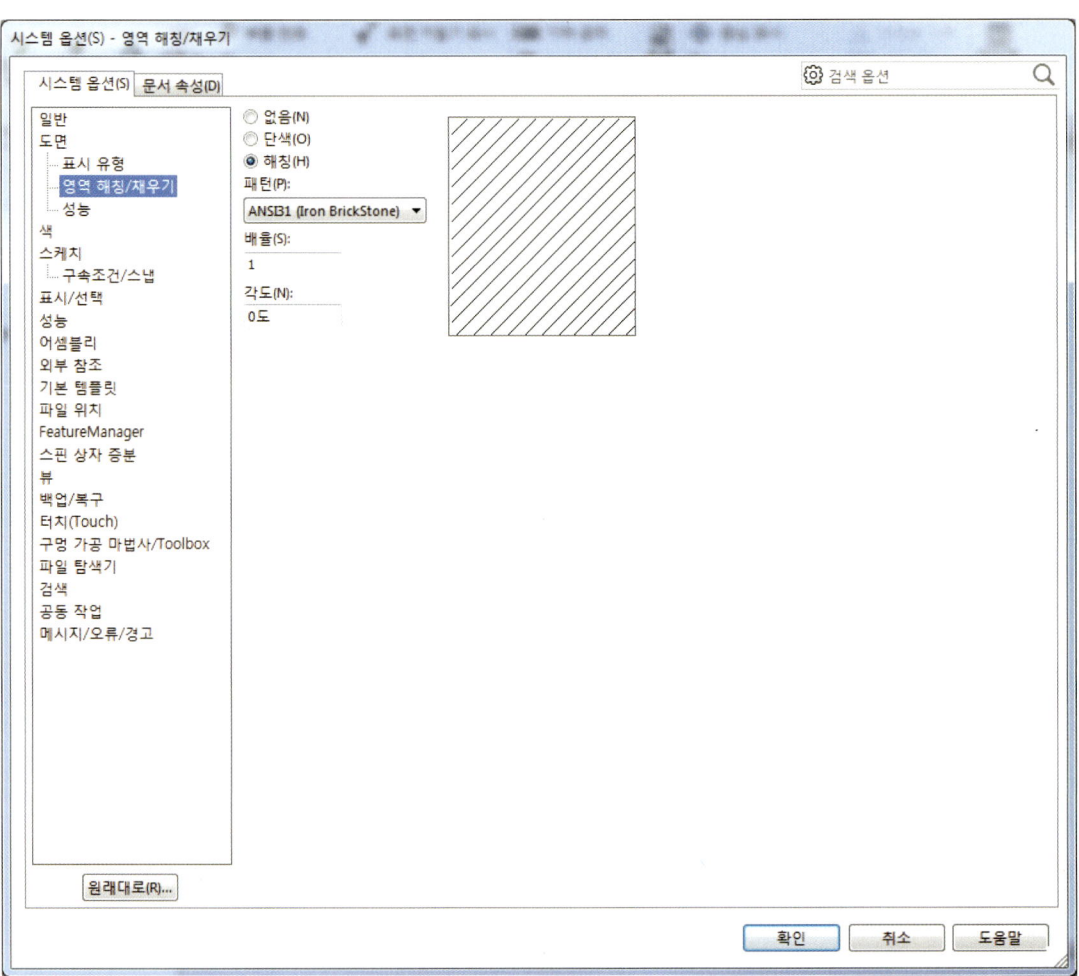

영역 해칭/채우기 옵션	
해칭 또는 채우기 유형	없음, 단색, 해칭 중에서 선택한다.
패턴	무늬 목록에서 해칭 패턴을 선택한다.
배율	표시할 해칭의 배율값을 입력한다.
각도	표시할 해칭의 표시 각도를 입력한다.

제도 표준 설정하기

도면화를 위한 주석, 치수, 공차, 중심선, 기하공차, BOM 테이블 등을 설정하여 도면 작업을 수행함에 있어 미리 설정을 한다.

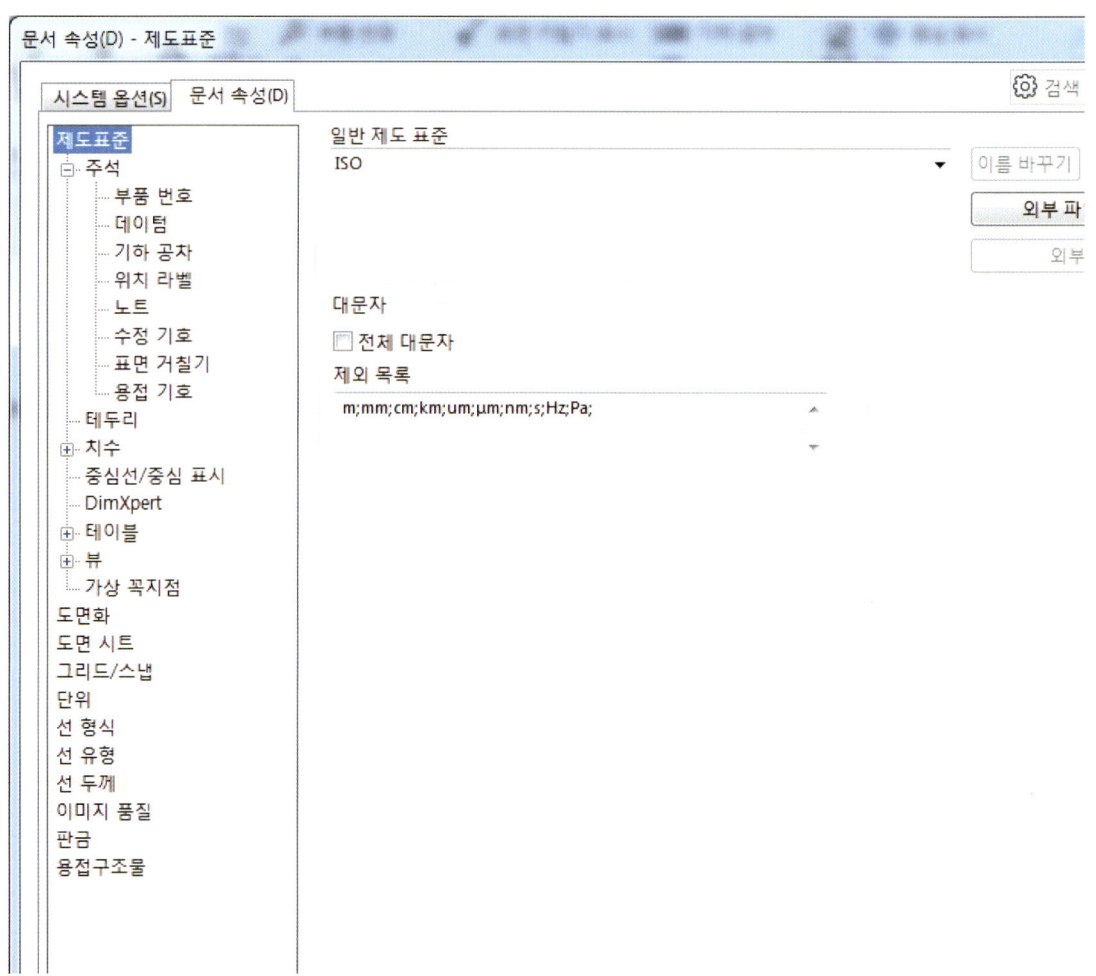

주석 : 텍스트 글꼴과 화살표 모양, 소수점 자릿수에 대한 설정을 한다.

주석 글꼴을 변경하면, 모든 주석 유형의 문서 수준 글꼴이 함께 업데이트된다.

- 부품 번호 : 부품 번호 기입을 위해 필요한 표준을 설정한다.

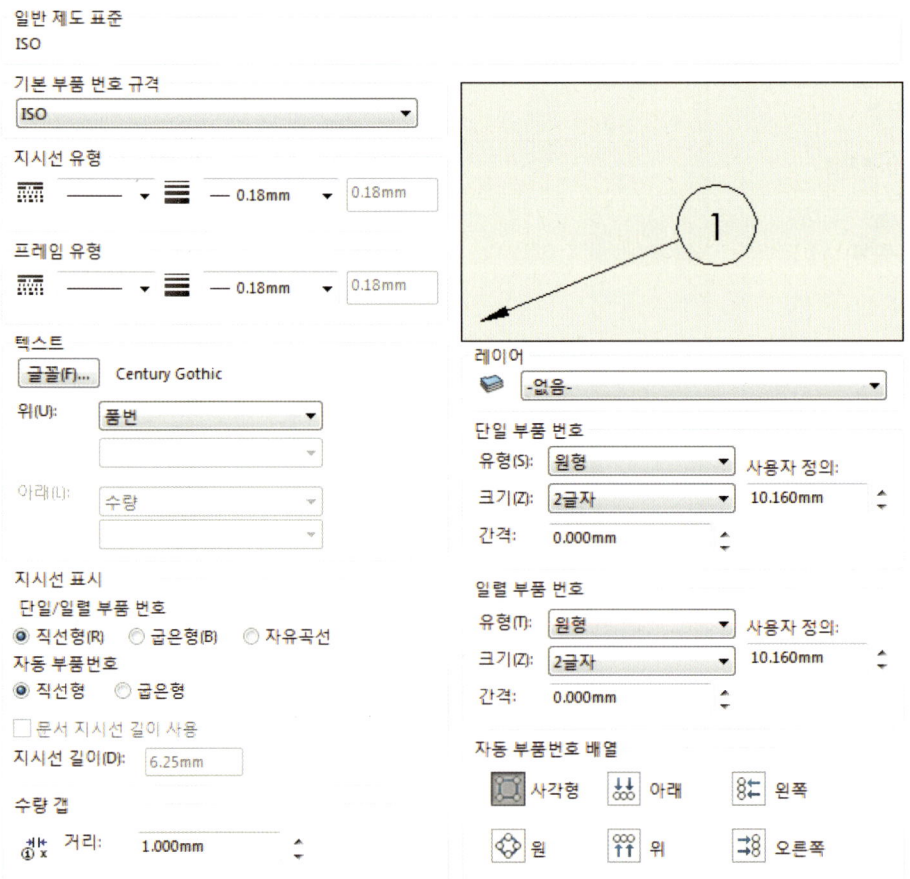

- 데이텀 : 데이텀 기입을 위해 필요한 표준을 설정한다.

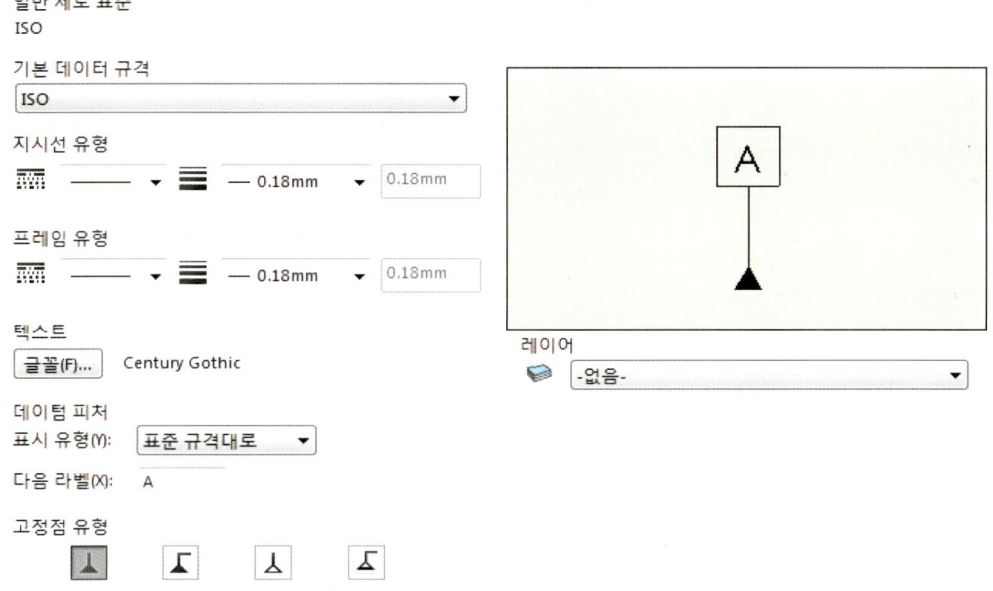

- 기하 공차 : 기하 공차 기입을 위해 필요한 표준을 설정한다.

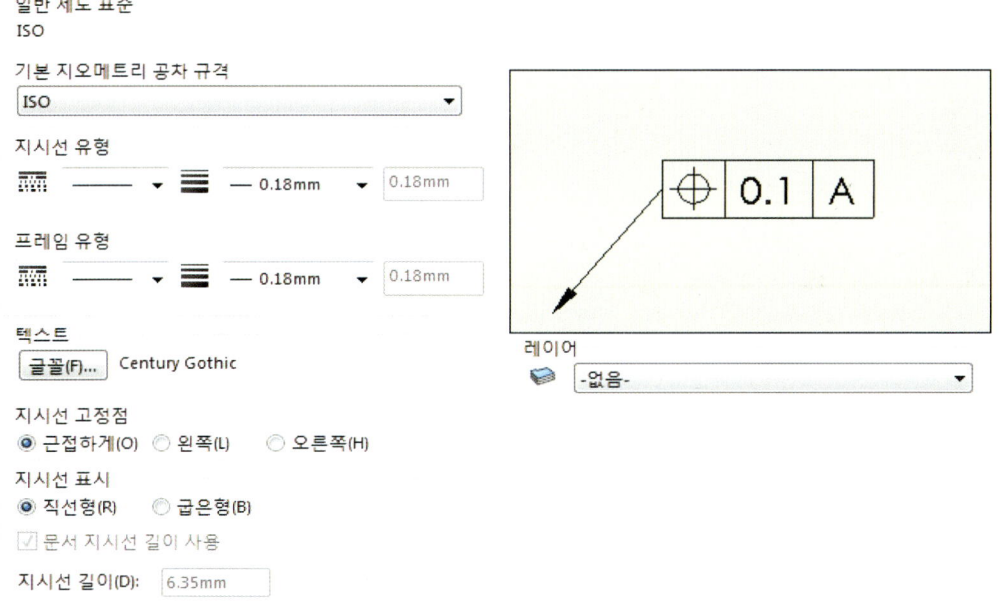

- 위치 라벨 : 위치 기호 기입을 위해 필요한 표준을 설정한다.

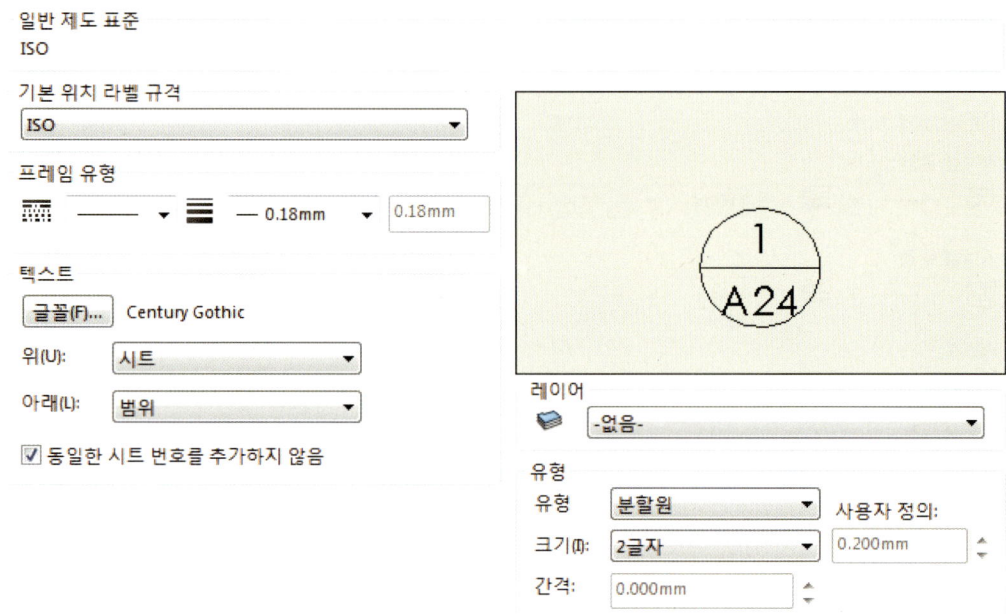

- 노트 : 주석과 노트의 기입을 위해 필요한 표준을 설정한다.

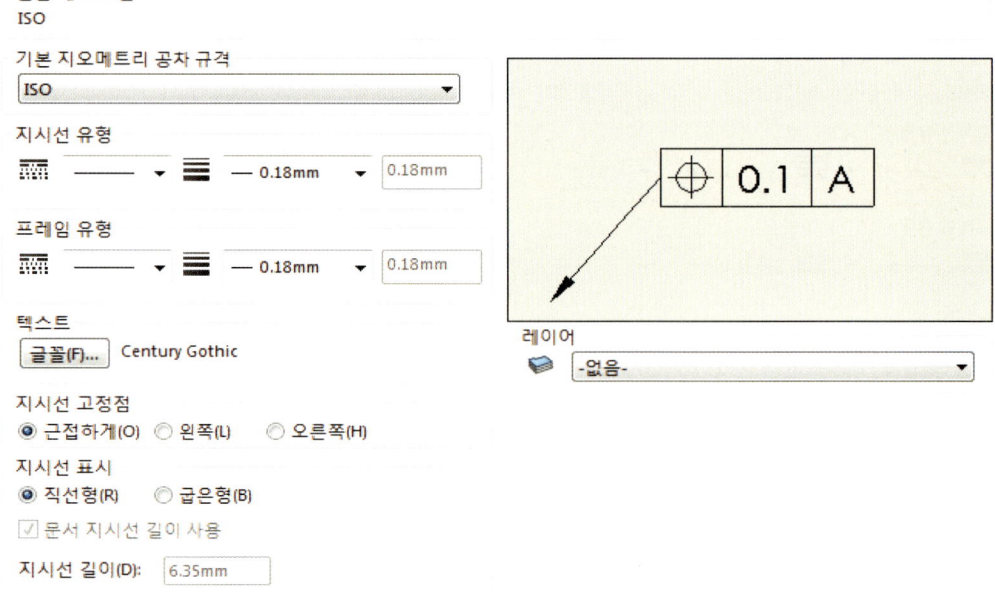

- 수정 기호 : 수정 기호 기입을 위해 필요한 표준을 설정한다.

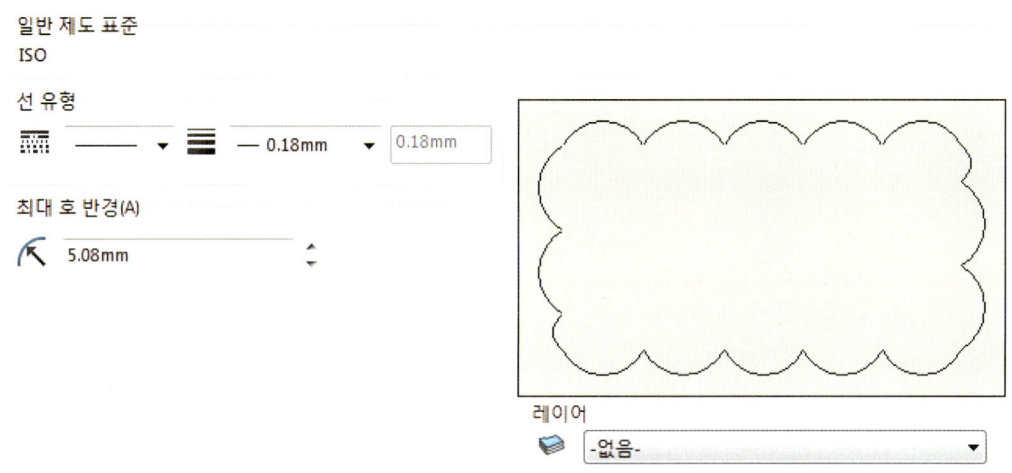

- 표면 처리 : 표면 처리 방법 등의 기입을 위해 필요한 표준을 설정한다.

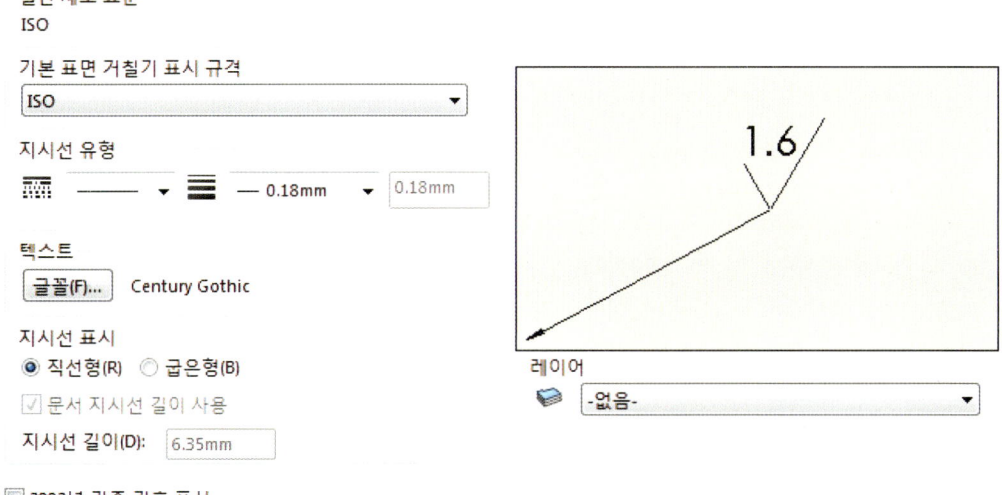

- 용접 기호 : 용접 기호 기입을 위해 필요한 표준을 설정한다.

- 치수 : 치수 기입을 위한 전반적인 표준을 설정한다.

- 각도 : 각도 치수 기입 방법에 필요한 표준을 설정한다.

- 각도 실행 : 각도 실행 기입 방법에 필요한 표준을 설정한다.

- 원호 길이 : 원호 길이 기입 방법에 필요한 표준을 설정한다.

- 모따기 : 모따기 기입 방법에 필요한 표준을 설정한다.

- 지름 : 지름 치수 기입 방법에 필요한 표준을 설정한다.

- 구멍 속성 표시기 : 구멍 속성 기입 방법에 필요한 표준을 설정한다.

- 선형 : 선형 치수 기입 방법에 필요한 표준을 설정한다.

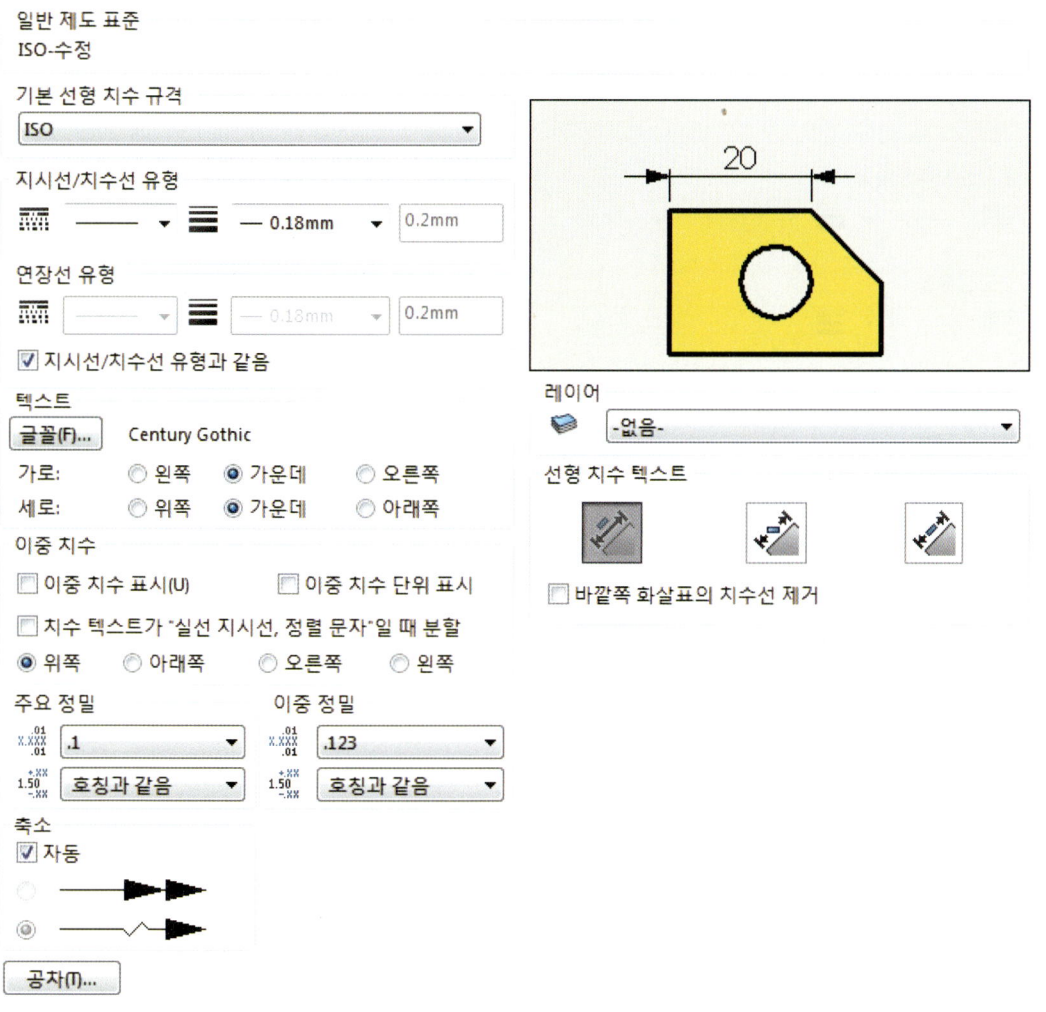

- 좌표 : 좌표 기입 방법에 필요한 표준을 설정한다.

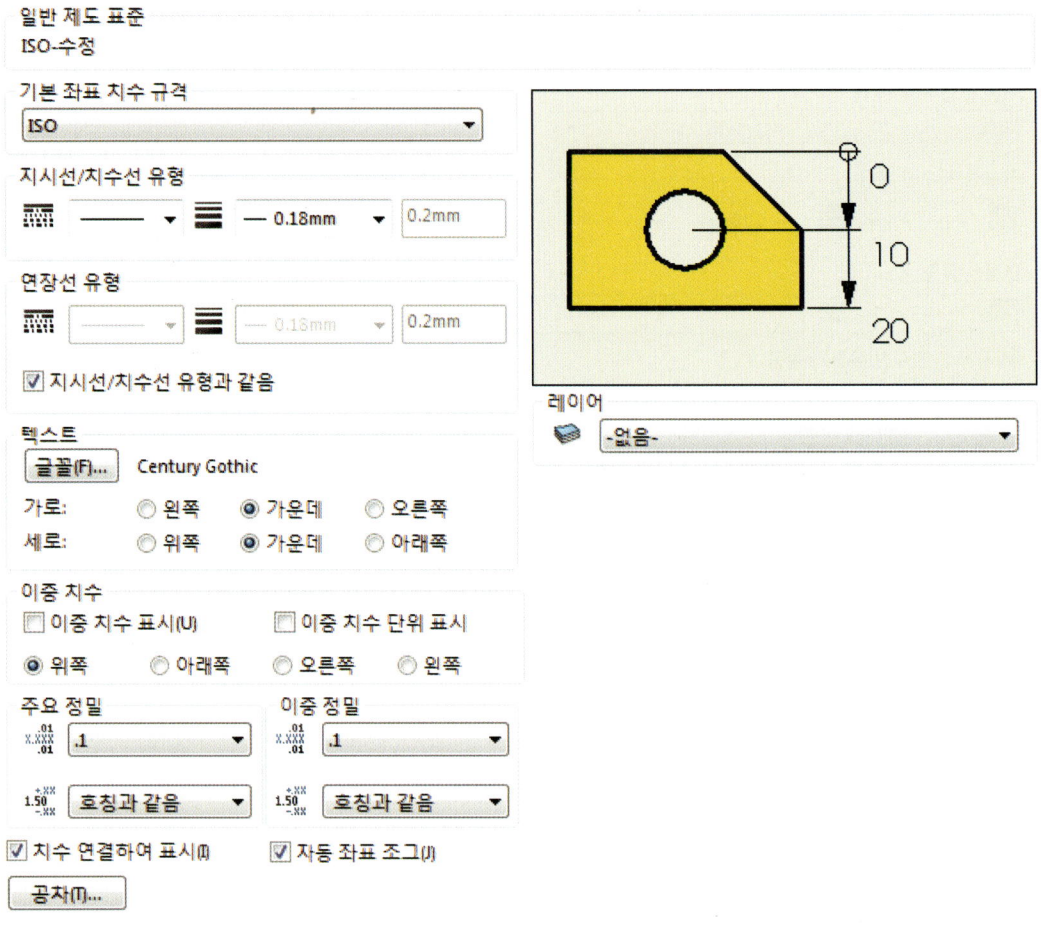

- 반경 : 반경 기입 방법에 필요한 표준을 설정한다.

중심선/중심 표시 : 중심선과 중심 기호 기입 방법에 필요한 표준을 설정한다.

DimXpert : 모따기, 홈, 필렛 등에 DimXpert 도구를 사용하기 위한 옵션을 설정한다.

일반 제도 표준
ISO-수정

모따기 치수 구조

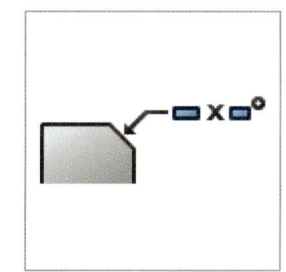 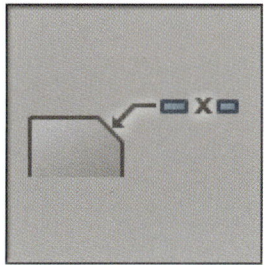

홈 치수 구조

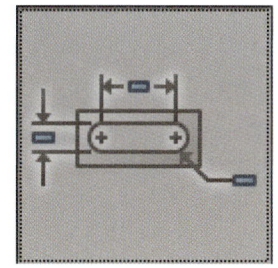 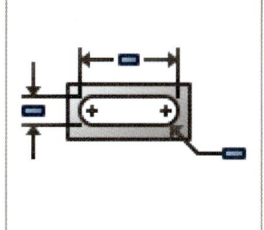

테이블 : 테이블 기입 방법에 대한 표준을 설정한다.
- BOM : BOM 테이블 기입 방법에 필요한 표준을 설정한다.

일반 제도 표준
ISO-수정

테두리
0.18mm
0.18mm

레이어
-없음-

텍스트
글꼴(F)... Century Gothic

0 수량 표시
◉ 점선 "-"
○ "0"
○ 빈 템플릿

빠진 부품
☐ 빠진 부품 해당 행렬 번호 지키기
☐ 문자 취소선으로 표시

소수점 자릿수(I): 표준
소수점 표시(N): 지능형

- 일반 : 일반 테이블 기입 방법에 필요한 표준을 설정한다.

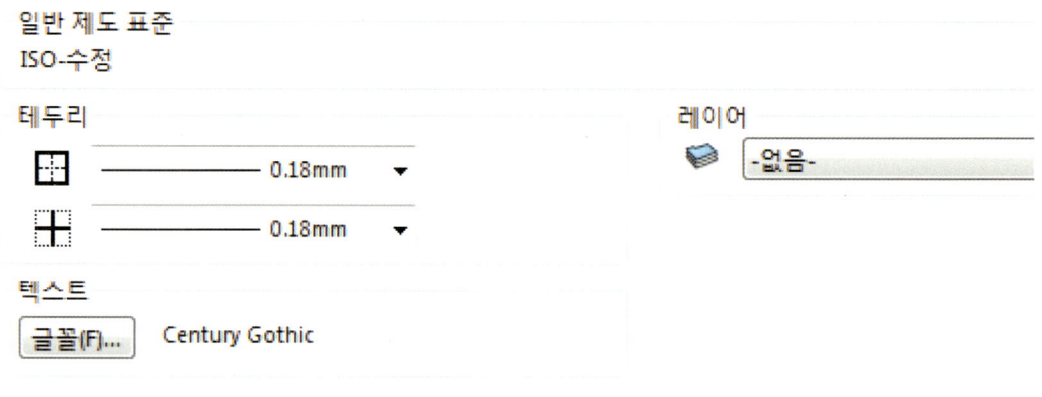

- 구멍 : 구멍 테이블 기입 방법에 필요한 표준을 설정한다.

일반 제도 표준
ISO-수정

테두리
⊞ ——— 0.18mm ▼
⊞ ——— 0.18mm ▼

텍스트
[글꼴(F)...] Century Gothic

위치 정밀
.12 ▼

영숫자 컨트롤
◉ A, B, C...
◯ 1, 2, 3...

스키마
☐ 같은 태그 합치기
☐ 같은 크기 합치기
☐ ANSI 인치 규격의 문자나 숫자로 드릴 크기 표시(A)

소수점 자릿수(I): 표준 ▼
소수점 표시(N): 지능형 ▼
☑ 구멍 중심 표시
☑ 구멍 변수 테이블 자동 업데이트
☐ 삭제된 태그 다시 사용
☐ 테이블 끝에 새 행 추가

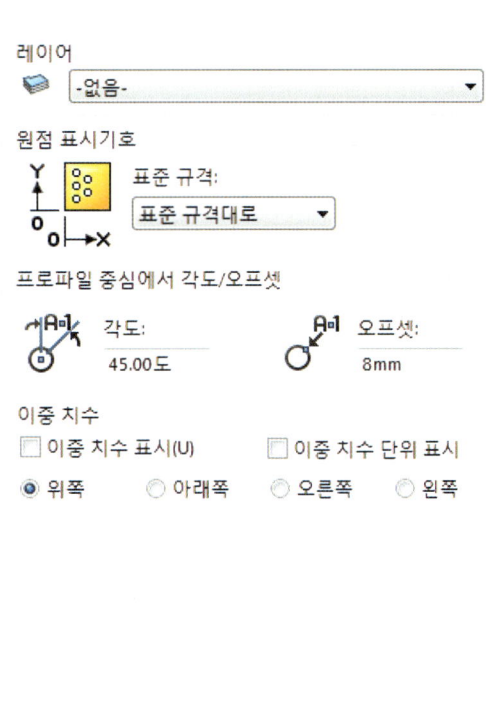

- 수정본 : 수정 내용 기입 방법에 필요한 표준을 설정한다.

일반 제도 표준
ISO-수정

테두리
0.18mm
0.18mm

레이어
-없음-

텍스트
글꼴(F)... Century Gothic

기호 모양
○ △
□ ⬡

영숫자 컨트롤
● A, B, C...   ○ 사용자 번호에서 이어 시작
○ 1, 2, 3...   ● 모두 변경

여러 시트 스타일
● 시트 1 보기   ○ 링크   ○ 따로

뷰 : 생성된 각 뷰 라벨에 대한 기입 방법에 필요한 표준을 설정한다.
- 보조도 : 보조도의 뷰 라벨 기입 방법에 필요한 표준을 설정한다.

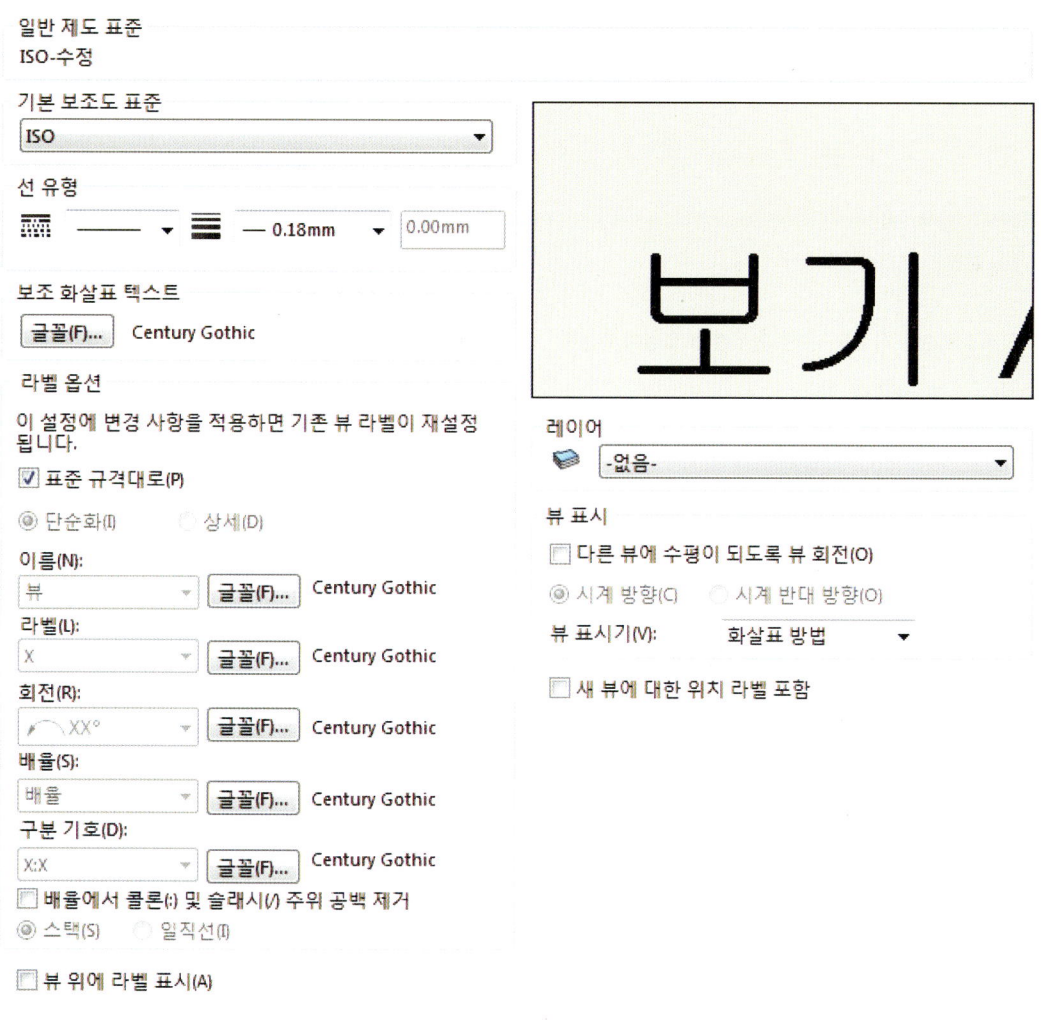

- 상세도 : 상세도의 뷰 라벨 기입 방법에 필요한 표준을 설정한다.

– 단면도 : 단면도의 뷰 라벨 기입 방법에 필요한 표준을 설정한다.

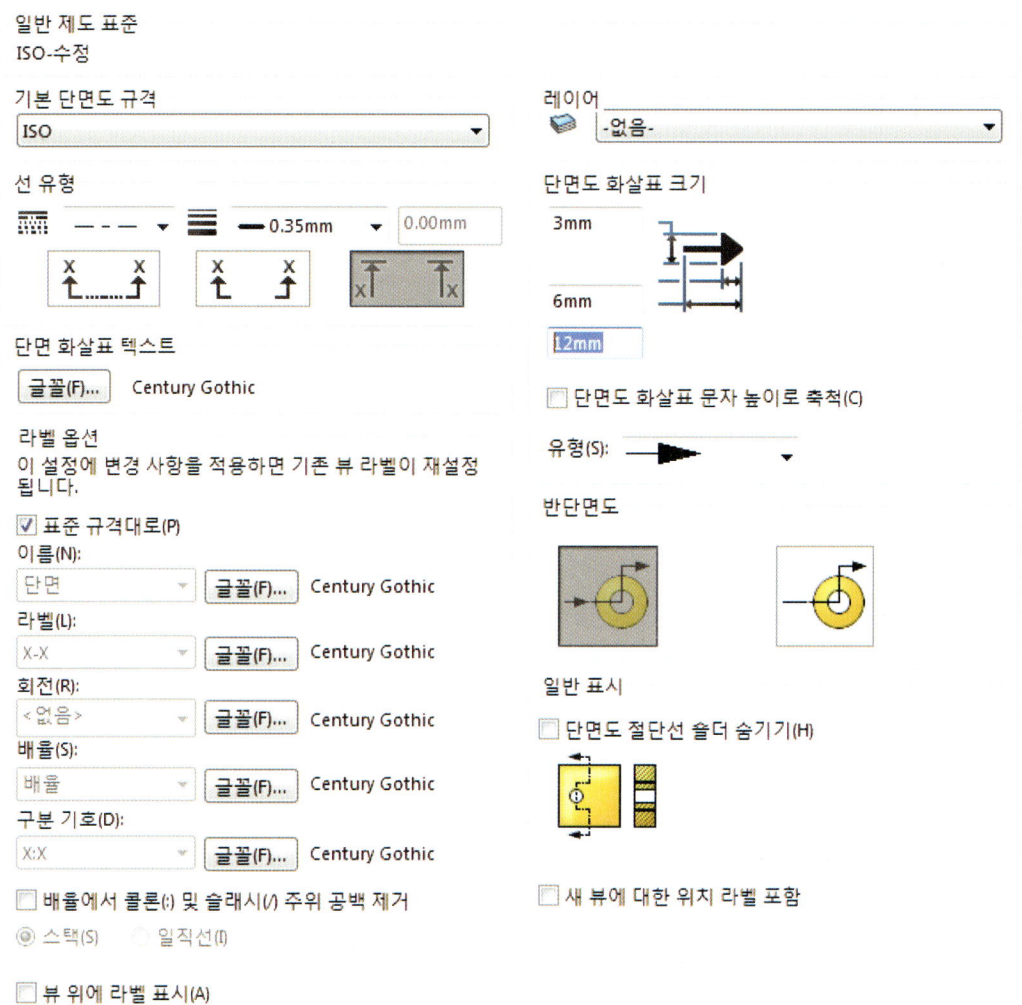

가상 꼭지점 : 가상 꼭지점은 두 스케치 요소의 가상 교차 스케치점을 말하며 이 가상 꼭지점의 기입 방법에 필요한 표준을 설정한다.

제도 표준 관리하기

현재 설정된 제도 표준을 파일로 저장 또는 관리하고 제도 표준 데이터를 공유할 수 있으며 다른 시스템에서도 제도 표준 데이터를 이용하여 설정 내용을 동일하게 맞춰 사용할 수 있다.

- 설정된 제도 표준을 외부 파일로 저장하기 : 옵션 대화 상자에서 문서 속성 탭으로 이동하고 외부 파일로 저장 버튼을 선택하여 파일로 저장할 수 있고 확장자는 *.sldstd로 저장된다.

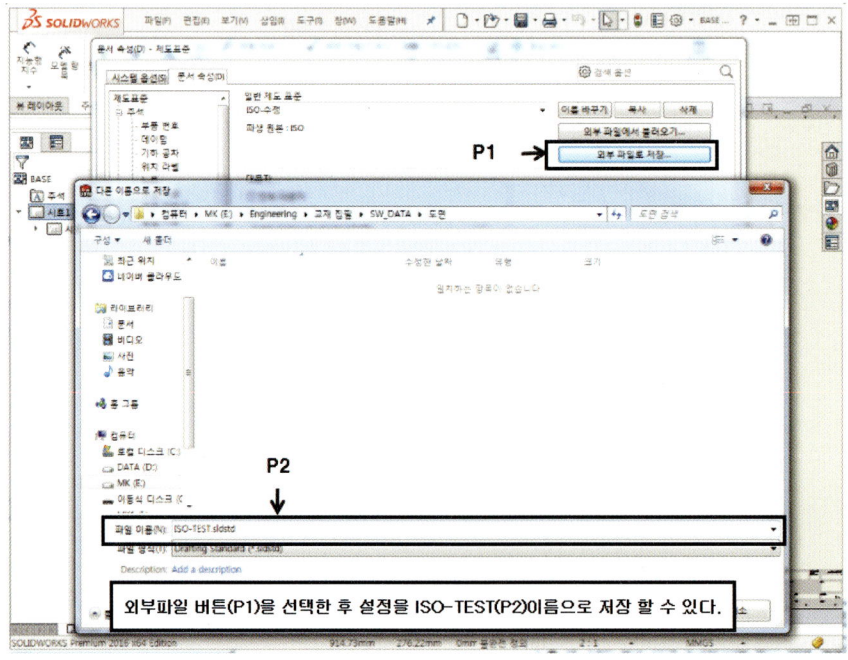

- 저장된 제도 설정 파일 불러오기 : 옵션 대화 상자에서 문서 속성 탭으로 이동하고 제도 표준에서 외부 파일에서 불러오기 버튼을 선택하여 저장된 설정 파일을 열어 제도 표준을 적용할 수 있다.

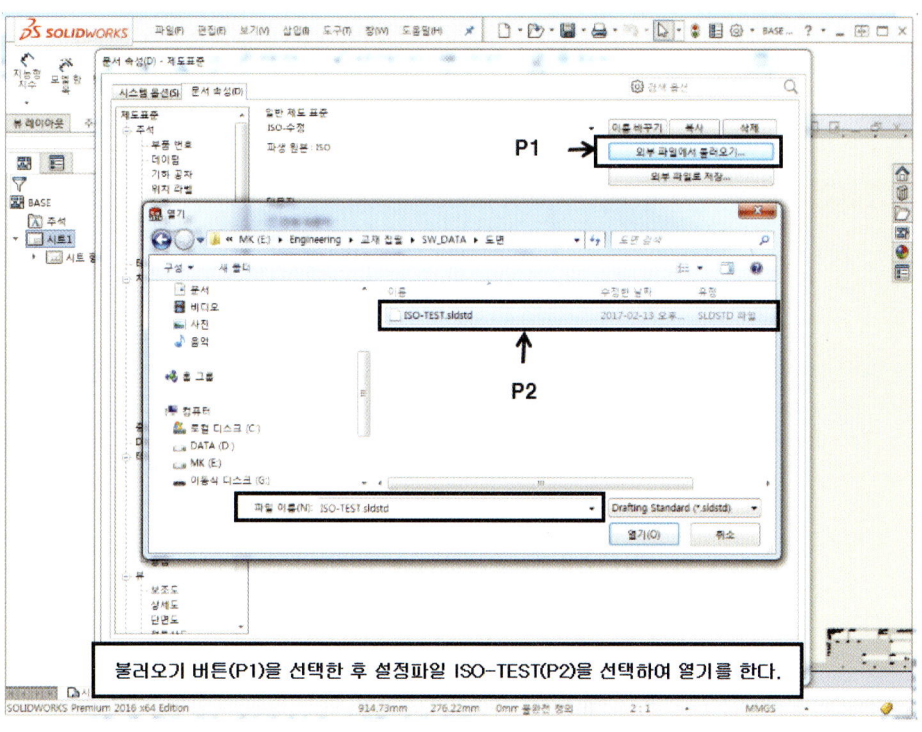

도면 템플릿 만들기 따라하기

Solidworks에서는 사용자에게 맞게 설정된 템플릿을 이용하여 설계 작업을 보다 효율적으로 할 수 있다.

예제파일의 압축을 풀고 SW_DATA 폴더/도면/A3.dwg 파일을 열기한다.

1. 도면 폴더에서 A3.dwg 파일을 선택하여 열기를 한다.

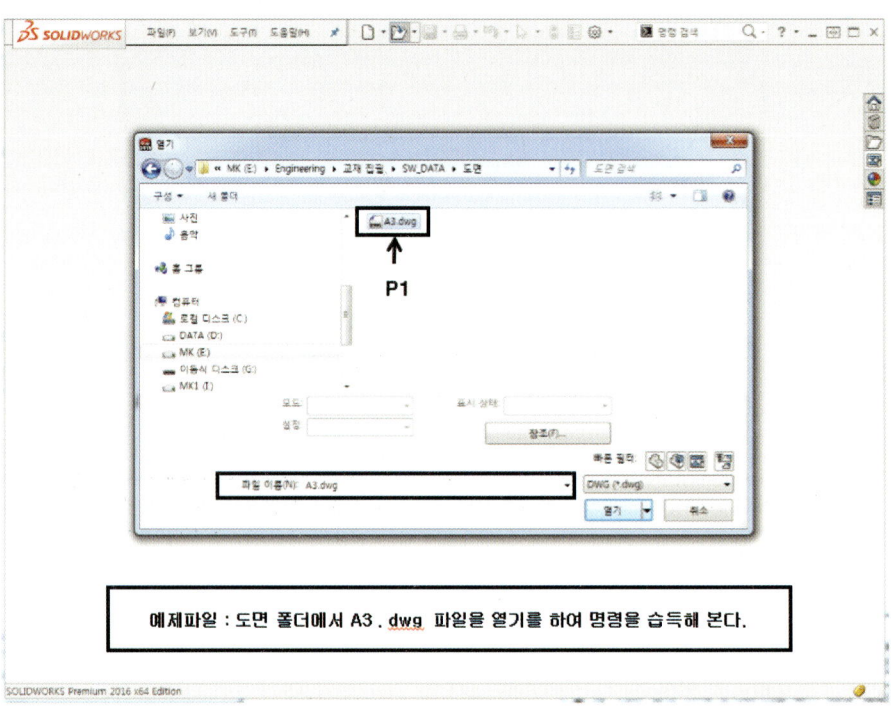

예제파일 : 도면 폴더에서 A3.dwg 파일을 열기를 하여 명령을 습득해 본다.

STEP 08. 도면 작성하기   415

2. 도면 폴더에서 A3.dwg 파일을 선택하여 열기를 한다.

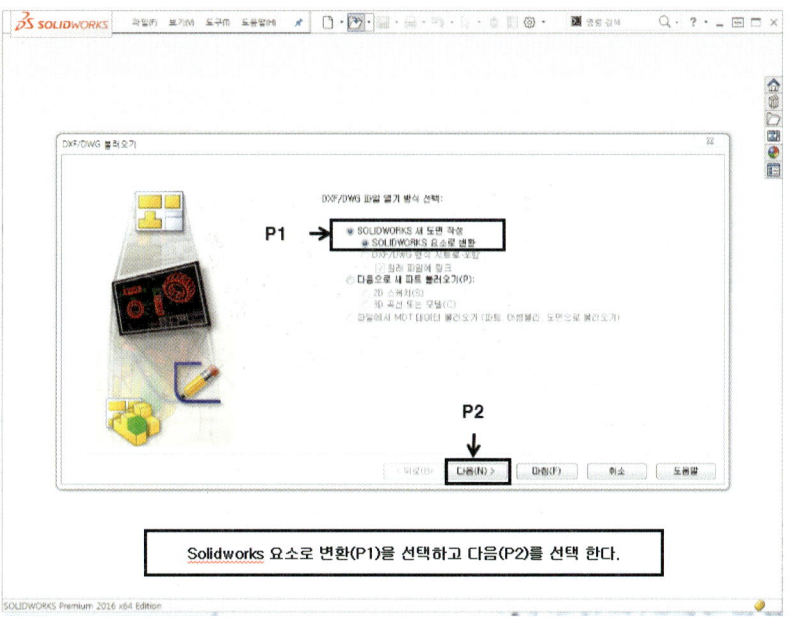

3. 불러온 dwg 파일에서 필요한 레이어만 체크하고 다음을 선택한다.

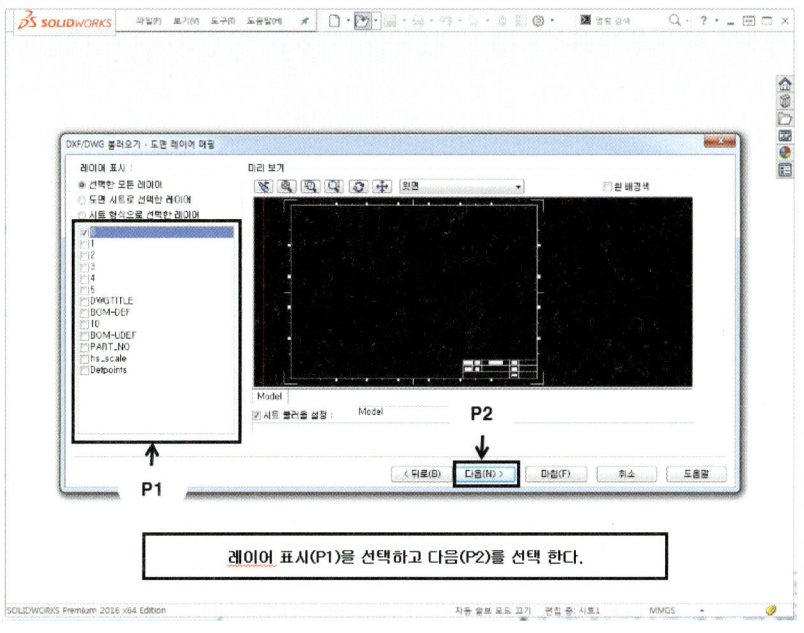

4. 단위계와 위치(0; 0)를 설정하고 마침을 선택하여 완료한다.

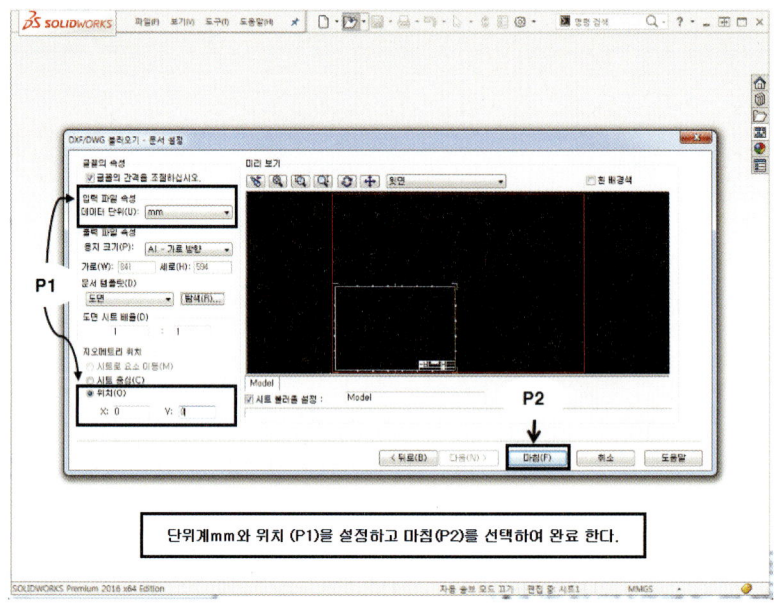

5. 삽입된 dwg를 필요에 맞게 사용하기 위하여 디자인 트리-Model-선택 후 PopUp 메뉴에서 속성을 선택한다.

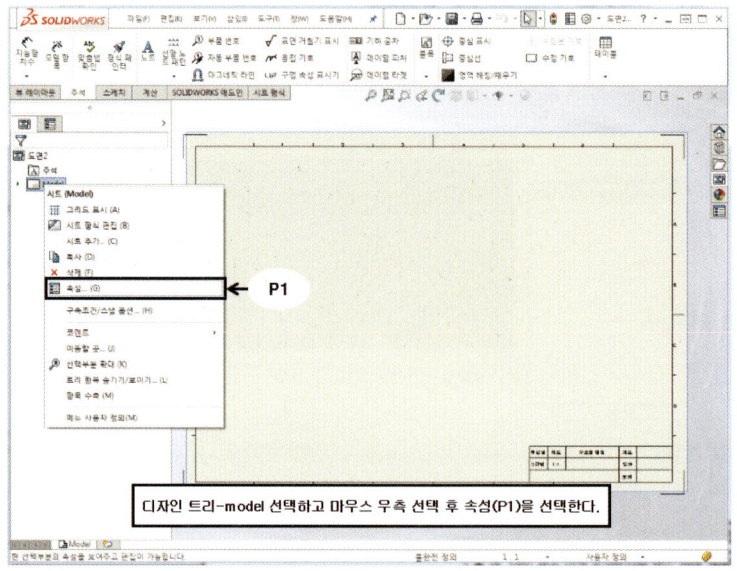

6. 불러온 dwg를 활용하기 위하여 기존 템플릿을 사용자화로 바꿔준다.

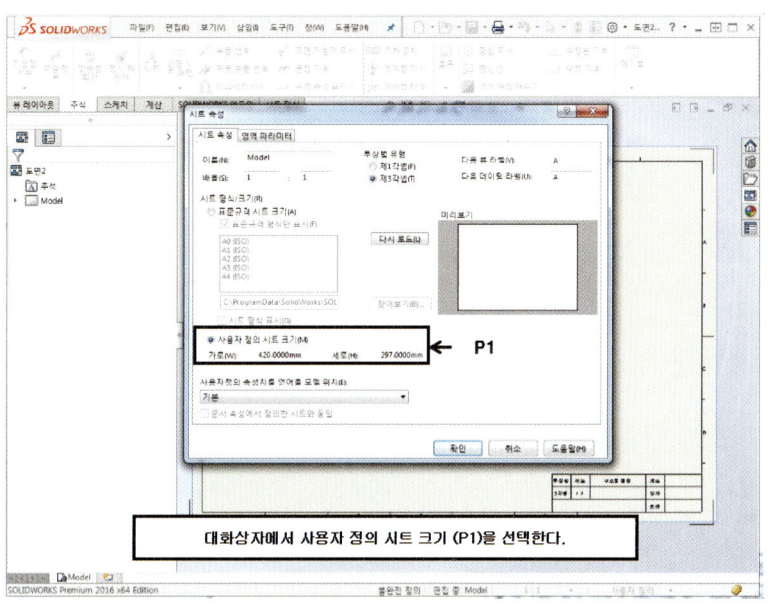

7. 다음 그림과 같이 시트 배경을 사용자화하였다.

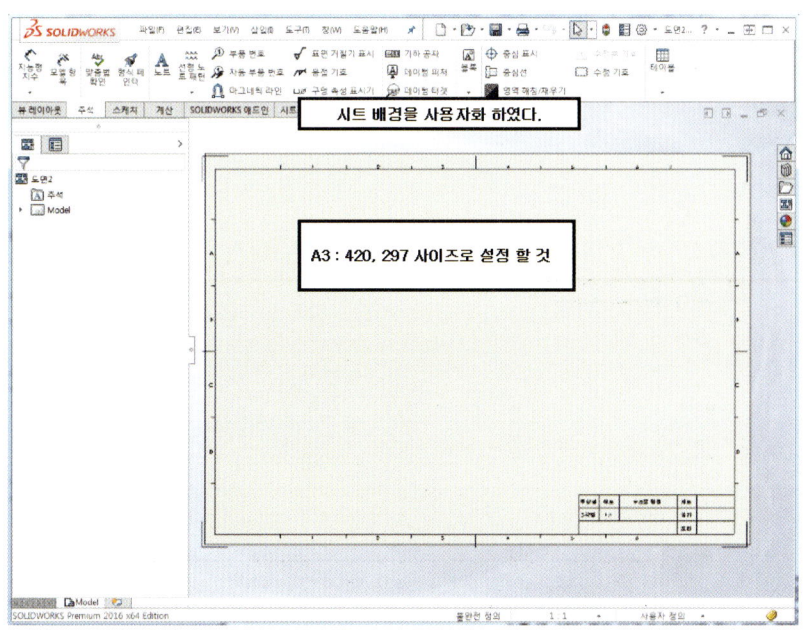

8. 삽입된 dwg 개체를 전체 선택하여 Ctrl+C하여 복사한다.

9. 시트 편집을 위하여 다음 그림과 같이 시트 형식 편집을 선택한다.

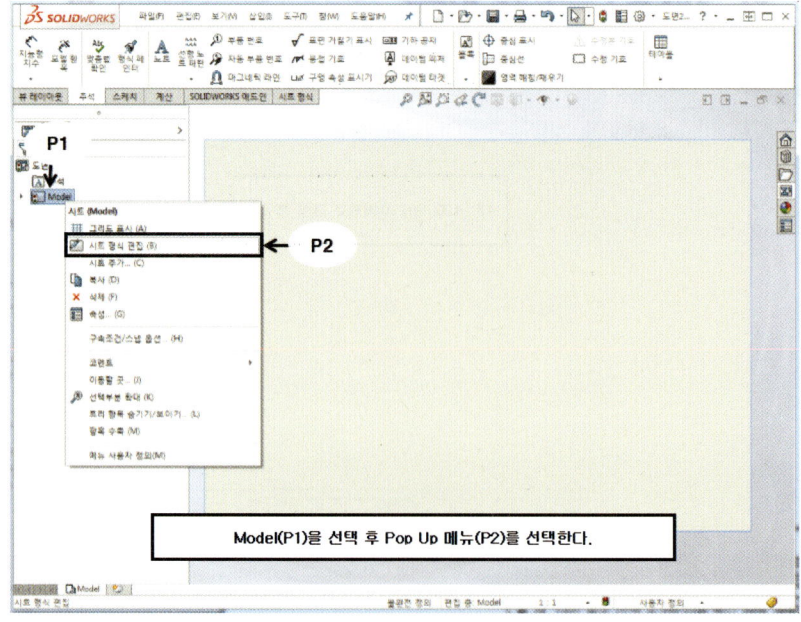

10. 시트 편집 환경에서 복사한 dwg 개체를 붙여넣기한다.

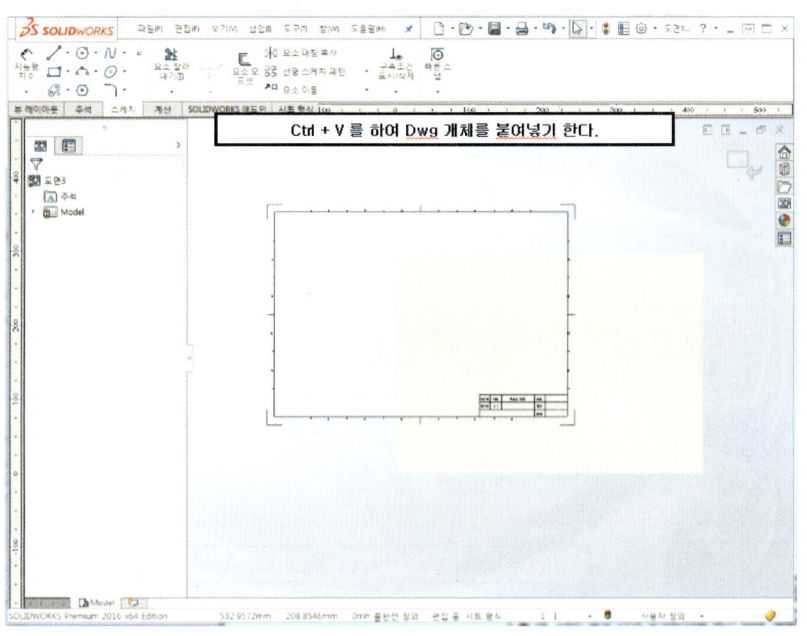

11. 스케치에서 점 명령을 이용하여 좌표계(0, 0) 위치에 점을 작성한다.

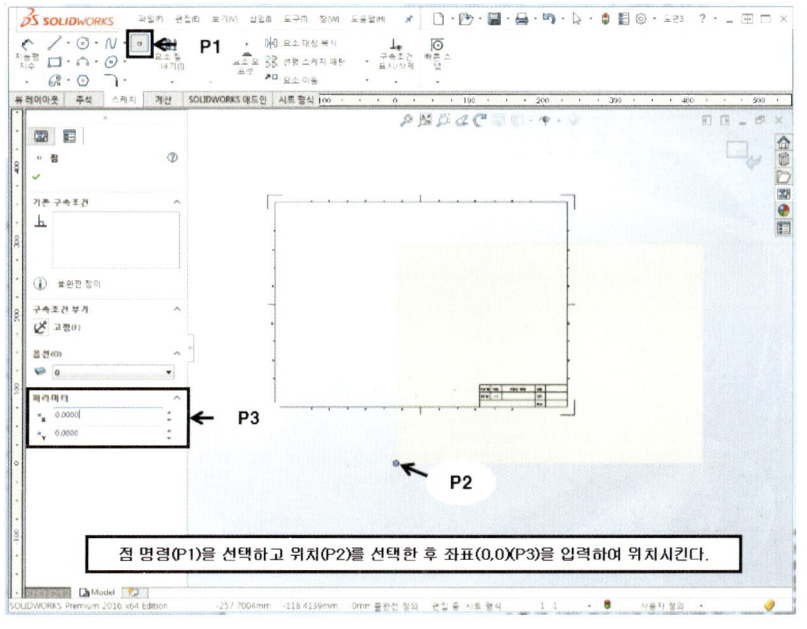

12. 점을 선택하고 구속 조건 고정을 선택하여 점을 고정시킨다.

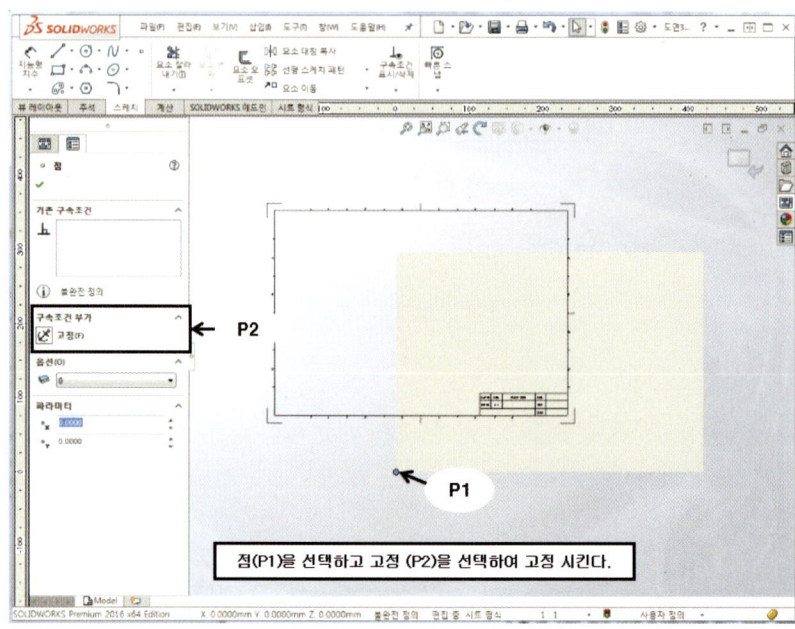

13. 붙여넣기한 dwg 개체를 다음 그림과 같이 요소 이동시킨다.

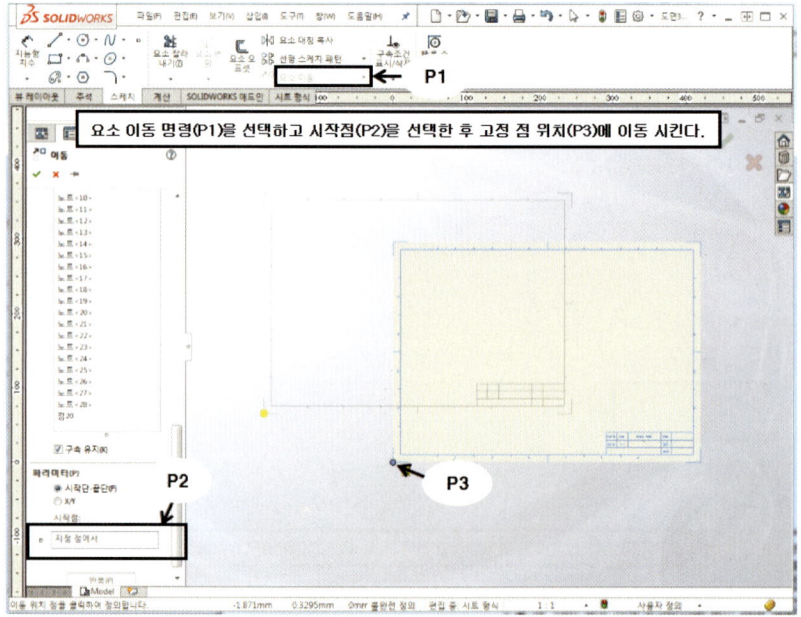

STEP 08. 도면 작성하기 421

14. 노트를 이용하여 다음 그림과 같이 속성에 링크를 선택한다.

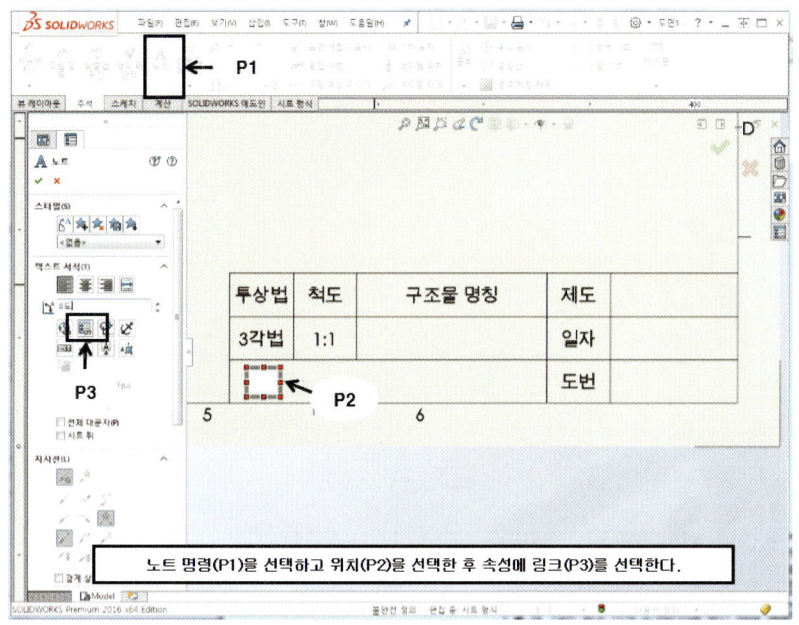

15. 시트 속성에서 지정한 도면 뷰와 SW-파일 이름을 선택하여 설정을 완료한다.

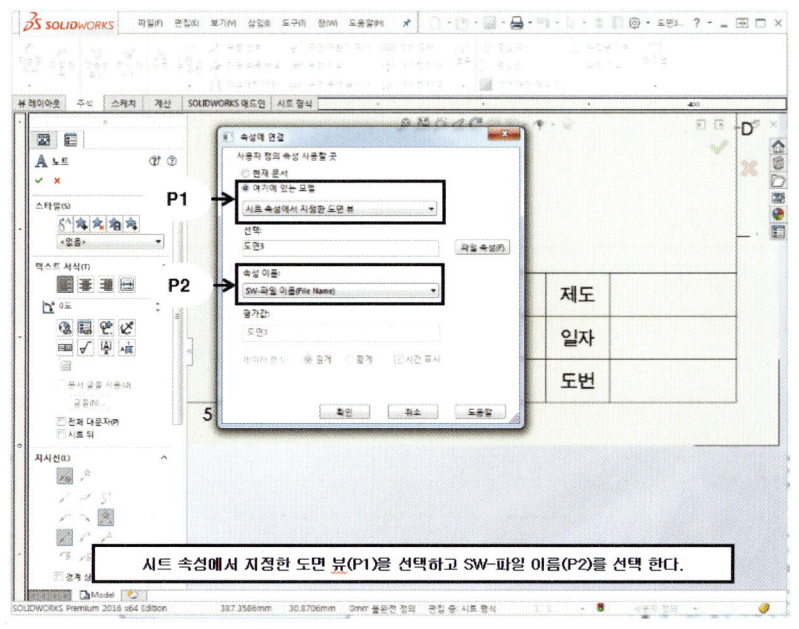

16. 모델링 파일의 이름이 삽입되게 변수가 정의된 것을 확인한다.

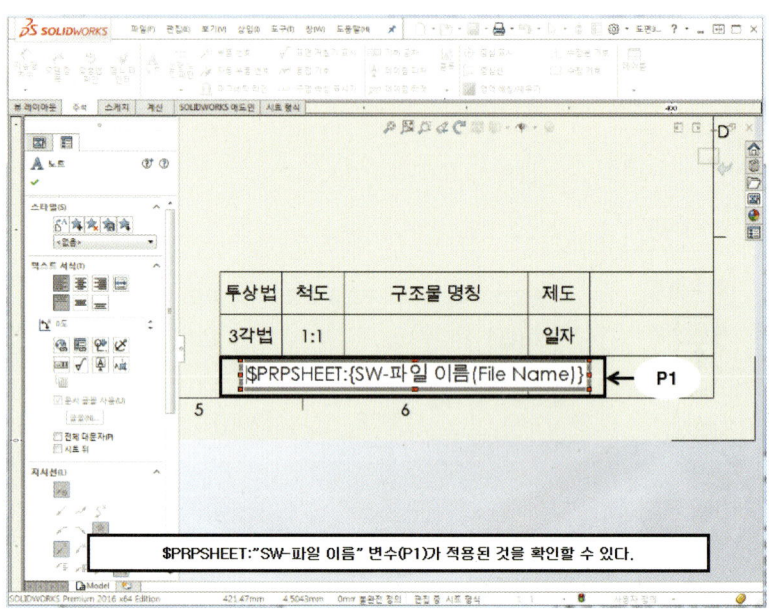

17. 다음 그림과 같이 시트 편집을 종료한다.

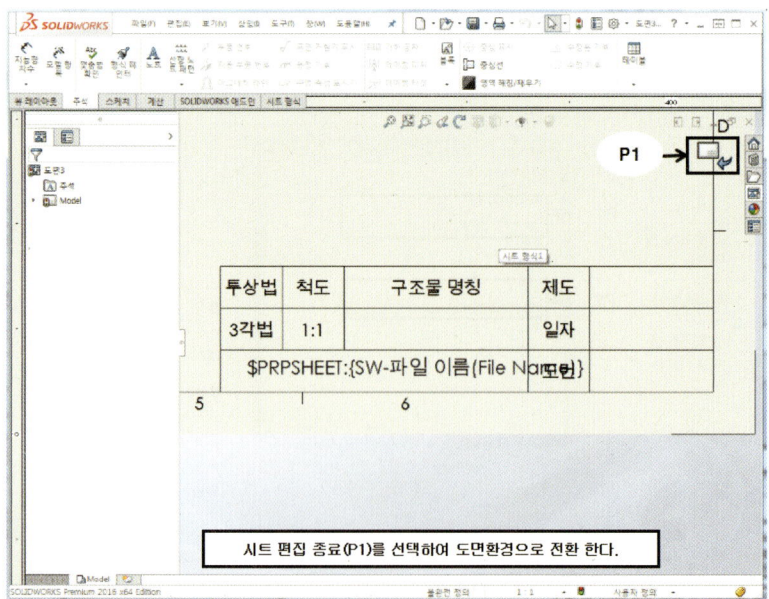

18. 기존 dwg 개체를 전체 선택하여 삭제한다.

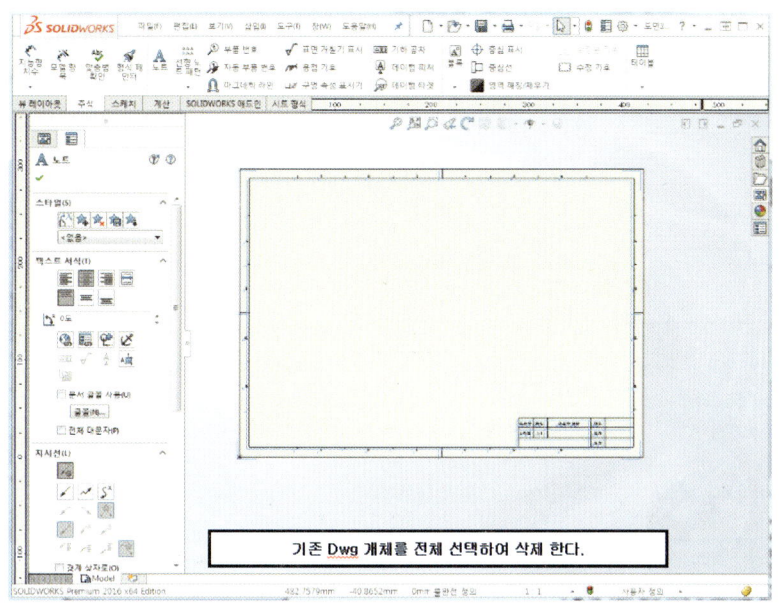

19. 모델링 개체를 도면 영역으로 가져오면 자동으로 지정 명명도 뷰가 배치되도록 하기 위하여 아래와 같이 지정 명명도 명령을 선택한다.

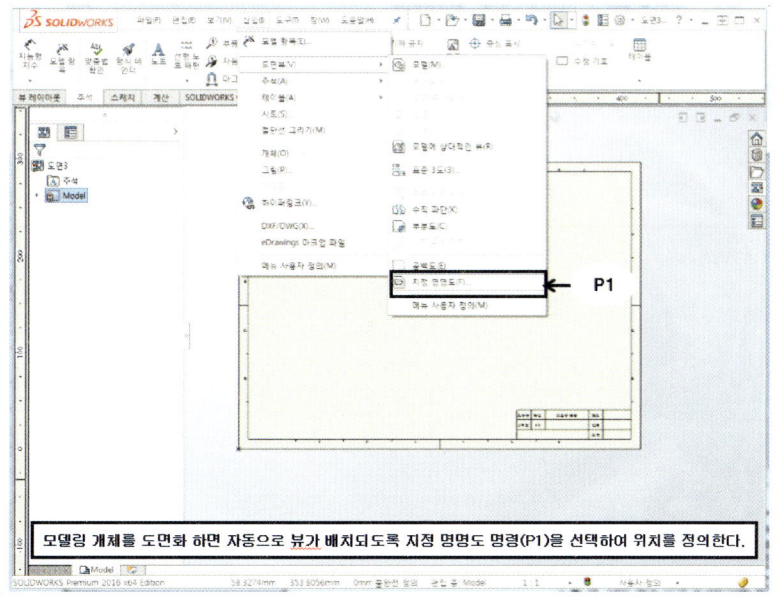

20. 명명도 지정 후 방향 정면도, 표시 유형 은선 표시를 선택하여 설정한다.

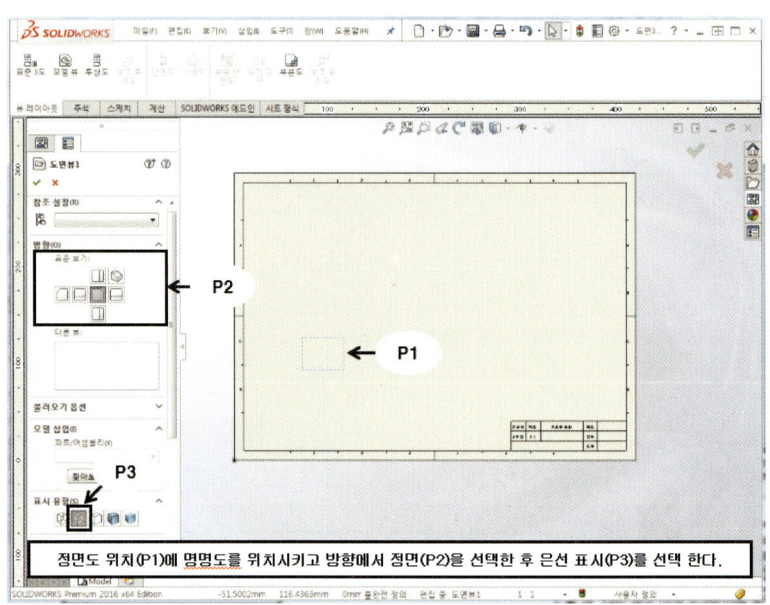

21. 위와 같은 방법으로 측면, 평면 뷰를 설정한다.

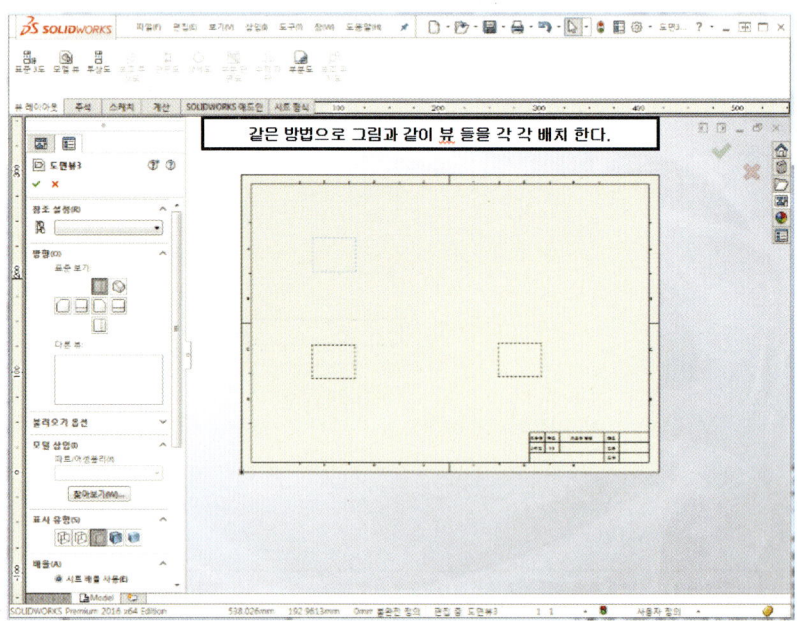

22. 배치된 뷰를 정렬하기 위하여 중심에 수직으로 정렬 명령을 선택한다.

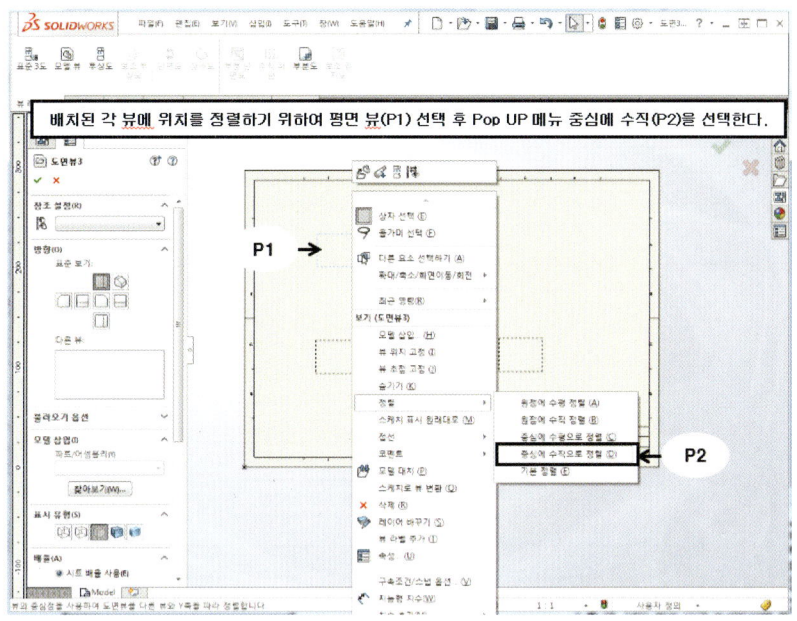

23. 기준 뷰인 정면 뷰를 선택하여 정렬시키고 측면 뷰도 같은 방법으로 맞춘다.

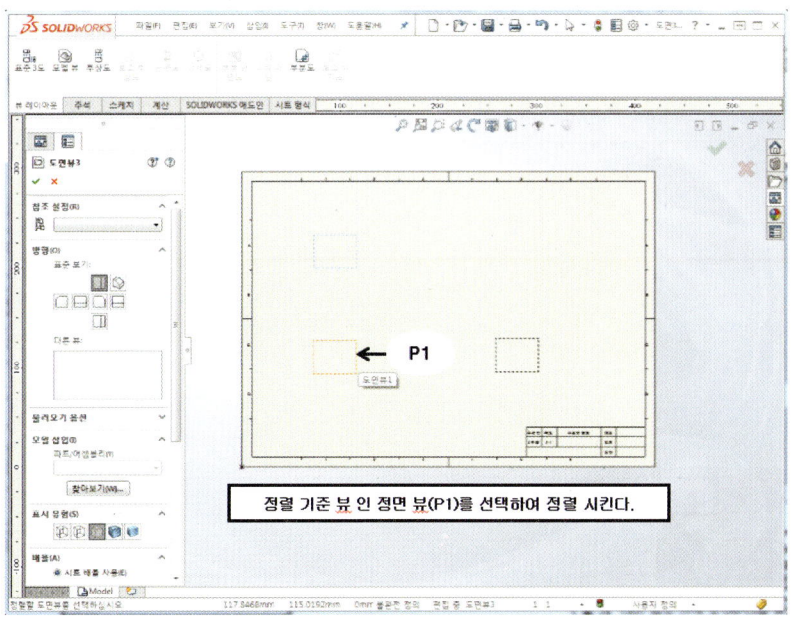

24. 다음 그림과 같이 지정 명명 뷰 배치를 완료하였다.

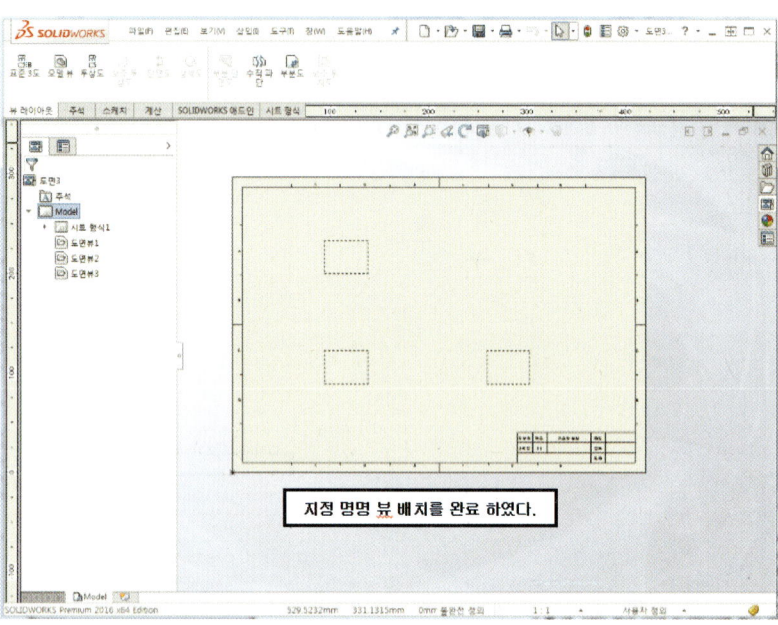

25. 도면 템플릿으로 저장하기 위하여 다른 이름으로 저장한다.

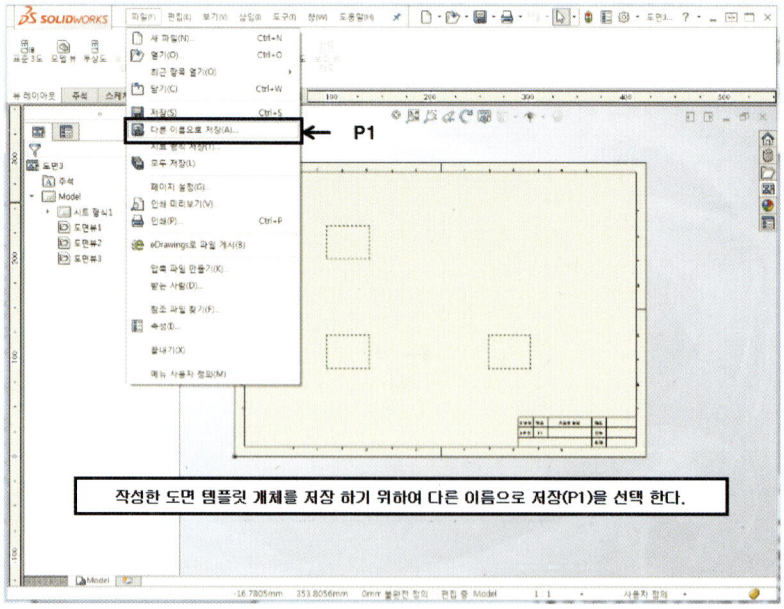

26. 이미 작성되어 있는 도면 템플릿을 선택하고 덮어쓰기를 하여 템플릿을 완료한다.

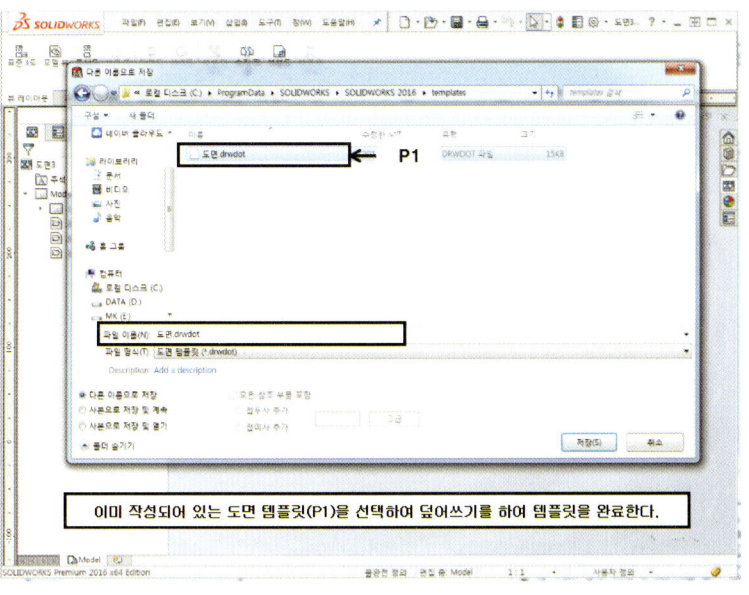

노트 명령의 속성 링크 알아보기

위 따라하기에서와 같이 시트 편집 환경에서 속성 정보를 기입하거나 지정하여 모델링 개체를 도면 환경에 배치할 경우 모델의 속성에 대한 변수를 링크하여 도면 시트에 속성을 자동으로 반영하도록 정의할 수 있다.

노트-텍스트 서식

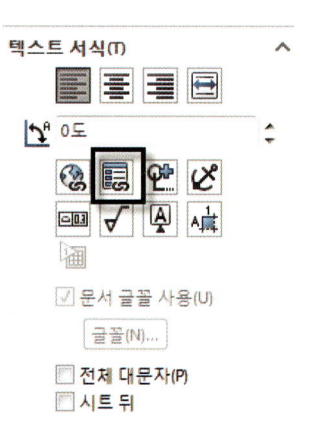
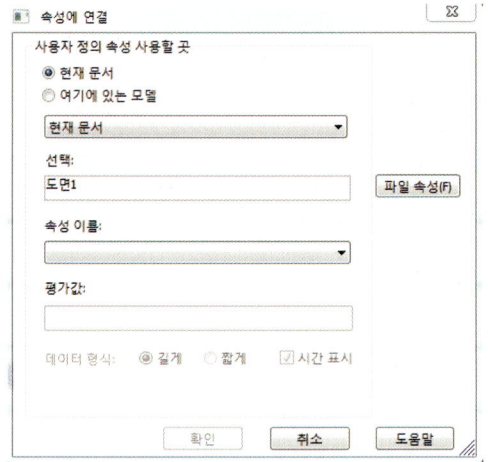

노트 명령을 선택하고 위치를 지정한 후 디자인 트리에서 텍스트 서식 도구 모음에서 위 좌측 그림과 같이 속성에 링크 아이콘을 선택하면 우측 속성에 링크 대화 상자가 나타난다.

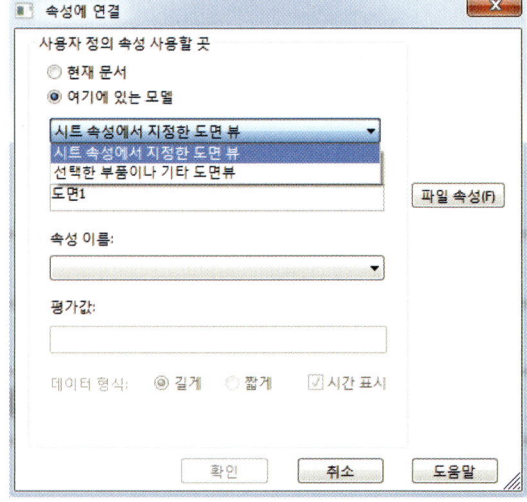

사용자 정의 속성을 사용할 곳 : 링크를 사용할 위치를 정하여 지정한다.
- 현재 문서 : 현재 보이는 문서에 링크 속성을 정의한다.
- 여기에 있는 모델 : 도면 환경에 삽입될 모델에 대한 링크 속성을 정의한다.
    - 시트 속성에서 지정한 도면 뷰 : 시트 속성에서 지정한 도면 뷰에 링크 속성을 정의한다.
    - 선택한 부품이나 기타 도면 뷰 : 사용자가 지정한 부품 또는 다른 도면 뷰에 링크 속성을 정의한다.

속성 이름 : 모델에 링크할 속성에 대한 목록이며 여기에서 보이는 속성 변수값들이 도면 시트 변수 위치에 삽입된다.

노트 링크 속성에 정의되는 접두사(변수명)는 아래 표와 같이 사용이 가능하다.

접두사	사용처
$PRP:	현재 문서
$PRPSHEET:	시트 속성에 정의된 뷰 모델 시트 속성에 사용자 정의 속성으로 지정된 모델이 기본값이고 노트가 도면 뷰에 속해 있으면 노트가 속해 있는 도면 뷰에 있는 모델이 사용된다. 시트와 시트 형식 노트에는 FeatureManager 디자인 트리에 있는 첫번째 뷰가 사용된다. 뷰를 선택하면 선택한 뷰의 모델이 사용된다.
$PRPVIEW:	노트가 속해 있는 도면 뷰 모델
$PRPMODEL:	주석을 붙일 부품

Solidworks 시스템에 정의된 속성

속성 이름	값
SW-Author	요약 정보 대화 상자의 작성자 필드
SW-Comments	요약 정보 대화 상자의 코멘트 필드
SW-설정명	ConfigurationManager에 있는 설정명
SW-작성 날짜 *	요약 정보 대화 상자의 작성 필드
SW-파일 이름	문서 이름, 확장명 없음
SW-폴더 이름	끝에 백슬래시가 있는 문서 폴더
SW-키워드	요약 정보 대화 상자의 키워드 필드
SW-마지막 저장한 사람	요약 정보 대화 상자의 마지막 저장한 사람 필드
SW-마지막 저장한 날짜	요약 정보 대화 상자의 마지막 저장 날짜 필드
SW-완전한 날짜	완전한 날짜 형식안의 현재 날짜
SW-줄인 날짜 *	줄인 날짜 형식안의 현재 날짜
SW-주제	요약 정보 대화 상자의 주제 필드
SW-제목	요약 정보 대화 상자의 제목 필드

도면 시스템에 정의된 속성

속성 이름	값
현 도면	활성 도면 번호
도면 형식 크기	활성 도면 형식의 도면 크기
도면 이름	활성 도면 이름
도면 배율	활성 도면 배율
SW-템플릿 크기	도면 템플릿의 템플릿 크기
SW-도면 합계	활성 도면 문서 내 총 도면 수

속성 변수 작성 방법

노트 명령을 선택하고 위치를 지정한 후 텍스트 기입 위치에 변수 : $PRPSHEET: "SW-파일 이름"을 변수명을 입력하면 텍스트는 $PRPSHEET:{SW-파일 이름(File Name)}으로 바뀌게 되어 이 변수와 관련된 속성과 링크를 수행하게 된다.

$PRPSHEET : 시트 속성에 정의된 뷰 모델 + "SW-파일 이름" : 문서 이름

모델 파일 속성과 도면 속성 정의하기

모델 파일 속성과 도면 속성을 정의하는 목적은 모델링을 통한 도면 연계의 효율적인 관리를 하고 텍스트 기입과 같은 작업을 최소화하기 위함이기 때문에 꼭 따라하기를 통하여 습득해 보도록 한다.

1. 새 파일-파트 모델링 템플릿을 선택하고 열기한다.

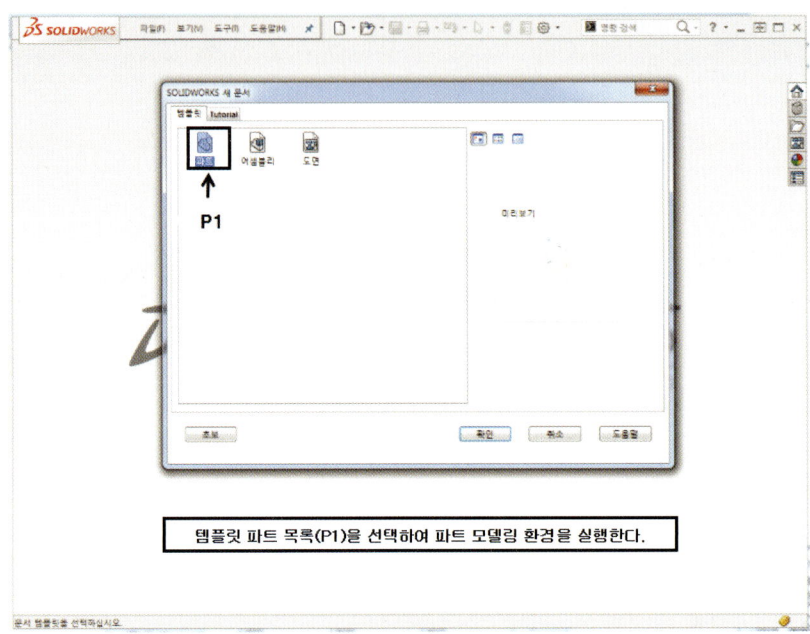

2. 새 파일-파트 모델링 템플릿을 선택하고 열기한다.

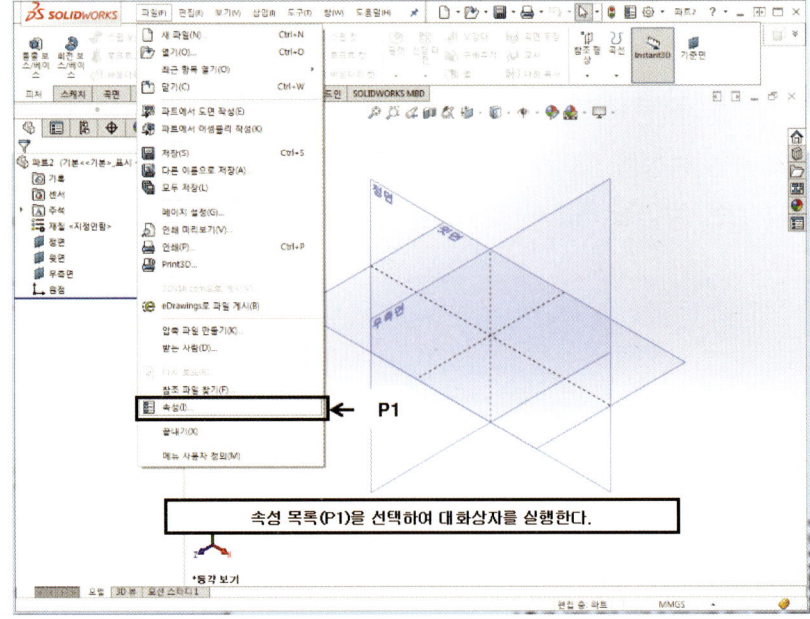

STEP 08. 도면 작성하기 433

3. 다음 그림과 같이 속성 이름과 값을 기입한다.

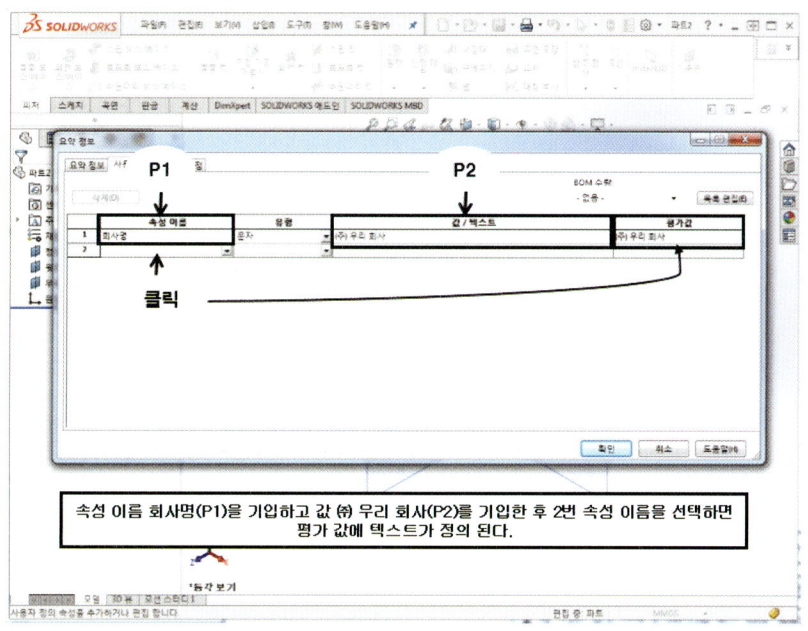

4. 다음 그림과 같이 속성 이름: 재질을 입력하고 값: 재질을 지정한다.

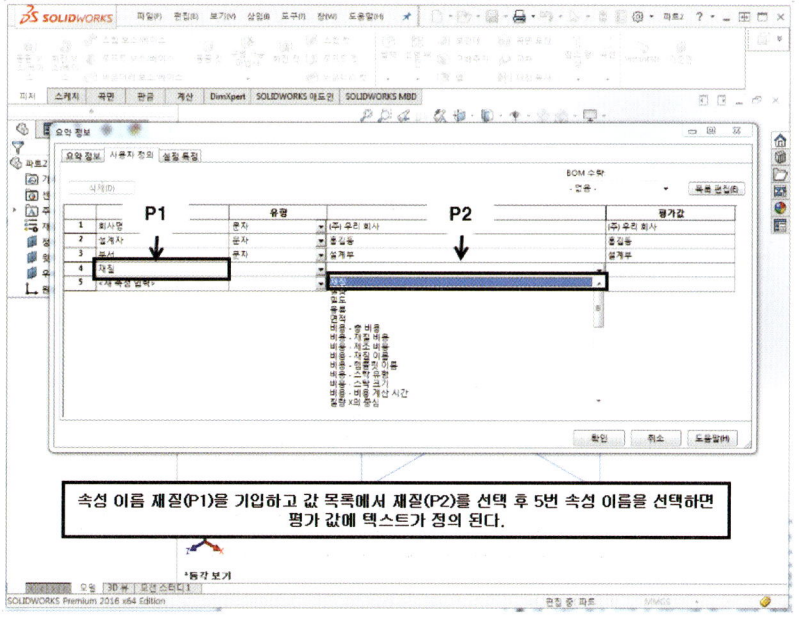

5. 값 목록에서 재질을 선택한 후 변수가 적용된 것을 확인한다.

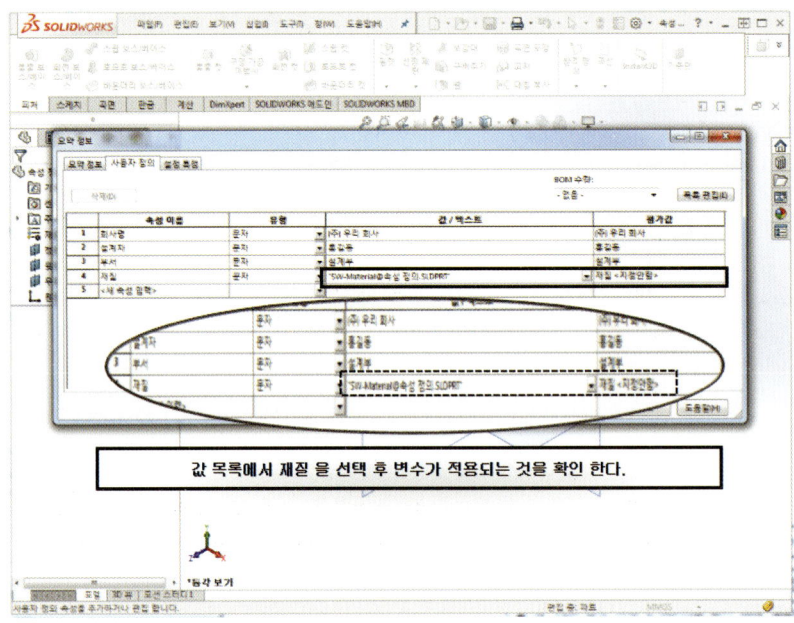

6. 재질을 적용하기 위하여 다음 그림과 같이 모델을 작성한다.

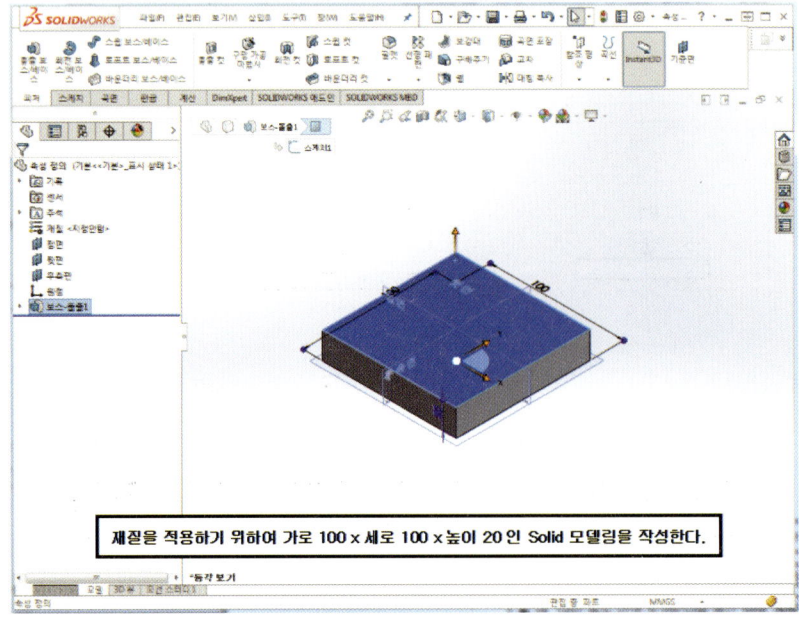

7. 다음 그림과 같이 PopUp 메뉴 재질 편집을 선택한다.

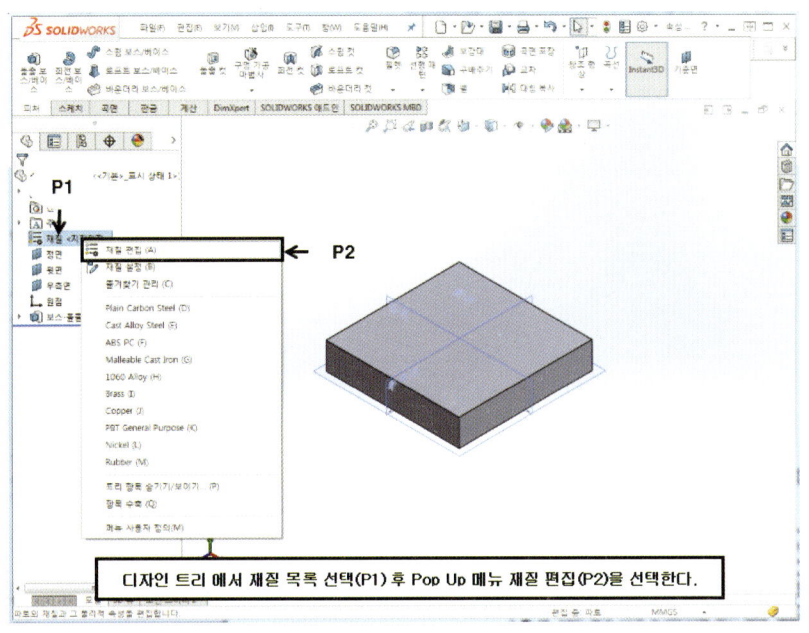

8. 다음 그림과 같이 Alloy Steel을 지정하고 재질 편집을 적용, 닫기한다.

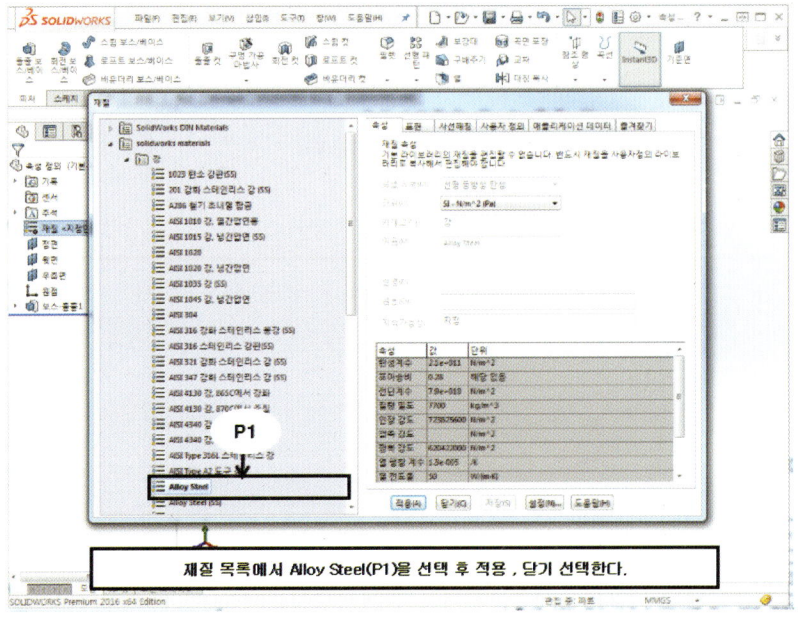

9. 다음 그림과 같이 Alloy Steel을 지정하고 재질 편집을 적용, 닫기한다.

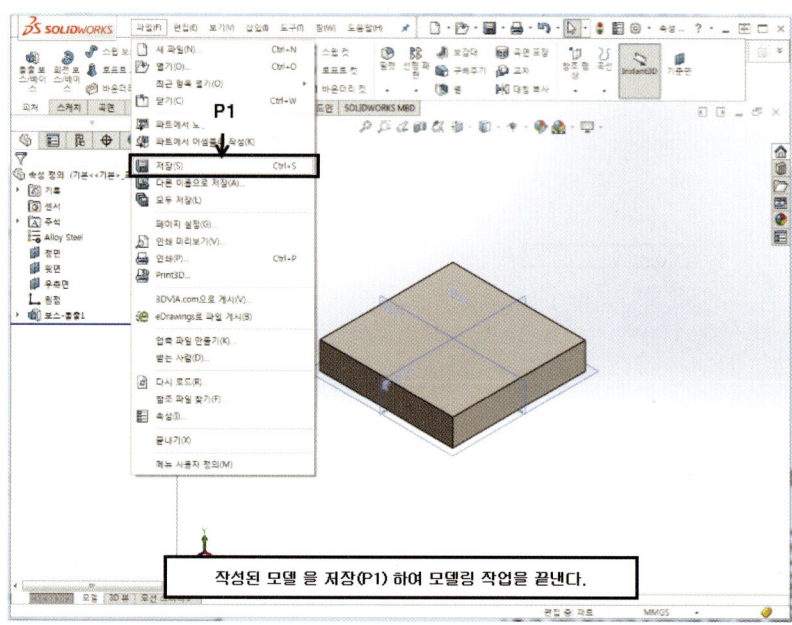

10. 새 파일-도면 템플릿을 선택하여 열기한다.

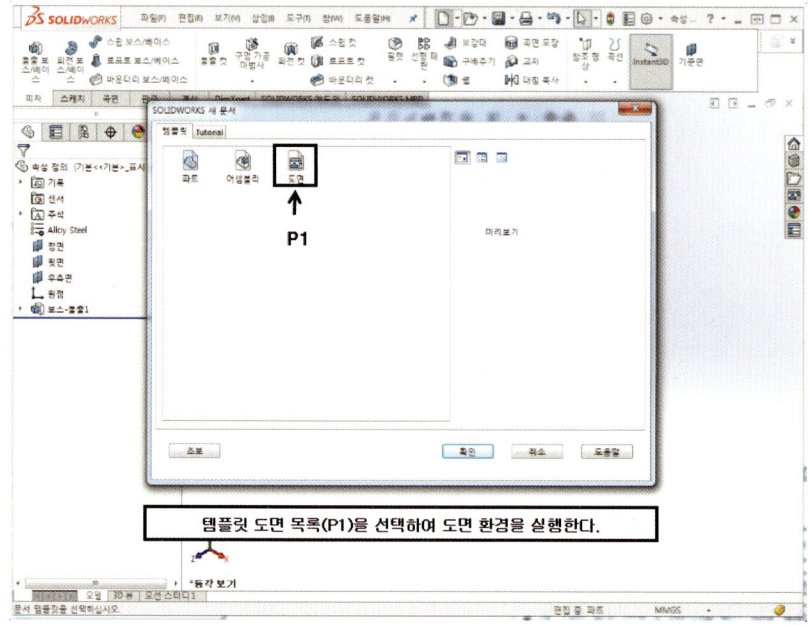

11. 다음 그림과 같이 시트 형식 편집 환경을 실행한다.

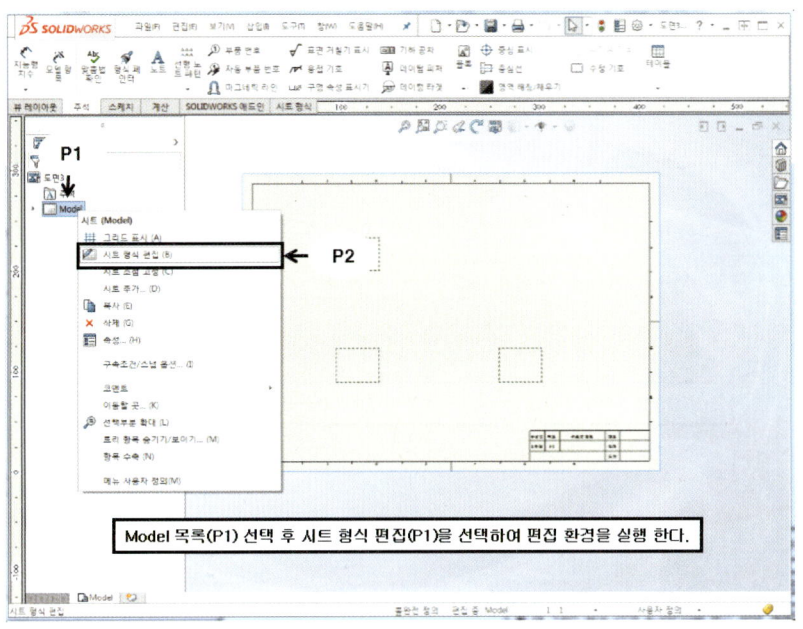

12. 다음 그림과 같이 기존 텍스트를 편집한다.

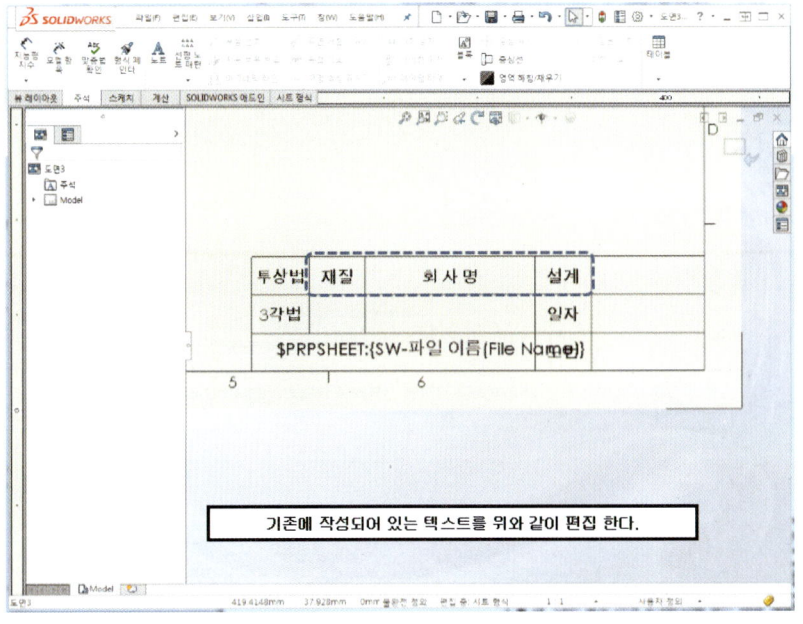

13. 다음 그림과 같이 재질 목록 속성 링크 변수값을 입력한다.

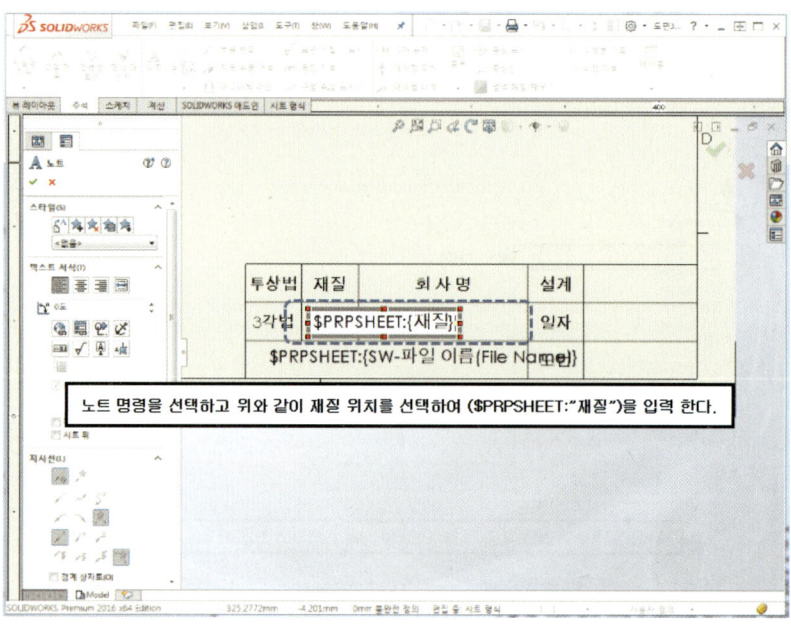

14. 다음 그림과 같이 회사명 목록 속성 링크 변수값을 입력한다.

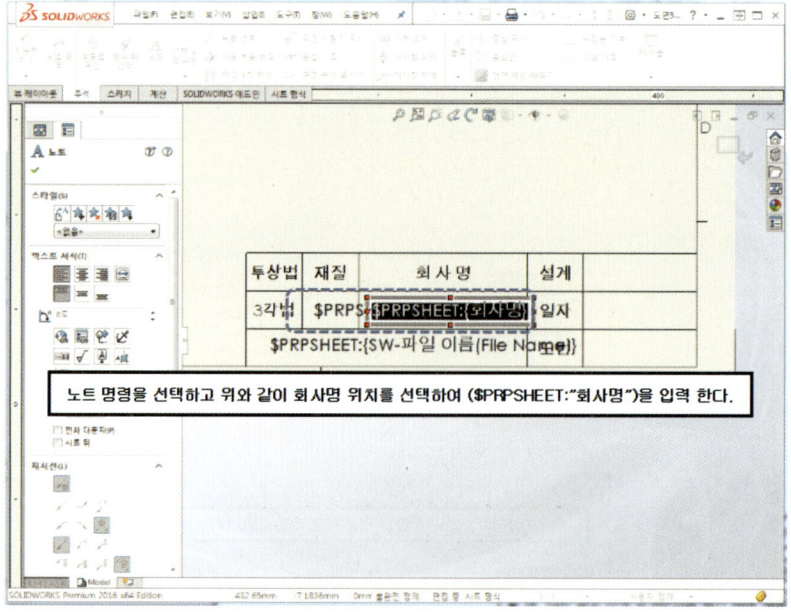

STEP 08. 도면 작성하기 439

15. 다음 그림과 같이 설계 목록 속성 링크 변수값을 입력한다.

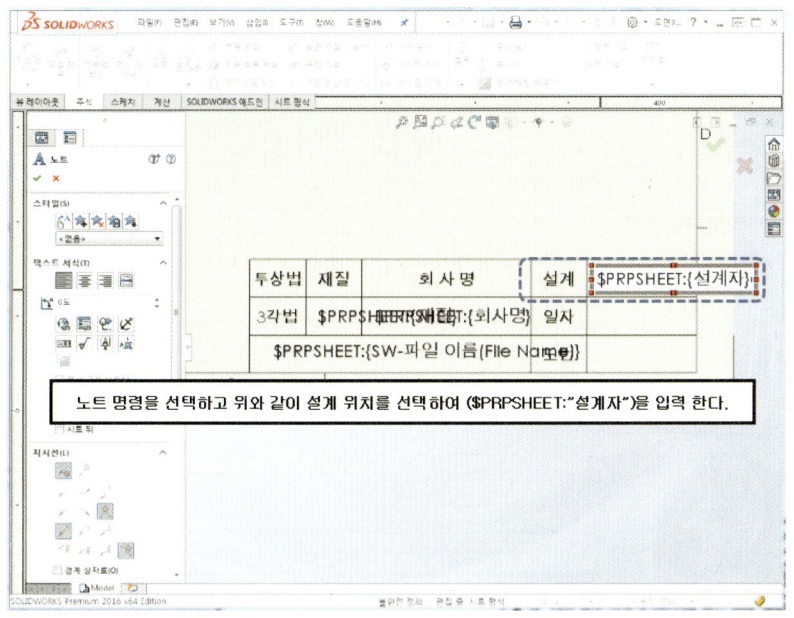

16. 시트 형식 편집 환경을 종료하고 도면 환경으로 전환한다.

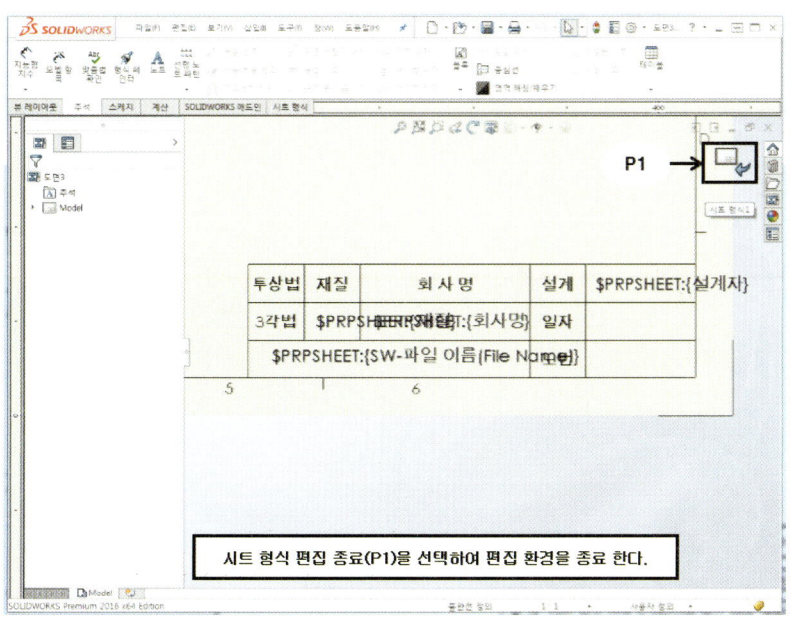

17. 모델 뷰 명령을 선택하여 부품 모델을 삽입한다.

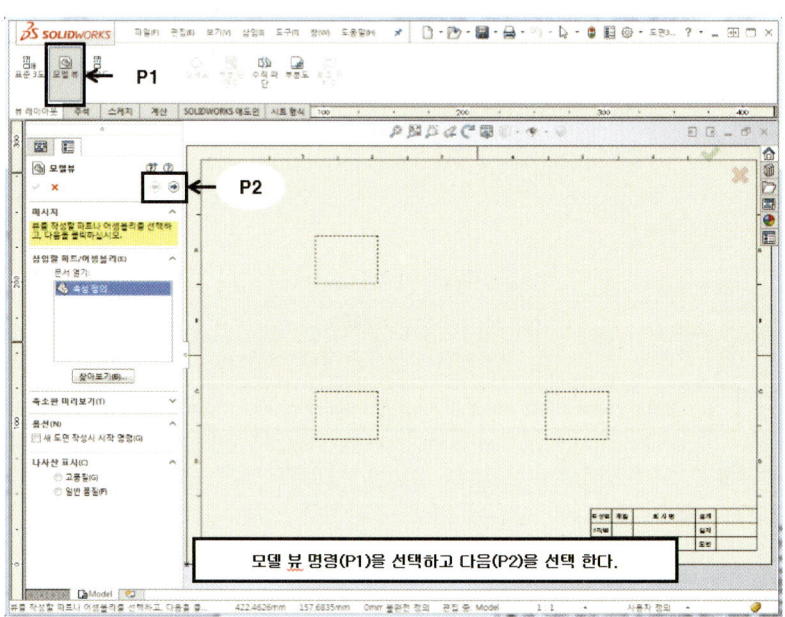

18. 다음 그림과 같이 부품 모델을 삽입한다.

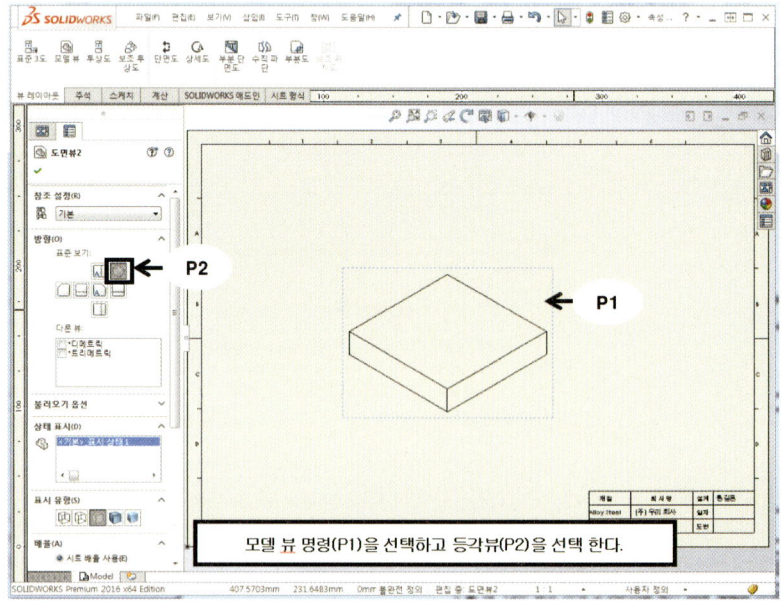

19. 다음 그림과 같이 부품 모델 뷰 배치 후 속성 정보가 삽입된 것을 확인하고 완료한다.

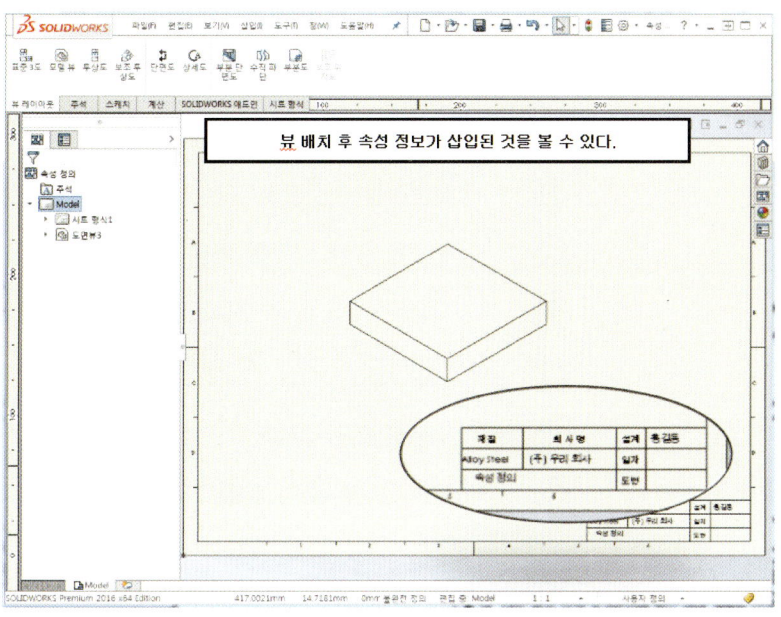

도면 도구 모음(ToolBar)

도면 환경에서 정면, 측면, 우측면, 등각 뷰 등과 단면도를 생성하거나 치수 및 공차, 기하공차 등을 정의하기 위한 명령 모음이다.

명령	아이콘	설명
모델 뷰		작성된 부품 모델 개체를 도면 뷰로 작성한다.
투상도		기준 뷰를 기준으로 수평, 수직 투영 뷰를 작성한다.
보조 투상도		기준 뷰의 참조 모서리에 수직으로 투상도를 작성한다.
단면도		절단선을 기준으로 모델의 단면을 작성한다.
상세도		작성된 뷰의 일부를 확대하여 뷰를 작성한다
부분 단면도		작성된 뷰의 한 부분을 단면으로 정의한다.
수직 파단		파단도는 도면의 길이를 초과하는 부품의 뷰를 도면에 맞게 줄여서 표현한다.
모델에 상대적인 뷰		부품을 회전시킨다.
표준 3도		정면, 평면, 측면 뷰를 작성한다.
부분도		부분도는 이미 작성된 뷰에 닫힌 자유 곡선으로 영역을 만들어 영역에 포함된 뷰를 남기고 포함되지 않는 나머지 뷰 부분을 숨긴다.
공백도		어셈블리 분해도를 작성 또는 편집한다.
지정 명명도		정의될 뷰를 미리 설정한다.
보조 위치도		조립 부품의 동작 범위를 표시하기 위한 뷰이다.

모델 뷰

작성된 부품 모델 개체를 도면 뷰로 작성하는 명령이며 처음 삽입 뷰가 기준 뷰가 된다.

풀다운 메뉴 도구 ⇨ 삽입 ⇨ 도면 뷰 ⇨ 모델을 선택하여 사용할 수 있다.

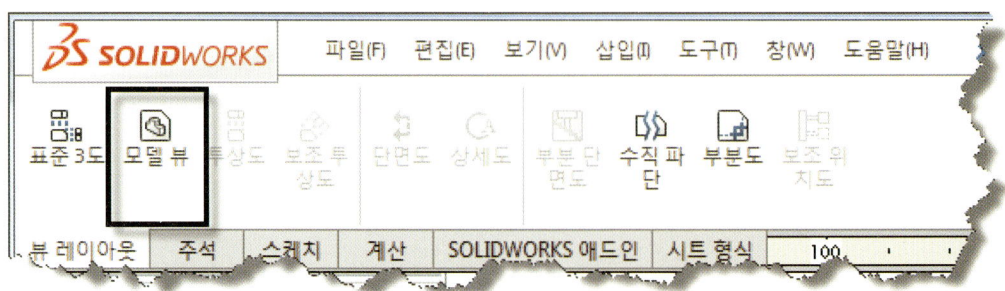

모델 뷰 – STEP1

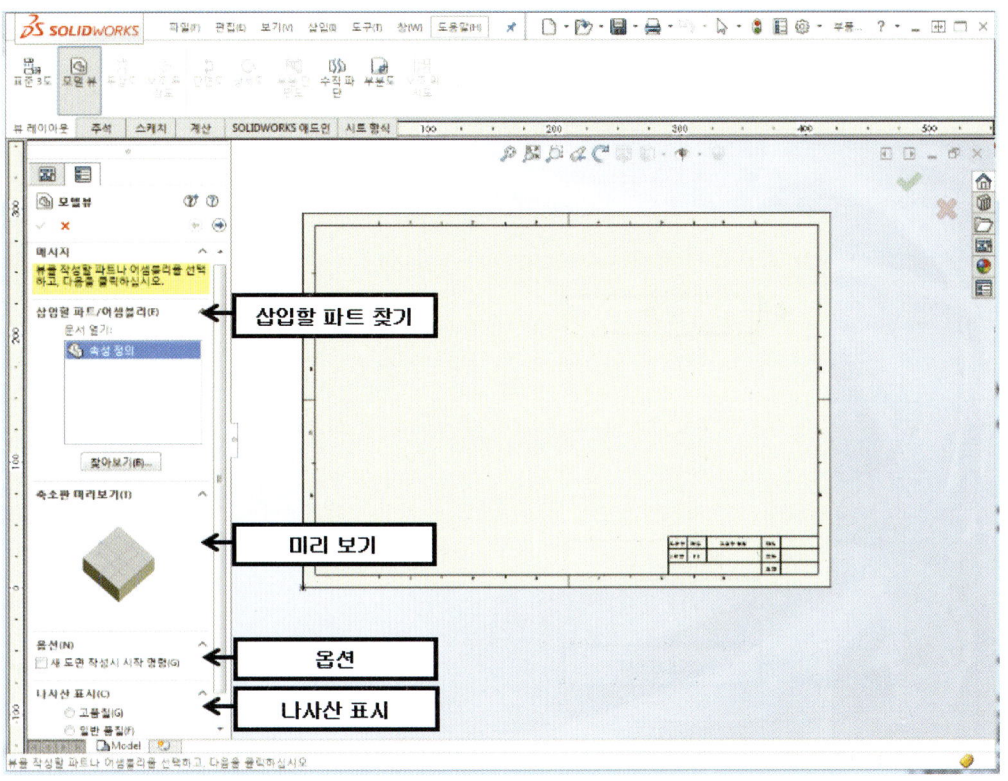

- 삽입할 파트/어셈블리 : 찾아보기 버튼을 선택하여 도면을 작성할 모델 부품 또는 어셈블리 파일을 선택하여 적용한다.
- 축소판 미리보기 : 선택한 모델을 미리보기 한다.
- 옵션
    - 새 도면 작성 시 시작 명령 : 새 도면을 작성할 때마다 모델 뷰 실행 상태로 시작한다. 해제하면 도면 작성할 때 모델 뷰로 시작되지 않는다.(도면 템플릿으로 저장할 것)
    - 투상도 자동 작성 : 모델 뷰를 삽입한 후 모델의 투영 뷰를 삽입할 수 있도록 한다.
- 나사산 표시
    - 고품질 : 나사산을 세밀한 선으로 표시한다.
    - 구배 품질 : 나사산을 간단히 표시한다.

모델 뷰 - STEP2 : PropertyManager 창의 위에 있는 ⊕ 다음 버튼을 선택한다.

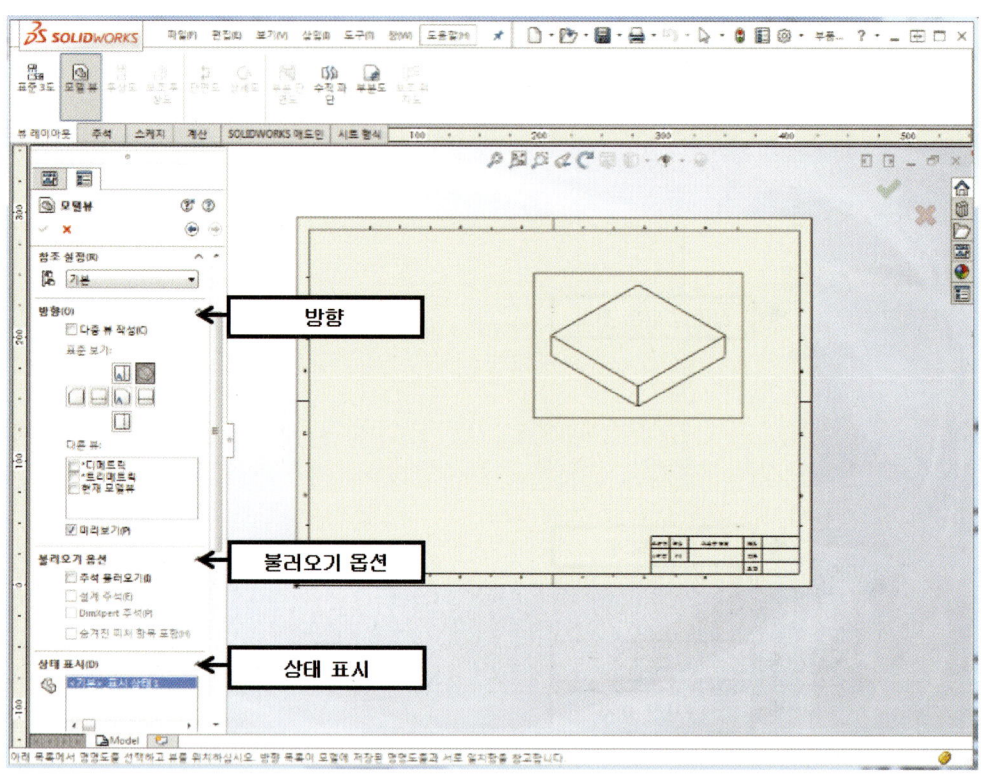

방향 : 작성할 뷰의 방향을 선택하여 원하는 뷰를 지정한다.

불러오기 옵션 : 주석 불러오기를 선택해서 참조 파트나 어셈블리 문서에서 선택된 주석 유형 모두를 불러온다.

상태 표시 : 불러온 모델의 현재 상태를 표시한다.

STEP 08. 도면 작성하기

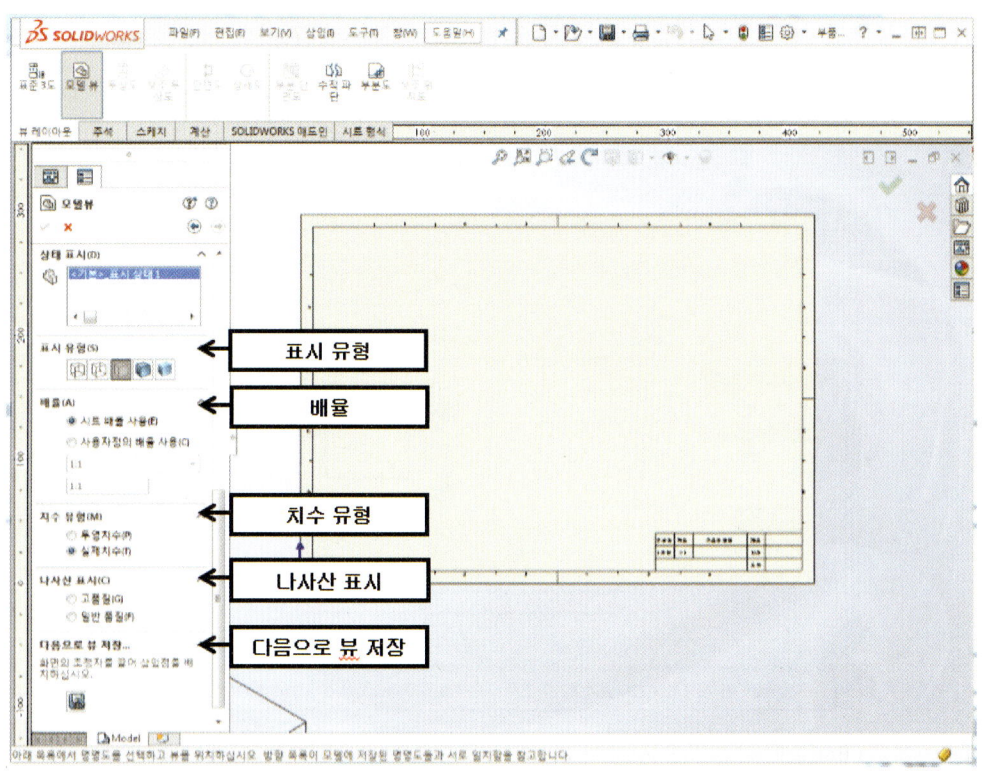

표시 유형 : 작성할 뷰의 표시 방법을 선택한다.

배율 : 작성할 뷰의 배율을 시트 배율로 할 것인지 사용자의 임의의 배율로 작성할 것인지를 선택한다.

치수 유형 : 작성할 치수를 적용할 기준을 정한다.
- 투영 치수 : 2D 치수
- 실제 치수 : 모델의 실제 치수

나사산 표시
- 고품질 : 나사산을 세밀한 선으로 표시한다.
- 구배 품질 : 나사산을 간단히 표시한다.

다음으로 뷰 저장 : 현재 보이는 화면을 *.DXF 파일로 저장한다.

예제파일의 압축을 풀고 SW_DATA 폴더/부품 모델링.slddrw 파일을 열기한다.

1. 다음 그림과 같이 명령을 선택하고 부품 모델링 파일을 선택하여 열기한다.

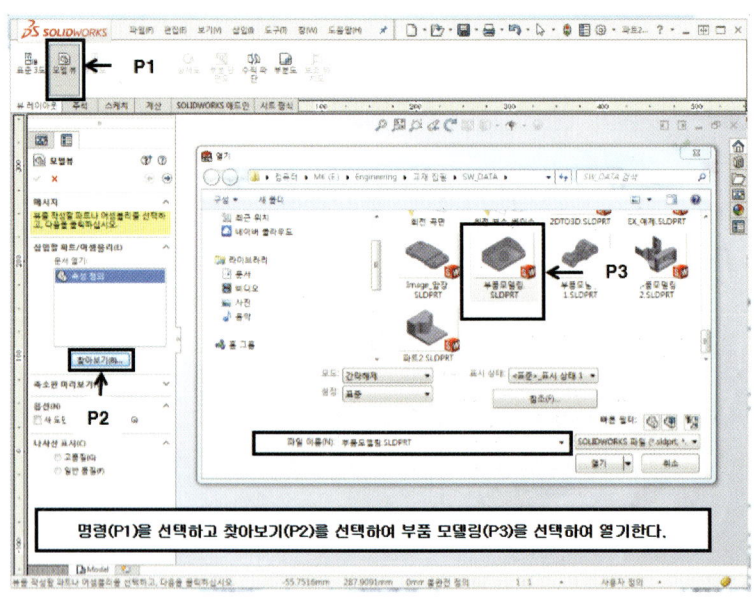

2. 다음 그림과 같이 뷰를 배치하여 명령을 종료한다.

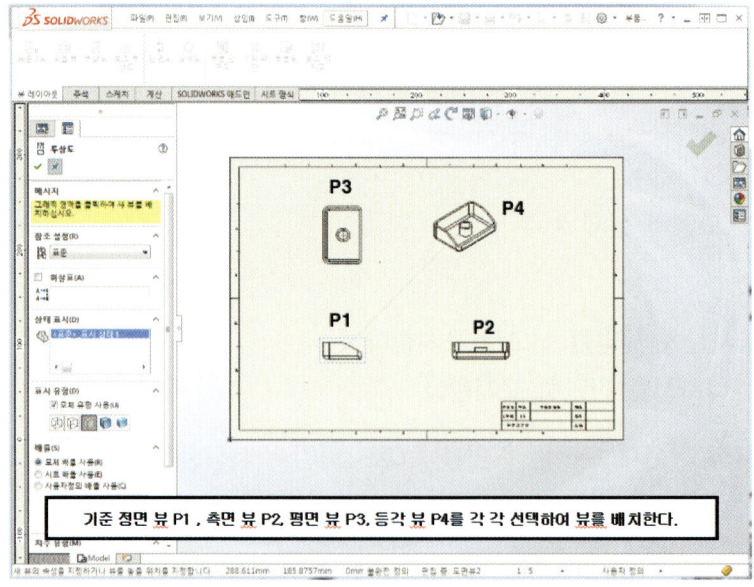

투상도

기준 뷰를 기준으로 수평, 수직 투영 뷰를 작성한다.

풀다운 메뉴 도구 ⇨ 삽입 ⇨ 도면 뷰 ⇨ 투상도를 선택하여 사용할 수 있다.

예제파일의 압축을 풀고 SW_DATA/도면 폴더/투상도 작성.slddrw 파일을 열기한다.

1. 투상도 작성하기 예제파일을 열기하여 명령을 습득해 본다.

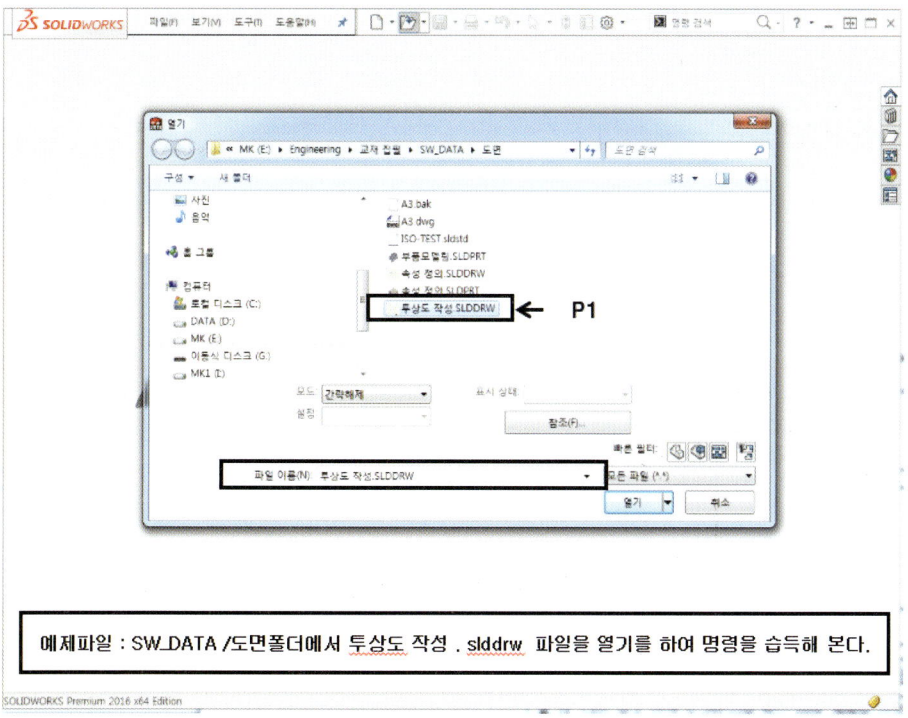

2. 기준 뷰(P1)를 작성한 후 바로 투상도 명령이 연결되고 다음 그림과 같이 측명, 평면, 등각 뷰를 지정하여 작성한다.

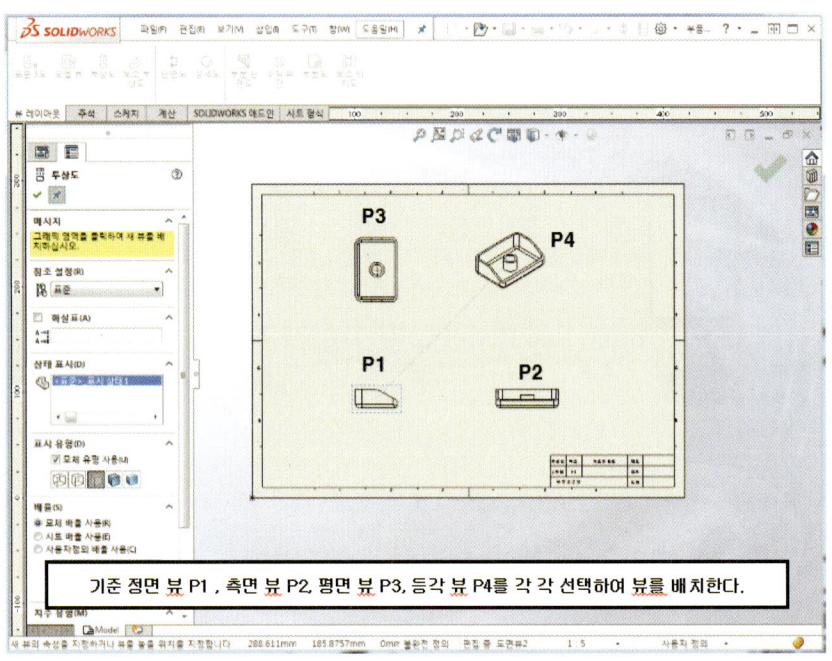

보조 투상도

투상도와 비슷하나 보조 투상도는 기준 뷰의 참조 모서리에 수직으로 투상도를 작성한다. (참조 모서리는 직선만 선택 가능하다.)

풀다운 메뉴 도구 ⇨ 삽입 ⇨ 도면 뷰 ⇨ 보조 투상도를 선택하여 사용할 수 있다.

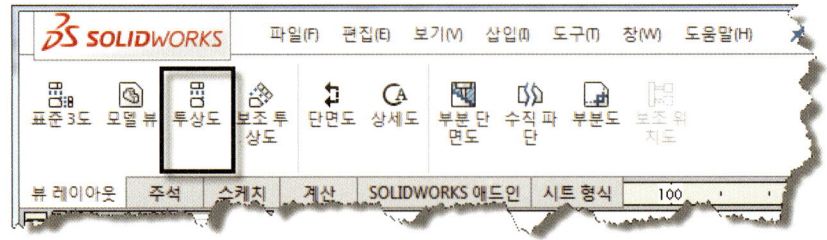

예제파일의 압축을 풀고 SW_DATA/도면 폴더/보조 투상도 작성.slddrw 파일을 열기한다.

1. 보조 투상도 작성하기 예제파일을 열기하여 명령을 습득해 본다.

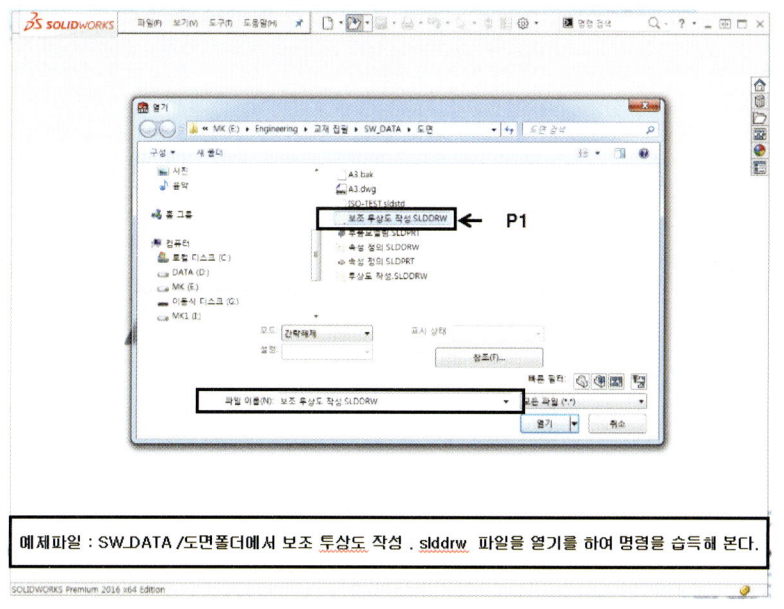

2. 명령을 선택하고 기준 뷰의 모서리를 선택한 후 뷰 위치를 선택하여 뷰 위치를 배치한다.

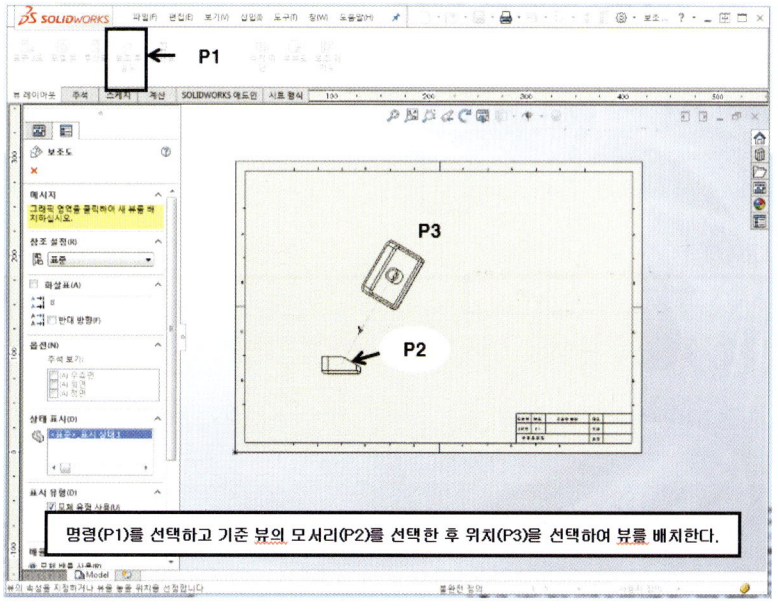

단면도

절단선으로 모체 뷰를 잘라 도면에 단면 뷰를 작성하며 이때 작성되는 단면도는 전단면 또는 계단 단면 등이 될 수 있다.

풀다운 메뉴 도구 ⇨ 삽입 ⇨ 도면 뷰 ⇨ 단면도를 선택하여 사용할 수 있다.

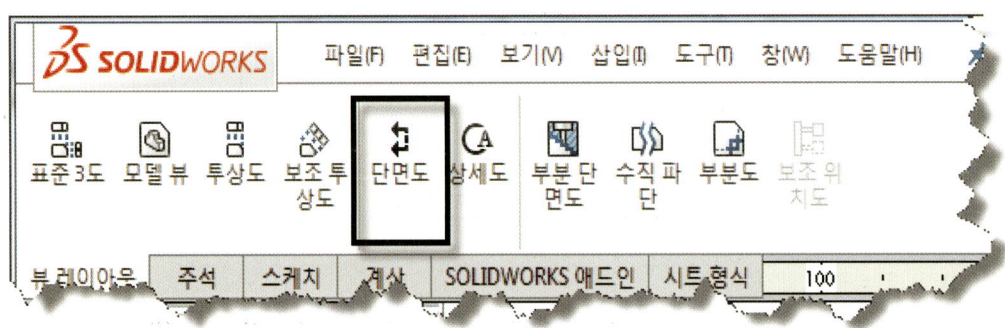

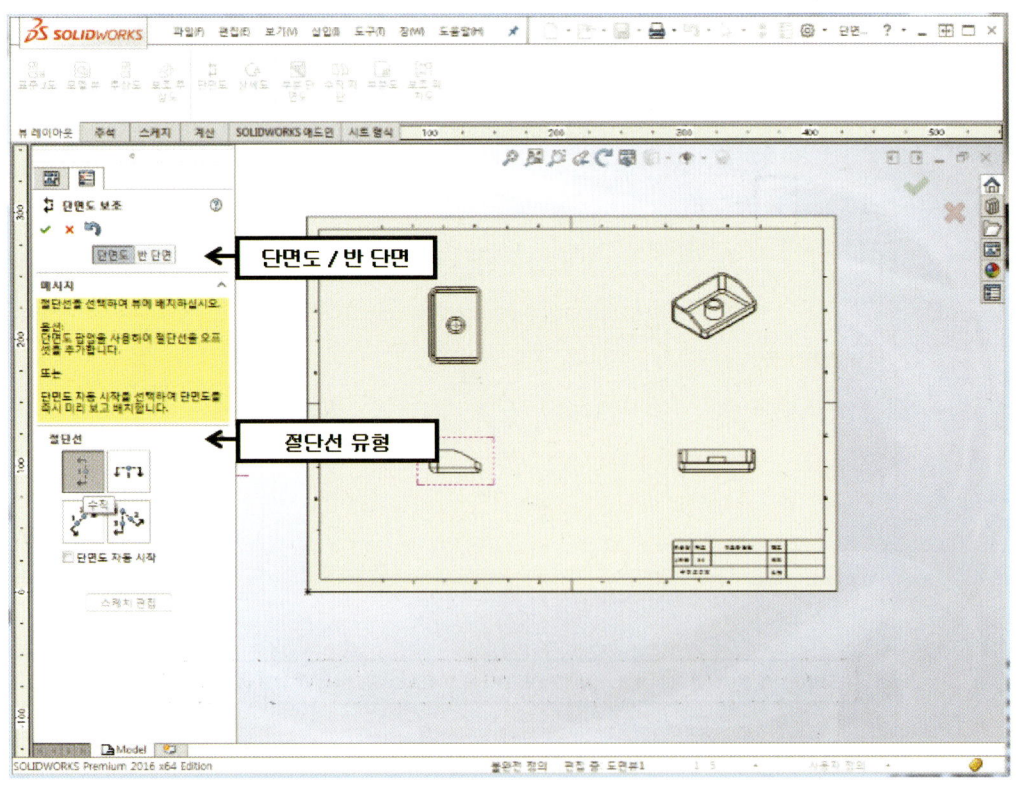

STEP 08. 도면 작성하기   451

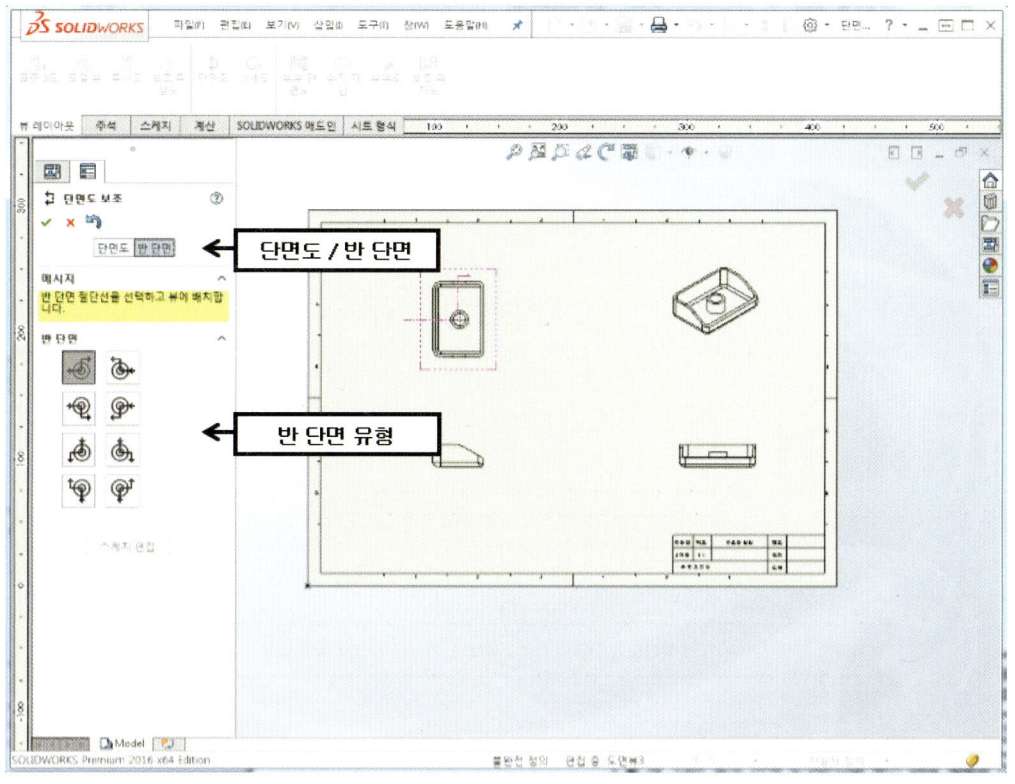

단면도/반단면 : 단면도와 반단면도를 선택하여 정의한다.

절단선 : 절단선은 단면을 정의하기 위하여 절단하기 위한 선분이며 수직, 수평, 보조 투상도, 정렬로 정의할 수 있고 반단면일 경우에는 윗면을 오른쪽으로, 윗면을 왼쪽으로, 아랫면을 오른쪽으로, 아랫면을 왼쪽으로, 좌측면을 아래쪽으로, 우측면을 아래쪽으로, 좌측면을 오른쪽으로, 좌측면을 왼쪽으로 등의 유형을 정의할 수 있다.

예제파일의 압축을 풀고 SW_DATA/도면 폴더/단면도 작성.slddrw 파일을 열기한다.

1. 단면도 작성 예제파일을 열기하여 명령을 습득해 본다.

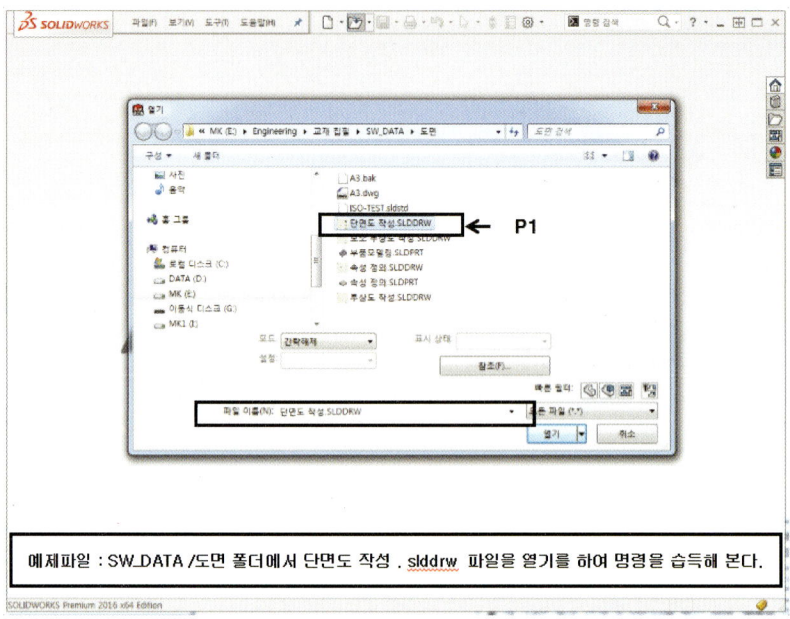

2. 단면도 명령을 선택하고 절단선 유형을 선택한 후 단면의 위치를 선택한다.

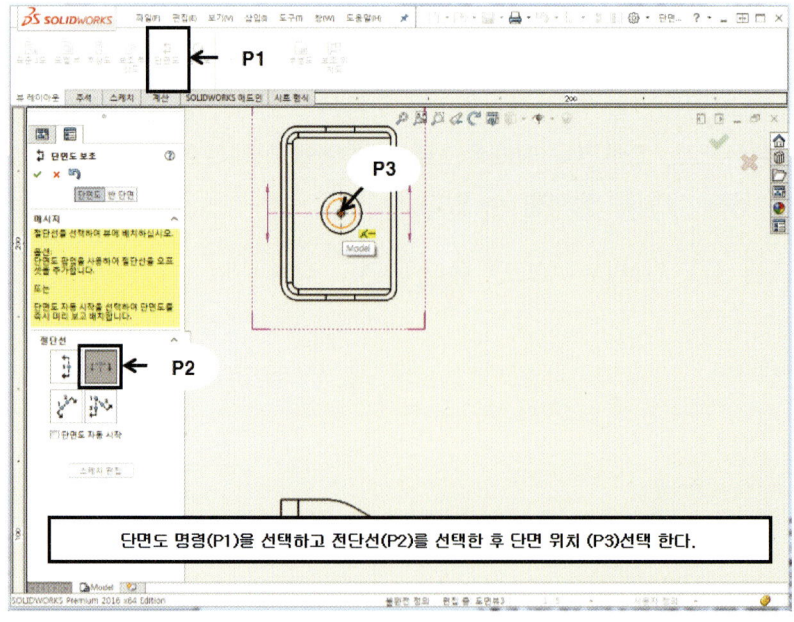

STEP 08. 도면 작성하기   453

3. 오프셋을 정의하지 않고 확인 버튼을 선택한다.

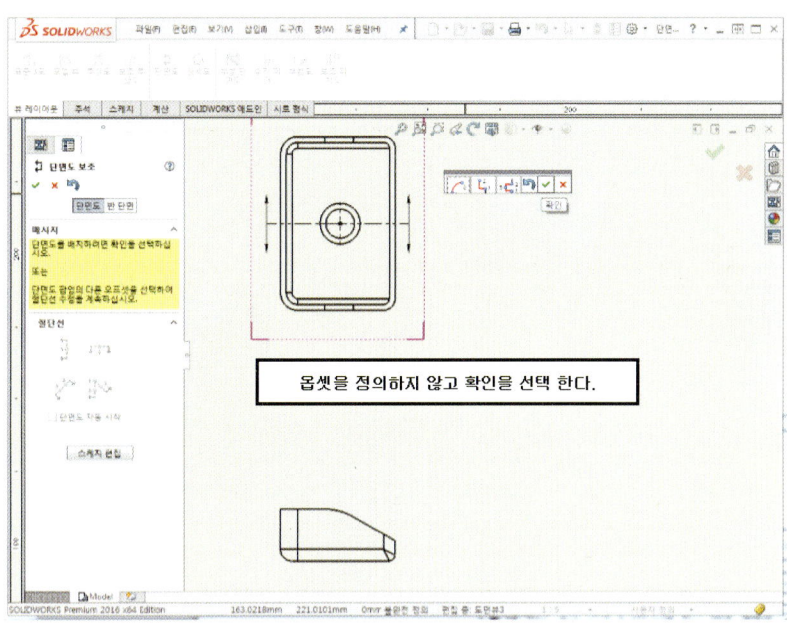

4. 단면도를 작성할 위치를 선택하여 완료한다.

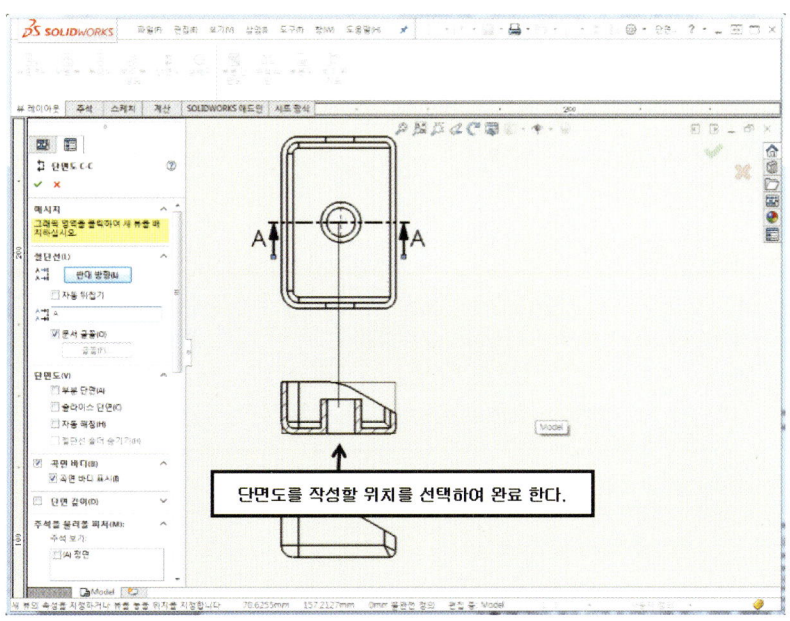

5. 단면도를 완료하였다.

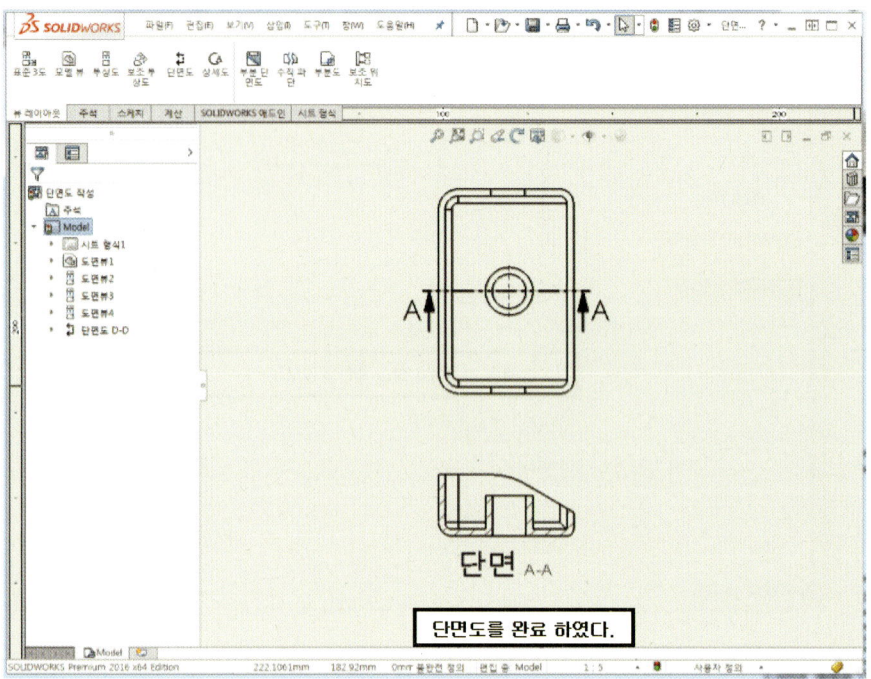

STEP 08. 도면 작성하기

예제파일의 압축을 풀고 SW_DATA/도면 폴더/경사 단면 작성.slddrw 파일을 열기한다.

1. 경사(회전) 단면도 작성 예제파일을 열기하여 명령을 습득해 본다.

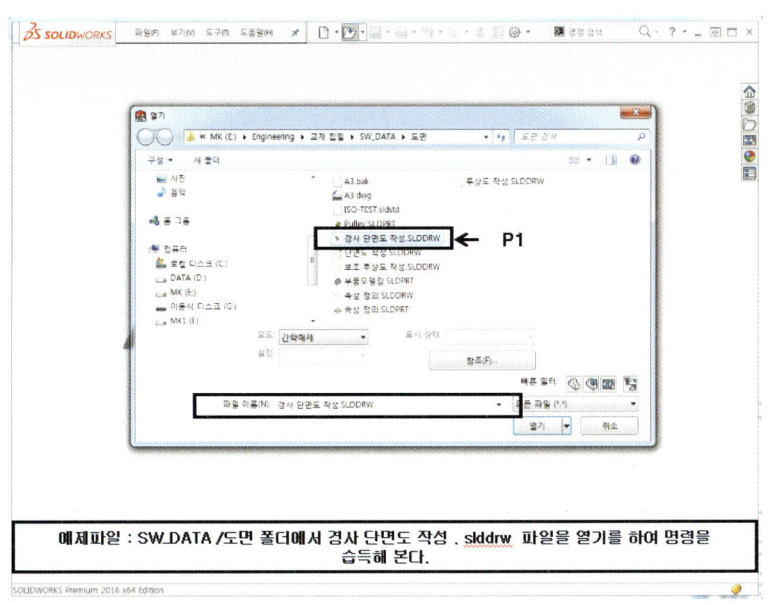

2. 단면도 명령을 선택하고 절단선 유형 정렬됨을 선택한다.

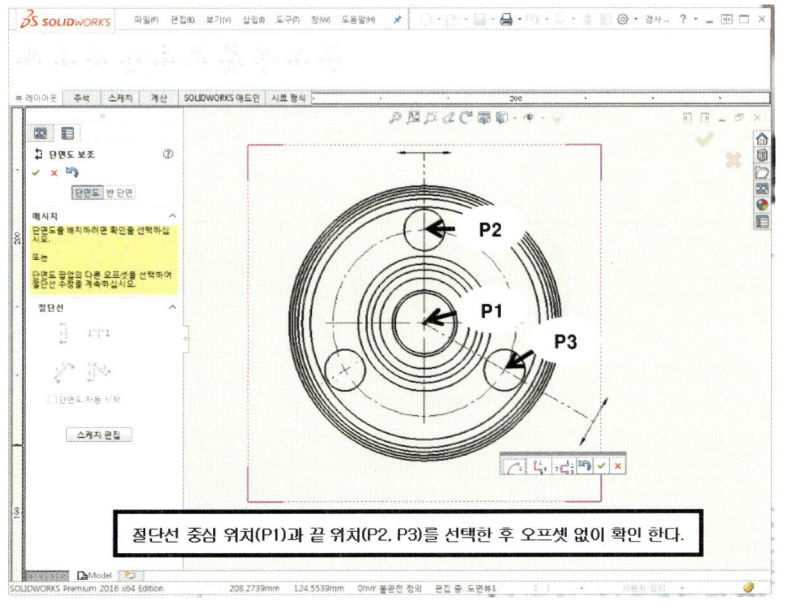

3. 절단선의 중심 위치를 선택하고 양쪽 끝 위치를 그림과 같이 선택하고 확인을 선택한다.

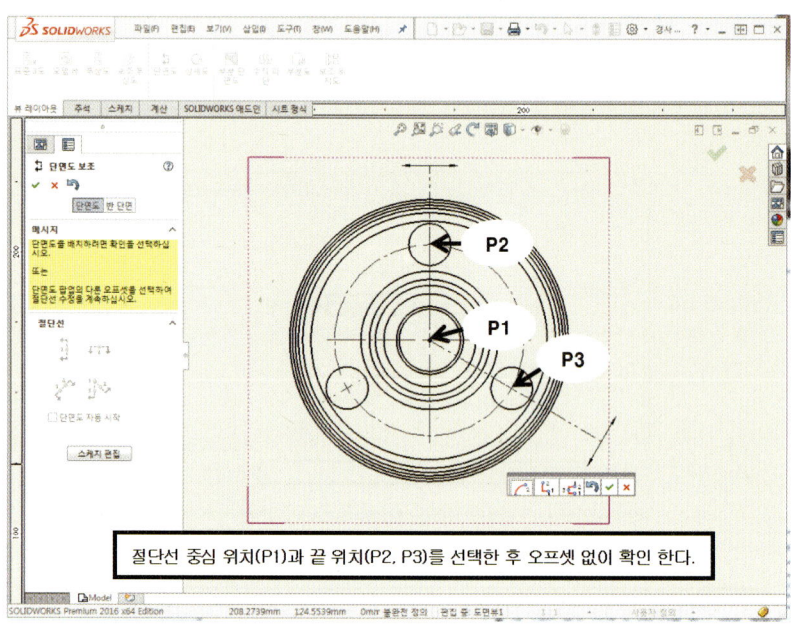

4. 단면도를 작성할 위치를 선택하여 완료한다.

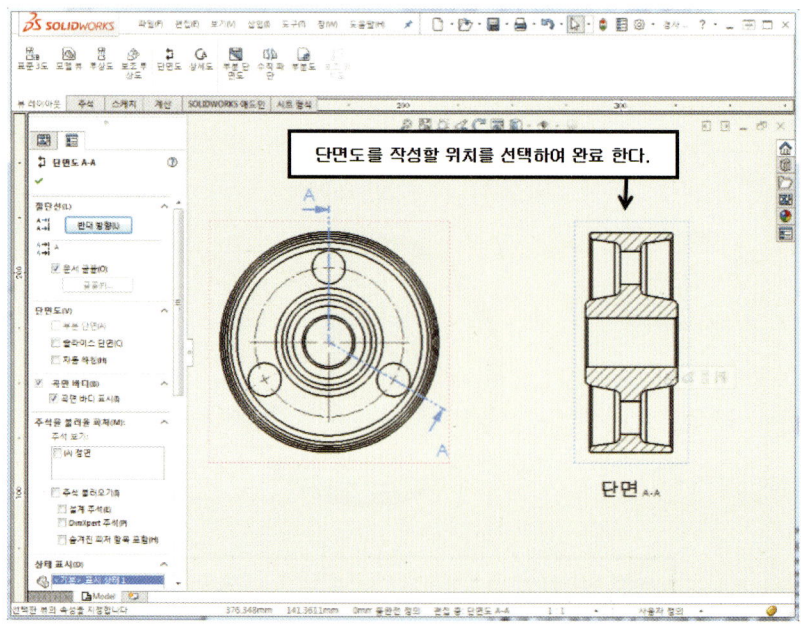

상세도

생성된 뷰의 일부를 확대하여 뷰를 작성하며 단면도, 부분도, 분해 어셈블리 뷰 또는 다른 상세도를 기준으로 작성할 수 있다.

풀다운 메뉴 도구 ⇨ 삽입 ⇨ 도면 뷰 ⇨ 상세도를 선택하여 사용할 수 있다.

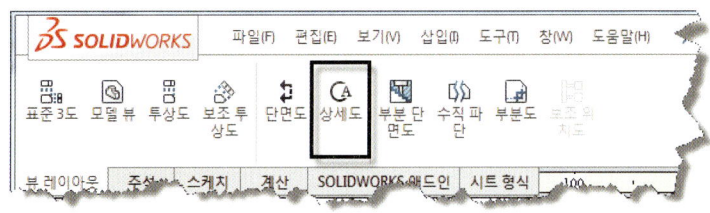

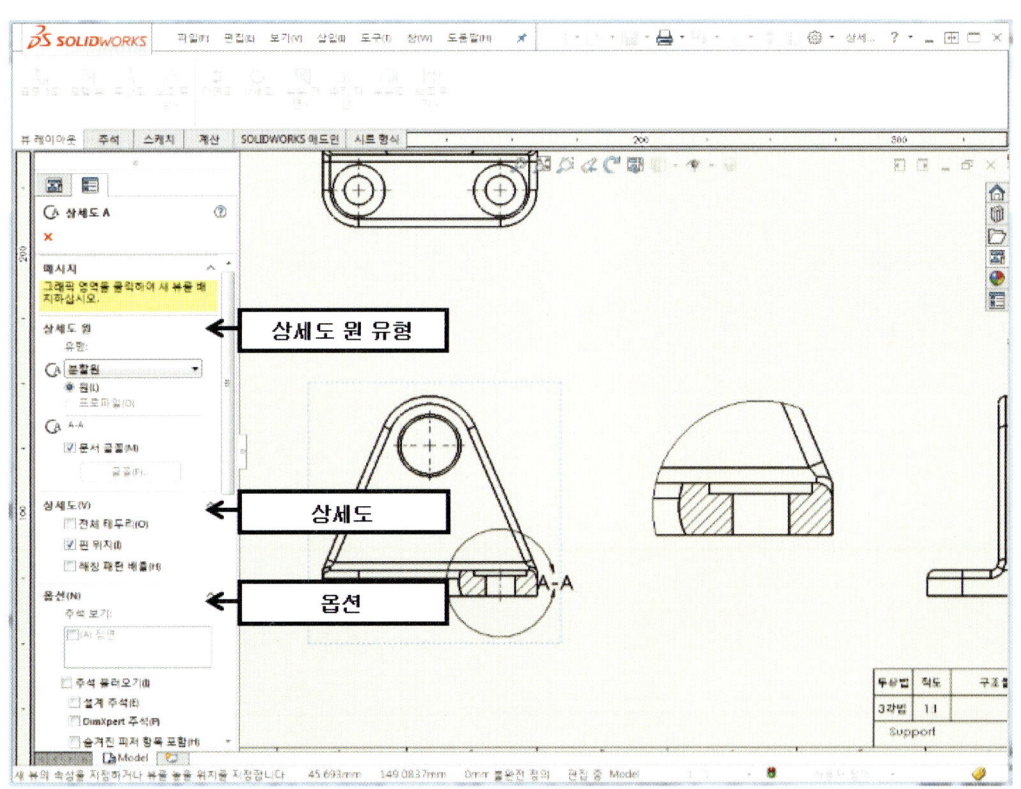

상세도 원 : 상세도의 표시 유형을 설정하고 라벨과 글꼴을 설정한다.

상세도 유형	
표준 규격대로	
분할 원	
지시선 있음	
지시선 없음	
연결 원	

상세도 : 상세도의 테두리 보이기와 핀 위치, 해칭 패턴 배율 등을 설정한다.

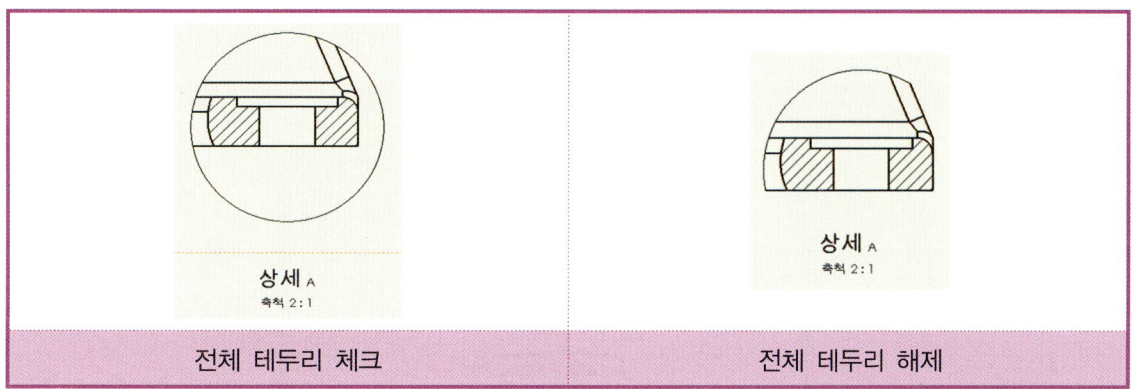

| 전체 테두리 체크 | 전체 테두리 해제 |

표시 유형 : 작성할 뷰의 표시 방법을 선택한다.

배율 : 작성할 뷰의 배율을 시트 배율로 할 것인지 사용자의 임의의 배율로 작성할 것인지를 선택한다.

치수 유형 : 작성할 치수를 적용할 기준을 정한다.
 – 투영 치수 : 2D 치수
 – 실제 치수 : 모델의 실제 치수

나사산 표시
 – 고품질 : 나사산을 세밀한 선으로 표시한다.
 – 구배 품질 : 나사산을 간단히 표시한다.

다음으로 뷰 저장 : 현재 보이는 화면을 *.DXF 파일로 저장한다.

예제파일의 압축을 풀고 SW_DATA/도면 폴더/상세도 작성.slddrw 파일을 열기한다.

1. 상세도 작성 예제파일을 열기하여 명령을 습득해 본다.

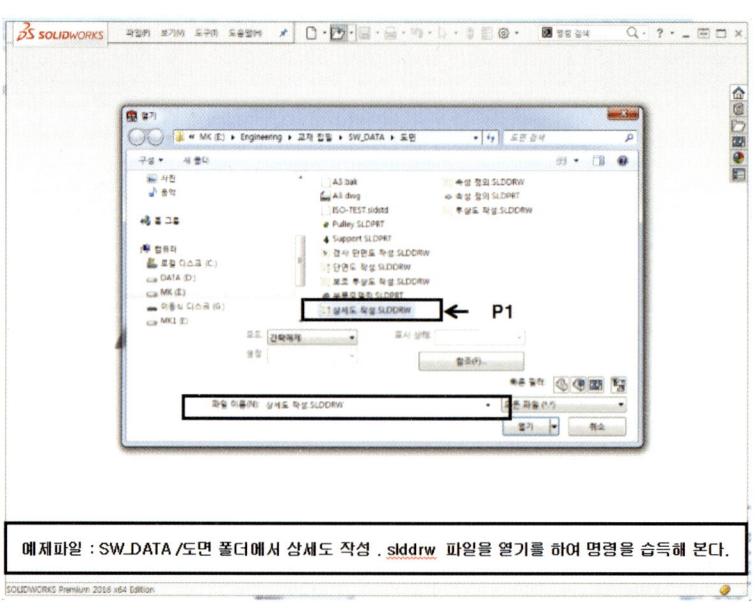

2. 다음 그림과 같이 상세도 명령을 선택하고 원 스케치를 작성한다.

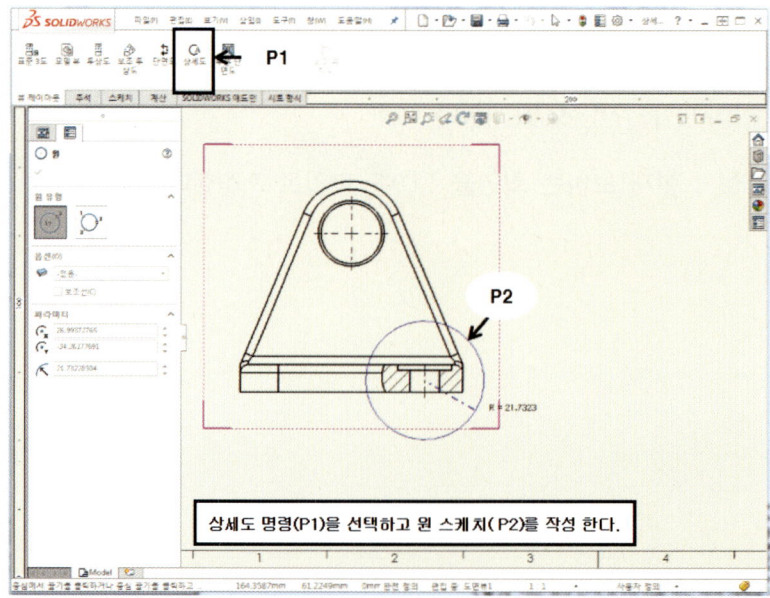

3. 다음 그림과 같이 상세도를 작성하고 완료한다.

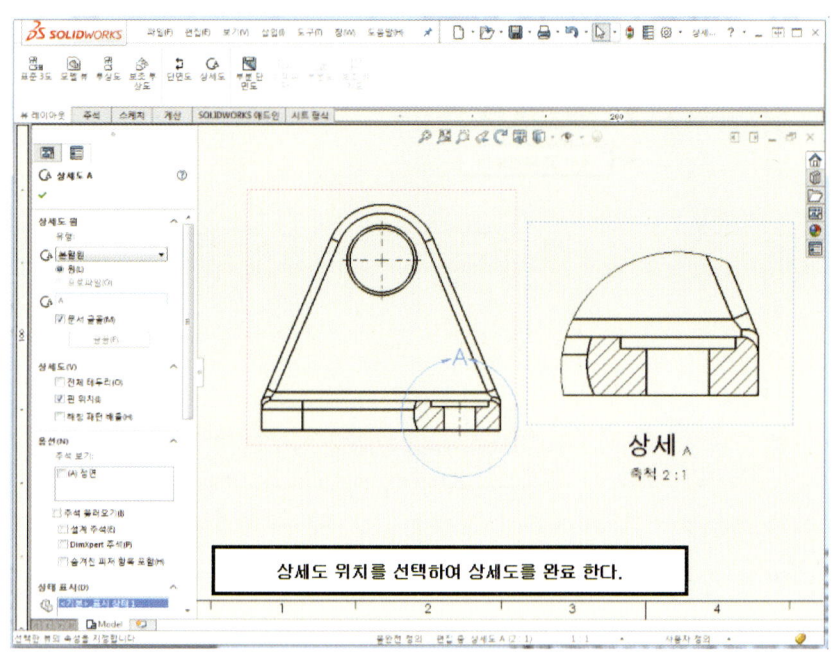

부분 단면도

작성되어 있는 뷰의 한 부분을 단면으로 표시하며 독립 뷰가 아니다. 닫힌 자유 곡선으로 부분 단면도를 정의한다.(상세도, 단면도, 보조 위치도에는 부분 단면도를 작성할 수 없다.)

풀다운 메뉴 도구 ⇨ 삽입 ⇨ 도면 뷰 ⇨ 부분 단면도를 선택하여 사용할 수 있다.

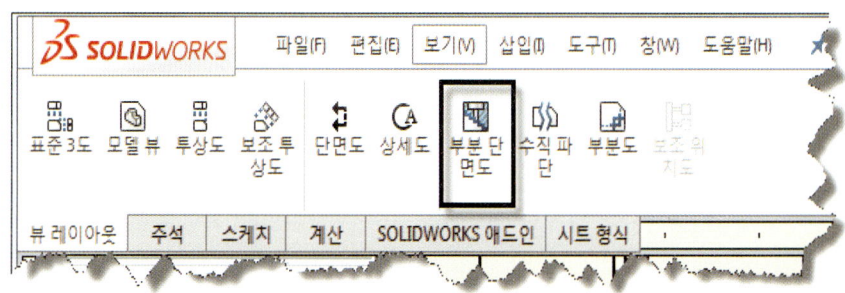

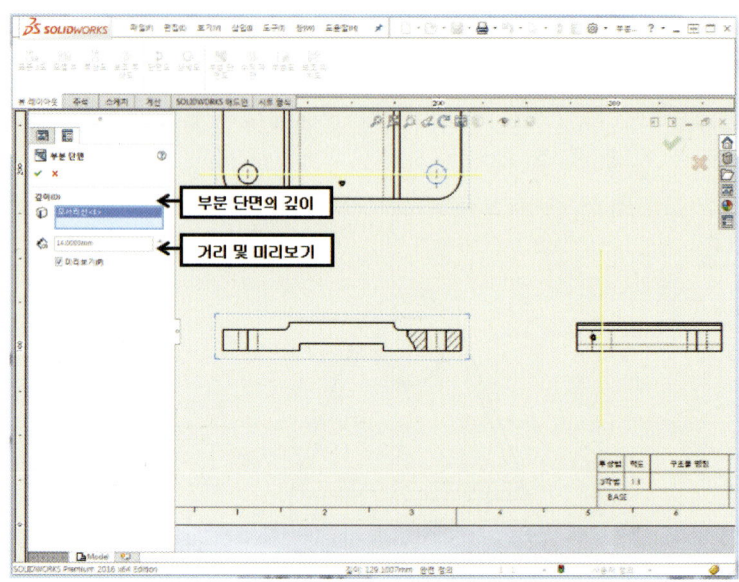

깊이 : 부분 단면의 깊이를 깊이값 입력 또는 모서리 개체를 선택하여 정의한다.

예제파일의 압축을 풀고 SW_DATA/도면 폴더/부분 단면도.slddrw 파일을 열기한다.

1. 부분 단면도 예제파일을 열기하여 명령을 습득해 본다.

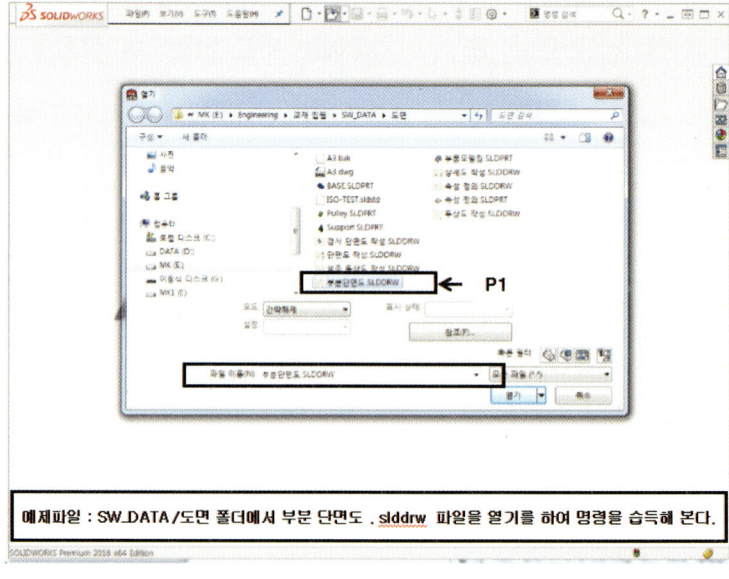

2. 부분 단면도 명령을 선택하고 자유 곡선을 이용하여 폐곡선을 작성한다.

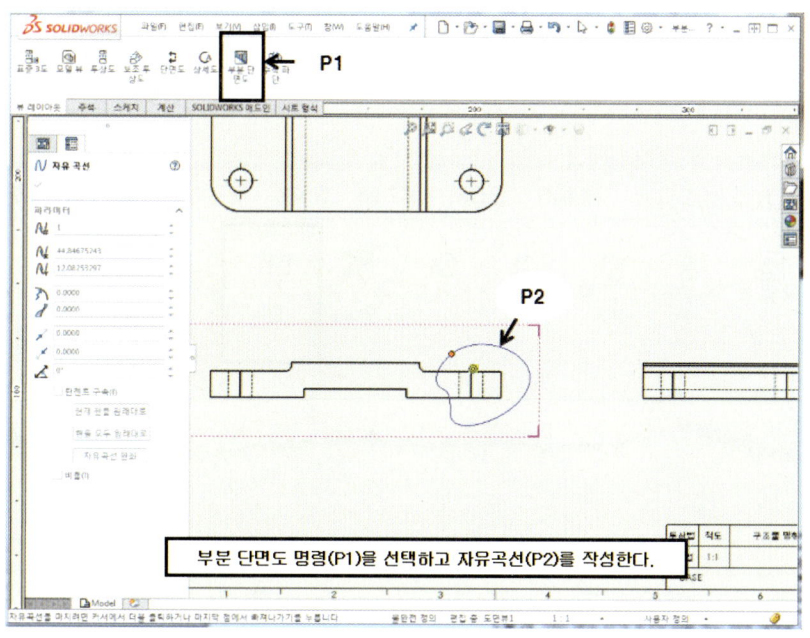

3. 깊이값 '14'를 입력하고 확인을 선택하여 부분 단면도를 완료한다.

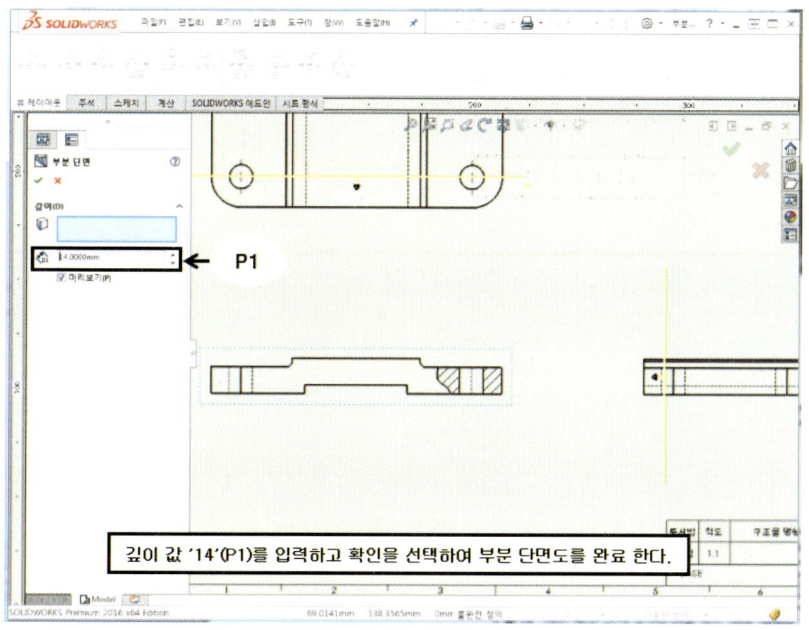

수직 파단

수직 파단은 도면의 길이를 초과하는 부품의 뷰를 도면에 맞게 줄여서 표현한다.

풀다운 메뉴 도구 ➡ 삽입 ➡ 도면 뷰 ➡ 수직 파단을 선택하여 사용할 수 있다.

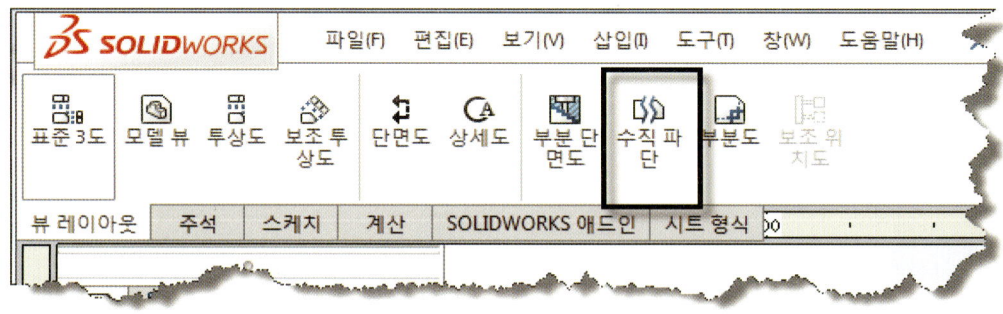

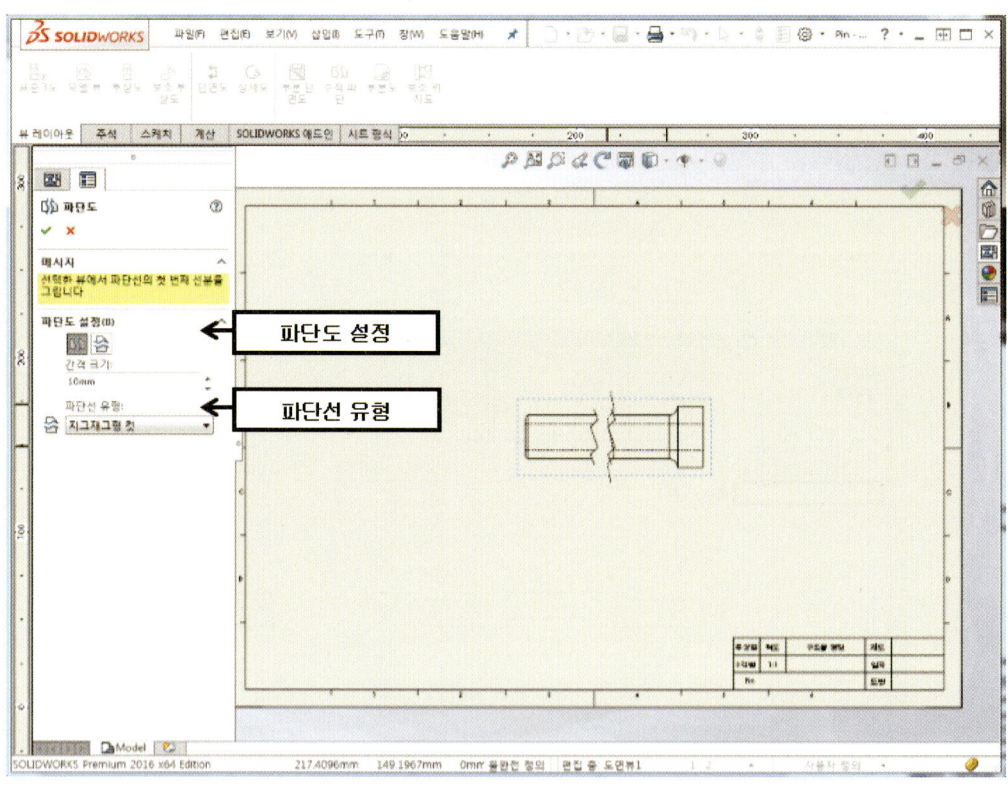

파단도 설정 : 작성할 파단도의 가로, 세로 파단을 설정한다.

파단선 유형 : 파단선 유형을 정의한다.

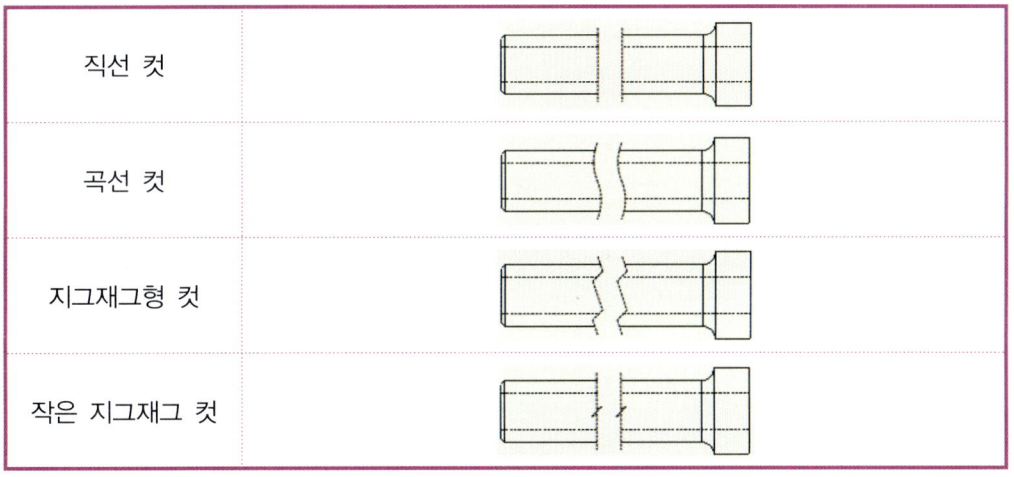

직선 컷	
곡선 컷	
지그재그형 컷	
작은 지그재그 컷	

예제파일의 압축을 풀고 SW_DATA/도면 폴더/파단도.slddrw 파일을 열기한다.

1. 파단도 예제파일을 열기하여 명령을 습득해 본다.

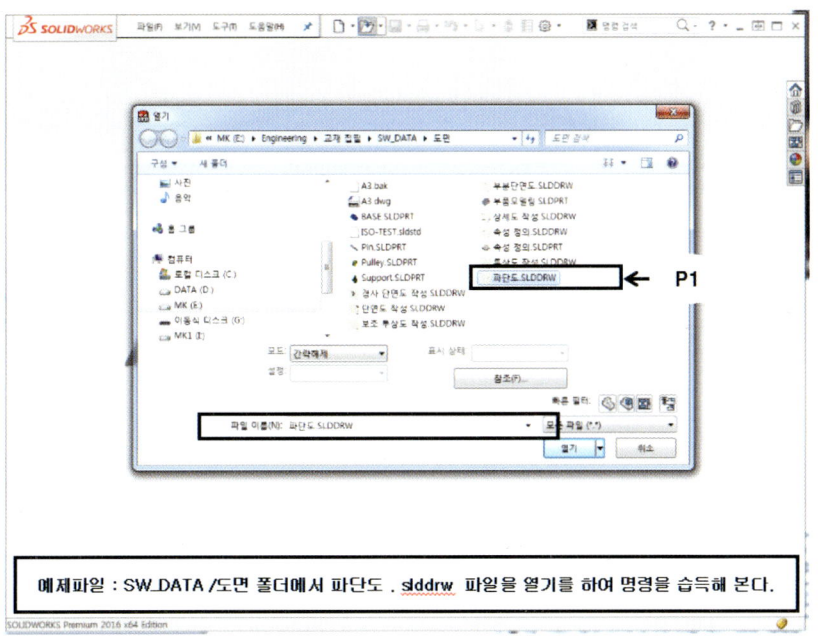

2. 수직 파단 명령을 선택하고 다음 그림과 같이 뷰 영역을 선택한다.

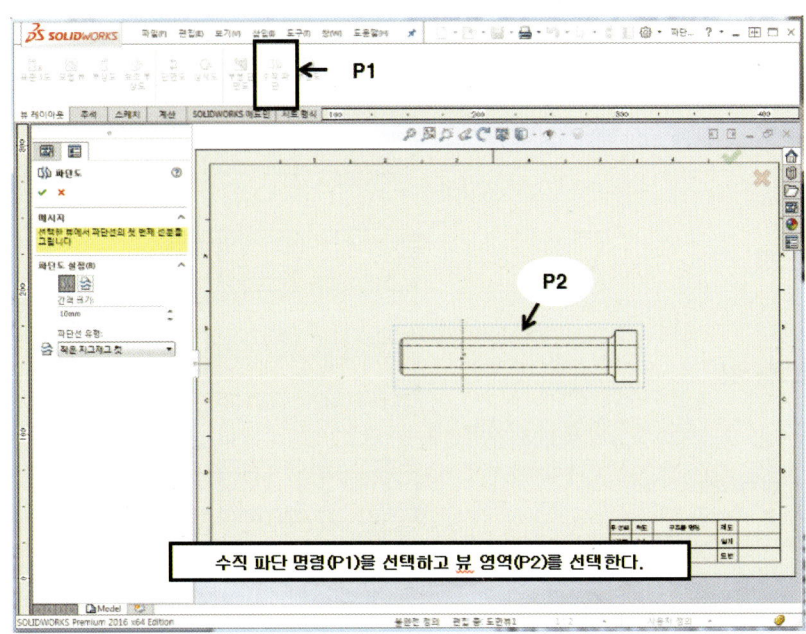

3. 다음 그림과 같이 파단 위치와 파단선 거리 '10'을 입력하고 확인을 선택하여 완료한다.

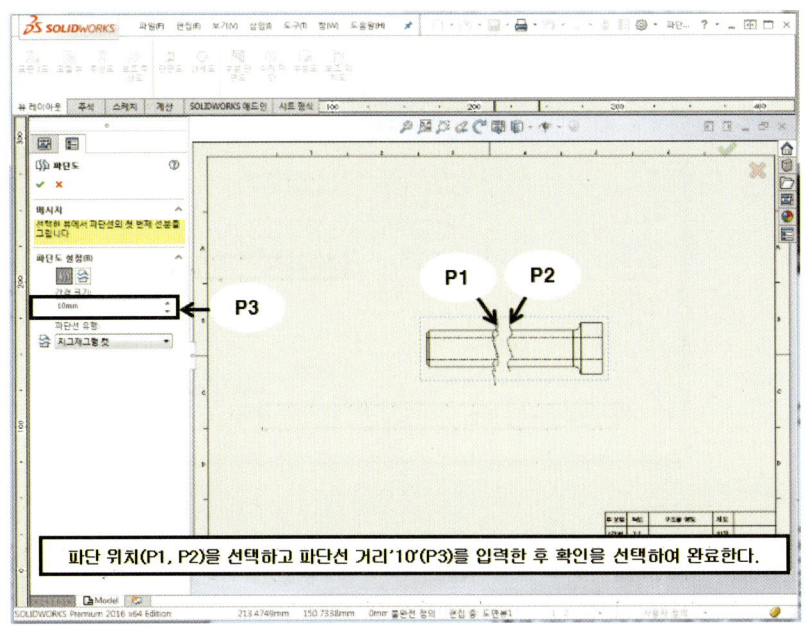

부분도

부분도는 이미 작성된 뷰에 닫힌 자유 곡선으로 영역을 만들어 영역에 포함된 뷰를 남기고 포함되지 않는 나머지 뷰 부분을 숨긴다.

 상세도, 또는 상세도가 작성된 뷰, 분해도를 제외한 모든 도면에서 부분도를 작성할 수 있고 부분도는 실행하기 전에 닫힌 자유 곡선을 미리 작성해 놓아야 작성할 수 있다.

풀다운 메뉴 도구 ⇨ 삽입 ⇨ 도면 뷰 ⇨ 부분도를 선택하여 사용할 수 있다.

예제파일의 압축을 풀고 SW_DATA/도면 폴더/부분도.slddrw 파일을 열기한다.

1. 부분도 예제파일을 열기하여 명령을 습득해 본다.

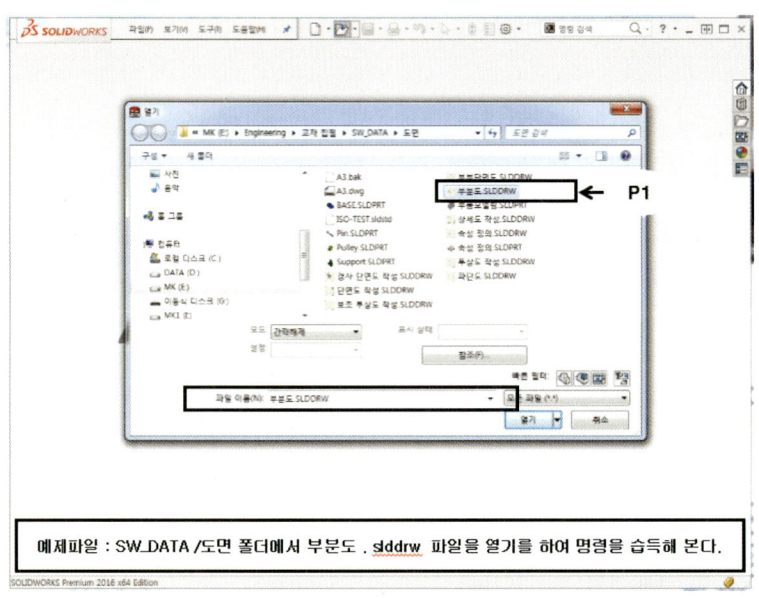

2. 스케치의 원 명령을 선택하여 다음 그림과 같이 기준 뷰에 원을 작성한다.

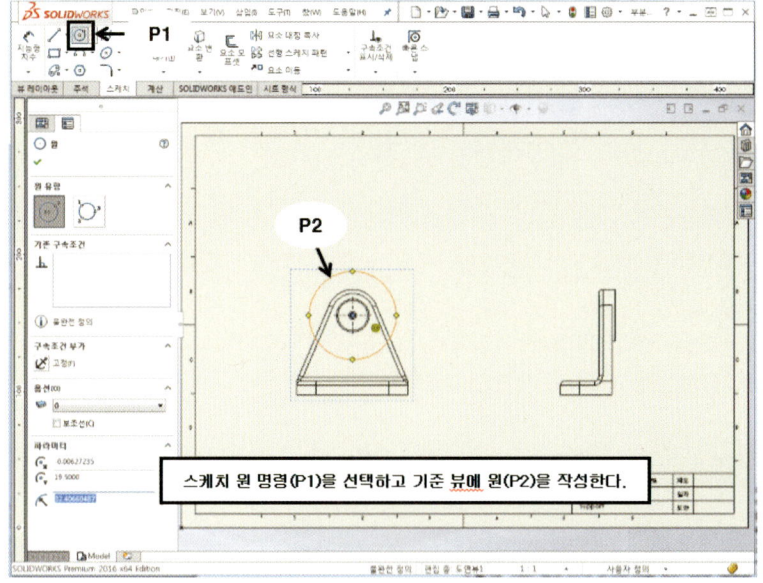

3. 작성된 원을 선택한 후 부분도 명령을 선택하면 다음 그림과 같이 부분도가 작성된다.

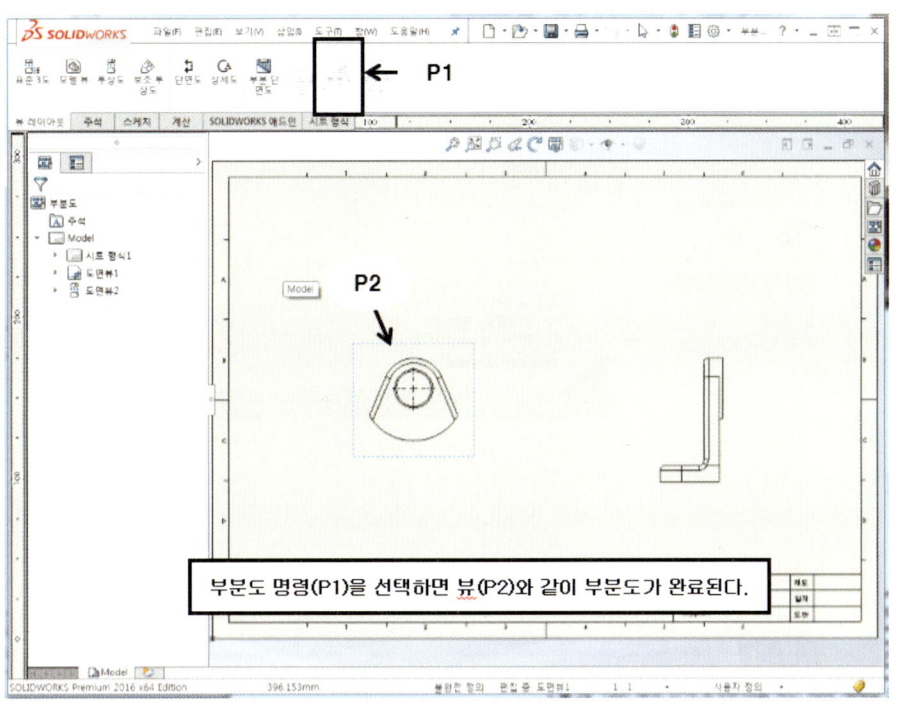

보조 위치도

보조 위치도는 조립품의 동작 범위를 표시하기 위하여 사용되는 도면 뷰이며 보조 위치도 뷰가 표시되면 이점 쇄선으로 작성된다. 원래 뷰와 보조 위치도 간에 치수를 지정할 수 있으며 도면 뷰에 하나 이상의 보조 위치도를 만들 수 있다. 부분도, 단면도, 부분도, 상세도에서는 사용할 수 없다.

풀다운 메뉴 도구 ⇨ 삽입 ⇨ 도면 뷰 ⇨ 보조 위치도를 선택하여 사용할 수 있다.

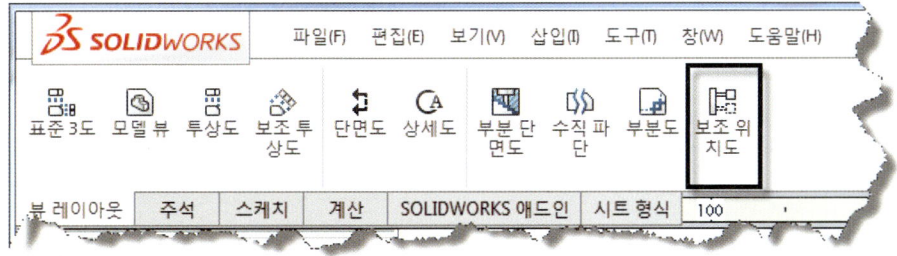

예제파일의 압축을 풀고 SW_DATA/도면 폴더/보조 위치도.slddrw 파일을 열기한다.

1. 보조 위치도 예제파일을 열기하여 명령을 습득해 본다.

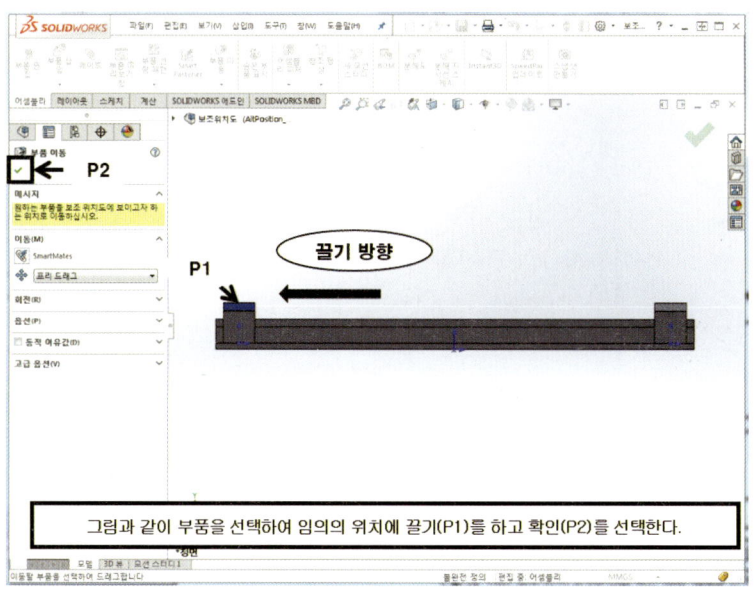

2. 보조 위치도 명령을 선택하고 배치될 뷰를 선택한 후 확인 버튼을 선택한다.

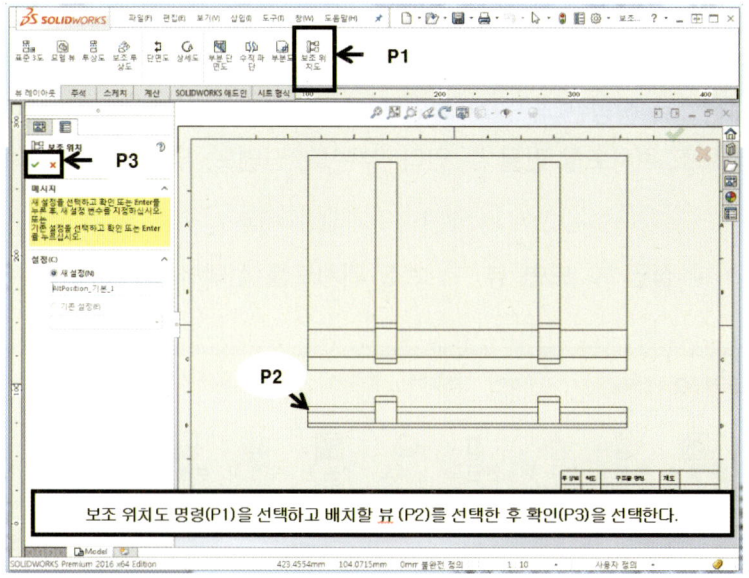

STEP 08. 도면 작성하기 471

3. 다음 그림과 같이 이동할 부품을 선택하여 끌기한 후 확인 버튼을 선택한다.

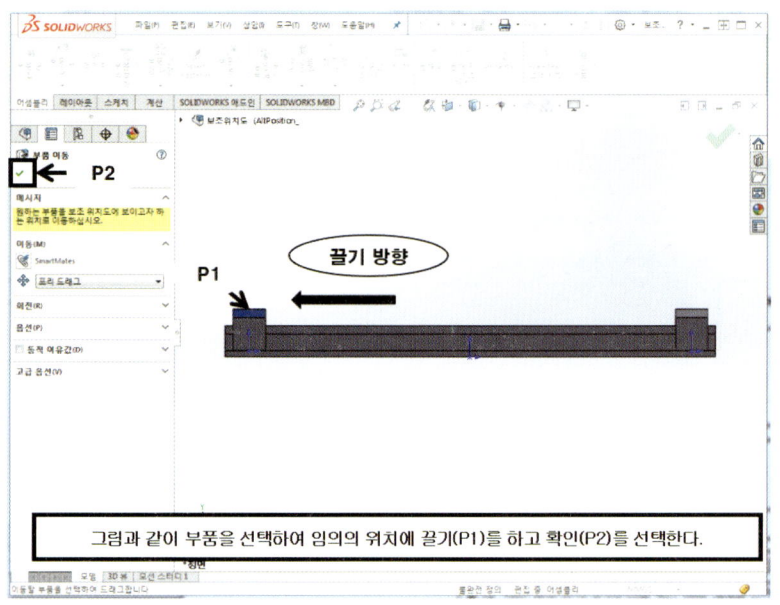

4. 다음 그림과 같이 보조 위치도를 완료한다.

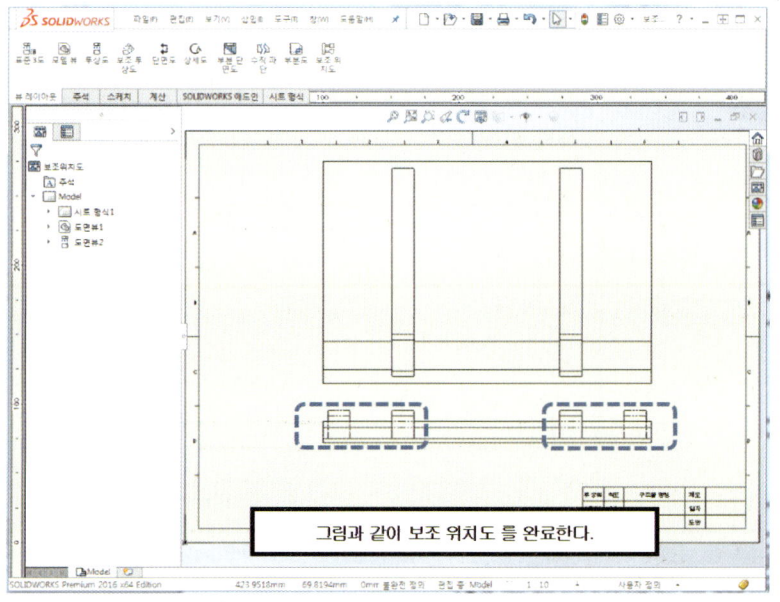

표준 3도

표준 3도는 작성된 파트나 어셈블리의 정면도, 우측면도, 평면도를 한 번에 작성할 수 있으며 뷰 방향은 파트나 어셈블리 작성할 당시의 방향을 따르게 된다.

풀다운 메뉴 도구 ⇨ 삽입 ⇨ 도면 뷰 ⇨ 표준 3도를 선택하여 사용할 수 있다.

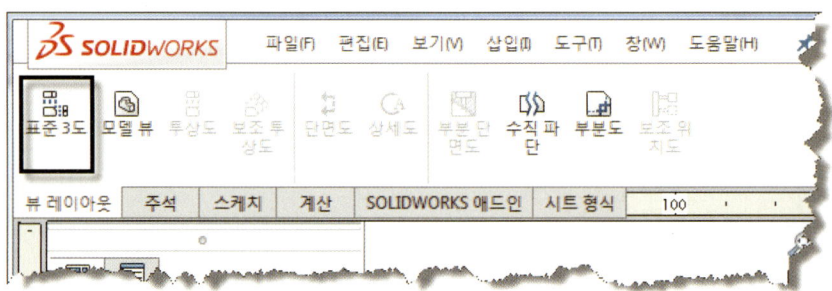

예제파일의 압축을 풀고 SW_DATA/도면 폴더/BASE.sldprt 파일을 열기한다.

1. 표준 3도 명령을 선택한 후 대화 상자에서 부품 모델을 선택하여 열기한다.

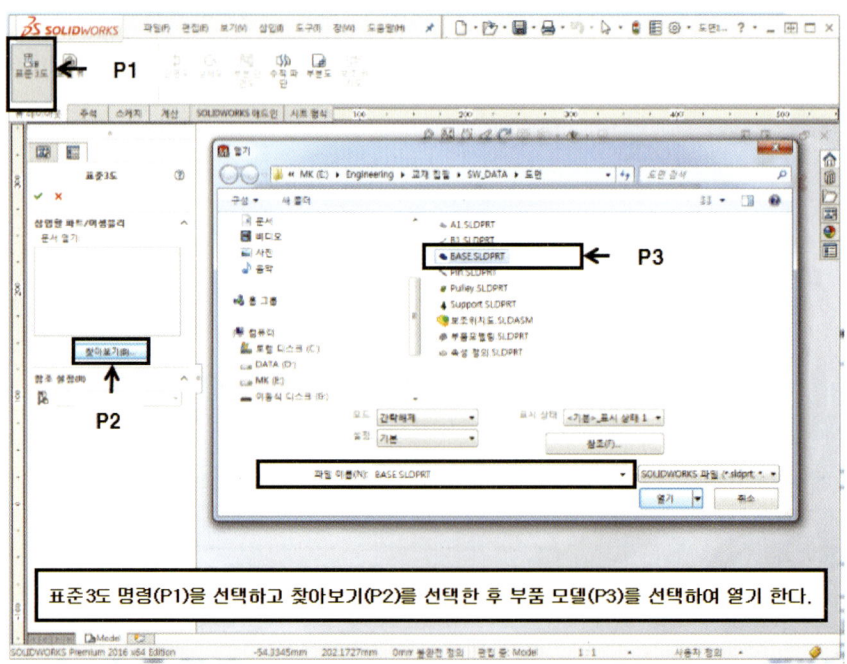

2. 다음 그림과 같이 표준 3도를 완료하였다.

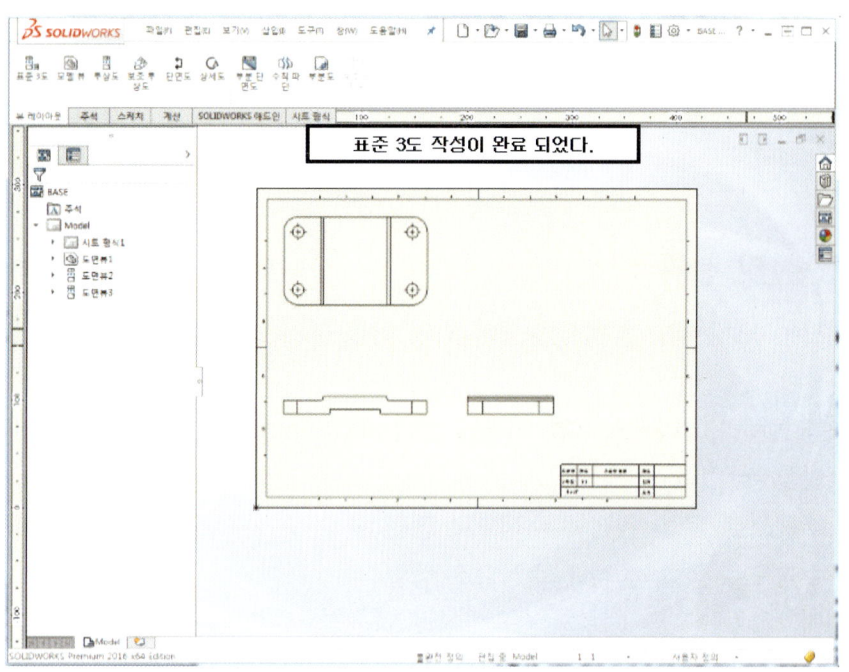

도면 뷰 이동

- 모서리선, 꼭지점, 나사산 표시 등을 선택하고 마우스를 끌기하여 이동한다. 포인터에 화면 이동 아이콘 이 포함되어 있어 선택한 요소를 사용하여 뷰를 이동할 수 있음을 나타낸다.
- 도면 뷰를 선택하고 키보드의 화살표 키를 사용하여 뷰를 이동한다.
- 뷰의 테두리를 선택한 후 마우스의 커서에 이동 포인터( )가 나타나면 뷰를 새 위치로 끌기를 하여 이동한다.

뷰 이동의 제약 사항

- 기준 정면 뷰와 다른 두 개의 뷰가 연결되어 있으면 정면 뷰를 이동할 경우 다른 뷰도 함께 이동되고, 다른 두 개의 뷰는 개별적으로 이동이 가능하다.
- 보조 투상도, 단면도, 경사 단면도는 이들 뷰가 생성된 모체 뷰와 함께 정렬되고 뷰가 투상된 방향으로만 이동이 가능하다.

뷰 위치 고정 및 해제

- 도면 뷰를 선택하고 마우스 우측 버튼을 선택하면 나타나는 PopUp 메뉴에서 뷰 위치 고정을 선택하면 선택된 뷰의 위치가 고정된다.
- 위치 고정을 해제할 때는 마우스 우측 버튼을 선택하고 뷰 위치 유동을 선택하면 고정된 뷰가 해제된다.

도면 뷰 정렬 및 분리

투상도, 단면도는 모체 뷰와 함께 정렬되어 있어 이를 분리 또는 정렬하는 방법으로 뷰를 정의할 수 있다.

- 도면 뷰를 선택하고 마우스 우측 버튼을 선택하여 PopUp 메뉴에서 정렬을 선택하여 뷰 정렬을 정의할 수 있다.
- 원점에 수평으로 정렬, 원점에 수직으로 정렬
- 중심에 수평으로 정렬, 중심에 수직으로 정렬
- 기본 정렬

모서리선 숨기기 및 보이기

도면 뷰를 선택하고 마우스 우측 버튼을 선택하여 PopUp 메뉴에서 모서리선 숨기기를 선택하여 정의하고 숨어 있는 개체는 PopUp 메뉴에서 모서리선 보이기를 선택하여 정의할 수 있다.

부품 숨기기 및 보이기

어셈블리 도면에서 부품을 숨기거나 보이기를 할 수 있으며 다음 그림과 같이 정의할 수 있다.

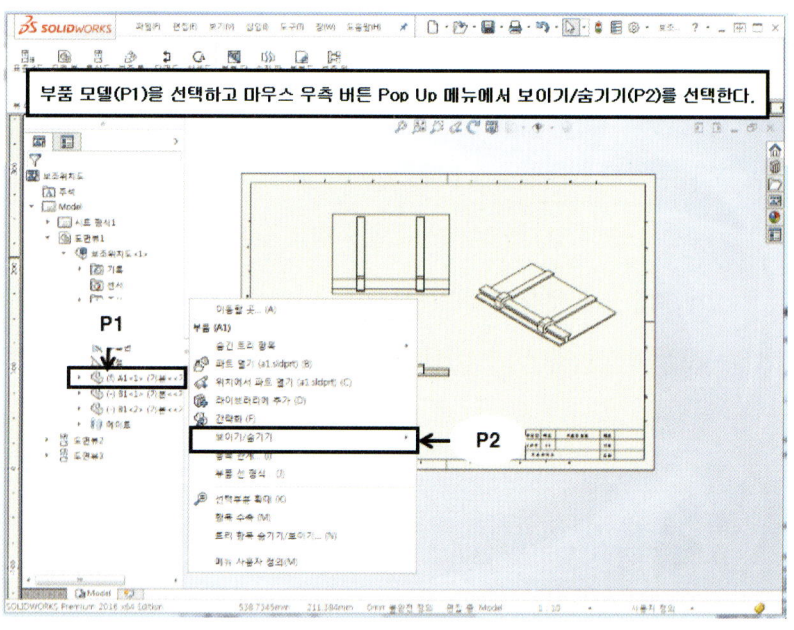

도면 주석

배치된 도면 뷰에 부품 치수를 기입하고, 주석, 부품 리스트 및 풍선 기호, 기하공차, 표면 처리, 용접 기호 등을 작성한다.

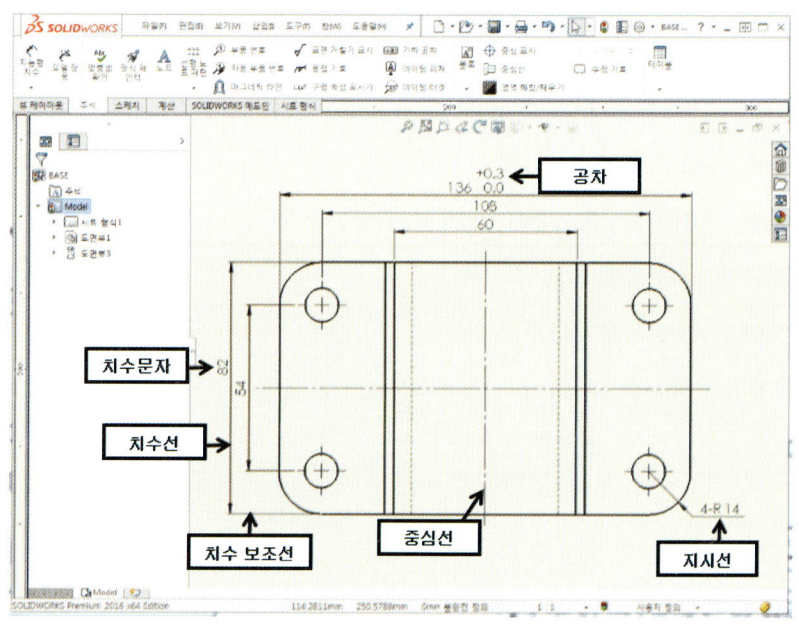

명 칭	기 능
치수선	치수의 범위를 나타내는 선이다.
치수 보조선	치수 기입된 상대물에서 치수선까지의 보조선
화살표	치수선의 끝에 표시되며 측정값의 시작과 끝을 표시한다.
치수 문자	실제 측정값을 문자로 나타낸다.
공차	치수 문자의 뒤에 오는 숫자로서 가공에 허용되는 상한값과 하한값을 공차로 표시한다.
중심선	원이나 호의 중심으로 사용하고 대칭선으로도 표시한다.
지시선	치수 표시나 형상 표시할 때 상대물이 작아서 치수와 치수선을 함께 표시할 수 없을 때 적당한 위치로 끌어내어 표시하는 선이다.

도면에 기입하는 치수는 가공이 완료된 상태의 치수를 원칙으로 치수를 기입한다.

1. 물체의 기능, 제작, 조립 등의 치수를 명확하고 간결하게 지시한다.
2. 물체의 크기, 자세 및 위치를 명확하게 표시한다.
3. 물체의 다듬질 치수를 표시한다.
4. 기능상 필요한 경우 치수의 허용 한계를 기입한다.
5. 치수는 되도록 주투상도에 기입한다.
6. 치수는 중복 기입을 피한다.
7. 치수는 되도록 계산해서 구할 필요가 없도록 기입한다.
8. 점, 선 또는 면을 기준으로 하여 기입한다.
9. 관련되는 치수는 한곳에 모아서 기입한다.
10. 치수는 공정마다 배열을 분리하여 기입한다.
11. 참고 치수는 치수 수치에 괄호를 붙인다.

치수 기입에 사용되는 보조 기호

도면에서 물체 형상의 크기를 지시하는 치수의 의미를 명확히 하기 위하여 기호를 사용하며 아래 표를 참고하기 바란다.

구 분	기 호	호 칭	사용 방법	적용 예
지 름	Φ	파이(Pi)	치수보조기호는 치수문자 앞에 붙이고, 치수문자와 같은 크기로 쓴다.	Φ5
반 지 름	R	알		R5
구(Sphere) 지름	SΦ	에스 파이		SΦ5
구(Sphere) 반지름	SR	에스 알		SR5
정사각형의 변	□	사각		□5
관 또는 판의 두께	t	티		t5
45 모따기	C	씨		C5
원호의 길이	⌒	원호	치수문자 위에 원호를 붙인다.	⌒20
이론적으로 정확한 치수	□	테두리	치수문자를 직사각형으로 둘러싼다.	20
참고치수	( )	괄호	치수문자를 괄호기호로 둘러싼다.	(20)

지능형 치수

지능형 치수는 뷰 모델의 모서리 또는 치수선, 중심선, 스케치 개체 등을 선택하여 수평, 수직, 정렬, 각도, 지름, 반지름, 호의 길이, 현의 길이 등의 치수를 정의한다.

풀다운 메뉴 도구 ➪ 도구 ➪ 치수 ➪ 지능형을 선택하여 사용할 수 있다.

치수 팔레트

치수 팔레트는 치수의 속성과 서식을 쉽게 변경할 수 있으며 치수를 삽입하거나 선택할 때 나타난다. 공차, 정밀도, 유형, 문자, 기타 서식 옵션 변경이 가능하다.

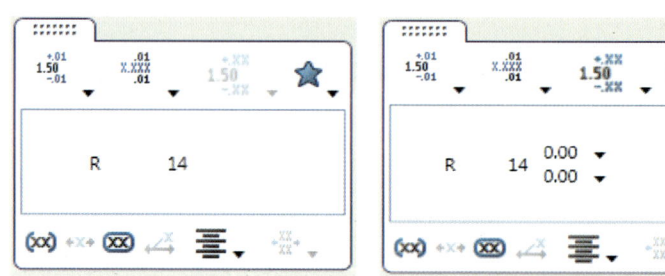

치수 유형 : 아래 표는 지능형 치수 기입에 대한 예시이다.

적용 치수	기능
60	선형 치수. 수평 또는 수직 길이를 치수 기입한다.
6	정렬된 치수. 사선의 길이를 치수 기입한다.
135°	각도 치수. 두 선분의 각도를 치수 기입한다.
R14	지름 치수. 원의 지름값을 치수 기입한다.
Ø11	반지름 치수. 호의 반지름값을 치수 기입한다.
19.80	호 길이 치수. 호의 길이값을 치수 기입한다. 현 길이 치수. 호의 현 길이값을 치수 기입한다.

STEP 08. 도면 작성하기 479

예제파일의 압축을 풀고 SW_DATA/도면 폴더/지능형 치수.slddrw 파일을 열기한다.

1. 지능형 치수 예제파일을 열기하여 명령을 습득해 본다.

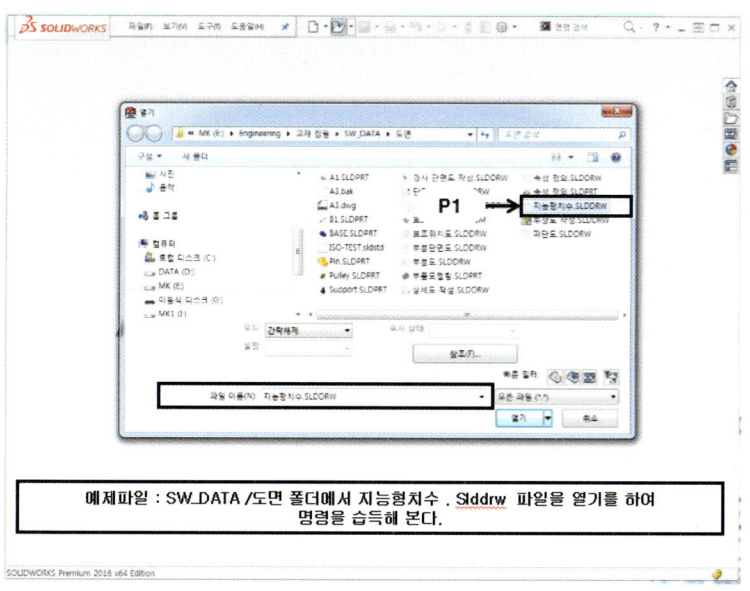

2. 지능형 치수 명령을 선택하고 다음 그림과 같은 순서로 치수를 기입한다.

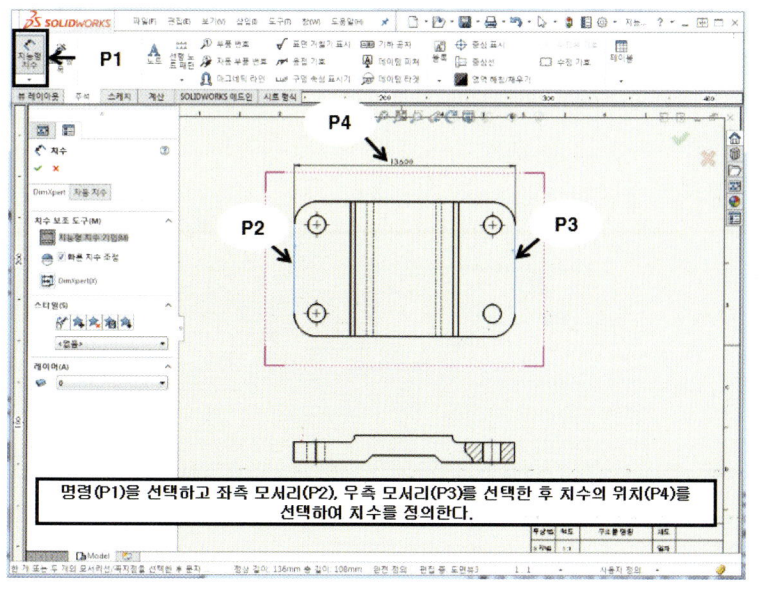

3. 지능형 치수 명령을 선택하고 다음 그림과 같은 순서로 치수를 기입한다.

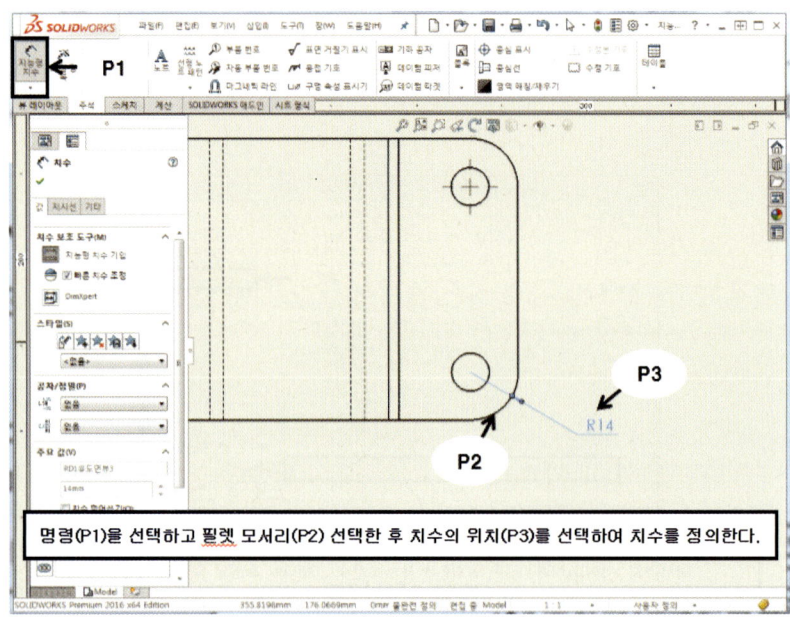

4. 지능형 치수 명령을 선택하고 다음 그림과 같은 순서로 각도 치수를 기입한다.

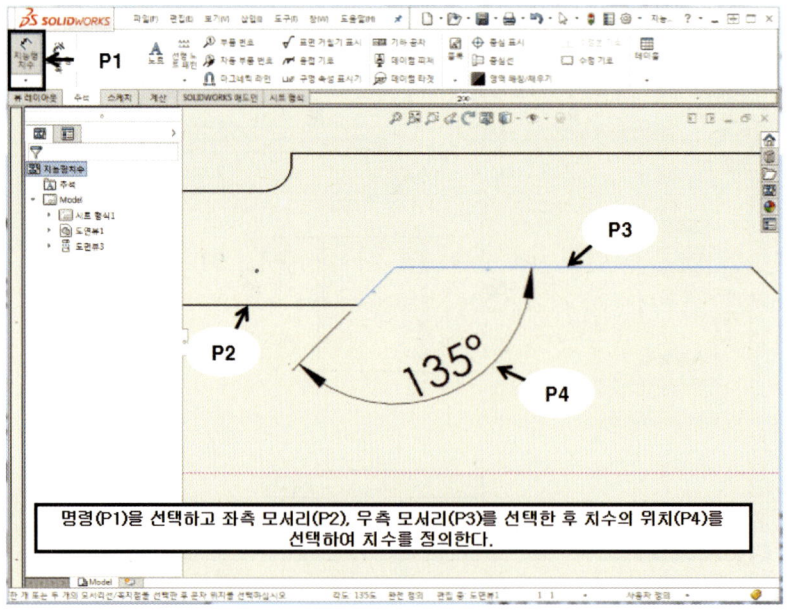

5. 지능형 치수 명령을 선택하고 다음 그림과 같은 순서로 지름 치수를 기입한다.

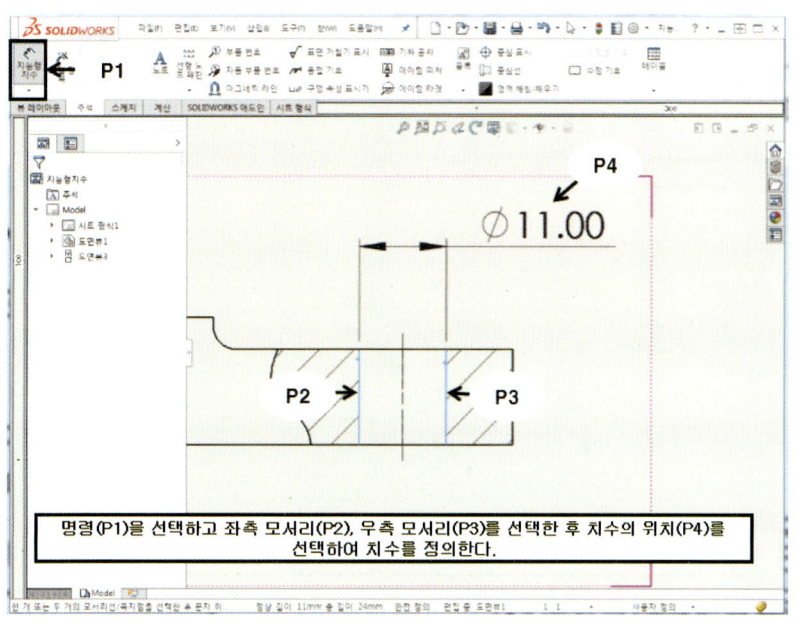

6. 지능형 치수 명령을 선택하고 다음 그림과 같은 순서로 정렬 치수를 기입한다.

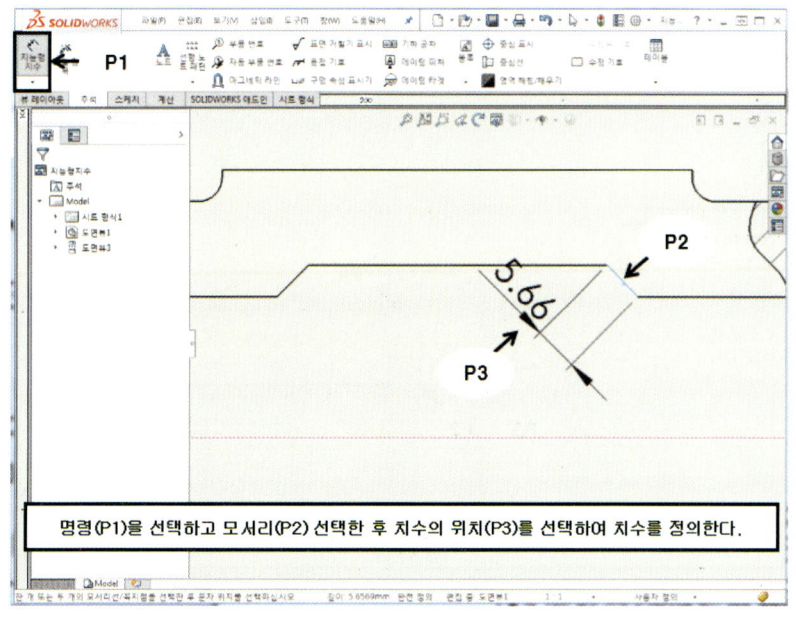

7. 지능형 치수 명령을 선택하고 다음 그림과 같은 순서로 기초선 치수를 기입한다.

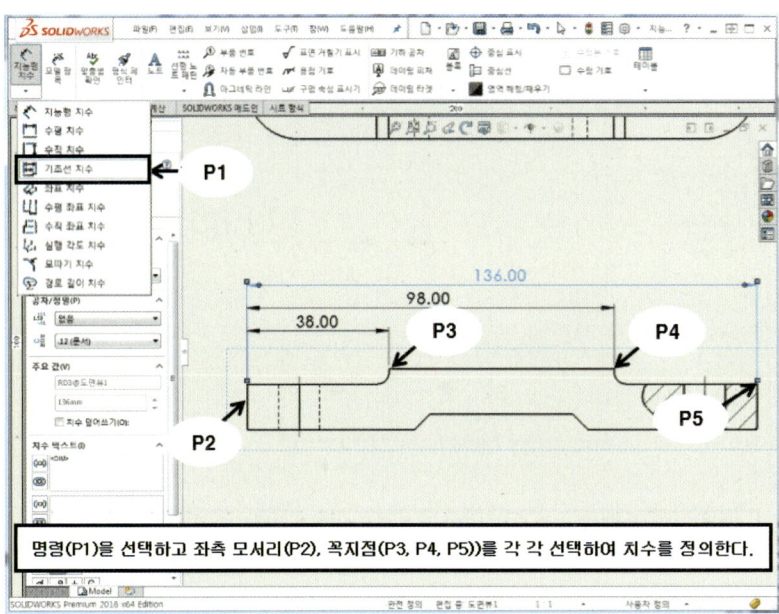

8. 지능형 치수 명령을 선택하고 다음 그림과 같은 순서로 수평 좌표 치수를 기입한다.

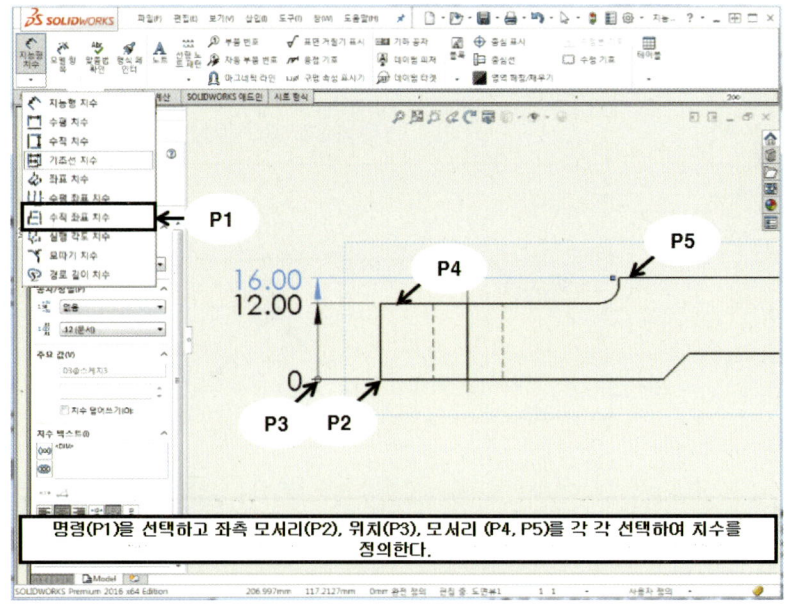

9. 지능형 치수 명령을 선택하고 다음 그림과 같은 순서로 모따기 치수를 기입한다.

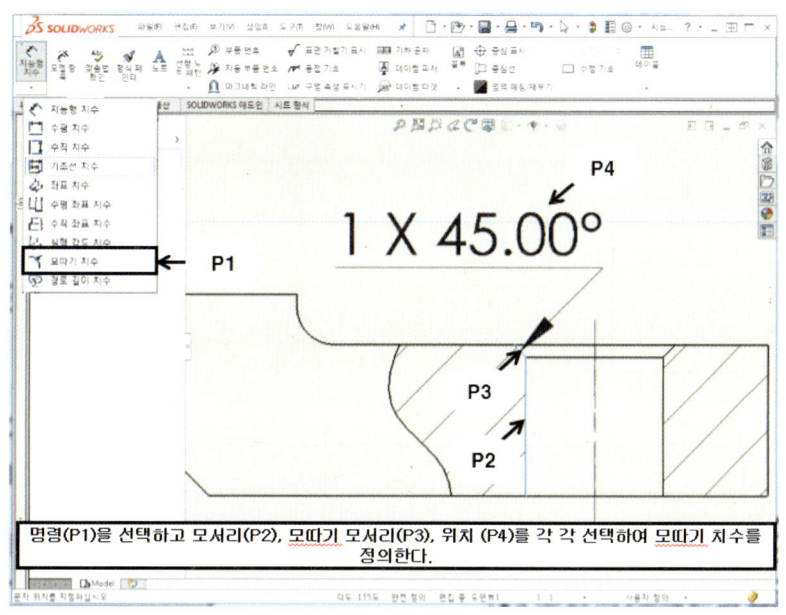

치수 공차 기입

치수 공차 기입은 이미 기입된 치수를 선택하여 디자인 트리에서 공차/정밀 목록에서 지정할 수 있고 치수 팔레트를 이용하여 정의할 수 있다.

다음 그림과 같이 치수선을 선택한 후 디자인 트리에서 공차/정밀 선택, 분류-사용자 지정, 최대 편차 +0.5, 최소 편차 -0으로 기입하고 치수에 공차가 반영되는 것을 확인한다.

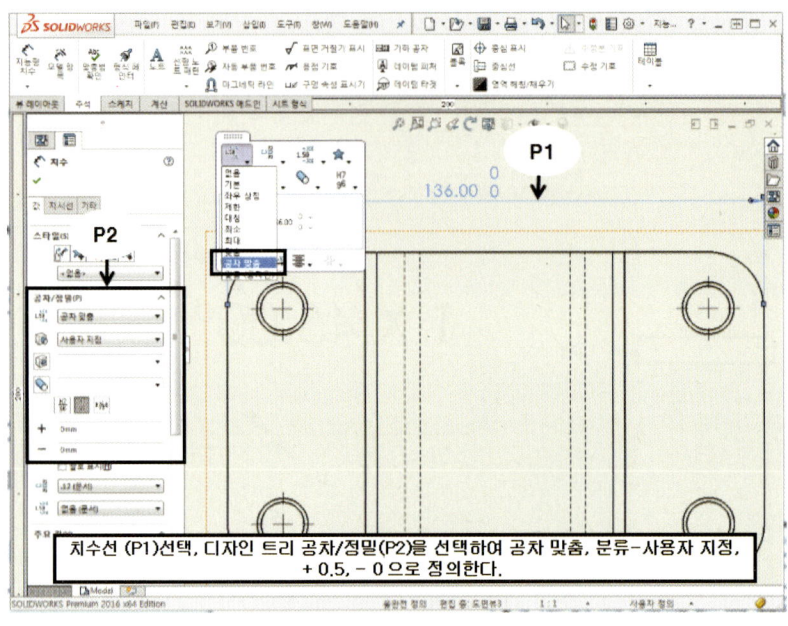

치수 보조선 부착점 변경

이미 작성된 치수선을 선택하고 치수 보조선이 시작된 대상물의 부착점을 선택 끌기하여 이동하고자 하는 모서리 끝점 위치로 이동할 수 있다.

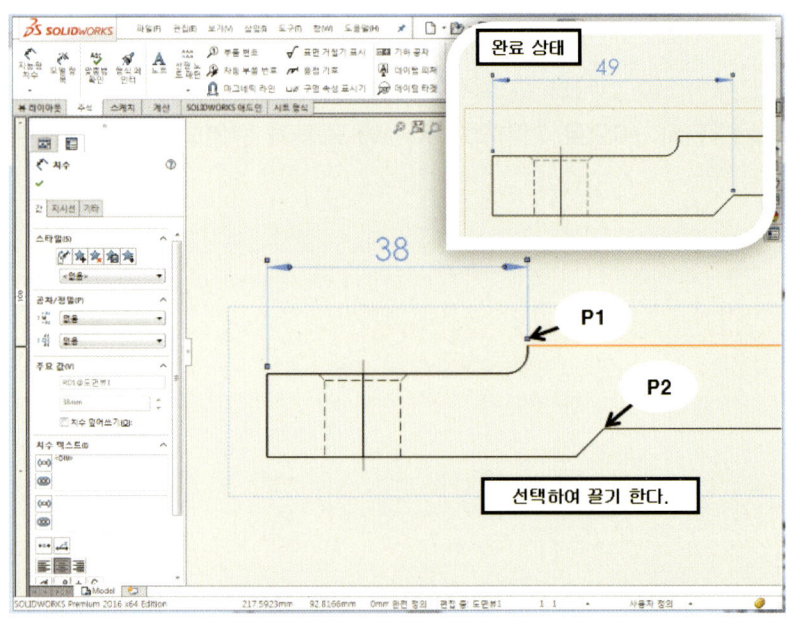

치수 보조선 기울기

이미 작성된 치수선을 선택하고 치수 보조선의 위쪽 끝점을 선택 끌기하여 기울기를 반영할 수 있다.

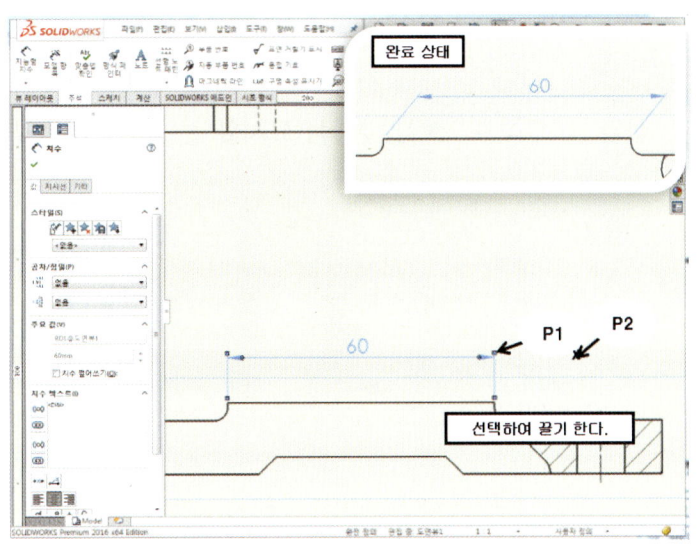

치수에 텍스트 추가 기입

이미 작성된 치수선을 선택하고 디자인 트리 치수 텍스트 목록에 "텍스트 〈DIM〉" 유형으로 기입하여 정의한다.

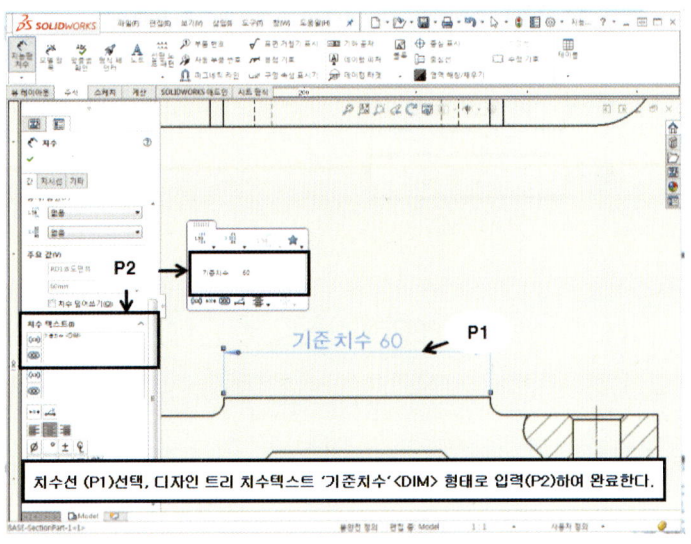

중심선 / ⊕ 중심 표시

도면 뷰에서 모델의 원 또는 원호에 중심 표시 기호를 작성하며 중심 표시선은 치수를 부가할 때 참조로 사용되기도 하고 보통 자동으로 삽입된 중심선 및 중심 표식이 추가되나 설계자가 수동으로 중심 표식을 추가할 수 있다.

풀다운 메뉴 도구 ⇨ 삽입 ⇨ 주석 ⇨ 중심선/중심 표시를 선택하여 사용할 수 있다.

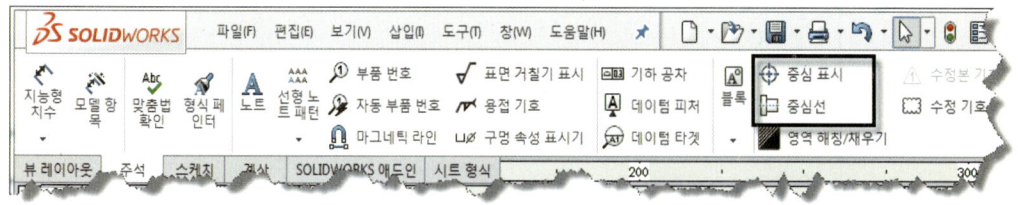

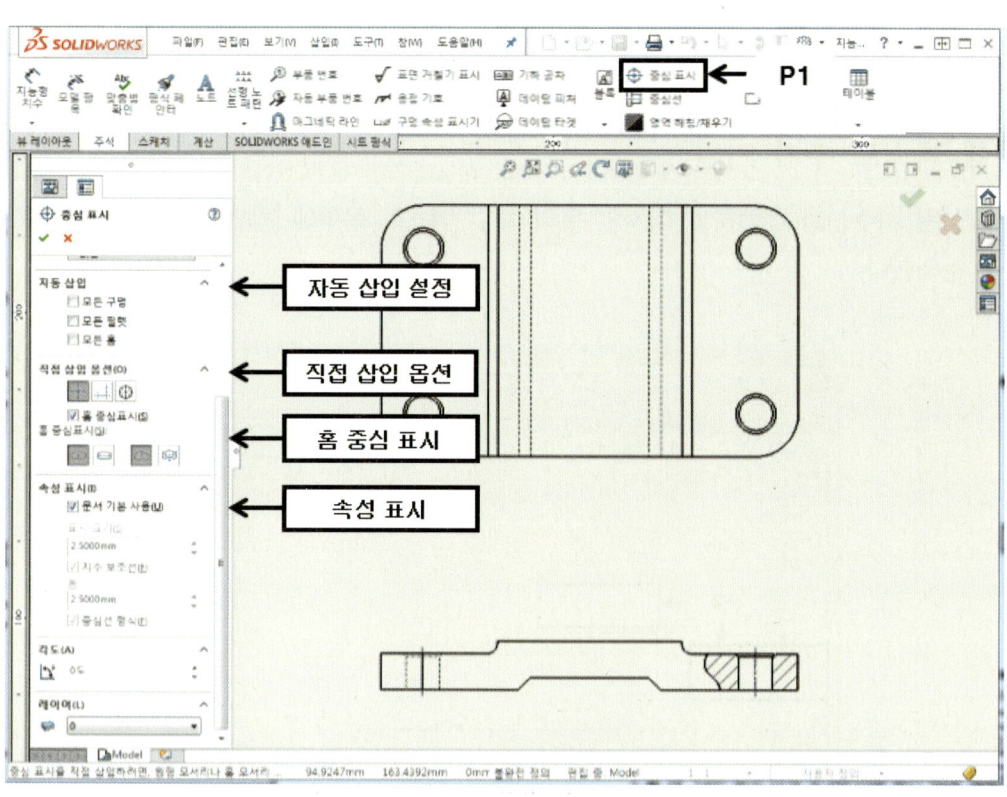

자동 삽입 : 삽입되는 도면 뷰에 원과 원호 개체에 중심 표시를 자동으로 배치하도록 설정한다.
  - 모든 구멍 : 삽입된 뷰에 투영된 모든 구멍 개체에 중심 표시를 정의한다.
  - 모든 필렛 : 삽입된 뷰에 투영된 모든 필렛 개체에 중심 표시를 정의한다.
  - 모든 홈 : 삽입된 뷰에 투영된 모든 홈 개체에 중심 표시를 정의한다.

직접 삽입 옵션 : 삽입할 중심 표시의 유형을 정의한다.
  - 단일 중심 표시 : 단일 중심 표시를 정의한다.
  - 선형 중심 표시 : 선형 중심 표시를 정의한다.
  - 원형 중심 표시 : 원형 중심 표시를 정의한다.

속성 표시 : 삽입되는 중심 표시의 세부 속성을 설정한다.

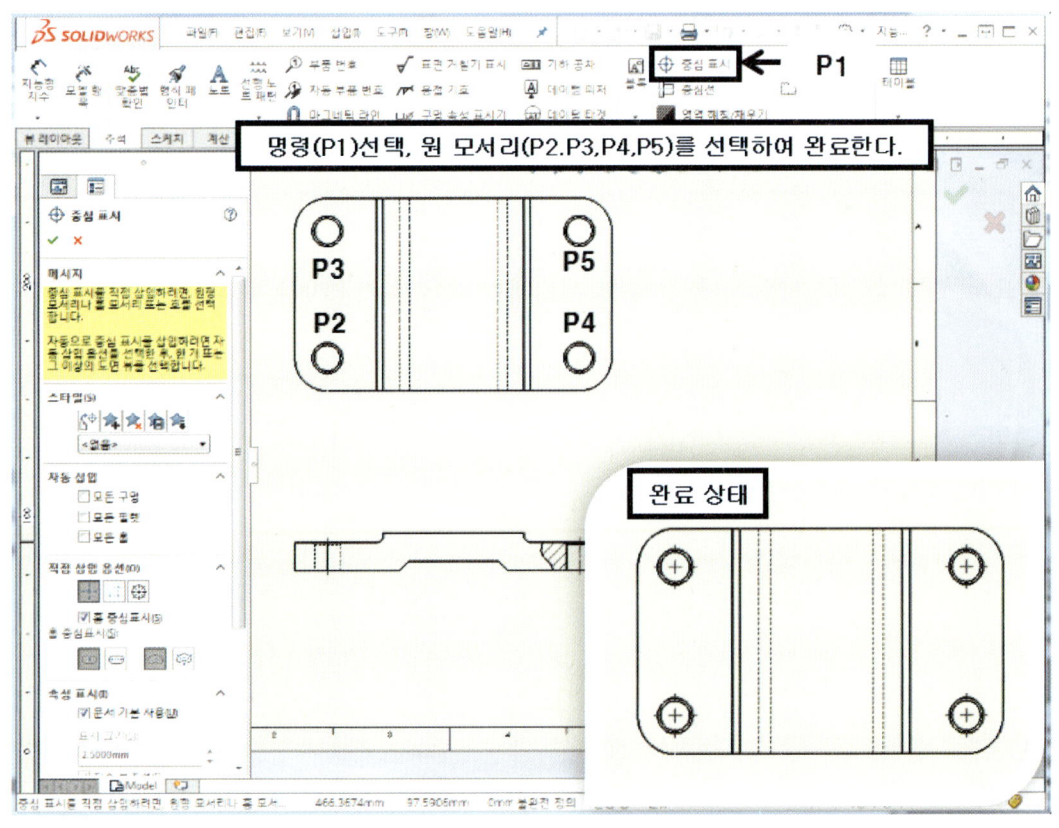

중심선 : 마주보는 모서리의 중심이나 회전체의 면을 선택하여 중심선을 작성한다.

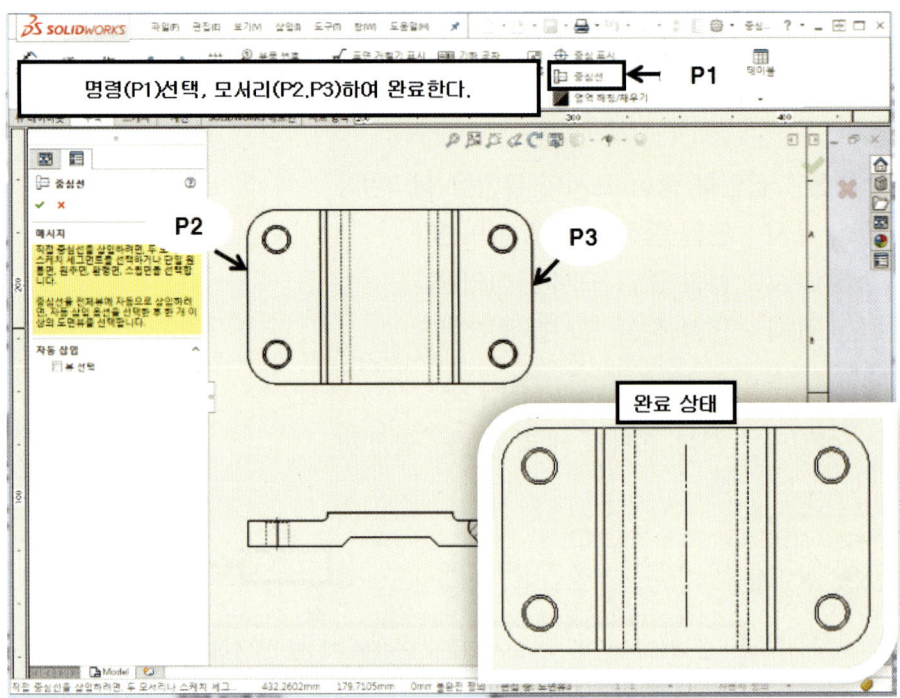

중심 표시 자동 삽입에 대한 설정은 옵션 설정에서 정의가 가능하다.

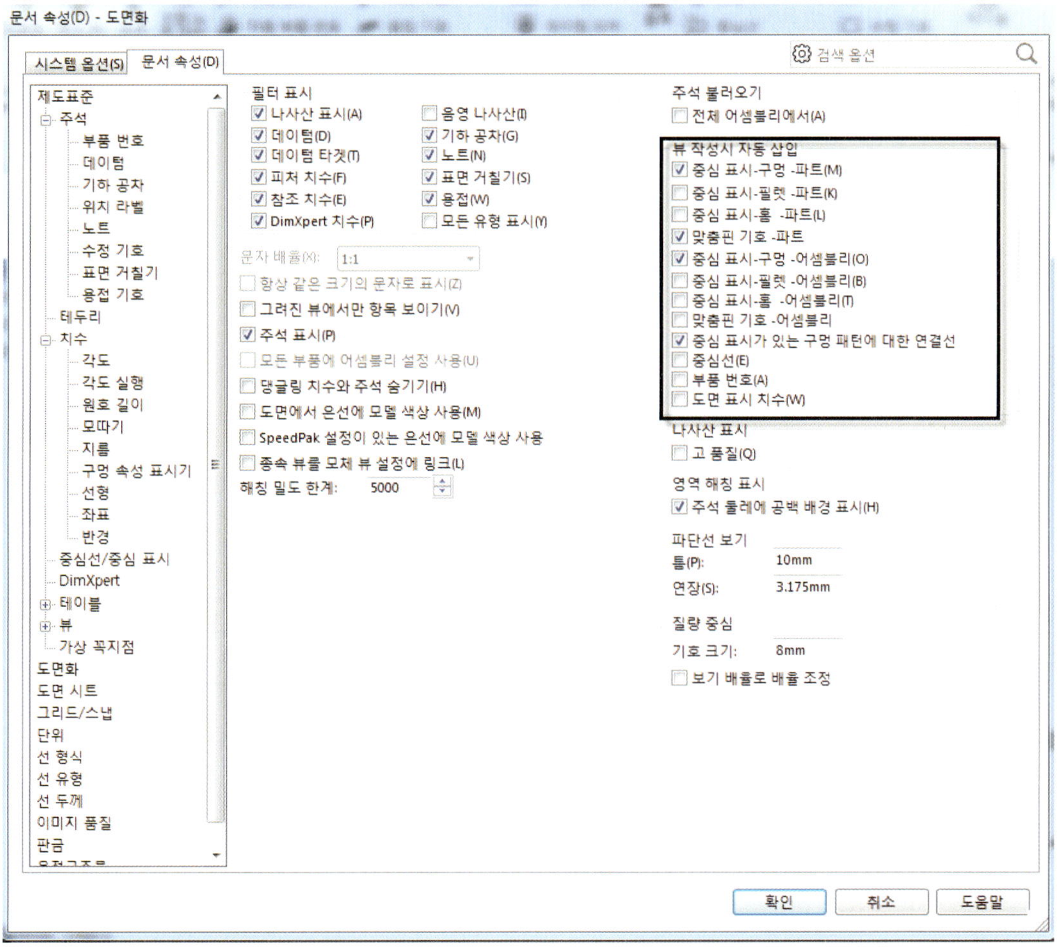

STEP 08. 도면 작성하기   489

└┘∅ **구멍 속성 표시기**

구멍 속성 표시기는 구멍 가공 마법사로 작성된 구멍의 정보를 표시한다.

풀다운 메뉴 도구 ⇨ 삽입 ⇨ 주석 ⇨ 구멍 속성 표시기를 선택하여 사용할 수 있다.

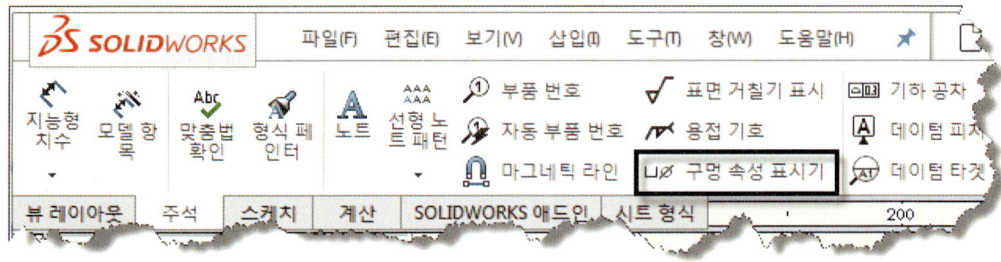

예제파일의 압축을 풀고 SW_DATA/도면 폴더/구멍 속성 표시기.slddrw 파일을 열기한다.

1. 구멍 속성 표시기 예제파일을 열기하여 명령을 습득해 본다.

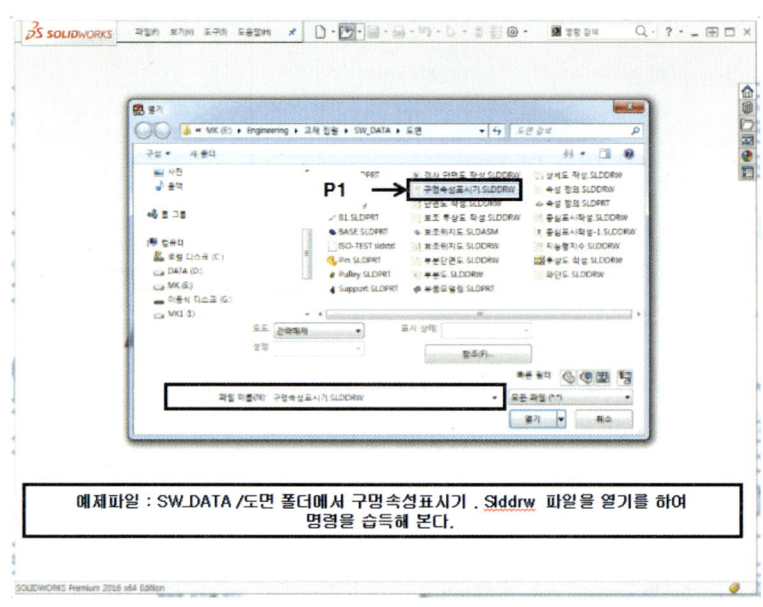

2. 명령을 선택하고 구멍의 모서리를 선택하고 구멍 속성기의 위치를 선택하여 완료한다.

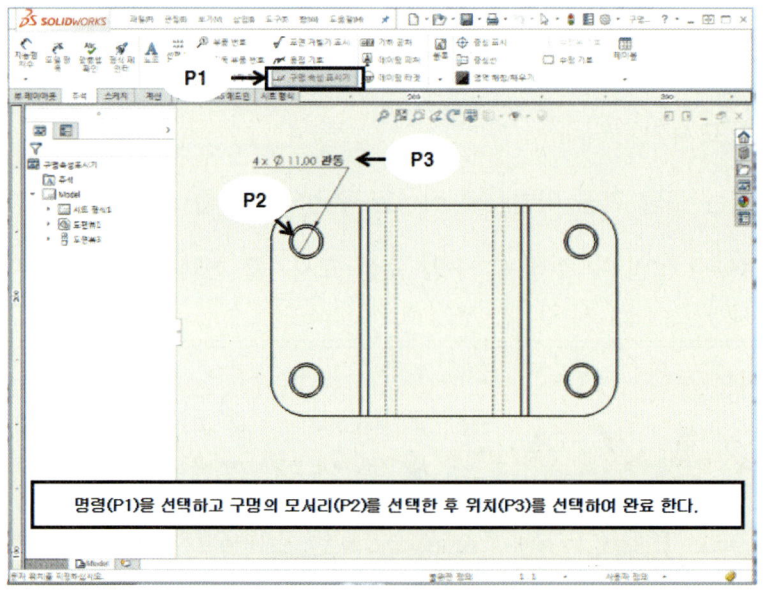

✓ 표면 거칠기 표시

표면 거칠기 표시를 사용하여 도면 뷰에 표면 거칠기 기호를 정의한다.

풀다운 메뉴 도구 ⇨ 삽입 ⇨ 주석 ⇨ 표면 거칠기 표시를 선택하여 사용할 수 있다.

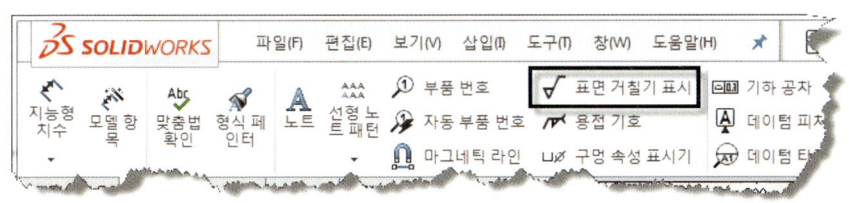

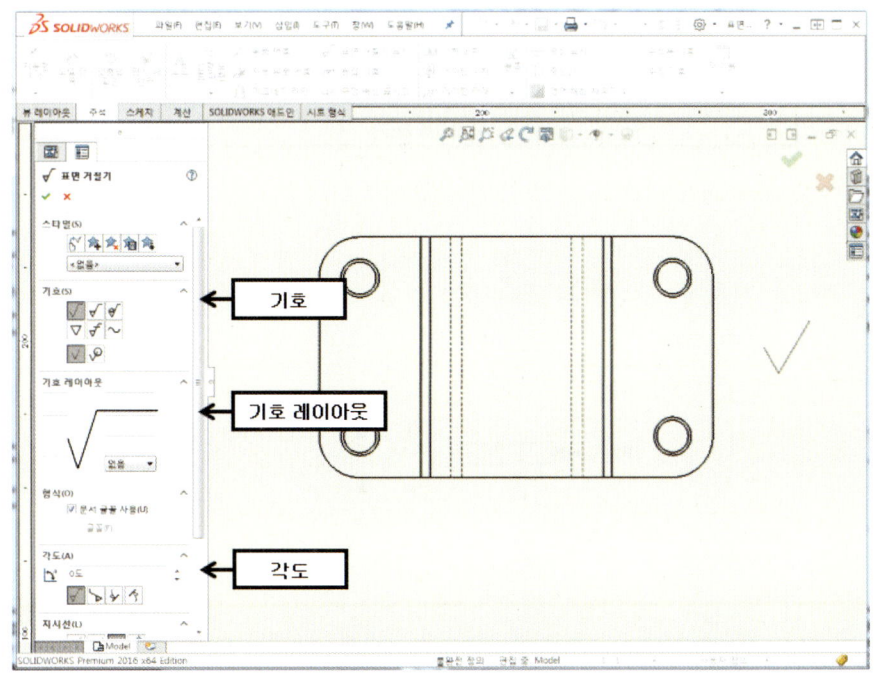

기호 : 표면 거칠기의 유형을 지정한다.

기호 레이아웃 : 최대 및 최소 거칠기, 생산 방법, 거칠기 간격 등의 값을 정의한다.

각도 : 기호를 삽입할 때 기울기 각도를 지정할 경우 사용한다.

지시선 : 지시선의 유형을 설정하고, 지시선을 배치한다.

예제파일의 압축을 풀고 SW_DATA/도면 폴더/표면 거칠기 표시.slddrw 파일을 열기한다.

1. 표면 거칠기 표시 예제파일을 열기하여 명령을 습득해 본다.

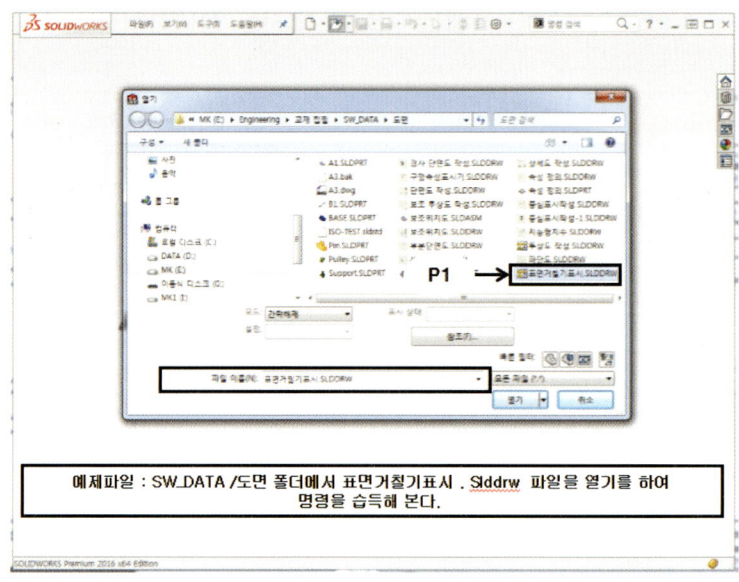

2. 명령을 선택하고 기호를 선택한 후 레이아웃을 입력하고 각도를 입력하고 위치를 선택하여 완료한다.

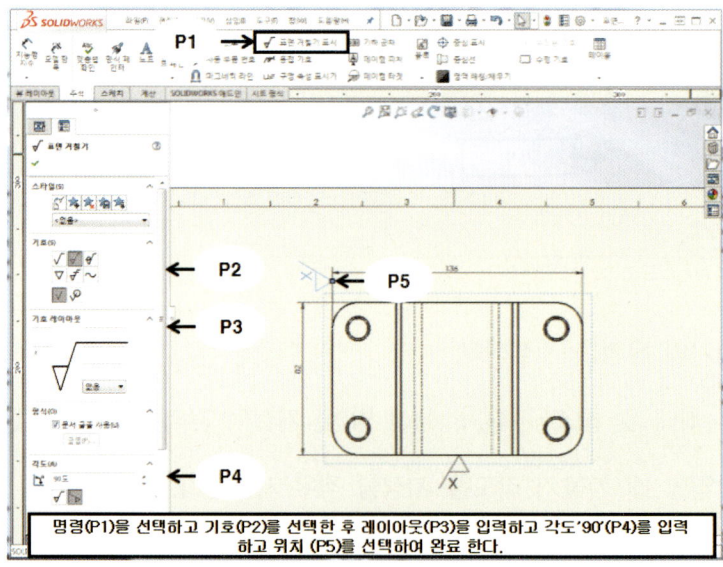

┌┬ 용접 기호

용접 기호를 사용하여 도면 뷰에 용접 기호를 기입할 수 있다.

풀다운 메뉴 도구 ⇨ 삽입 ⇨ 주석 ⇨ 용접 기호를 선택하여 사용할 수 있다.

- 현장 용접 : 현장에만 용접이 적용되었음을 표시하는 기호 ▶를 붙인다.

- 전체 둘레 용접 : 윤곽선 둘레에 용접이 적용되었음을 표시하는 기호 ⊘를 붙인다.
- 용접 기호 : 기호 라이브러리에서 기호를 클릭하여 선택한다.
- 대칭 : 기호선을 중심으로 한쪽 속성이 다른 쪽에도 대칭으로 표시한다.
- 지그재그 : 선 위에 필렛 용접 기호를 지그재그로 표시한다.
- 기선 위에 표시 : 점선 구분선을 기호선 위에 표시한다.
- 지시선 고정점 : 용접 기호 위에 지시선을 부착할 위치를 지정한다.

예제파일의 압축을 풀고 SW_DATA/도면 폴더/용접 기호.slddrw 파일을 열기한다.

1. 용접 기호 예제파일을 열기하여 명령을 습득해 본다.

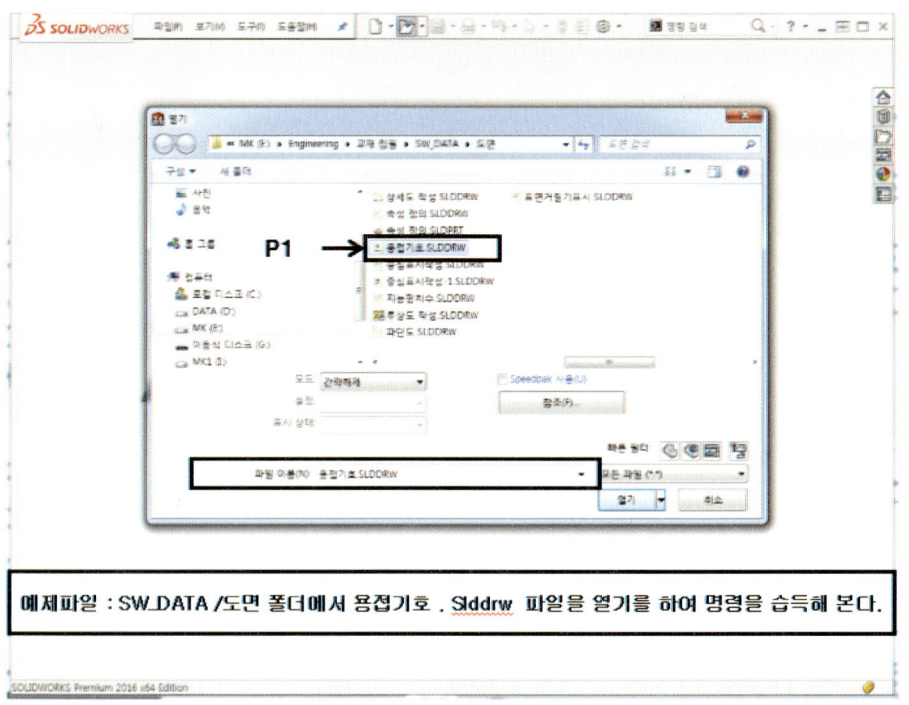

2. 용접 기호 명령을 선택하고 다음 그림과 같이 대화 상자를 정의하고 위치를 지정하여 완료한다.

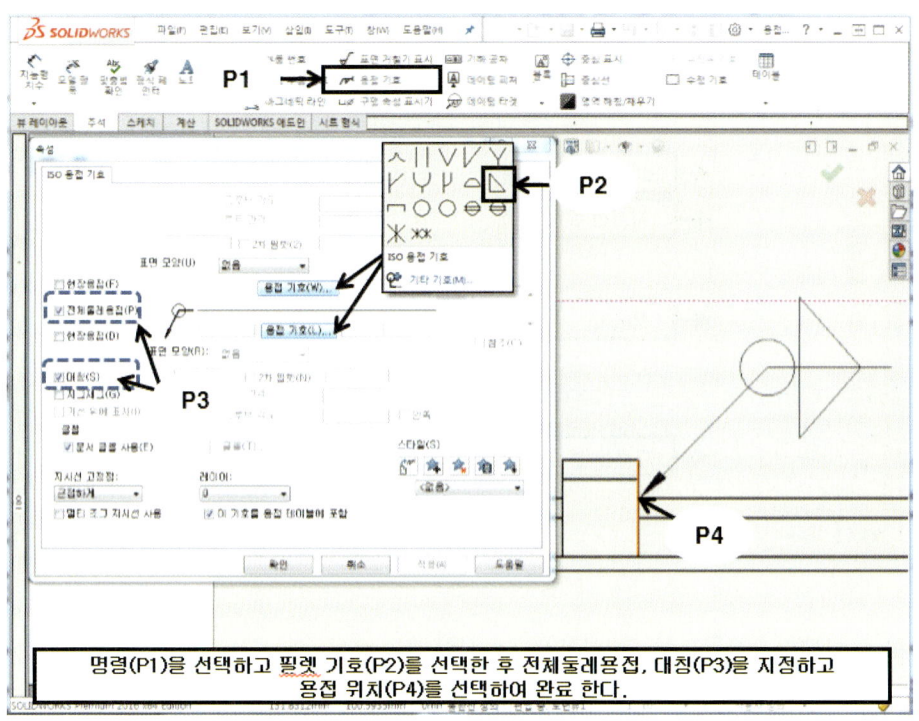

데이텀 피처

데이텀 기호를 도면 뷰 모델 면이나 모서리 또는 치수선에 기입한다.

풀다운 메뉴 도구 ⇨ 삽입 ⇨ 주석 ⇨ 데이텀 피처를 선택하여 사용할 수 있다.

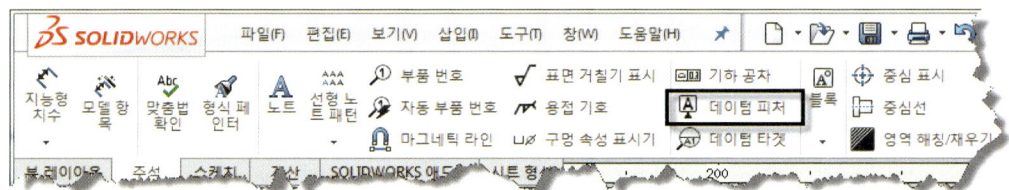

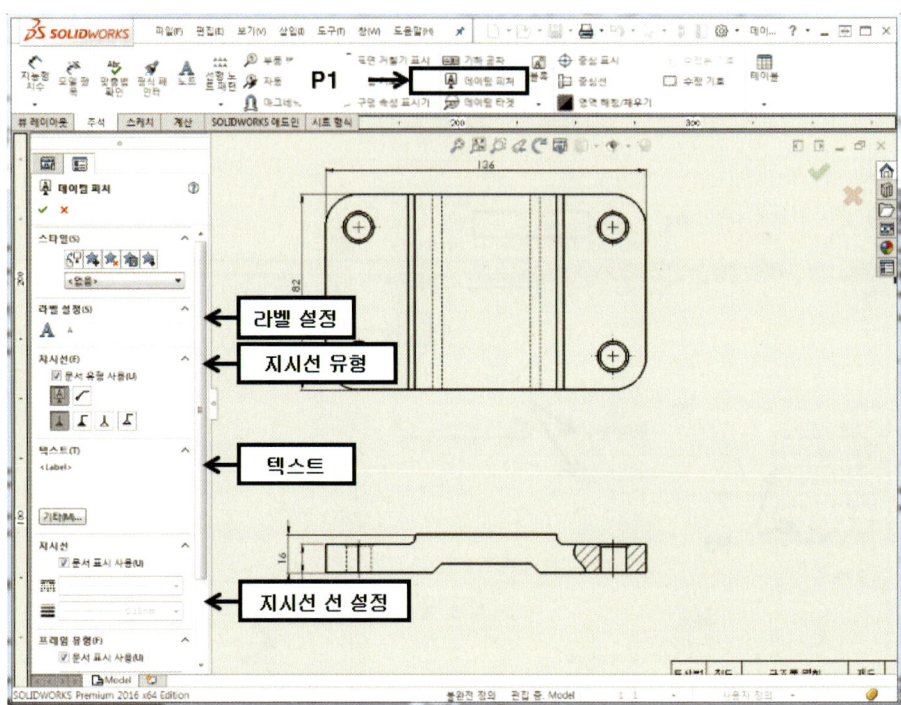

라벨 설정 : 데이텀 기호에 표기할 라벨 문자를 입력한다.

지시선 유형 : 데이텀 기호에 적용할 지시선의 유형을 설정한다.

텍스트 : 데이텀 기호에 추가할 문자를 입력한다.

지시선 선 설정 : 작성될 데이텀 기호에 추가되는 지시선의 두께 및 선 종류를 설정한다.

예제파일의 압축을 풀고 SW_DATA/도면 폴더/데이텀 피처.slddrw 파일을 열기한다.

1. 데이텀 피처 예제파일을 열기하여 명령을 습득해 본다.

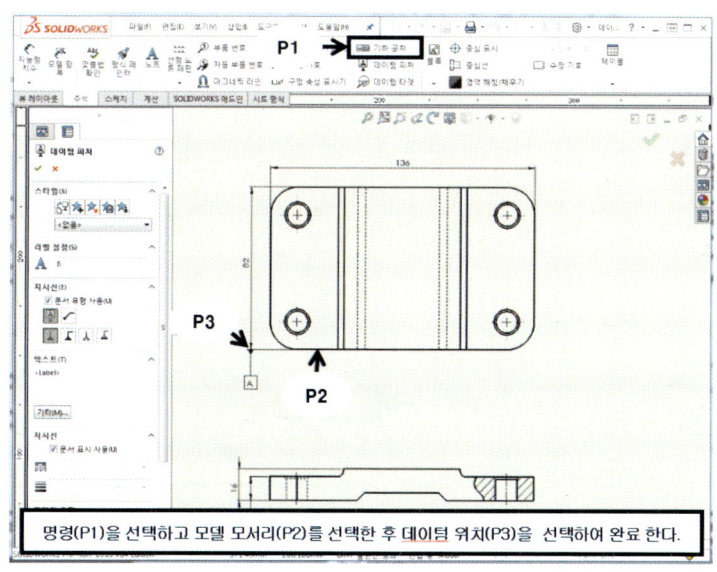

2. 데이텀 피처 명령을 선택하고 도면 뷰 모델의 모서리를 선택한 후 데이텀 위치를 선택하여 완료한다.

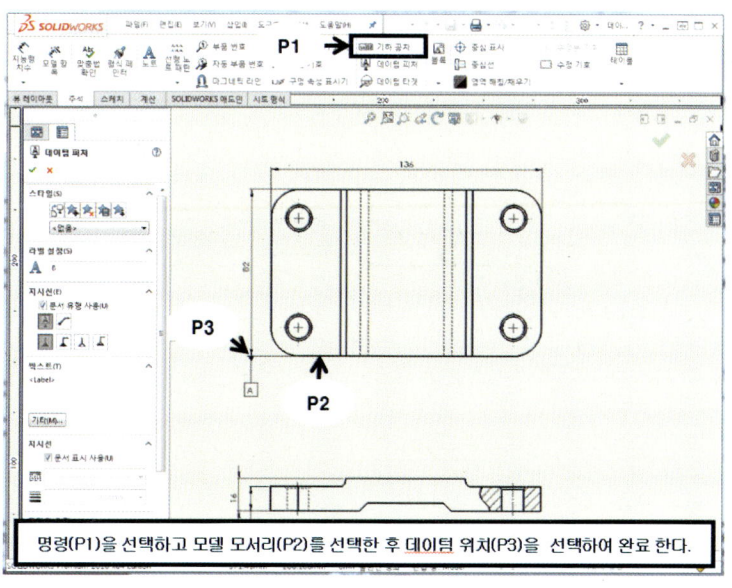

기하공차

기하공차란 부품의 직진도, 평면도, 원통도 같은 형상에 대한 정밀도를 나타내는 기호이다.

풀다운 메뉴 도구 ⇨ 삽입 ⇨ 주석 ⇨ 기하공차를 선택하여 사용할 수 있다.

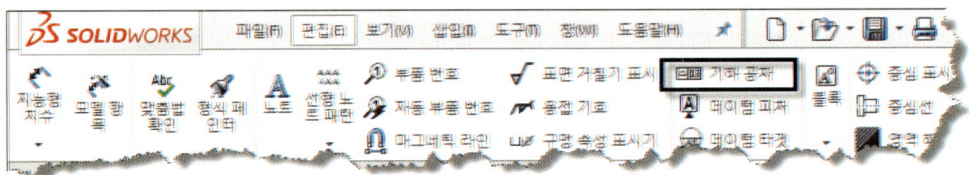

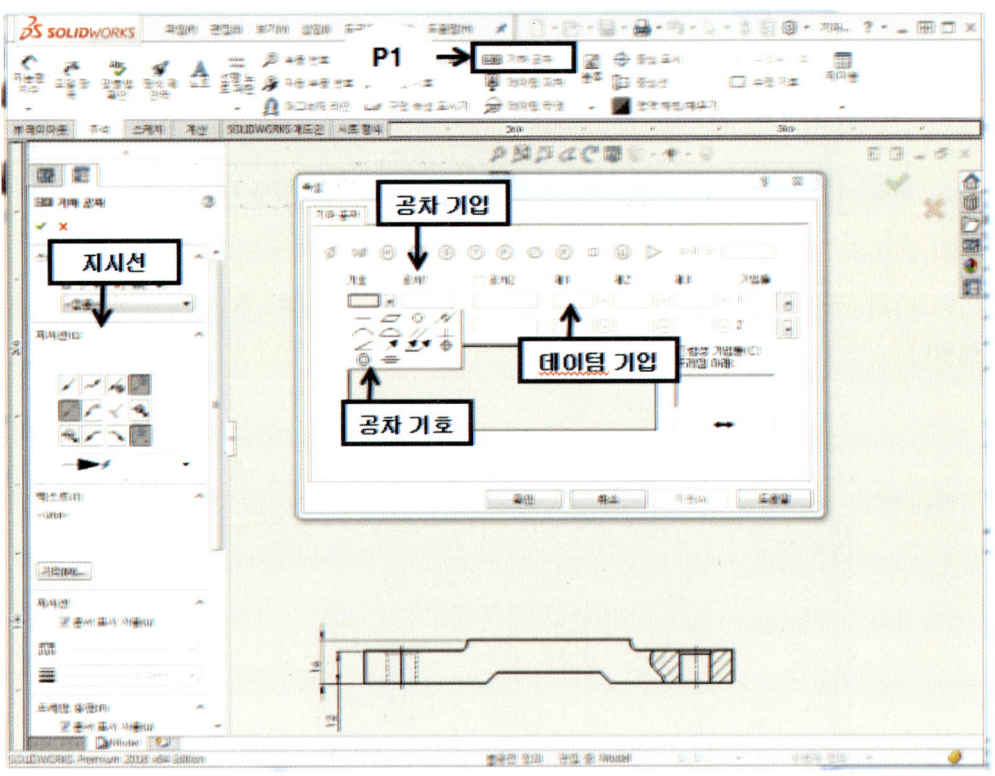

STEP 08. 도면 작성하기 499

예제파일의 압축을 풀고 SW_DATA/도면 폴더/기하공차.slddrw 파일을 열기한다.

1. 기하공차 예제파일을 열기하여 명령을 습득해 본다.

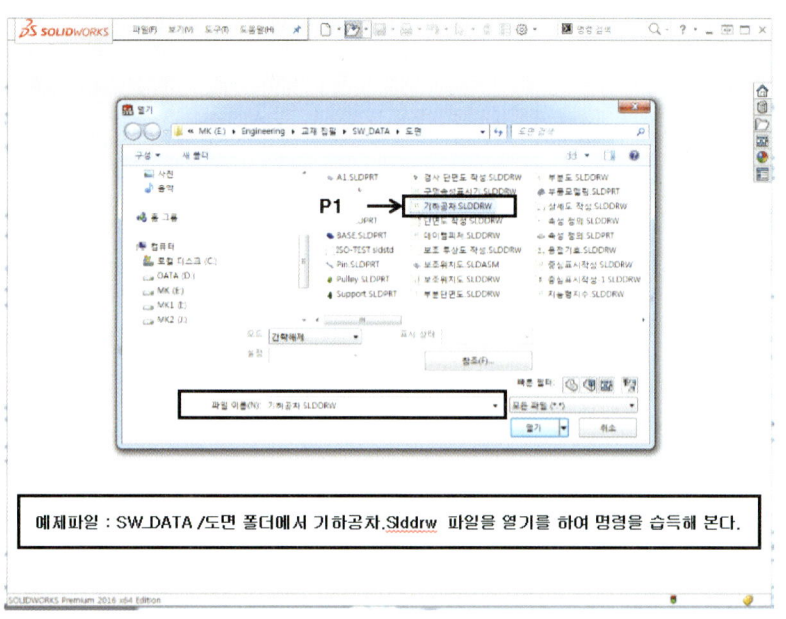

2. 명령을 선택하고 형상 기호를 선택한 후 공차 입력, 데이텀 기호를 입력한다.

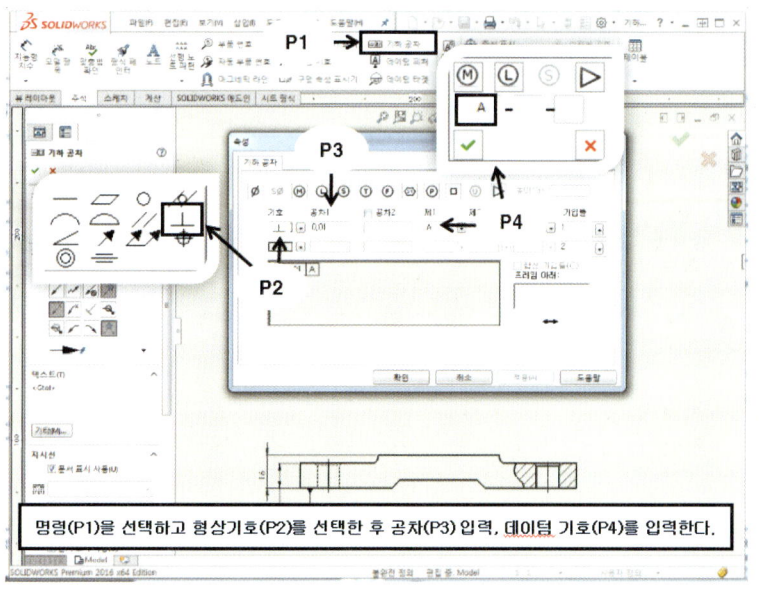

3. 지시선을 선택한 후 치수선을 선택하고 데이텀 기호 위치를 지정하여 완성한다.

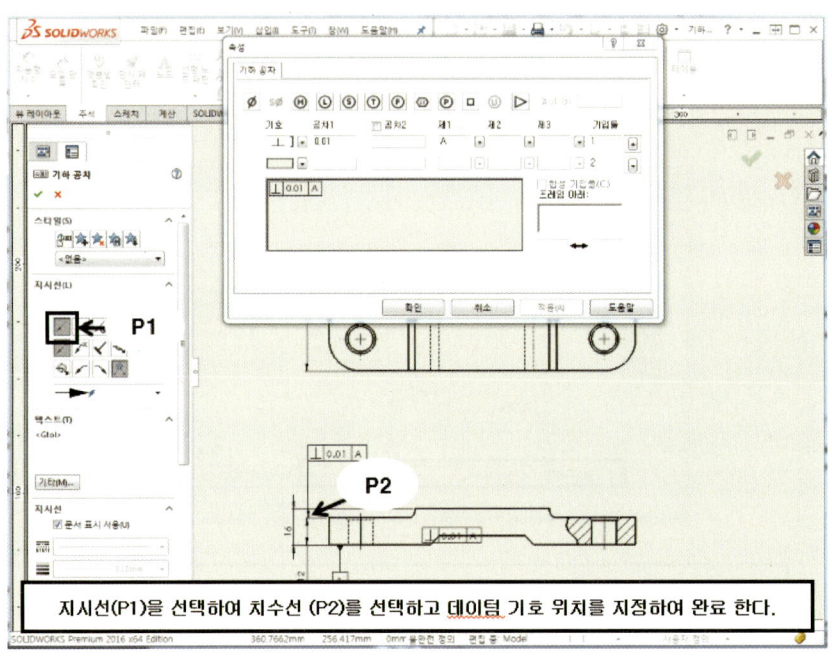

A 노트

도면을 문서화하기 위하여 문자를 기입할 수 있다.

풀다운 메뉴 도구 ⇨ 삽입 ⇨ 주석 ⇨ 노트를 선택하여 사용할 수 있다.

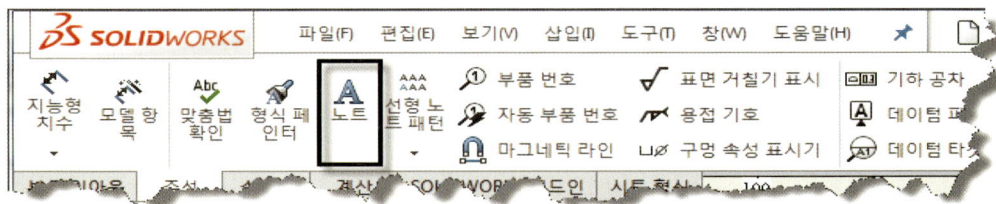

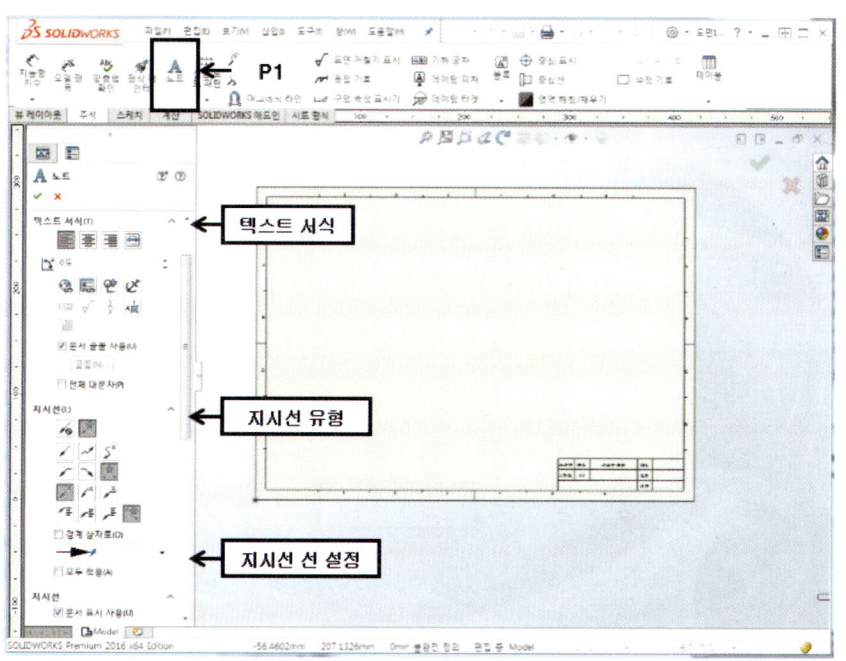

텍스트 서식
- 정렬 방식 : 문자의 정렬 방식을 설정하며 왼쪽 맞춤, 가운데 맞춤, 오른쪽 맞춤 중에서 한 가지를 설정한다.
- 각도 : 문자를 기울여 쓸 경우에 기울이는 각도를 입력한다.
- 하이퍼링크 : 인터넷, 로컬 네트워크, 하드 드라이브의 문서에 하이퍼링크를 만든다. 하이퍼링크를 선택하면, 관련된 문서나 웹 사이트가 열리게 된다.
- 속성 링크 : 사용자 정의 속성 또는 설정 특정 속성의 값을 노트 문자에 링크할 수 있다. 테이블이나 BOM의 행에 속성을 링크할 수도 있다. 속성값이 변경되면 연결된 텍스트가 자동으로 변경된다.
- 기호 추가 : 기호를 추가한다.
- 노트 잠금/풀기 : 문자를 편집할 수는 있으나 이동할 수 없게 된다.

지시선 유형 : 문자에 지시선의 유무와 유형 그리고 화살표의 유형을 설정한다.

테두리 : 문자의 테두리 사양을 설정한다. 만약 테두리를 있게 설정할 경우에 테두리의 크기를 끼워맞춤 및 1글자, 2글자로 설정할 수 있다.

파라미터 : 문자를 입력하는 위치를 X좌표와 Y좌표로 지정한다.

부품 번호

도면 뷰를 작성한 후 해당 뷰에서 단품 또는 부분 조립품에 부품 기호를 기입하며 부품 번호로 작성된 개체는 품번 기호의 숫자가 BOM의 품번과 연관된다.

풀다운 메뉴 도구 ⇨ 삽입 ⇨ 주석 ⇨ 부품 번호를 선택하여 사용할 수 있다.

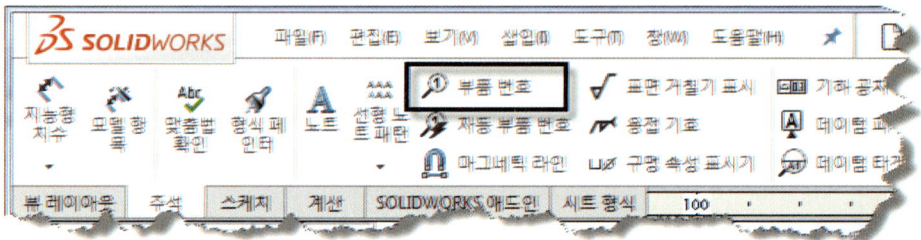

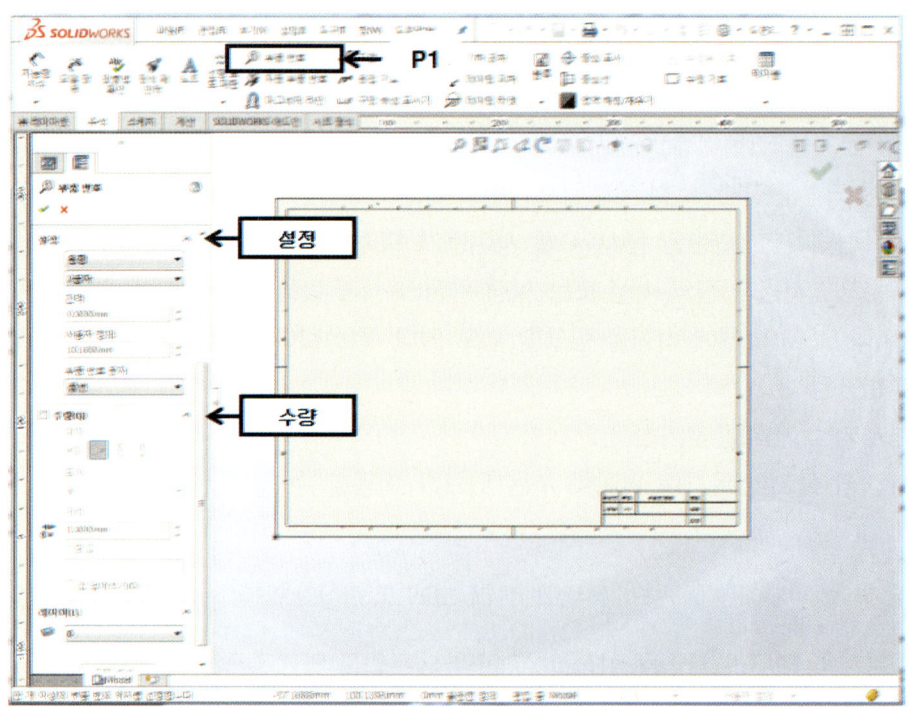

설정 : 작성될 부품 번호의 유형, 크기, 부품 번호 문자를 설정한다.
  - 유형 : 부품 번호를 표시할 테두리의 모양을 설정한다.
  - 크기 : 테두리의 크기를 설정한다.
  - 부품 번호 문자 : 부품 번호로 표기할 내용을 설정한다.

수량 : 어셈블리에서 한 개 이상의 부품이 있는 경우에 부품 번호 한 개 이상에 수량을 기입할 수 있다.
  - 위치 : 수량을 기입할 위치를 설정한다.
  - 표시 : 수량의 라벨을 선택한다.
  - 수량값 : 부품 번호에 기입할 수량값을 보여준다.
  - 값 덮어쓰기 : 자동으로 입력되는 수량값을 변경하고자 할 경우 수량을 입력한다.

예제파일의 압축을 풀고 SW_DATA/도면 폴더/부품 번호.slddrw 파일을 열기한다.

1. 부품 번호 예제파일을 열기하여 명령을 습득해 본다.

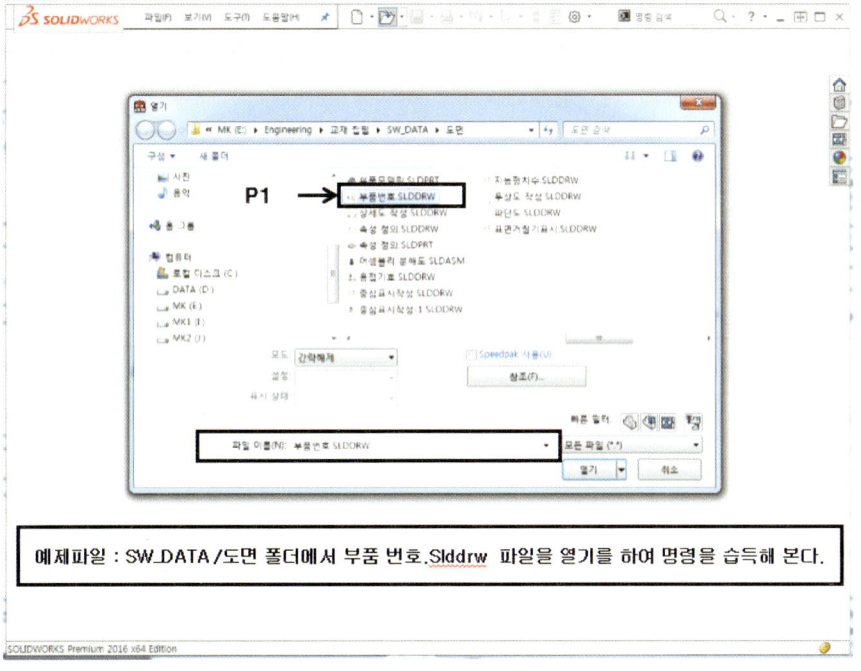

2. 부품 번호 명령을 선택하고 디자인 트리에서 수량을 체크한 후 위치를 선택하여 완료한다.

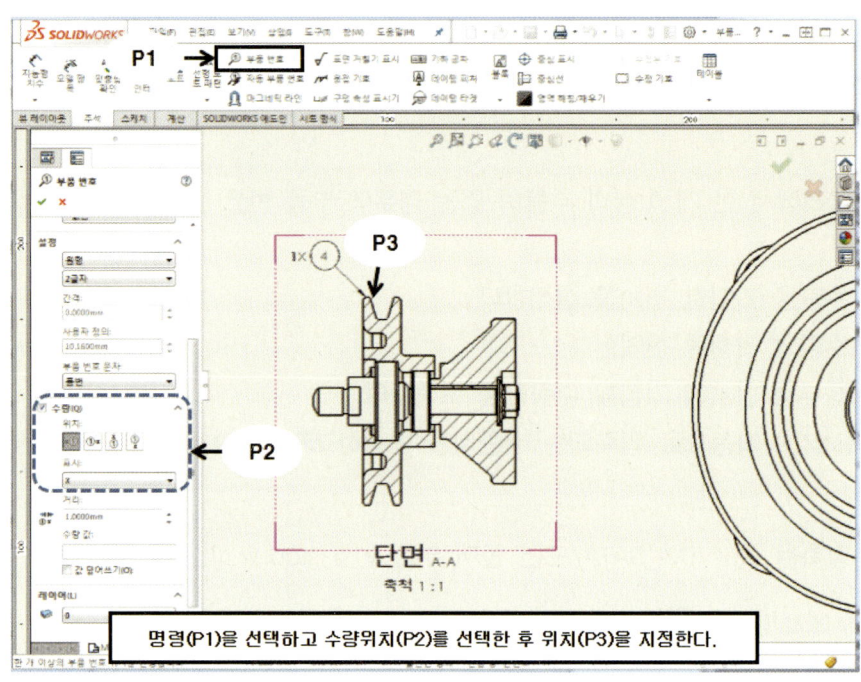

BOM(부품 리스트)

BOM(부품 리스트)은 각 부품 파트를 조립한 후 각 정보를 연계하여 부품 리스트를 작성하는 도구이며 BOM 명령은 테이블 도구 모음에서 BOM 도구를 선택하여 사용한다.

풀다운 메뉴 도구 ⇨ 삽입 ⇨ 테이블 ⇨ BOM을 선택하여 사용할 수 있다.

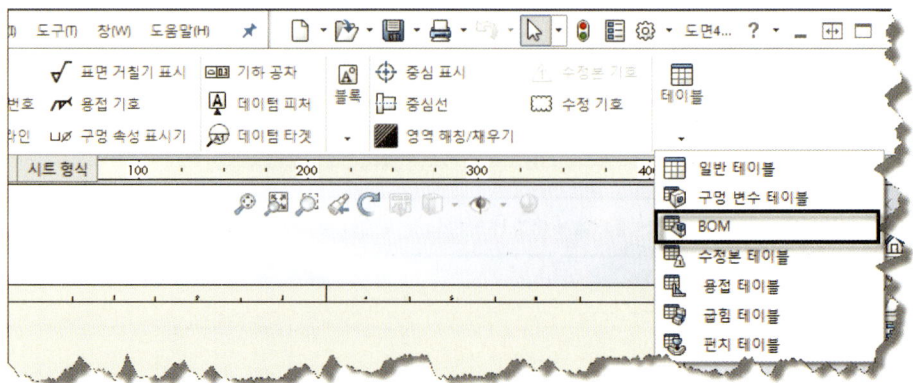

예제파일의 압축을 풀고 SW_DATA/도면 폴더/BOM.slddrw 파일을 열기한다.

1. 부품 번호 예제파일을 열기하여 명령을 습득해 본다.

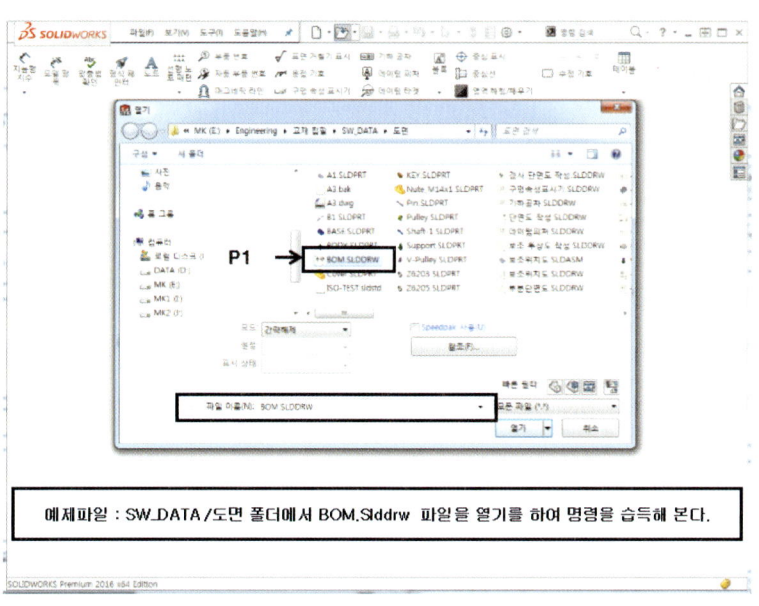

2. 부품 번호 명령을 선택하고 적용될 뷰를 선택한 후 디자인 트리에서 확인 버튼을 선택한다.

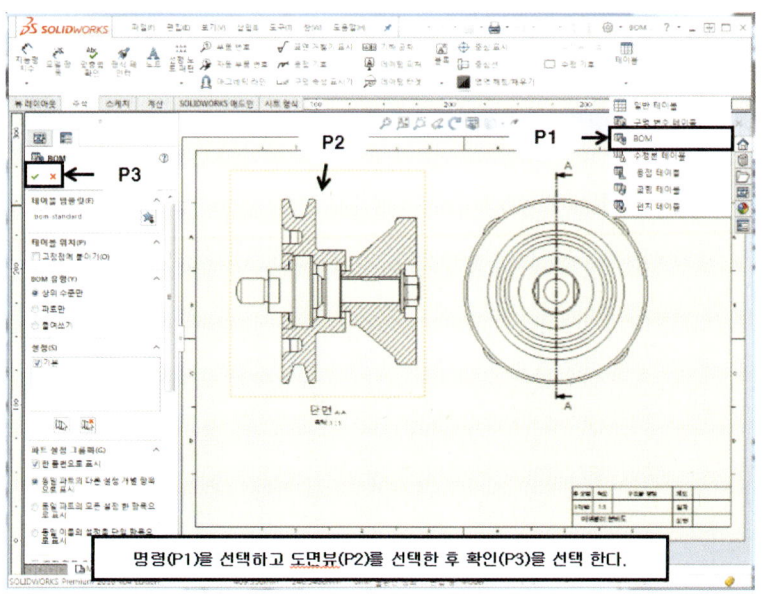

3. 작성된 BOM을 원하는 위치를 지정하여 배치하고 완료한다.

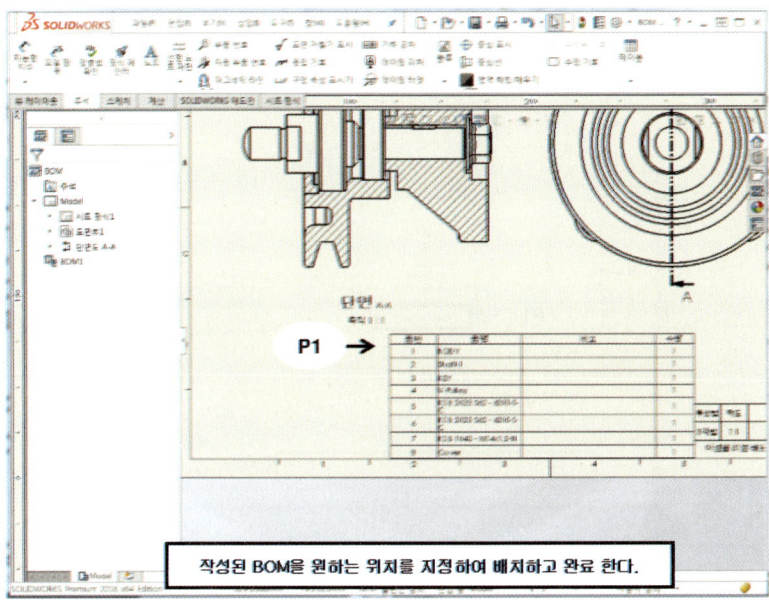

부품도 따라하기

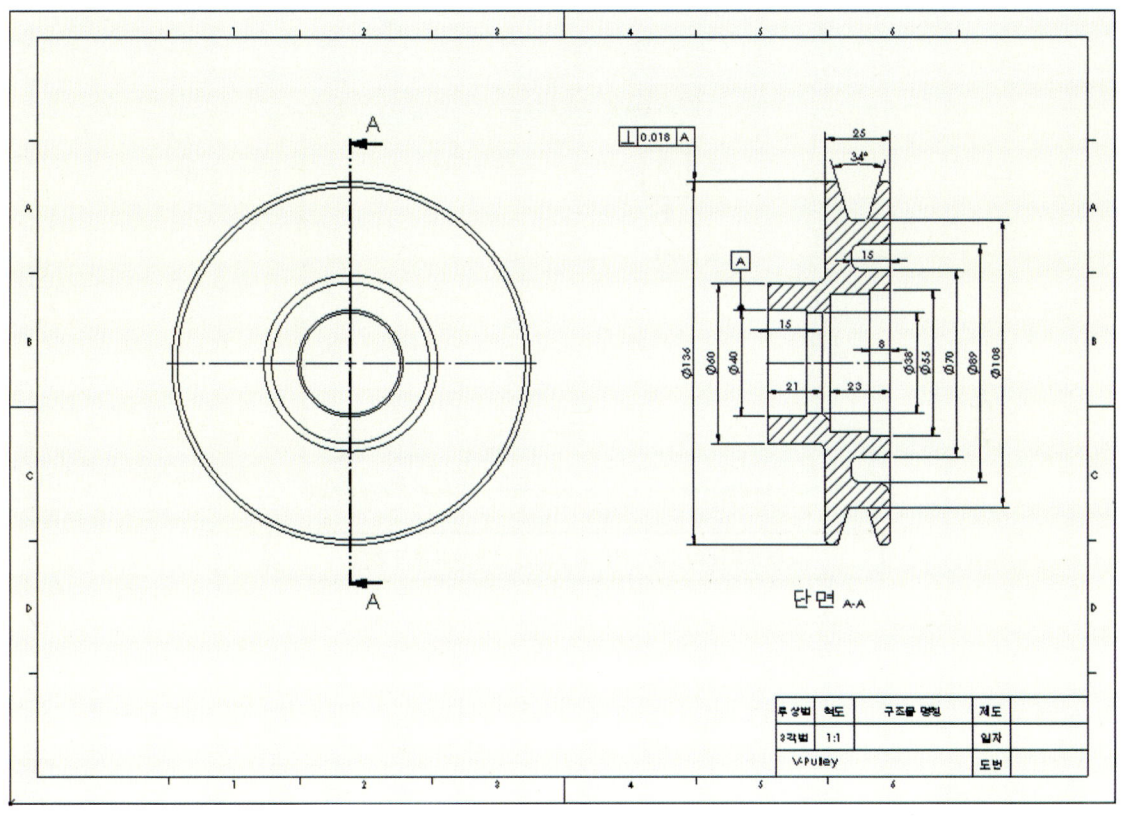

1. 도면 템플릿을 선택하여 열기한다.

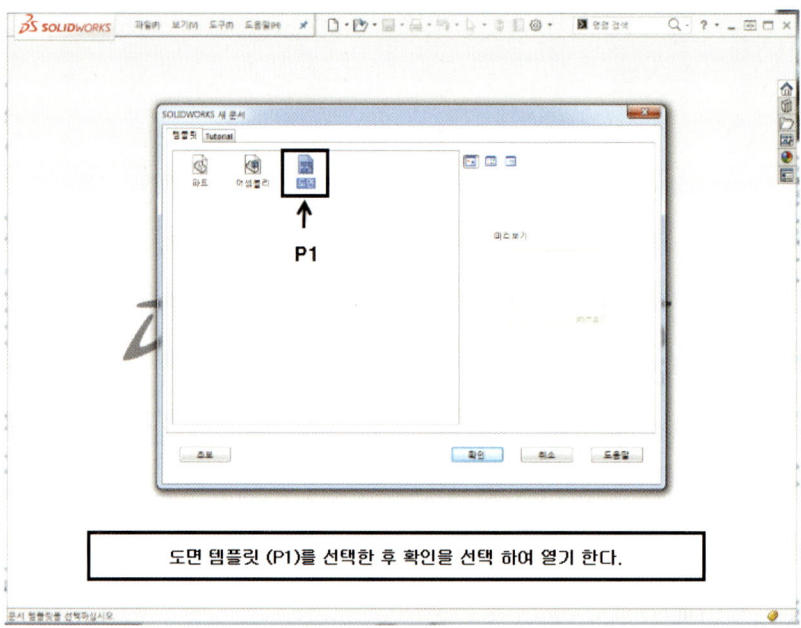

2. 도면 뷰 명령을 선택하고 찾아보기 창에서 V-Pulley 부품을 선택하여 열기한다.

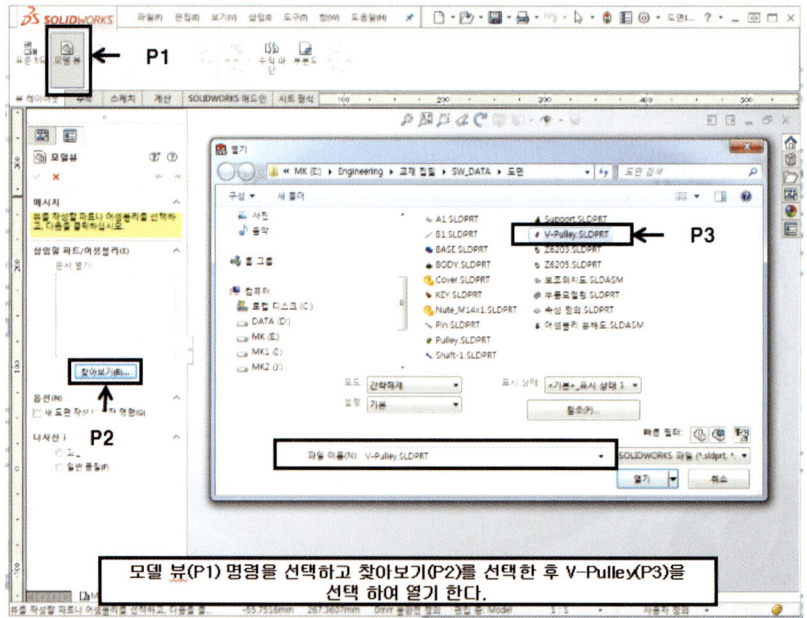

3. 디자인 트리에서 방향-측면을 선택하고 배율-사용자 정의 후 1 : 1로 지정한다.

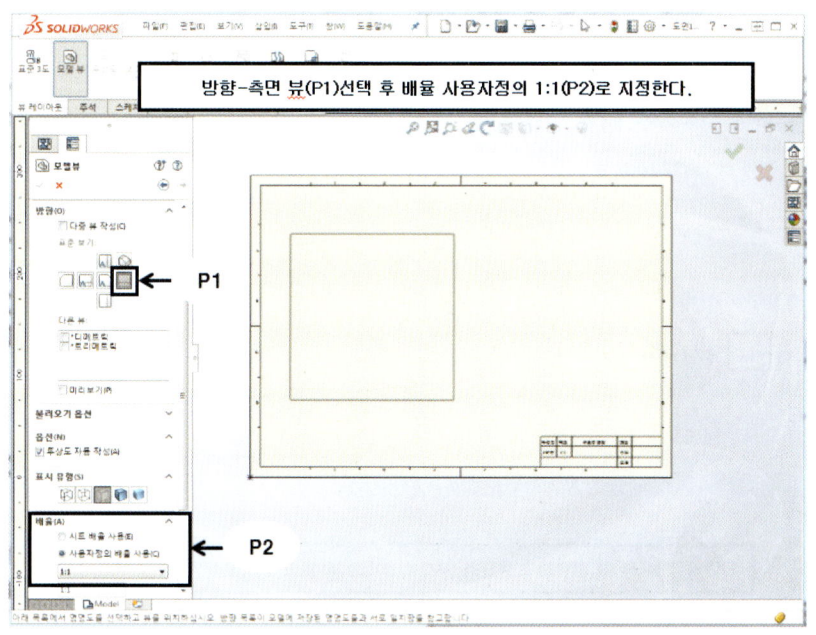

4. 다음 그림과 같이 뷰를 배치한다.

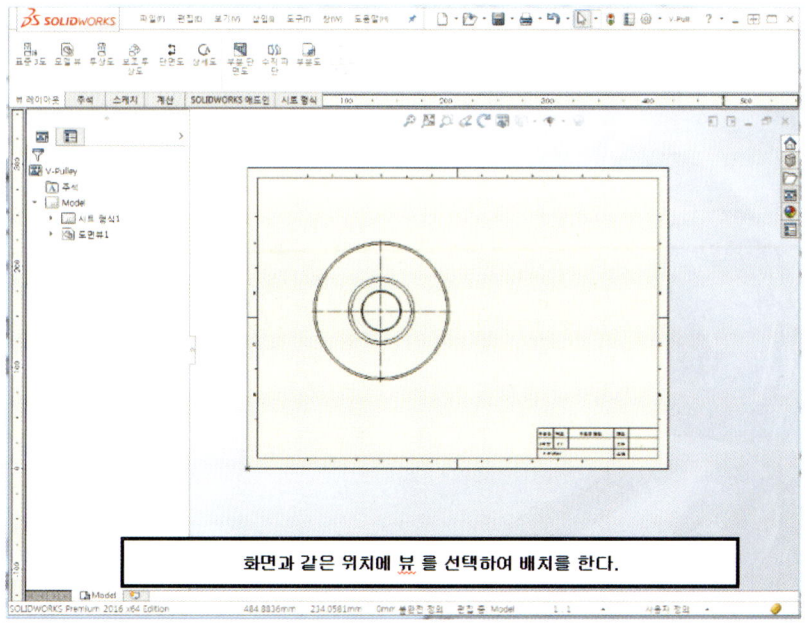

5. 단면도 명령을 선택하고 절단선을 선택한 후 뷰 모델의 중심을 선택한다.

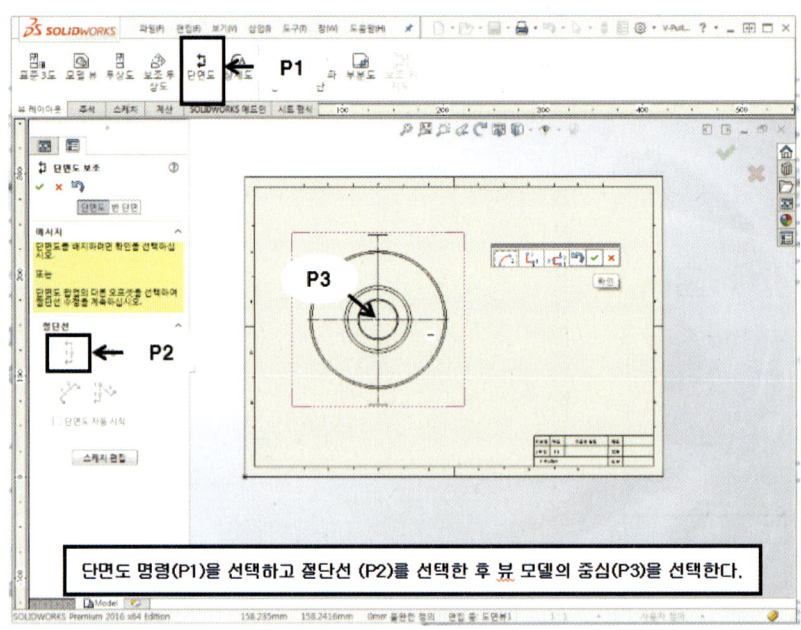

6. 단면 위치를 지정하여 단면도를 정의한다.

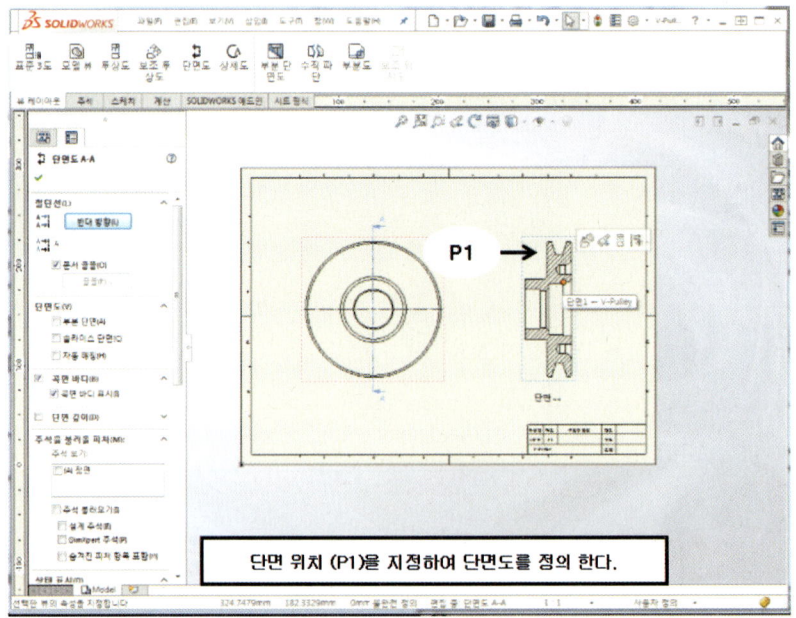

STEP 08. 도면 작성하기　511

7. 중심선 명령을 선택하고 모델의 모서리를 선택하여 중심선을 작성한다.

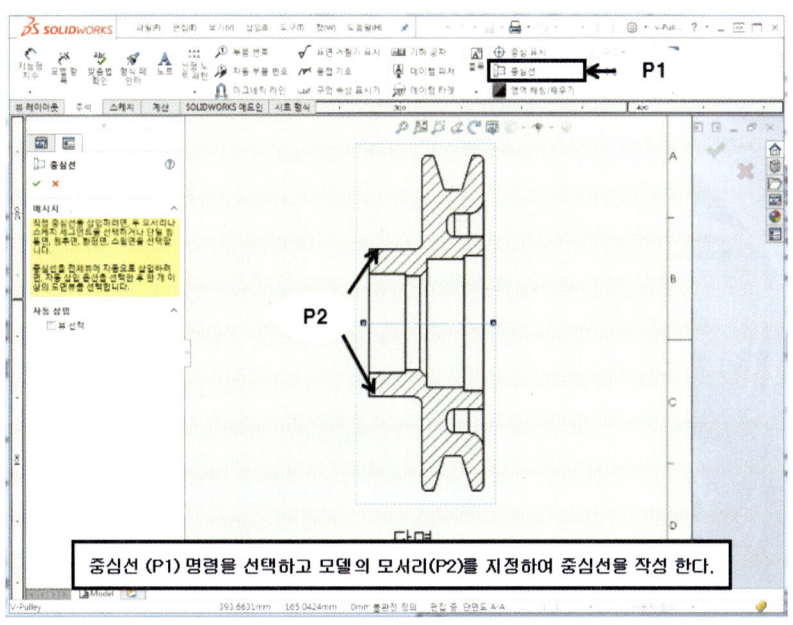

8. 지능형 치수를 이용하여 다음 그림과 같이 치수를 기입한다.

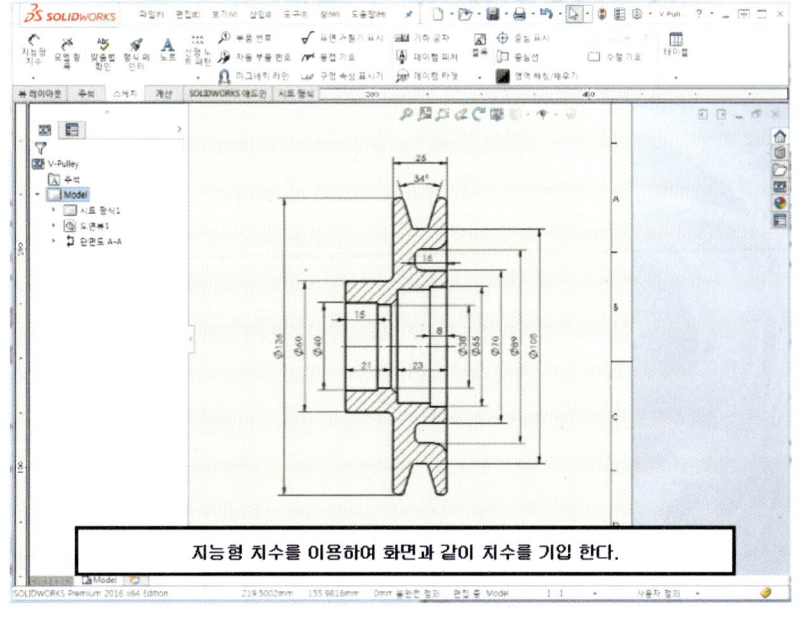

9. 데이텀과 기하공차를 이용하여 다음 그림과 같이 공차를 기입한다.

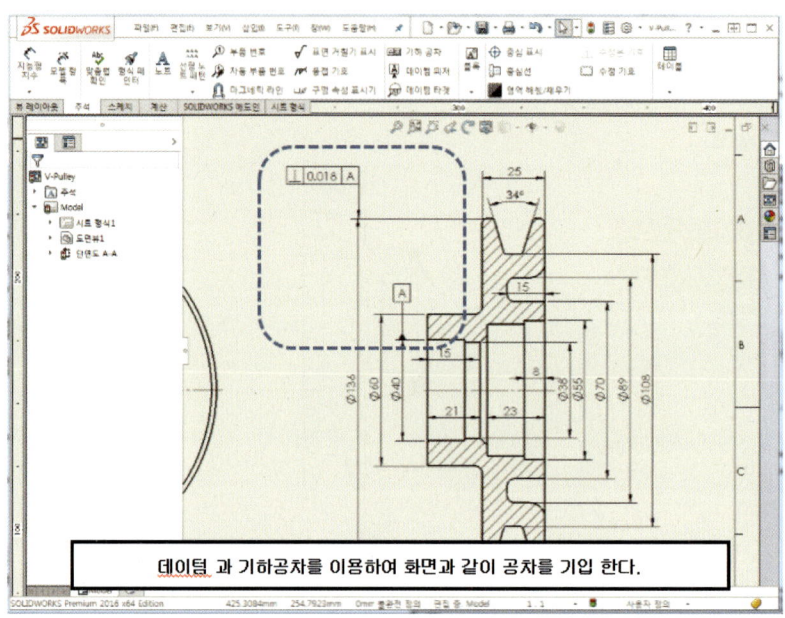

10. 아래과 같이 부품 도면을 완료하였다.

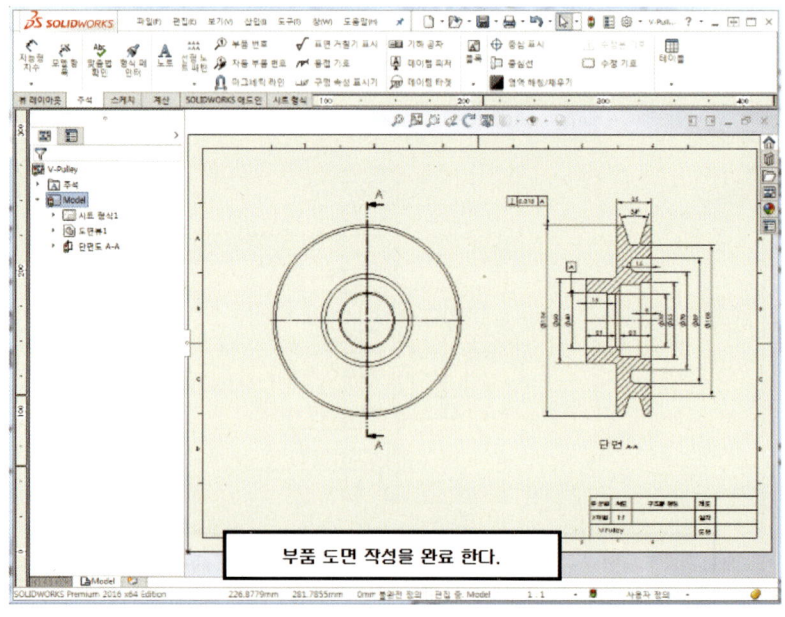

어셈블리 조립도, 분해도 따라하기

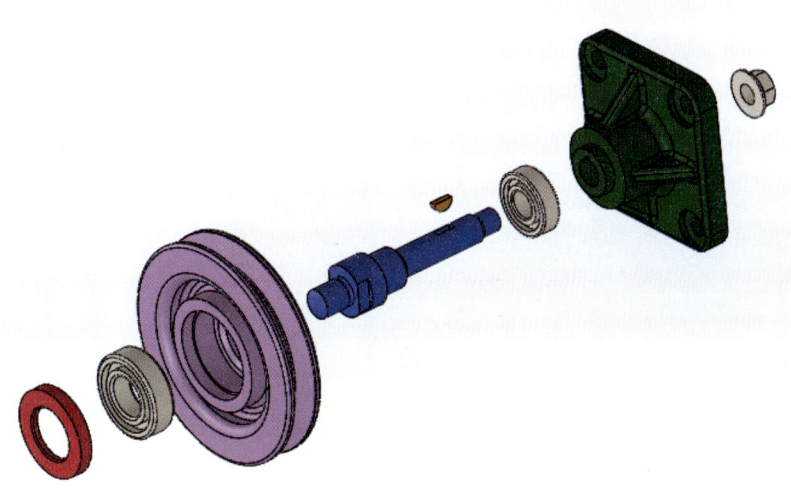

1. 어셈블리 분해도 예제파일을 선택하여 열기한다.

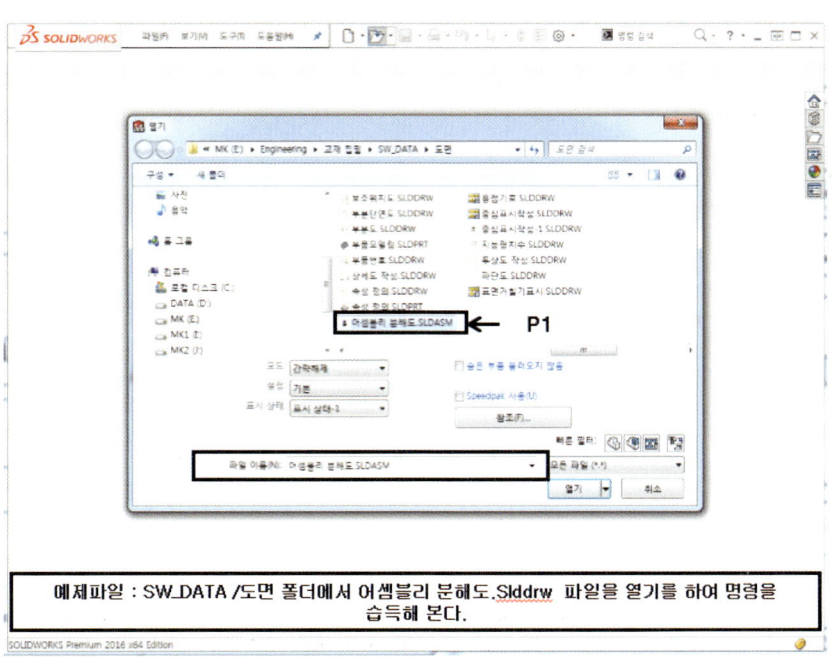

2. 파일-어셈블리에서 도면 작성 명령을 선택하여 도면 환경을 실행한다.

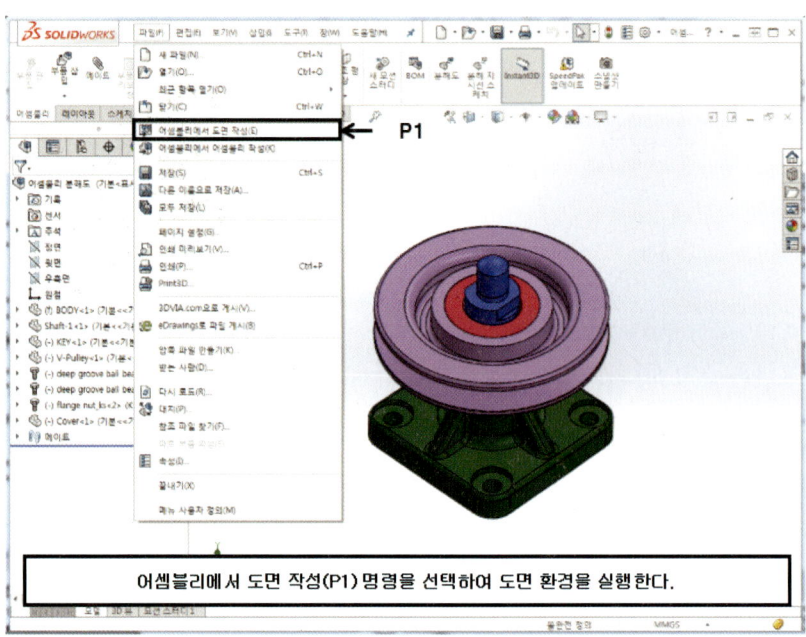

3. 템플릿에서 도면을 선택하고 확인을 선택하여 실행한다.

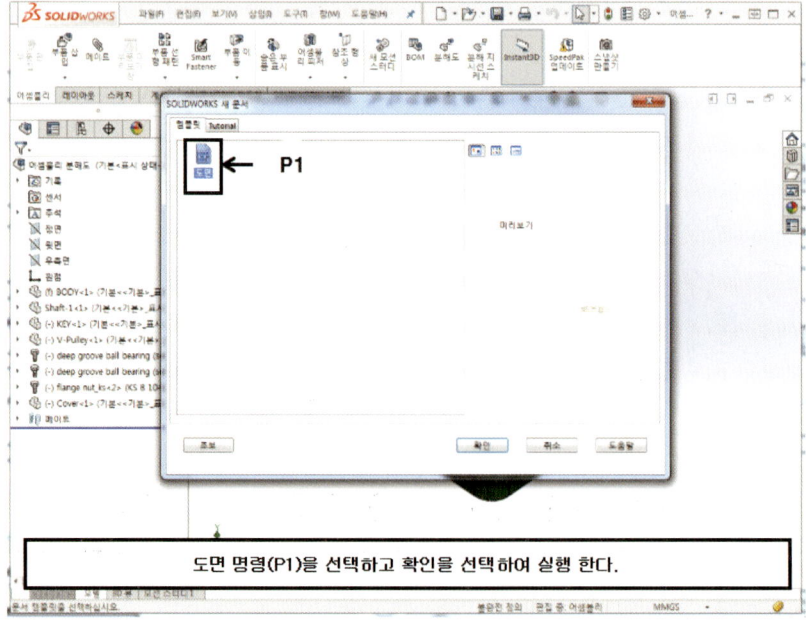

STEP 08. 도면 작성하기   515

4. 뷰 팔레트에서 정면 뷰를 선택하고 끌기를 하여 뷰 위치에 배치한다.

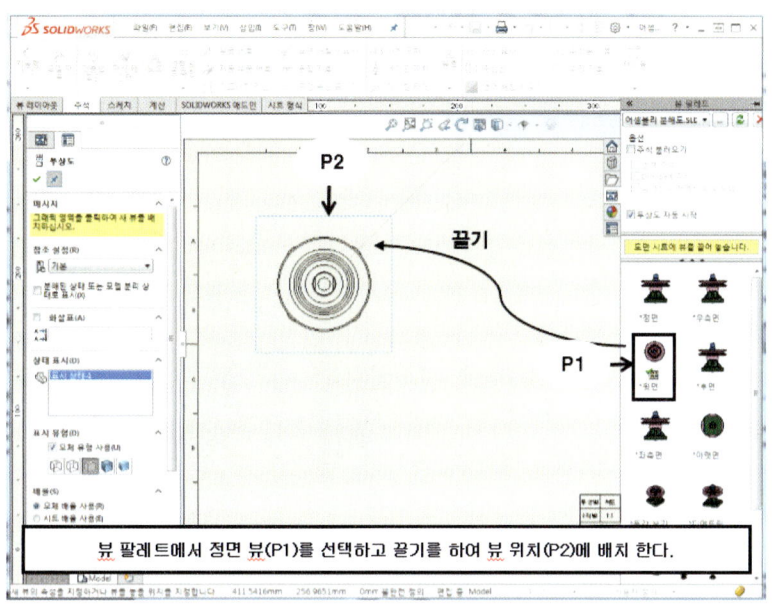

5. 정의된 정면 뷰 측면에 커서를 위치하고 측면 뷰를 선택하여 뷰를 배치하고 확인 버튼을 선택한다.

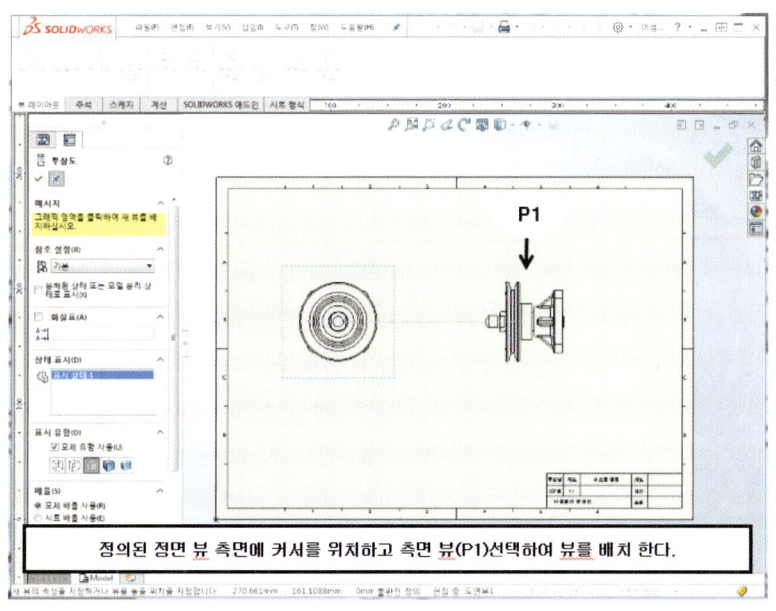

6. 부분 단면도 명령을 선택하고 자유 곡선을 이용하여 단면 영역을 작성한다.

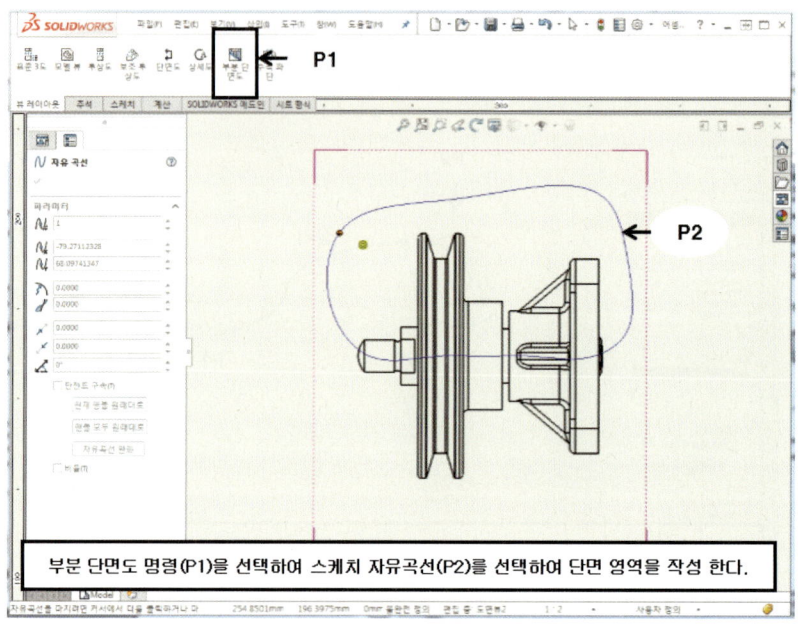

7. 체결기 제외를 체크하고 단면에서 제외시킬 부품을 선택한 후 확인을 선택한다.

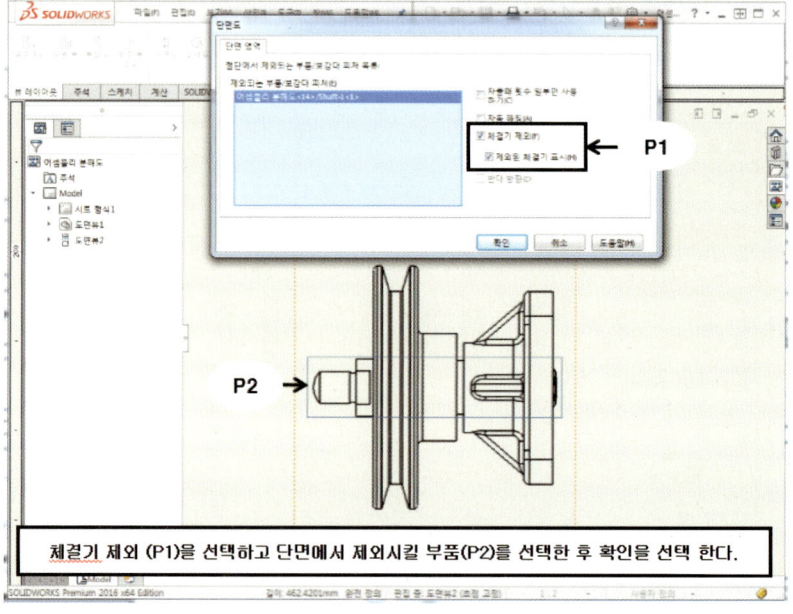

8. 디자인 트리 길이 목록에서 미리보기를 체크하고 정면 뷰 원 모서리를 선택한 후 확인을 선택한다.

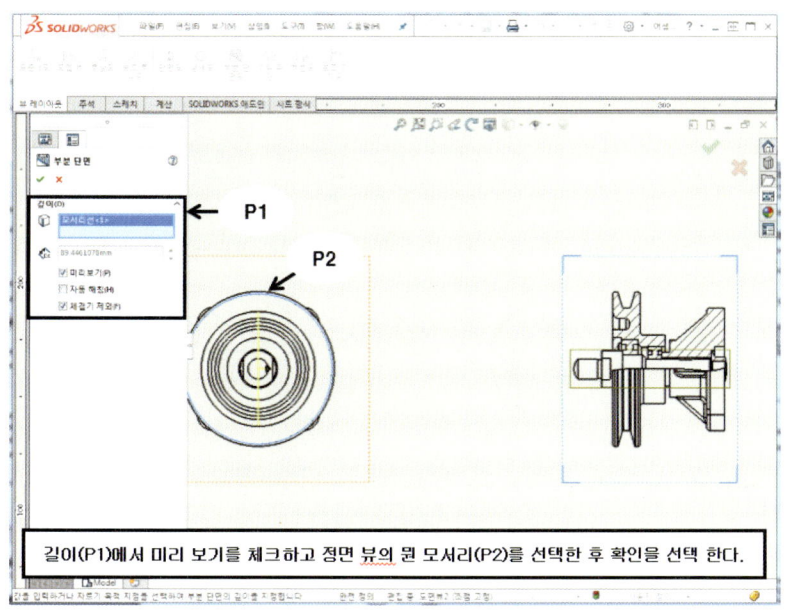

9. 다음 그림과 같이 BOM 명령을 선택하고 단면 뷰를 선택한 후 확인 버튼을 선택한다.

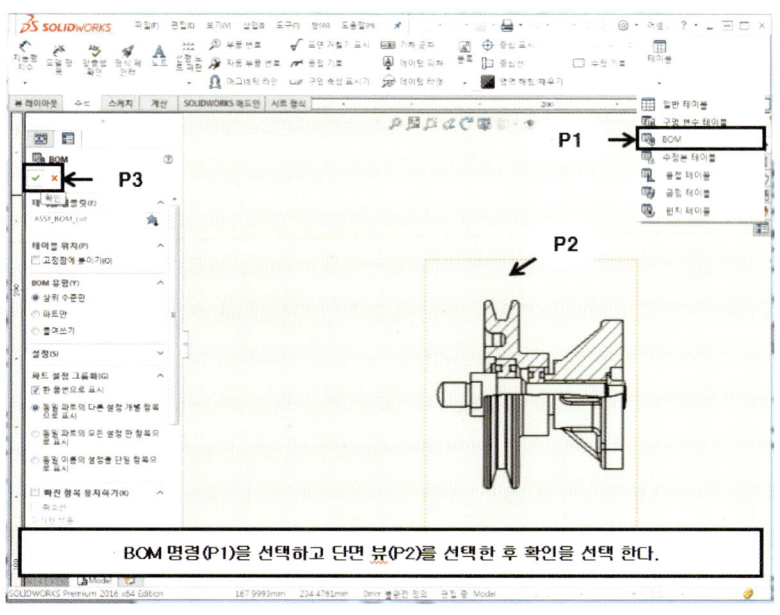

10. 커서에 부착된 BOM 리스트를 다음 그림과 같이 배치한다.

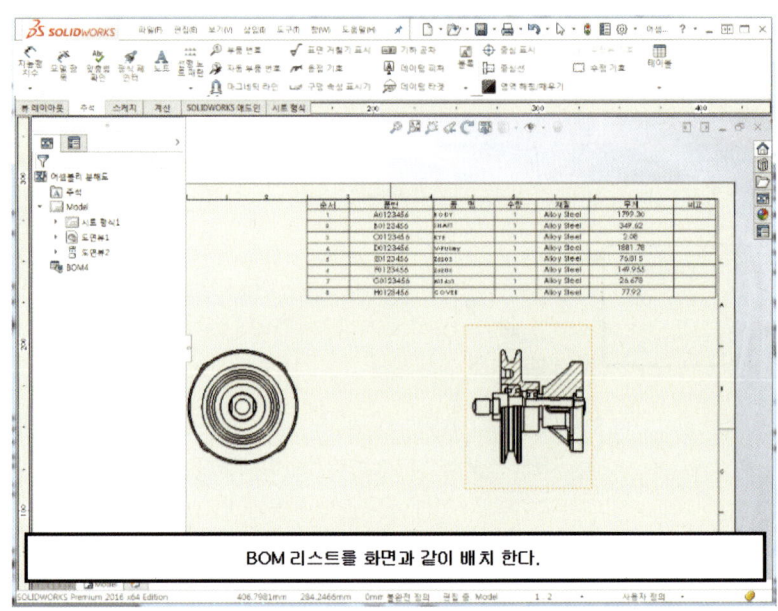

11. 분해도를 작성하기 위하여 뷰 팔레트에서 분해도를 선택하고 끌기하여 위치를 다음 그림과 같이 지정하여 배치한다.

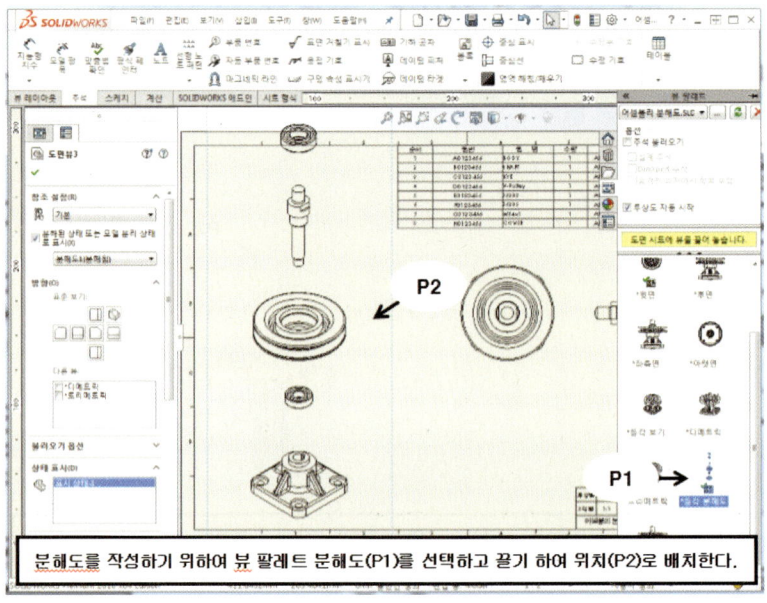

12. 배치한 뷰를 선택하고 디자인 트리-배열-사용자화 배율 사용 '1 : 3'으로 설정한다.

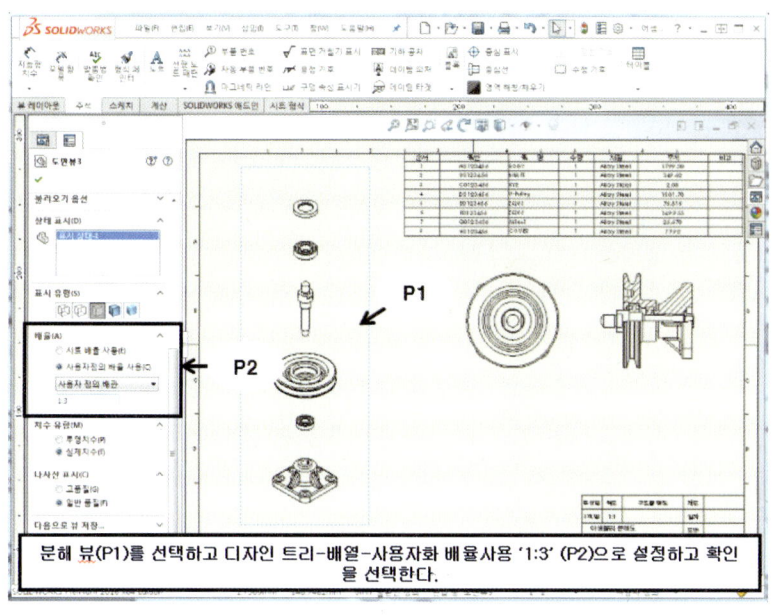

13. 자동 부품 번호 명령을 선택하고 분해 뷰를 선택한 후 디자인 트리-부품 번호 배열-부품 번호를 오른쪽에 배열을 선택한다.

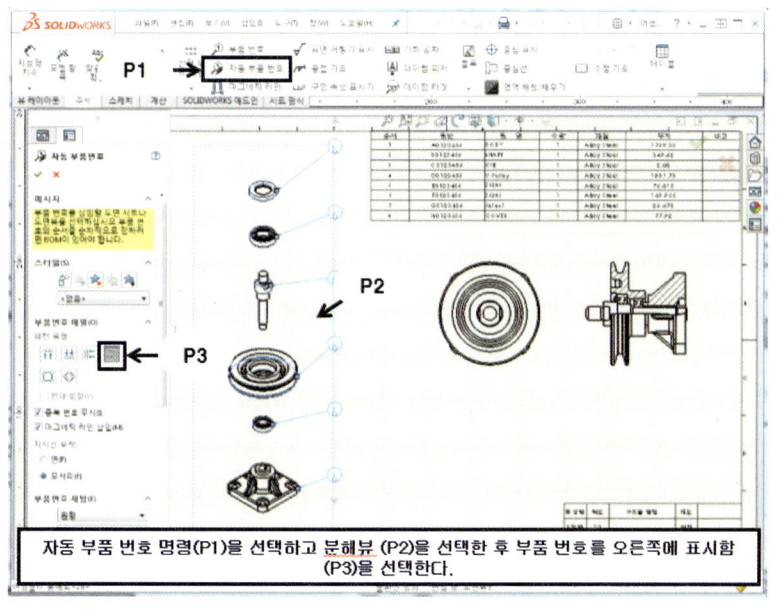

14. 다음 그림과 같이 조립도와 분해도를 작성하고 치수 등을 기입하여 완료한다.

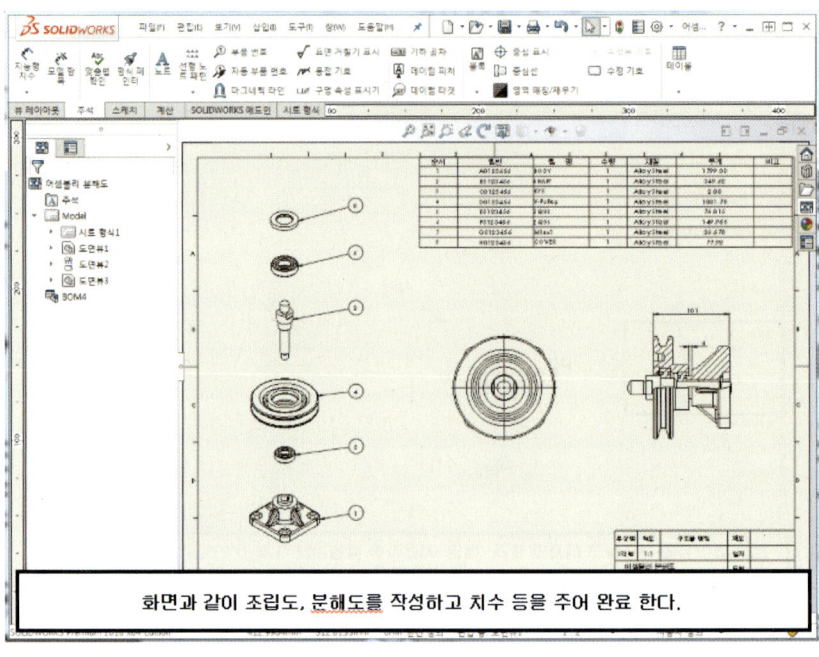

Step 09 실습 예제

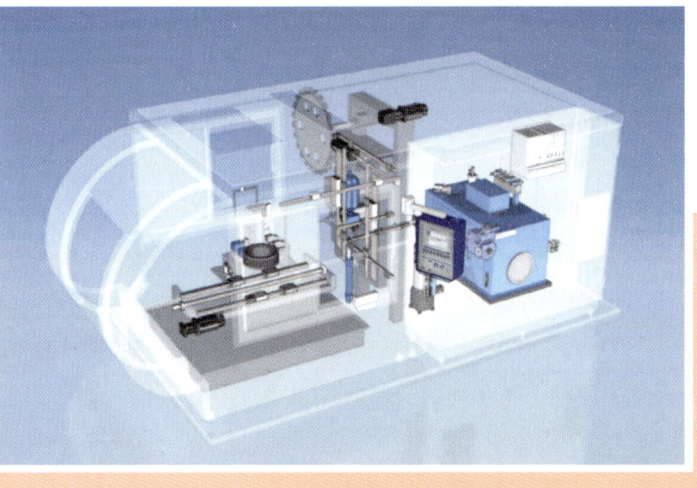

실습 도면 1

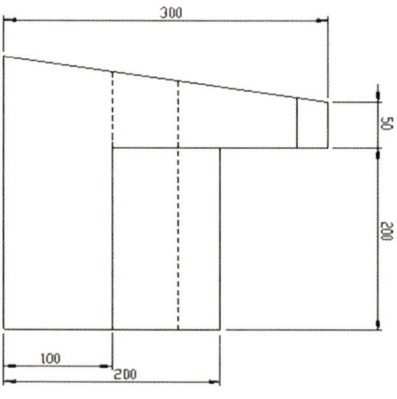
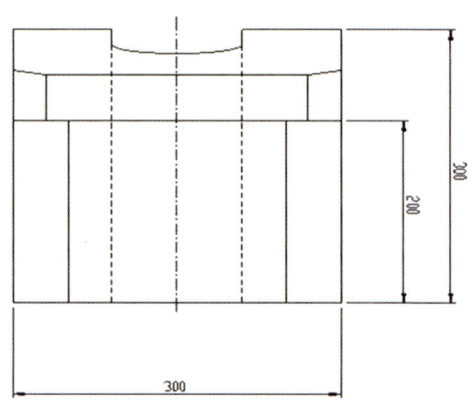
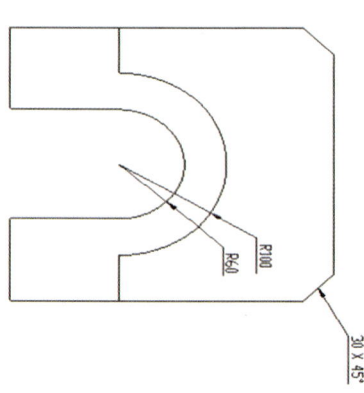
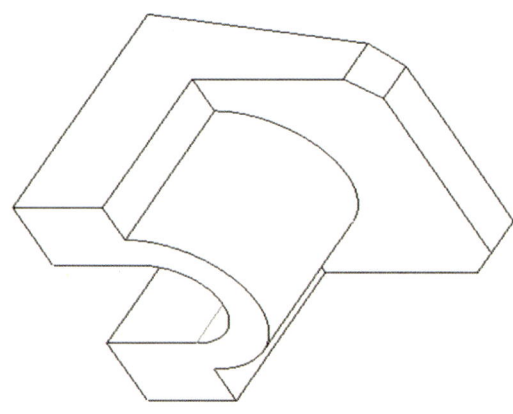

실습 도면 2

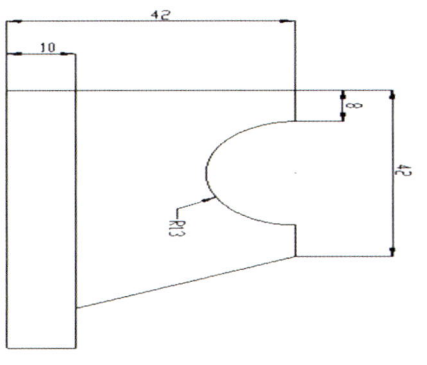
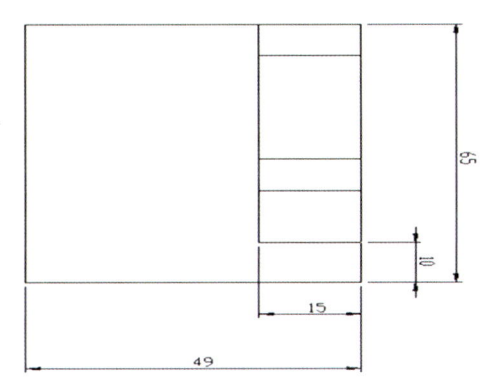
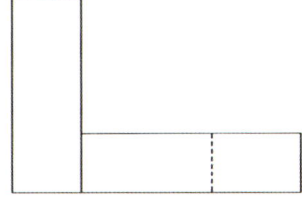
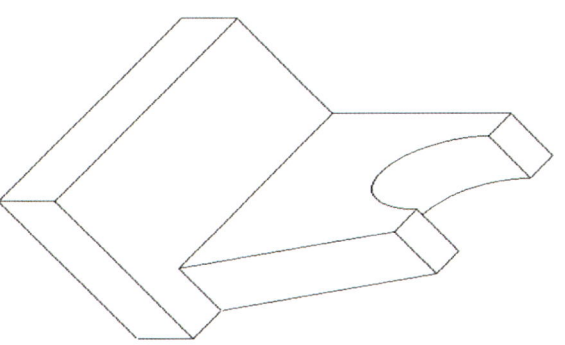

실습 도면 3

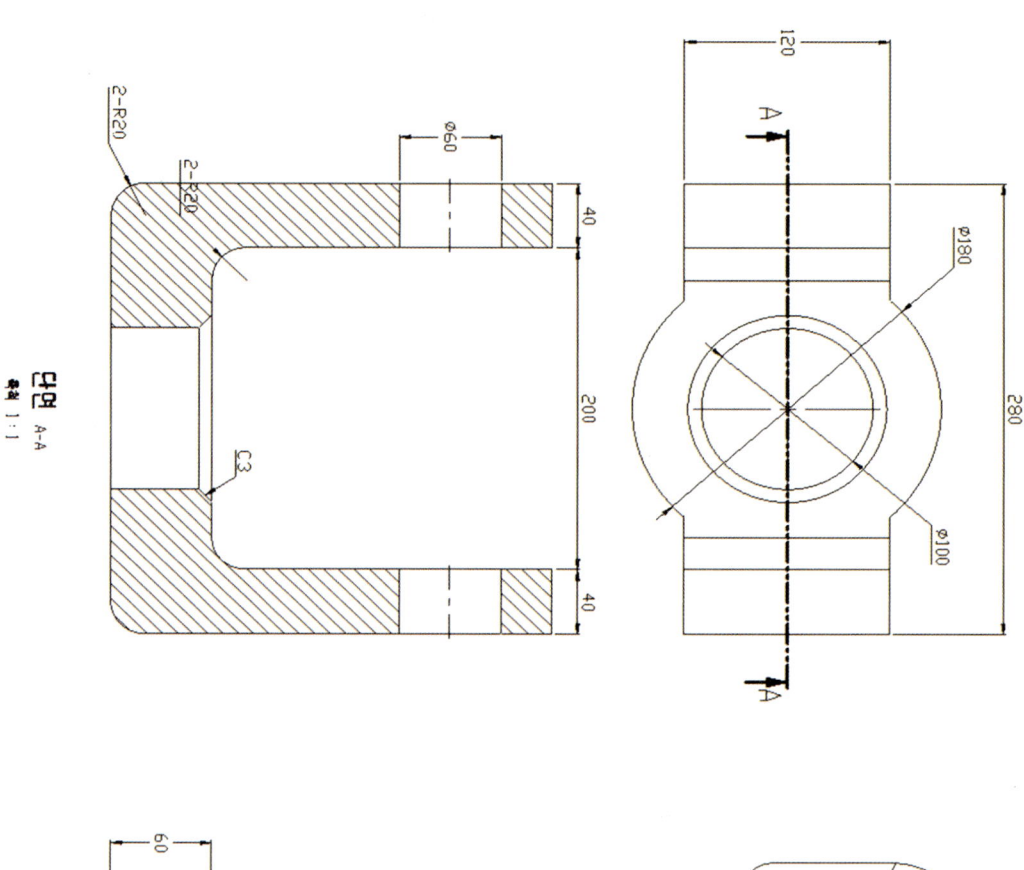
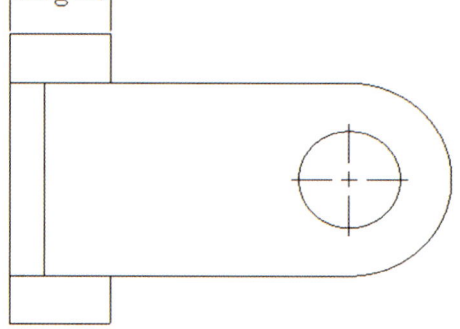
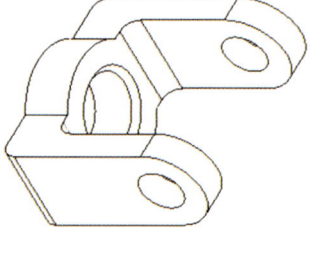

실습 도면 4

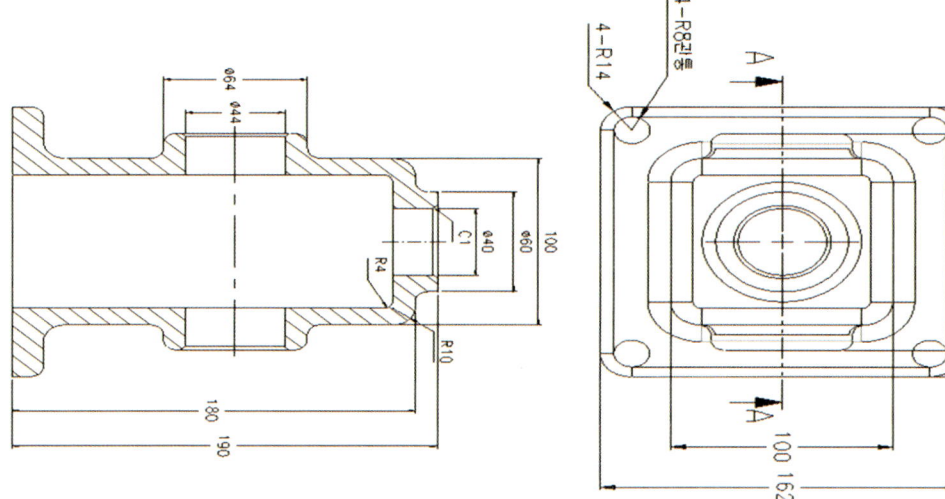

<Note>
지시없는 모따기 R3, 지시없는 모따기 C1 로 할 것.

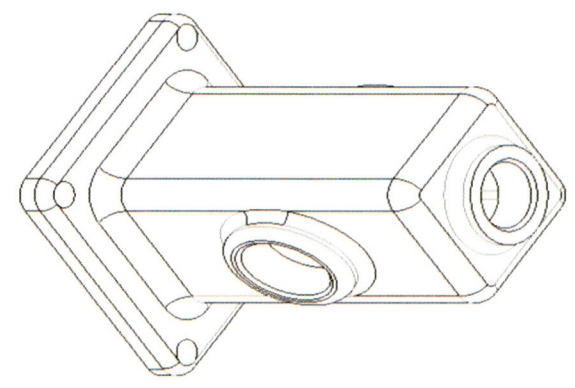

실습 도면 5

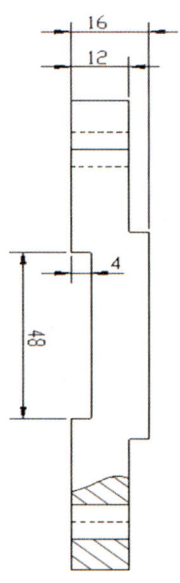
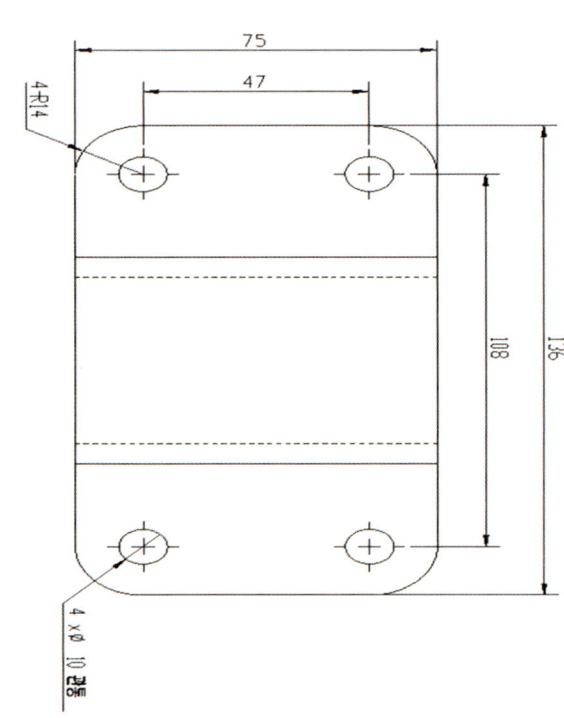
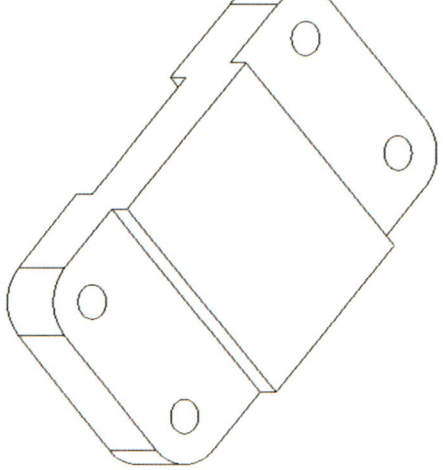

실습 도면 6

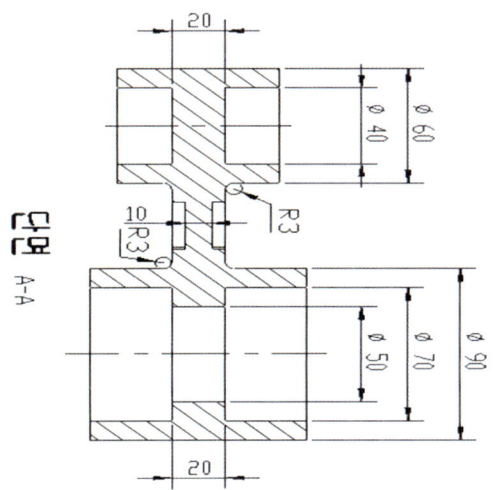
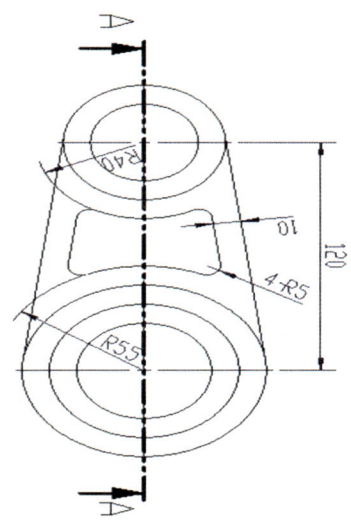

실습 도면 7

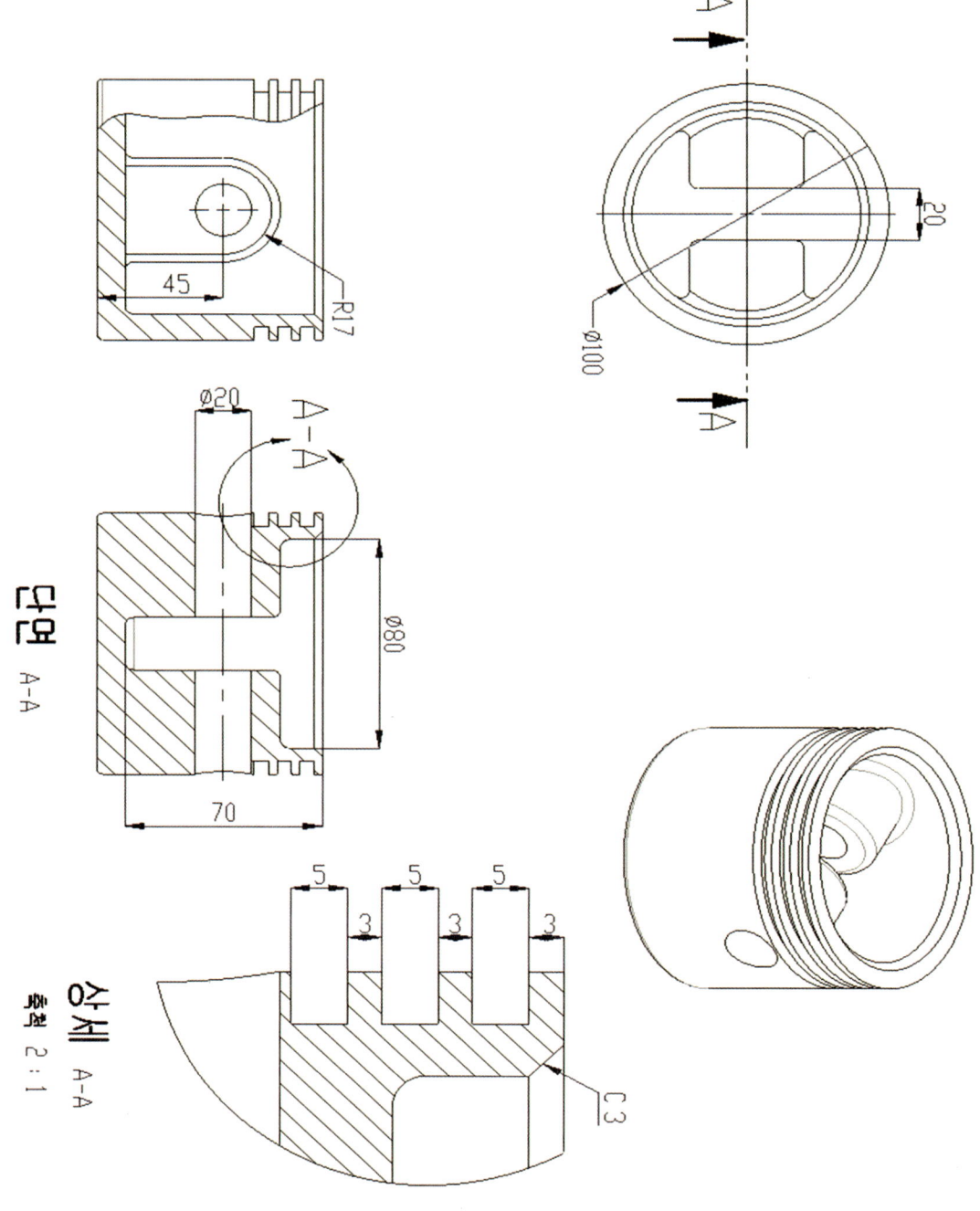

실습 도면 8

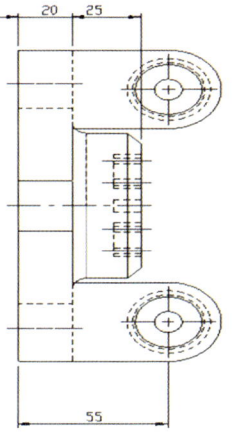
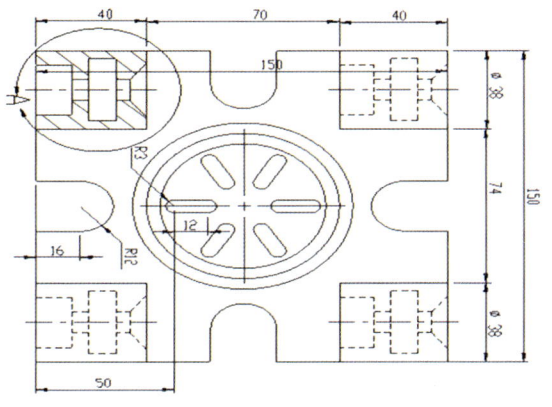
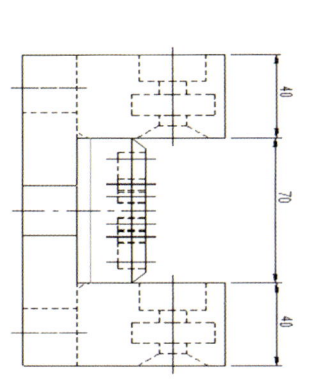
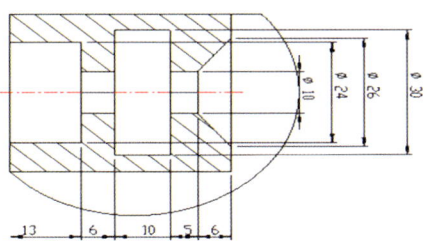

실습 도면 9

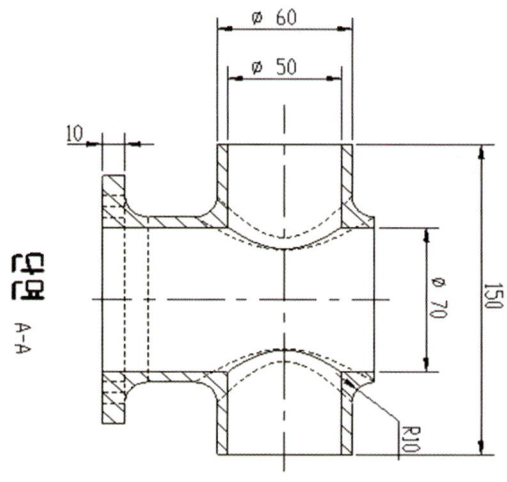
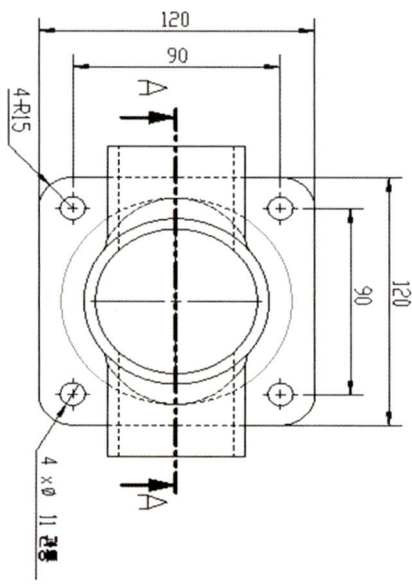
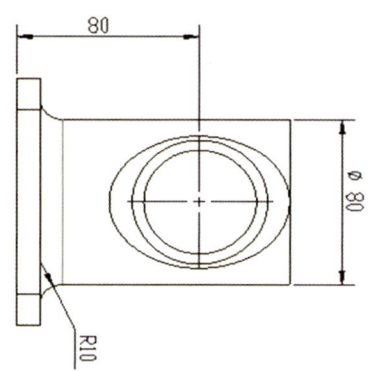
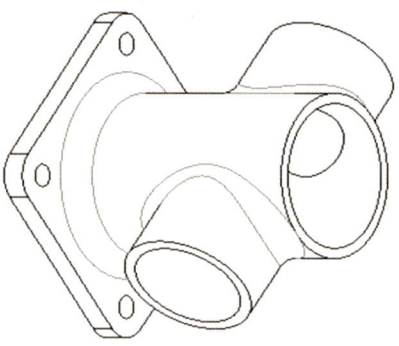

실습 도면 10

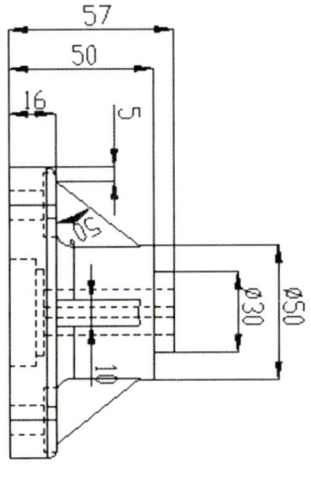
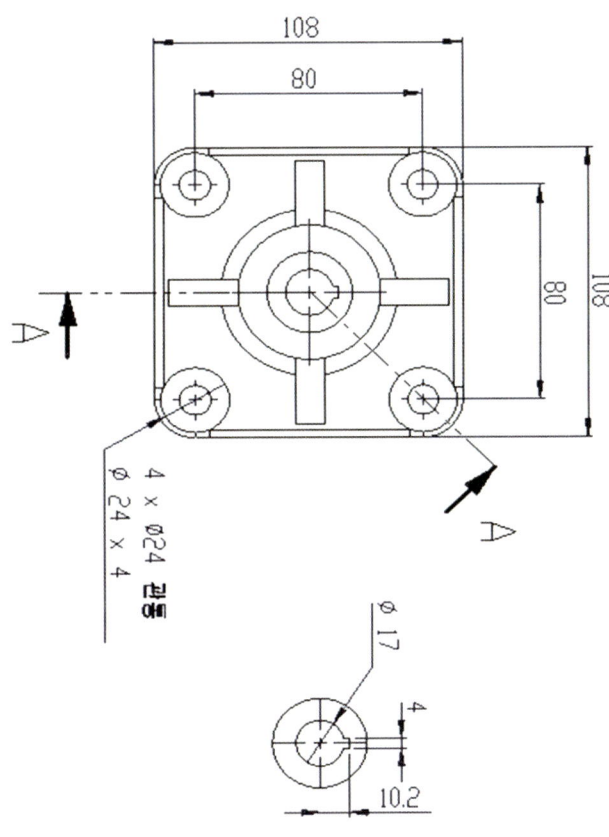
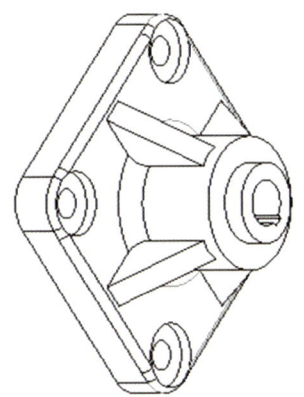
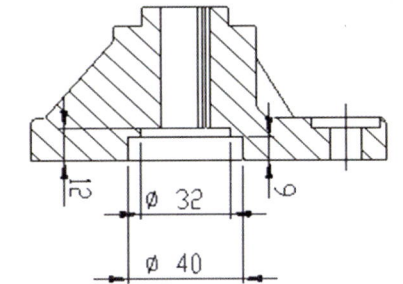

실습 도면 11

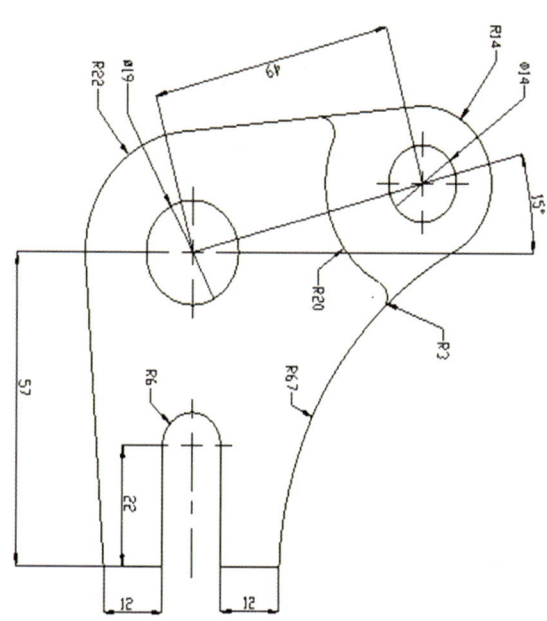
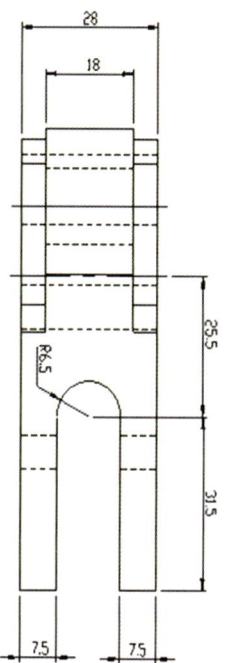
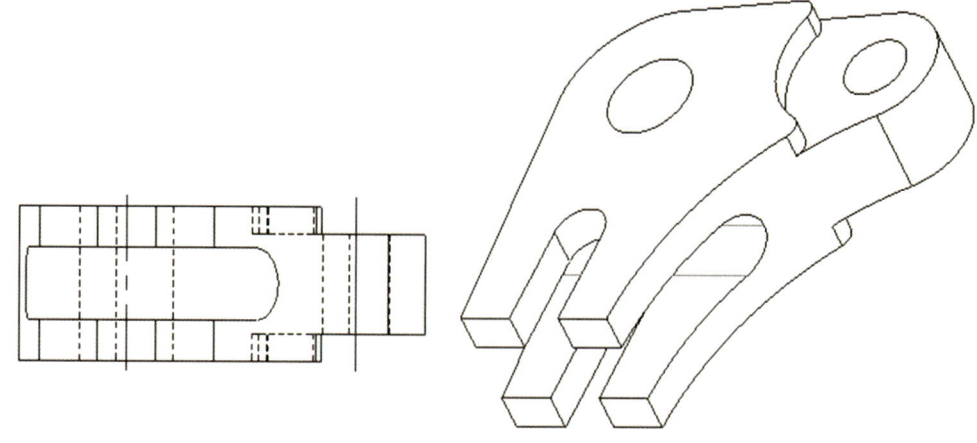

실습 도면 12

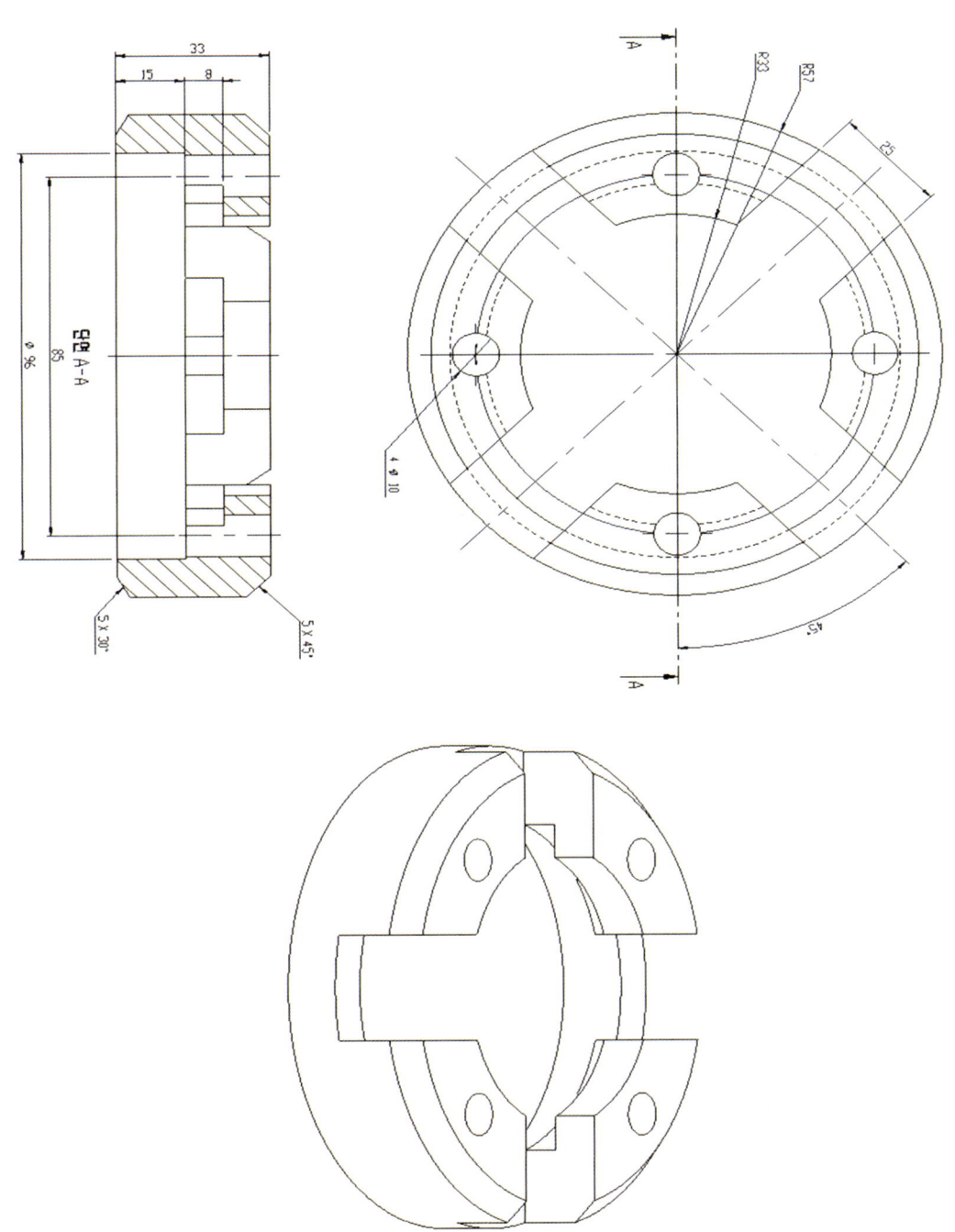

실습 도면 13

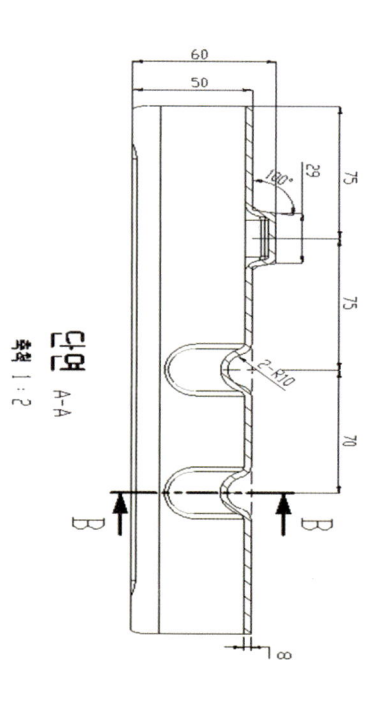

단면 A-A
축척 1:2

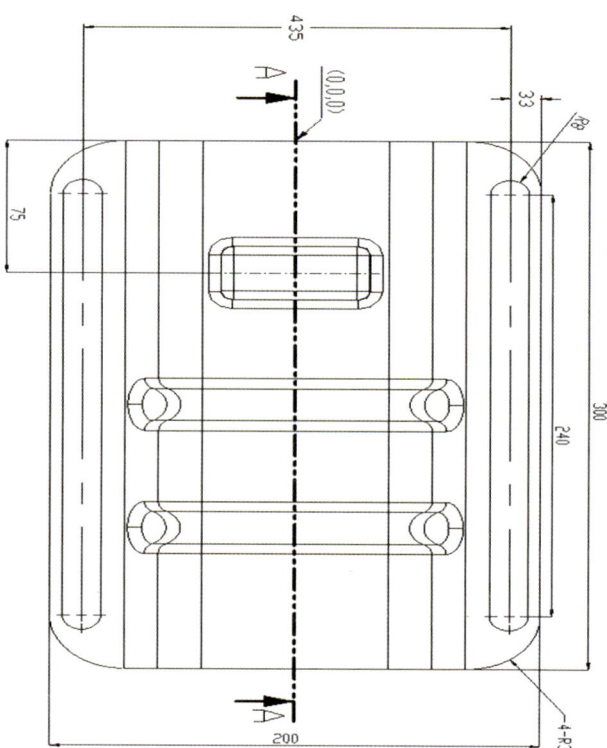

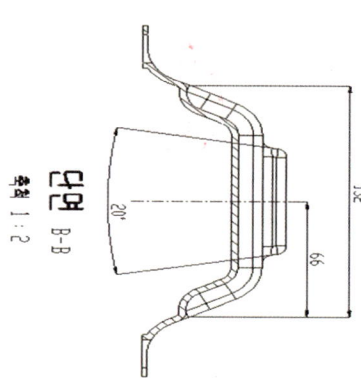

단면 B-B
축척 1:2

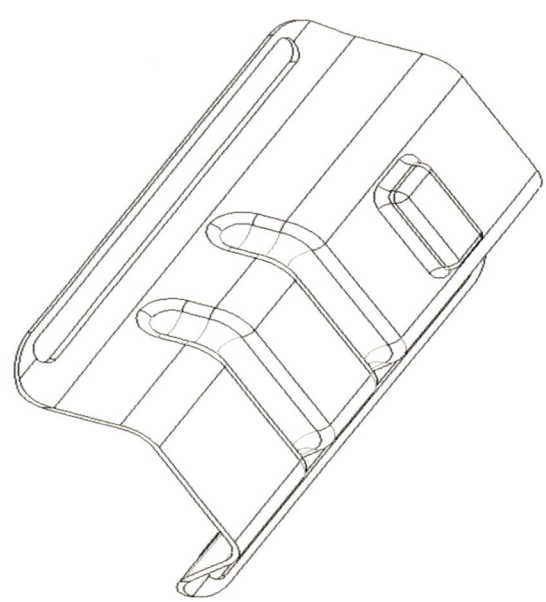

Solidworks 2016 start!!

1판 1쇄 발행 2017년 5월 15일

지은이 정 민 규
펴낸이 김 주 성
펴낸곳 도서출판 엔플북스
주 소 경기도 구리시 체육관로 113번길 45. 114-204(교문동, 두산)
전 화 (031)554-9334
F A X (031)554-9335

등 록 2009. 6. 16   제398-2009-000006호

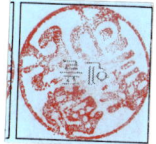

정가 27,000원

ISBN 978 - 89 - 6813 - 193 - 6   13560

※ 파손된 책은 교환하여 드립니다.
　본 도서의 내용 문의 및 궁금한 점은 저희 카페에 오셔서 글을 남겨주시면 성의껏 답변해 드리겠습니다.
　http : //cafe.daum.net/enplebooks

📖 전자기기 수험서

전자기기기능사 필기   전자기기기능사 필기 과년도3주완성   전자기기기능사 실기

📖 전자캐드 수험서

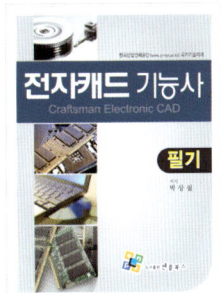  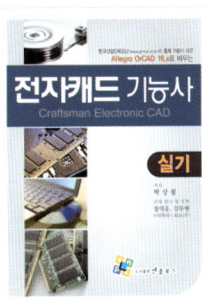 

전자캐드기능사 필기   전자캐드기능사 필기 과년도3주완성   전자캐드기능사 실기   의료전자기능사 과년도3주완성

📖 무선 통신 수험서

무선설비기능사 필기   통신선로기능사 필기   통신기기기능사 필기   무선설비&통신기기기능사 실기

📖 전기 수험서

   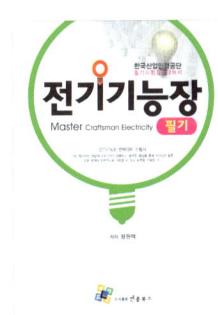 

전기기능사 필기   전기기능사 과년도 3주완성   전기기능사 실기   전기기능장 필기   전기기능장 실기

공조냉동기계 수험서

| 공조냉동기계기사 필기 | 공조냉동기계기사 과년도7주완성 | 공조냉동기계산업기사 필기 | 공조냉동기계산업기사 과년도4주완성 |

공조냉동기계기능사 필기 · 공조냉동기계기능사 과년도3주완성 · 공조냉동기계기능사/산업기사 실기 · 에너지진단사 (열분야)

실내건축 수험서

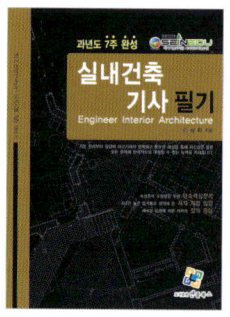   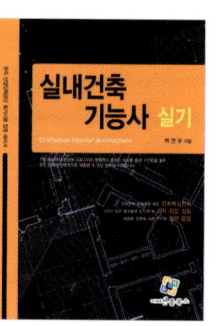 

실내건축기사 필기 과년도7주완성 · 실내건축산업기사 필기 과년도4주완성 · 실내건축기능사 필기 과년도3주완성 · 실내건축기능사 실기 · 실내건축시공실무

전산응용건축 수험서   컴퓨터응용 수험서

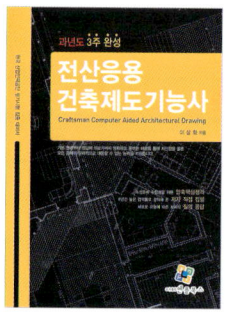   

전산응용건축제도기능사 과년도3주완성 · 전산응용건축제도기능사 실기 · 컴퓨터응용선반기능사 과년도3주완성 · 컴퓨터응용밀링기능사 과년도3주완성

측량 및 지형공간정보 수험서

| 측량 및 지형공간정보기사 필기 | 측량 및 지형공간정보기사 과년도7주완성 | 측량 및 지형공간정보산업기사 필기 | 측량 및 지형공간정보산업기사 과년도4주완성 |

자동차 및 지적직 공무원 수험서

자동차정비기능사 필기 | 자동차정비기능사 실기 | 자동차정비산업기사 필기 | 핵심 지적학 | 핵심 공간정보 법규

용접 및 에너지·승강기 수험서

용접기능사 필기 | 용접기능사 과년도3주완성 | 용접산업기사 과년도4주완성 | 승강기기능사 과년도3주완성 | 에너지관리기능사 필기

전자계산기 수험서

에너지관리기능사 필기 과년도3주완성 | 전자계산기기능사 과년도 문제해설 | 전자계산기조직응용기사 과년도7주완성

도서출판 엔플북스

기타 수험서

| 기계설계산업기사 필기 | 조경기사 산업기사 필기 | 정보기기운용기능사 실기 | 조리기능사 실기 (한식) | NCS 조리 실무 표지 |

교재 및 활용서

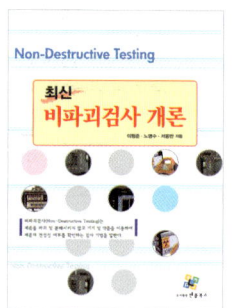    

| 비파괴검사개론 | 초음파탐상 검사 | 맛있는 예쁜 손글씨 POP | 강의 스킬과 커뮤니케이션 | 안드로이드 프로그래밍 가이드 |

| 소방학개론 | 성능위주 방화설계 이해 | 사장이 되려면 알아야 한다 | PADS 아트웍 혼자하기 (Ver. 9.4) | PADS 아트웍 혼자하기 (Ver. VX1.2) |

도서출판 엔플북스

주소 경기도 구리시 체육관로 113번길 45, 114-204 (교문동, 두산아파트)
TEL 031-554-9334   FAX 031-554-9335
Homepage www.enplebooks.co.kr   DAUM Cafe http://cafe.daum.net/enplebooks

축전지 관리 바이블